大学教育行政の法理論

田中舘照橘著

信　山　社

はしがき

ここに『大学教育行政の法理論』と銘うって出される本書は、長期にわたって故田中舘照橘教授が「大学と学生」誌上に発表した教育行政の諸論考を整理し、これを一冊にまとめたものである。

田中舘教授は周知のごとく、豊富な業績に富む精励真摯な学究で、その生涯にわたって誠実な努力を傾けた公法学者であるが、私にとっては長年の古い学友であり、敬愛する友人であった。数多くの著作は、その一つ一つがそれぞれに、後学の者にとっては、有益で貴重な遺産であるといってよい。そのいずれもが、わが法学界になされた重要な寄与であることは、何人も認めるところであろう。

今、出版社から本書の校正刷が届けられたが、その詳細な目次をみて、これはいかにも田中舘教授の本らしい重厚な、読みごたえのある本になったように思う。それにしても、田中舘教授の執筆量はまことに驚くべきもので、教育行政の諸論考だけを集めてみても、とうていこの一冊には収めきれないというのであるから、不学な私などにとってはたじろぐような思いである。ともあれ、こうして本書を編むことができたのは、教授の学問研究につくし、その著作に限りない愛着を持ち、教授とその歓びを分かち合ってきた令夫人の熱意とそれに賛同を惜しまなかった信山社の袖山貴氏のご好意の賜物である。田中舘教授もきっと喜んでくれるものと思う。

教育行政の問題は行政と教育との関係の具体的な一つの表現であり、また、教育行政法の研究は法と行政と教育への深い洞察を欠いては的確になしえないともいえるのである。田中舘教授は、大学において、きわめて真摯な研究者であり、かつきわめて熱心な教師であったのみならず、大学院長として、大学行政上、卓越した才腕を示された。本書は、こうした教授の面目をよく示しているといえよう。

教授の学問的な態度の特色は、バランス感覚に富んだ綜合的認識の方法にあるということができるであろう。教授の教育行政に関する研究は着実な研究である。それは、種々の問題が伏在する教育行政という対象領域を観察するにあたって、そのうちにひそむさまざまな要素を綜合的につかみ、学説・判例の発展を跡づけるとともに、そこでの理論的・実践的諸問題を徹底的につきとめようとする地味な実践的研究であるといってよいであろう。

本書の全体を綜合してみれば、大学の自治や学問の自由の歴史的背景を明らかにし、現在における教育行政をめぐる理論的・実践的な諸問題を理解することができるだけでなく、大学行政をはじめとする、わが国の教育行政の諸課題を検討するにも、大いに役立つと思う。

思うに、田中舘教授は無類の勉強好きであり、生まれながらにして学者の道を歩むべく運命づけられていたといってよいような人であった。「もし休息が仕事をしないこと、本を読まないことを意味するなら、私には休息はできない」という魯迅の言葉は、田中舘教授が好んでつかった言葉であるが、教授は最後までそれを実践されたのであった。一九九五年一一月一八日、田中舘教授は私たちのもとから去って逝った。その生きざまは、本当にみごとであった。本書に収められた教授への追悼文は、いずれもしみじみと心に残るものばかりである。

知遇をえて交わることおよそ四十年にわたる私には、今さまざまな追憶が去来するが、すべては畏敬の念に彩られているといってよい。私が明治大学に赴任することになったのも、教授の誘掖によるものである。

田中舘教授が去ってもう五年になろうとしている。直後のあの痛いような悲しみは薄らいだが、こうして残された文章を読むにつけても、その存在感がますます重くつもってくる。それも教授の顕著な業績に由来するということができるであろう。

心からの尊敬と敬愛をもって教授を追慕しつつ、ここに永遠の平安をお祈りし、私の拙いはしがきとさせていただきたい。

二〇〇〇年六月

明治大学教授　竹内重年

目　次

目　次

＊　　　＊　　　＊

［平成七年十一月二四日告別式弔辞］

第一編　学問の自由と大学の自治

第一章　学問の自由の歴史

㈠　ドイツ、フランスおよびアメリカにおける学問の自由の特色とその相違

学問の自由の保障の制度は、他の自由と同じく、長い歴史と経験を経て確立されてきた。すなわち、大学の自治の歴史は中世に遡るが、一二世紀の大学の自治は近代的意味の学問の自由を内容とするものではなく、学生の裁判権の保障や学位の授与に関する事項を中心としたものであり、長い間、教会や政治権力が大学に統制を加えていた。

(1)　ドイツにおいては、一六九四年に、フリードリッヒ一世により、哲学の自由を基本原理とするハレ大学が創設され、この大学は、危険思想の持主としてライプチヒ大学を追われたヴォルフ、トマジュウス、フランケを迎えて、最初の近代的大学となり、一八世紀を通じて指導的役割を演じた。しかし、このような自由も、しょせん啓蒙的な専制君主の恣意により左右されていた。すなわち、大学の建設者たる国王が大学の総長であり、教授の任務は「王室と国家の利益に反することを一切書かないこと」であった。したがって、大学における研究と教育の真の自由を確立するためには、大学を国家と教会から解放することが必要であった。

た。

(2)　これに対し、フランスにおいては、フランス革命で問題にされたのは、大学の自由ではなく教育の自由であった。教育の自由が強調されたのは次のような考えに基づいていたからである。すなわち、(1)アンシャン・レジームの政治体制は治者と被治者とを明確に区別し、被治者たる国民の無知の上に確立されたものであったが、国民主権の政治体制においてはすべての人民があらゆる真理を知る平等の権利を有すること、(2)法律に服従するというのは、人民の意思に依拠しない規範に服従するのではなく、人民が制定する法律である以上、法律を制定するだけの知識や法律の欠陥や誤謬を匡正するだけの知識をもつ教育をしてはじめて人民は法律に任意に服従できること、(3)したがって、国民主権主義憲法の下では、あらゆる法律、政治学説が自由に、理性に基づいて論じられなければならず、普通教育において国家権力が一定の思想の選択を強制するならば、国民主権の一部を侵害することになること、(4)国家権力から解放され、自由が保障されると、市民社会が富を前提として教育を受けることができるものとできないものとの不平等を生み出すことになるので、これを克服するため、教育の平等を図らなければならないこと、(5)市民社会にあっては、人間の知的能力に差が生ずる結果になるが、その距離を縮めるのが教育の普及であること、(6)教育により知識の優越という不平等な現象が生ずるが、知識が進歩しその知識に与る人間の数が多いほど、知識の優越による差を減少させることができること、といった考えに基づくものであった（高柳信一「学問の自由と大学の自治」（公法研究二九号））。右の考えの特色は、アンシャン・レジームの腐敗罪悪を葬り去った後、そこに確立された国民主権の政治体制を正当なものとして保障してゆくにはどうするのか、また、国民主権の政治を実際に正しい政治体制として実現、維持してゆくにはどうするか、また、市民社会の自由の享受が結果的には知的にも経済的にも不平等をもたらし、民主体制を崩壊させるのではないか、といった問題に対する一つの考え方を提示していたということがいえる。

(3)　他方、プロイセンは、七年戦役（一七五六—一七六三）により強国として一般に認められるにいたり、ナポレオンもプロイセンの中立を必要としたことなどから、一八〇五年、イギリスから奪取したハノーヴァーをプロイセンに与えたが、イギリスとの和平交渉の見込みがつくと、プロイセンに無断でハノーヴァーをイギリスに与える約束をした。プロイセンはこれを不満として戦ったが敗れ、一八〇七年ティルジット（Tilsit）で屈辱的な講和を締結せざるを得ず、このためプロイセンの領土は約半分に縮小させられた。ナポレオンは、ティルジットの講和条約により、一八〇七年旧プロイセン領にウェストファーレン（Westfalen）王国を建設し、ナホレオンの弟ジェロームを国王に任じた。

一八〇七年、プロイセンはナポレオンに敗北し、ハレ大学は失われた。フリードリッヒ・ヴィルヘルム三世は、「国家は物的力において失ったものを精神的力により獲得しなければならない」と述べ、大学の再建問題は、教授の自由を基礎とするベルリン大学の創設という形で結実した。この「ベルリンの自由」は、ヨーロッパやアメリカの大学にも影響を与えたが、メッテルニッヒの反動政策により侵害された。彼は、大学に対する検閲制度を設け、大学教授の公私の講演を監視する政府全権監理官をおき、また、国家機構の基礎を危うくするような大学教師を罷免する義務を各ラントに課したため、大学教授は迫害を受けるにいたった。この経験が、憲法上、学問の自由を保障しなければならないという要求となり、フランクフルト憲法に「学問及びその教授は自由である」旨の条文（一五二条）が創設されるに至った。学問の自由を憲法上明文をもって保障したのは、第二次大戦前においてはドイツだけであった。すなわち、一九一九年のワイマール憲法は、「芸術学問及びその教授は自由である。国はこれらのものに保護を与え、かつその育成に参与する」（一四二条）と規定していた。その後、ドイツ基本法（五条三項―芸術及び学問、研究及び教授は自由である）もこれを規定するにいたった。

(4)　フランスに敗北したという右のような背景の下にドイツにおいては、大学の自由は君主主権主義国家体制の崩壊を抑止するという見地から国家再興の課題として打ち出されたのである。すなわち、フランスのような国民主権を前提とした学問の自由の主張とは異なり、国王主権を前提とした学問の自由であるというところに両者の本質的な相異があるということができる。

プロイセンは、ナポレオンに敗北した後、行政、兵制、教育の諸方面に大改革を行って国力の強化を図った。

フィヒテは、ドイツを復興させることが歴史的人類的使命であり、ドイツの独立を支えるのは、ドイツの学問の確立とその自由であるとした。また、フンボルトは、自由な学問と教授とは国家目的の実現のための手段であると考えていた。当時のドイツの学問の自由に対する考え方は、学問を発達させることが国家にとり必要であるがゆえに国家は学問の自由を尊重しなければならないというものであった。

そして、かかる国家を強化するための学問研究の自由という状態にあっては、その学問の自由の保障の対象は、必然的に高等の学問研究に限定されることになる。これは、結果的には、新しい知識の開発探究に結合しない普通教育は学問の自由の保障の枠外におくという考えを生み出した。

このような考えは、学問の自由を根拠に、知的上層部の身分的特権を擁護する結果となった。たとえば、ドイツでは、一般市民は出版の自由を有せず、検閲制度の下におかれたのに対し、大学教授は出版の自由をもったのである。そして、また、この学問の自由が国家の必要性から認められたものであるから、「現存の国家制度の基礎を危うくするような理論」の主張者や、あるいは当局が恣意的にそのような主張者と認定した者は弾圧される結果となった。たとえば、一八九九年、ベルリン大学の物理学私講師アロンス（Arons）は、社会民主党のため宣伝演説を行ったことを理由に、社会民主主義運動（Sozialdemokratischs Bestrebungen）の意識を助長させることは、君主制と現存の社会秩序の転覆を目指すものであるとしてプロイセン政府により講師資格を剝奪された。

右の事件は、大学教授としては特権的な学問の自由を保障されていながら、大学教授自身の一市民としての学問の自由は認められなかったということを意味している。すなわち、大学教授は大学内では高度の学問の自由を保障されていたが、一般市民としては基本的な表現の自由も保障されていなかったのである（Walter A.E. Schmidt, Die Freiheit der Wissenschaft, 1929, S. 77. 高柳前掲論文・二三頁）。

このようなドイツの学問の自由の体質、すなわち、一般市民に対しては学問の自由が保障されなかったということが、二〇世紀におけるナチスの独裁権力に対して大学人が十分な抵抗をなし得ず、ナチスの独裁体制に屈服してしまった原因の一つである。

ここに、学問の自由の本質について、ドイツから学ばなければならない点があると思われる。

(5) アメリカには植民地時代にすでにハーバード(一六三六年)およびエール(一七〇二年)などの大学が存在していたが、これらの大学は、本来、イギリス本国の宗教的圧迫に反抗して、新大陸に信教の自由を求めてきた植民地人により設立されたのであるから、同一宗派の信者により構成され、教授の自由の問題は存しなかった。しかし、産業の発達と居住の移転が活発になるとともに、大学は宗教上の寛容を要求され、学生騒動の解決や学生紀律の問題は教授に任され、大学の財政難は卒業生の寄附をもたらし、同時にその発言権を増大せしめ、また、一九世紀半ばより自然科学分野の研究が盛んになると、宗教的独断と狭量が大学の発展を阻害していることが明白となり、教授の自由な研究と教育が認められるなど、大きな変革をたどった。また、一九世紀末期以来巨大資本の寄附額が増大するとともに(たとえば、スタンフォード大学に対し二、四〇〇万ドル、シカゴ大学に対し三、四〇〇万ドルなど)、大学理事会における実業家の比重が増大し、大学が私物化されるにいたった。ここに、資本の出資者が教授を雇って自己に奉仕せしめようとする考えと、自律性を獲得し学問の自由を守ろうとする論理とが対決せざるを得ないという問題が生ずるにいたった(R. Hofstadter & W. R. Metzger, The Development of Academic Freedom in the United States, 1955, p. 413. 高柳前掲論文二六頁以下)。

(6) 以上ドイツ、フランス、アメリカの学問の自由の歴史的特色を簡単に述べたが、それを整理すると次の点を指摘できる。

ドイツの場合は、(1)一八世紀にあっては啓蒙的な専制君主の恣意により学問が左右されたため、大学の研究と教育の真の自由の確立のためには、大学を国家と教会から解放しなければならないと主張されたこと、(2)一九世紀にあっては、プロイセンがナポレオンに敗北したことから、教育が国家の強化の手段として利用されるにいたったこと、(3)大学の自由は、国家再興と国家の強化のために認められ、これが知的上層部の身分的特権を擁護する結果となったこと、(4)この考えから、反対に、国家制度の基礎を危うくするとみなされた理論が弾圧されるという結果をもたらしたこと、(5)したがって、一般市民には学問の自由が保障されなかったこと、などを指摘することができる。

これに対して、フランスの場合は、(1)フランス革命当時から学問の自由よりは教育の自由が主張されたこと、(2)すなわち、国民主権の政治体制にあっては、すべての人民が真理を追究する権利を有するのであり、法律を制定し、その欠陥を是正するだけの知識をもってはじめて、人民は法律に服従できるのであるから、人民の教育の自由が保障されなければならないと考えられたことを指摘することができる。

さらに、アメリカの場合は、大学の自由は宗教からの自由から出発した。しかし、一九世紀末以来、大学に対する巨大資本の寄附の増大とともに、企業や資本家から学問の自由を守るべきことが主張された。

右のドイツ、フランス、アメリカの学問の自由の歴史的な特色は、学問の自由というものが対決してきた一つの側面を象徴しているように思われる。すなわち、学問は、国家目的を実現するための手段として存在するのか、あるいは企業や資本家を利するためのものとして存在するのか、それとも国民の権利利益を擁護し、国民の地位を向上させるためにあるのか、ということを象徴しているように思われる。大学において学生を教育するということは、右のいずれに目的があるのであろうか。

右の諸国の学問の自由の歴史を踏まえて、次に、わが国の場合の学問の自由について若干詳しく検討を加えてみたい。

(二)　明治憲法下における学問の自由

わが国の明治憲法下における学問の自由に関する事件として有名なものとして、森戸事件、滝川事件、天皇機関説事件、矢内原事件、河合事件、人民戦線事件などの事件がある。

(1) 森戸事件

一　大正九年一月一四日、東京帝国大学経済学部の森戸辰男助教授と大内兵衛助教授は、新聞紙法違反により起訴された。その理由は、森戸助教授が、東京帝国大学経済学部の経済学研究会機関雑誌「経済学研究」創刊号に発表した論文「クロポトキンの社会思想の研究」が新聞紙法に抵触するとして、また、大内助教授は、「経済学研究」の発行人並編集人として罪に問われたのである。同年一〇月二二日、大審院は両名の上告を棄却し、ここに森戸助教授は禁錮三か月、罰金七〇円、大内助教授は禁錮一か月、罰金二〇円（ただし執行猶予一年）と確定した。この事件は、その裁判過程においても、その起訴理由たる新聞紙法四二条「朝憲紊乱」の解釈が問題となり、しかも、第一審と第二審、第三審との間ではその解釈が変更された。本件が提起された政治的、社会的背景は、次のようであった。

一九一七年（大正六年）一一月のロシア社会主義革命の成功、翌一九一八年第一次世界大戦の終結による世界の諸列強の力のバランスの崩壊、社会主義的傾向をはらんだデモクラシー思潮の拡大などが、日本にも大きな影響を与え、大正デモクラシー運動が展開されていた。

このような動向に対し、原敬内閣は大正七年一二月六日勅令三八八号をもって大学令を公布し、従来明治一九年三月二日勅令三号帝国大学令において「大学ハ国家ニ須要ナル学術ノ理論及応用ヲ教授シ並其ノ蘊奥ヲ攻究スルヲ以テ目的トス」と規定されていた一条に新たに「兼テ人格ノ陶冶及国家思想ノ涵養ニ留意スヘキモノトス」との一句をつけ加え、第一次大戦後の新たな学問の自由の動きに対し、国家主義的な対応をもってのぞんだ。また、右翼学生団体興国同志会が組織された。このような状況の下で、森戸助教授が研究論文「クロポトキンの社会思想の研究」を発表すると、政府と学内の国家主義者らは徹底的に攻撃するにいたった。

大学の自治という観点から本件が批判されているのは、山川総長と経済学部教授会のとった態度についてである。総長や教授会は、政府の圧力に対して、最初「経済学研究」の発売禁止並びに回収を図って事態をとどめようとし、次に、森戸助教授の謝罪によって、次には森戸助教授を休職処分にすることによって事態の進行をおしとどめようとしたのである。そして、政府が大正九年一月一四日、森戸、大内両助教授の起訴という強硬手段をとるや、一六日に大内助教授も休職処分に付したのである。

右の事実は、学問研究の自由な発展のためにこそ国家権力からの人事権の干渉と闘わねばならないのだという認識が大学人の側に欠落していたことを示すものである。

また、金井経済学部長は「学の独立は無論結構だが絶対の独立、絶対の自由は要求しうるものではない。独立自由といふも国家存在の基礎に立ち法令の範囲内に於てのみ求むべきであって国家の存在を危くし又は法令を超えても絶対に大学は自由になれとは云ふ可からざる事と信ずる。」と述べている（東京朝日新聞大正九年一月一七日付）が、これは、当時においては、学問の自由は国家存在の基礎を前提として法律の範囲内で認められるにすぎないと考えられていたことを示しているといえよう。

二　この森戸論文は、クロポトキンの思想内容を研究し、無政府共産主義の解明、私有財産批判、経済制度としての共産主義、政治上の近代国家、近代国家の法律、無政府制、無政府共産主義下における経済生活、クロポトキンの思想の価値を検討し、結論として、「社会思想としての無政府共産主義の内容と価値とは略ぼ上記の如くである。それは単に心情の憧憬する麗はしき『空想』であるに止まらず、また大体に於て合理的根拠を持ち、歴史的現実の上に立つ『理想』であると考へられる。従って無政府共産主義はそれが現在即時に実行し得るや否やとの問題とは別に、将来人類の発達と共に実現し得、また実現しなければならぬ社会理想たり得るものであることが明かにされたと思ふ。併し此の社会理想としての無政府共産主義と、実行方針としての無政府共産主義とは、之を区別して考へなければならぬ。而して此の第二の点に関して、特に無政府共産主義の欠陥が存して居るやうである。例へば少からざる無政府共産主義者は暴力革命を以て一挙に今日の儘の世界に理想の世界を実現し得ると信じ此の確信に基いて行動しつつある。けれども自由を希望しない者に暴力を以て之を強制しようとする試みは到底失敗に終らざるを得ざるべく、更に根本的大改革を達成しようと思ふ者はむしろ卑近なる手段を通して一歩一歩と終極目的に接近することに学ばなければならぬであろう」（二九頁）と述べている。

三　右の森戸論文に対し、大審院は、「因て按ずるに原判決が被告辰男の執筆に係り被告兵衛の編輯発行せるものと認定判示したる経済学研究雑誌所載「クロポトキンの社会思想の研究」と題する論文は要するに「クロポトキン」の理想とする無政府共産主義を闡明にし、其最も個人の完全なる自由の欲求を満足せしむるに適する所以を詳述し進で該主義は単に空想を以て終局せしむべきに非ず、之を将来に実現せしめ其結果として経済上は私有財産制度を滅却し一切の生産物を挙て之を一般人民の共有に帰せしめて其欲望を満足せしめ、政治上は法律、刑罰其他権力の強制に因る統治関係を排除し自由平等なる社会を建設せざる可からず、而して其方法として寧う平和裡に卑近なる手段を以て徐々終極の目的に達せざる可からずと論ずるに在れば、是の我国民をして建国の皇謨と光輝ある歴史とを無視し茲に国憲の変更と国法の廃滅とを企図し我国体に違背し全然統治の関係を離脱し放縦自恣の生活を遂行せしめんことを宣伝鼓吹するものにして、止だ学理上外国の政体を批評論難したるものに非ざるや行文上寔に明かなり、又縦令実現の方法として過激の手段を執ることを避け平静穏和の手段に依るべき旨を慫慂したりとするも所論の主義主張にして既に我国家の存立を危殆ならしむる虞ある以上右論文は新聞紙法第四二条に所謂朝憲を紊乱せんとする事項に該当するや疑を容れす、論旨は孰れも理由なし」と判決した（法律新聞一七七四号）。

右の判決の考え方は、要するに、私有財産制度を廃止し、一切の生産物を一般人民の共有に帰せしめようとするような考えは、わが国の建国の精神および国体に反し、わが国の存立を危殆ならしめるおそれがあるので、新聞紙法の朝憲紊乱の罪に当たるとするものである。

四　本件において問題となった「朝憲紊乱」という概念について美濃部達吉博士は次のように述べて新聞紙法の改正を要求した。すなわち、「今回の事件は新聞紙法第四二条に該当するものとして起訴せられたとの事であるが、同条の規定は頗る漠然としたもので、中にも朝憲を紊乱せんとするの事項といふが如きは其の意味甚だ不明瞭である。此の如き曖昧なる文字は裁判官の解釈の仕方に依って如何やうにも解せられ得るもので、刑罰規定としては極めて不適当な文字といふべきである。速に新聞紙法を改正して明瞭なる文字に改められんことを切望する次第である。殊に遺憾に感ずることは、今回の事件が検事の起訴に依って遂に刑事問題とせられたことにある。既に多くの人に依って知られて居る一学説を紹介する者を以て朝憲を紊乱する者として検挙するが如きは決して司法権の信用を増す所以ではない。若し司法当局者にして世間に伝ふる如く、司法権に依って国民思想を統一せんとするが如き意向を有って居るとすれば、それこそ実に此上もなき司法権の濫用であって、其の結果の如何に危険なるかは想像するだに膚に慄然たるものが有る。」（「太陽」大正九年三月号「森戸大内両君の問題に付いて」）と論じていた。

本件は、思想史上の専門的問題について「朝憲紊乱」という警察的取締りの尺度で可否を判断したところに問題があり、思想弾圧のスタートをなした事件である。

(2)　京都学連事件

一「被告人等ハ我国現時ノ社会生活ガ資本主義崩壊ノ必至的運命ノ裡ニアリテ、資本家対無産階級ノ階級闘争ノ××期ニ在リト為シ、マルクス主義レーニン主義ヲ指導精神トシテ無産階級ノ解放ヲ図リ、以テ共産制社会ノ実現ヲ期シ、革命的理論ナクシテ革命的行動ナク、大衆ニ把握セラレタル革命的理論ハ革命運動ニ於ケル物質的権力ニシテ、階級闘争ノ決定的勝利ヲ確実ニスル新社会建設ノ要具ナルコトノ信条ノ下ニ、専ラ共産制社会建設者トシテノ無産大衆獲得ノ為ニスル有能ナル組織者、理論的把握者ノ養成訓練ト、無産大衆ニ対シ階級闘争ノ指針トシテノ、革命的統一的理論―マルクス主義、レーニン主義―ヲ獲得セシムル為、其ノ教育教化ノ方針及具体的方法ニ関シ協議シタルモノニシテ、即我カ××ノ変革及私有財産制度否認ノ目的ヲ以テ、其ノ目的タル事項ノ実行ニ関シ協議ヲ為シタルモノナリ。」

「治安維持法ニ所謂私有財産制度ノ否認ノ実行トハ、現在我国ノ法則上認メラレタル財産ノ私有ニ関スル制度ノ存在ヲ全ク無視スルガ如キ方法ニ依リ、其ノ全部又ハ根幹ニ亘リ、現実ニ廃止又ハ変革スルコトヲ指称シ、必スシモ其ノ手段ノ合、不法ハ之ヲ問ハザルモノト解スヘク、例バ現時私有財産即時没収ノ目的ヲ以テ、其ノ実現ヲ主目的トスル政党ノ組織ニ関シ協議スルガ如キモ亦之ニ該当スルモノト云ハサルヘカラズ。況ンヤ被告人等ハ共産制社会ヘノ過渡的時代ニ於テ無産階級ノ独裁ヲ必然トシ、其ノ実行ノ為、強力ノ不可避アルコトヲ是認スルモノナルヲ於テオヤ。」

右に掲げた判決文は、京都学連事件判決（京都地昭和二・五・三〇判・法律新聞二六九九号）の一部である。その特色は、(1)被告人等は、共産制社会の実現を図るためには革命運動が必要であるとし、革命運動を展開する前提としての革命的理論をマルクス主義、レーニン主義に求め、無産大衆にこの理論を獲得させるためにその教育教化の方法を協議したこと、(2)右の協議をしたということは、わが国の私有財産制度の否認を協議したということであること、(3)これは治安維持法に規定する私有財産制度の否認の実行に該当するとしたこと、にある。

二　森戸事件は、思想史上の専門的問題について「朝憲紊乱」という警察的取締りの尺度で可否が決定され、思想弾圧のスタートをなした事件であった。これは大学教授の学問の自由に対する国家の介入であったが、他方、学生運動が反体制活動であるとして起訴された最初の事件として、京都学連事件をあげておかなければならない。

京都学連事件というのは、学生社会科学連合会に参加していた京都大学学生ら三八名が、大正一四年五月に施行された治安維持法に違反するとして起訴され、京都地方裁判所で有罪とされた事件である。この事件は、治安維持法施行後最初に起訴された事件である。

本件が発生した当時の社会的状況は次のようであった。すなわち、明治の末の大逆事件、大正六年のロシア革命の勃発、大正七年の米騒動、大正九年一月の森戸事件、大正八年二月一一日の憲法発布三〇周年記念日にあたってのデモ、大正八年三月の選挙権の拡張と小選挙区制の採用を骨子とする選挙法改正案の成立、大正九年二月の八幡製鉄争議、同七月の富士ガス紡押上工場スト、同一一月長崎県香焼炭坑騒擾、大正一〇年一月の足立機械製作所の争議、同四月の大阪電灯会社の争議、同五月の川崎・三菱両造船の大争議（参加者三万、軍隊の出動）、大正一〇年秋の原首相の東京駅頭での襲撃、大正一一年の高橋是清内閣の「過激化社会主義運動取締法案」の提出（審議未了）、大正一二年九月一日の関東大震災などの事件が発生した。そして、大正一三年六月には普通選挙法の制定と同時に、治安維持法が成立したのである。これは、「右手に菓子を持ち、左手に毒杯」と評され、また「護憲内閣の自殺」（大正一四・一・一七東京朝日論説）といわれた。

三　右のような社会的、政治的背景の下に、大正一一年一一月七日、「学生社会科学連合会」の前身である「学生連合会」が結成された。学生連合会に結集したのは、東大、早大、明大、一高、三高、五高など、三十数校に達した（稲岡進＝糸屋寿雄「日本の学生運動」七二頁）。その後学生連合会は勢力を増大し、大正一三年九月一四日に東大を会場として全国代表者会議が開かれた時には四九校で組織され、会員数は約一五〇〇名にのぼった（稲岡＝糸屋「前掲書」八一頁）。この時、連合会は「学生社会科学連合会」と改称し、さらに翌一四年に京大で全国大会を開き、名称を「日本学生社会科学連合会」と改めた。

この時期の学生運動は、国内的には、軍事教育強化の動きに対する反抗として展開した。したがって、学生運動は反軍事教育という形で軍部と対決し、京都学連事件は、同志社大学構内の掲示板にはられた軍事教育反対のビラがその発端となった事件である（今井清一「大正デモクラシー」（日本の歴史23）四九六頁）。

四　事件の事実は次のようであった。すなわち、大正一四年一二月一日早朝、京都府警察部特高課は、反軍事教育のビラ配布を理由に、京大生、同志社大生らの下宿、自宅、寄宿舎等を捜索し、学生三三名を検束し、文書を押収した。しかし、当局は公訴提起にもちこむだけの証拠は収集できず、被検束者は、同月七日までに全員釈放された。このときの警察のとった強引な捜査方法に対しては、厳しい世論の批判が加えられた。

その後、特高課は、司法省方面と密接な連絡をとった上、翌一五年一月一五日、学連の中心的な活動家を検挙した。検挙は約四カ月にわたって続き、結局、京大二〇、東大四、同志社四、慶応、大阪外語大各二、日大、明治学院、早高、関西学院、神戸高商、三高各一（卒業生、中退生を含む）、合計三八名が起訴された。罪名は、一部の者に対する出版法違反および不敬罪のほか、全員に対して治安維持法違反が掲げられ、さらに、東大、京大各総長、大阪外語、神戸高商各校長は、責任を問われて譴責処分をうけた（記録現代史「日本の百年」5二六三頁）。

検挙開始の際の被疑事実は、出版法違反（皇室ノ尊厳ヲ冒瀆シ、政体ヲ変壊シ又ハ国憲ヲ紊乱セムトスル文書図画ヲ出版シタル罪）であったが、間もなくそれは治安維持法違反に広げられた。すなわち、「国体ヲ変革シ又ハ私有財産制度ヲ否認スル」目的をもって、「其ノ目的タル事項ノ実行ニ関シ協議ヲ為シタ」罪であり、その法定刑は七年以下の懲役または禁錮であった（同法二条）。

予審が終結したのは、大正一五年九月一八日である。予審判事は、治安維持法違反の点については、全員が「公判ニ付スルニ足ルベキ犯罪ノ嫌疑アルモノ」とした。予審終結決定書は、被告人三八名は、マルキシズム・レーニズムの社会主義思想を抱懐し、無産階級による独裁、私有財産制度の変革を企図して、その実行に関し種々協議したものであるとした。

五　京都学連事件の公判は、予審終結から半年後の昭和二年四月四日、京都地方裁判所において開廷され、同年五月三〇日、裁判所は被告人全員に有罪を言い渡した。弁護人の展開した法律論はすべて排斥され、治安維持法二条違反の罪が認められ、四名が禁錮一年、その他は禁錮一〇月または八月で、うち一五名には二年間の執行猶予が宣告された。

被告人らは控訴したが、検察側も控訴を申し立てた。控訴審の公判は、昭和三年三月五日から開始されたが、他方三月一五日、共産党員の大検挙が行われ、これが裁判にも影響を与えた。被告人の中の相当数は再度投獄された。三・一五事件の直後、田中義一内閣は治安維持法改正案を議会に提出し、構成要件の拡大および死刑を含む法定刑の強化を狙った。しかし、この法案には批判が多く、審議未了に終わったが、政府は議会閉会後の六月に、緊急勅令で改正を強行した（昭和三年六月二九日勅令一二九号）。これは、京都学連事件の処理にも事実上の影響を及ぼした。

昭和四年一二月一二日、大阪控訴院は、審理を終結した二一名の被告人に対して判決を言い渡したが、二被告の刑が一審の禁錮一〇月から同二年に引き上げられたのをはじめ、八被告については禁錮八月から同一年六月と刑期が加重され、また、執行猶予を得ていた者も実刑に変更された。三被告が無罪となったが、全体として刑は厳しいものであった。

さらに、三・一五事件にかかわりのあった九被告に対しては、七年ないし三年の懲役刑が宣告された。大阪控訴院は、京都学連事件関係の公訴事実と、三・一五事件関係の公訴事実とは連続犯であるとみて、「(両事実は)、意思継続ニ係レルノミナラズ、共ニ透徹一貫セル同一ノ根本目的ヨリ流レ出テ、其ノ目的達成ノ手段方法上ニ於ケル段階トシテ形態ヲ異ニスルニ過ギズ。相結ビ相連リテ進展シタルモノニシテ前者ハ後者ヘノ道程、後者ハ前者ノ発展帰結ニ外ナラズ」(大審院刑事判例集九巻三七六頁)と判示した。

右のような経緯をたどった本件は、上告審で、昭和五年五月二七日、上告棄却の判決があった。

六　この学連事件を通して学生連合会に対する世論は、むしろ好意的であり、検挙された人たちも五か月ないし八か月程度の未決拘禁ののち出所して自由の身になり、学生運動そのものは大きな打撃を受けることは少なかった。

学生運動が深刻な打撃を受けたのは、昭和三年の三・一五事件である。被検挙者の中に相当数の学生が含まれていたことは、文部省を著しく硬化させた。水野文相訓令は、「甚だしきは先に所謂京大事件に連座せるあり、今回更に共産党事件と関与したるあり、ために有為なるべき前途を誤る者あるに至りては、国家のため一大恨事と云はざるべからず」と述べて、厳重な取締りの方針を打ち出した(昭和三年四月一七日付官報)。各地の社会科学研究会は、相次いで学校当局から解散を命ぜられた。京都大学教授河上肇の辞職(昭和三年四月一七日)も、社研の指導教授であったことが、理由の一つであった(古田光「河上肇」一七五頁)。

しかし、その後の学生運動は、昭和三年から同六年にかけて、激化の方向に向かった。いわゆる学校騒動の数は急激に増え、被検挙者ないし被処分者も増加し、昭和六年には一年間で約一〇〇〇名に達した。

治安維持法には懲役と禁錮とが選択的に規定されていたが、その最初の適用例である京都学連事件では、昭和二年の第一審から同四年の控訴審を経て同五年の上告審にいたるまで禁錮刑が選択されていたが、司法部は、昭和三年の三・一五事件以降、懲役刑をとる方向へ変わっていった。

一　(3)　河合事件

「右ノ如ク本件各文書ノ判示記述ハ総テ結局我ガ国民ノ道義心ヲ壊乱スルノ虞アリテ安寧秩序ヲ妨害スルモノニシテ従テ斯ル記述ヲ掲載シタル右各文書ガ其ノ各判示出版当時ノ社会通念ニ照シ出版法ニ所謂安寧秩序ヲ妨害スル文書ニ該当スルモノナルコト洵ニ明ナリト認ム可ク、然レバ判示各文書ハ就レモ出版法所定ノ安寧秩序ヲ妨害スル文書ニ該当セザル旨ノ被告人河合及弁護人等ノ弁疏ハ之ヲ採用スルニ由無ク」

「其ノ掲載セル記述ニ於テ論述セラレ之ヲ以テ其ノ読者ニ宣伝シ之ヲ啓蒙セント為スモノガ我ガ国民ノ伝統的思想信念タル現ニ其ノ生活ノ原理ト為リ秩序ト為リヲルモノ若ハ直接ニ我ガ国現行法律制度ヲ目標トシテ之ヲ不当ニ批判シ、更ニ進ンデ之ヲ被告人河合ノ抱懐セル思想ヲ以テ改変セントスルニアリ。而シテ之ガ為ニ右記述自体ガ当然ニ国民ノ道義心ヲ壊乱スル虞アルモノト認メザルヲ得ザルガ故ナリ、従テ縦令右記述ニ於ケル改革理論ニ関スル趣旨ガ急激ニ暴力等ノ不法手段ヲ用ヒテ之ガ実現ヲ期セントスルニアラズシテ所謂思想宣伝ニ依ル方法ヲ以テ徐々ニ我ガ国民ヲ啓蒙シテ之ガ達成ヲ見ントスルニアリテモ之ガ当然ニ国民ノ道義心ヲ壊乱セシムル虞アルコトニ於テ異ルトコロ無キガ故ニ斯ル方法ニ依ル可シトスル場合ト雖之ヲ以テ安寧秩序ヲ妨害スル文書ニ該当セスト為ス能ハザルコト亦論ヲ要セザル所ナリトス」

「同被告人ニ於テ他ニ特別ノ事由ニ依リ例ヘバ同被告人ノ抱懐スル独自ノ思想ニ立脚シ所謂言論自由ノ原則ニ照シ実践又ハ実践ノ予備ニ至ラザル限リ国家ハ思想ノ内容如何ヲ問ハズ其ノ表現ニ強制ヲ加フ可キニアラズト為シ之ガ為ニ暴力其ノ他不法手段ヲ用ヒテ急激ニ国家ノ法制施設等ヲ変革スルコトヲ以テ宣伝煽動スルニアラザレハ即チ同被告人ノ所謂合法手段ニ拠リ言論ヲ以テ徐々ニ国民ニ思想ヲ啓蒙スルガ如キ場合ハ出版法ニ所謂安寧秩序妨害ニ該当セズト思惟シ居リタリトスルモ之ヲ以テ犯罪事実ニ対スル認識ヲ欠キタル場合ニ当ラザルコト論ヲ要セズ」

二　右に掲げた判決文は、いわゆる河合事件についての昭和一六年一〇月二三日の東京控訴院判決の一部である。本判決の考え方は、(1)河合教授の著書は、国民の道義心を壊乱するおそれがあり、安寧秩序を妨害すること、(2)教授の著書が啓蒙しようとしている考えは、わが国民の伝統的思想、信念やわが国の現行法制度を不当に批判し、さらにはその考えによって現行法制度を改変しようとしていること、(3)右の教授の改革理論に基づく現行法制度の改革が思想宣伝によるものであっても、国民の道義心を壊乱するおそれがあることは暴力などの不法行為によりこれを実現しようとすることと異ならないこと、(4)言論を以て国民の思想を啓蒙することは出版法の安寧秩序の妨害に該当し、犯罪を構成すると判断したのである。要するに、合法的手段によって国家の諸問題を論じてもわが国の伝統的思想信念や法制度に反した言論は許されないというものである。

三　河合栄治郎教授（一八九一―一九四四）は、東大経済学部で経済学史、社会政策を講じ、「社会思想史研究」（一九二四年）、「トマス・ヒル・グリーンの思想体系」（上・下）（一九三〇年）、「社会政策原理」（一九三一年）などの業績を残した経済学者である。

教授の思想は、イギリス労働党の最左翼のトーマス・ヒル・グリーンを中心とし、その理想主義の立場から自由主義を徹底させ、発展させようとした。また、右の考えからマルクス主義を拒否し、他方ではファシズムを攻撃し、「ファシズム批判」（一九三四年）、「学生生活」（一九三五年）などの多くの著書や評論を発表し、学生に大きな影響を与えた。同教授は一九三九年、「ファシズム批判」、「時局と自由主義」、「改訂社会政策原理」、「第二学生生活」の四著書が出版法一九条の安寧秩序を妨害する危険思想に該当するとして起訴された。

ファシズムの思想弾圧が自由主義者にも及んでいった例として、昭和八年（一九三三年）の京大滝川事件と翌々年の天皇機関説事件があるが、本件は、これらの事件とともに、わが国の「学問の自由」にとって重要な意味をもつ事件であると考える。特に「学問の自由」と国家権力との関係、また「学問の自由」というものが出版法という特別法によって否定されていったという事実は、憲法上、法律上考えさせられる事件である。また、学問の自由が裁判所において取りあげられた事件としても検討に値する事件であると考える。

以下、裁判の経緯をたどりながら事件について若干詳しく検討を加えておきたい。

四　河合教授が起訴された嫌疑は、出版法二七条「安寧秩序ヲ妨害シ又ハ風俗ヲ壊乱スル文書図画ヲ出版シタルトキハ著作者、発行者ヲ十一日以上六月以下ノ軽禁錮又ハ八十円以上百円以下ノ罰金ニ処ス」という規定に該当するというものであった。河合教授は、記録されているものだけでも警視庁で三回、検事局で一二回、予審で一五回の取調べを受け、海野晋吉弁護士を弁護人、門下生の木村健康氏を特別弁護人とすることに決定した。昭和一五年四月一八日、河合教授は東京地裁に出頭し、裁判長は訊問事項として三十数項の問題を列挙し、河合教授に示した。裁判は、四月二三日に第一回公判が開始され、「開廷僅かに五分にして」立会検事の請求で、非公開となった。

検事側は、裁判所が河合教授の著書の違法性を判断する際のいくつかの基準を提言した。すなわち、(1)裁判所の判断はもっぱら問題の四著の記載そのものについてなされるべきであって、河合教授の抱いている思想により加減すべきでないこと、(2)記述の文章については、河合教授の主観によるべきでなく、社会通念および常識に従い客観的に解読すべきこと、(3)四著はそれぞれ独立して判断を下すべきで、相互に補足連関して判断すべきではないこと、(4)違法であるか否かの判断は、社会の現情勢に従って決定すべきであること、なお(4)のところで出版上の公訴時効一年というのは、初版からの起算ではなく、最終版の販布の終わった時から起算すべきであることを主張した。この点については、そのように解しないと初版後社会の情勢が変わり、著作が社会情勢に適合しなくなっても処分できないという不当な結果になる恐れがあるという理由をあげている（司法省刑事局「河合栄治郎外一名に対する出版法違反事件検事論告案第一審判決」一頁以下）。

五　右のような検事側の本件の裁判に対する基本的態度を前提として、検事の提出した論点を整理すると、次のようである。

(1)　河合教授の多元的国家観は、国家を他の部分社会と同列におき、国家の絶対性を否定するものであるがゆえに、日本国民の伝統的な国家尊重の念を傷つけ、かくて戦時下における国民思想に甚だしい動揺を与えるものであること。

(2) 河合教授は理想主義的個人主義の立場から国家主義を全面的かつ痛烈に批判したが、国家主義こそは日本伝来の国民的思想であり日本国家の精神的基礎をなすものであるから、これを目して専制主義、軍国主義、帝国主義を伴い道徳の源泉を枯死せしめるものにほかならぬと説くのは、まさに日本国家の存立そのものに挑戦する行為と断ぜざるをえないこと。

(3) 河合教授が世界平和確立のために国際連盟に類する国際的組織の樹立を提唱し、このためには各国の主権の自己制限もやむを得ないとしたことは、主権の絶対性を否認し、それゆえにまさに主権そのものを否定する所以であり、神聖な天皇の御地位の冒瀆を意味すること。

(4) 河合教授が天皇の統帥大権について、いわゆる帷幄上奏権を憲法第一一条の用兵作戦にのみ限定し、第一二条のいわゆる軍政大権に関してはその運用に国民の意志を反映せしむべきであると力説したのは、まさに統帥権の干犯にほかならず、元来天皇のみが発議権を保有すべき不磨の大典帝国憲法の改正を私議する所以にほかならず、臣民の身分として許すべからざる兇逆思想であること。

(5) 河合教授が思想言論の自由を高調し、さらに団結の自由を主張して、共産主義思想にも思想言論の自由を認むべきであると述べ、共産党もまた合法政党として承認すべきであると説いたことは、治安維持法によって取締りの対象とされている憎むべき共産主義思想に賛成しこれを擁護するものであって、この意味においては河合教授は共産主義者と選ぶところなき危険思想家であるということ。

(6) 河合教授自身のとなえる第三期自由主義はまさに一種の社会主義であり、私有財産制の撤廃を主張する点において共産主義と同一のものであり、もし河合教授の行為が単なる文筆家としての活動ではなくて実践運動であったとしてたならば、治安維持法に従って極刑を課せられるべきはずのものであるということ、であった（社会思想研究会編「河合栄治郎・伝記と追想」一〇九・一一〇頁）。

さらに検事側は、河合教授の「皇国観」の違法性について次のように主張した。すなわち、(1)河合教授の人格主義を押し進めると、天皇は単に「全成員の人格完成の条件としてのみ存在価値を認めざるを得ざる」ことになる、(2)その国家観を追究すると、「皇位は大学総長、労働組合長、教会の大僧正等と本質的に異なる処なし」ということになる。それは「帝国憲法第一条は我国体を宣明したものとして解されますが、同時に所謂『統治』とは古典に所謂『しらす』の意であって即ち天皇が万民の生活状態に通じさせ給ひ之を憐み恵み給ふ意であります。西洋流の支配強制とは根本に於て異る」ことから、「出版法中安寧秩序妨害の一種にして犯情最も重き尊厳冒瀆」である、と論難した。また国際連盟に関連して、河合教授が「平和の為には主権の制限、死滅も已むなし」と記述しているのは、「天皇の統治権を軽視し奉るものでありまして安寧秩序を妨害するもの」であると主張した。

そして最後に、出版法二七条を適用して河合教授に対して、「ファシズム批判」、「時局と自由主義」について各禁錮二か月、「改訂社会政策原理」、「第二学生生活」について各禁錮一か月、計禁錮六か月を求刑したのである。

六　検事側の公訴事実に対する河合教授の反論

「(1)　被告人は個人主義の立場に立って正面から国家主義に反対したけれども、個人主義と国家主義の対立は哲学思想上の対立であって、一般国民の具体的道徳意識そのものには直接の関連がないこと。たとえば一般国民の具体的道徳感情である忠、孝、愛国等の諸徳を被告人は個人主義の立場に立って肯定していること。また、国家主義当然の帰結たる軍国主義、専制主義、帝国主義等は、一般国民意識においても必ずしも正しいとは考えられていないこと。

(2)　主権の自己制限は、事実今日の国家の何れにおいても行われていることであり、日本もその例外ではないこと。

(3)　被告人の統帥大権についての議論は、憲法一一条の軍令大権に関しては軍部当局がその補弼にあたるものとし、軍政大権についてのみその補弼を軍部専管とせず、内閣にも補弼の責を負わしむべしというのであって、いずれにしても大権そのものについての議論ではなく補弼当局についての議論にすぎないがゆえに、天皇の大権の私議ではなく、いわんや憲法改正の発議ではないこと。

(4)　思想言論の自由や団結の自由の趣旨は、自由を与えらるべき思想や団体に対して、真理性や正当性を認めることとは全く無関係であること。社会の正常にして平穏な発達のためには、真理ならざる思想や、「危険な」集団にも自由を認める必要があること。共産党を合法政党として認めよという主張には、一方において共産党の非合法の実践はこれを容認せぬという主張が当然に含まれているゆえ、被告人の思想は決して奇矯ではなく、また必ずしも共産党のみに過度の擁護を与えることにはならない、ということ。

(5)　被告人の主張する社会主義は、共産主義とは思想系統からいっても、政策内部からいっても、著しく異なるものであること。」

右にあげたのは、検事が提出した公訴事実に対する河合教授の答弁の要旨である。

以上の河合教授の反論に対し、昭和一五年一〇月七日判決が下され、河合教授は無罪となった。裁判所は、(1)出版法における「安寧秩序ヲ妨害スル」というのは「『現実ノ社会状態』ニ対シ『現実ノ加害手段』タル虞アルコトヲ謂フ」と判示し、単にあることに関し観念論を述べたり、あるいは価値判断を下しても、現実の加害手段に属さない場合は、これに該当しないこと、(2)河合教授の「国家観」は「畢意同被告ノ観念、同被告人ノ持スル哲学上ノ判断ヲ出ツルコト無ク、客観的ニハ之ニ因リテ国家ノ本質自体ニハ毫末ノ増減アルコトナシ」、(3)河合教授の「国家主義」は「果シテ我国ニ於テ正シキ伝統ナリト為シ得ルヤ否甚ダ疑ハシト謂ハザルベカラズ。カヽル国家主義ニ対スル同被告人ノ批判ハ、結局同被告人ガ自己ノ単ニ思考シタル事項ヲ説」いたにすぎないこと、(4)河合教授の「社会主義」はマルキシズムあるいは共産主義と異なること、(5)したがって、「急激ナル社会組織ノ変更ヲ企図スルモノトハ謂」えないこと、(6)河合教授は「マルキシズム、共産主義ノ言論上ノ自由ヲ許シ共産党ニ団結ノ自由ヲ許スベキ」ことを述べているが、それは「立法」論であること、などと判示して、河合教授の著書は「未ダ安寧秩序ヲ妨害スル文書ニハ該ザルモノ」であるとした。

この第一審の判決を不服として、検事局は控訴した。東京控訴院における公判は、昭和一六年三月一八日の第一回から七月三日の最終回の審理まで計二四回開かれ、一〇月二三日、東京控訴院は有罪の判決を下した。すなわち、「ファシズム批判」について罰金一〇〇円、「時局と自由主義」について罰金一〇〇円、「改訂社会政策原理」について罰金五〇円、「第二学生生活」について罰金五〇円合計三〇〇円の罰金刑が下された。

その判決の要点は、教授の各種思想学説は、すべてヨーロッパ、ことにイギリスに発達したものであり、これら外来思想がはたして日本の「生活原理、改革原理」としてただちに正当性、妥当性をもつか否かの検討が必要であるにもかかわらず、十分検討をせず、これを単に「論評紹介スルニ止ラズ進ンデ直チニ之ニ照シテ、我ガ国民固有ノ精神生活上ノ思想信念ヲ始メ我ガ国各般ノ法制施設ヲ批判シ……其ノ儘我ガ国ニ於ケル唯一最善ノ生活原理、改革理論トシテ採用」しなければならないと強調して国民を啓蒙しようとしたため、「国家ノ安寧秩序ヲ妨害スルノ結果ヲ惹起スル」にいたったと判示した。

特に、「言論ノ自由並政治上ノ自由等」の点について、判決文は、たとえ種々の制限を付したにしても、共産主義、共産党を容認することは、「現行治安維持法ノ精神ニ背反シ其ノ基本精神ヲ否認シ所謂自由ノ為ニ我が国家ノ治安ガ撹乱セラレ我ガ国固有ノ道義観、国家観、国体観ガ破壊セラルルニ至ルモ止ムヲ得ザルモノト為シ之ヲ無視スルモノ」とし、また、「私有財産制度ノ撤廃」の点について、たとえ「議会主義的合法手段」によるものであっても、河合教授の社会主義の主張は、「帝国憲法及治安維持法ノ趣旨ニ違反シテ現行私有財産制度ヲ廃止ス可キコトヲ主張スルモノ」であると判示した。

右の判決の考え方は、学問上の研究であっても共産主義の問題を研究することは、国家目的に反し、憲法や治安維持法に反するとして有罪としたところに、国家権力による学問の自由の侵害を認めたという問題がある。かくして、自由主義者も弾圧されたのである。

七　戦前においても、帝国大学には「学問の自由」がある程度保障されていた。しかし、反面、帝国大学であるために、国家権力には弱く、これに迎合し、「学問の自由」が侵害される場合が多かったといえる。たとえば、(1)明治期には、「神道祭天古俗論」をめぐる論争において、明治二六年三月、久米邦武教授が帝国大学から追放されている。(2)大正期には、東京帝国大学経済学部森戸辰男助教授は「クロポトキンの研究」の発表を理由に、大正九年一月、休職処分をうけ、刑罰を科せられた。(3)大正一四年二月、普通選挙法と抱き合せに、治安維持法が議会を通過するとともに、多くのマルキシズムの考えに依拠していた学者が治安維持法違反に問われた。(4)昭和六年満州事変勃発後、ファシズムが漸次隆盛になるとともに、マルキストのみではなくリベラリストにも弾圧は拡大された。大正一四年二月、慶応義塾大学予科蓑田胸喜教授らの設立した原理日本社は、陸軍と一部貴族院議員、官僚の支援の下に、自由主義的学者を非難し始めた。昭和八年四月、京都帝国大学法学部滝川幸辰教授は、その「刑法講義」と「刑法読本」とが内務大臣によって発禁処分に付され、翌月、京大の同意を得ずに、閣議で休職処分に付された。(5)昭和一〇年二月、勅選議員美濃部達吉東大名誉教授の「天皇機関説」が問題となり、四月、不敬事件として検事局は取調を始め、次いでその三著『逐条憲法精義』、『憲法撮要』、『日本憲法の基本主義』が発禁処分となった。同教授は、さらに出版法違反で起訴されるおそれがあったため公職を辞して起訴猶予となった。

このようなファシズムの嵐の中にあって、河合教授は、軍部ににらまれ、蓑田教授らの攻撃を受け、貴族院で菊池武夫議員らの弾劾を受け、著書が発禁処分に付され、大学から追われただけでなく、有罪の宣告を受けたのである。

さらに、東京大学法学部において東洋政治思想史の講師として教えていた津田左右吉早大教授は、昭和一五年二月一〇日、『神代史の研究』、『古事記及び日本書紀の研究』、『日本上代史研究』、『上代日本の社会及び思想』の四著書が内務省により発禁処分とされた。これは、津田教授の古代史の解釈は、天皇が現人神であり、万世一系であることを否定することにつながるという点を問題としたのである。地裁の公判は傍聴禁止の状態で昭和一六年一一月一日から開始され、翌一七年一月二一日判決が下されたが、「古事記及び日本書紀の研究」のみが違法とされ、禁錮三か月、執行猶予二年の宣告を受けた。検事、被告両側控訴。しかし、控訴院では裁判長が三度も替わり、公訴時効の停止の手続がとられないままに一年以上も公判が開かれず、昭和一九年一一月四日、時効完成により免訴の判決が下され、不明確な形で終わった。なお津田教授は、昭和一五年一月一一日にすでに早稲田大学教授を辞任していた。

(三) まとめ

一　以上、ドイツ、フランスおよびアメリカにおける学問の自由の特色を踏まえて、明治憲法下のわが国の学問の自由について、森戸事件および河合事件を考察し、また学生問題として京都学連事件を取り扱った。右の森戸事件の特色は、思想史上の専門的問題について、新聞紙法上の「朝憲紊乱」という警察的取締りの尺度で可否を判断し、学問の自由の弾圧のスタートをなした事件であった点にある。また、河合事件は、ファシズムの思想弾圧が自由主義者にもおよび「学問の自由」というものが出版法という特別法により否定され、言論などの合法的手段によって国家の諸問題を論じても、わが国の伝統的思想信念や法制度に反した言論は許されないとされた事件である。

そして、また右の二つの事件は、学問の自由が裁判上問題となった点にその特色があるといえよう。さらに、前述した京都学連事件は、学生運動が反体制活動であるとして起訴された最初の事件である点に、その特色がある。

学問の自由の侵害に関する戦前の代表的な事件としては、森戸事件（大正八年）、滝川事件（昭和八年）、天皇機関説事件（昭和一〇年）、矢内原事件（昭和一二年）、河合事件（昭和一三年）、人民戦線事件（昭和一三年）などの事件があるが、これらの一連の事件、特に森戸事件および河合事件からも推測されるように、わが国の「学問の自由」は、ドイツの場合に類似していると思われる。すなわち、学問は国家目的を実現するための手段として位置づけられてきたということができる。それは、明治一九年の帝国大学令において、「大学ハ国家ニ須要ナル学術ノ理論及ビ教授」をすると規定されていたことに象徴されているといってよい。しかも、何が「国家ニ須要ナル学術」かは、その時の政治、社会、文化により変動したのであり、検察当局により「国家主義こそが日本伝来の国民的思想である」として、これに反する思想や言論は日本国家の存立に対する挑戦行為と把握され、非難されたのであり、学問の自由もその範囲内でしか認められなかったのである。

二　以上の考察から、明治憲法下においては、学問の自由を保障する憲法上の規定は存在せず、このため、学問の自由も大学の自治も、慣習上どの程度認められるかが問題となっていたということになる。このため、国家権力による学問に対する干渉がしばしば行われて研究者を拘束し、その弊害は著しかったということができる。すなわち、極端な国家主義、軍国主義のために、学問の研究は自由な発展を見せなかったということができる。

戦後、日本国憲法が「学問の自由は、これを保障する」（二三条）と規定したのは、右のような経験によるものであった。憲法第二三条は、二つの保障を包含していると考えられる。すなわち、その第一は、自由権としての学問の自由の保障であり、第二は、大学の自治の制度的保障である。学問の自由と大学の自治とは、観念的には区別されるべきものである。しかし、両者は密接不可分の関係にあるといってよい。すなわち、学問の自由とは、個々の国民が学問の研究や研究成果の発表について、国家権力からの干渉や拘束を受けないということである。

また、大学の自治とは、学問研究および教育が原則として学問研究者または大学教授の自治的判断に任されるという自治権を意味する。すなわち、大学自治の主体は教授または研究者である（具体的には教授会または国立大学の評議会）。大学の自治の中で特に重要なのは、国公立大学の人事権の問題と大学の施設および学生の管理権の問題である。

右のように、学問の自由と大学の自治とは観念的に区別されるが、学問の自由を守るために、大学の自治が認められなければならないことは、すでに指摘した森戸事件、河合事件をみても、明らかである。憲法第二三条が学問の自由と大学の自治の両者を保障していると解されているのは、右の理由によるのである。

第二章　学問の自由と大学の自治

㈠　学問の自由の位置

一　以下、日本国憲法第二三条の学問の自由についての解釈論を展開するが、その前提として、憲法第二三条の位置づけをしておく必要があろう。すなわち、憲法第二三条は、日本国憲法第三章の「国民の権利義務」に規定されているが、この章は、大きく二つに分類することができる。すなわち、総則的部分と各論的な部分である。前者の総則的規定として、憲法第一一条ないし第一三条をあげることができる。すなわち第一一条は、基本的人権の本質、第一二条は、自由及び権利に関する国民の一般的責任、第一三条は、個人の尊重を、それぞれ謳っている。

この総則の部分で解釈上問題となっている点として、⑴公共の福祉と基本権との関係、⑵公法上の特別な法律関係と基本権との関係、⑶基本権規定と私人間の関係、の三つをあげることができる。これら三つの点は、学生の法的問題を検討する場合の憲法上の基礎的問題である。すなわち、⑴は公共の福祉と学問の自由との問題として、⑵はいわゆる特別権力関係と教授、学生の権利との関係の問題として、⑶は私立大学における大学と教授、学生との法的関係に基本権規定がどこまで及ぶかという問題として、それぞれ関係を有する。

二　ここでは、まず、⑴の公共の福祉と基本権との関係を取り扱い、公共の福祉と学問の自由との関係について検討を加えておきたい。

この問題を論ずる前に注意しなければならないことは、⑴「公共の福祉」とは何かということと、⑵憲法では「公共の福祉」という文言が、第一二条、第一三条、第二二条一項および第二九条二項の四カ所で使用されているが、これらはすべて同じ意味であると解すべきではなく、異なるということである。憲法第一二条および第一三条の「公共の福祉」は、総則の部分の「公共の福祉」であるのに対し、憲法第二二条一項および第二九条二項の「公共の福祉」は、各論の部分の「公共の福祉」であるからである。

基本権が無制限なものではなく、公共の福祉による制限が許されるとするならば、「公共の福祉」とは何であるかを考察しておくことが必要であるが、「公共の福祉」を一般的に定義づけた判例は見当たらない。ただ、裁判所の判断を総合すると、社会生活において共通する利益とみられる「社会的利益」の保護、増進と、国家的利益の保護の二つに集約される。たとえば、公衆衛生は、「有毒物から公衆の健康を維持し生命を保全するといういわゆる公共の福祉のために必要である」(最高裁昭和二三・一二・二判・刑集二巻一四号一九五一頁)という形の判例はきわめて多い。

また、「公共の福祉」の定義に関する政府の見解は、「憲法にいう公共の福祉とは、多くの人たちの基本的人権の集まった形」であるとしている(昭和二七・五・二四第一三回国会、参・法務委、四四号一五～一六頁)。

学説は一定していないが、「公共の福祉」とは、英語のcommon good(マッカーサー草案一一条)、general welfare(同一二条、二一条)またはpublic welfare(同二七条)にあたり、個々の人間の個別利益に対してそれを超え、ときにそれを制約する機能をもつ公共利益を意味するという見解がある(宮沢俊義『日本国憲法』二〇〇頁)。

結局、「公共の福祉」という観念を定義づけるとすれば、おそらく、社会生活を営む多数人の実質的利益ということができよう。憲法上保障されている憲法第一四条以下の各基本権は、「公共の福祉」に制約されることを認めなければならないが、しかし、一方、この「公共の福祉」という概念を緩く解すれば各基本権を認めた理由はなくなる。したがって、ここに、公共の福祉の内容をどのように解するかが問題となる。

三　公共の福祉と基本的人権の問題は、公共の福祉の実現を理由に一人一人に保障されている基本権をどの程度制限できるかという問題である。基本権の問題を論ずるには、一般論としてこの公共の福祉と基本権との関係が問題となる。すなわち、学問の自由も個々の基本権の一つとして一般論として憲法第一二条、第一三条の公共の福祉により制約をうけるかということである。

この基本的人権の限界をどのように解するかという点において、学説が分かれている。具体的にいうと、(i)憲法上の基本権は絶対的なものでありいかなる制限にも服さないものか、(ii)そうではなく、公共の福祉の制限に服するものであるのか、(iii)また基本権はその内容によって、公共の福祉の制限に服する基本権と服さない基本権とに区別することができるか、ということである。

制限可能説は、憲法第一二条、第一三条などの公共の福祉を根拠として、基本権も公共の福祉に反しない限りにおいて認められるのであり、したがって公共の福祉の見地から、法律をもって基本権を制限することができる、とする。

制限不可能説は、日本国憲法は基本的人権を、侵すことのできない永久の権利とし、前国家的な権利としたのであるから、憲法第二二条一項、第二九条二項のように、明文をもって認めている場合以外は、法律をもってしても絶対に制限できないとする。

折衷説は、基本権を自由的基本権と社会的基本権とに分け、前者については右の制限不可能説に立って制限できないとし、後者については公共の福祉を理由に制限できるとする。

右の説のうちいずれの説をとるべきかは直ちに断定することはできないが、各説については次のような批判がなされている。

制限可能説については、明治憲法下と同じ結果となるのではないかという批判がなされている。たとえば、明治憲法（大日本帝国憲法）第二九条の「日本臣民ハ法律ノ範囲内ニ於テ言論著作印行集会及結社ノ自由ヲ有ス」という規定に象徴されるように、明治憲法下の臣民の権利義務は「法律ノ範囲内ニ於テ」「法律ニ依ルニ非スシテ」「法律ニ定メタル場合ヲ除ク外」「安寧秩序ヲ妨ケス及臣民タルノ義務ニ背カサル限リ」というように法律によって制限することができることになっていた。

一つの典型的な例として、治安維持法（昭和二〇・一〇・一五勅五七五号で廃止）第一条は「国体ヲ変革又ハ私有財産制度ヲ否認スルコトヲ目的トシテ結社ヲ組織シ又ハ情ヲ知リテ之ニ加入シタル者ハ十年以下ノ懲役又ハ禁錮ニ処ス」というように、結社の自由を中心とした基本権を法律により制限することを可能にしていた。このため、公共の福祉を理由に基本権を制限することを認めると、明治憲法下と同じことになるのではないかという批判が強い。ここに制限不可能説が主張される理由がある。しかし、この説については、社会的共同生活を営んでいるということから、他の同種の権利の侵害をどう調整するかという点について明確な解答がなされていないという批判がある。

また、折衷説についても、社会的基本権については国家の保障を求めるものであるがゆえに、外部からの制約をうけることには問題がないが、自由的基本権については制限不可能説と同じような問題が提起されよう。したがって、制限可能説を採用するほかないのではあるまいか。しかし、この説に対する批判は依然として残っている。このため、(i)公共の福祉の枠を厳格に解すること、(ii)基本権を制限する法律が制定されても裁判所による違憲立法審査権に期待すること、により人権保障の目的を達成すべきであるということになる。

右のような前提に立脚して、次に、「学問の自由」が「公共の福祉」によりどの程度まで制約をうけるかを検討する。

(二)　学問の自由と大学の自治

一　高等教育について――「大学はすべての現代教育制度の王座である。自由の社会では、大学は平等の関心を以て、三大任務を果たすものである。第一に、智的自由の伝統をこの上もなく高価な宝として防護し、思想の自由を激励し、探求の方法を完成し、知識の向上をうながし、科学及び学問を育成し、真理への愛着を育み、そして社会の絶えざる光明の源として役立つものである。……」

官公私立学校について――「高等教育の目的と自由とは、高い標準と広い文化的目的とを以て、大学及び専門学校を維持するやうにできる限り、助長することによってのみ達成されるのである。自由に学び、自由に発表する機会が、官公私立を問はず、すべての優良な学校に回復されなくては、一般民衆の興味があらゆる文化から来る新しい思想や、新しい方法に対して、正常に発展することができない。」

個々の教授の地位・教授団について――「個々の教授の地位は、高等教育の改善の如何なる提案の中においても、最も重要なる要素である。彼の影響力は、社会の二つのおくり物、即ち学問の自由と経済的保証に依存する。学問の自由とは、官公私立の如何なる大学、高等学校の教授団でも、新しい知識を研究するためには、器械と同様に思想をも実験的に供することを許された場合に存在するのである。」

「学問の自由を維持する一つの確実な方法は、学問のことにおいては教授自身に権威を持たせることである。学問の自由はまた、教師や教授及び大学から成る全国の協会によって支持されてゐる。それらの協会は、すべての人々の幸福のために学者や科学者の権利を用ひることが、社会に対する責務であるといふ精神に基いてゐるのである。教育や研究の高い基準は、現職中の男女の教師によって立てられるものであって、法令によって定められるものではない。」

右に掲げた文は、昭和二一年三月三一日の「第一次アメリカ教育使節団報告書」の一部である。当時のアメリカの教育使節団は、日本の大学に何を期待していたのであろうか。すなわち、大学の任務は、(1)社会の真理の源泉として役立つこと、(2)社会の指導者を育成すること、(3)変化する社会に対応する有能な人物を訓練すること、にあると位置づけ、また大学の自由が保障されなければ新しい思想や方法の正常な発展を期待することはできないとする。さらに、教授については、学問の自由と経済的保障によって教授の権威が確保され、社会に影響を及ぼすことができるということを述べている。

右のようなアメリカの教育使節団の意図は憲法または法制度上、どのように確立されたのであろうか。

二　憲法第二三条の「学問の自由」に関する憲法上の問題を論ずるに当たっては、まず、憲法第二三条と第三章の

「国民の権利義務」の総則の部分で解釈上問題となっている。(1)公共の福祉と基本権との関係、(2)公共の福祉と学問の自由との関係について検討する必要がある。

そこで、まず、公共の福祉と基本権の関係について、主として学説を中心に検討を加えた。その解釈上の重要な論点は、公共の福祉を理由にして基本権を制限することができるか否かという点であった。

そこで紹介した学説は、(1)制限可能説、(2)制限不可能説、(3)折衷説などであったが、それぞれの学説に問題があり、結局、社会的共同生活の中における個人ということは否定できないので、公共の福祉を厳格に解し、基本権に重大な侵害を加える法律が制定された場合は違憲立法審査権（憲法第八一条）に期待することにより、人権保障の目的を達すべきであることを指摘した。

右のようなことから、憲法第二三条で保障されている学問の自由も絶対的なものではなく「公共の福祉」によりある程度の制約をうけるということになる。しかし、どの程度制約をうけるかについては、学問の自由の内容を検討することによって決定しなければならない。したがって、まず、日本国憲法が保障する学問の自由についての一般的な解釈論を検討することが必要である。

憲法第二三条は「学問の自由は、これを保障する」と定めている。本条の解釈については、(i)狭く大学の自治の保障のことをいうと解する説、(ii)学問の自由を個人の学問研究の自由の保障と解し、大学の自治に触れない説、(iii)広く個人の学問研究の自由を保障し、同時に大学の自治の保障も含むと解する説があるが、(iii)の説が通説的見解となっている。

この学問の自由を制度的に保障しているのが、大学の自治である。

三　学問の自由と日本国憲法――学問の自由を制度的に保障したのが大学の自治であるとするならば、大学の自治を論ずるには、まず、学問の自由を論ずることから始めなければならない。この両者はどのような関係にあるのであろうか。

日本国憲法第二三条は、「学問の自由は、これを保障する」と定めており、英訳では、"Academic freedom is guaranteed."とある。

この日本国憲法第二三条が制定されるまでの「学問の自由」に関する条文の内容は、次のような経過をたどった。すなわち、マッカーサー元帥は、昭和二一年二月一日の毎日新聞の報道から、日本政府の草案（いわゆる松本案）が、保守的で十分民主的な憲法と認めることができないと考え、日本政府に憲法改正案を起草させるという従来の方針を変更して、マッカーサー元帥の直接の指導の下に、民政局に新しく憲法草案の起草を命じた。その過程において、総司令部における日本国憲法起草のための「運営委員会と人権に関する小委員会との会合」（一九四六年二月八日金曜日）(Meeting of the Steering Committee with Committee on Civil Rights (Original Draft) Friday, 8 February 1946) で検討されていた草案の中で、「学問の自由」の問題については次のように述べられていた。「10〔原案〕第一二条は、大学における教育および研究の自由並びに合法的な調査研究の自由を保障し、教員の罷免権を有するのは、〔教育・研究〕専門職従事者の組織ないし協会に限らるべきだとしていた。運営委員会は、連合国がある種の研究を厳しく制限し、ものによっては完全に禁止しようと考えていることを理由に、調査研究の〔自由の〕保障に反対した。」

その後、人権に関する小委員会は、報告書として、「民政局長のための覚え書き〔人権の章についての小委員会案〕」を提出した。その中で、「第　条　大学における教育および研究の自由並びに職業選択の自由は、すべての成年者に保障される。」(Article　Freedom of academic teaching, study and choice of occupation are guaranteed to all adults.）とされていた。

さらに、昭和二一年二月一三日に日本政府に提出された「憲法改正案」〔マッカーサー草案〕(Draft)〔as submitted to the Japanese Government by the Geneal Headquarters, SCAP, on February 13, 1946〕では、「第二二条　大学の自由および職業の選択は、保障される。」(Article XXII. Academic freedom and choice of occupation are guaranteed.）と規定されていた。

その後、現行の日本国憲法第二三条は、「学問の自由は、これを保障する。」と規定したのである。右のような条文の経緯から、「学問の自由」は次のような変遷をたどっているといえる。すなわち、当初は、大学における教育および研究のほかに、合法的な調査研究についても、その自由を保障すると規定されていた。また、教員の罷免権を有するのは、教育研究専門職従事者の組織ないし協会に限られるとする規定が設けられていたが、前者は、現に連合国がこれについて規制を加えようとしていることから妥当でないとされ、後者は、国民に対し責任を負わない団体に統治の権限を与えることは許されるべきでないとされて、いずれも削除された。総司令部案は、右の「大学(academy)における教育および研究の自由」とあったのを、「大学の自由」と改め、「すべての成年者に」とあったものを削除している。その後、総司令部と日本政府との折衝の段階で、「職業選択の自由」は、むしろ住居の選択の自由等と一緒のほうがよいということで、前条に移され、アカデミック・フリーダムに当たる言葉として、憲法改正草案要綱から、「学問の自由」の語が選ばれた（高柳賢三・大友一郎・田中英夫編著『日本国憲法制定の過程』有斐閣）。

四　この憲法第二三条の学問の自由には、(1)学問研究の自由、(2)研究成果の発表の自由、(3)教授の自由が含まれているが、以下、簡単にそれぞれについて一言説明を加えておきたい。

(1)　学問研究の自由――(a)学問研究の自由は、憲法第一九条の思想の自由が学問の分野に現われたと考えてよい。(b)学問研究の自由に対する制約は存在しない。すなわち、学問研究の内容が国家にとり有害であるとか、公共の福祉に反するという理由で国家から制限されたり、干渉を加えられることはない。どのような研究が価値のある研究であるかの判断は学問的立場からなされるべきであり、国家権力とか外部の力によりなされるべきではない。したがって、旧大学令に規定されていたような「大学ハ国家ニ須要ナル学術ノ理論及応用ヲ教授シ……国家思想ノ涵養ニ留意スヘキモノトス」（一条）というような考えは、戦前において学問の自由を侵害する手段として使用されたことからして、学問の自由の原則に反することになる。(c)学問研究者であれば、公務員であっても国家権力により制約が加えられてはならない。(d)学校行政に関しては、できるだけ研究機関の自主性を尊重し、国家の役割は後見的役割に限定すべきである。したがって、学問研究については、公共の福祉による制約はあり得ない。

(2)　学問研究の成果の発表の自由──学問研究の成果の発表の自由は、第二一条の表現の自由の一部である。この自由は、学問研究の自由と異なり、無制約ではない。学問研究の自由を濫用し、公共の福祉に反する場合、たとえば反道徳的、反社会的な発表は制約される。ただし、この制約は厳格に解さなければならず、「表現の自由」の原則が適用される。

すなわち、個人の内心の問題が外界に発表されると、単に個人の内心の問題ではなく、他人に対し影響を与えることになるので、「公共の福祉」との関係が問題となる。この点については次の点を考える必要がある。

(i)　表現の自由は、民主主義制度を維持していくために必要な要件である。したがって公共の福祉を理由として表現の自由を制限することについては、厳格な態度で臨むことが必要である。

(ii)　しかし、一度、個人の思想が外部に発表されると、それによって公衆が影響をうけることになるので、表現の自由は絶対的であっていかなる制限もうけないというわけにはいかない。もし、公衆に対し不適当、有害、違法なものを発表し、他人の権利、利益を侵害する場合は、自らがその侵害について責任を負わなければならないのである。したがって、一度、個人の思想が外部に発表された後には、犯罪を構成する表現行為たとえば、ワイセツ、名誉毀損、犯罪の教唆などに該当すると、処罰の対象となる。

しかし、どのような場合に処罰されるべき表現となるかについては明白ではない。それは法律で定めていくより方法がない。しかし、法律により規制するといっても、具体的に、明確に定めることは不可能である。この表現の自由を規制する場合の基準として注目されているのが「明白かつ現在の危険の原則」(the clear and present danger rule)である。この原則はアメリカの最高裁判所のホームズ判事により示されたものである。

ホームズ判事は、使用された言葉が、明白かつ現在の危険をつくり出すような状態で述べられたかどうか、また、そのような危険を生み出すような性質のものであるかどうかによって、表現の自由を規制すべきことを提案した。しかし、この原則は、アメリカでも変遷し、「危険な傾向」の原則がこれにとって代るにいたる。その後、再び「明白かつ現在の危険の原則」が復活した。しかし、一九五〇年代の「冷たい戦争」とともに動揺し、「明白にして起こり得べき危険」(clear and probable danger) の原則に変化し、実質的には「危険な傾向」の原則に後退した。さらにその後、国家の利益と個人の利益を比較して決定するという「利益の衡量」(balancing of interests) の原則が採用された。

わが国の裁判所は、右の「明白かつ現在の危険の原則」については、これをもって唯一の絶対的基準と解することはできないとし、憲法解釈上、言論などの行為を規制する場合の限界を公共の福祉に反するか否かに求めている。したがって、「明白かつ現在の危険の原則」は採用していない（名古屋高昭和三九・一・一四判、高裁刑集一七巻一号一頁）ことに注意する必要がある。

(3)　教授の自由――(a)憲法第二三条の学問の自由の保障は、大学その他高等教育機関の学問研究の自由に限定されず、一切の学問研究の自由を意味すると解されるが、すべての教授の自由までも保障しているか否かは問題である。すなわち、教授には教育という側面があることを認めなければならない。教授の自由は学問的見解についてのみ認められ、また、できるだけ広く認められなければならないが、主たる任務が学問研究ではなく教育にある下級教育機関についてまで、全面的に教授の自由を認めるわけにはいかない。したがって、下級教育機関の教科内容、教材などに関し規制が行われることは、学問の自由に反することにはならない。この制約は、下級の教育機関ほど多くなる。したがって、教授の自由は、実際上は、大学または上級の学問研究および教育を目的とし、任務とする機関においてのみ、認められるということになる。

裁判所も、「大学において学問研究の自由が最も尊重され、教育活動に対して高度の自由が保持せられなければならないことは勿論なれども、それ以下の普通教育を施すべき高等学校、中学校、小学校の順に、下級の学校に応じて漸次制約せられるべきことは、これらの学校における教育の目的及び目標よりしてまことに止むを得ない」（熊本地昭和三七・九・一四判、下級刑集四巻九・一〇合併号八六四頁）とし、「教員は教育の内的事項について職務上の独立が認められ、教育行政はこれに干渉することができない旨の主張については憲法及び実定法の解釈上そのように解すべき根拠はない。すなわち、憲法第二三条の学問の自由が当然教育ないし教授の自由を含むとはいえない」としている（長野地昭和二九・六・二判・判例時報三七四号八頁、同趣旨福岡地小倉支部昭和三九・三・一六判・判例時報三八三号八頁、盛岡地昭和四一・七・二二判・判例時報四六二号四頁）。

五　次に、大学の自治は、観念的には学問の自由と別個のものであるといえる。憲法上の各種の「自由」は、歴史的産物であり、それは国家権力からの個人の解放を意味する。したがって、学問の自由は、個々の国民が学問の研究や研究成果の発表について国家権力から拘束を受けないということであり、大学の自治は、学問の研究者の組織体である大学が一定の事項について自治権を有し、学問の研究を進めるということであるので、両者は観念的に区別されるということになる。このように両者に相違が認められるのに、両者が一体的なものとして観念されているのは何故かを考えなければならない。

その理由は、学問の発展は、自由な研究体制によってのみ可能であるという考えに立つものである。すなわち、学問の研究という活動は、本来自主的になされなければならないものであり、もし真理を探求する研究者に対し、外部から干渉が加えられるならば、学問の発達は期待することができないという認識に立っている。

他方、大学は、歴史的に学問研究の中心として重要な役割を果たしてきたという事実から、学問の自由は歴史的に大学における学問の自由として考えられてきたのである。かかる認識に立脚して、西欧諸国の大学においては、外部勢力や国家権力からの解放の戦いがなされてきた。しかも、現代の学問は高度に専門化され、大学を離れて学問を議論することはできなくなってきている。このため、大学の自治は、一層重視されているのである。このことは、大学の自治が学問の自由と密接な関係にあることを示している。したがって、日本国憲法第二三条は両者をともに保障していると解されている。

しかし、大学自治の観念は必ずしも一定していない。すなわち、大学の自治が保障される⑴根拠、⑵事項、⑶その主体といった点についての把握の仕方が一定していないのである。このため、ここでは、まず、大学の自治を理由に提起されている諸問題を整理検討することからはじめる必要がある。

六　大学の自治の制度的保障——右に考察したことから、憲法第二三条の「学問の自由」には二つの面があるといえる。すなわち、第一に、自由権としての意味での学問の自由の保障である。これは、個人が学問を研究するに当たって国家権力による侵害を受けないということである。学問の自由は、もちろん、すべての国民に対して与えられるが、この自由が認められてきた歴史的な過程から考え、特に大学における学問の自由は尊重されなければならないのである。学問の自由には、前述したように、一般に、学問研究の自由、研究成果発表の自由および教授の自由(大学における学者の学説の自由）が含まれている。

第二に、憲法第二三条の学問の自由には、大学の自治の制度的保障がある。すなわち、憲法は、個人の基本権としての学問の自由の保障のほかに、大学の自治という制度を保障しているのである。

このように、大学の自治という制度を保障するということの意味は、大学の自治を単なる慣行上の問題としてではなく憲法上保障しているという点にある。このような大学の自治の制度を保障することの実益は、法律によって大学の自治を否認するような制度を設けることはできないこと、大学の自治を否認するような行政処分を行うことはできないこと、という点にある。また、この制度を憲法上認めることにより、私立大学などのような私人の経営による大学であっても、そこにおける学問の自由の侵害は憲法上の問題として論議することができるのである。

七　大学の自治の内容——大学の自治の内容は必ずしも明白ではなく、以上検討してきたように、この観念は歴史的な産物である。したがって、大学の自治の観念は、個別的、具体的に決定していかなければならず、その内容も固定化するわけにはいかないのである。

前述のような歴史的経緯からして、大学の自治とは、大学が外部の勢力に干渉されることなく、学問研究および教育という本来の任務の達成に必要なことがらを自ら決定することをいうのである。

ここで、戦後の大学の自治の歴史的変遷をたどってみる必要があろう。

第二編　日本国憲法下の大学の自治の確立

第一章　日本国憲法の制定と大学教育法制

「日本における学校教育制度は明治四年以来幾度も変遷して来た。明治二三年に明治憲法が実施せられ教育勅語が発布せられてからは、教育の諸制度がその根本を是等両者において来たことは当然であって、諸制度を一貫して伝統的歴史主義と君臣和合一体の国家主義とがその基調となっていた。然るに今や吾々は日本を真に文化的な国家として、再建するための最も基本的な改革として、明治憲法を改めて日本国憲法を確定した。又、この憲法の精神に則って教育基本法を制定した。この度の学制改革は、実にこの根本的な変革を伴うものであって、従来の制度改正とは全く趣を異にする。この未曽有の精神革命を実現するためには、根本において教育の力にまつべきものであり、そのための教育制度の刷新は日本国民に課せられた至上命令なのである。従来の教育は国家の必要と教育の目的との不完全な概念の上に立っていたが、今、吾々は民主的な文化的な国家を建設して世界の平和と人類の福祉に貢献しようとする。個人の尊厳を重んじ、人格としての自覚、人類の一員としての教養を志し、真理と平和を希求する人間の育成を期してその普及徹底に邁進しなければならない。この度の制度改正はこの要求を満さんためであり、これこそ再編成の根本理念でなければならない。

一国の文化向上のために大学がいかなる位置を占めるか、ましてや文化国家として立つべき今後の日本においてそれが如何に重要なものであるかは殆んど言を要しない所である。国民全般の教養を高める事は文化国家たる最も重要な要素であるが、大学はその知性の豊かな源泉となるであろう。国民が何が真理であり何が道徳であるかを求める時にその灯をかかげることもまた大学の一つの使命であろう。各大学で行われる科学的な専門的な諸研究とその応用とはまた国民生活の福祉に貢献することが多いであろう。そして是等の事は大学の機構の改善と充実とに俟たねばならないのである。」（文部省「日本における高等教育の再編成」昭和二三年一月）

右の文部省の「日本における高等教育の再編成」に関する提言にみられるように、文部省は、(1)憲法や教育基本法の目的を実現するためには教育の力にまつべきである、(2)大学の再編成の根本目的は、真理と平和を希求する人間の育成にある、(3)文化国家建設のために大学はその知性の源泉となる、(4)国民に対し、真理と道徳の灯をかかげることも大学の使命であるという認識の下に、平和国家、文化国家の実現をめざし、新しい大学の建設に出発することを決意していることがうかがえる。この提言が出されたのは、昭和二二年三月の教育基本法、学校教育法の公布施行約一〇か月後であった。このように大学教育が新しい出発をしようとするまでのわが国の教育改革の動きはどうであったのであろうか。戦後の教育制度を論ずるには、まず昭和二〇年八月一五日から始めなければならない。

(1)　ポツダム宣言の受諾と教育改革のためのＧＨＱの指令

昭和二〇年八月一五日、わが国は、太平洋戦争の敗北により、ポツダム宣言を受諾した。ポツダム宣言は、日本国政府に対し「日本国政府ハ日本国国民ノ間ニ於ケル民主主義的傾向ノ復活強化ニ対スル一切ノ障礙ヲ除去スベシ、言論、宗教及思想ノ自由並ニ基本的人権ノ尊重ハ確立セラルベシ」（一〇頁）と要求した。わが国は、この宣言の受諾により、従来の国家権力が崩壊するとともに、国家主義、軍国主義教育は否認され、教育における民主化が要求されるにいたった。すなわち、連合軍最高司令官は、ポツダム宣言に基づき、一連の民主化のための指令を発した。すなわち、昭和二〇年九月二二日「降伏後における米国の初期の対日方針」が出されたのをはじめ、一〇月四日には、思想警察（特高）が廃止され、また治安維持法その他の自由を抑圧する諸法令も廃止され、政治犯も釈放された。また、同月一一日には、(i)婦人の解放、(ii)労働組合の育成、(iii)教育の自由主義化、(iv)専制政治からの解放、(v)経済の民主化を要求する五項目の一般的指令が発せられた。このような民主化政策は財閥の解体や天皇の資産凍結、農地改革へと進んでいった。

右のような連合軍総司令部による一連の日本の民主化政策に対し、教育面においてわが国はいかなる態度をとったのであろうか。

昭和二〇年八月一五日、ポツダム宣言受諾に関する天皇の放送が行われたが、この日に太田耕造文部大臣は、「我等ニ匪躬ノ誠足ラズ報国ノ力乏シクシテ皇国教学ノ神髄ヲ発揚スルニ未ダシキモノ有リシニ由ルコトヲ反省シ」、「国体護持ノ一念ニ徹シ教育ニ従事スル者ヲシテ克ク学徒ヲ薫化啓導シ其ノ本分ヲ謬リナク恪守セシムルト共ニ師弟一心任ノ重キニ堪へ祖孫一体道ノ遠キヲ忍ビテ教学ヲ荊棘ノ裡ニ再建シ国力ヲ焦土ノ上ニ復興シ以テ深遠ナル聖慮ニ応へ奉ランコトヲ期スベシ」という訓令を発し、なお、従来の教育方針を堅持しようとする見解を示していた。

また、同年九月一五日には、文部省は、「新日本建設の教育方針」を発表し、戦後はじめての教育改革についての公式見解を示した。しかし、そこでは依然として、「国体護持」が強調されていた。すなわち、「大詔奉戴ト同時ニ従来ノ教育方針ニ検討ヲ加へ新事態ニ即応スル教育方針ノ確立ニツキ鋭意努力中デ近ク成案ヲ得ル見込デアルガ今後ノ教育ハ益々国体護持ニ努ムルト共ニ軍国的思想及施策ヲ払拭シ平和国家ノ建設ヲ目途トシテ謙虚反省只管国民ノ教養ヲ深メ科学的思考力ヲ養ヒ平和愛好ノ念ヲ篤クシ智徳ノ一般水準ヲ昂メテ世界ノ進運ニ貢献スルモノタラシメントシテ居ル」というものであった。さらに、その趣旨を徹底するために、文部省は、一〇月一五、六日東京で新教育方針中央講習会を開きそこで前田多門文部大臣は「あらためて教育勅語を謹読し、その御垂示あらせられたところに心の整理を行わねばならぬ」という趣旨の訓示をした。

このように日本政府と文部省は、戦後の教育改革については依然として従来のわが国の国体の護持を前提として行おうとしていたことが推測される。これに対し、連合軍総司令部は、昭和二〇年一〇月二二日に「日本教育制度に対する管理政策」を覚書として発した。

この覚書は、過去の軍国主義および極端な国家主義的イデオロギーの普及の禁止、軍事教育の学科および教練の廃止、また国際政治や議会政治および集会、言論、信教の自由のような基本的人権の思想に合致する諸概念を教授すること並びにそれを実践的に確立することを奨励するための諸政策に基づいて、教育内容が批判的に検討、改訂、管理されるべきこと等の諸点を明らかにした。これは、連合軍最高司令官が占領政策の一環としてわが国の教育改革を手がけた最初の指令であった。

さらに、一〇月三〇日には「教員及び教育関係者の調査、除外、認可に関する件」（覚書）が、また一二月一五日には「国家神道、神社神道に対する政府の保証、支援、保全、監督並びに弘布の廃止に関する件（覚書）――いわゆる国家神道の禁止指令――」が発せられた。これは、国家から神道を分離し、神道の教義から軍国主義的かつ極端な国家主義的思想体系を排除し、教育機関から神道を除去することを命令するものであった。これにより学校・役所等の公共の建物における国家神道の物的象徴である神棚等の設置および「国体の本義」や「臣民ノ道」のごとき書籍や論文等の頒布などが禁止された。また、一二月三一日には「修身、日本歴史及び地理停止に関する件」（覚書）が出され、過去において軍国主義的かつ極端な国家主義的思想の基本とされた国家神道の思想を前提とした修身、日本歴史及び地理の教授が禁止された。

右の一連の覚書をもとに、戦後の教育改革が遂行されることとなったのである。

(2) アメリカ教育使節団と大学教育改革の方向

昭和二一年一月一日には、天皇の神格否定の「人間宣言」――「新日本建設に関する詔書」――が発せられた。これは、わが国の神道的色彩を払拭する動機となった。また、連合軍最高司令官マッカーサーは、アメリカに教育家の派遣を要請、この要請により三月、第一次アメリカ教育使節団が来日し、戦後の教育改革が本格的に推進されるにいたった。

連合軍総司令部（GHQ）は、次の四つの研究課題について使節団に報告の提出を求めた。それは、(1)日本における民主主義教育、(2)日本の再教育の心理的側面、(3)日本教育制度の行政的再編成、(4)日本復興における高等教育、の諸点であった。なお、GHQは、使節団に協力する「日本教育家の委員会」を設けることを日本政府に勧告し、事前の研究をさせた。これにより二月七日に日本側の「教育家委員会」が組織された（後にこの委員がほとんど教育刷新委員会の委員となった）。

第一次アメリカ教育使節団は、GHQ民間教育情報局の幹部および日本側の教育家委員と約四週間にわたって視察調査・研究と意見・情報の交換などをしあい、教育制度の全般にわたる報告書を三月二一日付で連合軍最高司令官に提出した。報告書は過去の日本の教育事情について調査し、軍国主義・国家主義教育を否定し、個人の価値と尊厳を確立するための教育を実施し、中央集権的教育行政を否定し、教育委員会制度を確立することなどを勧告し、教育制度全般にわたり具体的改善策を示した。

右のような使節団の報告書が公表され、マッカーサー司令部がその報告書に示された教育理念を全面的に支持したことにより、戦後の日本の教育改革の基本的な方向が明確になった。

このような一連の総司令部の戦後の教育改革政策の実施にあって、わが国もこれに対応せざるを得なくなり、昭和二一年五月および六月に、文部省は「新教育指針」を発表し、基本的人権を強調し「根本的に、かつ、将来にわたって永久に、軍国主義及び極端な国家主義をなくすためには、国民の教育によらなければならない」という態度を表明した。これは、使節団の報告書に従うものであり、前述の文部省の「新日本建設の教育方針」とは基本的に異なるものであった。

アメリカ教育使節団の大学教育に対する意見は次のようなものであった。

(1)　大学の任務は三つある。すなわち、それは、(i)知的自由と思想の自由の上に立脚する真理の探究と学問の育成による社会への貢献、(ii)過去および現在の世界の思想や考え方を教育し、家庭生活、社会生活、産業、政治、および国際的理解と親善を向上させるために指導的役割を果たす青年男女を作り出すこと、(iii)新旧両様の職業につけるような訓練を施すこと、である。

(2)　新しい制度では人文学的な広い基礎ができるようにする。これにより学生の将来の生活を豊かにし、将来の職業が社会全般の中でどのような役割をもつかを理解させる。外国語については、外国文学のみでなく、話し書くための実際的な訓練をする。

(3)　学内・学外において講座を公開し、それにより成人教育を行うことにより大学は国民といっそう親しくなる。

(4)　教員の経済的および学問的自由の確立は極めて重要である。

(5)　学者、教師、その他の専門家を外国に送るよう援助が与えられるべきである。

(6)　国立大学においては、大学院をもつ強力な教育学部を発展させ、大学教授、教育指導者、および教育調査の専門家を養成しなければならない。

(7)　日本では、高等教育機関は主としてその教授陣により支配され、国立大学の場合には全体的統制は文部省が行っているが、各大学の主要方向は常に教授によって左右されている。しかし、この教授による統制制度は修正されなければならない。民主社会では、高等教育は常に批判と調整を受けない限り、役立たないものとなるので、各高等教育機関はその支持者を代表する学外の男女からなる政策樹立委員会をもつべきである。

(8)　高等教育機関の設置の認可や基準の維持の監督は、代表的教育者からなる政府機関に責任をもたせるべきである。その機関は高等教育機関の自治権に干渉すべきではない。

右のアメリカの教育使節団の意見の最も重要な点は、大学の任務は真理の探究と思想の自由に立脚した社会への貢献、指導的青年の育成、職業訓練、成人教育にあるとしたことであり、そのために、大学の研究者らの外国への派遣、研究者の育成、学外者による高等教育政策の推進、教育機関の設置、監督、政府機関の責任体制の確立が必要であるとしていたのである。

(3) 日本国憲法の制定と教育基本法

他方、わが国の旧法制度を含む国家体制を根本的に改変しようとする憲法改正の作業が進行していた。すなわち、ポツダム宣言受諾後東久邇内閣が成立したが、同内閣は終戦処理のために誕生したもので、憲法改正を研究する余裕も意図もなく、学者も憲法改正問題を論議するにいたらなかった。

昭和二〇年一〇月連合軍最高司令官から日本政府に対して、憲法改正についての指示が与えられた。幣原内閣は、早速、松本国務大臣を主任とする憲法問題調査委員会を設けた。この調査会において研究されたものが、一般に松本案といわれるもので、その基本方針とするところは、(イ)天皇が統治権を総攬するという原則には変更を加えない、(ロ)議会の権限を拡大し、その結果として大権事項をある程度制限する、(ハ)国務大臣の責任を国務の全般におよぶものたらしめ、国務大臣は議会に対して責任を負うものとする、(ニ)国民の自由、権利の保護を強化し、その侵害に対する救済を完全ならしめる、の四点にあったといわれる。

政府は昭和二一年二月八日、草案（いわゆる松本案）を作成し、連合国側の承認を求めた。しかし、マ元帥は、すでに二月一日の毎日新聞の報道から政府案が保守的で十分民主的な憲法と認めることができないと考え、日本政府に憲法改正案を起草させるという従来の方針を変更して、マ元帥の直接の指導の下に、民政局に新しく憲法草案の起草を命じ、草案がなると、これを二月一三日日本政府に提示した。これがマッカーサー草案といわれるものである。日本政府は、それがあまりにも革新的であるのに驚いたが、結局これに応ずることに決し、若干修正を加えて、「憲法改正草案要綱」を作成し、三月六日、突如としてこれを公表した。

この憲法改正の手続は、明治憲法第七三条の手続で行われた。政府は、要綱に字句の修正、文体の整備を施し、四月一七日「内閣憲法改正草案」として発表し、枢密院の諮詢に付した。その後幣原内閣は総辞職し、第一次吉田内閣が成立したが、憲法改正については、幣原内閣の方針を踏襲した。六月八日、枢密院は多数をもって政府案を可決した。政府は六月二〇日、第九〇回帝国議会の衆議院に、勅書を附してこの草案を提出した。衆議院の審議は、六月二五日にはじまり、二か月を費して、若干の修正を加え、八月二四日に可決して、貴族院に送付した。貴族院でも若干の修正を加えて、一〇月六日可決し、さらに翌七日、衆議院が貴族院の修正に同意したので、ここに憲法改正は、すべての手続を完了し、一一月三日「日本国憲法」として上諭を付して公布され、翌昭和二二年五月三日から実施されるにいたったのである。

日本国憲法は、その第二六条において、教育に関し「すべて国民は、法律の定めるところにより、その能力に応じて、ひとしく教育を受ける権利を有する。すべて国民は、法律の定めるところにより、その保護する子女に普通教育を受けさせる義務を負ふ。義務教育は、これを無償とする」と規定した。この憲法第二六条の審議過程で、当時の田中耕太郎文部大臣は、「教育の理念に関する教育の目的や方針などについてこの憲法に一章を設けることは全体のわり合いからみて不適当と思われるので……別に文部省において教育に関する大方針及び学校系統のおもな制度について教育根本法ともいうべきものを立案して早急に議会の協賛をえたく法律として制定するよう準備している」旨述べ、ここに、教育基本法が制定されることになった。

教育基本法は、日本国憲法下のわが国の教育の基本を示す法律である。この教育基本法は、日本側の教育刷新委員会によって立案されたものである。この教育刷新委員会は、昭和二一年九月、わが国の教育に関する重要事項を調査審議するために、内閣の所轄のもとに設置された機関であり、その委員には前述のアメリカ教育使節団が来日したときに、それに協力するために組織された日本側の「教育家委員会」のメンバーの大部分が選任された。この委員会は、単なる諮問機関ではなく、内閣に対して教育施策全般について直接建議することを認められた機関であった。この委員会は、教育を刷新するために、その基本的な前提として教育の根本方針が確立されなければならないとし、特に、教育の理念を明らかにするための教育の根本法要綱の作成にとりかかった。そして、教育勅語に関する問題、教育の根本理念についての問題、教育基本法の内容等を検討審議し、一一月二九日の第一三回総会において採択、これを承認することを決議し、一二月二七日に内閣総理大臣に建議した。それは事実上の教育基本法草案の起案であり、これは学校教育制度や教育行政のあり方などを含めた戦後の教育改革の基本方針が日本側の委員によって公にされたことを意味する。

右の建議は、使節団報告書の内容と大体同じものであった。文部省は、この建議に基づき、GHQ民間情報教育局とも連絡折衝の上、教育基本法案を作成し、昭和二二年三月一二日に枢密院の諮詢を経て、翌一三日、法案を第九二帝国議会の衆議院に提案した。その際、当時の高橋誠一郎文部大臣は、提案理由として、「これまでのように詔勅、勅令などの型式をとりまして、いわば上から与えられたものとしてではなく、国民の盛り上りまする熱意によりまして、国民の代表者をもって構成せられておりまする議会におきまして、討議決定するために、法律をもっていたすことが新憲法の精神に適うものといたしまして、必要かつ適当であると存じた次第であります。……この法案は、教育の理念を宣言する意味で、教育宣言であるともみられましょうし、また今後制定せらるべき各種の教育に関する諸法令の準則を規定するという意味におきまして、実質的には教育に関する根本法たる性格をもつものであるとも申し上げうるかと存じます」と述べた。これにより、日本国憲法の国民主権主義に基づく国会中心主義の法治主義原理のもとに、教育の根本的改革についての政府の公式見解がうち出されたのである。

(4)　教育基本法の位置づけ

(A)　「われらは、さきに、日本国憲法を確定し、民主的で文化的な国家を建設して、世界の平和と人類の福祉に貢献しようとする決意を示した。この理想の実現は、根本において教育の力にまつべきものである。

われらは、個人の尊厳を重んじ、真理と平和を希求する人間の育成を期するとともに、普遍的にしてしかも個性ゆたかな文化の創造をめざす教育を普及徹底しなければならない。

ここに、日本国憲法の精神に則り、教育の目的を明示して、新しい日本の教育の基本を確立するため、この法律を制定する。」

(B)「教基法は、憲法において教育のあり方の基本を定めることに代えて、わが国の教育及び教育制度全体を通じる基本理念と基本原理を宣明することを目的として制定されたものであって、戦後のわが国の政治、社会、文化の各方面における諸改革中最も重要な問題の一つとされていた教育の根本的改革を目途として制定された諸立法の中で中心的地位を占める法律であり、このことは、同法の前文の文言及び各規定の内容に徴しても、明らかである。それ故、同法における定めは、形式的には通常の法律規定として、これと矛盾する他の法律規定を無効にする効力をもつものではないけれども、一般に教育関係法令の解釈及び運用については、法律自体に別段の規定がない限り、できるだけ教基法の規定及び同法の趣旨、目的に沿うように考慮が払われなければならないというべきである。ところで、教基法は、その前文の示すように、憲法の精神にのっとり、民主的で文化的な国家を建設して世界の平和と人類の福祉に貢献するためには、教育が根本的重要性を有するとの認識の下に、個人の尊厳を重んじ、真理と平和を希求する人間の育成を期するとともに、普遍的で、しかも個性豊かな文化の創造をめざす教育が今後におけるわが国の教育の基本理念であるとしている。これは、戦前のわが国の教育が、国家による強い支配の下で形式的、画一的に流れ、時に軍国主義的又は極端な国家主義的傾向を帯びる面があったことに対する反省によるものであり、右の理念は、これを更に具体化した同法の各規定を解釈するにあたっても、強く念頭に置かれるべきものであることは、いうまでもない。」

(最高裁昭和五一年五月二一日大判、刑集三〇巻五号六一五頁)。

右に掲げた(A)の文章は教育基本法の前文であり、(B)は最高裁昭和五一年五月二一日のいわゆる「学力テスト事件」大法廷判決の一部である。すなわち、(A)では(i)民主的で文化的国家の建設、(ii)個人の尊厳を前提とした教育の普及、(iii)日本国憲法に基づく新しい日本の教育の確立の三点を確認している。また、(B)の最高裁判決は、(i)教育基本法が教育法体系の中心的位置にあること、(ii)教育基本法は本法と矛盾する法律を無効にするほどの効力は有しないこと、(iii)しかし教育基本法の趣旨に合致するように解釈、運用することが必要であること、(iv)教育基本法は軍国主義的国家主義の反省の上に立って確立されたものであるので、この点を念頭において解釈すべきであること、と判示している。また、東京高裁昭和四九年五月八日の判決(行裁例集二五巻五号三七三頁)は、教育基本法といえども一般教育関係諸法と同位にあり、これに優越する法的効力を有しないが、その成立の経緯および立法趣旨からして、後に制定された一般教育関係諸法が明らかに教育基本法を改廃し、あるいはその適用を排除する趣旨で制定されたものでない限り、後法は前法を破るとの一般原則を直ちに適用することはできない、と判示した。

右のような人間の尊厳を前提とする教育を目指した教育基本法は、最高裁の判決において指摘されるまでもなく、軍国主義的教育または国家主義的教育の排除を前提として制定されたものである。

教育基本法は、一般教育関係法の総則的位置を占めており、また大学関係諸法の基本的法律ということになるので、大学関係諸法を検討する前提として、教育基本法の制定経過とその特色を整理しておくことが必要であると考える。

(5)　国体の護持と教育勅語

戦後日本の教育改革は、すでに述べたように、第二次大戦の敗北とポツダム宣言の受諾、それに続く、アメリカ占領政策の一環としてなされた。GHQの教育改革は、「教育に関する総司令部の四指令」すなわち昭和二〇年一〇月二二日の「日本教育制度ニ対スル管理政策」、一〇月三〇日の「教育及教育関係官ノ調査、除外、認可ニ関スル件」、一二月一五日の「国家神道、神社神道ニ対スル政府ノ保証、支援、保全監督並ニ弘布ノ廃止ニ関スル件」、昭和二一年一二月三一日の「修身、日本歴史及ビ地理停止ニ関スル件」により、従来の国家主義的、軍国主義的教育の排除からはじめられた。その後、昭和二一年三月、アメリカ教育使節団(第一次)の教育改革構想が提示されたが、その考えは、アメリカン・デモクラシーを基調とするものであった。これに対し、わが国の教育関係の指導者は、戦後の教育改革を「国体護持を前提とした教育の改革」として展開しようとした。これは、すでに指摘したように、当時、わが国が降伏するに当たって、政府は国体が護持されることを前提としてポツダム宣言を受諾すると主張していたことからも推測される。特に、当時の指導者が意図した国体護持の精神面の具体的な担保は、教育に置かれたのである。

右の国体の護持を前提とした教育の改革の考えは、文部省の昭和二〇年八月一五日の「太平洋戦争終結ニ際シ渙発シ賜ヘル大詔ノ聖旨奉体方」という訓令が「各位ハ深ク此ノ大詔ノ聖旨ヲ体シ奉リ国体護持ノ一念ニ徹シ教育ニ従事スル者ヲシテ克ク学徒ヲ薫化啓導シ其ノ本分ヲ謬リナク恪守セシムルト共ニ師弟一心任ノ重キニ堪ヘ祖孫一体道ノ遠キヲ忍ヒテ教学ヲ荊棘ノ裡ニ再建シ国力ヲ焦土ノ上ニ復興シ以テ深遠ナル聖慮ニ応ヘ奉ランコトヲ期スヘシ」としていることに現われている。そして、右のような教育の実現の基礎を教育勅語に求めた。

たとえば、安倍文相は、「国民が天皇の国民となり、皇室とデモクラシーを完全に両立させたい」「世上多少の疑義があるが、教育勅語を日常の道徳の規範に仰ぐに変りはない」「戦時中行われた神話と歴史の混淆は排すべきであるが、神話は神話としてまた国民生活に価値をもっている」「皇室は国民生活の中心であり、われわれは終戦新年の勅語を拝し、国民とともに新国家を建設しようとされる天皇の思召にこころうたれる。この古き国日本に新しき息吹を吹きこむことを誓いたい」と述べたが、これは教育勅語を教育の基本に置こうとしていたことを示すものである。

さらに、安倍文相は、昭和二一年四月一日の「公立学校官制」の制定、同年六月の同改正によって、従前待遇官吏として取り扱われていた公立学校教員の身分を正式の官吏として取り扱うことにした。教育行政については、「教育者優先」の原則の確立を意図したが、同時に、教師は司法官のように中正であるべきこと、教育は政治の埒外に立つべきこと、天皇制に関しては積極的に具体的問題に触れてはならないこと、教員組合は政治上のイデオロギーに立ち入らないこと（一九四六年二月、地方教学課長会議における田中学校教育局長の訓示、「文部時報」第八二六号所収）、を強調した。さらに、昭和二一年一月七日には、「治安警察法が廃止され、教職員・学生の政治結社加入は差支えなきも、その運動の職分に鑑み公正清純たるべきこと、とくに学校における教職員生徒の政談演説、特定政党の支持は、これを禁止する」という通達が発せられている。これは、また、教育を政治から分離しようとしていたことを示すものである。したがって、当初、文部省および教育指導者層は、(1)わが国の教育の基本を国体の護持においたこと、(2)それを前提とする教育の規範を教育勅語に求めたこと、(3)このような従来の教育方針を保持するためには、教育の中立性が必要であり、そのためにまず教員の政治的中立性を求めなければならなかったこと、などの点を指摘できると思われる。

また、昭和二一年三月わが国の一部の教育指導者らは、新教育勅語要請論を発表していた。すなわち、第一次アメリカ教育使節団を迎えるための「日本側教育家委員会」は、文部省に提出した非公開の報告書の中で、教育勅語に言及し、次のように述べている。すなわち、「一、従来の教育勅語は、天地の公道を示されしものとして、決して謬りにはあらざるも、時勢の推移につれ、国民今後の精神生活の指針たるに適せざるものあるにつき、更めて、平和主義による新日本の建設の根幹となるべき、国民教育の新方針並びに国民の精神生活の新方向を明示したまふ如き詔書をたまわり度きこと。二、右、詔書は、学校にある児童生徒並びに教職員を対象とするものなるも、更に、一般国民にも親しく御呼びかけたまふものであること。三、右、詔書は、その主調として、一、人間性（個の完成と相互尊重、寛容協和のこころ、宗教的情操等々）、一、自主的精神（自発創意的生活態度等々）、一、合理的精神（批判性、思考性等々）、一、社会生活（自由と責任、自治と遵法精神、社会的正義等々）、一、家族及び隣保生活、一、国家生活、日本民族共同体、一、国際精神、一、平和と文化等の諸精神を重んぜられたきこと」というものであった。

右の報告書の特色は、(1)従来の教育勅語に代わる新しい教育勅語を要請し、依然として、教育の指針を天皇の勅語に求めていたこと、(2)その内容は、人間性、自主的精神、合理的精神等の表現にもかかわらず、結局は伝統的な教育観に基づくものであったこと、にあると思われる。

しかしGHQの教育政策が進展するにしたがって、教育勅語擁護論ないし新教育勅語要請論は下火となり、それに代わって、教育の基本を国会において法定しようとする動きが一般化し、それが教育基本法の制定へと発展した。ここに、「教育勅語」体制から「教育基本法」体制へと日本の公教育の体制は変化したのである。

(6) 教育基本法の制定と教育勅語の失効

一　昭和二一年五月、帝国議会において、田中文相が、教育勅語の廃止を否定しつつも、「文部省ニ於イテハ教育ニ関スル大方針及び学校系統ノ主ナル制度ニ付キマシテ教育根本法トデモ言フベキモノヲ早急ニ立案」するため準備に着手していること、その内容としては、民主主義的平和主義的教育原理、教育権の独立、義務教育の範囲などが考えられることを答弁していた。これは、教育問題について憲法に詳細に規定すべきであるとする議論に対し、文部省が、この時点で、教育基本法の制定へと方針を変更したことを意味した。

このように、教育基本法の制定の発端は「総司令部の指令に基づくものではなく、田中耕太郎文部大臣の発意に基づくもの」であったようである（田中二郎「教育関係」三四六頁「日本外交史」二六巻、鹿島研究所出版会）。これは、教育勅語の擁護から教育基本法の制定へと転換していったことを示しているといえる。そして、この教育基本法の制定に重要な役割を演じたのが、教育刷新委員会であった。

教育刷新委員会は、内閣総理大臣の所轄の下で、教育に関する重要事項を調査審議することを目的として、広く政治、教育、宗教、文化、経済、産業等の各界における代表者約五〇名の委員によって構成されていた。

この教育刷新委員会は、第一三回総会（昭和二一年一一月二九日）において「教育の理念及び、教育基本法に関すること」を採択し、内閣総理大臣に建議した。この第一三回教刷委で採択された「教育の理念及び、教育基本法に関すること」は、その後、案文として練りなおされ、第二五回総会（二月二八日）において「教育基本法要綱」案として承認された。文部省はこの教育基本法要綱を大蔵省、法制局、枢密院等と協議し、教育基本法案として整備し、昭和二二年三月一三日第九二帝国議会の衆議院に上程し議会の審議に付した。そこで審議された後、同年三月三一日法律として議決され、ここに、教育基本法が成立したのである（持田栄一「教育行政学序説」（明治図書）一九八頁以下）。

二　教育基本法は、昭和二二年法律第二五号として三月三一日に公布、即日施行された。この教育基本法の制定により戦後の日本の新しい教育理念が確立したが、これと教育勅語とをどう関係づけるかについては必ずしも明確にされなかった。

教育勅語については、アメリカ教育使節団報告書は、「勅語勅諭を儀式に用いることと御真影に敬礼するならわしは過去において生徒の思想や感情を統制する強力な手段として好戦的国家主義の目的に適っていた。かような慣例は停止されなくてはならない。かような手段の使用に関係のある儀式は、人格向上に不適当であり、民主主義的日本の学校教育に反するものと我々は考える」としていたが、教育勅語そのものの存続の適否については直接触れていなかった。このため、⑴新教育に関する勅語の発布奏請をすべきであるという見解、⑵教育勅語の内容は、文字通り「之ヲ古今ニ通シテ謬ラス、之ヲ中外ニ施シテ悖ラ」ざる人倫の大本を示すものであるので、これを今後も内容的に尊重することは好ましいという見解が残存していた。日本政府および文部省は、⑵の見解を支持した。すなわち、昭和二一年一〇月八日の文部次官通牒「勅語及詔書の取扱について」において、⑴教育勅語をもってわが国の教育の唯一の淵源となすという従来の考え方をやめるべきであるが、教育勅語とともに、教育の淵源を広く古今東西の倫理、哲学、宗教に求めるべきであるという態度をとることを示唆していた。このような考えは教育基本法案の審議過程においても主張され、高橋文相は、貴族院における佐々木惣一議員らの質問に対して、「教育勅語は、統治権者の意思を示されたものとして、国民を拘束すべき効力を有していた。日本国憲法の施行と同時に、これと抵触する部分についてはその効力を失うが、その他の部分は両立するものと考える。それでも教育勅語は、政治的なもしくは法律的な効力を失いまするが、孔孟の教えとか、モーゼの戒律とかいうようなものと同様なものとなって存在するものと解すべきではないかと思います」という趣旨の答弁をした。

かくして、教育勅語を存続させるか否かについては明確な意思決定がなされない状態にあって、教育基本法が制定された（有倉遼吉「教育関係法」II八・九頁、一二頁）。しかし、結局、昭和二三年六月一九日の衆議院の「教育勅語等の排除に関する決議」および同日の参議院の「教育勅語等の失効確認に関する決議」の両決議により、教育勅語に関する論議に終止符がうたれた。すなわち、衆議院の「教育勅語等の排除に関する決議」は、「これらの詔勅の根本理念が主権在君並びに神話的国体観に基いている事実は明らかに基本的人権を損い且つ国際信義に対して疑点を残すもととなる。よって憲法九八条の本旨にしたがいここに衆議院は院議を以ってこれらの詔勅を排除しその指導原理的性格を認めないことを宣言する。政府は直ちにこれらの詔勅の謄本を回収し排除の措置を完了すべきである。右決議する。」とした。

また、参議院の「教育勅語等の失効確認に関する決議」は、教育勅語がすでに効力を失っている事実を明確にし、「政府をして教育勅語その他の諸詔勅の謄本をもれなく回収せしめる。われらはここに、教育の真の権威の確立と国民道徳の振興のために、全国民が一致して教育基本法の明示する新教育理念の普及徹底に努力を致すべきことを期する。右決議する」とした。

この決議を背景に、文部省は、六月二五日「教育勅語等の取扱いについて」の通牒を発し、教育勅語等の謄本を返還させた。

ここに教育勅語は否定され、教育基本法に基づく戦後の日本の新しい教育制度が本格的に出発することになったのである。

(7)　教育基本法の理念

教育基本法は、日本国憲法第二六条の国民の「教育をうける権利」の保障についての規定をうけて、「主権者たる国民の総意にもとづく」という考えに基づいて国会で立法化された。これは、教育基本法が、戦後の日本の教育理念を掲げることにより、旧天皇制を中心とした教育制度を否定したことを明確にしたものである。また、同時に、これは国民に教育権を保障したことを意味する。

教育基本法が制定されたあと、さらに、その理念を実現するための制度として、学校教育法（昭二二法二六）、教育委員会法（昭二三、法一七〇）、教育職員免許法（昭二四法一四七）、社会教育法（昭二四、法二〇七）等が制定された。これらの教育に関する法制が、教育基本法制と呼ばれるものである。

第二次大戦前の旧天皇主権に基づく天皇制を中心とした教育体制においては、いうまでもなく、「富国強兵」が基本的な教育理念とされ、その実現のために「忠君愛国」、「皇国民の錬成」という国家主義教育を基調とする軍国主義教育が行われていた。これに対し、日本国憲法下の教育制度は、それを批判し、否定するものであった。

右の教育理念を実現するための教育基本法制の特色は、次のように整理することができる。

教育内容――教育内容は、(i)平和主義教育と(ii)民主主義教育の保障である。(i)については、憲法の前文および第九条の戦争の放棄により保障され、(ii)については、全体主義的な国家主義教育を否定して確認された個人の尊厳を前提とした教育制度により保障された。これは、教育基本法の前文および同法第一条に表現されている。

教育制度――教育制度については、(i)教育の機会均等（教基法三条）と、(ii)男女平等の義務教育（同法四条・五条）を保障した。すなわち、教育をうける機会均等と男女平等の義務教育ないし高等教育をうけられることを国民の平等の権利として保障し、また六・三制の実施により、義務教育期間を九年に延長し、国民の基礎教育の充実を図った。

このため「奨学の方法」（同法三条二項）および「家庭教育及び勤労の場所その他社会において行われる教育」（社会教育）の奨励（同法七条）を国および地方公共団体に義務づけた。社会教育法は、右の教育の目的実現のために制定された。

教育行政制度――教育行政制度については、教育の地方分権化がなされ（地自法二条三項など）、教育の自主性の保障を含む教育権の独立が主張され（教基法二条・六条二項）、教育行政は一般行政から分離独立しなければならない（同法一〇条一項）ことなどが明確にされた。

教育基本法一〇条は「教育は、不当な支配に服することなく、国民全体に対し直接に責任を負って行われるべきものである」（第一項）と規定し、さらに「教育行政は、この自覚のもとに、教育の目的を遂行するに必要な諸条件の整備確立を目標として行われなければならない」（第二項）とする。これは教育行政が、国民の意思に基づく教育の目的実現のために要求され、学校などの教育の外的な施設・設備および教育環境等の教育に必要な条件の整備に重要な任務があることを示唆しているものである。

最高裁判所も、教育基本法の趣旨について、「他の教育関係法律は教基法の規定及び同法の趣旨、目的に反しないように解釈されなければならないのであるから、教育行政機関がこれらの法律を運用する場合においても、当該法律規定が特定的に命じていることを執行する場合を除き、教基法一〇条一項にいう『不当な支配』とならないように配慮しなければならない拘束を受けているものと解されるのであり、その意味において、教基法一〇条一項は、いわゆる法令に基づく教育行政機関の行為にも適用があるものといわなければならない。」

「教基法一〇条は、国の教育統制権能を前提としつつ、教育行政の目標を教育の目的の遂行に必要な諸条件の整備確立に置き、その整備確立のための措置を講ずるにあたっては、教育の自主性尊重の見地から、これに対する「不当な支配」となることのないようにすべき旨の限定を付したところにその意味があり、したがって、教育に対する行政権力の不当、不要の介入は排除されるべきであるとしても許容される目的のために必要かつ合理的と認められるそれは、たとえ教育の内容及び方法に関するものであっても、必ずしも同条の禁止するところではないと解するのが、相当である。」としている（昭和五一・五・二一大判・判例時報八一四号三三頁）。

右の判決の特色は、(1)他の教育関係法律は教基法の趣旨、目的に反しないように解釈しなければならないこと、(2)教育行政機関も教基法一〇条一項にいう「不当な支配」とならないように配慮しなければならないこと、(3)教育に対する行政権力の不当、不要の介入は排除されるべきであるが、必要かつ合理的なものであれば、教育の内容と方法について介入できるとしていること、などの点である。

教師の教育自由と権利——教育基本法自体が「学校の教員は、全体の奉仕者であって、自己の使命を自覚し、その職責の遂行に努めなければならない。このためには、教員の身分は、尊重され、その待遇の適正が、期せられなければならない」（六条二項）と規定した。そこに教師が、(i)全体の奉仕者であること、(ii)自主性を有すること、(iii)専門的身分が尊重されていること、が示されている。しかも、同法第二条は「教育の目的は、あらゆる機会に、あらゆる場所において実現されなければならない。この目的を達成するためには、学問の自由を尊重し……」と規定し、教師の自主的な教育は、「学問の自由」によっても裏づけられなければならないとしている。これは、教師に「教育の自由」を保障しているものである。また、全体の奉仕者としての立場の「教育の自由」は、「教育をうける権利」を実現するためのものでもある。

以上のような憲法二三条、二六条、教育基本法の規定を踏まえ、その後、大学関係の法制度は、どのような変遷をたどったのであろうか。それをさらに考察しなければならない。

(8) イールズ事件と南原東大総長の見解

一 (A) 「教授についてこれまで共産主義を信ずることも、共産主義者になることも、また共産主義の理論と実際を大学で教えることも一切自由なのが学問の自由だと主張されてきた。しかし、共産主義は暴力によって既存の民主的政府の転覆を主張するものであるから、危険な破壊的な主義だといわなければならぬ。このような危険な主義を信ずる人にたいして、学問の自由の名のもとに、若い青年たちにかかる主義を教えこむ自由を許すべきだろうか。……彼らは民主主義国では大学教授であることは許されない。……大学当局および文部省が法律上大学の政策および人事について最終の権限をもっているのだから、教授団の中の共産主義教授にたいして、積極的に断固たる立場をとることをちゅうちょしないものと確信する」（「日本教育新聞」昭和二四年七月二三日）。

(B) 「幸いに新憲法において思想信仰の自由と並んで特に「学問の自由」が保障されるに至った今日、われわれ大学人は何を措いてもこの「学問の自由（アカデミック・フリードム）」を擁護しなければならぬ。真理と理性の府としての大学は、いかなる思想学説であれ、これを研究し、その学問的研究の結果を教え発表し、思想には思想を以て相競い争わしめるところ、真理の発見と学問の発達が期待されるのである。故に国立大学において教授が単にいかなる政党

――しかも合法的に公認された政党――に所属しているということだけの事由で、教授としての適格性を云々することは理由ないことである。」「われわれはひとり学内においてのみではなく、その学問の研究の成果を広く国民公衆に提供する義務があり、以て現実の政治社会問題を論ずることは、また大学教授の社会的責任と考える。それをいずれの政党が引用し利用しようとも、初めから非学問的乃至特殊の政治的意図を以てなされない限り、自ら別箇の問題でなければならぬ。殊に私学の教授にその自由があって、国立大学の教授に許されぬというは矛盾であり、国家が大学を設け、学術の理論と応用の研究の任務を託した精神を無意義ならしめるものと謂わなければならぬ。このことは関係官庁とも接衝、幸いにその了解を得つつあり、適正な措置がなされるであろう。それまでにおいても敢て萎縮することなく、研究を盛んにし、その結果を発表して差障りない。」「私はこの重大な時局に際し、大学が真理にあっては勇敢、責任の自覚においては厳粛、各自大学教授としての自己の職責を立派に尽されんことを希望する。同時に一般学生諸君は、かかる大学当局と教授団を信頼し世間の流説に惑わされたり、殊に外部の勢力や特殊の政治運動に乗ぜられることなく、自主自衛的に考え何よりも学生本来の使命とする学業に勉励せんことを要請する。終りに私は他の全国の国立大学に対しても同様のことを望みたい。」（東京大学新聞　昭和二四年一〇月二七日）

(C)　「イールズ氏の共産主義者を学園から追放すべし、との講演内容に関して明らかにポツダム宣言における『言論、宗教および思想の自由ならびに基本的人権の尊重は確立せらるべし』という規定および極東委員会の政治的決定たる一九四七年四月『日本教育制度の原則』に関するマ元帥指令中の『教師と学生の独立した思想は奨励されねばならない』という原則に明示されたアメリカ合衆国はじめソ同盟その他極東委員会構成国の義務と相容れないものと考える。よってわれわれはイールズ氏のかかる種類の言動にたいして極東委員会構成国は、その責任において適当な処置をとられ日本人民と占領当局との間における無用の混乱をさけるようすみやかに指示されんことを要請する。」（イールズ声明反対声明（昭和二五年五月四日）「資料戦後二十年史1政治」五九六頁、日本評論社）。

二　右に掲げた(A)は、イールズ博士（GHQ民間情報教育局顧問）の新潟大学における講演の一部であり、(B)は、(A)のイールズ博士の講演に関する南原東大総長の談話である。(C)は、GHQに対する学生の声明文の一部である。

イールズ博士は、昭和二四年七月一九日、新潟大学において教授、学生に対して講演し、大学からの共産主義的教授や学生の追放を勧告し、共産主義は現民主体制を転覆することを主張する主義であるから、かかる共産主義教授に対しては断固たる立場をとるべきことを主張した。この講演に対しては、教授や学生から厳しい批判が加えられた。すなわち、昭和二四年七月二二日、二三日に文部省で開かれた初の新制大学学長会談でもイールズ博士の講演についての議論がなされ、南原東大総長は、共産主義教授ならびに学生の政治活動について「思想の自由と行動とは厳に区別すべきである」と発言した。

右に掲げた(B)の文は、南原東大総長が「学問の自由と大学の責任」について述べた一部である。そこでは、(1)学問の自由を守らなければならないこと、(2)教授がいかなる政党に入っていようが、それをもって教授としての適格性を云々することは理由がないこと、(3)教授が研究の成果を発表し、学問的立場から現実の社会問題を論ずることは、社会的責任であること、という見解が述べられている。

(9)　教育基本法・学校教育法下の大学の位置

一　前述したように、終戦直後において、従来の国体を前提とした教育制度の保持が意図された時期もあったが、GHQの教育政策、第一次アメリカ教育使節団の報告、また日本国憲法の制定に伴い、教育基本法が制定されるとともに、教育勅語が廃止され、民主主義、平和主義、文化国家の建設という日本の教育の指針が確認された。そして、日本国憲法および教育基本法に依拠した学校教育法が、昭和二二年三月三一日に公布され、大学教育もここに位置づけられ、これにより、戦前の大学令、高等学校令、専門学校令、師範学校令などの高等教育に関する法令は廃止された。

学校教育法第五二条は、大学の目的について、「大学は、学術の中心として、広く知識を授けるとともに、深く専門の学芸を教授研究し、知的、道徳的及び応用的能力を展開させることを目的とする」と規定している。
その特徴は、大学を「国家ノ須要ニ応ズル」学問研究の府としてではなく、真理を探究する学問研究の中心機関として定立させ、(i)知識の授与機関、(ii)専門の学術の教授研究機関、(iii)能力を展開させる機関としての三つの機能を結合させ、大学の理念を確立させた。

この理念を実現させる体制として、学部制、総合制、単科制、修業年限四年もしくは六年制(医・歯学部)、学長、教授、助教授、助手、事務職員および講師、技術職員などの職制が定められた。そして、大学自治の中心である「教授会」(五九条)に関しては、「重要な事項を審議するため、教授会を置かなければならない」(同条一項)とし、また、「教授会の組織には、助教授その他の職員を加えることができる」(同条二項)と規定した。これは、教授会の審議権を明白にし、教授会の地位を法的に保障したという点で、注目すべきことである。また、大学の「設置認可」(六〇条)については、監督庁(文部省)が、それぞれ大学設置審議会に諮問してから決定しなければならないことになった。しかし、大学に関する細部の構成は、「学校教育法施行規則」をうけて、「大学設置基準」(三一・一〇・二二、文部省令二八)によって定められることになった。この「基準」は、「大学を設置するのに必要な最低の基準」(一条)を示したものである。ここに規定されているものは、学部編成、学科目制、講座制、教員組織、教員資格、学生定員、授業科目、単位、授業・教育課程の編成、授業の方法、卒業要件、学士、校地、校舎等の施設、設備、附属施設など、大学の設置条件である。

二　また、私立大学についても、「学校教育法」の規定が適用されると同時に、かつて私学を拘束した「私立学校令」にかわり、私学の「自主性を重んじ、公共性を高める」(一条)ために「私立学校法」(昭和二二、一二、一五・法二七〇)が制定された。

従来、私学は、民法第三四条に規定された「財団法人」により設立されていたが、私立学校法により、「学校法人」という特別の法人となり、「公共性」が強調された。

私立学校法には、私学の所轄庁（私立大学は文部大臣）の私立学校の設置・廃止および設置者変更の認可権、法令の規定およびその命令に違反したときの閉鎖命令権、学校法人に関する規定（資産、登記、設立、管理、解散、および助成と監督）などが定められている。所轄庁の認可権や閉鎖命令権は、「私立大学の学長若しくは教職員又は……学校法人の理事」と学識経験者で構成される「私立大学審議会」（一九条）の意見を聴取する義務により、ある程度の制限を受け、かつての強権的な統制は禁止されている。

戦後の私立大学は、国、公立大学とともに、教育基本法制の下に、「国家」に奉仕する機関から「国民」に責任を負う公的機関として、その公共的性格が拡大された。すなわち、私立学校は、憲法第八九条に規定された「公の支配」に属する公的教育事業であり、国民全体に対して教育的、文化的な責任を分担するという公的性質をもった公的教育機関として、憲法、教育基本法、学校教育法、私立学校法などの適用を受ける学校教育機関である。

教育基本法第六条は、法律（学校教育法）に定める学校は「公の性質をもつ」と規定しており、私立学校は、学校教育法第一条、第二条、および私立学校法第一条、第二条により「法律に定められた学校」として、当然これに含まれる。また、私立学校は、私立学校法第三章第五節（五九条〜六二条）に規定された審査、報告、勧告や収益事業の停止命令、学校法人解散命令などの所轄庁の「監督」の適用をうけ、さらに、同法第二章（「私立学校に関する教育行政」）や第三章（「学校法人」）に規定された所轄庁の「認可」によって規制されている。

このため、私立大学も、学問・思想の自由、教育の自由を前提とした国民の基本的諸権利（憲法二六条、一九条、二三条等）を保障する社会的、公共的使命をもった研究、教育機関であり、教育基本法第三条一項（教育の機会均等）、第一〇条一項（教育の国民に対する責任）等の原則に制約された研究・教育機関ということになる。したがって、私立大学は、新制大学創設の理念の実現を果たすべきことが要求されているのである。そこで、私立大学の「公共性」は、教育基本法制から逸脱することが許されないということになる。

また、私立学校は、独自の学風と教育方針により、いわばその存在価値を示しているところに、その特色がある。

国・公立の学校が宗教教育をしてはならないとされている（憲法二〇条三項、教育基本法九条二項）のに対し、私立学校にそれが認められているということは、独自の教育方針に基づいて独自の教育を行うことが認められているということである。しかし、私学の「自主性」といった場合、教育基本法制の原理により、私学が権力からの相対的な自立を保障されることを意味しており、私学の独善的な自由をいうものでないことはいうまでもない。さらに、私学の伝統を尊重し、私学が国民の多様な教育の要求に応えることができるように、教育・研究上の条件と内容とを有することがその大前提となっている。

⑽　大学の再編成と大学地方委譲案

一　右のように、国公立大学および私立大学において、学問の自由を保障した日本国憲法の下に、平和と民主主義を前提とした文化国家建設の理念に基づいた教育基本法や学校教育法に基づく新しい教育法体制が出発しようとしていたということができる。そこで、次に、このような学問の自由や大学の自治が保障された民主的な大学法制の下において、大学の管理・運営はいかになされなければならないかが、問題となってきた。

国は、日本国憲法や教育基本法を前提とした大学の管理・運営の方向を指示した。それが、昭和二三年一月に文部省により発表された高等教育の再編成であった。

二　文部省は、昭和二三年一月、「日本における高等教育の再編成」を意図して、次のように述べている。すなわち、高等教育の再編成の「原理の根本的の目的は、高等教育の機会を拡大し、各種の分野に於て新日本の指導者となるべき青年達にできるだけよい教育を授けることにある。彼等の手にこそ国の将来はゆだねられている。この理由によって新制四年制大学の理事者及び教授達は、困難であるが重要な仕事を引きうけているのである。この仕事は単に四か年の教育と現在の科目の並べ直しをするのみで、或は外見上の従順らしい身振りをすることのみで成しとげられるものではない。否、むしろ再編成を首尾よく遂行するには、青年の高等教育を担当する各自が持たねばならぬ所の、民主的自由主義の教育に対する信念と、困難なる仕事と、絶えざる自己犠牲と、教授内容の素質を改善する為の絶えざる努力とによって、始めて新制四年制大学が、この計画案として提供したものを実現することが出来るという信頼の念によってなされるものである。」

戦後の日本の高等教育に関する文部省の右の考え方は、高等教育の再編成の目的は、新日本の指導者となるべき青年によりよい教育を授けることにあるとし、そのためには、大学の理事者および教授は、民主的自由主義教育の信念をもち、自己犠牲と教育内容の改善への努力をしなければならないということを示唆したものである。

三　右のように、国は新しい高等教育の方途を意図していたが、米ソ冷戦を背景とした国際情勢と国内の経済不安のため、必ずしも当初意図した方向には進まなかったのである。特に、当時の経済状態の悪化がきわめて深刻であったことは周知の事実である。それは、具体的には、昭和二二年二月一日のいわゆる二・一ゼネストに対するGHQの中止命令により、当時の官公庁労働組合が主体となって計画していた争議行為が中止されたことに現われているといってよい。

このような情況にあって、昭和二二年六月八日に日本教職員組合（日教組）が結成された。また、昭和二三年九月に全日本学生自治会総連合（全学連）も結成された。昭和二三年二月七日に私学系の全国学生自治会連合の呼びかけで開かれた「教育復興学生大会」は、(1)民主的な教育機構の確立、(2)国公私立授業料値上げ反対、(3)学生の負担によらない教職員の待遇改善、(4)学生に対する強制寄附反対などの決議をした。この決議にみられる学園の民主化と学費値上げ反対の要求は、その後昭和四八年頃までの学生運動の根幹をなしていたといってよい。

敗戦後のわが国の経済の悪化は、学生の勉学にも影響を与えたことはいうまでもなく、学生の授業料値上げ反対運動は、国家の文教政策、行政全般の改善要求と結合して、全国的に拡大したのである。

四　他方、総司令部は、昭和二二年に、大学の管理、運営政策を教育行政の地方分権化の一環としてとらえ、国立大学の地方委譲という形で文部大臣に指示したため、関係機関は、それをいかにして進めていくべきかを検討し始めていた。この方法は、アメリカの大学管理方式として採用されていた大学理事会（Board of Trasties）制度であり、それを日本の国・公立大学管理方式として採用しようとしていた。これが「大学理事会案」であり、この案は、大学管理運営の最高機関として理事会をおき、教授会は雇用関係の一機関として、総長（学長）任命権はじめ教学関係の人事権を「民間人」（実業界、著名法律家などの学識経験者）によって構成される理事会に集中するというものであった。

しかし、大学を地方へ委譲するというこの大学委譲案は、地方の実力者と大学との癒着、設置者負担主義による地方住民の教育費支出の増大などの難点が指摘され、学生自治会や教職員組合など、各方面の反対にあって実現しなかった。

⑾　大学の管理運営と大学法試案要綱

一　しかし、その翌年、前述の「大学理事会案」を定着させるための「大学法試案要綱」（昭和二三・七・一五）が提出された。これがいわゆる大学法案と呼ばれるものである。この法案には、⑴各都道府県一校以上の国立大学設置、⑵全国大学教育の方針、法律改正、設置廃止等の勧告・助言機関として「中央審議会」設置（国・公・私立大学長の選挙による者、衆参両院文教委員、文相の任命者）、⑶大学長選挙、新学部創設等、大学の組織、行政に関して権限をもつ「管理委員会」設置（国家代表、都道府県代表、同窓会代表、教授代表、学長）、⑷「財政」を、授業料収入、国庫収入および寄附金などでまかなうこと、などが規定されていた。すなわち、文部省は、この「大学法試案要綱」を昭和二三年七月一五日に発表したが、大学法の適用範囲は、「昭和二二年三月二九日公布セラレタ学校教育法ノ規定ニ基ク四年制国立大学ハスベテ此ノ法律ニ依ル」とし、大学の管理運営と教授会については、次のように規定していた。すなわち、大学には一三名からなる管理委員会が設置されるとし、その構成については、国家代表――「国会ノ承認ヲ経、文部大臣ノ任命ニヨル者三名、内一名以上ノ大学所在ノ都道府県ニ定住スル者」、都道府県代表――「県議会ノ承認ヲ経、県知事ノ任命ニヨル者三名。但シ大学所在ノ都道府県ニ定住スルモノニ限ル」、同ソウ会代表――「大学同ソウ生ノ直接選挙、又ハ同ソウ会ノ決定シタ其他ノ方法ニ依ツテ選バレタ者三名、内一名以上ハ大学所在ノ都道府県ニ定住スル者」、教授代表——「大学ノ教授会が自ラ定メタ適当ナ方法ニヨリ選出サレタ者三名」、学長——「職権ニヨリ当該大学ノ学長」、「国家、都道府県、同ソウ会代表ハ当該大学ノ有給職員デアッテハナラナイ」としていた。

管理委員会の権限については、「管理委員会ハ大学ノ組織及行政ニ関シ、学術、経済両面ノ一般方針ヲ定メル権限ヲ有」し、学長の選挙権、学部長及び専門職員の選任および雇傭期間の決定権、新学部の創設権、予算案の作成および採択権、学生数の決定権、新校地、建物および設備に関する契約の認可権、卒業者に対する学位の認可権等を有するとしていた。

また、教授会の権限および義務については、「A　学長、其他ノ専門職員ノ任命ニツキ推薦。B　在学生及卒業生ノ入学及卒業資格ノ決定。C　入学ヲ認可スル学生数ニ関スル答申。D　教科ノ種目及編成、専攻科目、教授方法に関スル方針ノ決定。E　学生ノ健康、福祉、及指導機関ニ関スル方針決定。F　学生団体及体育ヲ含ム活動ニ関シ正当ニ選挙セラレタ学生代表者ト協力シ其ノ方針ノ決定。」としていた。

二　しかし、この大学法試案要綱に対しては、(1)教育刷新委員会の「大学法試案要綱について」（第二六回建議）（昭和二三年一一月一九日）、(2)東京大学の「大学法の修正案」（昭和二三年一一月二〇日）、(3)国立大学総長会議の「大学法試案に対する見解と代案」（昭和二三年一一月二〇日）などが発表された。これらの意見の特色は、(1)国立大学が国家全体の立場から学問、研究を行うという点を忘れているのではないか、(2)中央に議決機関が必要ではないか、(3)学生の意見を聞くには別に連絡機関を設けるべきではないか、(4)大学総長、教授、助教授の任免権が学問の理解の乏しい人に握られるのは問題ではないか、という点にあった。

このように、大学の管理、運営をかつての封建主義的、国家主義的、軍国主義的教育法体系から民主的な平和的な教育制度にするにはどうすべきかということが論議されているうちに、米・ソ間の冷戦はその深刻さを一層増大させた。この国際政治の中において、対日占領政策が転換するとともに、大学問題も一つの転機を迎えることになる。それは、昭和二四年に発生したいわゆる「イールズ事件」と昭和二五年の第二次アメリカ教育使節団の報告書に象徴されていると思われる。

三　昭和二四年七月、イールズ博士は大学から共産主義的教授、学生を追放することを勧告し、また、昭和二五年六月二五日に始まった朝鮮戦争の直後に来日した第二次アメリカ教育使節団の報告書には、「極東において共産主義に対抗する最大の武器の一つは、日本の啓発された選挙民である」と述べられていた（同報告書「社会教育」の項。昭和二五年九月二二日）。

右の二つの事実は、米ソの冷戦による共産主義に対する恐怖を前提としてのみ理解できるもの思われる。

また、右の報告書は、大学の管理運営について「大学の主要方向はいつも教授たちによって左右されている。……本使節団は、この教授による統制制度は、日本における高等教育を改善するために修正されなければならないと信ずる」（同報告書「高等教育」の項）と述べ、教授を中心とした高等教育の改善を求め、高等教育機関と関係を有しない男女により構成される「政策樹立委員会」の設置を勧告した。昭和二四年九月に発足した「大学管理法案起草協議会」は、これをうけて、昭和二五年一二月に、大学管理法案試案要綱第三次案を答申した。これが、大学管理二法案、すなわち、「国立大学管理法案」と「公立大学管理法案」（昭和二六年三月七日）へと発展したのである。

⑿　大学管理法案の特色

一　「次に、国立大学管理法案の内容について、その骨子を御説明申上げます。

第一に、新たに、文部省に国立大学審議会を置くことにいたしました。

国立大学審議会は、国立大学長の互選する者、日本学術会議がその会員のうちから推薦する者、学識経験者でその任命について両議院の同意を得た者等合計二十人の委員をもって組織するものでありまして、国立大学に関係のある法令の立案、国立大学のための予算の見積、その他この法律に規定する特定の重要事項で国立大学一般に関することについて文部大臣は、その基本方針を決定する場合において、あらかじめ、その意見を聞かなければならないこととしたしました。かくして、国立大学に対する文部大臣の権限行使の方式を民主化し、この法案の所期する目的を達成しようとするものであります。

第二に、各国立大学ごとに新たに商議会を設けることといたしました。

商議会は、当該大学の学長、当該大学の教授のうちから選定された者、一般学識経験者について文部大臣が任命する三十人以内の商議院で構成せられるのでありまして、学則その他重要な規程の制定改廃、学部学科の設置廃止等特定の重要事項について評議会がその大学の方針を決定するに当っては、学長は、あらかじめ商議会の意見を聞かなければならないことにいたしました。かくして、従来、学長、学部長又は教授その他大学関係者のみによって行われてきた国立大学の管理運営に、大学関係者以外の学識者が参与する途をひらき、大学行政への民意の反映を図ろうとするものであります。

第三に、評議会は、数個の学部を置く国立大学に置かれ、教授会は、各学部に置かれる管理機関でありまして、当該大学又は当該学部の重要事項は、それぞれ評議会又は教授会の審議決定を経なければならないのであります。

第四に、学長及び学部長等につきましても、任期、職務等に関する規定を設け、それぞれその大学又は学部運営の責任者たる地位を明らかにいたしました。

以上述べてまいりました各管理機関の組織、権限等について規定するに当りましては、最少限度、必要なことを法律で規定するにとどめ、各大学の特殊事情に応じて、その大学の規定で必要な定めをなすことができることとし、できるだけ各大学の自主性を尊重する建前にいたしたのであります」

右に掲げたのは「国立大学管理法案及び公立大学管理法案並びに国立大学管理法及び公立大学管理法の施行に伴う関係法律の整理に関する法律案の提案理由」の一部である。

二　前述したように、昭和二四年七月にイールズ博士の共産主義教授および学生の学内からの追放勧告が出され、また、第二次アメリカ教育使節団の報告書が発表された。特にこの報告書は、教授を中心とする高等教育の改善を求め、高等教育機関と関係を有しない男女により構成される政策樹立委員会の設置を勧告したが、これは、大学の管理運営が共産主義的教授や学生により支配されないようにするための手段として第三者的機関の設置を提唱したものと考えられる。

右の勧告や報告などを背景にして、昭和二六年三月に、いわゆる大学管理二法案といわれる「国立大学管理法案」と「公立大学管理法案」が提出された。国立大学管理法案は、前掲の同法案の提案理由から明らかなように、「大学の自治の尊重と、大学行政への民意の反映」という二つの目標をもって作成された。その骨子は(1)文部省内に「国立大学審議会」を置く、(2)新たに「商議会」を設ける、(3)大学に「評議会」を置き、学部に「教授会」を置く、などであった。

三　この「国立大学管理法案」に対しては、(1)国立大学審議会に独立性がなく文部当局の意思で大学運営が左右されるおそれがあるのではないか、(2)「商議会」は第二次使節団報告書に勧告された「政策樹立委員会」の別名であったが、この商議会に学外者が入り大学行政に関与することは、大学自治に地域ボスのはいり込むおそれがあって、正しく民意が反映するか否か疑わしい、(3)大学の自治の慣行において大学管理機関として重要な位置を占めてきた教授会が、「商議会」や「評議会」の下に位置づけられることにより、大学の自治が侵害されるのではないか、(4)評議会は学部連絡調整機関であるべきなのに、管理機関として位置づけられるのではないか、という批判がなされた。

四　この法案は結局廃案となったが、しかし、右に提示された大学管理機構の考え方は、その後の大学管理政策に重要な影響を与えたと思われる。すなわち、これは、一一年後の昭和三七年一二月に提案された「国立大学運営法案」に引きつがれるのである。他方、この「大学管理法案」の前に提出された教育刷新審議会の「国立大学財政問題」（建議事項五一・二・一〇）が、第二次アメリカ教育使節団来日後、問題となった。この建議事項は、大学院をもつ大学とそうでない大学とを分けて、それに応じた「大学財政の総合計画」と「国立大学特別会計」制度の確立を骨子とするものであり、大学運営の経済的基盤を、国立大学の事業収益、資産収入、授業料、寄附金等におき、借入金制度も設けるというもので、国家財政の節減を意図するものであった。しかし、これらの大学管理法案も、ＧＨＱを中心としたアメリカの占領政策の一環であった。特に、終戦直後のＧＨＱの日本に対する教育政策と、昭和二五年の朝鮮戦争勃発後の日本に対する教育政策は、ともに、アメリカを中心とする世界政治の中における日本に対する教育政策という意味が濃厚であった。

五　しかし、ここに一つ転機をもたらしたのは、わが国が昭和二七年四月二七日、サンフランシスコ平和条約の締結により独立したことであり、これにより、わが国は不完全ながらも占領政策から脱皮した独自の教育政策を展開するのである。

⒀　平和条約の締結・国内教育体制の整備と学園紛争

一　サンフランシスコ平和条約締結を前にして国内体制の整備が急がれた。すなわち、政府は、総司令部指令の実施に当たって公布した法令を再審査する権限を与えられ、このための機関として政令改正諮問委員会を設置した。同委員会は、戦後の教育行政制度についての抜本的転換作業に着手し、昭和二六年一一月、「教育制度の改革に関する答申」を行った。すなわち、戦後行った教育制度改革は、民主的な教育制度を確立するのに資するところが少なくなかったが、いたずらに理想を追うのに急で、わが国の実情に即しないと思われる点も少なくなかったとして、わが国の国力と国情に適合し、各方面に必要かつ有用な人材を多数育成できる合理的な教育制度の確立が必要であることを主張した。

この答申の中で大学制度との関連で注目すべき点は、「学校体系の原則」を明らかにしたことである。すなわち、戦後学校体系の基本であった六・三・三・四制を原則的に維持しつつも、その内容に修正を加え、中学校・高等学校はそれぞれ上級の学校の進学に重点をおく「普通課程」と職業指導に重点をおく「職業課程」とに分けることにした。

これは結果的に進学学校と職業学校との学校区別を生むことになった。

二　この考え方は、必然的に、大学制度の複線化をもたらす根拠を提供した。すなわち、「大学は、二年又は三年の専修大学と四年以上の普通大学とに分つこと。専修大学は、専門的職業教育を主とするもの（工、商、農、各専修大学）と教員養成を主とするもの（教育専修大学）とに分ち、普通大学は、学問研究を主とするものと高度の専門的職業教育を主とするものに分つこと」とした。これは、戦後一本化した「大学」を、二種類の「専修」大学と二種類の「大学」とに分化することであった。また、「大学院は、修士課程と博士課程とを設けることができることとすること。この両課程を分つときは、修士課程は二年（以上）博士課程は三年（以上）とし、特に施設、能力の充実しているもののみに設置することとし、徒らに大学在学年限の延長を来すに等しい弊害を生じないよう考慮すること」とした。

この「答申」は、それ自体としては法制的な強制力を有しなかったが、本委員会は教育制度だけではなく、わが国の戦後行政制度の転換の具体的な指針をうち出す重大な任務をになった委員会として注目されてよい。

その後、日経連の大学制度改革の「要望」（昭和二七年および昭和二九年）から、「大学設置基準」の省令化（昭和三一年）や、いわゆる「専科大学法案」（「学校教育法の一部を改正する法律案」昭和三三年、第二八国会提出、廃案）などを経て、昭和三五年には、中央教育審議会に「大学教育の改善について」という抜本的な大学管理運営制度の全般についての諮問が文相から出されることになった。

三　右の大学制度の改革の特徴は、単に大学の管理機構・組織の改革というよりは、基本的な大学制度そのものの改革すなわち時代の要請に応える形で多様化に大きな比重がかけられてきたということができる。しかし、この改革は、また大学管理問題とともに、戦後大学の再編成という問題を内在していたため、大学に、学問の自由と大学の自治をめぐる紛争が続発しはじめた。この紛争は、レッド・パージや破防法などをめぐり単なる学内紛争の域を超えるものであった。この時期に発生した事件としては、昭和二五年五月イールズ事件、昭和二六年一一月京都大学天皇行幸事件、昭和二七年二月東大ポポロ座事件、同年五月愛知大学警官立入事件、昭和三〇年六月京都大学滝川学長暴行事件、昭和三三年八月愛媛大学田川助教授事件、昭和三四年一一月大阪学芸大学学生暴行事件、昭和三五年一月東京大学学生籠城事件などをあげることができる。

四　右のうち、裁判上問題となり注意された二、三の事件の事実を説明しておきたい。

東大ポポロ座事件――本件は、昭和二七年二月二〇日夜、東大法文経二五教室において東大学生劇団ポポロが、松川事件に関する演劇を上演した時、私服警官三名が一観客として入場券を求めて入場し、会の様子を監視していたが、これを発見した学生が警察官の洋服のポケットを手に入れ、オーバーのボタンをもぎとり、警察手帳を奪いとったため、学生のこの行為は暴力行為等処罰に関する法律第一条一項に当たる暴力行為であるとして、起訴された事件である。

愛知大学警官立入暴行事件――愛知大学においては、昭和二六年五月頃教授兼補導部長Mが警察関係職員と通じ、同大学内の情報を提供したとの理由で同教授に対する排斥運動が起こり、また、翌昭和二七年三月中旬同大学学生Nの告白により、Nが昭和二六年末頃から、法務府特別審査局東海支局員Gの依頼に基づいて当時愛知大学内で発行されていた新聞紙その他ビラ類を提供していた事実が露見した。このため、学生自治会は豊橋市警察署に対し、警察官が愛知大学内における情報収集の目的をもって同大学内に立ち入ることを中止されたい旨申し入れたが、その後も特別審査局員らしいスパイが潜入しているという風評が伝播し、その頃、二人の巡査が大学構内に入ったため、学生がスパイ活動をしているのではないかとして二人の巡査に暴行を加えたという事件である。

京都大学滝川総長暴行事件――本件は、昭和三〇年六月一八日の京都大学創立記念日に際し、同大学の学生自治会委員Aが、大学側の主催する記念行事のほか、園遊会、講演会等を開催しようとして同大学当局と折衝を重ねたが、大学当局は学外者が入り込むことを避けるため許可しなかったため、Aら学生は、大学総長応接室で滝川総長と会見し種々陳情した。その際、学生が総長に暴行したという事件である。

大阪学芸大学事件――本件は、大阪学芸大学等の学生三名が、大阪府天王子警察署勤務のO巡査が同大学の女子学生Tを通じ、大阪学芸大学自治会の活動状況に関する情報を収集する意図の下にTと交際を始めたことについて、O巡査に弁解を求めるため同行を要請したところ、これを拒絶されたので、他の学生数名とともにO巡査を強制的に約一〇〇メートル連行する等共同して同巡査に暴行を加えたという事件である。

これらの事件の特徴は、大学内部の動きについての警察当局の調査活動と学生との紛争に関するものが多いという点である。

五　このほか、大学以外の教育関係の事件で社会的に大きな問題となった事件を若干あげておく。

(1)　昭和二八年、岩国市教委、山口県教委が山口県教職員組合編集のいわゆる「山口日記」を偏向教育として回収させる事件があった。

(2)　昭和二九年二月、「教育公務員特例法の一部を改正する法律案」と「義務教育諸学校における教育の政治的中立の確保に関する法律案」のいわゆる「教育二法」が閣議決定された。

(3)　京都の「旭丘中学事件」が起きた。三名の教師を教育委員会が懲戒免職処分にしたことから発展したこの事件は、結局、偏向是正という名の教育支配の内容がいかなるものであるかを端的に示すものであった。

(4)　「地方教育行政の組織及び運営に関する法律案」（任命制教育委員会法案）が乱闘国会で警官隊五〇〇名を導入するという型で成立した（昭和三一・六・二）。

(5)　公選制の教育委員会制度を「任命制」に切り替える措置がとられた。

(6)　教科書法案が審議未了となったあと、教科書調査官の設置、内容審査等を整備し、教科書検定制度を強化した。

⒁　平和条約締結後の教育改革と日経連の要望

一　わが国の「経済自立化」の課題は、壊滅状態にあった日本経済の再建ということであった。昭和二六年の朝鮮戦争を契機に、「特需あるがために日本の経済水準は上昇した」といわれる。

一方、昭和二七年「日本との平和条約」(昭和二七・四・二八・条五)が締結され、新しい段階に入ったわが国において、日本経営者団体連盟(日経連)は、学生運動に対処するため、思想傾向の調査を行い、行き過ぎのある学生は就職戦線から除外するという声明を発表した(昭和二七・七・三〇)。さらに日経連は、これを契機として、義務教育から大学教育にいたるまでの日本の教育制度や教育内容にまで及ぶ一連の改革要求を政府に行った。

その第一は、同年一〇月一六日に日経連教育部会が発表した「新教育制度再検討に関する要望書」である。この要望書は、(1)中堅労働者養成機関としての実業高等学校の充実、(2)新制大学制度の根本的な欠陥として、産業人としての人間教育面の不備、不徹底な画一性などをあげ、多様性をもつ抜本的な改革を要求している。これは、前述した政令改正諮問委員会答申の教育制度の複線化構想を側面から支持したものということができ、かつ、その内容は、産業界の要求を教育制度にも浸透させるためのいわゆる「産学協同」構想を想定したものということができる。

二　次いで、昭和二九年一二月二三日、日経連は「当面の教育制度改善に関する要望」を発表した。この「要望」は、大学教育および制度について、その後の政府の大学改革に大きな影響を与えたものと思われる。すなわち、この「要望」は、大学教育の改善が試みられているが、「未だわれわれ産業界の要望するところに遠く、現下の教育界の一般的情勢は我が国産業の実情に到底副わないことを甚だ遺憾とする」とし、教育行政の根本的刷新を断行することを求めた。そして、わが国教育制度のあり方は、「産業界の受入れ態勢との間に甚しく懸隔があり、人材の活用、産業将来の発展のために文教当局は左記諸点を再検討の上産業界当面の要請に応えられんことを重ねて要望する」とし、(1)大学における法文系偏重の不均衡を速かに是正すること(「最近数年における卒業者の趨勢は漸次法文系偏重の状勢を呈し、新入学生の定員超過がこの偏重の度を更に強め、特に私大においてこの傾向が著しい。」)、(2)大学の全国的画一性を排除すること(「大学には学術研究、職業専門教育、教員養成等にそれぞれ重点を置く特長ある性格を持たしめ、全国的画一性を排するとともにこれらの教育を充実し、最近新設の大学等にみられる如き実質、内容ともに伴わざる学部並びに専攻部門の増設編成の弊を改めること。」)、(3)専門教育の充実を図ること(i)一般教育と専門教育中における基礎学科とを調整すること、(ii)単位制度の運営を改善すること、(iii)中小企業における職業教育の要請に応ずること）、(4)中堅的監督者職業人を養成すること（「(i)一部新制大学の年限短縮、あるいは一部短大と実業高校との一体化などにより五年制の職業専門大学とすること。(ii)中学校は義務教育なるも出来得れば一部中学校と実業高校とを一体とした六年制職業教育の高校制を採用すること。」）、(5)教育行政を刷新強化すること(i)新教育制度においては教育行政当局は大学の運営等に関して指導助言するに止っているが、これを刷新強化し、大学設置基準等についてもより一層監督を厳重にし、その実施励行に一段の努力をなすこと。(ii)教授は学問研究のみならず教育者としての使命に徹し、その職能を充分発揮せしむるとともに時流に迎合するが如き一部教育者の刷新を行うこと。」、(6)学歴専重の弊風を是正すること、を求めた。

三　これは「戦後教育」が新たな段階に入りつつあることを示しているものと思われる。このように、「技術革新」と生産性向上運動が日本の産業の発展に新しい方向づけをしつつあったとき、日経連は昭和三一年一一月八日、「新時代の要請に対応する技術教育に関する意見」を提出した。この「意見」は、産業界の要請に応えるための大学教育の内容に関するものであった。すなわち、大学教育については、(1)高校と二年制短大とを結合した五年制専門大学の設置、(2)法文系の圧縮と理工科系大学に対する国庫補助の増額措置、理工科系大学における専門教育の充実と技術者倫理の徹底、(4)産業技術者の再教育についての大学側の態勢の整備、産業界の講師派遣、教授の現場見学、出張などの協力、などの点を主張していた。このような産業界からの強い要請は、中央教育審議会の「科学技術教育の振興方策について（答申）」（昭和三二・一一・一一）にも現われている。

中央教育審議会は、この「科学技術教育の振興方策について（答申）」において、「戦後我が国の教育は、その改革が急激に行われたため、科学技術教育の面からみて、教員組織・施設・設備等においてははなはだ不備があり、その内容も各学校段階間に関連性を欠き、多くの問題を包蔵しており、進歩した科学技術の要請する科学者・技術者を養成することは質においても量においても望み難い現状である。」「このことは外国において、膨大な経費を投じ画期的な科学者・技術者の養成計画を樹立し、真剣に科学技術教育の振興をはかっている今日、深く反省されなければならないところである。」「ここにおいて、本審議会は、工業技術を中心として、科学技術教育振興のため以下の対策を定めた。」「政府は本答申に従い、科学技術教育の振興を重要かつ緊急な政策として取り上げ、周到な計画を定め、その実施のためにじゅうぶんな予算を計上し必要な行政機構等を整備拡充して強い決意をもって早急にその振興に着手されんことを望む。」として、(1)科学技術系大学学部卒業者の質の向上――(i)教育内容および教育方法の改善、(ii)教職員の充実と質の向上、(iii)施設、設備の充実、(iv)研究費等の増額、(v)大学入学者の基礎学力の向上、(vi)大学と産業界との連係、(2)科学技術系大学学部卒業者の数の増加――(i)養成計画の樹立、(ii)学部・学科等の拡充と学生定員の増員、(3)大学院の充実――(i)施設・設備・教員組織の充実整備と大学院学生に対する奨学資金の拡充増額、(ii)大学院の修士課程における産業界の現職技術者の受け入れと再教育、(4)大学附置研究所の協力――(i)大学附置研究所の学部および大学院における授業と指導に対する協力、(ii)大学附置研究所における産業界の現職技術者に対する再教育、などを答申した。

四　以上のような昭和二五年から昭和三五年の時期の大学教育制度の変遷の特色は、次のように整理することができる。すなわち、(1)昭和二五年の朝鮮戦争の前後を中心とするＧＨＱの反共政策を背景に、わが国の経済状態を考慮しない教育改革に対する反発を底流として、教授や学生の抵抗がなされたこと、(2)教育改革の一環として大学管理法案が提出されたこと、(3)他方、昭和二七年四月二八日の平和条約の締結を契機として、わが国は新たな段階に入るとともに、経済優先と技術革新を軸とする教育制度の改革が求められたことなどの点を指摘することができる。

第二章　高度経済成長期における教育改革と大学教育法制

(一)　高度経済成長政策と大学紛争

(1)　大学運営臨時措置法案の提出の意図

一　(A)　「大学紛争が学内の問題にとどまらず、政治的、社会的な問題と密接に関連していることは、わが国はもとより欧米諸国でも共通に見られる現象である。しかもそのことが、経済的には高い水準にあり高等教育についても長い伝統と普及率をもつ国々で顕著になってきたことは、注目に値する。」

「さらに、それらの要因と関連して、今日の青年層とくに学生の意識や行動様式の中に、次のような変化が起こったといわれている。

(1)　その一つは、世代による価値観の相違、さらには世代間の対立の意識である。世代間の闘争と呼ばれる現象は、さらに社会の転換期にしばしば見られるが、今日の社会の急激な変化とマス・メディアの発達が刺激と暗示を受けやすい青年に強く作用して、その現象をいっそう激化させている。また、かれらの中には新しい独自の文化へのあこがれがある。それは、享楽的、虚無的な行動として現われることもあるが、さらに大学改革や社会改革をめざす反抗となることもある。そして、大学生が量的に膨脹したことや、都市生活における孤独感からのがれて集団に帰属感と充実感を求める傾向がかれらの中に増大したことが、いわゆるスチューデント・パワーの結集を容易にした一つの要因とされている。

(2)　さらに、わが国では戦後社会の特質に関連のある特徴もみられる。伝統的な権威の崩壊と民主化の過程における権利意識の高揚と責任感の軽視、イデオロギーの対立による社会生活各般にわたる過度の政治意識、青少年の訓育に対する成人の自信喪失と過保護の傾向などによって、青少年の中に自己主張の態度と行動力が育ってきた反面、責任転嫁の傾向と自己統御力の不足などが目だつようになった。

(3)　とくに戦後の学校教育においては、教育界における思想的な混乱、大学入学者選抜方法の欠陥による高等学校以下の教育のひずみなどが、青少年の正常で豊かな人間形成を妨げてきた。また、高等教育の急速な普及の効果は認められるが、それに応じた制度の改革、教育内容・方法の改善および教育条件の整備が立ちおくれたため、学生の中にいろいろな不満が蓄積されてきたことも否定できない。

上に述べたことは、広く現代社会の特質に関連するものであり、今後の文教政策の重要な課題を含んでいる。」(中央教育審議会「当面する大学教育の課題に対応するための方策について」(答申)(昭和四四年四月三〇日))

「(1)中教審の答申自体としては、現段階における一つの考え方を示したものであり、その中には大学側としても十分考えなければならない問題が含まれている。われわれとしても、大学の自治は決して閉鎖的・独善的なものではなく、社会に対して『開かれた自治』であるべきだと考えており、今回の答申も大学問題についての一つの見解を示すものとして受けとめたい。しかし、そこに提示された対策は抽象的であり、残念ながら、今日の大学紛争についての根本的な検討を加えた上での答申とはいいがたく、紛争解決のために有効であるとも考えられない。」

「今回の答申の中に、紛争から得られた体験や苦悩が織りこれまた跡が十分見られないことは遺憾である。」

「この際、この答申を受けた政府に対して希望しておきたい。政府が臨時的なものにせよ、大学紛争の処理に関して立法化を急ごうとしているように見うけられることには大きな問題がある。つまり真の解決は大学の自主的な努力によらなければ不可能といってよく、政府としてはそれを側面から援助すべきであって、上からの圧力を加えることは真の解決を妨げることになりかねない。そこにはまた、大学に対する政治的介入のおそれも多分にある。大学に関する問題は、かりに立法を必要とする点があるとしても、十分に慎重にとりはこぶべきであって、政治的判断を優先させて急いで立法化をはかることは、かえって紛争を混乱させ、また、大学の将来に対しても禍根を残すことになるであろう。」(東京大学総長加藤一郎「中教審の答申についての見解」(昭和四四年四月三〇日))

「最近、大学を中心として学生運動が激化し、大学当局者をはじめ関係者の懸命の努力にもかかわらず、単なる大学改革の運動の域をこえていっさいの体制を否定しようとする暴力的活動にまで拡大してきております。そのために、大学の使命とする教育と研究の機能がまひし、学問の自由を守るための大学の自治が脅やかされ、今や大学の存在そのものまでが危ぶまれるに至っていることは、わが国の将来にとってまことに憂慮にたえないところであります。」

「これ以上紛争を長期化することは、大学の使命と社会的責務にかんがみ、もはや許されないところであります。」

「そこで政府として、現行制度のもとにおいてできる限りの行政措置を講ずることとするとともに、行政措置のみによって十分効果ある処理を期待し得ない事項については最小限必要な立法措置を講ずることといたしました。すなわち、さる四月に行なわれた中央教育審議会の『当面する大学教育の課題に対応するための方策について』の答申の趣旨に沿い、各方面の意見もきいて、当面の紛争を収拾するための自主的な努力をたすけることを主眼として立案をいたしたしだいであります。」(「大学運営臨時措置法案に関する文部大臣の趣旨説明」(昭和四四年六月二四日衆議院本会議))

二　右に掲げた見解は、昭和四四年前半に発生したいわゆる大学紛争の処理をめぐる見解である。(A)は、昭和四四年四月に提示された中教審の答申の「当面する大学教育の課題に対応するための方策」の一節である。そこでは、(1)大学紛争は政治的、社会的な問題と関連があること、(2)大学紛争は先進国においても発生していること、(3)紛争の発生要因は、(イ)世代の価値観の相違、(ロ)青年がマス・メディアの刺激をうけていること、(ハ)大学生の量的膨脹、都市生活における不安の解消を集団に求めたこと、などにあること、(4)戦後の教育の欠陥から、責任転嫁の傾向と自己統御力の不足が出てきたこと、(5)大学入学者選抜方法の欠陥により高校以下の教育にひずみがあったこと、などの点を前提として今後の文教政策を考えていかなければならないとしている。

(B)は、加藤一郎東大総長の見解である。その特色は、(1)大学の自治は閉鎖的、独断的であってはならないこと、(2)中教審の提案は大学紛争を解決するには有効ではないこと、(3)紛争の苦悩を十分に理解していないこと、(4)大学紛争は大学の自主的努力により解決しなければならないこと、(5)政治的判断を優先させて問題を解決すべきではないこと、と主張し、政府の慎重な対応を迫ったところにある。

(C)の見解は、右の(A)の中教審の答申に従って政府が提出したいわゆる大学紛争処理法案の趣旨である。その特色は、(1)学生運動は単なる大学改革運動ではないこと、(2)大学の自治が脅かされていること、(3)これ以上紛争を長期化させることはできないこと、(4)そこで政府は行政措置だけではなく立法措置により中教審の答申に従って紛争を処理するため本法案を立案したこと、という点にある。

右の見解から明らかなように、昭和四〇年代前半を中心とする大学紛争は、戦後の大学教育の一つの終着点であったといえるかもしれない。政府はこの紛争を立法によって処理しようとしたが、これはどういうことを意味するのであろうか。文部大臣の「この紛争は単なる大学改革運動ではなく、いっさいの体制を否定しようとするものである」という見解に現われているように、単なる大学だけの紛争であるとは見ていなかったということである。では、このような事態に発展した原因はどこにあったのであろうか。昭和三五年以降昭和四四年の期間を中心に、その点を若干検討しておきたい。

(2)　所得倍増計画と大学教育

一　昭和三五年、岸内閣の崩壊とともに、新安保体制が発足した。岸内閣に代わって誕生した池田内閣は、高度経済成長政策＝「国民所得倍増計画」を打ち出した（昭和三七池田首相施政方針演説）。そして、この「国民所得倍増計画」（昭和三五・一二・二）の五つの計画課題の一つに教育問題をとりあげ「このような科学技術の急速な進展と産業構造の高度化、さらには今後予想される労働力の推移等を考えると、……教育・訓練・研究等人間能力の開発問題を、経済成長との関連において積極的にとりあげる」ことを指摘した。

ここに教育問題は産業経済活動の必要に応じた能力の開発という意味において重要な課題となったのである。「所得倍増」政策は、重化学工業中心になされ、これは、教育の面では、科学技術教育と労働者倫理の確立の二本によって遂行され、高度経済成長政策に沿った形で大学を改革することが要請された。それは、大学の多様化をもたらすと同時に、いわゆる「大学問題」を発生させる要因の一つともなった。

この大学問題は高度経済成長政策との関係からいえば、大学と産業とが互いにその目的と使命を達成するために相互に協力していこうとする「産学協同」体制から生じた問題であった。この「産学協同」体制の推進は結果的には、(1)産業教育体制の強化と、(2)高度の科学技術者の養成の二つの点から大学を変革することになった。

二　この「産学協同」の考えは、昭和三一年六月に出された通産省産業合理化審議会の「産学協同教育制度について」という答申によって推し進められることになるのである。それは、すでに指摘した日経連の「新時代の要請に対応する技術教育に関する意見」（昭和三一・一一）をはじめとし、産業技術振興専門視察団、産学協同専門視察団などのアメリカ派遣（生産性本部昭和三二年）、産学協同委員会の設置（生産性本部昭和三三年）、生産性本部の文部省への要請（「大学卒業後の継続教育に関する産学協同方式について」）（昭和三三年）、国立大学における「受託研究員制度」の実施（文部省昭和三三年度）、経済同友会の「産学協同センター」設立の構想の発表（昭和三四年）と経済団体連合会の「科学技術振興財団」の設立（昭和三六年）などとなって具体化した。このような「産学協同」体制は、池田内閣の所得倍増高度経済成長政策に対応して、「大学」の体質を変えると同時に、今後の大学のあるべき方向を提示することになった。

昭和三四年、政府に科学技術会議が設置され、同会議は、高度経済成長政策、国民所得倍増計画に対処するため「一〇年後を目標とする科学技術振興の総合的基本政策について」（昭和三五年一〇月四日）を答申した。これに対し、科学技術庁は、「科学技術者の養成にかんする勧告」（昭和三六年三月一一日）を行い、「わが国における科学技術の振興をはかるためには、科学技術者を量的、質的に確保することが最大の急務であり、その計画的な養成なくしては『国民所得倍増計画』の達成も困難である。」「しかしながら、貴省において策定せられた七ヵ年計画では、科学技術会議の第一号諮問「十年後を目標とする科学技術振興の総合的基本方策」にたいする答申および政府において採択した「国民所得倍増計画」において推算されている科学技術者（理工学系大学卒業者）不足数約十七万人の半数をみたすことも至難であり、わが国の科学技術の振興および経済成長の達成に重大な支障を及ぼすことが懸念される。」「よって昭和三十六年度を含めたさらに大幅な増員計画について早急に検討され必要数の科学技術者の確保をはかられるよう勧告する。」と述べた。そして、さらに、文部省では、昭和三六年度においては理工学系学生定員を約二六〇〇人（国立一七九〇人、私立八〇〇人）増加する予算を計上し、以降七ヵ年計画で漸次一六〇〇〇人まで増員することとしているが、この程度のテンポでは科学技術者不足数の半数をみたすこともできず、経済成長達成に重大な支障を生ずることは明白であり、初期年次におけるさらに大幅な増員計画が策定されなければならない、しかし、科学技術者養成のためには国立大学のみではその財政的限界から困難であるので、理工学系学生の約六割の養成を担っている私立大学の占める役割を再認識し、科学技術者養成計画の早期達成を図ることが望ましいと勧告した。

右の勧告の特色は、(1)科学技術者を計画的に養成しなければ所得倍増計画はできないこと、(2)文部省は昭和三六年以降七ヵ年で一六〇〇〇人まで理工学系学生を増員するとしているが、これでは科学技術者の不足を補うことはできないこと、(3)私立大学の役割を再認識し、私立大学における理工学系学生の増員計画を考えるべきこと、を指摘している点にある。

(3)　昭和三八年の中教審の「大学教育の改善」に関する答申の特色

一　このような高度経済成長、所得倍増計画の中にあって、また、他方、いわゆる安保闘争が激しさを増した昭和三五年五月二日、文部大臣は、中央教育審議会に「大学教育の改善について」諮問を行ったが、それから二年半以上経過した昭和三八年一月、同審議会は答申をした。この答申の特色は、(1)新制大学は実施後十数年の実績をみると、所期の目的を十分に達成していないが、その原因は、歴史と伝統を持つ各種の高等教育機関を急速かつ一律に新制大学に切り換えたことにあること、(2)高等教育機関には、学問研究と職業教育に即して、(ア)高度の学門研究と研究者の養成を主とするもの、(イ)上級の職業人の養成を主とするもの、(ウ)職業人の養成および実際生活に必要な高等教育を主とするもの、の三つがあること、(3)わが国においては、現在、大学院、大学学部および短期大学がおおむね右の(2)の三つの水準に対応すること、(4)大学の設置および組織編成については教育研究の目的に十分即応した合理的、能率的な管理運営が行われるように改善される必要があること、(5)高等教育を受ける者はそれにふさわしい資質能力を備えた者であるべきこと、その専門分野別の構成については人材需要の社会的要請をも考慮して定めるべきこと、および高等教育の水準を維持するためには一定の基準を確保すべきことなどの条件を勘案する必要があるので、高等教育の規模拡大には自ら限度があることを考え、慎重な配慮が必要であること、(6)大学の管理運営は、大学本来の使命に即し、総合的、合理的かつ効果的に行われなければならないが、他面、大学には、社会制度として課せられた国家社会の要請と期待に応ずる責任ある管理運営が必要であること、(7)大学の学内管理機関の基本体系としては、全学の総括的な責任者を学長、学部の責任者を学部長とし、評議会は全学の、教授会は学部の重要事項をそれぞれ審議する機関とし、それらの職務権限について学長、学部長との関係を明らかにすべきであり、さらに必要に応じて学長の補佐機関を設けうることとすべきであること、(8)学生の厚生補導は、大学教育のうちに独自な分野を有するものとして理解されなければならないこと、(9)学生の厚生補導は直接には、これを担当する教職員の相互の協力によって遂行されるものであるが、この基盤となるのは、全学の教職員の厚生補導についての認識と責任の自覚であること、(10)学生の自治活動は、学生が市民として有する諸権利に基づく自主的活動である政治的社会的運動とは異なること、また、学生の自治活動は大学の自治とは異なること、大学の自治は、わが国においては、学問の自由を確保するために認められた大学の管理運営上の自主性をさすものであって、これを確保することは、大学の管理機関の責任であること、(11)学生は、大学において教育を受けるものである以上、大学がその教育の目的を達成するためおよびその教育に必要な秩序を形成するため定める教育計画、諸規則、命令に従うべきであり、この限りにおいて、学生の個人としての自由には、必要な制限が加えられること、⑿学生の自治活動および政治活動その他の社会的活動に関して発生した学生の違法行為等については、それが学外において行われたとしても、大学が責任を回避することはできないこと、⒀学生の厚生補導に関する組織およびその運営についての細部の検討にあたっては、学徒厚生審議会の答申(「大学における学生の厚生補導に関する組織およびその運営の改善について」昭和三三年五月)を尊重しなければならないこと、などを指摘し、さらに、「大学入試」については統一テストを採用すべきこと、「大学財政」についいは予算措置をとるべきことを答申した。

二　右の中教審の答申の重要な点は、高等教育機関の目的・性格からして、それに応じた種別がありうることを前提として、人的能力開発計画に見合う大学の再編成を行い、同時に大学の設置基準を明確にし、大学の管理運営体制を整備しようとするものであること、また学生の自治活動は必要な制約をうけることが確認されていることである。

この答申は、戦後二〇年の政府の教育政策の一つのまとめであると同時に、高度経済成長、所得倍増計画を踏まえた政府のその後の教育行政の方向を示すものとして重要であったということができよう。

(4)　高度経済成長政策と大学進学率の増加から派生した問題

一　右に指摘した昭和三五年を契機として展開された所得倍増計画の実施とともに教育の実態にも大きな変化がもたらされた。

それは、昭和三五年以降、高等学校進学率が上昇するとともに、大学、短大への進学率も急上昇する傾向が顕著となってきたことである。その原因は、一つには、戦後教育改革における教育の機会均等の原則の確立、さらに六・三・三・四の単線型学校制度の確立とその定着により大学の門戸が六・三・三の課程を終了したすべての生徒に対し開放され、大学への進学に関する制度上の障害が排除されたことにある。また、特に女子にも大学が広く開放されたことも重要な要因としてあげられよう。二つには、高度経済成長政策が進学要求を高めたことにある。すなわち、重化学工業化政策は、必然的に生産技術の高度化をもたらしたが、そのような科学技術者の需要の拡大とともに、技術進歩に伴う子弟のより高度の教育水準の向上が要求されるにいたったこと、また、農業の将来に期待し得ない農民はその子弟を労働者として都市に送らざるを得ず、それがためにも教育水準や学歴を高めることが望まれたこと、さらにはより高い社会的地位と高い報酬を得ようとする学歴社会の社会構造も、その進学率上昇に拍車をかけたことは否定できないと思われる。このような状況にあって、国立大学の学部の増設はされたが、国立大学そのものは昭和三五年以降ほとんど増設されず、私立大学の新増設により、増加学生の大部分を吸収せしめなければならなかった。

二　たとえば、⑴学生数――昭和三五年――国公立大の学生数約二二万人に対し、私大は約四〇万人で国公立大の学生数の一・八倍、昭和四〇年――国公立大の学生数二七万六〇〇〇人に対し私大の学生数は約六六万人で国公立大の二・四倍、昭和四五年――国公立大の学生数三六万人に対し私大の学生数は一〇五万人で国公立大の二・九倍、昭和五〇年――国公立大の学生数四〇万七〇〇〇人に対し私大の学生数は一三二万人で国公立大の三・三四倍である。⑵四年制大学の数――昭和三五年――国公立大一〇五校に対し私大は一四六校で国公立大の一・三倍、昭和四〇年――国公立大一〇八校に対し私大は二〇九校で国公立大の一・九倍、昭和四五年――国公立大一〇八校に対し私大は、二七四校で国公立大の二・五倍、昭和五〇年――国公立大一二一校に対し私大は三〇五校で国立大の二・五倍である。⑶初年度授業料など納入金――昭和三五年――国立大一万円に対し私大は約五万円で国立大の約五倍、昭和四〇年――国立大一万三五〇〇円に対し私大は一五万円で国立大の一一倍、昭和四五年――国立大一万三五〇〇円に対し私大は一九万八〇〇〇円で国立大の一四・七倍、昭和五〇年――国立大八万六〇〇〇円に対し私大は三七万三〇〇〇円で国立大の四・三倍である。

右の数字は何を意味しているのであろうか。国費によって維持されている国公立大と大部分を父母が負担する学費によって維持されている私立大学との格差が、学生数においても授業料などの納入金においても、あまりにも大きかったことは明白である。

三　このような教育の実態から、昭和四〇年はじめに慶応大学において、授業料値上げ反対闘争が発生し、そして、その翌年は早稲田大学、さらに次年には、明治大学、つづいて中央大学と毎年のように発生した私学学費値上げとその反対運動は大きな社会問題となっていった。このような紛争とともに私学への大幅な公費助成を要求する運動が拡大していった。

しかし、このような学費値上げの反対運動が展開されたにもかかわらず、私大の授業料は昭和三五年から四五年までの間に平均二・七倍に上がったが、さらに、昭和五三年には九倍を超えた。一方、国立大学の授業料も値上げされ、昭和三五年から昭和五三年の期間に一六倍になった。

また、同時に学生数が増大したにもかかわらず専任教員数はあまり増加せず、このため「マス・プロ教育」の問題が発生した。すなわち、昭和三五年から昭和五二年までの期間に学生数は七一万人から二二一万人になり三・一倍の増であるのに対し、教員は五万人から一一万一千人になり二・一倍の増であり、職員も六万一千人から一四万二千になり二・三倍の増である。このような教育条件が研究と教育の両立を困難ならしめることは当然といってよいであろう。（右に掲げた数字は文部省「文部統計要覧」各年版により作成）

右のような昭和三五年以降の大学教育の状態が、昭和四〇年前後を中心とした大学紛争を発生せしめた要因の一つとなったことは否定できないと思われる。

(5)　高度経済成長政策と学園紛争

一　このような状態にあって学生を主体とする大学における学園紛争は急増した。昭和二五年から昭和三四年までの主な紛争校は七校、昭和三五年から昭和三九年までは五校、昭和四〇年には慶応大学の学費値上げ反対などをはじめとして二〇校、昭和四一年は早稲田大学の学費値上げ反対などで六十数校、昭和四二年には明治大学の学費値上げ反対等で九十数校、昭和四三年には中央大学の学費値上げ反対、医学部問題を発火点とした東大紛争、二〇億円の経理不正問題から発した日大紛争、筑波への強行移転と大学の自治の侵害に反対することを理由とする東京教育大学紛争など一一五校をあげることができる。このように、昭和四〇年から大学紛争は急増したということができる。

右のような大学紛争の発生の原因の特色は、(1)学費値上げ反対、(2)経理不正の追及、(3)学生寮の自治権の問題、(4)大学移転強行反対、(5)学生の不当処分反対、(6)就職差別反対、(7)「マス・プロ教育」反対、(8)自衛官入学反対、(9)米軍資金導入反対、(10)学生の権利の確立を前提とした管理運営の民主化要求、(11)米軍ジェット機墜落をめぐる闘争などにみられるようにその大部分が文教予算の不足、大学自治の侵害、大学の一部管理者の非民主的な大学運営に対する闘争であったということができる。

二　右のような背景を前提にして、政府は冒頭に掲げた見解に基づいて、昭和四四年六月「大学の運営に関する臨時措置法案」を提出した。

したがって、この昭和三五年以降昭和四四年の時期は、高等教育を高度経済成長政策、所得倍増政策を推し進めてゆくための一つの手段として位置づけていくか、それともそれが学問の自由・大学の自治からみた場合、真の高等教育のあり方かという疑惑との葛藤の時期でもあったということができようか。

次に、大学紛争を前提として、いわゆる大学問題に関し、何が議論され、解決されたのかが検討されなければならない。

(二)　東大確認書問題と各機関の見解

(1)　「東大七学部集会における確認書」に対する内閣法制局の見解

一　「第二　確認書三1について

〔確認書〕

昨年一月二九日以来の闘争の中で行なわれた学生・院生のストライキをはじめとした抗議行動については、大学側に重大な誤りがあった以上、大学当局は処分の対象としない。

〔見解〕

……学生に対する懲戒に当たっては教育上必要な配慮をしなければならないものであり（学校教育法施行規則第一三条）、懲戒処分をするかしないかについても懲戒権者に相当大はばな裁量が許されているものと解されるが、右のような暴力事犯に該当するすべての行為についていっさい懲戒処分をしないこととすることは、仮りに今回の紛争の発端について大学側に重大な誤りがあったとしてもはたして右の裁量の範囲をこえないものであるかどうか、疑問なしとしない。確認書のこの部分は、したがって、法律上の問題を残すことになる。」

「第三　確認書四について

〔確認書〕

1　新しい処分制度については、今後相互で検討する。但し、大学当局は、その原則として、客観的に学生・院生の自治活動への規制手段としての役割を果してきた「教育的処分」という見地をとらぬこと。又、学生・院生の正当な自治活動への規制となる処分は行なわない事、且つ、その手続きにおいては、一方的処分はしない事を認める。

2　新制度が確立されるまで右の条項を前提とした暫定措置については、今後双方が協議、交渉する。

〔見解〕

……同四2では、『双方が協議、交渉する』とされているので、双方の協議、交渉の結果協議が調わなければ暫定措置としての処分制度を確立させないという趣旨であるかのようにもうかがわれる。そうだとするならば確認書四2は、結果において法律に定める処分権限を放棄したに等しいことになり、この意味において、法律上問題である。」

「第四　確認書五1について

〔確認書〕

大学当局は、六月一七日の警察力導入が、講堂占拠の背後にあった医学部学生の要求を理解し、根本的解決をはかる努力をつくさないままに、もっぱら事務機能回復という管理者的立場にのみ重点をおいてなされた誤りであった事を認める。

〔見解〕

……確認書のこの部分には、六月一七日の程度の事態のもとでは、今後警察権行使の要請をしない方針であるとの趣旨は含まれているようにみえる。そうだとすれば、状況のいかんによっては、国有財産の管理者としての管理義務の懈怠の責任を免れ得ないことになるような約束をしたことになりその意味において、法律上問題である。」

「第五　確認書五3について

〔確認書〕

大学当局は、原則として学内「紛争」解決の手段として警察力を導入しないことを認める。

〔見解〕

……将来にわたって、人命の危険、人権の重大な侵害ないしは緊急の必要があるにかかわらず警察力の導入を要請することができないため、学内の秩序が事実上維持し得ない事態が生じ、その結果人命の危険、人権の重大な侵害等の発生をみるに至ることが予想されることになるので、学内の秩序を維持すべき責任をになう者がそのような結果をもたらすことあるべき約束をすることについては、法律上問題である。」

「第七　確認書六について

〔確認書〕

正規の令状に基づいて捜査を求めた場合でも大学当局は自主的にその当否を判断し、その判断を尊重することを警察に求めるという慣行を堅持する。又、警察力の学内出動の場合もこれに準ずる。

2　学内での学生の自治活動に関する警察の調査や捜査については、これに協力せず、警察の要請があった場合にも原則的にこれを拒否する。

〔見解〕

……学生の自治活動に関する限り、正規の令状に基づく捜査であっても原則として拒否するという趣旨にとられる余地がなくはない。もしそうであるとすれば、その点は、もとより違法といわなければならない。」

「第九　確認書十2について

〔確認書〕

大学当局は、大学の自治が教授会の自治であるという従来の考え方が現時点において誤りであることを認め、学生・院生・職員もそれぞれ個有の権利をもって大学の自治を形成していることを確認する。

〔見解〕

確認書のこの部分は、その標題が「大学の管理運営の改革について」とされているところから、学生・院生・職員をして、それぞれの固有の権利として大学の管理運営に参画させる趣旨を含むようにもうかがわれる。そうだとすれば、現行法に定められている管理機関以外の者に大学の管理運営に参画させることになり、確認書九2について述べたと同様、法律上問題である。」

右に掲げたのは、「東大七学部集会における確認書（昭和四四年一月一〇日）（以下「確認書」という）に対し、内閣法制局が示した「東大七学部集会における確認書についての法律的検討」（昭和四四年一月三一日）の覚書の一部である。同覚書の内容は、第一から第九まであるが、ここではそのうち大学の自治と学生の処分問題に関する部分のみを掲げた。確認書そのものは一〇項目（一、医学部処分について、二、文学部処分について、三、追加処分について、四、今後の処分制度、五、警察力導入について、六、捜査協力について、七、青医連について、八、「八・一〇告示」について、九、学生・院生の自治活動の自由について、十、大学の管理運営の改善について）からなっているが、法制局は、そのうち九項目をとり上げて法的に問題となる点を指摘し、批判したものである。

二　右に掲げた法制局の見解の特色は、⑴懲戒処分の発動に関しては懲戒権者に相当の裁量が残されていること、⑵暴力事犯に該当するすべての行為についていっさい懲戒処分をしないことは、懲戒権者の裁量の範囲を超えているのではないかという疑問があること、⑶学生らと処分について協議、交渉するというようなことは、その協議、交渉が不調に終わったときは懲戒権者の処分権の放棄につながること、⑷大学の講堂などが暴力行為などにより占拠されているのに警察権の行使を放棄し、事務機能の回復を図らないことは、国有財産の管理者としての管理義務責任の放棄を意味すること、⑸現に学内において人命の危険、人権の重大な侵害行為が発生し、これを解決するために警察力を要請する必要があるにもかかわらず、この要請を拒否することは、学内秩序維持の責任を放棄するものであること、⑹正規の令状に基づく学内捜査を拒否することは違法であること、⑺大学の管理・運営に学生・院生・職員を参画させることは法律上問題であること、としている点にある。

三　右の法制局の見解の骨子は、結局、確認書は⑴懲戒権者の裁量権に対する侵害、⑵大学管理者の学内秩序維持責任の放棄、⑶国有財産管理責任の放棄、⑷人命侵害排除責任の放棄、⑸捜査協力義務の放棄、⑹違法な大学管理運営の容認、を意味するという点にある。

したがって、右のことはさらに⑴大学自治と大学管理運営の構成の問題、⑵学生の処分と処分制度の問題、⑶大学の自治と警察権との関係に集約することができよう。

⑵　東大事件

一　右の「東大七学部集会における確認書」が取り交わされるまでの経緯は、次のようであった。

「春見医局長に面会を強要し、同医局長を一五時間にわたって拘束、また深夜にシュプレヒコールをくり返して、病院内の秩序と平静を乱したことは、医学を修める学生、研修生として絶対に許すことはできない」として、東大医学部は、昭和四三年三月一一日、退学四名、停学二名、けん責六名、研修生の研修取消し一名、研修停止二名、けん責一名、研究生の退学一名の合計一七名の処分を発表した（朝日新聞昭和四三年三月一二日）。この処分の起因となったものは、昭和四三年一月二九日、登録医制反対および青医連の承認問題などに関連して、医学部学生が無期限ストに入り、二月一九日、当時の上田病院長に学生、研修医が団交を要求、それを止めに入った春見医局長に対し暴力をふるったという問題である。ところが、事件の場所にいなかった学生が処分されたとして、医学生は不当処分反対を理由に卒業式、入学式などを妨害し、安田講堂を占拠した（五月一五日）ため、大学側は機動隊を導入した（六月一七日）。これに対し、学生側は、処分の白紙撤回、機動隊導入に対する自己批判、大衆団交などを要求し、かくして、大学側は、豊川医学部長、上田病院長の辞任、小林教授の医学部長、石川教授の病院長就任を発表し、収拾案として、(1)医学生の処分を再審査する、(2)機動隊を将来導入しないように努める、(3)不法な暴力による大衆行動は認められない、(4)大学自治、学生自治を根本的に検討する、と発表した。しかし、紛争解決のめどはつかず、一〇月一五日東大付属病院精神科医局員は医局の解散を決議し、前述の春見医局長事件の舞台となった内科研究棟を封鎖するにいたった。そして、さらに、一〇月二五日に、東大紛争収拾のための大河内試案が発表された。すなわち、それは、(1)医学部の学生処分は全面撤回する、(2)処分当時の医学部の責任者は東大教授を辞任する、(3)大河内総長と評議会の構成メンバーも責任をとり辞職する、(4)大学の管理・運営への学生参加はできる限り認める、という趣旨のものであった（朝日新聞一〇月二五日）。しかし、ついに大河内総長は、一一月一日、学生に対し、(1)事件の場所にいなかったT君の処分は誤りであった、(2)教授会と学生との信頼関係が全く欠けていた、(3)警察力導入については自省する、(4)しかし、学生は暴力行為を深く恥じよ、(5)評議員にも重い責任がある、(6)新しい大学創造に期待する、という内容の「学生諸君へ」という文書を発表して辞任した。

二　加藤学長代行以下新執行部は、前執行部ができなかった「話合い路線」を積極的に打ち出したが、新執行部の発足と同時に生じた林文学部長の軟禁事件を契機に、反代々木系学生に対する批判が高まり、同時に、新執行部が打ち出してきた学生集会開催をめぐって、反代々木系、代々木系、一般学生の抗争が激化した。こうした対立抗争とともに、昭和四四年度の入学試験の実施という問題をかかえるにいたり、東大紛争は新局面に直面しながら新年を迎えた。加藤執行部は、一月一〇日七学部集会を開催し、その後代表団交で「十項目確認書」を交換した。そのうち処分問題に関しては、(1)八・一〇告示は完全に廃止する、(2)医学部学生処分は白紙撤回されたことを再確認する、処分をうけた一一人の学生の名誉と人権を傷つけたことに対し大学当局は謝罪する、評議会はこの処分に対し直接責任をもつ豊川、上田両教授の退官につき適切な措置をとる、(3)文学部学生処分については、新しい処分制度の下で再検討する、(4)追加処分については昨年一月二九日からのスト、抗議行動は大学側に重大な誤りがあった以上処分の対象としない、林文学部長事件については旧制度で処分せず新制度で取り上げる、(5)今後の処分制度については、大学、学生相互で検討し、原則として自治活動の規制手段としての教育的処分という見地をとらず、一方的としない、というものであった(朝日新聞一月一一日)。東大入試の実現を目標とする執行部は、一月一九日安田講堂を占拠していた学生を機動隊を導入することにより排除したが、結局、東大入試は中止と決定された。

(3)　大学問題に対する各政党の見解と政府の対応

一　東大確認書問題は、戦後四半世紀を経過した時点における大学問題の現状を示すものであり、今後の大学問題をどのように展開すべきかについて検討する大きな契機となったものであると考えるので、ここで、各機関の見解について、前述の三点(1)大学自治と大学管理運営の構成の問題、(2)学生の処分と処分制度の問題、(3)大学の自治と警察権との関係)を中心に整理しておきたい。

二　文部省は、昭和四四年二月八日「東京大学『七学部集会（七学部『団交』）における確認書』について」を発表し、そこにおいて、「大学側の反省の姿勢が強調されている反面、学園紛争の解決と今後における大学運営の正常化のため、学生側の反省を求める態度が、全く見られないことは遺憾である。」「学生の処分は、学生に規律違反その他の非違があった場合に教育上の必要から行なわれるものである。……およそ『教育的処分』をしないとすれば、いっさい学生処分をしない結果ともなり、重大な問題である。」「いわゆる『東大パンフ』を廃棄し、学生自治組織に『団交権』を認めたり、さらに、『学生・院生・職員もそれぞれ固有の権利をもって大学の自治を形成する』としたりすることは、これが学生・院生・職員が大学の管理運営へ何んらかの形で参加する地位を認める意味とすれば、それは、従来の考え方を根本的に変革し、大学制度および大学の自治のあり方の根幹にふれる重大な問題である。」という見解を表明した。すなわち、(1)確認書は学生側に反省を求める態度が欠落していること、(2)教育的処分の否認は学生処分の否認に通ずること、(3)学生・院生・職員の大学管理・運営への参加は、従来の大学制度や大学の自治のあり方に根幹に触れる問題であること、というものである。

このほか、政府、各野党から見解が表明された。

(1) 佐藤首相（当時）は、昭和四四年二月五日の衆議院予算委員会において、社会党の山中吾郎氏の「首相は、はじめ大学問題にかなりの理解をみせていたが、最近は変わってきた。東大確認書を出発点として、大学制度の改革をはかるべきだと思うが、首相は東大確認書をどう評価するか」という質問に対し、「確認書は力の関係のもとでできたものだ。大学の将来を決めることを力関係のもとでやることは異常だ。確認書をスタートに大学のあり方を決めるのは無理だと思う」「確認書が問題提起というならわかるが、スタートというのはわからない。学問の自由と大学管理とがごっちゃになっている。また学生の参加については、教授の任免のように……問題を提起している」と答えた（朝日新聞昭和四四年二月五日）。

(2) 自由民主党政務調査会文教部会、文教制度調査会合同会議は「東大紛争と大学問題について」（昭和四四年一月三一日）において、(i)学生処分権の放棄は、学園の秩序維持権の放棄を意味し、処分制度ができるまでは処分を行わないということは学校管理権の空白を意味する、(ii)東大の学生運動に対する対抗手段の放棄は、学園秩序維持権、管理権の放棄である、(iii)学生の大学管理運営への参加は、教育の場を労働運動の場とするものである、(iv)確認書は、不当・

違法である、したがって、「この確認書の破棄が東大再建の前提条件であり、政府は東大当局に対し、確認書の破棄を要求すべきである」という見解を示した。

(3)　日本社会党の大学問題特別委員会の「当面する大学問題に対する党の方針」（昭和四四年五月一四日）は、(i)大学の自治は、教官、学生、職員の三者により確立されるべきことを前提として、学生は、学長選挙などの人事、カリキュラム編成、予算編成、学寮、学館の自主管理、学生処分問題などの大学の管理、運営に対する共同決定に参加し、その具体的参加の方法と内容は教官、職員、学生の三者により決定すべきであるとする。(ii)また、大学への警察権の介入の問題については、一部学生が誤りを反省せず、暴走を続け、大学を「やむなく警官導入に追いこむことにならないよう、全学生が深い配慮を払わなければならない」とし、警察権の導入の適・不適・当・不当については触れていない。

(4)　公明党の「大学紛争解決のための方策」（昭和四四年五月一二日）は、(i)学生の暴力事犯は断じて許されない、(ii)現に暴力事犯が存在し、十分予想される場合に限り、警察力の自発的発動はやむを得ない、(iii)文部大臣の行政指導の下に、各大学に「学園民主協議会」を設置し、その構成は教授、教官、職員、大学院生、学生とし、その権限は、学生生活、教官職員の生活、教育、研究の方向性、経理の監査、研究費配分、学生の処分などの規定の審議などとする、というものであった。

(5)　民社党の「大学基本法案」（昭和四四年五月二二日）によると、(i)大学の理事会の理事は「一　学長　二　教授等（教授、助教授、講師（常時勤務の者に限る。）及び助手をいう。以下同じ。）を代表する者　三　職員を代表する者　四　卒業者を代表する者　五　社会を代表する者（言論界、労働界、財界、芸術界等を代表する者をいう。）」を充てる。「学生は、教授等及び職員とともに、大学の構成員とする。」、「学生は、大学の規律に違反し、又は法令の規定に違反したときは、別に定めるところにより、懲戒を受けるものとする。」としている。

右の案の特徴は、大学の理事会に職員、卒業者代表、社会の代表者を入れるとしていること、学生を大学の構成員として位置づけていること、また、処分問題は別に定めるところによるとしている点にある。

(6)　日本共産党の「当面する大学問題の解決方向について」（昭和四四年五月一七日）は、「大学民主化と教育・研究の発展のために」として「大学の構成員である学生、大学院生の権利をみとめ、教員、職員、学生、大学院生など各層から民主的に選出された一定数の代表による全学協議会、学部協議会を設置し、大学の管理運営を民主化する。全学協議会は、大学の基本方針、学生の民主的権利の制度的保障、全学的内規の改廃、予算の編成と配分、授業料と入学金（私立大学の場合）、学部、学科の増設や改廃、校舎の移転、教育課程の編成、研究室の民主化の基本など、教育、研究と管理運営にかかわるすべての重要事項を協議する。大学当局は、この協議の結果を大学の管理運営の上にかならず反映させ、協議で一致に達した事項を責任をもって実行する。」と述べている。

右の見解は、学生を大学の構成員として位置づけ、全学協議会を設置し、そこで大学の基本方針、学生の権利の制度的保障、内規の改廃などの事項を協議し、これを大学当局が実行するというものである。

右に指摘したことから明らかなように、野党各派は、学生を大学の構成員として位置づけ、大学の管理運営に学生を参加させていこうという見解を示している。このような見解は、自民党や政府の見解と一致するものではなかった。

三　右のような各政党の動きの中にあって、自民党は、政府との合議で大学管理法案提出の方針を決定（三・一二）し、同党文教制度調査会大学問題専門小委員会の「大学正常化のために現行法の範囲でとりうる可能な措置について（中間報告）」（四・五）をうけて、文相主催の国立大学長会議（四・七）、私立大学長会議（四・一四）、公立大学長会議（四・一九）開催のあと、警察権行使制限の撤廃と学内暴力の予防排除を各大学に通達（「大学内における正常な秩序の維持について」（四・二一））、自民党文教部会、文教制度調査会合同で、「大学の正常化に関する臨時措置法案」、「学園の秩序維持に関する臨時措置法案」を準備した。これらは、文部省案要綱（五・一五）、文部省最終案（「大学紛争の収拾に関する臨時措置法案」（五・二一））として一本に整理された。これよりさき、中央教育審議会は「当面する大学教育の課題に対応するための方策について（答申）」（四・三〇）見解を公表した。

このような動きを背景に、正式には「大学運営に関する臨時措置法」案が閣議決定され（五・二四）、第六一通常国会で可決成立し、八月七日公布された。この「大学運営に関する臨時措置法（昭和四四・八・七法七〇）の特徴は、(1)五カ年の時限立法（最長期昭和四九年八月一六日）であったこと、(2)(i)文部大臣に「紛争」認定権、勧告権を与えたこと、(ii)大学運営機関の特例措置＝学校教育法、教育公務員特例法の職務権限の一部を学長と新設機関に委譲したこと、副学長等の補佐機関の設置、評議会や教授会の権限と機能の縮減など、(3)教育機能停止（入試選抜措置を含む）の措置については、文部大臣の認定権を優先させ、教職員の休職、教職員の減俸、欠員補充の停止などについて、国家公務員法、教育公務員特例法の規定の適用を排除していること、(4)本法の執行に必要な措置は「文部省令」で定められることとして、省令、通達等の行政指導で大学紛争の処理を図ろうとしたこと、などの点にあった。

(三)　大学改革に関する各機関の見解

(1)　大学改革に関する見解

(A)　「……大学における懲戒またはその他の処分についてこれまでの事例を見ると、とくに学生の政治的活動に伴う秩序違反の行為をめぐって、次のような問題が生じている。

(1)　処分の対象となる行為の範囲が明らかでなかったり、それに対する警告や指導がじゅうぶんに行なわれないままに処分されたりしたため、処分の意図するところが何であるかについて学生のがわに疑問の生ずる場合がある。

(2)　日ごろ見過ごされている行為が、ある時だけ処分されたり、同じ行為が同一の大学内で別々の基準で処分されたり、処分の審査が公正を欠いていると思われたりして、大学の処分を学生一般が公正なものと信じなくなる場合がある。

(3)　懲戒処分の教育的な意味を誤解して寛大にすぎたり、処分に伴う学生の反発を考えて不問に付したりする場合がある。

このような問題を解決するためには、各大学において、全学的な立場から学生処分が公平かつ的確に行なわれるとともに、当事者の主張が公正に処分に反映されるような手続きと慣行を確立する必要がある。この場合において、問題の生ずる大きな原因としては、学生の政治的活動に伴う秩序違反の行為を一般的非行と同様に取り扱うのに疑問が生じやすいこと、また、そのような行為に対する処分が運動の不当な抑圧と誤解されるのをおそれることなどが考えられる」（中央教育審議会「当面する大学教育の課題に対応するための方策について（答申）」昭和四四年四月三〇日）。

(B)「本来、大学が持っている基本的性格よりして、大学教育を受ける学生には自発的な学術研究の態度が要求される。学生は主体的に知識の継承を受けながら、自主的に学術研究の方法を体得し、やがて、未来を背負う責任と権利をもって教職員と共に教育・研究活動に参加すべきものである。」

「『大学の自治』は教職員と学生によって支えられ発展しうるものと判断される。然してこの場合学生側に参加の責任を果す決意と民主的基礎のあることが極めて重要である。従って、全学生に対して責任をもった学生の自治は抑制すべきではなく、これを民主的に発展させることが必要である。」（「大学問題について全国の大学および科学者に訴える（声明）」昭和四四年七月七日日本学術会議第五四回総会）。

(C)「……まず第一に、教育の基本にかかわる法案については、その性質上、超党派的な国民的合意を得るような形で立案、審議を進めることが強く要請される。」「第二に、国会に課せられた一つの使命は、問題の所在を十分に審議し、これに対する賛否の論拠を国民の前に納得のいく形で明らかにすることである。」「第三に、参議院本会議での採決は、院の構成にかかわる議案の審議さえも中断し、しかも国会法で定められた委員長の報告、および質疑、討論の一切を省略して抜打ち的になされた点で、わが国の国会史上にも先例のない行為であった。これは手続的にも違法なものであり、かりにその違法性が成立を無効とするに至るまでのものでないとしても、その法律としての権威と正当性をはなはだしく弱めるものである。」

「われわれは、新しい時代の大学を建設していくためには、大学と政府との間に正しい意味での協力が必要であり、政府は大学側の自主的改革の努力を支援すべきであると信じている。」（東京大学「『大学の運営に関する臨時措置法』に対する見解」昭和四四年八月六日）。

(D)「つぎに、学内規律・処分制度のあり方を考えるに当っては、大学という社会をどのようなものとしてとらえるかが重要なかかわりあいをもつ。」

「……学内の規律といい、それを維持するための処分という場合、それは、そもそもいかなる理念の上に立って、いかなる秩序を維持しようとするのであるかが改めて問われなければならない。」

「思うに、大学は教育と研究を中心的任務とする共同社会であるが、教育は、教育者と被教育者との間に、最小限度なんらかの相互的信頼関係が存在しなければ、行なわれうるものではない。」「大学における教育は、特定の知識――真理探究の結果――を伝達するというよりは、教師が同時に豊かな問題意識と着想の発酵過程中にある探究者として学生に接することによって、学生の創造的能力を触発することを主眼としている。」

「……教師が研究・教育において自由でなく、例えば、任命権者・大学設置者の直接間接の指揮命令に従って研究・教育を行なうという立場にあるのであれば、教師は既成の（しばしば官製の）思想・価値観を注入する道具に堕し、学生は、ことばの正しい意味での教育を奪われ、大学は、独立的思考と批判の府としての使命をうらぎることにならざるをえない。」

「さて、大学において自由な研究・教育が行なわれうべきことについての絶対不可欠の要件は、全大学構成員の思想の自由および思想の表現交換の自由の確保である。」

「……大学の諸集団――とくに教師と学生と――の間に、かなり大きな利害の対立があることは認められなければならない。それは、大学の教師が、同時に、研究者であり、かれらが、研究者としての固有の要求をもつということと関係する。」

「また、金をもらって研究するものと、金を払って研究（学習）するものとの間の、研究・教育についての意識の相違も見逃せない。」

「……つまり、大学構成員の間に、大学における自由な研究と教育の確保についての利害の本質的共通性があるのであるが、研究・教育の具体的あり方に関しては、教師・研究者と学生との間に、かなりの程度の利害の対立がありうるのであり、学内規律・処分制度を考えるに当っては、第二に、このことを重視しなければならないと思われるのである。」

「大学の秩序はそこにあるのではなくて、われわれ大学構成員が共同に且つ日々つくるべきものであり、学内規律の主眼は、価値創造という動態の機能原理を確保するところにあると考えるべきであろう。意見の相違は叡知のはじまりであり、ことなる思想が交渉し競い合うところに価値創造が営まれる。そして、この営みが豊かな生命力を以て営まれるためには、各構成員は、相互に相互の意思の自由、思想の表現交換の自由、研究の自由および人身の自由等を高度に認め合わなければならないのである。」

「第二に、大学を構成る主要な集団——教師と学生と——の間には、大学における研究教育のあり方に関して、自由な意見を交換させる——むしろたたかわせる——機会が、なんらかの形態において、つねに開かれてあらねばならない。」

「新しい学内規律・処分制度は、大学における自由な研究・教育が具体的にいかにあるべきかについて、全大学構成員間の思想の表現交換がたえず十分に営まれているという条件の下で、はじめて正しく成立・機能しうると信ぜられるのである。」

「第三に、学内規律・処分制度は、規律の実体法も、処分の組織法・手続法も、教師・研究者と学生との共同の事業としてつくり出されるべきである。」

「第四に、前項にのべられたような手続を経て作成された学内規律・処分制度は、つねに大学理念論の裏付けを得ながら適用執行されるべきである。」

「……われわれもまた、学生処分を、「学生としての本分に反する行為」というような恣意ないし裁量のはいりこみうる概括条項にもとづいて行なうことを止め、これを、実体法的にも手続法的にも罪刑法定主義の原則により忠実の立場で制度化し且つ運用すべきであると考える。しかし、そのことは、明文の規則をなるべく機械的に適用すべきだということを意味しない。むしろ反対である。規則違反行為に対して制裁を科するについては、まずもって、事実が公正手続によって客観的に認定されなければならないが、その認定事実が規則の文言で語られている要件に包摂されるに当っては、大学における処分である以上、その際つねに、認定事実と大学の基本的使命との間の価値連関が示されるべきである。」

「……処分が問題になるのは、多かれ少なかれ、大学構成員間の信頼関係がやぶれようとしている状況においてであるわけであるが、規則の内容である命令や禁止を、大学理念の裏付けなしに、多数を恃んで形式主義的に適用するならば、大学のよって立つ原理は致命的な侵害を被ることになろう。大学は、さきにのべたごとく、ことなる思想の競争と交渉が知的創造の動因であるという信条を基礎にしており、大学はこの条件を不当な侵害からまもる点において怯懦であってはならないと同時に、この規律権を形式主義的に行使して、少数者の思想を抑圧してはならないであろう。自主性・主体性を本旨とする研究教育の場において、他律的制裁付科の作用たる処分はないにこしたことはないが、大学の使命達成上、処分が必要である場合には、つねに改めて、大学の基本的使命を再確認し、それとの関係において具体的処分がなされるべきであると信ぜられる。そして、このような判例法の積み重ねによって、大学の生きた秩序が形成されることになると思われるのである。」

「……学内規律・処分制度は固定的であってはならない。……われわれが大綱において賛同する制度は、いろいろな意味において新しい制度であり、これが定着するについては、多くの試行錯誤を経なければならないと予想される。二つには、一方における学問の発達、他方における社会の変化は最近非常に激しく、それらのなかにあって、大学がその中心的機能を果たすについて必要とする諸要件はまた固定的ではありえないと思われる。これらの理由により、一度つくった制度はこれを絶対視するような態度に陥ることなく、たえず、かの使命達成上の諸要請にてらして改めてゆく用意があることが必要であろう。」（東京大学改革委員会（教官）「学内規律・処分制度に関する作業グループ報告」昭和四六年一月八日）。

(E)「従来から大学について営造物説と共同体説とがあったが、学生の地位についての両説を要約すれば、前者は大学を営造物とし、学生をその利用者としているのに対して、後者は大学を共同体とし、学生をその構成員としている。

しかし、大学はそのいずれかではなくして、営造物的な面と共同体的な面をもつものであり、したがって、学生も単に施設の利用者にとどまるものではなく、同時に大学共同体の構成員とみるべきであろう。」

『教授も学生も真理のため、真理探求のためにある』とは大学についての古典的な言葉であるが、この観点からは、学生も教授とともに能動的、批判的に研究に従事するものなのである。しかし、大学が同時に教育の場という観点からは学生は教授について学ぶ者であることを否定することはできない。このことは大学が研究および教育という共通の目的意識をもった者の共同体ではあるが、機能的には異なる役割をもった構成員から成っていることを意味する。

これを要するに学生の地位は、本人の選択志望した大学から入学を許可されることによって生ずるのであるが、これによって学生は学ぶものの権利とそれにともなう責任とをもつ大学共同体の構成員となる。」（日本私立大学連盟　大学制度研究委員会「大学における学生の地位・参加問題について」昭和四四年四月一〇日）。

二　右の(A)は、中央教育審議会の「当面する大学教育の課題に対応するための方策について」の見解、(B)は、日本学術会議の「大学問題について全国の大学および科学者に訴える」の見解、(C)は、東京大学の「大学の運営に関する臨時措置法」に対する見解、(D)は、東京大学改革委員会（教官）の「学内規律・処分制度に関する作業グループ報告」の見解、(E)は日本私立大学連盟の「大学における学生の地位・参加問題について」の見解のそれぞれその一部である。

次に、「東大確認書」を踏まえて、大学改革について大学関係機関がどのような見解を示したかを検討し、今後の大学のあり方を考える場合の素材としたい。

(2)　大学改革に関する見解の特色

一　昭和四四年一月一〇日に「東大確認書」が交換された後、八月七日に政府は大学紛争処理法としての「大学運営に関する臨時措置法」を制定した。右に掲げた(A)から(E)までの見解は、いずれも東大確認書と「大学運営臨時措置法」に関連しながら、学生問題に関し言及している見解である。

(A)の中教審の見解は、学生の政治活動に関する懲戒処分については(1)処分の範囲の不明確性、(2)処分の基準の不明確性、(3)処分の審査手続の不明確性、(4)処分の一貫性の欠如、などの問題点があることを指摘し、同時に政治活動に伴う処分と一般的非行に関する処分とを同一に取り扱うことについて、誤解を招かないようにしなければならないことを示唆している。特に、処分を全学的な立場から公正に行うための手続の確立を要求していることが注目される。

(B)の日本学術会議の見解は、学生を教育、研究活動に参加させてもよいが、その前提として、学生側に参加の責任を果たす決意と民主的基礎が確立していることが必要であるとしている。

(C)の見解は、大学運営臨時措置法は教育の基本に関わるものであるから超党派的立場で立案・審議されるべきであり、政府は、新時代の大学の建設のために大学の自主的改革を支援すべきである、としている。

(D)の見解は、東大の教官からなる改革委員会の学生処分問題についての見解の一部であるが、その特色は、(1)大学という社会をどのようなものとしてとらえるかが重要であること、(2)学内規律を維持するための処分とはいかなる秩序を維持するためのものかが問われなければならないこと、(3)大学教育は学生の創造的能力の触発にその主眼があること、(4)教師は既成の思想、価値観を学生に注入する道具に堕してはならないこと、(5)大学の教師は研究者である点で、学生とは異なること、(6)学内規律の目的は、価値創造の機能原理の確保にあり、そのためには大学構成員は相互に思想・研究の自由等を認め合わなければならないこと、(7)かかる前提の下に、学内処分制度は教師・研究者と学生との共同作業として作り出されるべきであること、⑻したがって、学生処分は「学生としての本分に反する行為」というような裁量の範囲の広い概念で決定するのではなく、罪刑法定主義の立場で制度化すべきであること、⑼処分は、公正の手続による事実の認定を踏まえ、大学の基本的使命との関連において決定されるべきであること、⑽一度つくった制度も絶対視すべきでなく、大学の使命達成の観点から改めてゆくことが必要であること、などの点を主張していることである。

(E)の日本私大連盟の見解は、学生と教授は真理探究という点では共通性があるが、機能的には異なる役割をもつと主張している。

以上、(A)から(E)までの見解の特色を整理した。大学自治と大学管理運営の構成の問題については、大学の管理運営に対する学生の参加を積極的に認めてゆこうとする見解と、消極的な見解に分かれている。

二　また、学生の処分と処分制度については、(A)が指摘しているように、政治活動に対する懲戒処分の実態については十分に注意しなければならない点であろう。すなわち、処分の範囲、基準、審査手続などの不明確性は早急に改革しなければならない点であろうし、また、大学当局が、その時々の大学の事情や社会情況から恣意的に判断して処分を行ったり、行わなかったりするようなことは許されないことである。その点、(D)の東大の教官の処分制度についての考え方は、学生処分に対する適正手続保障の確立を主張している点で、参考になるものと考える。

三　東大確認書を中心とした政府、内閣法制局、中教審、各政党、大学関係機関の見解に流れる一つの特色は、学生を大学の構成員としてどのように位置づけたらよいかという点と、学生の処分については、公正な処分手続の確立が必要であるということを重要な問題としている点である。

大学紛争は、その後、一部過激派学生に対する警察力による暴力排除が行われ、また、社会的批判がなされるにいたり、昭和四四年末頃以降急速に減少していった。

四　一方、昭和四二年七月の文部大臣の諮問（「今後における学校教育の総合的な拡充整備のための基本的施策について」）

を受けた中央教育審議会は、四カ年を費して、二つの試案と三つの中間報告をまとめた。すなわち、昭和四四年六月に中間報告（「わが国の教育の歩みと今後の課題」）が出され、その後さらに「高等教育の改革に関する基本構想試案」（昭和四五・一・一二）と「初等・中等教育の改革に関する基本構想試案」（昭和四五・五・二八）が出され、昭和四六年六月一一日に最終答申として「今後における学校教育の総合的な拡充整備のための基本的施策について」が完成した。

右の中教審答申により、文部省による新構想大学建設が進められ、昭和四八年九月に「筑波大学法」が成立し、同年一〇月には東京教育大学の廃止を前提とした筑波大学が開校した。また、四九年六月には文部省令の大学院設置基準が制定され大学院制度の再編成も実現した。

筑波大学の特色は、(i)研究組織と教育組織の分離――従来の「学部」組織（研究と教育の統一組織）の形態をとらず、研究教育上の基本となる組織として、学群＝教育組織と学系＝研究組織を設置する方式をとったこと、(ii)教授会の審議事項の縮少――筑波大学にも教授会は存続しているが、教員の人事、大学・学部の運営（財政等を含む）、研究・教育計画の立案実施、教育編成などの重要事項を審議決定する機関であった各学部の教授会の審議事項の多くは、筑波大学では、副学長、各審議会および人事や財務の各種委員会にゆだねられたこと、(iii)管理運営組織の再編――(a)筑波大学では、研究、教育、厚生補導など五副学長制をとっており、学外者の副学長も任命される余地を残している（任免は、学群長と同様「部局長」の取扱いとなっている）こと、(b)学部制をとらないことになったため、学部教授会の選任による学部長制はなく、学群長は「学部長以外の部局長」（教育公務員特例法第四条一項、第二五条一項一、二号）となり、学群長の選考権は学長に帰属すること、(c)学外者で構成する参与会（審議機関）が新設され、審議事項には、大学運営の重要事項すべてが含まれ、学長の諮問に応じて審議し、また、積極的な助言・勧告を行うこと（国立学校設置法七条の三、一～三項）、(d)人事委員会を新設し、従来、学部教授の権限に属していた教員人事について、これを全学的立場から審議する人事委員会に移したこと、人事委員会の構成は副学長、教育・研究両審議会選出の教員から成り、その人事は、人事方針、教員の採用・昇任、勤務評定等に関する措置などの問題も含むこと（国立学校設置法七条の

五、教育公務員特例法四条一項、一二条一項、二五条一項一、五号）などの点である。

また、右の制度は、「国立学校設置法の一部改正」、「学校教育法の一部改正」、「教育公務員特例法の一部改正」という、大学制度全般に及ぶ法改正の手続きという形でなされている点にも特色がある。

ここに、昭和四四年以降に発生した大学紛争を契機として、政府は新しい大学制度の確立をめざして歩みはじめたといえる。たとえば、国際協力大学、国立体育大学、情報科学大学院、技術科学大学院、放送大学、教育大学・大学院、新芸術大学などの構想が示され、実現されてきている。これらの新しい大学制度は、専門分野別の大学構想という点に特色があると思われるが、今後は、これらの大学と従来の大学との関係が当然問題となるであろうし、また、これらの大学においても、大学の自治、学生の地位、学生の処分などの諸問題が常に存在することは否定できないであろう。

第三編　大学教育行政における法律関係

第一章　教育行政における公法関係と私法関係

(一)　公法関係と私法関係の区別

(1)　学生に対する懲戒処分の法的性格

一　(A)　「大学の学生に対する退学処分は教育上の必要に基く懲戒行為として行われるものであるが、これにより学生としての法的地位を消滅させる効果を生ずるものである以上、何んらの法的効果を伴わない単なる事実上の作用としての懲戒行為と同視すべきでないことはいうまでもない。そして、公立大学の学生に対する退学処分も私立大学の学生に対する退学処分も、ともに教育施設としての学校の内部規律を維持し教育目的を達成するために認められる懲戒作用である点において共通の性格を有することは、所論のとおりである。

しかし、国立および公立の学校は本来、公の教育施設として一般市民の利用に供されたものであり、その学生に退学を命ずることは市民としての公の施設の利用関係からこれを排除するものであるから、私立大学の学生に退学を命ずる行為とは趣を異にし、行政事件訴訟特例法第一条の関係においては行政庁としての学長の処分に当るものと解するのが相当である。」（最高昭和二九・七・三〇判・刑集八巻七号一五〇一頁）。

(B)「国立大学の在学関係については、当裁判所も原判決の説示と同じく、公法上の営造物利用関係であって、いわゆる特別権力関係に属すると考えられるから、原判決の理由説示……をここに引用する。

控訴人ら代理人らは教育契約関係説の立場から国立大学の在学関係も私立大学の在学関係と同じく教育契約に由来する旨主張する。成程国立大学（公立大学も同じ）と私立大学とはいずれも教育基本法、学校教育法の適用をうけ、教育目的にはなんらの差異も認められないのであるけれども、国立大学にあっては公の施設の利用関係という点において私立大学と自ら異なるものがあるといわねばならない。しかし、いずれにせよ、大学と学生とが対等の立場にたって教育契約を締結するものと考えることは、教育の本質よりみて失当であって、到底採用のかぎりでない。」（名古屋高金沢支部昭和四六・四・九判・行裁例集二二巻四号四八〇頁）。

(C)「被申請人は、国立大学の在学関係が公法上の法律関係であることを前提として、本件仮処分申請は行政事件訴訟法四四条の趣旨に抵触し不適法である旨主張する。しかし、右に判断したとおり、右在学関係が特別権力関係であることを消極に解する以上、それは基本的には当事者間の合意を契機として成立する契約関係と解する他はない。

そして、大学が教育目的達成のため有する前記包括的権限の存在も、学生が大学へ入学するに際しての前記合意のなかには、当然右包括的権限に拘束されることについての事前の同意が含まれているものとみなせば足り、右の意味において右在学関係は一種の附合契約としての性質を有するものと解される。」（大阪地昭和五五・三・一四判・訟務月報二六巻六号九二〇頁）。

(D)「公立大学の学生に対する停学処分も私立大学の学生に対する停学処分も、ともに教育施設としての学校の内部規律を維持し、教育目的を達成するため、学校教育法一一条、同法施行法一三条に則ってなされるべき懲戒作用たる点において、なんらその性質を異にするものではない。けだし法律の定める学校は公立私立に拘らず公の性質をもつもの（教育基本法六条）であって、それ故に法令は学校長に対し、学内の紀律を維持し、教育の目的達成に遺憾なからしめんがため、学生・学徒の懲戒権を付与しているのであり、私立公立を問わず学校長はこの公法的特別権力の授権によって学生・生徒に対し懲戒処分をなし得るのである。従って私立大学の学長が、同大学を代表して、その学生に停学を命ずることは、国立及び公立の大学がその学生に停学を命ずる行為となんら異なるものではなく、公法上の特別権力による行為として、これによりその学生の教育を受ける等の権利を一時制限する法的効果を伴うものであるから、行政事件訴訟特例法一条の関係においては行政庁たる学長のなす処分と解するのが相当である。」（東京地昭和三〇・七・一九判行裁例集六巻七号一八〇四頁）。

二　右の(A)から(D)までに掲げた判決文に係る事件の事実は次のようである。

(A)は京都府立医科大学附属女子専門部教授会妨害放学処分取消請求事件の最高裁の判決文の一部である。本件の事実は次のようである。

京都府立医科大学附属女子専門部で某教授の進退問題を審議するために開かれた教授会を傍聴しようとして、同教授解職反対の学生が開会前から会議室に入場していたが、教授会は会議を非公開にすることを決議し、学生の退場を求めたところ、学生が退場せず、会議場が混乱し、会議は流会となった。そこで、同大学本科学長は、原告等が多数の威力をもって教授会を制圧し、議事進行を妨害した行為は学生の本分にもとり学内の秩序を乱すものであるとして、教授会の決議に基づき、原告等を放学処分に付した。原告等は、懲戒に該当する行為はないこと、懲戒手続が違法であること、懲戒に該当する行為であっても、懲戒は法規裁量であり放学処分は裁量の範囲を逸脱し、違法であることを主張し、処分の取消を求めた。

(B)は国立富山大学単位不認定等違法確認訴訟事件の名古屋高裁金沢支部の判決文の一部である。本件の事実は次のようである。

国立富山大学経済学部の学生であったXらは、同学部A教授担当の経済原論、演習などの試験に合格したが、A教授が成績証明書の偽造などを理由に授業の担当を停止されていたため、大学はXらに単位の授与（認定）および専攻科修了の認定をしなかった。これに対し、Xらは学部長または学長に対し、単位授与・不授与決定違法確認または単位授与（認定）義務確認を求め、またXらの一人は、学長に対し、専攻修了、未修了未決定違法確認または専攻科修了認定義務確認をあわせて、訴えを提起した。

一審は、国立大学の利用関係は特別権力関係であり、本件のような事実は利用関係の内部事項に属するとして却下した。本件については、最高裁昭和五二年三月一五日判決（判例時報八四三号二二頁）において、上告が棄却されている。

(C)は国立大阪外国語大学受教育地変更に伴う仮処分申請事件の大阪地裁の判決文の一部である。本件の事実は次のようである。

本件の申請人らは国立大阪外国語大学外国語学科第二部（夜間学部）に在学中の学生である。同大学は、学生数の増加に比して大阪市B区所在の学舎が狭あいであるうえ、建物自体も老朽化し、大学としての教育研究を維持していくには不十分ないし不適当となったところからC市に新学舎を建設し、同所において教育研究を行う旨の受教育地変更告知を学生らに対してなした。これに対し、申請人らは、右受教育地の一方的変更は無効であるとして、大阪市B区所在の学舎において教育をうける学生たる地位を有することに仮に定める旨の仮処分を申請した。被申請人国は、(1)特別権力関係論を前提として、本件の司法審査を否定し、(2)大学施設の他所移転も純然たる大学内部の問題であり司法審査の対象外であると主張し、(3)国立大学の在学関係が公法上の法律関係であることを前提として、本件仮処分申請は行訴法四四条の趣旨に抵触し不適法であると主張していた。

(D)は私立中央大学不正行為停学処分取消請求事件の東京地裁の判決の一部である。本件の事実は次のようである。

本件の原告は、私立学校法による学校法人中央大学の旧制法学部（昼間）三年生であり同時に新制経済学部（夜間）三年に在籍する学生であったが、学年末試験のドイツ語の試験に定刻から十数分遅れて試験場に入場し、受験中膝の上に教科書を出して見ているのを試験監督員に発見され、懲罰委員会に附され停学一ヶ月に処せられた。このため、原告は、経済学部について一ヶ月の停学処分（掲示公表）と法学部についての一ヶ月の停学処分（不掲示）はいずれもその基礎たる事実を欠くとして無効を主張して出訴した。

三　次に(A)から(D)までのそれぞれの判決文の特色を整理すると次のようである。

Aの判決文の特色は、(1)大学の学生に対する退学処分は懲戒処分であること、(2)退学処分は単なる事実行為としての懲戒行為とは異なること、(3)公立大学の学生に対する退学処分も、私立大学の学生に対する退学処分も学内規律の維持という点において共通性があること、(4)公立大学の学生の退学処分は公の施設の利用関係から学生を排除するものであるので私立大学の学生の退学処分とは異なること、(5)公立大学の学生の退学処分は行政処分であること、などの点である。

(B)の判決文の特色は、(1)国公立大学の学生の在学関係は公法上の営造物の利用関係であり、特別権力関係であること、(2)国公立大学も、私立大学も教育基本法や学校教育法の適用をうける点では同じであること、(3)しかし、国立大学の学生の大学との関係は、公の施設の利用関係にある点で私立大学の学生とは異なること、(4)したがって、大学と学生とは教育契約の締結関係にはないこと、を指摘している点である。

(C)の判決文の特色は、(1)国立大学の学生の在学関係は特別権力関係ではなく、当事者間の合意を契機として成立する契約関係であること、(2)国立大学の学生の在学関係は一種の附合契約としての性格を有することを指摘している点である。

(D)の判決文の特色は、(1)公立大学の学生に対する停学処分も、私立大学の学生に対する停学処分も学校教育法などに基づいて行われるのであるから同じであること、(2)学長は公立私立を問わず公法的特別権力の授権により懲戒処分をなしうること、(3)したがって、私立大学の学生の停学処分も行特法一条の関係で行政処分に当たることを指摘している点である。

右の(A)から(D)までの各判決文を対比し、整理すると、そこにさらに、次のような問題点を指摘できるように思われる。すなわち、(1)学生の退学処分は懲戒処分か、(2)退学処分は単なる事実行為としての懲戒行為とどう異なるのか、(3)国公立大学の学生に対する退学処分と私立大学の学生に対する退学処分とは同じか、(4)国公立大学の学生の在学関係は公法上の特別権力関係か、それとも、一種の附合契約関係に立つのか否か、(5)私立大学の学生に対する停学処分は行訴法上の行政処分か否か、といった点である。右の問題点のうち、最も重要な法律上の問題は結局、(1)国公立大学および私立大学学生の在学関係は、公法関係なのかそれとも私法関係なのか、(2)これらの学生は、いわゆる「特別権力関係」に服するか否かの二点に集約することができると思われる。

以上、大分長く四つの判決文を土台にしてその特色を整理したが、その目的は、右の判決文からも推測できるように、ある具体的紛争が発生し、裁判所に事件が提起された場合、裁判所としては、どの法律を適用し、どのような法理論を使用して、法律上の紛争を解決すべきかという問題に逢着することになることを示すことにあった。すなわち、ある具体的事件が発生した場合、適用する法律や法理論が具体的に規定されていないところに問題がある。

したがって、これらの問題を解決するために、冒頭に掲げた判決文から分かるように、まず、大学と学生とは、どのような法律関係にあるかということを問題としていることに注意しなければならない。

わが国の裁判所は法律上の紛争については、この点から解決しようとしているのである。

しかるに、冒頭に掲げた判決文のうち(A)と(B)は、国公立大学の学生の法律関係は公の施設の利用関係を前提として、公法関係であると判断し、(C)は私法上の附合契約と理解しており、(D)は私立大学の学生の在学関係を国公立大学も私立大学も学校教育法の適用をうけることを理由に公法関係であると断定したのである。

右のことは、ある具体的事件の紛争を解決するためにはその紛争当事者間の法律関係が問題となるが、この法律関係は、法の解釈者、適用者によって、どのようにも解釈される危険をはらんでいることをも意味していることに注意しなければならない。

それならば、どのような関係にあれば、公法関係といえるのか、公法関係とは何を基準として分類するのか、また、公法関係と私法関係との区別をわが国の実定法制度は認めているのか、などの点をまず検討することからはじめなければならないということになる。

(2)　行政法（公法）と私法とを区別する必要性

一般にある具体的な法律関係が公法関係か私法関係か、あるいは、ある具体的な行政行為が行政処分か私法上の行為かについては、明白でない場合も多い。公法と私法との区別は、法律上の紛争の解決と国民の権利・利益の保護という点から考えていかなる意味があるであろうか。

行政上の法律関係における公法と私法の区別の問題は、かつて、わが国では司法裁判所と行政裁判所との間の裁判管轄を決定する基準として、理論上きわめて重要な意義を有していた。しかし、戦後、日本国憲法が制定されて行政裁判所が廃止され、公法事件も私法事件も、司法裁判所の管轄に統一された（憲法七六条一項・二項）ため、現在においては、ある法律関係が公法関係か私法関係かに区別する意義は失われたかのようにみえる。しかし、わが国の行政実定法をみると、民事訴訟法と並んで行政事件訴訟法が設けられ、公法上の事件についての司法裁判所の訴訟手続には、行政事件訴訟法が適用されている。したがって、裁判権が司法裁判所に統一されたことだけをもって両者を区別する実益がなくなったと考えることは妥当ではない。しかも、両者を区別することは訴訟形態を決定するだけではなく、公法上の時効、強制徴収、行政代執行、国税徴収法上の優先弁済権（八条以下）など公法関係のみに適用される法令の規定の適用の限界を定め、また私法規定の適用される限界を決定するに当たって、なお重要な意義を有するといってよい。

右の考え方は、学生の処分問題にも適用される。特に、公法関係であれば、行政事件訴訟法の適用をうけることになり、民事訴訟とは異なる訴訟手続が取られることに注意しなければならない。

(3)　公法関係と私法関係とを区別する基準に関する学説

一　さて、公法と私法という用語は、憲法、民法、刑法というような実定法規を指すものでないことはいうまでもない。これは、国家の法体系をなんらかの基準により二分する法理論上の用語である。このため両者を区別する基準に関する学説も多岐に分かれている。わが国では一般に次の三つに要約されている。しかし、右の説のいずれも、個々的には問題がありそれだけでは区別することはできないことに注意する必要がある。

(1)　主体説――この説は、法律関係の一方の当事者が国または公共団体の関係を規律する法が公法であり、私人相互間の関係に適用される法が私法であるとする。しかし、法律関係の一方の当事者が国または公共団体であればすべて公法関係かというと一概にそうとはいえない。たとえば、国・公共団体と私人、国と公共団体との間においても、用度品の購入、国有林の払下げのような実質的に私人間の法律関係と異ならない法律関係があるので、法律関係の主体だけをもって両者を区別することには問題があるということになる。

(2)　権力説――この説は、法律関係の当事者を法律上平等なものとして規律する法が私法であり、他方、支配者と服従者、優越者と非優越者というような不平等な法関係を規律する法が公法であるとする。しかし、法律関係が優越者と非優越者というような関係であればすべて公法関係かというと、この点にも問題がある。たとえば、親権者と未成年者、社長と社員との関係は、支配服従関係にあるかもしれないが、これを公法関係とはいわない。この点で、この説には問題がある。

(3)　利益説――この説は法の目的を基準とし公益を目的とするのが公法であり、私益を目的とするのが私法であるとする説である。しかし、この公益という概念が国家の利益を意味するものか、それとも特定の部分社会の利益を内容とするのか明確ではなく、この説にも問題がある。

二　しかし、わが国の実定法制度は右の説のうち権力説を中心として、それに主体説、利益説を付け加えることにより公法と私法とを区別し、公法の特殊性を認めている。たとえば、行政事件訴訟法第三条一項が「……『抗告訴訟』

とは、行政庁の公権力の行使に関する不服の訴訟をいう」、同法第三条二項が「……『処分の取消しの訴え』とは、行政庁の処分その他公権力の行使に当たる行為……の取消しを求める訴訟をいう」、同法第四四条が「行政庁の処分その他公権力の行使に当たる行為については民事訴訟法に規定する仮処分をすることができない」、また、行政不服審査法第一条一項が「……行政庁の違法又は不当な処分その他公権力の行使に当たる行為……」、同法第二条一項が「……『処分』には……公権力の行使に当たる事実上の行為で、人の収容、物の留置その他その内容が継続的性質を有するもの」とし、国家賠償法第一条も「国又は公共団体の公権力の行使に当たる公務員が……」とそれぞれ規定している。右のように「処分」または「公権力の行使」という語を使用していることからも、わが国の実定法や訴訟法は、権力説を中心としていることが理解できる。このように行政権に優越的な地位を与えている行政法は一般私法とは異なる法分野を形成しているといえる。

三　国または公共団体が私人との間に売買（例・国有財産の売払い）や請負（例・土木工事の請負）などの契約を締結するような場合には、原則として私人相互間の法律関係と同じように民法その他の私法規定の適用をうけるべきものと考えられている。このような関係は別として、公法の支配する、いわゆる公法関係には私法の規定や原則が適用されないのかどうかという複雑で困難な問題がある。特に公法の分野には総則的な法の定めがなく、また、個々の行政法規も不備な点が多い。このため、具体的事案について適用されるべき法の規定や原則が明らかでない場合、私法の規定や原則が類推適用されるべきかどうかということが必然的に問題となってくる。この問題については、従来多くの研究がなされてきたが、法制度、法体系の変化などにより、判例・学説などが対立、混乱し、未だ決着をみていない。

(二) 公法と私法との区別の歴史的展開

(1) 公法関係と私法関係との区別に関する最高裁の見解の動向

一　前述したように、(1)京都府立医科大学附属女子専門部教授会妨害放学処分取消請求事件（最高昭和二九・七・三〇判・刑集八巻七号一五〇一頁）、(2)国立富山大学単位不認定等違法確認訴訟事件（最高昭和五二・三・一五判・判例時報八四三号二二頁）、(3)国立大阪外語大学受教育地変更に伴う仮処分申請事件（大阪地昭和五五・三・一四判・訟務月報二六巻六号九二〇頁）、(4)私立中央大学不正行為停学処分取消請求事件（東京地昭和三〇・七・一九判・行裁例集六巻七号一八〇四頁）の四つの事件の法律上の特色として重要な点は、(1)国立大学および私立大学学生の在学関係は公法関係なのか、それとも私法関係なのか、(2)これらの学生は、いわゆる「特別権力関係」に服するか否か、の二点に要約することができる。

大学と学生との紛争ばかりでなく、一般の法律上の紛争においても、右の点は紛争解決上、まず問題となるといってよい。しかし、実際問題としてすでに指摘したようにどのような法律関係であれば公法関係といえるか、または私法関係といえるかは、一概に断定することはできず混乱しているといってよい。ただ、わが国の実定法の考え方は行政事件訴訟法第三条一項、二項、第四四条、行政不服審査法第一条、第二条、国家賠償法第一条などの条文から明らかなように、「行政庁の処分その他公権力の行使」という語が使用されていることから、権力説を中心として、主体説と利益説とをつけ加えることにより公法関係と私法関係との区別を認め、この種の公法関係または行政法関係には、一般私法とは異なる法理論を適用して問題を解決しようとしている。

しかも、最高裁も右の区別を容認しているといってよい。前述の(1)の京都府立医科大学事件において、最高裁は、国立・公立大学の学生に対し退学を命ずる行為は「行政庁としての学長の処分に当る」とし、そこに公権力性を認めている。

二　その後の最高裁の判例にもこの区別論を容認していると思われる事件がある。その事件を紹介し最高裁が公法と私法との区別を認めようとしていることを指摘しておこう。

たとえば、昭和五六年一二月一六日に最高裁が下した大阪国際空港騒音公害訴訟の判決(判例時報一〇二五号三九頁)は、それを示していると思われる。本件は大阪国際空港に離着陸する航空機の騒音、振動、排気ガスなどの被害を受けている付近住民が夜間九時以降の飛行禁止（差止め）と過去・将来にわたる損害賠償を求めていた事件である。本件においても、まず、大阪国際空港管理権を前提とした空港の離着陸のためにする供用は、どのような法律上の性格をもつものであるかが問題となっている。

すなわち、本件の第二審の大阪高裁は「飛行場利用者に対する関係において管理者たる運輸大臣の管理行為に行政権の行使たる側面が見られるとしても、飛行場の設置、管理が利用者以外の第三者との関係を含めて全面的に公権力の行使となるものと解する必要はない。本件差止請求は、国が事業主体である本件空港の設置、管理上の瑕疵ないしその供用によって生じている事実状態が、その周辺の住民である原告らの私法上の権利を侵害しているとして、その侵害状態の排除を求めるものであって、このような場合における国と原告らとの関係をもっぱら私法上の関係として把握し、原告らの請求を私法上の請求権の行使と解することに、何らの妨げはないというべきである。」として、本件空港の設置は私経済上の事業であるとした。

これに対し、最高裁は、「ところで、一般に、営造物の管理権は、営造物を公共の用に供するために法律上認められる特殊の包括的な管理権能であると解されるから、同種の私的施設の所有権に基づく管理権能、すなわち、単に財産的価値の客体として管理する権能と全く同一のものであるとはいえない」。

「換言すれば、本件空港における航空機の離着陸の規制等は、これを法律的にみると、単に本件空港についての営造物管理権の行使という立場のみにおいてされるべきもの、そして現にされているものとみるべきではなく、航空行政権の行使という立場をも加えた、複合的観点に立った総合的判断に基づいてなされるべきもの、そして現にされているものとみるべきものである。」

「したがって、右被上告人らが行政訴訟の方法により何らかの請求をすることができるかはともかくとして、上告人に対し、いわゆる通常の民事上の請求として前記のような私法上の給付請求権を有するとの主張の成立すべきいわれはないというほかはない。」と判示した。

最高裁は、航空機離着陸のために大阪空港をどのように使用させるかは、運輸大臣が有している空港管理権と航空行政権の両者の立場をあわせた複合的な判断に基づくものと解すべきであるとし、そこに運輸大臣の規制という行政権力性を認め、このような行政権力の問題について、民事訴訟による差止めを求めることはできないとしたのである。特に、本件の最高裁の判決で注意しなければならないのは、公法上の管理行為だけでは飛行場の設置管理を全面的に公権力の行使というには不十分であると考え、航空行政権をこれに付加し、そこに公権力性を補強し、空港管理権に権力性を認めたものと思われる。これは、処分性の範囲を拡大したものということができる。

右に指摘したように、現在、最高裁も法律上の紛争を解決する場合、その方法として、公法関係か私法関係かということをまず問題としていることに注意しなければならない。

(2)　公法と私法との区別論の展開――フランス・ドイツ――

一　それならば公法と私法とを区別する二元主義の考え方はどのようにして発展してきたのであろうか。すなわち公法と私法とを区別する二元主義を容認する前に公法と私法とを区別する二元主義がどうして発展してきたのか、その経緯を調べ、現在、わが国において、公法上の紛争を解決していく場合になお、このような公法と私法とを区別する考え方が必要か否かを検討しておく必要があろう。

特に、わが国は第二次大戦後、アメリカ憲法の影響をうけ、行政制度からいうと行政国家から司法国家に変わり、行政裁判所に係属していた行政事件は司法裁判所に係属し基本権についても自由権、平等権、参政権のほかに社会権が容認されるにいたった。この意味で従来のプロシア憲法を中心とした大陸法的意味のわが国の行政法学の理論そのものが変容しなければならないのではないかという考えが強い。

二　わが国の明治憲法や明治憲法下の公法理論に重大な影響を及ぼしたドイツ公法学は、フランス行政法の影響をうけて発展した。

他方、イギリスの著名な公法学者A・V・ダイシー（Dicey）は、一八八五年に出版したLaw of the Constitutionの第一版で、行政を規律する法と一般の市民を規律する法との間にはなんらの性質上の区別がないことをあげ、さらに、フランスのDroit Administratif（行政法）という法律用語に対応する適当な言葉は存在しないとすら断言した（一九三一年版の第八版三二六頁）が、右のことは、イギリスにおいてもフランスの行政法の理論が問題となっていたことを示すものであり、そのフランスの行政法理論を踏まえてイギリスの公法理論が議論されていたことに注意しなければならない。

したがって「行政法」理論を論ずるに当たっては、フランスで行政法理論が発展した沿革を知っておくことが必要である。

三　フランスの行政法体系は、成文法主義をとっている。一八〇四年のナポレオンの諸法典（民法、商法、刑法、民事訴訟法、刑事訴訟法）が制定された頃は、近代的意義の公法はようやくその発展のきざしを示しているにすぎなかったのである。フランスの行政法が体系化されていくのはフランス革命を契機としているといってよい。

すなわち、一七八九年の憲法制定議会は、各国家機関がその権力を行使するのは、委任された主権の一部を行使するものであると考えた。そして、この権力は、国民を代表する議会によって委任され、議会が制定する法律によって形成され、分立されるから、議会が定める以前に権力分立制は存在しないと考えられた。このような考えは、国民主権または議会優位の思想に依拠するといってよい。この議会優位の思想を前提として、議会により制定された法律を行うといういわゆる「法律による行政」の原理が確立する。すなわち、議会は行政府に対し、適法な行政権の行使を委任することになる。

しかし、実際問題として、行政府が違法に行政権力を行使し、国民の権利・利益を侵害した場合、どの機関にその権力の適法か違法かの判断権を委ねるべきであろうか。現在のわが国の裁判制度からいえばそれは司法裁判所である。すなわち、民事、刑事の事件を管轄する通常裁判所が行政事件について裁判権を有しているのである。この種の制度は英米法の論理に立脚しているものである。

しかしフランスの場合は、右のような制度は採用されなかったのである。すなわち、フランスの一七八九年の憲法制定議会は、かつてのアンシャン・レジーム下の王令による改革が特権階級で占められていた司法裁判所により妨害された過去の事実から、司法裁判所を信用することができなかったのである。特に、裁判所が改革に敵意を抱いているアンシャン・レジーム下の法曹で占められることにより司法機関に古いパルルマン（注）（Parlement（高等法院））の政治権力が残存することを恐れた。このため、憲法制定議会は行政事件を通常裁判所の管轄の下におき、その介入を認めることは、通常裁判所により行政府の作用を混乱させ行政の独立を危うくさせることになると考え、一七九〇年に通常裁判所による行政事件の審理を禁止した。

しかし、違法な行政処分により国民が権利を侵害された場合、司法機関が行政事件の裁判権を有しないとすると、請願以外に救済の方法が認められないことになるため、行政機関自体が裁判機能を行使するにいたった。しかし、これを認めると行政機関が訴追機能と司法機能とを合わせもつことになる危険があったため、ここに、行政行為の適法性を判断する機関の必要性が叫ばれ、行政府の一部として行政裁判所が発展したのである。この行政裁判所が後にコンセイユ・デタ（Conseil d'Etat）となった。コンセイユ・デタの直接の起源はナポレオン一世が第一執政となった共和八年（一七九九年）憲法第五二条に求めることができる。すなわち、同条は「統領の指導の下にコンセイユ・デタは、法律の立案、行政官の命令の立案に関する事務を掌り、かつ行政上の争訟を裁判する」と規定した。

このコンセイユ・デタは、創設当時は、裁判所というよりは行政機関に近く、行政府の諮問機関としての職務がその大半を占めていたが、一八〇六年に、コンセイユ・デタ内部に訴訟部が創設され、行政部と分離するにいたり、この訴訟部が行政事件の適法性について判断することになったのである。そしてこのコンセイユ・デタの判例を中心にフランスの行政法理論は体系化していったのである。

四　これに対し、国を接しているドイツは、一九世紀に入ると、一八世紀末のフランス革命の影響をドイツ南部地方からうけるにいたる。そして、ドイツの官僚的警察国家も、ある程度権力分立の原則と民主的な法律による執行作用をとり入れなければならなくなる。バイエルンとバーデンでは一八一八年、ヴェルテンベルヒでは一八一九年、プロイセンではフランス革命の影響としての三月革命が発生した一八五〇年に、右の政治的要求をうけ入れた憲法が制定されたのである。

一方、ドイツ行政法も、一九世紀において、フランスの法制と学説の影響をうけ、司法裁判所の権限を民事刑事の事件に限定し、公法上の争訟を上級行政庁の裁決によらしめるという方式が、ナポレオンの敗退によりドイツに帰属したライン地方から導入された。すなわち、一八一八年七月二〇日のライン管轄規則（Ressortreglement）は、国庫または地方公共団体を当事者とする私法上の紛争は司法裁判所が裁判することにしていたが、直接国税および地方税の賦課に関する紛争は訴願によるべきものとし、警察処分に関する行政訴訟は認めていなかった。このように行政権と司法権の分離を認めるフランス法に従いながら、行政事件について行政裁判所を設けないことは、法治行政の原則に反するとされ、かくして、行政裁判所が、一八六三年にバーデン、一八七二年にプロイセン、一八七八年にヴェルテンベルクおよびバイエルンに設けられた。そして、結局、ドイツ各ラントは、フランス型の行政裁判所を認めることになった。

したがって、ドイツの行政法は、行政裁判制度を認め、行政裁判所の権限に属する行政事件およびこれに適用する公法を、民事事件および私法から区別した。この点に関しては、ドイツ行政法はフランス行政法と共通の型に属するといってよい。また、オットー・マイヤーは、「公の行政」(öffentliche Verwaltung) には私法が適用されないとしているが、この公の行政という概念は、フランス法の公共役務の概念と異なり、明らかではなく、ドイツ法では、公権力の発動する法律関係を意味した。すなわち、ドイツの行政法は、本来、国家権威の尊重、行政権の優越的地位の確保を前提として国民を国家権力に服従させ、国家と国民とを対立せしめ、この国家と国民との権力服従の関係を規律する法として構成されてきたことに注意しなければならない。したがって、ドイツにおいては、行政法は、国家の権力行為、すなわち、公権力に関する法として把握されているところに、特色があるとされたのである。

(3) 明治憲法下の公法・私法区別論と学生の処分

一　右に簡単に考察したように、フランスの行政裁判制度にならって、ドイツ行政裁判所が設けられ、また、わが国も、フランス・ドイツの行政裁判所制度の影響をうけて、明治憲法下において、行政裁判所が設置されたのである。すなわち、明治憲法第六一条は「行政官庁ノ違法処分ニ由リ権利ヲ傷害セラレタリトスルノ訴訟ニシテ別ニ法律ヲ以テ定メタル行政裁判所ノ裁判ニ属スヘキモノハ司法裁判所ニ於テ受理スルノ限ニ在ラス」と規定していたのである。

二　そして右の明治憲法下の行政裁判所設置の理由は、伊藤博文の「憲法義解」に象徴されているといってよい。すなわち、(1)司法裁判所は民法上の事件を処理し、行政官の処分を取り消す権力をもたず、これを認めれば「行政官ハ正ニ司法官ニ隷属スル」ことになること、(2)行政処分は公益の保持を目的としているので、公益の問題を熟知していない司法官の介入を排除すること、に、行政裁判所設置の理由があった。右の(1)の点については、行政権の独立を根拠に行政権の「独善的恣意」が危惧されることを意味し、また、(2)の点は、裁判官の行政知識の欠如が危惧されることを意味する。この双方の危惧は、現在においても行政裁判法制をどのように体系化すべきかという基本問題を考える場合に最も注意しなければならない点である。このことは、また同時に、行政裁判法制を(i)国民の基本権を担保する制度として位置づけるか、(ii)それとも国家目的を実現する制度として位置づけるかにより、自ずからその制度の性格、運用が異なってくるということである。明治憲法下の行政裁判所設置の基本的目的が右の(ii)にあったことはいうまでもない。伊藤博文の行政裁判所設置の理由に関する見解は、右の(ii)を前提とした見解であったといってよい。

したがって、明治憲法下の行政法はドイツ行政法と類似性があったといえる。それは前述したように、行政法が行政権の優越的地位の確保を前提として国民を国家権力に服従させ、国家と国民とを対立せしめ、この国家と国民との権力服従の関係を規律する法として構成されたということである。そして、このような権力服従関係を前提とした公法理論は、行政裁判所を通じて確立、形成されていったのである。

三　しかし、この行政裁判所は、国民の権利・利益の擁護の点からすればいくつかの弱点を有していた。すなわち、(1)訴訟事項に関し、概括主義を採用し、これを限定していたこと、(2)一定の出訴期間を定め、これを制限していたこと、(3)訴訟手続については職権主義が強調されたこと、(4)行政裁判所が始審にして終審であったこと、(5)訴願前置主義が採用されていたこと、(6)裁判管轄が不明確であったこと、(7)評定官制度が採用されており、行政官出身評定官の影響が強かったこと、である。

特に、右の(1)の点が問題であった。明治憲法下の行政裁判法は、違法処分による権利の毀損について、すべての場合に行政裁判所に出訴することを認めていたのではなく、法律勅令により出訴を認められていた事項についてのみ、出訴することができるとしていた。すなわち、(1)租税及手数料の事件、(2)租税滞納処分の事件、(3)営業の免許の事件、(4)水利及土木の事件、(5)土地の官民有区分の査定の事件、の五項目について認めていたに止まった。

右のように、行政訴訟を提起できるのは列記事項のみに限定されていた。このため、出訴権者は、行政訴訟の提起が適法であることを証明するために、法律または勅令による成文法上の根拠を提示しなければならず、もし、法律勅令に規定のない事件であれば不適法な行政訴訟として却下されたのである。

したがって、学生などの懲戒処分などは、行政裁判所に出訴することは許されなかったことを意味する。

四　右に述べたわが国の行政法理論は、明治憲法下の教育法制度にも現われていた。すなわち、明治憲法下の教育法制度は、プロイセンの教育法制度を母体として発展した。その教育法の基本原則は、立憲君主という政治制度と絶対主義的国家主義に依拠していたといってよい。すなわち、その特徴として、⑴義務教育制度は、被教育者の教育をうける権利を保障したものではなく、近代的な教育の自由を否定し、国家のために被教育者を教育する義務としてとらえられていたこと、⑵教育の実態は宗教的、政治的性格が強かったこと、⑶中央集権的教育行政が行われていたこと、などを指摘できる。右の⑶の点に関しては、学校教育は教員の懲戒権を中心とした権力作用すなわち国家権力作用であると考えられていた。この点は、さらに、⑴教育の自由が否定され、学校教育権を国家が独占していたこと、⑵私立学校の学校経営権は保障されず、私立学校は国公立学校の代用と考えられ、監督庁の認可により国家権力としての学校教育権を賦与された特許事業とされたこと、⑶国公立学校の在学関係は、営造物権力としての学校権力が作用する「特別権力関係」と解されていたこと、などによって具体化され、学生の法的救済制度は問題とされなかったといえる。

右のような公法と私法との区別論に対し、現在どのような批判がなされているのであろうか。それは、学生の処分問題にどのような関り合いをもつことになるのであろうか。

（注）当時、裁判所の最高機関は各地方にあったパルルマンであった。このパルルマンは王の発する布告を登録し、登録した布告が施行されて裁判に適用されることになっていた。このため政治的にも大きな役割を果していた。とくに王制末期には租税関係の改革立法の登録の拒否あるいは判決により王の改革を妨害した。

㈢　教育行政と公法・私法との区別

⑴　教育行政と公法・私法との関係

一　(A)「柳瀬教授は『行政法の将来』（自治研究一四巻一号）という論文の中で……新憲法の下においては、行政事件も民事事件と同様、司法裁判所の管轄に属することになったこと、国家賠償法の制定により公の行政作用に基づく損害について行政主体の賠償責任を認めたことは、民法の規定がそのままこれに適用あることを法律の明文をもって確定したもので、民法以外の別個の原理を立てたものでないとみなければならぬこと、その他二、三の例をあげて、行政に関しては個人の関係におけるとは異なる法の規律がなされねばならぬとの在来の考え方が次第にすてられる傾向にあり、かような事実を基礎として私法とは原理を異にする特別の法体系としての行政法は将来消滅する運命にあるであろうと結論されている。……しかし、このことから行政法の将来を卜するのは早計といわねばならない。現在わが実定法がやはり公法と私法との区別を認め、国家公共団体の不法行為責任についても民法に対する特別法としての国家賠償法を定め（教授が民法適用の一つの場合であるとするのは誤解である）、公法上の争訟についても、その特殊性に鑑み、行政事件訴訟特例法を定めて民事訴訟法に対する特例を設けているのは、それらが直ちに私人の不法行為責任となり、私人相互間の争訟の裁判と同様に取扱う趣旨でないことを示したものである。このことは、また国家又は公共団体の支配権者としての地位の特殊性に鑑み、また行政そのものがもともと公共的性格をもつことに基き、法律上特殊の取扱いをなすことが必要であり、私人相互間の関係と同一視することは許されないことを意味するものといわねばならない。」（原龍之助「行政法学界の回顧と展望」公法研究一号一二一頁）。

(B)「行政上の法律関係のうちには、私人相互間の関係においては見ることのできない特殊固有の法的規律及び法律原理の支配する関係と、国又は公共団体等の行政権の主体が一方又は双方の当事者であっても、私人相互間の関係におけると同じ法的規律及び法律原理の支配する関係とがある。前者、すなわち、行政に特殊固有の法を一般に公法といい、その支配する法律関係を公法関係というのに対して、後者、すなわち、本来、私人間の私生活関係を規律することを目的とする法を私法といい、その支配する法律を私法関係という。行政上の法律関係のうちには、この意味での公法関係と私法関係とが存する。」（田中二郎「行政法総論」（有斐閣）一九九頁）。

二　戦後制定された日本国憲法はアメリカ憲法の影響をうけ、天皇主権に基づく君主主義の明治憲法は滅びたので

ある。では、明治憲法下の行政法理論すなわちプロシア流の行政法理論も崩壊したのであろうか。

日本国憲法第七六条に象徴される司法国家への変化は、政治的にはわが国の第二次大戦の敗戦に起因している。それは具体的には、行政機関が前審として裁判を行う場合のほかは、行政訴訟が司法裁判所の管轄となったことに現われている。この理論的背景として、イギリスの公法学者ダイシーの「法の支配」(Rule of Law) の原則をあげることができる。このダイシーの考え方の一つの特徴は、行政を規律する法と一般の市民を規律する法との区別を否定し、法的平等の観念に立脚して国民の権利・利益の救済を図るという点にある。

このダイシーに象徴される考えを日本国憲法下の公法理論にどのように定着させるかということが、第二次大戦後のわが国の公法理論を確立するに当たって法学者が苦慮した大きな問題点であったと思われる。

第二次大戦後間もなく、冒頭の(A)の文に見られるように柳瀬教授は行政事件も民事事件と同じく司法裁判所の管轄に属することになり、また、国家賠償法が制定されたことなどにより、行政上の法律関係が個人の法律関係とは異なる法により規律されなければならないという従来の行政法理論は消滅することになるであろうと予言した。

これに対し、他の学説は、わが国の実定法は公法と私法との区別を容認し、民法に対する特別法として国家賠償法が制定されており、また公法上の争訟の特殊性から行政事件訴訟特例法が設けられていることは、行政上の法律関係を私人相互間の関係と同一視することはできないということであり、「憲法は滅びても行政法は存続する」であろうと予言した（原龍之助「行政法学の回顧と展望」（公法研究一号））。

それから二〇年を経過し、戦後の行政法理論の確立に重要な役割を演じた田中二郎博士は、「行政法理論における『通説』の反省」（公法研究三〇号）という論文において、戦後、美濃部理論はそのままでは通用しなくなり、新しい状況の下でこれを修正し、新しい通説を形成しなければならなかったにもかかわらず、それはまだ形成されていないとされ、むしろ、従来の通説に対する批判は、(1)イデオロギー論に終始し、(2)外国法制の紹介に止まり、(3)行政法全体の理論構成に融合していない、という点に欠陥、弱点のあることを指摘されている。右の田中博士の言葉が妥当するならば、明治憲法下の行政法理論は現在も存続しているということになるのであろうか。
右のような厳しい対立を前提として出発した第二次大戦後のわが国の行政法理論は、学生の処分の法的問題を検討する場合にも重要な影響を与えずにおかないのである。それは教育行政法をどのように解していくかという根幹に係る問題であるからである。

(2) 教育行政と公法・私法との区別

一 日本国憲法の下では、前述したように行政裁判所は廃止され、行政庁と国民との間で発生している法律上の紛争もすべて司法裁判所の管轄することになった。すなわち、日本国憲法第七六条一項は「すべて司法権は、最高裁判所及び法律の定めるところにより設置する下級裁判所に属する」と規定し、第二項は「特別裁判所は、これを設置することができない。行政機関は、終審として裁判を行ふことができない」と規定している。

このことは、行政事件もすべて司法裁判所が管轄することを意味している。また、他方、行政機関の行為は当然に権力的であり、優越的であるとする行政解釈上の原理は否認されたとし、行政機関が行う行政を権力行政と非権力行政の分野とに二分して、前者を規律する法を公法とし、後者の関係を規律する法を私法とするような考えは認められなくなったという見解も現われるにいたった。(冒頭(A)の見解を参照)。その意味で、ある法律関係を公法関係と私法関係とに区別して法律問題を考えてゆくか否かは日本国憲法制定当初から大きな問題であった。現在は、学説としては両者の関係が相対化してきているという見解が有力といえる(1)。

二 このように、公法と私法との区別は相対化しつつあるという主張が強くなってきているが、しかし、一般的にはなお法解釈上の技術的理由により、公法と私法を区別する必要があるといってよい。冒頭の(B)の見解はこれを示している。また、前述した大阪国際空港騒音公害訴訟における最高裁の見解(昭和五六・一二・一六判判例時報一〇二五号三九頁)もそれを示している。

このほか裁判例として、(1)国立学校に入学し、その生徒となる法律関係は、国の営造物利用関係であり、公法上の法律関係であるとするもの（長野地昭和二四・二・一〇判・行裁月報一三号九一頁、同趣旨京都地昭和二五・一一・一七判・行裁例集一巻三号四五七頁）、(2)国公立学校における教育は、国公立学校という公の営造物利用の関係にあり、特別権力関係に属する側面を有するから、夏期水泳訓練中の監督教諭の行為は、国家賠償法一条にいう公権力の行使に当たると解するのが相当であるとするもの（大阪地昭和四六・七・一四判・判例時報六四九号六五頁）、(3)公立学校における在学関係は、公法関係であるとするもの（和歌山地昭和四八・三・三〇判・判例時報七二六号八八頁）、(4)国立大学が行う教育作用は、公の営造物を利用して行われている点で公法的色彩を払拭できないものであり、かつその収支のかなりの部分が学生の授業料以外の国からの財政補助に依存している点で、純然たる私経済作用というのは相当でないというべきであるから、国家賠償法一条の適用をうけるものであるとするもの（東京地昭和四九・九・三〇判・判例時報七五八号六七頁）などがある。

これらの裁判例は公法と私法との区別を認めているものである。

(3)　教育行政と公法・私法との区別に関する学説

一　国または公共団体が私人との間に、たとえば国有財産の売払いや、土木工事の請負の契約を締結するような場合には、原則として、私人相互間の法律関係と同じように民法その他の私法規定の適用を受けるべきものと考えられていることには問題はない。このような関係は別として、公法の支配する関係＝公法関係には、私法の規定や原則が適用されないのかどうかということは複雑な問題である。特に、行政法は総則的な規定がなく、また個々の行政法規も不備な点が多いため、具体的な事案について適用されるべき法の規定や原則が明らかでない。

この場合に、私法の規定や原則が類推適用されるべきかどうかということが問題となってくる。この問題については、従来、多くの研究がなされてきたが、法制度、法体系の変化などにより、判例・学説などが対立・混乱し、未だ決着をみていないといってよく、この混迷は一層深くなると思われる。以下、公法と私法との区別に関する学説の推移を簡単に考察する。

二　絶対的区別説——明治憲法の下で、特に明治から大正の初期にかけては、公法と私法を厳格に区別し、私法に対する公法の特殊性、独自性が強調され、公法関係に私法の規定や原則を導入することをまったく拒否する考え方が支配的であった。それは、穂積八東博士が「余ハ公用物ノ上ニ『此ノ所民法入ルベカラズ』ト云フ表札ヲ掲ゲ新法典ノ実施ヲ迎ヘントス」と述べたことに代表されているといってよい。

このような考え方は判例にも現われた。たとえば、明治四三年三月二日の「板橋火薬製造所事件」の大審院の判決がそれである。すなわち大審院は、「板橋火薬製造所ハ東京砲兵工廠ノ一部ニ属スル」から、「板橋火薬製造所ノ火薬製造事業ハ乃チ公法上ノ行為ニシテ、所員ガ火薬製造ニ従事スルハ国家ノ一機関トシテ行動スルモノニ外ナラザルガ故ニ、其行為ニ付キ個人ニ損害ヲ加ヘタルトスルモ、国家ハ法令ニ特別ノ規定アラザル限リ私法上ノ責任ヲ負フベキモノニ非ルナリ」（大民録一六輯一七四頁）と判決し、公法と私法とを峻別して公物の管理、公企業の経営に関する不法行為の損害賠償について私法の適用を排除し、被害者の損害賠償請求を退けた。本判決の問題点の一つは、公共的事業を全く私法のなじみ得ない権力的行為として処理しているところにある。

その後、このような両者の区別の絶対性を否定する考えが台頭した。この点の変化を象徴する大審院の判決として、徳島市立小学校遊動円棒事件判決がある。本件において、小学校の腐朽した遊動円棒で遊戯中の児童が墜落し、重傷を負って死亡したため、その保護者から市を相手どって民法第七一七条に基づき損害賠償の訴訟が提起されたが、これに対し、大審院は、「小学校舎ノ施設ニ対スル占有権ハ公法上ノ権力関係ニ属スルモノニアラズ……全ク私人ガ占有スルト同様ノ地位ニ於テ其占有ヲ為スモノナレバ、之ニ因リ損害ヲ被ラシメタル場合ニ於テ民法第七一七条ノ規定ヲ適用シタルハ毫モ不法ニ非ズ」（大正五・六・一・大民録二二輯一〇八八頁）と判決した。この判決は、公物の管理または公企業の経営に関する新解釈を示すものであった。すなわち、小学校の管理作用（占有）が純然たる私法上の占有権の作用であるという前提にたって民法第七一七条を適用したのである。

前者の判例は、私法規定の適用を排除した事例であり、後者は、私法規定を無理に適用した感を与える事例である。後者の事例ではそうしなければ国民の権利・利益を保護し得なかったところに問題があったといえる。

三　相対的区別説――公法関係における私法規定の適用の可否に関するわが国の通説的見解は、(i)公法と私法との区別はもはや本質的なものではないこと、(ii)両者の区別は相対的、技術的なものにすぎないこと、(iii)行政主体が公権力を発動する場合の法律関係は別として公益と福祉の増進を図る管理関係についてはできるだけ私法の適用を認めるべきこと、を主張する。

この見解が戦前において国民の権利・利益の擁護に大きく貢献してきたことは否定できず（前掲の徳島市小学校遊動円棒事件参照）、また、日本国憲法下の現在においても支配的な学説として認められているといってよい。

四　区別否認説――この見解は、(i)行政上の法律関係は私法原理を基底とした公法的特殊性にすぎないこと、(ii)したがって、公法は一般私法に対する特別法として理解されるべきこと、(iii)行政上の特別規定が存しない限り、一般私法の規定が当然に適用されるべきことを主張する。(2)

五　新区別説――この説は、(i)現在なお行政に特殊固有の法原理が解消されていないこと、(ii)民法には一般的法思想を表明する規定は認められるが、その大部分は対等私人間の法的規定であること、(iii)私法規定と、行政の支配性、権威性とは両立しないこと、(iv)管理関係についても特別の規定がないという理由だけでただちに全面的に私法の規定を適用することが合理的な方法であるか疑問であること、(v)法令に特別の規定のない場合でも、行政庁は公共の福祉を実現する給付主体として、私法関係と異なる解釈を必要とする場合があること、などを理由に、区別否認説を批判し、さらに、給付行政という側面から両者の区別の必要性を認めようとする説である。

たとえば、水道用水は生活必需財貨であることから、供給契約の締結の拒否は許されないことになっている（水道法一五条一項「水道事業者は、事業計画に定める給水区域内の需要者から給水契約の申込を受けたときは、正当の理由がなければこれを拒んではならない」）こと、また、各種資金の貸付・債務保証・利子補給・賃貸借などについても、公益性を理由に特例が認められ、必ずしも私法構造が維持されない場合がありうること、を主張し、従来の官僚的権威主義に与えられた公益性や権力性とは異なる新しい型で公法関係と私法規定との関係をとらえていこうとしている。(3)

六　以上のように、日本国憲法が求めている基本的人権の尊重と社会的法治国家ないし福祉国家の実現という立場から、行政法学上の基本的問題である公法に関する考え方が変化してきているといってよい。このような動向にあって、さらに、公法（行政法）は私法の特別法であるという私法一元論を否定し、私法は裁判規範であるが、公法は行為規範（にして裁判規範）であり、公法は私法を基準にして理解把握されるべきものであるとして、公法が優越従属関係の法であるといわれるところの優越性というのは、国会が定立した法規による一方的権利義務関係の形成の意味に厳重に限定して解すべきである、という主張もある。(4)

このように公法と私法との区別に関し、学説が対立している。

(4)　教育行政と管理関係

一　右のように学説は対立しているが、裁判例や学説の動向からみるとやはり公法と私法との区別の存在を前提として議論されていることは否定できない。では、このように公法と私法とを区別すべきか否かが問題となる理由はどこにあるのであろうか。それは、すでに指摘したように、公法関係には行政事件訴訟法が適用されることに大きな理由がある。

すなわち、現在の行政事件訴訟法には、民事訴訟法と対比するといくつかの特則が規定されている。たとえば、(1)不服申立前置主義、(2)出訴期間、(3)内閣総理大臣の異議、(4)無効確認訴訟の原告適格、(5)事情判決、(6)民事訴訟の仮処分の規定の排除、(7)執行不停止の原則、などの特則がある。しかし、実際に行政事件訴訟法がその訴訟手続法として存在する意味は、行政庁が行政処分として国民に命令を発し、その相手方がこれに対し不服を申し立てる場合はこの手続によるからである。しかも、行政庁が行政処分という形で行政活動を行う場合は、「法律による行政の原理」からして、法律に規定されている場合に制限されている。したがって、行政庁は警察行政や租税行政というような権力行政の分野については、法律に明文の規定がない限り行政処分を行うことはできない。

したがって、警察行政（衛生、風俗、安全、防犯など公共の安全と秩序に関する行政）や租税行政のような分野は権力行政であり、いわゆる公法関係ということができる。ところが行政上の法律関係には、右の権力行政を前提とした公法関係のほかに、国または公共団体がその財産を管理したり、事業を経営したりする場合の法律関係がある。この法律関係のことを管理関係といっている。

この管理関係というのは、その本来の性質が対等の私人相互間の関係と異ならないが、それが公共の利益と密接に結びついた関係であるため、単純な対等当事者間の利害調整の立場から規律することが適当でないとされている関係である。このため、この種の関係を「公法上の法律関係」と把握すべきか、または「公法上の管理関係」として把握すべきか、あるいは「私法関係」として把握すべきかで解釈が一定せず最も問題の多い不明確な法分野である。

たとえば、(1)国立学校に入学し、その生徒となる法律関係（京都地昭和二五・一・一七判・前掲）、(2)水道利用に関する市と使用者との関係（福岡地昭和三〇・四・二五判・行裁例集六巻四号一〇二七頁）、(3)官庁庁舎の一部を診療所として使用する法律関係（東京地昭和三三・二・二七判・訟務月報四巻四号四八〇頁）、(4)国家公務員宿舎の利用関係（神戸地昭和四三・五・二四判・訟務月報一四巻七号七七一頁）、(5)国立大学が行う教育作用（東京地昭和四九・九・三〇判・判例時報七五八号六七頁）、(6)公営住宅使用の法律関係（名古屋地昭和四二・三・一五判・判例時報四七九号一九頁）、(7)国立療養所で療養をうける法律関係（岡山地昭和四五・三・一八判・判例時報六一三号四二頁）、(8)私立大学における学生と大学との間の法律関係（東京地昭和四六・五・一〇判・判例時報六三一号二九頁）、などの場合が公法関係か私法関係かについて問題となっているということである。

右の裁判事例を参考にして考えてみても、たとえば、(1)水道利用に関する大学と市との法律関係とか、(2)大学校舎の一部を診療所として、また食堂として使用する法律関係とか、(3)学生寮を学生が利用する法律関係とか、(4)国立大学の大学病院で学生が治療をうける法律関係など、学生と大学に係る法律関係が存在するが、それが公法関係か私法関係かは必ずしも明白に断定できない状態にある。

二　しかし、前述の公法と私法との区別に関する学説の動向からして明らかなように、現在、従来の官僚的権威主義に支えられた公法理論を展開する学説は存在しないと考えてよい。また行政事件訴訟法上の「処分」、「公権力」を前提とした公法関係の範囲については、この適用範囲を拡大して解釈しないという傾向も強いということができる。しかし、裁判事例の場合は必ずしも明白ではない。たとえば公営住宅の利用関係とか国立療養所での療養関係などは私法関係とする傾向が強いと思われるが、大阪国際空港騒音公害訴訟にみられるように、最高裁は空港の管理関係を私法関係とは断定せず、むしろ空港管理権と航空行政権とを総合して公法関係とし、民事訴訟法の適用を拒否したのである。

なお、国・公立大学と学生との法律関係については、最高裁はかつて「その学生に退学を命ずることは、市民としての公の施設の利用関係からこれを排除するものであるから……行政事件訴訟特例法第一条の関係においては、行政庁としての学長の処分に当る」（最高昭和二九・七・三〇判・民集八巻七号一五〇一頁）としていることから、公法関係と考えているものと思われる。

しかし、相手方の権利・利益の保護という立場からすれば、いわゆる公法関係理論が適用されるのは、行政上の争訟の対象となる行政処分ないしは「公権力」に限定して考えていくべきであると考える。

三　なお、日本国憲法は、その前文において「主権が国民に存することを宣言」して、国民主権の原則を認め、そして「そもそも国政は、国民の厳粛な信託によるものであって、その権威は国民に由来し、その権力は国民の代表者がこれを行使し、その福利は国民がこれを享受する」として、民主主義の原則を確認したのである。したがって、行政府は当然に国民に対し優越した地位を有するものではなく、法律が行政機関に授権している限度で国民に優位していると解すべきである。

かかる理由から、日本国憲法下の「教育行政法」という場合の「行政」とは、憲法六五条の「行政権は内閣に属する」といった場合の権力分立制度下の国家作用の一つとしての「行政」を指すのである。したがって、「教育行政法」ないし「教育行政法学」という学問は「教育行政権」を法的に規制し、国民や学生の権利・利益を法的に保護しようという学問であるといってよい。

(1) 原田尚彦「行政法要論」二二頁
(2) 今村成和「現代の行政と行政法の理論」二二頁以下、高柳信一「公法と私法」(「政治と公法の諸問題」三頁以下)
(3) 田中舘照橘「セミナー行政法」三二頁
(4) 高柳信一「公法、行政行為、抗告訴訟」(公法研究三一号)

第二章　教育行政における特別権力関係

(一)　学生と特別権力関係

(1)　国公立大学の学生と特別権力関係

一　(A)　「学説としては、あるいは特別権力関係の主な例として国立又は公立学校生徒の在学関係をあげ、あるいは営造物の管理関係については権力の行使を本質としないと説きながらも、『公共の利益のため多数の利用者に対し均等に役務を提供するものであることの性質上、ある程度において権力的要素を包含することを肯定し、ことに営造物の権力作用は学校、少年院のような倫理的性格を有する営造物においてもっとも著しく一種の特別権力関係を形成する』と説く。かように法治主義の原理を排除する特別権力関係論は日本国憲法下においてもなおその存在理由があるのであるが、特別権力関係を認めたとしても今日の特別権力関係は旧憲法下のそれとは異なり、特別権力を当該特殊社会関係の存立目的にてらし社会通念上合理的とみられる範囲に限界づけられているのである。そしてこのような考え方は判例上にもあらわれている(最高昭和三五年一〇月一九日大法廷判決――民集一四巻一二号二六三三頁)。国公立学校の在学関係をもって特別権力関係と解し、内部事項についての大学のなす行為・不行為につき司法審査の対象から除外されるという原判決の判示は肯定さるべきである」(名古屋高金沢支部昭和四六・四・九判・判例時報六四三号二三頁、一部控訴棄却一部取消差戻(上告)における被控訴人ら指定代理人らの陳述)。

(B)　「なお控訴人ら代理人らは、特別権力関係論は法治主義に反するものであって、日本国憲法の下にあっては到底認めることをえない旨主張する。

しかしながら、『特別権力関係』という用語の当否はさておき、私企業においても企業の秩序の維持をはかるため内部規律が定められ、それによって従業員間の秩序が律せられていて、これに対しては市民法秩序に関しない限り司法権行使が問題とならないごとく、公企業ないし公営造物関係において、その内部の秩序を維持するため規律を定めることはなんら憲法に違反するものではなく、その内部規律に対して司法権が及ばないものとすることも許されて然るべきであるから、控訴人ら代理人らの主張は採用できない。

ところで、特別権力関係に属するものが、すべて司法裁判所の審判の対象から除外されるか否かについては議論の分かれるところである……が、当裁判所は……特別権力関係の範囲内の事項についても、一般市民としての権利義務に関するものは司法審査の対象となると解すべきであると考える」（名古屋高金沢支部昭和四六・四・九・判決判例時報六四三号二三頁、一部控訴棄却一部取消差戻（上告））。

(C)「被告の指摘する包括的な支配権なども、ひとり国立大学ばかりでなくひとしく私立大学においても認められるところであるから、右包括的な支配権の存在をもって国立大学の在学関係を私立大学におけるそれとは異質な特別権力関係と解すべき十分な根拠とはなし得ないものといわざるを得ない。

そしてまた、現行の教育関係法規をみても国立大学であると私立大学であるとを問わず学校教育法、教育基本法の適用を受け、両者は同一の目的をもつ教育機関である（学校教育法五二条）ものとされているのであって、国立大学ないしその在学関係と私立のそれとの間に本質的な差異を認めていないのである。

このようにみてくると、国立大学の在学関係を特別権力関係と解すべき合理的理由を見出し難く、原告らの本件訴えにつき司法審査権の存否を検討するためにあたって被告主張の如き、いわゆる特別権力関係論を前提とすることは必ずしも首肯できない」（金沢地昭和四六・三・一〇判・判例時報六二二号一九頁）。

(D)「控訴人は、『被控訴人らと金沢大学との間には公法上の特別権力関係が成立するものであって、特別の法律原因に基づき公法上の特定の目的のために必要な限度において法治主義の原理の適用が排除され、具体的な法律の根拠に基づかないで包括的な支配権の発動として命令強制がなされる。本来、市民法秩序の維持を使命とする司法裁判権は学校利用関係における内部事項に属する事柄は、それが一般市民としての権利義務に関するものでない限り司法裁判所の審判の対象から除外されるものと解すべきである』と主張する。

講学上のいわゆる公法上の特別権力関係なる概念が、一般権力関係において妥当する法秩序とは異なる特別の法律関係の成立することを明らかにした点で功績のあることは否定できないが、しかし、特別権力関係において発動される諸々の処分について司法審査権がどの範囲にまでおよぶかについては必らずしも判例学説上も一致しているわけではないのである。」

「以上要するに、特別権力関係内における特別権力の発動である諸行為に対して、例外的にしか司法審査権を認めない立場と、包括的にこれを肯定する立場があるわけであるが、当裁判所は、憲法および行訴法が公権力の行使について国民の権利救済を一般概括的に保障する建前を活かすには、少なくとも市民法秩序に関連する行為に対しては司法審査権がおよぶものと解するのが相当ではないかと考えるものである。」（名古屋高金沢支部昭和四六・九・二九判・判例時報六四六号一二頁、金沢大学医学部試験不実施事件）。

二　右の(A)・(B)は、すでに検討した国立富山大学単位不認定等違法確認訴訟事件の名古屋高裁金沢支部判決（昭和四六・四・九・判・判例時報六四三号二三頁）における被控訴人（富山大学経済学部長および学長）の指定代理人の主張(A)と裁判所の判断(B)の一部である。

また、(C)は金沢大学医学部事件の第一審判決である。本件の事実は、次のようである。

国立金沢大学医学部四年の学生であったXら八三名は、学生大会でスト決議をして授業放棄に入り、同月二三日に実施が予定されていた法医学の科目試験を受けなかった。その後四五年三月までに、そのうち三六名の学生はストをやめて試験を受けたが、残る四七名はストを続け四五年五月になってストを解除した。解除後Xら四七名は、法医学科目の試験実施を求め、主任教授に対し受験申請書に申請に必要な承認印の押印を求めたところ、同教授は、さきの三六名に対する試験の際の受験妨害等の行為につき謝罪することを要求して押捺を拒否し、さらに承認印のないまま申請書を医学部長ら宛に提出したりしたが、医学部長らは受領を拒むなどし、謝罪等に応じたうち二七名については試験を実施したものの、謝罪を拒否していたXらについては、翌四六年九月に至るまで試験を実施しなかった。そのため、Xらは同年九月まで卒業することができなかった。そこで、Xらのうち一部の者は、四五年七月二一日付でなした受験申請について医学部長がなんらの応答もしないのは違法であるとして裁判所に対し不作為の違法確認の訴えを提起した。

(D)は(C)の金沢大学医学部事件の第二審判決である。

以上の判決文や訴訟当事者の主張の中に、「特別権力関係」という言葉が使用されていることに注意する必要がある。たとえば「特別権力関係の主な例として、国立又は公立学校生徒の在学関係をあげ」とか、「国公立学生の在学関係をもって特別権力関係と解し」とか「被控訴人らと金沢大学との間には公法上の特別権力関係が成立する」という文言が見られる。

この特別権力関係とは一体何であろうか。次に、この点が検討されなければならない。

(2)　特別権力関係理論の生成

一　特別権力関係理論は、一九世紀末のプロイセンの絶対君主制下における官吏法として官吏を行政権力に奉仕させる理論として生まれたということは、一般に知られているところである。すなわち、君主の下僕である官吏は、一般国民と異なり、君主に対して特別の包括的な服従関係に立つので、官吏が君主に服従する限度で、君主は法律に基づかないでも、命令を発したり処分をすることができるとされ、この理論は君主が官吏に対して法令に基づかないで特別に命令したり強制したりすることができることを説明するために利用された。

このような官吏関係、すなわち特別権力関係という考え方は、わが国の場合、明治憲法下において行政法学上採用された。そして、この特別権力関係の理論を基本として官吏の身分をどうするか、また、官吏の恩給や給料などの財産をどのように取り扱うかということが決定されていったのである。

たとえば、一木喜徳郎博士は「官吏タル者、学生タル者ハ、其ノ挙措進退往々常人ト異ナリタル検束ヲ受ケ、憲法ノ保証スル居住移転ノ自由集会結社ノ自由ノ如キモ、紀律維持ノ為往々之ヲ制限セラルルコトアルモ、人ハ之ヲ特別ノ権力関係ノ結果ニ帰シテ毫モ怪マナイノデアル。又必ズシモ一々之ガ法律上ノ根拠ヲ求メナイノデアル」（「特別ノ権力関係」法学協会雑誌二六巻五号（明治四一年））と述べ、特別権力関係理論を認めている。

また、美濃部達吉博士は、「特別ノ権力関係トハ一般統治権ニ基イテ存スル関係ニ非ズシテ、契約又ハ其他ノ特別ノ法律原因ニ基キ当事者ノ一方ガ相手方ニ対シ一定ノ範囲ニ於テ命令シ強制スル権利ヲ有シ、相手方ハ之ニ服従スル義務アル二主体間ノ法律関係ヲ謂フ。……公法上ノ特別権力関係ハ概ネ国家ト臣民トノ間ニ生ズル関係ナルコトニ於テ一般統治関係ニ等シト雖モ、一般統治関係ニ於テハ国家ノ権利ハ直接ニ其一般統治権ヨリ派生シ、臣民ハ其臣民タル地位ニ基キ当然之ニ服従スル義務アルニ反シテ、特別権力関係ニ於テハ其権利ハ特別ノ法律原因ニ基イテ生ジ、臣民ハ臣民タルガ故ニ之ニ服従スルニ非ズシテ、国家ト特別ノ関係ニ在ルガ故ニ之ニ服従スルモノナルコトニ於テ之ト区別セラル」とし、特別権力関係の例の一つとしての「営造物利用関係」について、「学校生徒……等之ニ属ス」と記述し、学校生徒が特別権力関係に属するとしている。

二　しかし、この特別権力関係理論は、前述したように、君主と官吏との関係を説明する理論として出発したため、現在、この理論に対する批判がなされている。すなわち、現在、君主は存在せず、官吏は公務員に変わり公務員の使用者は国民に変わったのである。このため君主と官吏との関係を説明する理論として出発した特別権力関係理論は破綻したといってよい。それにもかかわらず、「特別権力関係」という理論が使用されている一つ原因は、最高裁判所がこの理論を否定していないところにあると考える。

すなわち、最高裁判所は、懲戒免職処分取消請求事件（昭和三二・五・一〇判、民集一一巻五号六九九頁）において、「特別権力関係」理論を肯定している。本件の事案は、大阪市警察の警部補であった者が、詐欺師でかつ博奕打であることを知りながら、その者にあえて金品の貸借をなすなど、警察吏員としてふさわしくない行為があったものとして、懲戒免職処分になったというものであるが、これに対し、最高裁は、「およそ、行政庁における公務員に対する懲戒処分は所属公務員の勤務についての秩序を保持し、綱紀を粛正して公務員としての義務を全からしめるため、その者の職務上の義務違反その他公務員としてふさわしくない非行に対して科する所謂特別権力関係に基づく行政監督権の作用であ」ると判示した。

右の判決で明らかなように、最高裁は特別権力関係理論を肯定しているが、特別権力関係についての説明がないことに注意する必要がある。すなわち、「所謂特別権力関係」という用語を使用しているということである。では、特別権力関係とはどのように理解したらよいのであろうか。以下、特別権力関係理論についての学説を簡単に整理しておきたい。

(3)　特別権力関係理論と学説の動向

一　日本国憲法は、明治憲法の場合と異なり、基本的人権を尊重し、法治主義の原則を採用し、また、官吏は公務員に、さらに、公務員は国民全体の奉仕者に変わった（日本国憲法一五条二項）。この意味で、明治憲法下やドイツ・プロイセン君主制下の官吏関係＝特別権力関係の意味は変わり、この特別権力関係理論を否定する学説が有力となりつつある。しかし、裁判所は前掲のように、この理論を否定しているわけではない。また、行政庁も特別権力関係理論を否定しているとは考えられない。行政庁は、この種の争いの場合には必ず特別権力関係理論をもって反論している。冒頭の(A)の見解はそれを示している。

二　学説もすべてがこれを否定しているとはいえない。以下、最近の特別権力関係理論についての学説のいくつかを紹介しておきたい。

(1)　田中二郎『行政法総論』（昭和三二年）は、「特別権力関係とは、一般権力関係（一般支配関係）に対し、公法上の特別の原因に基づき、公法上の特定の目的に必要な限度において、包括的に一方が他方を支配し、他方がこれに服従すべきことを内容とする関係をいう。公法上の特別権力関係ともいう」とし、国立または公立学校の学生・生徒の在学関係は特別権力関係であるとする。

(2)　和田英夫『行政法』（昭和四三年）は、伝統的な特別権力関係理論について説明を加えた後、「特別権力関係理論の再編成」なる一節を設け次のように説明している。すなわち、(i)天皇大権的行政権優位主義による反法治主義、反議会主義を基礎としたドイツ的、旧憲法的な特別権力関係理論は、現行憲法の司法国家主義と国会優位主義の原則の下においては、根本的に再検討されなければならないこと、(ii)しかし、ここでの問題は(i)の理由を根拠に(a)直ちに特別権力関係理論を全面的に拒否し、これらの関係を公法関係ととらえるのか、あるいは(b)純粋に法律技術的なテクニックとして特別権力関係理論を再構成すべきなのか、ということであるとし、後者の(b)の観点から特別権力関係理論を考え直し、新たに特殊機能的法律関係の概念により理論的再構成をしたいと述べ、(iii)この特殊機能的法律関係をさらに、(イ)特殊公法的権力関係（受刑者の監獄収用関係、少年院の保護矯正関係）と(ロ)特殊社会機能的法律関係（私立大学の学生の在学関係、弁護士会と所属弁護士との会員関係）とに分け、(イ)と(ロ)との相違は国家的公権力的固有性の有無にあるとする。

しかし、この分類は、要するに、この種の特殊社会に入る入り方の相違に基づくものであると思われる。すなわち、前者の(イ)は強制に基づく場合であり、(ロ)は同意に基づく場合である。そして、(イ)と(ロ)の両者の区別の実益は、法治主義、司法審査ないしは市民法的私法原理などの適用の有無とその厚薄の程度にある、とする。しかし、右の分類と公務員との関係については直接的には触れていない。

(3)　室井力『現代行政法の原理』（昭和四八年）は、「公務員法における特別権力関係論に対する批判的議論は、我が国においては、法論理上、二つの視角から行われてきた」とし、その一つは、現行憲法の法治主義の下では、すべての公権力の行使は法律の根拠なしに行うことはできないとし、現行公務員法も、すべて、それらの行為については、法律で規定しているので、法律の具体的根拠なしに特別権力＝職務命令権・懲戒権が発動されることはあり得ないとするものであり、その二つは、公務員関係も一般にこれを労働契約関係とみることにより、職務命令は、法律の規定の有無にかかわらず、労働契約関係に基づいて発しうるものとなるとするものである。

ただし、この説は、「現行法は、恣意的な命令や懲戒その他の支配行為の濫用を民主的に統制し、解釈論としては、労働争議権などを制限される公務員の地位を保護するために、それらについてとくに公務員法に規定するものである」とする。さらに、「今日、学説の大勢はほぼ右の第二説の労働契約関係説に傾きつつあるといってよい」と断言し、いずれにしても、右のような二つの傾向の否定論の台頭を前にして、特別権力関係論をまともに合理的理由を示して主張する者は、学界においてはほとんど見当たらないといっても過言ではない、と述べている（二九六―二九七頁）。

(4)　田中二郎『司法権の限界』（杉村章三郎先生古稀記念「公法学研究」（有斐閣・昭和四九年））は、権力分立論の観点に立って、戦後、行政法学上問題があるとして従来の通説を批判してきた学説について、通説の立場から痛烈に批判を加えた論文である。その中で、特別権力関係について、「特別権力関係という観念を認めることとそのことについても、反対の意見が多く、司法審査の対象から除外される自律権の行使を認めることには、批判的見解が多い。私は、公私にわたり、特殊の目的をもった自律的社会の成立はこれを否定することができず、私的な自律社会にあっては、その自律権の行使が公序良俗に反するかどうかの観点から司法審査が行われるのに対し、公の特別権力関係においては、その目的に照らし客観的に合理的といえるかどうかの観点から司法審査が行われるべきもので、その目的に照らし客観的に合理的な範囲の自律権の行使に止まる限り司法権は介入すべきものではないと考える」とし、特別権力関係の理論を肯定している。

三　特別権力関係理論についての最近の学説の動向として、次のことがいえると思われる。すなわち、

(1)　昭和三二年までの田中説においては、特別権力関係理論が承認されている。

(2)　特別権力関係理論を否定する説には、和田説のように従来の特別権力関係を特殊機能的法律関係ないしは社会的・機能的権力関係として把握しようとする説、また、公務員法制における職務命令などの種々の支配行為を公権力の行使とみなし、現行憲法の法治主義の下ではすべての公権力の行使は法律に依拠して行うべきであるとし、法治主義の立場から特別権力関係を否定しようとする説（磯崎）、特別権力関係理論を否定し、公務員法制を私企業の契約関係としたり、また、国公立学校の学生の在学関係を在学契約関係として把握しようとする説、などがある。

昭和四九年においても田中説が特別権力関係を承認していることには変わりはないが、公法上の自律的社会における関係というところに力点をおいて説明している点においてその把握の仕方が変わってきている。

明治憲法下において天皇と官吏との関係を特別な支配服従関係として理論づけるために成立した特別権力関係理論は、民主主義と基本的人権を基調とする日本国憲法下には妥当しなくなったということがいえる。右に指摘した諸学説も日本国憲法下においてこの特別権力関係理論をどう把握すべきかということから出発したものであった。しかし、どの説も種々の問題を内包しているように思われる。

すなわち、(1)国公立大学の学生を特殊機能的法律関係とか、社会的・機能的権力関係と把握した場合の実益は何か、(2)公法上の自律的社会の具体的内容は何か、(3)国公立学校の学生に対する法治主義適用の限界は何か、(4)国公立学校の学生の在学関係を私立学校の学生の在学関係と同じと把握した場合の実益は何か、などの点について、さらに詳細に検討を加える必要がある。

(二)　学生と特別権力関係理論との関係

(1)　特別権力関係理論の解釈上の実益

一　(A)「いわゆる特別権力関係において、その自律権の行使が特別権力関係の目的に照らし客観的に合理的な範囲に止まる限り、司法審査の対象から除外されるべきだということである。特別権力関係という観念を認めることそのことについても、反対の意見が多く、司法審査の対象から除外される自律権の行使を認めることには、批判的見解が多いが、私は、公私にわたり、特殊の目的をもった自律的社会の成立はこれを否定することができず、私的な自律的社会にあっては、その自律権の行使が公序良俗に反するかどうかの観点から司法審査が行われるのに対し、公の特別権力関係においては、その目的に照らし客観的に合理的といえるかどうかの観点から司法審査が行われるべきもので、その目的に照らし客観的に合理的な範囲の自律権の行使に止まる限り、司法権は介入すべきものではないと考える。最高裁判所の判例も、大体、このような立場をとっている（最高昭和三五年一〇月一九日判決民集一四巻一二号二六三三頁）。」「（田中二郎「司法権の限界——特に行政権との関係——」杉村章三郎先生古稀記念「公法学研究」下所収）。

(B)「二つは、これに対して、公務員に対する命令権や懲戒権などがもともと公権力の行使であるとする前提そのものを疑問視し、公務員関係も一般にこれを労働契約関係と見ることによって、明文の特別規定のないかぎり、公務員に対する命令権や懲戒権などを民間労働者に対するそれらと同様に考えるという立場から、公務員法上のそれぞれの規律を個別的具体的にそれがいかなる意味のものとしておかれているのかを判断しようとするものである。」「そして今日、学説の大勢はほぼ右の第二説の労働契約関係説に傾きつつあるといってよい。いずれにしても、特別権力関係論を右のような二つの傾向の否定論の台頭を前にして、まともに合理的理由を示して主張する者は、学界においてはほとんど見当たらないといっても過言ではない。判例の中にも、最近、公務員の勤務関係の公権力性を否定するものが見受けられるようになってきている。それにもかかわらず、行政実務の世界においては、なお、この古ぼけた反法治主義的民主主義的特別権力関係論が、なんらの実定法的・合理的根拠も示さないままに大いに濫用されているようである。わが国の行政当局者の非合理的な粗雑な理論の押しつけは、その行政運営の前近代性を推測せしめる以外の何者でもないであろう。おそらく、このような行政実務における特別権力関係論の押しつけが崩れ去る日も遠くないことといえよう。」（室井力「現代行政法の原理」二九七頁）。

前掲の(A)の見解は田中二郎博士の特別権力関係論についての見解であり、(B)の見解は、室井力教授の見解である。右の二つの見解は、最近の学界における特別権力関係理論に関する見解を代表していると思われるので引用した。

二　次に、まず通説を代表する田中二郎博士の「特別権力関係」についての見解を紹介し、その解釈上の実益などを説明して検討の素材としたい。同博士は、「特別権力関係とは、特別の公法上の原因に基づき、公法上の特定の目的を達するために必要な限度において、特定の団体又は社会がその構成員を包括的に支配することができ、その反面として、その構成員がその支配権に服するべきことを内容とする関係をいう、と定義してよいと考える」と述べている（田中二郎『要説行政法』弘文堂（昭和四七年））。

そして、特別権力関係に服するものとして、(1)公法上の勤務関係――国家公務員の国に対する勤務関係、地方公務員の地方公共団体に対する勤務関係など、(2)公法上の営造物利用関係――国・公立学校の学生・生徒の在学関係、国・公立病院の入院患者の在院関係など、(3)公法上の特別監督関係――特許企業者、行政事務の受任者のように国家と特別の関係に立つ者に対する国の監督関係など、(4)公法上の社団関係――公共組合における組合と組合員との関係などがあるとする。

この特別権力関係の成立の原因としては、(1)直接法律に基づく場合――刑務所・少年院などへの収容、伝染病院への強制入院、公共組合への強制加入、(2)相手方の同意に基づく場合――公務員の任命、国・公立大学への入学（任意の同意に基づく場合）、学齢児童・生徒の小・中学校への入学（法律により義務づけられた同意に基づく場合）などがあるとする。

特別権力関係が消滅する場合としては、⑴国・公立学校の学生・生徒が卒業したとか、国・公立病院の入院患者の病気が全快して退院するといったように、その目的が達成された場合、⑵公務員が辞職した場合のように自ら特別権力関係から退く場合、⑶学生の退学処分や療養所の入所患者の退所処分のように権力主体による一方的解除による場合、があげられるとしている。

また、この特別権力関係における包括的支配権は、命令権と懲戒権であり、⑴命令権は公務員関係における職務命令のように、その目的遂行上必要な限度において具体的な法律の根拠なくして命令強制をすることのできる権力をい い、また、⑵懲戒権とは、公務員に対する懲戒処分、国・公立学校の学生・生徒の学則違反のように、秩序を乱し、命令に従わない者に対し、その秩序維持のために行政主体が懲戒する権力をいう、としている。

三　学生と基本的人権――右のような通説の特別権力関係理論に依拠した場合、次のような実益を指摘することができる。

一般に、特別権力関係にあっては、憲法上の基本的人権の保障がそのまま適用されず、一般国民と異なり特に強い義務賦課、権利制限が認められるとされている。たとえば、学校の教育目的の実現の範囲内において憲法二一条の集会の自由などが制約される。

この点、最高裁は、「大学における学問の自由を保障するために、伝統的に大学の自治が認められている。この自治は、特に大学の教授その他の研究者の人事に関して認められ、大学の学長、教授その他の研究者が大学の自主的判断に基づいて選任される。また、大学の施設と学生の管理についてもある程度認められ、これについてある程度で大学に自主的な秩序維持の権能が認められている。……大学の学問の自由と自治は、大学が学術の中心として深く真理を探求し、専門の学芸を教授研究することを本質とすることに基づくから、直接には教授その他の研究者の研究、その結果の発表、研究結果の教授の自由とこれらを保障するための自治とを意味すると解される。大学の施設と学生は、これらの自由と自治の効果として、施設が大学当局によって自治的に管理され、学生も学問の自由と施設の利用を認められるのである。」（最高昭和三八・五・二二・大判、昭和三一年（あ）第二九七三号）としている。

すなわち、学生の施設の利用は大学当局の管理の下に認められているとしている。

学生と法治主義の原則――特別権力関係にあっては、法治主義の原則が排除されることから、その意味で、論理上、法規命令は存在せず、法律の委任がなくても独自に行政規則が制定される。このため、直接、行政規則、内部的命令、処分などにより義務を課したり、権利を制限したりすることができるとされている。たとえば、この点については裁判所は次のように判断している。

(a)　大学における学生の在学関係は、私立大学の場合と国立大学の場合とでその法律関係の内容に本質的差異がないとはいうものの、本件東京商船大学は被告である国の設置する国立大学であり、その設置・管理・運営は国の教育行政の一環として行われており、その行政主体の行政処分（入学許可）により「学生との間で公法上の営造物利用関係が形成されているのであるから、私立大学における在学が私法上の契約によることから直ちに国立大学の場合もそれと同視してその在学関係を私法上の契約関係から生ずるものと理解することは相当でなく、行政処分によって発生する法律関係と理解するのが相当である」。（東京地昭和五五・三・二五判・訟務月報二六巻八号一三二六頁）

(b)　国立大学の学生となる法律関係は、国の営造物利用関係であり、右営造物の主体たる国と学生の間には、いわゆる公法上の特別権力関係が成立するので、「国立大学の学部や専攻科の課程における授業科目、担当教授、単位数および時間割等の定めやこれが履修届の提出から授業、試験、成績の評価、単位の授与、ひいては右課程修了の判定に至る教育実施上の諸事項は、大学がその学校設置の目的を達成するための必要がある限り、一方的に学則を制定、実施し、学生に対し具体的に指示・命令・処分をなすことにより、自主的に律することができるのはもちろん、これら学校利用関係における内部事項に属する事柄は、その限りにおいては一般市民の権利義務に関するものでないから、このような内部事項について大学のなす行為・不行為は、司法裁判所の審判の対象から除外されるものと解すべきものといわねばならない。」（富山地昭和四五・六・六判・行裁例集二一巻六号八七一頁）

右の(a)の裁判所の見解は、国公立大学の学生の在学関係は公法上の営造物利用関係であるとし、(b)の裁判所の見解は、学生の在学関係は国の営造物利用関係であり、特別権力関係であるので、一方的に学則を制定し、学生に指示命令することができる、としていることに注意すべきであろう。

学生と自由裁量――特別権力関係にあっては、自由裁量の余地は大きい。たとえば、学校教育法第一一条は、国公私立を問わずすべての学校の「校長及び教員は教育上必要があると認めるときは、学生生徒及び児童に懲戒を加えることができる」と規定している。

この規定の適用と解釈について最高裁は、「学生の行為に対し、懲戒処分を発動するかどうか、懲戒処分のうちいずれの処分を選ぶかを決定することは、その決定がまったく事実上の根拠に基づかないと認められる場合であるか、もしくは社会観念上いちじるしく妥当を欠き懲戒権者に任された裁量権の範囲を超えるものと認められる場合を除き、懲戒権者の裁量に任されているものと解する」と判示した（最高昭和二九・七・三〇・三小判・民集八巻七号一五〇一頁）。これは学生に対する懲戒処分が自由裁量であるとしていることを示している。

右の特別権力関係理論の説明は、通説の立場に立ったものであり、同時に、これが特別権力関係肯定説の説明でもある。

(2)　特別権力関係理論肯定説・否定説と学生の法律関係

一　右のような通説＝特別権力関係肯定説の論拠をさらに検討し、この説に対し、どのような批判があるかを検討して学説を整理しておきたい。

この特別権力関係に関する学説を整理した場合次のように分類できる。すなわち、(1)特別権力関係肯定説と、(2)特別権力関係否定説に分けられ、さらに、特別権力関係否定説は、(a)形式的否定説と(b)実質的否定説に分類できる。

二　**特別権力関係肯定説**――特別権力関係肯定説は、「特別権力関係は、本来は、一般権力関係とはその実質的地盤を異にし、従ってそこに妥当する法は、一般権力関係に妥当する法（これを一般市民社会の法といってよい）とはその性質を異にすべきものである」（田中二郎『行政法総論』二二七頁）と述べている。

この説は、要するに特別権力関係は本来一般権力関係と地盤を異にし、一般権力関係に適用される法原理は、特別権力関係の性質に応じて変容するとするものであり、また、基本的人権の保障との関係についても、この説は、一般権力関係においては基本権保障は妥当するが、国民が特別権力関係に入れば、法規の根拠を必要とせずに、基本権保障の規定の適用が制限されるとし、その理由として、法律の規定または個人の同意により、かかる関係に入るからであるとする。

特別権力関係肯定説は、国公立学校の学生がこの特別権力関係にあるか否かは、次の点からとらえることができるとする。

一つは社会関係からする区別である。すなわち、社会関係は一般市民社会関係（一般権力関係）と部分社会・特殊社会関係に区別することができ、前者には基本的人権や法治主義の原則に関する憲法規定や法律が適用されるのに対し、後者は自主的規律の要請から法律の根拠を必要とせず、特別な包括的支配権に服する関係であり、基本権を一般市民社会関係の場合より制限することが認められる。

二つは営造物利用関係からする区別である。すなわち、営造物・公企業は一般に非権力的施設や事業であり、実質的には私企業と異ならず、その限りでは私法が適用される。しかし、純然たる私経済的関係と区別されるべき公共性が実証できる場合には、その営造物・公企業の利用関係は公法関係となり、特別の権力に服する関係が生ずる。

三つは、ある関係が倫理的性質または紀律性を有するか否かの点からの区別である。すなわち、国公立学校の図書館、国公立病院、監獄などの利用関係は、私法上の契約関係と異なり、また、郵便、水道、ガス、公営住宅などのような経済的営造物とも異なるもので、倫理的性質を有する営造物であり、また、利用者、収容者に対し、懲戒権などの人的な紀律権が課せられる関係は特別権力関係である。

したがって、かかる三つの点からみて、国公立学校の学生の在学関係は特別権力関係であるとする。

三　特別権力関係否定説——右のような一般権力関係と特別権力関係とを区別する見解に対し、最近は、両者の区別を否定しようとする学説が強力となってきている(冒頭に掲げた(B)の見解)。この特別権力関係否定説には、(i)形式的否定説と(ii)実質的否定説とがある。

以下、簡単に、右の否定説の論拠を紹介しておこう。

(1)　**形式的否定説**——この説は、次のように主張する。すなわち、憲法第四一条により国会が唯一の立法機関であるとされ、行政権と司法権も憲法に従い法律により組織され、行使されており、また、憲法により基本的人権が保障されている。この法治主義の原則と基本的人権尊重の原理は、行政庁による公権力の行使のすべての場合に妥当する。したがって、このことは、特別権力関係においても妥当する。すなわち、国家公務員についていえば、国家公務員法がこれである。したがって、いわゆる特別権力関係においても法治主義の原則が妥当し、基本的人権は、一般国民であると国家公務員であるとに変わりなく認められ、保障される権利である。しかし、国家公務員に対しては、公共の福祉のために必要であると認められる場合には、国家は、その基本権を制限できる。しかし、だからといって、どんな方法によっても基本権を制限できるというわけにはいかず、国家公務員の権利を制限する場合にも、法治主義の原則が適用される、としている(磯崎辰五郎「特別権力関係の理論と日本国憲法」、恒藤古稀記念『法解釈の理論』所収)。

すなわち、この形式的否定説を学生の法律関係に適用すれば、(i)特別権力関係というのは、すべて公権力の発動を認めるという意味において、学生の法律関係を公法上の権力関係であるととらえ、(ii)この学生の法律関係を公法上の権力関係といった場合の学生の基本権の制限は、その教育目的を達成するための必要最小限度に限られるべきである、ということになろう。

(2)　**実質的否定説**——この説は、特別権力関係とされてきた種々の法律関係をそれぞれ個別的具体的に、その実体に即して検討し、原則として特別権力関係と解されてきた法律関係を非権力関係と解すべきであるとする。たとえば、公務員法関係について、公務員関係が職務命令権や懲戒権を含む点において、一種の支配服従関係を含んでいることは否定できないが、しかし、そのような意味での支配服従関係は、私的労働契約関係にも存在する、しかも、それが今日では労働法規で承認されるにいたっているので、公務員関係も、私法上の労働契約関係と異ならないといわなければならないとする。ただ、公務員は全体の奉仕者（憲法一五条二項）であり、また、その公務員の相手方が国または公共団体であり、公務員が行政を担当するものであるから、公務員法が私的労働契約関係にみられないような特殊な規律を設けているにすぎないと主張する。

このような考えに立つ実質的否定説は、前述の特別権力関係肯定説に対し、次のような批判を加えている。すなわち、(i)公務員関係は、法原理的には、対等当事者間の労働契約関係であること、(ii)肯定説は公務員関係を私的労働契約関係と本質的に異なる公法的地盤に立つものとし、他方、公務員の勤務関係を一般権力関係と実質的地盤を異にする特別権力関係であるとする考え方をとっているが、このような考え方は、公務員関係＝官吏関係を一方的に公法の側にひきよせ、前近代的身分関係として把握していた絶対主義的法イデオロギーの名残りでしかない、と批判している（室井力「特別権力関係論」）。

四　右の特別権力関係否定説に依拠して国公立学校の学生の法律関係を考察すると、学生の法律関係は在学契約関係ととらえられることになる。

この説は、現行の教育基本法、学校教育法が国公立学校、私立学校にひとしく適用されていることを理由に、その在学関係は基本的には同じであり、いずれも教育企業利用関係であるとし、国公立学校の在学関係を私立学校と同様に契約関係として構成し、学校営造物については経済的営造物の場合と同じように営造物・公企業の利用関係としてとらえればよいとする。そして、この説によれば、

(1)　教育は企業であり、企業の条理として学校管理主体は児童生徒・学生・保護者に対しある程度の包括的権力を認められるから（法規の定めがなくとも、学則制定、指示命令により契約関係を一方的に形成できる）、一種の附合契約関係

である。

(2)　在学契約関係においては、学校・教員と学生との間に具体的な権利の対抗関係が認められ、学生個人に具体的な権利侵害を与える教育措置に対してはすべて出訴が可能である。

(3)　小学校の場合の就学監督処分（学校の指定、区域外就学承諾、出席停止などの処分）については、行政処分により形成される契約関係、私法関係と考えることができる。

(4)　在学関係は、一般私法の特別法たる教育法上の契約関係と解すれば足りる。したがって、学校教育は一般に非権力的となり、学校教育作用は原則として国家賠償の原因たる「公権力の行使」ではなく、児童・生徒・学生に損害を与えれば、民法上の不法行為（七〇九条、七一五条）を構成する。

(5)　懲戒処分は、国公・私立学校いずれにおいても、在学契約上の法律行為であり、仮処分をはじめ民事訴訟手続で争われる、ということになる。

以上のように、特別権力関係に関する学説は、肯定説と否定説に大別されるが、このような学説の影響は、学生の法律関係に関する裁判所の判決にはどのように現われているのであろうか。次にこの点が論じられなければならない。また、この特別権力関係理論を認めた場合の重要な実益は裁判所による救済が認められるか否かということであり、裁判所による救済が認められた場合、行政事件訴訟法によるのか、それとも民事訴訟法によるのかが重要な問題となる。

(三)　学生の在学関係に関する判例の動向

一　前述したように、特別権力関係について、現在の学説は、(1)特別権力関係肯定説と(2)特別権力関係否定説とに大別され、さらに、特別権力関係否定説は、(i)形式的否定説と(ii)実質的否定説に分かれる。特に(i)の形式的否定説は、特別権力関係を公権力の発動を認めるという意味における公法上の権力関係であるととらえている。したがって、学生の在学関係を公法上の権力関係ととらえているものと考えられる。また、(ii)の実質的否定説は、特別権力関係と解されてきた法律関係を非権力関係と解すべきであるとし、学生の在学関係も私法上の在学契約関係と異ならないというものである。

以上の特別権力関係と学生の在学関係との関係についての説は、次のように整理できる。すなわち、学生の在学関係を、(i)特別権力関係とする説、(ii)公法上の権力関係とする説（形式的否定説）、(iii)在学契約関係とする説（実質的否定説）とに分類できる。以下、この分類に従って、判例の動向を考察してみる。

二　国公立学校の学生の在学関係を特別権力関係であるとする判例——国公立学校の学生の在学関係が特別権力関係であるか否かについては、学生の懲戒処分の違法性をめぐり、(i)その懲戒処分が抗告訴訟の対象となる行政処分であるか否か、(ii)学長などの懲戒権者の判断が自由裁量処分であるか否かという点を中心にして論じられている。

国公立大学の学生の在学関係を特別権力関係であるとする見解に立っていると思われる代表的な事件として、最高裁昭和二九年七月三〇日第三小法廷判決（民集八巻七号一四六三頁）がある。

本件において、京都府立医科大学附属女子専門部でA教授の進退問題を審議するために開かれた教授会を傍聴しようとして、同教授解職反対の学生Xらが開会前から会議室に入場していたが、教授会は会議を非公開にすることを決議し、Xらの退場を求めた。これに対しXらは退場しなかったため会議場は混乱し、会議は流会となった。そこで同大学本科学長Yは、Xらの行為は学生の本分にもとり、学内の秩序を乱すものであるとして、教授会の決議に基づき、Xらを放学処分に付した。

本件については、最高裁は、大学の学生に対する退学処分は、学生としての法的地位を消滅させるものであるから、単なる事実上の懲戒行為と同視できず、また、国公立学校は、公の教育施設として一般市民の利用に供せられるものであり、その学生を退学処分にするのは公の施設の利用関係からこれを排除することであり、この点で、私立大学の学生の退学処分とは趣を異にする。したがって、国公立学校の学生の退学処分は、行政庁としての学長の行為である、と判示した（同趣旨の判決として、京都地昭和二五・七・一七判、行裁例集一巻五号七六四頁、大阪高昭和二八・四・三〇判高裁民集六巻三号一四〇頁、甲府地昭和四二・六・一五判、行裁例集一八巻五・六合併号七五八頁などがある）。

また、「単位不認定等違法確認請求事件」（富山地昭和四五・六・六判、行裁例集二一巻六号八七一頁）において、裁判所は、国立大学の利用関係は特別権力関係であるとし、したがって、国立大学の学部あるいは専攻科のカリキュラム、時間割などの定めや試験、成績の評価、課程修了の判定などは、学校利用関係における内部事項に属し、一般市民の権利義務に関するものではないから、右事項について大学のする行為、不行為は裁判所の審判の対象とならない、と判示している。

三　このほか、国公立学校の学生（生徒を含む）の在学関係を特別権力関係としている判例として、臨海学校参加高校生溺死事件（大阪地昭和四六・七・一四判、判例時報六四九号六五頁）がある。本件は、昭和四一年夏大阪府立天王寺高校が福井県高浜町の海岸で行った臨海学校において、水泳訓練中生徒二名が溺死した事件について、右生徒の両親が、同校校長、引率責任者たる教頭および引率指導監督に当たった教諭三名に対して民法七〇九条により、大阪府に対しては国家賠償法一条または民法七一五条により損害賠償を請求した事件である。本件において、裁判所は、「国公立学校における教育は生徒の教化育成を本質とするものであって、国又は地方公共団体がその権限に基づき、優越的な意思の発動として行う狭義の公権力の行使を本質とするものではないが、学校教育は、学生生徒による国公立学校と公の営造物利用の関係であり、特別権力関係に属する側面を有する。よって公立学校利用関係は公権力の行使に含まれると解されるところ、学校の主催で全生徒が参加することを原則とする夏期水泳訓練は高等学校における教育活動そのものであるから、夏期水泳訓練中の監督教諭らの行為は、国家賠償法一条にいわゆる公権力の行使と解するのを相当とする。」と判示している。

右の判決の特色は、学生生徒と国公立学校との関係は公の営造物の利用関係であり特別権力関係に属する側面を有しているとしていることである。

このほか、高校教師の叱責、訓戒などいわゆる事実上の懲戒を受けた生徒がその日の翌朝、右教師を恨む旨の遺書を学友数人に書き送り自殺をとげたという事案（福岡地領塚支部昭和四五・八・一二判、判例時報六一三号三〇頁）について、裁判所は、教師の生徒に対する懲戒権の行使は、公の営造物利用関係における内部規律の維持ないし教育目的達成のためになされるもので、特別権力関係における特別権力の行使という実質を有しているから、それが非権力作用を本質とする学校教育の場で行使されるからといって、この公権力性を否定するのは相当でないと判示している。

四　また、私立大学の学生に対する停学処分を行政処分と解し、私立学校の学生の在学関係を特別権力関係を前提として判断している判例として、私立大学の学生Xが学年末試験でカンニングをしたため停学処分になったという事案について、東京地裁昭和三〇年七月一九日判決は、次ように判示している。すなわち、

「公立大学の学生に対する停学処分も、私立大学の学生に対する停学処分も、ともに教育施設としての学校の内部規律を維持し、教育目的を達成するため、学校教育法一一条、同法施行法一三条に則ってなさるべき懲戒作用たる点において、なんらその性質を異にするものではない。けだし法律の定める学校は公立私立に拘らず公の性質をもつもの（教育基本法六条）であって、それ故に法令は学校長に対し、学内の規律を維持し、教育の目的達成に遺憾なからしめんがため、学生生徒の懲戒権を付与しているのであり、私立公立を問わず学校長はこの公法的特別権力の授権によって学生、生徒に対し懲戒処分をなし得るのである。従って私立大学の学長が、同大学を代表して、その学生に停学を命ずることは、国立及び公立の大学がその学生に停学を命ずる行為となんら異なるものではなく、公法上の特別権力による行為として、これによりその学生の教育を受ける等の権利を一時制限する法的効果を伴うものであるから、行政事件訴訟特例法一条の関係においては行政庁たる学長のなす処分と解するのが相当である。」（東京地昭和三〇・七・一九判、行裁例集六巻七号一八〇四頁）としている。

右の判決の特色は、私立学校の校長も、「公法的特別権力の授権によって学生、生徒に対し懲戒処分をなし得る」と

していることである。

五　しかし、これらの判決の特色は、どういうものを「特別権力関係」というかという説明をせず、公の営造物の利用関係であるから特別権力関係に属するとか、学校とはその目的が学内の規律を維持し、教育目的の達成にあるのであるから公法上の特別権力関係にあるという形で特別権力関係理論を使用しているという点である。

この点については、公務員の場合も必ずしも明らかではないといってよい。

たとえば、詐欺師でかつ博奕打である男の妻との関係を維持するため、金品の貸借をしていた警察吏員に対する懲戒免職処分取消請求事件（最高昭和三二・五・一〇判、民集一一巻五号六九九頁）において、最高裁は「およそ、行政庁における公務員に対する懲戒処分は所属公務員の勤務についての秩序を保持し、綱紀を粛正して公務員としての義務を全からしめるため、その者の職務上の義務違反その他公務員としてふさわしくない非行に対して科する所謂特別権力関係に基づく行政監督権の作用で」ある、と判示している。この判例の特徴は、「いわゆる特別権力関係」という表現の仕方をしていて、なぜ公務員の勤務関係が特別権力関係になるかという説明がないことである。

特別権力関係理論は君主と官吏との関係を説明する理論として出発しているだけに、国民主権に基づく日本国憲法下において、この理論が使用されるためにはその明白な説明が必要である。

六　国公立学校の学生生徒の在学関係が公法上の法律関係であるとする判例――横浜国立大学損害賠償請求事件は、横浜国立大学でポリスチレン工場の廃液処理法に関する安全工学の研究を行っていたところ突然爆発が起こり、学生が両眼を失明したという事案であるが、裁判所は、「国公立学校の教育作用は、それが公の営造物を利用して行われている点で公的色彩を払拭できないものであり、かつその収支のかなりの部分が生徒・学生の授業料収入以外の国・公共団体からの財政補助に依存している点で純然たる私経済作用というのは相当でないというべきである。右の理は国立大学が行う教育作用についても同様である。よって国立大学の教育作用は国家賠償法一条の適用をうけるものである。」（東京地昭和四九・九・三〇判、判例時報七五八号六七頁）と判示した。この判決は、国公立大学の学生の在学関係が公法関係であるとは明白に断言しておらず、純然たる私法作用というのは相当ではなく、公的色彩を有していると判示している。

このほか、国公立学校の学生の在学関係を公法関係としている判例として、次のようなものがある。すなわち、退学処分の無効を前提として、国立学校の生徒たることの確認を求めた事件がある。長野地裁は、

「原告等は孰れも長野師範学校の生徒なるところ昭和二三年一〇月二〇日同校々長から退学を命ぜられたが該退学処分は憲法等に違反し当然無効であって原告等は今尚同校の生徒たる身分を有し居るから之が確認を求めるといふのであって右退学処分そのものの取消若しくは該処分そのものの無効確認を求めるにあらずして原告等が現在尚同校の生徒たる地位を有して居ることの確認を求めて居るものであること訴状記載の請求の趣旨並に原因に徴し明らかである。而して長野師範学校は学校教育法第九八条同法施行規則第八五条師範教育令第二条等に依って存続する国立の学校であるから所謂国の営造物であって同校に入学し同校の生徒となる法律関係は国の営造物の利用関係であり公法上の法律関係である。従って原告等が本訴に於て同校の生徒たるの地位の確認を求めるのは即ち右の国の営造物利用関係の存在確認を求めるに外ならない。而して国の営造物の主体即ち国家と営造物利用者との間に生ずる法律関係である。従って国立学校の生徒たるの地位の確認即ち国の営造物利用関係の存在確認を訴を以て請求するには国を被告とすべきものであって国の営造物の管理機関である学校長を被告とすべきではない。」（長野地昭和二四・二・一〇判、行裁月報一三号九一頁）と判示した。

右の判決で明らかなように、本件は、国立学校の生徒の退学処分の無効を前提としてその地位確認訴訟を提起したところ、被告を国とすべきところを学校長にしたことが誤っているとしたものである。右判決に示されているように、生徒の在学関係を公法上の法律関係としていることに注意すべきである。

七　また、和歌山県立T高校の入学試験を受験したが入学を許可されなかったXが、右入学不許可処分は、Xが学力検査、内申書の成績ともに合格点に達していにもかかわらず、Xよりも学力の劣る野球選手某を入学させるめに行

われたもので、違法であると主張し、国家賠償法一条に基づき、和歌山県に対して慰謝料の支払いを求めた事案において、和歌山地裁は次のように判示した。すなわち、「一般に、営造物の利用関係は、営造物主体と利用者との契約によって成立するといわているが、右のごとき教育機関としての営造物たる学校の利用関係は、該営造物が公教育目的を実現するめに設置されたという固有の性質を有することからして、もとより営造物主体としての地方公共団体と地域住民との自由な意思決定に委ねられるものではなく、営造物主体が、自ら法規や条例に基づき教育的見地から一方的に定立した利用条件（利用資格・利用期間・利用者数の制限・利用方法における規律等）に合致した者にだけ利用の応諾を与えるという意味において、営造物主体には一方的な選抜権があるが、利用者にとっては、対等な立場での自由意思による考慮を容れる余地のない限定的な契約によって成立するものと解されるのである。

すなわち、入学許可手続に関しては、学校教育法第四九条において、「高等学校に関する入学・退学・転学その他必要な事項は、監督庁が、これを定める」旨、同法施行規則第五九条において、「高等学校の入学は、第五四条の三の規定により送付された調査書その他必要な書類、選抜のための学力検査の成績等を資料として行なう入学者の選抜に基づいて校長が、これを許可する」旨、それぞれ規定されているが、これらの規定よりすれば、公立高校長のする入学許否の処置は、右のごとき法規の規定に基づき、営造物主体より校長に委ねられた選抜権を行使してなす、入学志願者に対する、施設利用の応否の処分であると解すべきである。

そして、右にみたように、公立学校における在学関係は、国民の教化育成を目的とする学校という営造物の継続的な利用関係であるから、本来、権力行使によって国民を支配することを本旨としない、いわば一種の管理関係にすぎないとも考えられないではないけれども、他面、公立学校は教育施設としての営造物の特殊性からして、その管理・運営は、前記のごとく、学校教育法等の法規によって固有の規制に服せしめられているのであるから、いわゆる公法関係であると解するのが相当である。」

「高校長の入学に関する応否の処分は、権力的作用類似機能を有するものというべく、国家賠償法第一条の関係においては、同条にいう『公務員の公権力の行使』にあたると認めるべきである。」（和歌山地昭和四八・三・三〇判、判例時報七二六号八八頁）と判示した。

右の判決は、(1)公立高校における生徒と学校との法律関係は、公の営造物の継続的利用関係であること、(2)営造物主体には一方的な選抜権があるが、利用者側には自由な意思決定の余地のない、限定的な契約に基づいて設定されること、(3)公立学校における在学関係はいわゆる公法関係であって管理関係ではないこと、(4)入学許否処分が著しく裁量権を逸脱し、あるいはその濫用と認められるときは、違法の問題を生ずるから、右入学許否処分は権力的作用類似の機能を有する、と判示している。

八　右に、国公立学校の学生生徒の在学関係を公法上の法律関係であるとする判例をあげたが、その理由とするところは、(1)学校教育が公の営造物を利用していること、(2)また、その管理関係は学校教育法規の規制に服せしめられているから公法関係であること、などの点である。このような理由は、前述の在学関係を特別権力関係としている判例のあげている理由と類似しているといえる。しかし、特別権力関係であるとする判例の特色は右の理由のほかに、営造物利用関係における内部規律の維持ないし教育目的の達成という要素がつけ加えられているということである。右のいずれの説によっても、国公立学校の学生の在学関係は公法上の権力関係ということで行政処分ということになり抗告訴訟の対象となるということになる。

九　国公立学校の学生の在学関係を契約関係であるとする判例――右に指摘した裁判所の判例、すなわち、国公立学校の学生の在学関係を特別権力関係であるとする判例に対し、この関係を契約関係ないし非権力的関係であるとする判例が現われてきた。すなわち、

(1)　京大大学院入試妨害事件判決（京都地昭和四四・八・三〇判）において、裁判所は、「学校教育法の規定によれば、わが国における諸学校は、これを国立、公立および私立に区別して設置するものと定めている。そして、国立（または公立）学校の教育に関する事業ないし業務は、公企業的性格を帯びており、かつ、本件のような国立学校における

入学試験実施業務は、公的色彩をもつものであるが、……入学試験実施業務の実態は、……公企業体としての国有鉄道の職員の非権力的現業業務のそれと殆んど異なるところがない」とし、入試業務の「非権力的現業業務性」に着目して業務妨害罪（刑法二三四条）の成立を認めた。

(2)　次に、金沢大学医学部事件（金沢地昭和四六・三・一〇判・判例時報六二二号一九頁）をあげることができる。本件において、法医学担当の教官は、学生Xらが学園紛争において授業放棄や法医学の科目の試験を妨害するなどの暴力行為を行ったにもかかわらず公的に謝罪していないことなどを理由に、同教官の科目についてのXらの受験申請書に承認印を押すことを拒否した。そこで、Xらは右受験申請に対し学部長がなんらの応答もしないのは違法であるとして、不作為違法確認の訴えを提起した。本件に関し、裁判所は、国立大学学生の在学関係は特別権力関係ではなくて私立大学学生のそれとの間に本質的な差異がないとし、国立大学の学生の在学関係について次のように判示した。すなわち、「被告の指摘する包括的な支配権などもひとり国立大学ばかりでなくひとしく私立大学においても認められるところであるから、右包括的な支配権の存在をもって国立大学の在学関係を私立大学におけるそれとは違質な特別権力関係と解すべき充分な根拠とはなし得ないものといわざるを得ない。

そしてまた、現行の教育関係法規をみても国立大学であると私立大学であるとを問わず学校教育法、教育基本法の適用をうけ、両者は同一の目的をもつ教育機関である（学校教育法五二条）ものとされているのであって、国立大学ないしその在学関係と私立のそれとの間に本質的な差異を認めていないのである。

このようにみてくると、国立大学の在学関係を特別権力関係と解すべき合理的理由を見出し難く、原告らの本件訴えにつき司法審査権の存否を検討するにあたって被告主張の如き、いわゆる特別権力関係論を前提とすることは必ずしも首肯できない。」として在学関係について特別権力関係理論を明白に否認している。

(3)　また、臨海学校事件（東京高昭和二九・九・一五判、昭和二九年（ネ）第七七号）がある。本件は、葛飾区立小松中学校三年生Xが同中学校経営の千葉県岩井町に設けられた臨海学校に参加し、昭和二六年八月一日水泳中飛込台から海中に飛び込み、頚椎第五および第六番を骨折し、千葉医科大学附属医院河合外科に入院加療したが、同月八日呼吸麻痺のため死亡したため、その母親が損害賠償を請求したという事案であるが、裁判所は、「学校教育の本質は、学校という営造物によってなされる国民の教化、育成であって、それが国又は公共団体によって施行される場合でも、国民ないし住民を支配する権力の行使を本質とするものではない。このことは、学校を設置することができるものが、国又は地方公共団体だけに止まらず、私立学校の設置を目的として設立された法人をも含む（教育基本法第六条、学校教育法第三条参照）ことから考えても判るであろう。従って学校教育は、国又は公共団体によってなされると、私人によってなされるとを問わず、いわゆる非権力作用に属するものである。それ故学校教育に従事する公務員は公権力の行使に当たるものではないから、本件の場合も小松中学校臨海学校教育に従事したａ教官は被控訴人の公権力の行使にあたったものではない。被控訴人は国家賠償法第一条ないし第三条に基く損害賠償義務はない」と判示した。

この判決の特色は、学校教育は非権力作用であるとして、国家賠償法一条の適用を排除した点である。

一〇　学生の在学関係を契約関係ないしは非権力的関係とする判例には、その根拠を(1)国公立学校の教育事業が公企業的性格を帯びているという点に求めるもの、(2)学校教育は権力を本質とするものではないという点に求めるもの、(3)国公立学校も私立学校と同じく学校教育法の適用を受けるから私立学校の学生の在学関係と同一に考えてよいという点に求めるもの、などがある。

以上、国公立・私立学校の学生の在学関係の法的性格を考察してきたが、裁判所の見解は一定していない。特に、学校教育法規の適用の有無を理由に私立大学の学生に対する処分を行政処分と考える判例がある一方、同じ法規の適用を理由に国立大学の学生の在学関係を私立大学の学生の在学関係と同一に考えて私法関係と判断する判例があることについては、どう考えるべきであろうか。

(四) 学生の法的関係と司法審査

(1) 国公立大学の学生の法的関係と司法審査

一　国公立大学の学生の法的関係と司法審査に関する学説——国公立大学と学生との関係を公法上の部分社会の法的関係ととらえた場合、この種の部分社会において発生している法的問題について裁判所はどの限界まで介入できるであろうかということが問題となる。

まず、この問題に間する一般的な学説は、四つに分類することができる。

第一説（司法不介入説）は、特別権力関係においては、特別の法規の定めのない限り、一般に司法権は及ばないとする。この見解に依拠する説には、(i)特別権力関係における命令は、一般権力関係における行政行為と異なるので、法律の特別の定めのある場合のほかは裁判所に争訟を提起することはできないとするもの、(ii)特別権力関係における行為は、行政活動であるから、一般権力関係における行政行為と異なり、特別権力関係内部の手段によるほか、裁判所に対する争訟の途はないとするものなどがある（この説に立つと思われるもの美濃部達吉「行政法序論」）。

第二説（折衷説）は、司法権は、一般市民社会の法秩序を維持するためのもの、すなわち、一般権力関係の法の適用を保障するものであることを前提として、特別権力関係の行為を内部行為と外部行為とに分け、司法審査に服するのは、後者の外部行為（一般市民としての権利義務に関するもの）に関係する場合であり、その他の特別権力関係の秩序維持のための行為は、一般に抗告訴訟の対象となり得ないとする。

この説は、司法権は、元来、市民法秩序の維持をその使命とするから、いわゆる特別権力関係の秩序の維持も、それが一般市民としての権利義務に関しない限り、裁判所は、これに介入すべきものではないが、内部規律の範囲を超え、市民法秩序につながる問題であれば、裁判所の介入が認められるとする（この説に立つものとして田中二郎『行政法総論』）。

第三説（司法介入説）は、特別権力関係と一般権力関係との間に訴訟上の区別を認めず、一般権力関係の理論におけると同様の要件に従って抗告訴訟が認められるとする。

この説に依拠する見解には、次のようなものがある。(i)特別権力関係の下における行為であるという理由だけで司法救済の途を閉ざすべきではなく、特別権力関係にあっても、自由裁量に属さない行為や、または裁量の範囲を超えた行為によって個人の権利が侵害された場合は、裁判上の救済をひろく認めるべきであるとする。(ii)特別権力関係には全面的に法治主義が適用され、国公立学校の学生の権利・自由の制限にも法律の根拠が必要であり、その制限が違法であれば裁判所に出訴できる。しかし、法律が当該行政庁に自由裁量を認めている場合には、その限りにおいて出訴できないにすぎない。この場合に、裁判所に出訴できないのは、その制限が、単に自由裁量処分であるからであって、特別権力関係における制限であるから出訴できないというのとは異なるとする(この説に立つものとして磯崎辰五郎『行政法』（総論））。

第四説は、特別権力関係も私法上の部分社会の法律関係も同一であるとして、私法上の関係の理論に従って、当事者訴訟ないしは民事訴訟が認められるとする。この説によれば、国公立学校の学生の在学関係を一般に在学契約関係とする特別権力関係実質的否定説の立場から、国公立学校の学生の法律関係においては、たとえば学校教育法第一三条の不利益処分のように、法が行訴法にいう「公権力の行使」としていることは承認しなければならないが、その他の行為については、それを公権力の行使とする法規定は全くないので、かかる分野については民訴法の適用があるということになるとする（兼子仁『教育法』）。

現在の通説的な学説は、第二説の折衷説的な立場をとっているが、この説がどのような特色をもっているかを簡単に検討しておこう。第二説によると、司法権は、一般市民社会の法秩序を維持するためにあるものであるので、原則として、特別権力関係のような部分社会内部の行為の問題については介入しないとする。また特別権力関係内の秩序の維持はその部分社会の自律に委ねられるべき問題であり、裁判所は介入しないが、この原則には次の二つの点において例外があるとする。

すなわち、(1)特別権力関係内で行われる命令、懲戒などの行為でも、その効果が市民としての地位に変動を及ぼすものであるときは、司法裁判所の統制に服する。(2)公法上の部分社会内の構成員の権利を保護しようという意図をもって定められている規定に違反して、命令や処分が発動された場合には、市民法秩序に違反するということになるので、この場合の違反は、裁判所による矯正をうけることになる。すなわち、公法上の部分社会の行為が法令の意図に反する場合には、司法権が介入するときがあるということである。

二　国公立大学の学生の法的関係と司法審査に関する最高裁の見解――最高裁も昭和三二年五月二〇日の判決（民集一一巻五号六九九頁）では、すでに指摘したように「所謂特別権力関係」という表現の仕方をして、特別権力関係の内容について説明を加えずに特別権力関係論を使用したが、最近は、この「特別権力関係」という用語を使用することを回避してきている。

たとえば、「単位不認定等違法確認請求事件」（最高昭和五二・三・一五判、判例時報八四三号一二頁）では、第一審および第二審の判決が国立大学の学生の法的関係を「特別権力関係」であることを前提として議論していたのに対し、最高裁は、「裁判所は、憲法に特別の定めがある場合を除いて、一切の法律上の争訟を裁判する権限を有するのであるが（裁判所法三条一項）、ここにいう一切の法律上の争訟とはあらゆる法律上の係争を意味するものではない。すなわち、ひと口に法律上の係争といっても、その範囲は広汎であり、その中には事柄の性質上裁判所の司法審査の対象外におくのを適当とするものもあるのであって、例えば、一般市民社会の中にあってこれとは別個に自律的な法規範を有する特殊な部分社会における法律上の係争のごときは、それが一般市民法秩序と直接の関係を有しない内部的な問題にとどまる限り、その自主的、自律的な解決に委ねるのを適当とし、裁判所の司法審査の対象にはならないものと解するのが、相当である（当裁判所昭和三四年（オ）第一〇号昭和三五年一〇月一九日大法廷判決、民集一四巻一二号二六三三頁参照)。そして、大学は、国公立であると私立であるとを問わず、学生の教育と学術の研究とを目的となる教育研究施設であって、その設置目的を達成するために必要な諸事項については、法令に格別の規定がない場合でも、学則等によりこれを規定し、実施することのできる自律的、包括的な権能を有し、一般市民社会とは異なる部分を形成しているのであるから、このような特殊な部分社会である大学における法律上の係争のすべてが当然に裁判所の司法審査の対象になるものではなく、一般市民法秩序と直接の関係を有しない内部的な問題は右司法審査の対象から除かれるべきものであることは、叙上説示の点に照らし、明らかというべきである。」と判示し、「特別権力関係」という用語を使用してないことに注意すべきである。

右の判決の特色は、(1)「特別権力関係」という用語を使用していないこと、(2)自律的な部分社会の内部的問題は、司法審査の対象外であるとしたこと、(3)大学は特殊な部分社会であるので、大学の法律上の係争のすべてが司法審査の対象となるわけではないとしたこと、(4)大学の内部的な問題は、司法審査の対象外であるとしたこと、などの点にある。

(2)　国公立大学の学生に対する処分と司法審査に関する裁判所の見解

一　司法審査権を肯定しているもの――(1)

京都地裁昭和二五年七月一九日判決(行裁例集一巻五号七六四頁)は、公立大学の学長は、「大学の管理権を有しこの管理権の範囲において大学の意思を決定しこれを外部に表示する権限を有する。従って、その限りにおいて公立大学の学長は一種の行政庁であり、学長の学生に対する懲戒は学長の管理権に基づく処分である」として、右懲戒処分の取消を求める訴訟は、行政訴訟として適法であるとしている。

(2)　最高裁昭和二九年七月三〇日三小判（民集八巻七号一四六三頁）は公立大学の学生に対する退学処分について、「なんらの法的効果を伴わない単なる事実上の作用としての懲戒行為と同視すべきでない……その学生に退学を命ずることは、市民としての公の施設の利用関係からこれを排除するものであるから……行政事件訴訟特例法第一条の関係においては、行政庁としての学長の処分に当たるものと解する。」として、退学処分は行政処分であるとしている。

(3)　甲府地裁昭和四二年六月一五日判決（行裁例集一八巻五・六合併号七五九頁）は、公立大学の学生の無期停学処分について、「無期停学処分は、期間を定めた停学処分と異り学生として本質的な利益である教育を受ける利益の剝奪期間が予想でき」ないので、「無期停学処分は、実質的には退学処分に準ずる重大な利益の喪失であると認めるべきである。よって、かかる処分について現行法秩序からして、司法審査を受け得べき行政処分であると解するのが相当である。」として、無期停学処分は司法審査の対象となるとしている。また、本判決は退学処分について、学生の「身分の喪失に関する事項」であることを理由に、司法審査の対象となる処分であるとしている。

(4)　名古屋高裁金沢支部昭和四六年四月九日判決（判例時報六四三号二三頁）は、国立大学の専攻科の修了不認定について、「『特別権力関係』という用語の当否はさておき、私企業においても企業の秩序の維持をはかるため内部規律が定められ、それによって従業員間の秩序が律せられていて、これに対しては市民法秩序に関しない限り司法権の行使が問題とならないごとく」公企業ないし公営造物関係においても同じことがいえる。「当裁判所は……一般市民としての権利義務に関するものは司法審査の対象となる」、「専攻科の修了については、学部の卒業と同じ効力を有し、修了の認定を与えないことは卒業の認定を与えない場合と同じく、営造物利用の観念的一部拒否とみることができ」「特別権力関係上の行為ではあるが、司法権が及ぶものと解する」として、専攻科の修了不認定は司法審査の対象となるとしている。

(5)　名古屋高裁金沢支部昭和四六年九月二九日判決（判例時報六四六号一二頁）は、国立大学医学部の学内試験の受験申請に関する事項について、「特別権力関係における特定の処分が、一般市民法秩序上の権利自由の侵害に関わるのかどうかについて抽象的にも具体的にも一義的にも容易に決定し難いところであるし、まして一般市民法上の権利・自由の概念が歴史的に形成されるべき性質と内容を有することに思いをいたすと、特別権力関係内の行為であるという理由だけで原則として司法審査権を排除するものとする根拠としては十分合理的でないといわざるを得ない。もちろん、司法審査権は特別権力関係内部のすべての紛争についておよぶと考えることも相当ではない」「本科受験申請の法的性質を検討すると、右申請は学校教育法第六三条一項、金沢大学通則六条、同大学医学部規定七条一項、九条などの措置に照らし一般市民法秩序と密接な関連のあることが窺われる」として、学内試験の受験申請に関する事項には司法審査権が及ぶとしている。

(6)　徳島地裁昭和四七年五月一一日決定（判例時報六七四号六六頁）は国立大学大学院の在学期間延長申請に対する不許可処分について、同処分は大学院生たる地位を喪失せしめるものであり、その限りにおいて、一般市民法上の地位または権利に直接かかわるものであって、単に大学院生たる地位に基づいて発生する当該大学院内における権利義務の得喪にとどまる処分ではないので、「その在学関係の法的性質をどのように解するかにかかわりなく、これを違法として抗告訴訟を提起することは適法である。」として、在学期間延長申請に対する不許可処分は司法審査の対象となる、としている。

(7)　最高裁昭和五二年三月一五日第三小法廷判決（判例時報八四三号二七頁）は、国公立大学における専攻科修了不認定は、「実質的にみて、一般市民としての学生の国公立大学の利用を拒否することにほかならない……その意味において、学生が一般市民として有する公の施設を利用する権利を侵害するものであると解する……されば本件専攻科修了の認定、不認定に関する争いは司法審査の対象となる」として、専攻科修了認定行為は司法審査の対象となる、としている。

以上、国公立大学の学生に対する処分に関し裁判所が介入している七つの裁判事例をあげた。これらの裁判例において裁判所が介入しているのは、(1)懲戒処分、(2)国立大学専攻科の修了不認定処分、(3)学内試験の受験申請、(4)在学期間延長申請不許可処分、についてである。これらの事案について、裁判所は司法審査の対象となるとしている。

次に、その論拠の特色は、(1)国公立大学の学長は行政庁であり学生に対する懲戒は管理権の作用であること、(2)退学処分は市民としての公の施設の利用関係からの排除であること、(3)無期停学も教育をうける利益の剝奪になること、

(4)専攻科の修了不認定処分も結果的には営造物利用の拒否となること、(5)学内試験の受験申請事項は一般市民法秩序と密接な関連があること、(6)在学期間延長申請の不許可処分は学生としての地位の喪失にかかわること、としている点にある。

したがって、その基本的な考え方は、前述の特別権力関係と司法審査に関する学説のうち第二説（折衷説）に立脚しており、学生が大学において教育をうける地位・身分・権利を剝奪されたことが市民法上の権利の喪失に該当するかどうかという点を基準として判断しているといえる。

二　司法審査権を否定したもの――次に、裁判所の介入を否定した裁判例をあげて考察しておきたい。

(a)　東京地裁昭和四一年一二月一〇日決定（行裁例集一七巻一二号一三三〇頁）は、国立大学学生の退寮処分について、「退寮処分は抗告訴訟の対象たる行政処分とは認められない」として、同処分は司法審査の対象とはならないとしている。

(b)　富山地裁昭和四五年六月六日判決（行裁例集二一巻六号八七一頁）は、国立大学の学部・専攻科の課程における授業科目・履修届の提出・試験・成績の評価、単位の授与、課程修了の判定等の教育実施上の諸事項についての大学の行為・不行為について、「特別権力関係においては、その関係を律するための紀律、命令権があたえられているのであって、法律によって特に禁止されている場合を除き、特別権力関係を設定する目的を達成するために必要な限度において特別の定めをなしてこれを実施したり、あるいは具体的に個々の指示、命令、処分をなすことができ、そしてそれが右の限度をこえるものでない以上、司法裁判所の審判の対象から除外されるべきものといわねばならない。なんとなれば、司法裁判権はもともと市民法秩序の維持をその使命とするものであり……いわゆる特別権力関係における命令、強制や秩序維持のための紀律のごときも、それが一般市民としての権利義務に関するものでない限り、その関係内部の問題として自主・自律の措置に委ねるべきで、司法裁判所がこれに介入するを相当としない……この理は本件におけるような国立大学の利用関係にまさしく妥当するものと解するのを相当とする。したがって、国立大学の学部や専攻科の課程における授業科目、担当教授……ひいては右課程修了の判定に至る教育実施上の諸事項は、大学が……自主的に律することができるのはもちろんこれら学校利用関係における内部事項に属する事柄は、その限りにおいては一般市民の権利義務に関するものでないから、このような内部事項について大学のなす行為・不行為は司法裁判所の審判の対象から除外される」としている。

(c)　名古屋高裁金沢支部昭和四六年四月九日判決（判例時報六四三号二三頁）は、国立大学の学生の単位の修得について、「在学契約関係説は採用できない」「学生に単位認定請求権があると解しがたい」ので、卒業ないし専攻科修了と切り離して一種の資格地位の取得とみることはできず、単位の修得がこれらに関係する場合は直接その認定の請求をすべきであるから、単位を授与しないこと自体は司法審査の対象とならない、としている。

以上、司法審査権の介入を認めなかった三つの裁判例をあげた。右のうち(b)の事例では、裁判所は、前述の学説のうち通説である第二説に立脚しているといってよい。すなわち、特別権力関係理論を明白に容認しつつ、一般市民としての権利義務に関するものには介入するが、特別権力関係の内部的問題については、自律の措置に委ねるべきであることを理由に介入を拒否している。しかし、本件の上告審では、最高裁は、裁判所の介入を認めたのである。また、(c)の事案については、単位の修得は卒業とは異なるということを理由に、司法審査の対象とならないとしている。この見解も、最高裁を中心とした多数説に基づいている。

なお、特別権力関係上の外部的行為を理由に裁判所が介入する場合の手続は、行政事件訴訟法による。

三　以上、国公立学校の学生と特別権力関係理論との問題に関し、(1)特別権力関係理論とは何か、また、どのようにして成立したか、(2)特別権力関係理論は国公立学校の学生に適用されているのか、(3)特別権力関係理論肯定説と否定説からみた場合、国公立学校の学生の在学の法律関係はどうなるのか、(5)国公立学校の学生の在学関係に関し、裁判所はどのような見解をとっているのか、(6)国公立学校の学生の法的関係の問題について、裁判所はどの限界まで介入できるのか、(7)国公立学校の学生に対する処分について、裁判所はどの程度まで介入しているか、という点から考察してきた。

現在、最高裁は「特別権力関係」という用語を使用することを回避してきているように思われる。したがって「特別権力関係理論」というものをたとえば大学というような公法上の部分社会の法律関係という角度から考えていると思われる。

第三章　教育行政における処分

(一)　学生に対する処分とその効力

(1)　学生に対する処分と公定力

一　(A)　「道徳教育の時間の特設及学習指導要領の制定並指導者講習会の形式的、実質的違法性に就ては、凡そ我が国の如き三権分立の制度下に於ては行政府の行政権の行使にあたり憲法は勿論法律等に基き且つ此等に従うべきものであるが仮にそれが法律に違反する場合でもその違法が明白且つ重大でその処分を当然無効ならしめる場合又は裁判所に於て此の点につき最終的判断がなされた場合を除き権力の発動たる処分は一応適法の推定をうけるのである。即ち政府は一応独自の法律解釈のもとに行政権を行使するのであって此の点関係法規の第一次の解釈権は行政府たる政府にあることになるのである。」（奈良地昭和三六・三・一三判、昭和三三年(わ)自第一五三号至第一六三号、昭和三四年(わ)自第七一号至第七三号）。

(B)　「本件についてこれをみるに、……本件学力調査は、地教行法第五四条第二項を法的根拠としてこれを実施し得るか否かについては問題があり、したがって、これが実施に関する前記各職務命令にも問題がないわけではないが、これらが違法であるか否かは容易に判明し得る事柄ではなく、法律専門家にとっても幾多困難な問題を包蔵しているのであるから、たとえ校長を含めた教職員らにおいてその適法性について疑念を抱いていたとしても、前説示の理由により、右職務命令に対する服従を拒否することはできないものといわなければならない。このことは行政行為の公定力の理論からいっても当然である。すなわち、行政行為がいったん成立すれば、たとえその成立に瑕疵があっても、行政上の争訟の提起によりまた職権で取り消されるまでは、それが重大かつ明白な瑕疵を帯有しているため無効であると認められる場合を除いては、何人もその効力を否定することはできず、これを承認すべき義務があるのであって、本件学力調査およびこれが実施に関する前記職務命令には社会通念上重大かつ明白な瑕疵があるものということができない以上、教職員において右職務命令に従う義務があったものといわなければならない。」（仙台高昭和四四・二・一九判、判例時報五四八号三九頁）。

二　右に掲げた(A)の見解は奈良地裁が判断を下した奈良道徳教育講習会阻止事件の判決の一部であり、これは学生に関する事件である。(B)の見解は、仙台高裁の地方公務員法違反被告事件の判決の一部であり、この事件は、教員に関する事件である。

(A)の事件の事実は次のようなものである。

すなわち、奈良学芸大学移転予定地内で文部省および奈良県教育委員会共催の道徳教育指導者講習会が開かれることとなり、奈良県教育委員会は右大学学長に対し、右地域の貸与を要請し、その承諾を得ていたが、講習会を阻止する集団行動が強行されるおそれがあったため、その警備の都合等のために全地域の貸与を受けることとなった。そして、講習会開催中は守衛詰所に主催係員がおり、学校関係者、建築工事関係者および講習会関係者らのほか一般の出入りを禁止し、右関係者であることを表示する標識のリボンを着用させ、一般の出入りを禁ずる旨の掲示を正門前に置き、なおかつ集団立ち入りに備えて関係者の身体等の保護のため、学長並びに文部省初等中等教育局長内藤誉三郎および奈良県教育長足立浩の名をもって奈良県警察本部長に対し警察官の出動を要請して警備に当たらせていた。

被告人らは道徳教育に反対し、右講習会の実施を阻止する目的で、右地域の東側の柵の金網の破れた個所から右地域内に入り、正門付近まで侵入したという理由で起訴された。

被告人は、(1)文部省の道徳教育の時間の特設及学習指導要領の制定並指導者講習会が形式的、実質的違法性を含んでいる、(2)この講習会が奈良学芸大学という大学の建物の中で大学の自治を侵害するような警官の違法不当な出動および警備体制の下で行われた、(3)かかる事情の下で被告人等は教育の反動的、官僚的支配から民主教育を守るため憲法に保障された言論・集会の自由という不可侵権を行使し受講者に受講拒否を説得せんとしたがこの機会を与えられなかったので止むを得ず本件行為に及んだのであって、本件行為は実質的違法性を欠くいわゆる「超法規的違法阻止事由」があり、また行為の正当性いわゆる「抵抗権の行使」としていずれも無罪であると主張した。

三　次の(B)の事件の事実は次のようである。

岩手県教員組合の役員である被告人らはいわゆる「いっせい学力調査」に反対し、組合員に対し、上記調査実施当日に休暇届を提出して措置要求大会に参加しその後は平常授業を行って上記調査を阻止すべき旨の指令を発したため、地方公務員法三七条、六一条四号にいう「あおり」「そそのかし」の罪にあたるとして起訴された。

第一審有罪の控訴審において、被告人らは、本件学力調査は違法であるからその実施に関する各地方教育委員会の校長に対する教育指導計画の変更命令、テスト責任者の任命、教職員をテスト補助員に任命せよとの命令ならびに校長の教職員に対するテスト補助員の任命はいずれも違法無効であって、これらの職務命令は教職員を拘束しないのであり、かつ教職員については職務権限の独立が保障されているので、教育活動に関しては特別権力関係理論の妥当する余地はなく、したがって公定力ある職務命令は成立しないから、教職員はこれに服従する義務はないと述べた。

(A)の奈良道徳教育講習会阻止事件において裁判所は道徳教育の時間の特設、学習指導要領制定などは重大かつ明白な瑕疵がない限り、適法性の推定をうけると判示している。しかも、その判決文で明らかなように、(1)行政処分は、適法性の推定をうけること、(2)行政処分の適法性の第一次的判断権は政府（行政庁）にあると判示している。

さらに、(B)の地方公務員法違反被告事件にあっては、(1)いわゆる「いっせい学力調査」が適法か違法かは法律専門家でも明白ではないこと、(2)このような適法か違法か不明確な学力調査の実施に関する職務命令にあっては、その命令に重大かつ明白な瑕疵が存しない以上適法性の推定が働くこと、(3)したがって、教職員はその命令に従う義務があること、と判示したのである。

四　右の二つの判決文については、行政処分は「適法性の推定が働く」とか、「重大かつ明白な瑕疵」がない限り処分は有効であるという趣旨のことが論じられていることに注意する必要がある。裁判所が指摘している「適法性の推定」というような考え方は、行政法学ではいわゆる行政行為の効力のうちの「公定力」のことを論じているのである。

次に、国公立大学の学生に対する懲役処分に含まれる「公定力」とは何であるかが問題となる。従来のわが国の行政法学の理論において、この「公定力」はきわめて重要なものとされてきた。では、この公定力というものはどういうものであろうか。

(2)　公定力の認められる論拠と懲戒処分との関係

一　行政法上の特質が特に研究の対象となるのは、権力関係（例、学生の退学処分、違法建築に対する除却命令、課税処分、公務員の免職処分など）の場合である。すなわち、それは行政庁が法律の命ずるところに従って国民の権利義務を一方的に決定し、私法関係にはみられない行政に固有の特殊な法律関係を形成しているとされているからである。

このように、行政庁が一方的に法の命ずるところに従い、国民の権利義務を決定する行政行為には、(i)拘束力、(ii)公定力、(iii)執行力、(iv)不可争力、(v)不可変更力の五つの効力があることが、学説上、判例上認められている。

以下、学生に対する処分を前提として、公定力の問題を検討しておこう。

二　右の効力のうち行政行為にとってもっとも本質的に重要であり問題となるのは、公定力である。「公定力とは、行政行為が違法な行為であるに拘らず、権限ある機関による取消のあるまで一応適法の推定をうけ、相手方は勿論第三者も国家機関もその効力を否定することを得ない効力をいう。これは、行政行為の拘束力とは区別すべきもので、公定力とは、かような拘束のあることの承認を強制する力といってよい。」（田中二郎『行政法総論』三二二頁）とされ、拘束力と公定力とは区別して説明されている。公定力を考察するに当たり、まず両者の相違をみることにしよう。

拘束力と公定力とは次のように区別できる。たとえば、学生に対する懲戒処分が完全に有効に成立するためには、主体、内容、手続、形式の法の定める要件に適合していなければならない。これらの要件に合致しない学生処分は瑕疵ある懲戒処分となる。その瑕疵の軽重により無効な懲戒処分と取り消し得べき懲戒処分とに分けられる。たとえば、学生に対する懲戒処分が適法に発せられた場合のように、適法な懲戒処分がその内容に応じて法律効果を発生する力を拘束力という。このような拘束力は、その適法な懲戒処分の効果を相手方である学生または他の行政機関や国民に承認させる力である。したがって、懲戒処分が適法に行われている限り、公定力の理論は問題とならない。

三　公定力の理論が問題となるのは、たとえば、国公立大学の学長による懲戒処分が違法ではないかという疑いのある場合である。すなわち、通説的な見解によると、懲戒処分に瑕疵がある場合、その瑕疵が重大明白で無効な懲戒処分となるときは別として、それ以外の瑕疵あると疑われる場合に、懲戒処分が仮に違法であってもそれを有効なものとして通用せしめる場合にこの公定力の理論が適用されるのである。

ここで大切なことは、何故に懲戒処分のような行政行為が「適法性の推定」をうけるかということである。これは基本的には主権者である国民が立法府に対し立法権を信託・委任して法律を制定させ、行政府にその法律に従って行政権を行使することを信託・委任し、また、司法府にも法律に基づいて司法権を行使することを信託・委任したということである。そこに行政庁や裁判所に適法性の第一次的判断権が委ねられることになり、行政行為に「適法性の推定」が働くという理論が構成されているからである。

したがって、国公立大学の学生の法律関係の場合、懲戒処分の適法性の判断の優先権が問題となるが、右の論理によりわが国の憲法および実定法は、懲戒処分の適法性の判断の優先権を学長に認め、懲戒処分が違法であっても権限ある機関により取り消されるまで、その懲戒処分は一応適法の推定をうけ、懲戒処分をうける学生、第三者、国家機関もその効力を否定できないという法論理が組み立てられている。

このような懲戒処分の「拘束力の通用性」を公定力といっている。ここに、学長の優越性という特色がみられる。

この点、民事法上は、契約の存在や効力などについて争いがある場合当事者のいずれにも適法の判断の優先権は与えられていないため、つねに裁判所の判断をまつことが要求されているのと異なるのである。

四　このような公定力に関する学説のうち支配的見解として、オットー・マイヤーの自己確認説をあげることができる。この理論は、基本的には前述したように、国民が行政府に対し、法律に従って適法に処分を行うべきことを信託・委任していることから、行政行為が適法性の推定をうけ、強度に瑕疵ある無効な行政行為以外は何人もその行政行為を拒否できないというものである。

五　しかし、このオットー・マイヤーの見解は、次の点で疑問がある。すなわち、(i)行政行為には確定力を伴う固有の手続が存しないことを認めておきながら、行政行為に判決と本質的な類似性を認めていること、(ii)裁判判決の確定力が生ずる前提として、慎重な厳密な手続が採用されているのに対し、行政行為にはかかる手続が要求されておらず、むしろ、いかにしたら行政目的を能率的に処理できるかという点が考慮されているのに、両者の類似性を認めていること、(iii)裁判上の審級と行政官庁の階層構造とは全くその性質・内容を異にしているにもかかわらず、両者の類似性を認めていること、(iv)行政行為の無効原因たる瑕疵を判決の瑕疵と同じに考えていることなどの点に問題がある。また、前述したように、行政行為が「適法性の推定」をうけるといっても処分権者がどの程度の「推定」を信託・委任されているかも不明確である。

公定力には右のような問題がある。しかし、国民が何人でも自己の判断に基づいて行政行為を違法と判断し、これを拒否できるとすると、社会的共同生活が崩壊する危険もある。そこで現行法では、行政行為が違法であっても権限ある裁判所や行政庁が取り消すまでは有効なものとして取り扱い、国民にその行政行為に一応従うべきことを要求しているのである。したがって、懲戒処分に公定力が認められる根拠は、公定力が懲戒処分の本質から生ずるのではなく、法的安定、公益目的の達成、公共の福祉の実現というような政策的理由から生じていると考えなければならないであろう。

六　このように公定力を政策理論として認めざるを得ないとするとその時の政策で公定力の概念が拡大して解釈される危険もある。このため憲法の意図に従い基本的人権を尊重し、学問の自由、大学の自治などを配慮して、学生の権利・利益を擁護するように、公定力の理論を使用する方法を考えなければならない。

(3)　学生の懲役処分と公定力の効果

一　公定力の効果は、実定法制度上、取消訴訟と自力執行力に現われている。行政事件訴訟法が懲役処分などの行政処分の取消訴訟法を定めていることは、懲戒処分に公定力があること、すなわち、司法裁判所において判決により確定するまでは懲戒処分の拘束力の通用性があることを認めていることを示している。取消訴訟における公定力の効果は、具体的には、たとえば、(a)先決問題、(b)立証責任、(c)執行停止などに現われている。

二　学生の懲戒処分と先決問題——先決問題とは、ある訴訟事件の本案を決することに要する前提問題を意味する。この先決問題は、無効な行政行為については問題にならないが、取り消しうべき行政行為については問題となる。たとえば、国公立大学の学生の退学処分を違法とする身分確認訴訟においては、まず、先決問題として退学処分の違法性について決する必要がある。すなわち、退学処分をうける学生がその処分が違法であると主張しても、学長の方で適法であるとしている限り、その処分には公定力が働き、学長の判断に優先権が与えられるからである。したがって、退学処分が違法であると決せられた後に学生としての地位確認訴訟について裁判がなされることになる。

三　学生の懲戒処分と立証責任——立証責任とは、訴訟で争われている事実の存否について、裁判所が訴訟終結のときまでに心証を得られないときに、不利益な判断をうけなければならない一方の当事者の負担をいう。

学生の懲戒処分の効力を争う取消訴訟においては、懲戒処分に公定力があることを前提として、学長と学生のいずれの当事者が立証責任を負うかが問題となる。この点については、現在、公法法規の特殊性から、学長の優越性が認められているのであるから、学長の懲戒処分の違法性を原告である学生が主張しなければならないとされている。

しかし、これは実際問題として、原告に大きな負担を課している。したがって、一つの考え方として、学生の権利・利益を制限したり、義務を課すような事実については学長側が立証責任を負担すべく、反対に学生に有利となる事実については学生の側が立証責任を負うようにすべきである。たとえば、広島高裁岡山支部は、所得税更正処分の取消訴訟において、所得の存在、必要経費の存否およびその額についての主張・立証責任は、右処分の適法性を主張する行政庁側にあり、控除要件は国民の側が立証しなければならないと判示している（昭和四二・四・二六判、行裁例集一八巻四号六一四頁）。

四　学生の懲戒処分と執行停止——行政事件訴訟法第二五条一項（「処分の取消しの訴えの提起は、処分の効力、処分の執行又は手続の続行を妨げない。」同趣旨行政不服審査法三四条一項）は、行政処分の執行不停止の原則を定めている。この原則の根拠は、一般に行政行為の公定力ないしは自力執行力に由来している。しかし、公定力が実際に具体的に発現するのも、また公定力を一時停止せしめるのも実定法の定めるところにより決定される。

公定力の限界は、取り消しうべき行政行為にあっては公定力が生じ、無効な行政行為には公定力が及ばない点にある。すなわち、無効な懲戒処分は、拘束力も公定力も有せず、したがって、懲戒処分をうけた学生は自己の判断でこれを拒否できるとされている。しかし、実際問題として、学長が懲戒処分の無効を認めなければ結局処分権者たる学長の判断が優先することになるのではないかという点が問題である。

このため、この点については、無効の行政行為についても公定力を認める説がある。この説は、たとえ実体法上無効な懲戒処分でも、懲戒権者である学長がそれを認めない限り、他の機関および学生はこれを有効なものと認めることが必要であり、学生は自己の判断でこれを無効として取り扱うことはできないとする。

五　学生の懲戒処分の公定力と損害賠償との関係——行政行為の効力は、裁判所または権限ある行政機関により取り消されるまでは有効である。しかし国家に賠償責任があるか否かの問題は、公権力の行使にあたる公務員の行為が違法であるかどうかということであって、行政行為自体の違法性の問題ではない。したがって、国公立大学の学長の懲戒処分によって生じた損害の賠償を請求するには、当該懲戒処分が取り消されていなくても許されることに注意すべきである。

裁判所も「違法な行政処分と雖もその出訴期間が経過して確定した以上関係人に於てその効力を争い得ないことは被控訴人所論の通りである。然しながら、それだからといって直接にその行政処分の効力を争うものではなくしてその処分を為した公務員の故意又は過失によって事実上損害の発生したことを前提とする損害賠償の請求をも為し得ないものと解すべきではない。けだし、行政訴訟と賠償訴訟とは前者は行政処分そのものの効力を争うことを目的とする制度であるのに対し、後者は公務員の故意又は過失による損害の塡補を目的とする制度であって、夫々その目的を異にする別個の制度であるからである。」と判示している（名古屋高昭和三一・一二・一四判、諸問題（追補一上）五七九頁）。

(4)　学生に対する懲戒処分と執行力との関係

一般に、行政行為の効力として、拘束力、公定力のほかに、執行力、不可争力、不可変更力があげられている。そこで、次に、懲戒処分を中心に執行力、不可争力、不可変更力の点について検討しておく。

執行力というのは、行政行為によって命ぜられた義務を国民が履行しない場合に、行政庁が、裁判所の判決を必要とすることなく、行政庁自らの判断により義務者に対して強制執行をし、義務の内容を実現できることをいう。行政行為には、このような債務名義に対応する力があることが一般に認められてきた。

現行法のもとでも、国民に義務を課する行政行為には、執行力が認められている。たとえば、税務署は、納税者に対し税金を賦課するだけでなく、同時に納税者の滞納に対し強制徴収することができるのである。しかし、学生に対する懲戒処分につき具体的に強制執行権を行使しなければならないような事態については法律上規定がない。しかし学長の行う懲戒処分には公定力が認められているので、その懲戒処分は有効なものとして通用することになり、相手方の学生はそれに服従しなければならない法律状態が暫定的にも確定することになる。

(5) 学生に対する懲戒処分と不可変更力との関係

不可変更力は、一度なされた行政行為は公益上の必要がなければみだりに変更できないという限度で、行政行為の公定力が処分行政庁によっても変更できない状態にあることをいうとされている。

この不可変更力の程度は、行政行為の種類により異なり、条理解釈に委ねられている。したがって、学長が行った懲戒処分については、公益上、教育上の観点からの必要性がなければみだりに変更できないという限度で、学長は懲戒処分を変更できないということである。ただ、どの程度まで、学長は自ら行った懲戒処分を変更できるかという点については、それぞれの事案ごとに、教育上の観点を考慮して決定されることになろう。

(6) 学生に対する懲戒処分と不可争力との関係

例えば、違法な懲戒処分によって大学に在学する権利を侵害された学生が、その侵害を排除するには、まず懲戒処分の取消しを求めてその公定力を排除しなければならない。そのためには、違法な懲戒処分がなされたことを知った日から三か月以内に、裁判所に違法な懲戒処分の取消しを求めなければならない(行訴法一四条)。この出訴期間が経過してしまうと、懲戒処分によって大学に在学する権利を侵害された者でも、もはや訴訟を提起して懲戒処分の取消しを求めることができなくなる。

これは、出訴期間経過後は、処分をした大学側が自発的に懲戒処分を取り消さない限り、学生は違法な懲戒処分による拘束を免れることはできないということである。これを行政行為の「不可争力」といっている。

(二) 学生に対する処分と学長の裁量権

(1) 学生の懲戒処分と学長の裁量権

一 「本件放学処分の根拠である学則第三四条には『学生ニシテ其ノ本分ニ悖ル行為アリト認ムル者ハ教授会ノ議ヲ経テ学長コレヲ懲戒ス。懲戒ハ戒飭・停学・放学ノ三種トス』と規定しておるけれども、学校教育法施行規則第一三条但書は懲戒の内退学はその第一号乃至第四号のいずれかに該当する場合に限ることを規定しており、右第四号において『学校の秩序を乱しその他学生又は生徒としての本分に反した者』というのは、右第一号乃至第三号と同様、学生生徒として遇するに値しないような最も重い場合でなければならないことはいうまでもない。従って学則第三四条に基いて学生を放学に処する場合に学生の本分に反するというのは、学生として遇するに値しないような最悪のものでなければならない。

しかしながら懲戒は教育上必要があると認められるときに行われるべきものであることは学校教育法第一一条に定めるとおりであり、同法施行規則第一三条但書において退学事由として掲げている第一号の性行不良で改善の見込がないかどうか、第二号の学力劣等で成業の見込がないかどうか、第三号の正当の理由がなくて出席常でないかどうかは、懲戒権者が教育的見地に立って判定すべき事項であり、その第四号において学生として遇するに値しない程度に重いその本分に反する行為があったかどうかも、懲戒権者が教育的見地からこれを判断すべきものである。学生に懲戒に値する行為があった場合これに懲戒権を発動するかどうかは教育者が教育的見地からその自由裁量によってこれを定めるべきであるとともに、懲戒権を発動する場合、はたして学生の行為が懲戒に値するものかどうか、更に所定の懲戒処分の内そのいずれに処すべきものかは、懲戒権者が教育的見地に基く自由裁量によってこれを定めることができるものといわなければならない。

けだし、右の教育的見地に立って懲戒するには、単に懲戒の対象となる行為の外、懲戒を受ける者の平素の行状、右行為の他の学生に与える影響その他諸般の事情を考慮しなければとうていその適切な措置を期し難いところであり、且つこれ等の事情は当該懲戒権者でなければ十分これを知ることができないからである。故に放学処分は法規裁量に属するとなす被控訴人の主張は採用できない。

しかしながら、懲戒権者の自由裁量といっても、全く懲戒権者の勝手気ままに任せるというものでなく、そこにはおのずから一定の限界があり、その限界を超えてなされた処分は違法となる。例えば極めて軽微な事案に対し最も重い放学処分を以て臨む等如何に懲戒権者の教育的見地を顧慮してみてもその判断が社会通念から見て著しく不当であることが明白であるような場合にはその懲戒は違法である。又懲戒権者が懲戒に値する行為があると認めたのは全く事実の誤認であって全然そのような外形的事実さえなかったような場合には自由裁量の余地なくその懲戒は違法なことが明らかである。」（大阪高昭和二八・四・三〇判・行裁例集四巻九八六頁）。

右の判決は、(1)(a)性行不良、(b)学力劣等、(c)正当理由なしの欠席、(d)学生の本分に反する行為の各事由に該当するか否かの判定は、懲戒権者の判断にまかされていること、(2)放学処分に当たるか否かの決定については、懲戒権者の教育的見地に基づく自由裁量により決定されること、また、いずれの処分を選ぶかも懲戒権者の自由裁量処分であるとしている。

二　右の学長の懲戒処分の発動が学長の自由裁量に任されているとした最高裁の判決として、放学処分取消請求事件（最高昭和二九・七・三〇・三小判・民集八巻七号一四六三頁）がある。

本件において、京都府立医科大学附属女子専門部で某教授の進退問題を審議するために開かれた教授会を傍聴しようとして、同教授解職反対の学生が開会前から会議室に入場していたが、教授会は会議を非公開にすることを決議し、学生の退場を求めたところ、学生が退場せず、会議場が混乱し、会議は流会となった。そこで、同大学本科学長は、原告等が多数の威力をもって教授会を制圧し、議事進行を妨害した行為は学生の本分にもとり学内の秩序を乱すものであるとして、教授会の決議に基づき、原告等を放学処分に付した。

原告等は、懲戒に該当する行為はないこと、懲戒手続が違法であること、懲戒に該当する行為であっても、懲戒は法規裁量であり放学処分は裁量の範囲を逸脱し、違法であることを主張し、処分の取消しを求めた。第一審は原告（学生側）が勝訴したが、第二審では敗訴したため最高裁に上告した。これに対し最高裁は次のように判断した。

「学長が学生の行為をとらえて懲戒処分を発動するに当り、右の行為が懲戒に値するものであるかどうか、懲戒処分のうちいずれの処分を選ぶべきかを決するについては、当該行為の軽重のほか、本人の性格および平素の行状、右行為の他の学生に与える影響、懲戒処分の本人および他の学生におよぼす訓戒的効果等の諸般の要素をしんしゃくする必要があり、これらの点の判断は、学内の事情に通ぎょうし直接教育の衝に当るものの裁量に任すのでなければ、到底適切な結果を期待することはできない。それ故、学生の行為に対し、懲戒処分を発動するかどうか、懲戒処分のうちいずれかの処分を選ぶかを決定することは、この点の判断が社会観念上著しく妥当を欠くものと認められる場合を除き、原則として、懲戒権者としての学長の裁量に任されているものと解するのが相当である。しかし、このことは、学長がなんらの事実上の根拠に基かないで懲戒処分を発動する権能を有するものと解することの根拠となるものではなく、懲戒処分が全く真実の基礎を欠くものであるかどうかの点は、裁判所の審判権に服すべきことは当然である。」（最高昭和二九・七・三〇・三小判・民集八巻七号一四六三頁）。

三　次に、右の二つの判決文にみられるように、「自由裁量」とか「法規裁量」ということは、行政法学上どのようなものであるか、また、かかる概念を容認した場合の実益は何か、およびその問題点は何か、などについて検討しておきたい。

この「自由裁量」は、さまざまな分野で問題となる。たとえば、有名な昭和二七年五月一日のメーデー騒擾事件に関連して問題となった皇居外苑使用許可処分をめぐって争われた事件に関し、厚生大臣が皇居外苑使用許可処分は自由裁量処分であるとしたのに対し、最高裁は、「その利用の許否は……管理権者の単なる自由裁量に属するものではない」と判断し（最高昭和二八・一二・二三・大判・民集七巻一三号一五六一頁）、また、大阪国際空港騒音公害訴訟に関し、国は「本件空港をいかなる態様で何人に使用させるかは運輸大臣がその権限の範囲内で自由な裁量によりこれを決すべきところ」と主張している（最高昭和五六・一二・一六判・判例時報一〇二五号三九頁）。

さらに、また、伊方原発訴訟第一審判決で裁判所は「高度の政策的判断に密接に関連するところから、これを被告の裁量処分とするとともに……」（松山地昭和五三・四・二五判・判例時報八九一号三八頁）としている。このように、種々のところに自由裁量という用語が使用されていることに注意すべきである。

四　自由裁量の性格と問題——一般的に行政庁が行政処分を行う場合、法律によりその裁量を認められていることが多い。特に、社会生活が多様化し、行政が複雑化するに従い、法律でもってすべてを規律することは不可能になってくる。そこに、行政庁の自由な判断の余地、すなわち自由裁量の問題が提起される。

この自由裁量の問題には、どの場合にどの程度まで行政庁が裁量を行使できるかという立法政策上の問題と、行政庁の裁量権の行使により権利を侵害せられたとするものが行政訴訟を提起してどの程度その権利侵害を救済してもらえるか、という訴訟法上の問題の二つの側面がある。従来、自由裁量については主として後者の点だけが問題とされてきた。そして行政訴訟の対象となるのは、行政庁の違法処分のみであり、行政庁の裁量問題は訴訟の対象とならないとされてきた。しかし、裁判所がどの範囲まで行政庁の裁量処分を審査できるかという問題は、きわめて困難な問題である。

通説によると、行政行為は、法規に拘束される態様により、羈束行為と裁量行為とに区別されている。羈束行為とは、法規が一儀的な定めをなしているため、行政庁に裁量の余地がなく、単に法規を具体的に執行するに止まる行為である（例・基礎控除として「〇〇万円を控除する」（所得税法八六条一項））。これに対して、裁量行為は、法規が多義的な定めをなしているため、行政庁に一定の範囲の裁量の余地を認めている行為である。

裁量行為は、さらに、法規裁量（羈束裁量）と自由裁量（便宜裁量）とに分けられる。法規裁量とは、何が法であるかの裁量すなわち合法性の裁量であるとされ、この意味で、法に羈束され、裁量を誤る場合は、違法行為となり、訴訟の対象となる。自由裁量は、何が行政上（公益上）の目的に合致するかの裁量である。この意味で、法規が行政庁に対し、一定範囲で裁量を委ねているのであり、その範囲で裁量を誤っても、原則として不当の問題が生ずるにとどまり、司法審査に服さない。ただし裁量の限界を逸脱した場合は訴訟の対象となる（行訴法三〇条）。

したがって、司法審査の対象となるか否かの点から考察すると、羈束行為と法規裁量とをあわせて羈束処分とし、自由裁量を裁量処分として分類することができる。

五　羈束処分と裁量処分との区別の標準に関する学説——要件裁量説と行為裁量説——羈束処分と裁量処分を区別する標準について、学説は、多岐に分かれている。その主要なものとして要件裁量説と行為裁量説とがある。

第一説の要件裁量説は、法文の文言を重視し、法の規定の仕方により区別しようとするものである。この説は、行政庁に自由裁量が認められるか否かの判断の基準は、行政行為を行うための要件事実があるか否かの認定そのものによって決定されるとする。したがって、法令に「……できる」と規定している場合にも、要件事実が存在していれば、必ず行政行為を行わなければならないとするものである。

これに対し、どのような事実があれば行政行為を行うかについての規定がない場合（「……行為セムトスル者ハ行政庁ノ免許ヲ受クヘシ」とだけ規定しているような場合）とか、単に不確定概念である「公益」というような抽象的な言葉を用いて要件を規定している場合（「公益ヲ害スルノ点アリト認ムルトキハ」と規定しているような場合）には、行政庁に判断の自由裁量が認められているとする。すなわち、たとえば、「大学に入学することができる者は高等学校を卒業した者……とする」（学校教育法五六条）というように要件事実が明確に規定されている場合には、大学は「高等学校を卒業した」という要件事実があると認定すると、必ず入学資格を認定しなければならないことになる。また、「退学は……次の各号の一に該当する児童等に対して行うことができる。一、性行不良で改善の見込がないと認められる者……」（学校教育法施行規則一三条）という規定があるが、この場合、学長は右の退学の要件事実があると認定すると、退学させなければならないことになる。

したがって、この説によると、(i)法令に要件事実が規定されている場合には、要件事実を認めるか否かという段階において行政庁の自由裁量権が認められているが、要件事実があると認定すると、必ず行政庁は行政行為を行わなければならず、この点については、自由裁量権は認められていないとする。これに対し、(ii)要件事実が法令に規定されていない場合とか、「公益」というような不確定概念で規定されているような場合には、行政行為をするか否かについて、行政庁に自由裁量が認められている、とするものである。

この見解に対しては、次のような批判がある。すなわち、前例の学校教育法施行規則一三条の退学処分にする場合の要件事実、すなわち「性行不良で改善の見込がない」と認定しても、必ずしも退学させなくてもよいのではないか、退学処分にするか否かの自由裁量の余地が依然として残されていると考えるべきではないか、という批判がある。

また、たとえば、学校教育法第一一条が「校長及び教員は教育上必要があると認めるときは……学生に懲戒を加えることができる」と規定しているように、「教育上」というような不確定な概念規定がなされている場合には、学長はその懲戒処分発動の自由裁量権を認められているとするものである。

右の事例は侵害的行政行為の場合であるが、授益的行政行為の場合にも同じことがいえないかということも問題となっている。たとえば、国立学校設置法一二条は、国立大学の学長は「学業優秀と認めるとき……は……授業料……の全部……を免除……することができる」と規定している。この規定は、学長に授業料免除を認めるか否かの裁量権を与えていると思われる。このように、この要件裁量説には疑義が提示されている。

六　第二説（行為裁量説）は、行政行為の性質によって区別する。すなわち、(i)法規がある抽象的な標準を規定し、その標準に該当することを条件として、特定の行政行為をなしうると規定している場合、その法規の標準に該当するかどうかを認定するのは、羈束された裁量である。(ii)人民の権利を侵害し、または義務を賦課する行為（侵害的行政行為）は、常に法に羈束される。(iii)人民のために、新たに権利もしくは法律関係を設定し、または利益を与える行為（授益的行政行為）は、法規の特別の制限ある場合を除くほか、原則として自由裁量である。(iv)人民の権利義務に直接影響を及ぼさない作用は、法規の特別の制限ある場合を除くほか、原則として、自由裁量である、とする。

しかし、この説に対しては、次のような批判がある。たとえば、前述の例でいえば、学校教育法第一一条は「校長及び教員は……教育上必要があると認めるときは……学生に……懲戒を加えることができる」と規定しているが、この規定は、この見解からすれば、懲戒処分を学生に課すこと、すなわち、侵害的行為を与えることを認めている。したがって、この場合の学長の裁量は、自由裁量処分ではないということになる。しかし、この規定の中には「教育上必要があると認めるときは」という言葉があることから、教育上必要であるか否かを判断するという意味において学長に裁量の余地があるのではないかという批判がある。

すなわち、学長が侵害行為を行う場合であっても、裁量権を行使する場合があり、一概に法規裁量ということもできないということである。

七　以上、要件裁量説と行為裁量説の両説について考察したが、結局、次のような問題点が指摘されよう。

すなわち、(i)要件裁量説においては、要件事実認定後においても、行政庁の自由裁量の余地があること、(ii)行為裁量説においては、侵害的行政行為にあっても、行政庁の自由裁量権を認めている場合があること、(iii)自由裁量の概念は、行政庁の自由裁量処分が司法審査の対象となるか否かという点から問題にされてきたために、行政庁の裁量処分について不服のある場合でも、訴権の認められる行政行為についての裁量についてのみ、その裁量が自由裁量か法規裁量かが問題となっており、訴権の認められない行政庁の裁量行為については、問題とされないこと、(iv)授益的行政行為について認められている行政庁の裁量権については、その行使に濫用があったとしても、第三者の法的利益を侵害しない限り、問題とされなかったこと、などの点から考えると、このような行政庁の裁量行為については明確な一定の基準がないように思われる。このような行政庁の裁量行為の問題について、有力学説は、羈束行為との区別に関連して、次のように指摘している。

すなわち、(i)両者の区別は、法の趣旨目的の合理的、目的的解決をすることにより決する外はないこと、(ii)羈束行為とは、一般法則性すなわち一義的な解決を予定していると解釈される場合に、これに基づいて行われる行政行為であること、(iii)裁量行為とは、法が、行政庁の政治的または技術的な判断に委ねていると解される場合に、これに基づいて行われる行政行為であること、(iv)しかし、右の、(ii)と(iii)の解釈基準では明確ではないので、羈束と裁量の限界の問題については、(A)要件、(B)内容、(C)決定の三点から検討する必要があること、を指摘している。

また、判例も、自由裁量と羈束裁量との区別について、なお確立した理論をもつにいたっていない。すなわち、裁判所の態度はまちまちに分かれており、一定していない。たとえば、学生に関する事案ではないが、最高裁判所は、皇居外苑の使用の許否に関する事案についてその使用が公共の用に供せられる目的にそうものである限り、その許否は管理権者の単なる自由裁量に属するものではないと判示し（最高昭和二八・一二・二三判・民集七巻一三号一五六一頁）、一方、旅券の発給については、原則として、外務大臣の政治的判断にまつべきものとし（最高昭和三三・九・一〇判・民集一二巻一三号一九六九頁）、また、温泉の掘さくの許否をめぐり、「公益を害する虞があるかどうかは、主として専門技術的な判断を基礎とする行政庁の裁量によって決定されるべきである」と判示している（最高昭和三三・七・一判・民集一二巻一一号一六一二頁）。

最高裁が右に容認しているように、行政庁には政治的裁量や技術的、専門的裁量が認められている。しかし、これは行政庁の恣意的判断が認められるという趣旨でないことはいうまでもない。行政庁の裁量権には、当然、一定の限界がある。裁量権を濫用する場合はもちろん、裁量権の限界を超える場合は、単に不当であるだけではなく、違法となる。判例も、「判断の前提たるべき事実の認識についてさしたる誤りなく、またその結論にいたる推理の過程において著しい不合理のない限り、裁判所としても、その判断を尊重す」べきであるとしている（最高昭和三三・九・一〇判・民集一二巻一三号一九六九頁）。

右のことは、国公立大学の学生に対する処分についても妥当する。すなわち、国公立大学において学生を懲戒処分に付すには、教育上の見地において行うべきであり、ここでいう自由裁量に属する行為と考えられている。したがって、停学か退学かいずれの処分をするかは、原則として大学の教育的判断にのみまつべく、裁判所は介入し得ないが、懲戒に該当する事実がないにもかかわらず、懲戒の名において退学処分に付した場合などは、正にここにいう裁量権の限界を超える違法の処分たるを免れない。したがって、この場合には訴訟によってその取消しを求めることができる（最高昭和二九・七・三〇判・民集八巻七号一四六三頁）。

右のことは学長の裁量には、常に、行政の目的による条理上の制約（比例原則とか、平等原則等もその例である）があるということを意味する。したがって、学長が裁量権を恣意的に行使した場合は、それは裁量権の濫用とみるべきで、単に不当の問題ではなく、違法な処分として、裁判所は、これを審理し、その結果その処分を取り消すことができる。この点、行政事件訴訟法第三〇条は、「行政庁の裁量処分については、裁量権の範囲をこえ又はその濫用があった場合に限り、裁判所は、その処分を取り消すことができる」と規定している。

したがって、大学の学生に対する懲戒処分であっても、教官と学生の相互信頼関係が喪失し、大学の権威自体が問われ、懲戒処分の基準がゆらいでいるような場合には、通常の裁量処分におけると同様に、処分事由の存否はもとより、その懲戒処分が教育的措置としての目的、範囲を逸脱するかどうかの点についてまで、司法審査の対象となる（東京地昭和四六・六・二九判、判例時報六三三号二三頁）。

(2)　学生に対する処分と学長の裁量権の限界

一　次に、(1)学長の裁量権の行使に濫用があるとした判決と(2)学長の裁量権の行使に濫用がなかったとする判決を紹介しておきたい。

(1)　**学長の懲戒権が濫用されたとする判決**――「原告らの本件処分について判断するに……処分を受けない一般学生以上の行動があったとは認め難く……偶々当日執行委員から、行進を整然とさせるための整理役を依頼されたに過ぎず、処分の対象とならない一般学生との差異は少ないものといわなければならない。そうとすれば、同原告は、……集会に一般学生と同様参加し、……デモ行進に参加し、行進を整理したことによって退学処分に付せられたこととなり、これと当初における教授会の態度、その後の市と大学、教官間、及び大学内における教官間の紛糾、混乱状態と併せ考えれば、懲戒権の発動が専ら教育施行責任者の裁量に属するものとしても、その行動の態容からみて、右二つの事実をもって学内秩序紊乱者、学生の本分に反したものとして退学処分に付することは甚だしく社会通念に反し、裁量権を踰越した懲戒権の濫用と認めざるを得ないところである。」「原告高橋ミヤ子については、……執行委員長である原告木下真治の依頼を受けて、寝具を準備したことを認め得るのみであり、……同原告は守衛の制止に反した事実もなく、硝子破損の事実もない……一般学生以上の積極的活動のあったことを認め難い」「いずれも本件処分は権利の濫用と認めるべく、右各原告に対する各処分はこれを取消すべきものである。」

(2)　**学長の裁量権に濫用がなかったとする判決**――「原告木下真治については、……指導的立場に立ち、積極的行動に出ていたことは上来判示した事実からこれを窺知することができる。……原告らの判示行動が、最終的な目的として、大学の自治確立の要求を掲げていたことは、……本人尋問の結果からこれを認めることができるけれども、大学の自治は元来大学教官の研究と教授の自由を確保するためのものである。……しかしながら、学生数の蝟集するなかで、学長に対し、要求事項の即答を求め、長時間応答し、確約書に署名を求めたり、要求貫徹のため同盟休校を一旦決定し、学長において同盟休校の責任問題を避けるため、臨時休校を決定するや、一転して同盟登校を決定して、学生及び一部教官の登校を要請して、学長通達を無視することを図ったりしたことは、原告らの要望する大学自治の擁護を目的とするものとして、甚だ妥当を欠いているものと認めざるを得ないところである。……右原告らの行為の回数、行動態容を彼此勘案してみれば、被告が右原告らに対してなした本件処分が著しく社会通念に反する裁量処分であると断ずることは困難である。」（右の⑴と⑵とも甲府地昭和四二・六・一五判・行裁例集一八巻五・六号七五九頁）。

右の⑴と⑵の判決は、山梨県都留市立都留文科大学の学生に対する懲戒処分に関する判決の一部である。⑴は、原告らに一般学生以上の行動があったとは認め難いのに、懲戒処分に付したことは裁量権の濫用があったとしたものであり、また、⑵は、学生が積極的、指導的に学生活動を行ったことが学内秩序を乱し、学生の本分に反したことになるとして学長の裁量処分は適法であるとしたものである。

二　次の判決は、昭和四〇年代の大学紛争の頃の事案に関するものである。本件において、東京教育大学理学部学生である原告らは、研究室や講義室を含む理学部の建物の入口を封鎖し、検問することにより、教員の立ち入ることを阻止するというような行為に出たため、懲戒処分に付された。そこで、原告らは、懲戒処分の執行停止を申し立てたが、裁判所は、

「本件放学処分についていえば、およそ、停学処分は、学生の地位を停止する懲戒処分であるから、これにより被処分者は、授業を受け得ないのはもとより、当然には構内に立ち入る権利をも有しないものと解すべきであり、しかも、本件疎明によると、昭和四四年二月二八日以降東京教育大学においては入場制限が敷かれていたにもかかわらず、申立人は、無期停学処分中、しばしば同大学の大塚キャンパスに無届入構して、各種の集会、抗議行動に参加して授業や教授会の議事を妨害し、また、自ら大学当局に対し理学部学生自治会委員長代行の資格で提出していた学生大会開催のための教室使用許可願いが、申立人は自治会規約に基づく正当な資格者とは認められないという理由で拒否されたところから、東京大学農学部学生自治会員らの手引きにより、同大学農学部に赴き、同大学当局者の制止にもかかわらず、無断で構内に立ち入り、かつ、同大学農学部長の二回にわたる集会中止、解散命令をも無視して、「東京教

育大学理学部学生大会」と称する集会を開催、続行し、同大学に対して多大の迷惑をかけたばかりでなく、東京教育大学としても書面で陳謝の意を表明し、その体面を著しく傷つけられた。

また、その間、申立人は、学級担任の大森助教授と教室主任の須藤教授の補導に付せられていたにもかかわらず、これら補導教官らの補導を一切拒否してきた。

こうした事情があったので、理学部教授会は、申立人には反省の色が認められず、同人の以上のごとき行為が前期無期停学処分の際における教授会の申合せの条件に該当するものであると判断し、また、補導教官からもこれ以上補導の責任はもてない旨の申入れがあったので、申立人を放学処分に付することを決定して、その執行の時期を学部長に一任し、学部長は、申立人が反省して学業に専念する決意を表明するのを期待して約一〇日間待っていたが、その期待も水泡に帰したので、同月三一日、遂に処分の執行に踏み切り、被申立人学長によって本件放学処分が行われるに至ったことを認めることができる。

しかして、以上認定の諸事実に徴すれば、いわゆる入構制限が仮りに申立人主張のごとく違法の措置であるとしても、本件放学処分が被申立人学長に……与えられた裁量権の範囲を逸脱し又はこれを濫用した違法のものであるとは到底、認めることができない。」と判示した（東京地昭和四六・六・二九決定・判例時報六三三号四三頁）。

すなわち、申立人は他大学で学生大会を開催して大学に迷惑をかけ、その体面を傷つけ、また担任教官の補導を一切拒否したことなどを理由に懲戒処分に付されたのであるから、裁量権の濫用はなかった、としたのである。

以上、学生に対する懲戒処分と学長の裁量権の濫用の有無についての判決を紹介した。では、いったい、どのような場合に裁量権の濫用があったとされるのか、その裁量権の限界についての基準は何であろうか。学長の裁量権の限界について触れている判例をあげると、次のようである。

(1)　学生の行為が懲戒に値するかどうか、いかなる種類の懲戒に付すべきかは、右懲戒権者の教育的見地に基づく自由裁量によって定めることができるものと解するのを相当とするが、その自由裁量には自から一定の限界が存する

（大阪高昭和二八・四・三〇判・行裁例集四巻四号九八六頁）。

(2)　公立大学学生の行為に対し、懲戒処分をするかどうか、懲戒処分のうちいずれの処分を選ぶかを決定することは、この点の判断が社会観念上著しく妥当を欠くものと認められる場合を除き、原則として、懲戒権者としての学長の裁量に任されるが、懲戒処分が全く事実の基礎を欠くものであるかどうかの点は、裁判所の判断に服する（最高昭和二九・七・三〇・三小判・民集八巻七号一四六三頁）。

(3)　いわゆる大学紛争の過程における国立大学学生の懲戒処分については、処分事由の存否はもとより、当該処分が教育措置としての目的・範囲を逸脱していないかどうかも、裁判所の審査に服し、裁判所は、処分事由とされた行為の動機・目的を考慮し、また右行為の評価を、大学側の態度・事情ともあわせて流動的かつ相対的になすべきである（東京地昭和四六・六・二九決・判例時報六三三号四三頁）。

(4)　国公立大学の学生の行為につき懲戒処分をするかどうか、またいずれの懲戒処分を選ぶかの決定は、その決定が全く事実上の根拠に基づかないと認められる場合であるか、もしくは社会観念上著しく妥当を欠き懲戒権者の裁量権の範囲を超えると認められる場合を除き、懲戒権者の裁量に任されているものと解される（東京地昭和四八・六・二七判・訟務月報一九巻一〇号五六頁）。

(5)　政治活動に加わり、その違法反社会的な行為が徐々に暴力的様相を濃くし学外活動においても違法な暴力行為に及んだ公立高等学校の生徒に対する退学処分は裁量権の範囲内の適法なものである（東京高昭和五二・三・八判・判例時報八五六号二六頁）。

(6)　公立高校の生徒に対し教師に火傷を負わせるなどの非行を理由にした退学処分は、社会通念上合理性を欠き、裁量権の範囲を超えた違法なものであるとはいえない（札幌地昭和五二・八・二三判・判例時報八七五号四〇頁）。

(7)　私立大学の学長が学生に対する停学処分を行うに当っては、その行為の軽重のほか、教育的見地から本人の平素の行状およびその行為が他の学生に与える影響等を考慮して判断すべきであり、この点の判断は、社会通念上著しく不当である場合を除き、懲戒権者である学長の裁量に任されているものと解すべきであるが、停学処分が真実の基礎を欠くかどうかは、裁判所の判断の対象となる（東京地昭和三〇・七・一九判・下級民集六巻七号一八〇四頁）。

(8)　国立大学の学生自治会中央執行委員が会議のための会場使用が不許可になったことを不満として、教室で行われた不法抗議集会に参加し、学校側職員の集会禁止の申入れを無視して集会禁止の掲示を破棄した事実があるときに、当該学生に対してなされた放学処分は、懲戒権者の裁量の範囲を越えたものとは認められない（京都地昭和三〇・一二・二八判・行裁例集六巻一二号三〇〇三頁）。

(9)　国立大学学生に対する退学処分は、事実上の根拠に基づいており、かつ、過酷に失して学長の裁量の範囲を逸脱していない限り、違法とはいえない（大阪高昭和三四・九・五判・訟務月報五巻一〇号一四二五頁）。

(10)　公立高等学校生徒がいわゆる三里塚闘争に参加するために欠席したことは、懲戒事由たる「正当な理由のない欠席」に当らないとはいえない（福島地昭和四七・五・一二判・判例時報六七七号四四頁）。

右の判例の動向から、裁量権の濫用ないし踰越があったか否かを判定するに当たっては、(1)行為の軽重はどうか、(2)教育的見地からするその行為の他の学生に対する影響はどうか、(3)懲戒処分が社会観念上著しく不当であるか否か、(4)懲戒処分が過酷に失していないか否か、(5)懲戒処分の対象とならない一般学生の行動以上の行動をしていないか否か、(6)懲戒処分が事実上の根拠に基づいているか否か、(7)懲戒処分が真実の基礎を欠いていないか否か、などの点を考慮すべきことを判示しているといえる。

これらの判定の基準を適用するに当たっては、さらに、「著しく」とか「過酷」といった言葉が付加されている場合がある。しかし、学長が、一般的に、「全く」とか「著しく」といった極端な裁量権の濫用や踰越を行うであろうかという疑問がある。

(3)　裁量行為の相対化と行政手続（適正手続）

一　また、従来の伝統的な学説や判例は、行政処分の性質や規定の形式を基準に法規裁量と自由裁量とを分類してきたが、しかし、一般に、判例の動向は、この区別を相対化する方向をたどってきている。

その二、三の例をあげておくと、たとえば、前に掲げた旅券発給処分に関し、最高裁昭和三三年九月一〇日判決（民集一二巻一三号一九六九頁）は、旅券法第一三条に基づいて旅券を発給するか否かの判断は、外務大臣の政治的裁量に任されているので、外務大臣の恣意専断が認定できない以上、違法とならない、としていた。ところが、最高裁昭和四四年七月一一日判決（民集二三巻八号一四七〇頁）は、「外務大臣の認定判断の過程、その他これに関するすべての事実をしんしゃくしたうえで、外務大臣の右処分が同号の規定により外務大臣に与えられた権限をその法規の目的に従って適法に行使したかどうかを判断すべきものであ」ると判示した。これは、従来は自由裁量ないしは政策的裁量と考えられていた事項が法規裁量に転化してきていることを示している。

このように、自由裁量とされていた事項が法規裁量に転化した場合もあるが、また、裁量権の踰越または濫用を理由に自由裁量の分野に司法統制を拡大し自由裁量処分が法規裁量処分に接近してきている傾向を示す判決もでてきている。

たとえば、従来は放学処分取消請求事件（最高昭和二九・七・三〇判）のように、「その処分が全く事実上の根拠に基づかないと認められる場合、もしくは社会観念上いちじるしく妥当を欠く」場合などが裁量権の踰越または濫用についての判断の一つの基準であったが、裁判所が裁量権の踰越・濫用の法理を拡大することによって行政庁の裁量の内容に介入していることを示す判例が現われている。

すなわち、吏員罷免無効確認等請求事件（最高昭和三五・七・二一判・民集一四巻一〇号一八一一頁）において、町村の合併により従前の旧町村の正式職員が合併後の新町にあらためて任用になったが、この場合の任用も新規の任用にほかならず、地方公務員法第二三条（条件附採用）の適用があり、身分保障の規定は適用されないとして罷免処分に付されたため、その処分の無効確認を求めた事案に関し最高裁は、地方公務員法二八条に定める勤務実績の良好および適格性の有無の「判断については、任命権者は或る程度の裁量権は認められるけれども、純然たる自由裁量に任された事項ではなく、右法条の趣旨に副う一定の客観的標準に照らして決せられるべきものであり、もし任命権者において、免職事由とせられる事実が右客観的標準に合致するか否かの判断を誤って免職処分をした場合には、その免職処分は、任命権者に認められる裁量権の行使を誤った違法のものたるを免れないというべきであって、右客観的標準に合致するか否かの判断は、……法律問題として裁判所の審判に服すべきものといわなければならない。」と判示して、本件のような事情で新規任用になった場合には、第二二条の適用はないとした。

右の判決にみられるように、「法条の趣旨に副う一定の客観的標準に照らして決」すべきであるとか、「客観的標準に合致するか否かの判断を誤って免職処分をした場合」と判示し、また、前示した(1)の大阪高裁昭和二八年四月二〇日判決（行裁例集四巻四号九八六頁）が「自由裁量には自から一定の限界」が存する、と判示していることは、行政庁の裁量の内容に裁判所が介入していることを示しているということができる。このことは、自由裁量の領域であったものが法規裁量に接近してきていることを示している。

ところが、従来、法規裁量とされていた領域を自由裁量とする判例もある。これは、運転免許の取消しの事由に該当するか否かの判断が問題となった事案であるが、最高裁はこの種の判断は、法規裁量に属するとしつつも、公安委員会は、「何が右規定の趣旨に適合するかを各事案ごとにその具体的事実関係に照らして判断することを要し、この限度において公安委員会には裁量権が認められているものと解するのが相当である」と判示している（最高昭和三九・六・四判・民集一八巻五号七四五頁）。

二　右の最高裁の判例の動向を見ると、行政行為が法規に拘束される態様から裁量行為を法規裁量と自由裁量とに区別ないしは区分する二分論は、その意味を失い、法規裁量と自由裁量との区別は相対的なものと化してきているといってよい。

このように、自由裁量の法規裁量への転化、また、法規裁量の自由裁量への転化の傾向が生じているということは、処分の相手方の権利・利益の救済の面からしても、また、行政庁の裁量権の踰越・濫用を防止するためにも望ましいものであろう。

しかし、次のような問題点があることに注意しなければならない。従来、自由裁量については、原則的に司法審査の対象から排除されてきたものが、自由裁量の法規裁量化に伴い司法審査に服することになったとしても、裁量統制の基準が抽象的で一定していない以上、結局は、裁判所が行政庁の裁量の範囲を拡大する結果を生むことになる。また、法規裁量の自由裁量化は、行政庁の裁量の余地を拡大することを意味する。すなわち、このような自由裁量と法規裁量の相対化は、司法統制の強化のようにみえて結果的には司法統制の後退を意味することになる危険があるのではないかという危惧が生ずる。

また、裁量行為に対する司法統制の問題には、一定の限界があることを認めざるを得ない。したがって、問題は、行政庁が裁量権を行使する場合どうしたらその範囲を超えたり濫用したりしないようにすることができるかを考えなければならないということである。ここに、「裁量処分と行政手続」という行政法学上の問題が提起されることになる。

(三)　学生に対する処分の分類

(1)　「行政庁の処分」と「学生に対する処分」

一　(A)「懲戒は教育上その必要があると認められた場合教育上の手段として学校がこれを行うものであるが、その行使は校長及び教員が学校を代表してこれにあたるものである。……従って懲戒権の行使は学校教育法第一一条同法施行規則第一三条の規定に従ってなされなければならない。右規則第一三条は右法第一一条の内容をなすものであって、訓示的規定に過ぎないものと解することはできない。」

学校教育法「第一一条但書が事実行為である体罰の禁止を規定しておるからといって、同条本文に定める懲戒が総て事実行為に属すると論断できないばかりでなく、同条但書は事実上体罰を加えることを禁止するとともに、懲戒処分の一種として体罰を定めることが許されないことをも定めたものと解せられる。教育上の懲戒は総て事実行為であると解するのは正当でない。公立大学の学生に対する退学処分は、学長が行政庁としてなす公法上の行為であって、いわゆる行政処分にあたり、事実行為でないことは明らかである。又公立大学の学生はその自由意思によって営造物である学校の設置者としての地方公共団体と特別権力関係に入ったものであるが、公立大学の学長が学生に対する懲戒として退学に処するには学校教育法第一一条同法施行規則第一三条の規定に従わなければならないことは前に説明するとおりであるから、学生を退学に処し、特別権力関係から排除するについて法規上何等の制限がないと解するのは不当であり、又退学処分は学生たる身分を失わしめる。その学校において教育を受けることができなくなるという効果を伴うものであって、或る特定の学校で教育を受け得るということは、その学生個人の享受する積極的な内容を有する利益というべきであるから、それはいわゆる反射的利益たるに止まらず、その学生の有する権利なりというに妨げない。」（大阪高昭和二八・四・三〇判・行裁例集四巻四号九八六頁）。

(B)「国公立の大学において右のように大学が専攻科修了の認定をしないことは、実質的にみて、一般市民としての学生の国公立大学の利用を拒否することにほかならないものというべく、その意味において、学生が一般市民として有する公の施設を利用する権利を侵害するものであると解するのが、相当である。されば、本件専攻科修了の認定、不認定に関する争いは司法審査の対象になるものというべく、これと結論を同じくする原審の判断は、正当として是認することができる。」

「国公立の大学は公の教育研究施設として一般市民の利用に供されたものであって、国公立大学における専攻科修了の認定、不認定は学生が一般市民として有する右公の施設を利用する権利に関係するものであることにかんがみれば、本件専攻科修了の認定行為は行政事件訴訟法三条にいう処分にあたると解するのが、相当である。それゆえ、論旨は、採用することができない。」（最高昭和五二・三・一五・三小判・判例時報八四三号三七頁）

(C)「行政事件訴訟特例法一条にいう行政庁の処分とは、所論のごとく行政庁の法令に基づく行為のすべてを意味するものではなく、公権力の主体たる国または公共団体が行う行為のうち、その行為によって、直接国民の権利義務を形成しまたはその範囲を確定することが法律上認められているものをいうものであることは、当裁判所の判例とするところである……。そして、かかる行政庁の行為は、公共の福祉の維持・増進のために、法の内容を実現することを目的とし、正当の権限ある行政庁により、法に準拠してなされるもので、社会公共の福祉に極めて関係の深い事柄であるから、法律は、行政庁の右のような行為の特殊性に鑑み、一方このような行政目的を可及的速かに達成せしめる必要性と、他方これによって権利・利益を侵害された者の法律上の救済を図ることとの必要性とを勘案して、行政庁の右のような行為は仮りに違法なものであっても、それが正当な権限を有する機関により取り消されるまでは、一応適法性の推定を受け有効として取り扱われるものであることを認め、これによって権利・利益を侵害された者の救済については、通常の民事訴訟の方法によることなく、特別の規定によるべきこととしたのである。従ってまた、行政庁の行為によって権利・利益を侵害された者が、右行為を当然無効と主張し、行政事件訴訟特例法によって救済を求め得るには、当該行為が前叙のごとき性質を有し、その無効が正当な権限のある機関により確認されるまでは事実上有効なものとして取り扱われている場合でなければならない。」（最高昭和三九・一〇・二九・一小判・判例時報三九五号二〇頁）。

二　右に、(A)から(C)まで判決文の一部を掲げたが、(A)の判決文では、(i)学校教育法「第一一条但書が事実行為である体罰の禁止を規定しておる」、(ii)「公立大学の学生に対する退学処分は学長が行政庁としてなす公法上の行為であって、いわゆる行政処分にあたり、事実行為ではない」、(iii)「特定の学校で教育を受け得るということは、その学生個人の享受する積極的な内容を有する利益というべきであるから、それはいわゆる反射的利益たるに止まらず、その学生の有する権利なり」という文言が使用されている。特に「事実行為である体罰」とか「退学処分は……公法上の行為で……行政処分であ」り、「事実行為ではない」とか、学生が教育をうけるのは反射的利益ではなく「学生の有する権利」であるという言葉が使用されていることに注意する必要がある。

また、(B)の判決文では「専攻科修了の認定・不認定に関する争いは司法審査の対象になる」「専攻科修了の認定行為は」行訴法三条の「処分」にあたるという文言が使用されている。

右に掲げた(A)と(B)の判決文中の「事実行為」、「行政処分」、「学生の有する権利」、「認定行為」、「司法審査の対象」とはどういうことを意味するのであろうか。これは、大学と学生との法的関係についての紛争に裁判所が介入することができるか否かを決定するきわめて重要な文言であるということができる。

右の文言で明らかなように、裁判所が介入する、すなわち「司法審査の対象」となるものは何かということが問題となるが、それは、現行の行政事件訴訟法の考え方からいえば、「行政処分」または「公権力の行使」ということになる。

行政事件訴訟法第三条は「この法律において『抗告訴訟』とは、行政庁の公権力の行使に関する不服の訴訟をいう」と規定し、同条二項は「この法律において『処分の取消しの訴え』とは、行政庁の処分その他公権力の行使に当たる行為……の取消しを求める訴訟をいう」と規定し、「処分」「その他公権力の行使に当たる行為」が司法審査の対象となるものであることを明らかにしている。さらに、また、右に掲げた判決文で明らかなように、この「行政処分」や「公権力の行使」の中に「事実行為」が含まれるか否かということも問題となっていることに注意すべきである。

それならば、どのようなものであれば「行政庁の処分」に当たるのであろうか。冒頭(C)に掲げた見解は、最高裁判所が示している「行政庁の処分」についての見解である。すなわち、最高裁は、行政事件訴訟特例法一条の「行政庁の処分」の概念については、「行政庁の法令に基づく行為のすべてを意味するものではなく、公権力の主体たる国又は公共団体が行う行為のうち、その行為によって、直接国民の権利義務を形成しまたはその範囲を確定することが法律上認められているもの」であって、「正当な権限を有する機関により取り消されるまでは、一応適法性の推定を受け有効として取り扱われる」ものでなければならず、「その無効が正当な権限のある機関により確認されるまでは事実上有効なものとして取り扱われている場合」でなければならない、としている（この冒頭(C)の最高裁の判決文は東京都ごみ焼場設置条例無効確認等請求事件のものである）。この行政処分についての解釈は、その後の最高裁の判例においても維持されている見解である。

(2)「行政庁の処分」たりうる要素

一　次にどのようなものであれば行政庁の処分といいうるのか、すなわち、「行政庁の処分」たりうる要素について検討しておきたい。

行政不服審査法および行政事件訴訟法は、この「行政庁の処分」の意義と範囲について積極的に定義していないため、判例や学説により決定していくことになる（この点は、学生に対する処分と行政救済の問題を検討するときに詳しく検討したい）。しかし、実際問題として、行政庁のいかなる行為が処分に当たるか否かを具体的事例について判断することは、簡単なことではない。一般に、司法審査の対象となる「行政庁の処分」であるか否かを決定する要素として、次の点を考察する必要があるとされている。

すなわち、(i)　処分の主体が行政庁であること。すなわち、国会や裁判所が行った行為ではなく、行政機関の行った行為でなければならないということである。

(ii)　行政庁の行為が対外的に表示されていること。すなわち、行政機関相互間の認可・承認・同意・指示などは行政庁の内部的な行為であって争訟の対象となる処分に当たらない。

(iii)　処分が、行政庁の権力行為であること。したがって、(A)行政庁の行為でも、国民の権利・義務になんらの影響を及ぼさないあっ旋、勧告、宣告、督促などは不服申立ての対象とはならない。この意味で現在種々問題を提起している行政指導などは直接国民の権利・義務に影響を及ぼさないため司法審査の対象となる行政処分とはいえない。(B)法的効果を伴う行政庁の行為でも、私法上の契約や公法上の管理行為のように、行政庁の優越的な意思の発動ではなく、法的効果の発生が相手方との合意に基づくものである場合には、ここでいう行政処分とはいえない。(C)ただし、処分は、法的効果の発生を直接の目的とした行政庁の意思表示としての法律行為的行政行為だけに限られず、準法律行為的行政行為の行政庁の観念・認識等の表示でも、法律により特定の法的効果の発生の要件とされる場合（滞納の告知が滞納処分の要件とされるごとし）には、行政争訟の対象となる。(D)行政庁の行う事実行為のうち、人の身体、自由、財産に対し直接制限を加える、いわゆる行政強制に属する行為は、行政庁が相手方に対して下す受忍命令を内包しているので、一般に権力行為として行政争訟の対象にあたると解されている（審査法二条一項）。

しかし、第二条一項は、公権力の行使に当たる事実行為のすべてを処分とは考えず、「継続的性質を有する」ものだけを処分としている。したがって、一時的な事実行為、たとえば、教員の学生に対する体罰などのように着手してもすぐに終了してしまうようなものは、不服申立てを認めても現実に救済を得ることは不可能なので、これは除外している。同条の「継続的」性質をもつ行為というのは、国民の権利・自由の拘束が、行政争訟による救済をうけることができるだけの時間的継続性を伴うものを指すと解すべきであるとされている。たとえば、精神衛生法第二九条一項により都道府県知事がする精神病患者の強制入院、関税法第八六条一項により税関が行う貨物の留置などの場合がこれに当たるとされている。

(iv)　処分が国民の権利・義務に具体的な変動を及ぼす行為であること。一般に行政庁の法規定立行為自体は、抽象的権利義務を定めるに止まるから、争訟の対象とは認められない。

右に指摘した四つの要素、すなわち(1)行政庁の行為、(2)対外的表示、(3)権利行為、(4)相手方の権利・利益の具体的変動、が備わってはじめて「処分」といえるのである。したがって、この四つの要素のうち、いずれか一つが欠けていると「処分」とはいえないのである。この点がきわめて重要である。

なお右に指摘したように、行政庁の処分たりうるためには、その要素の一つとして、「権力行為」でなければならないという要素がある。そして、この権力行為の具体的行為として法律行為的行政行為と準法律行為的行政行為という行政行為があげられていることに注意すべきである。ここに「行政処分」と「行政行為」とが同一の意義をもつものとして使用されている理由があると思われる。

二　一般に近代法治国家における国家権力は、主権者である国民が立法府に対し立法権を信託・委任して法律を制定させ、行政府にその法律に従って行政権を行使することを信託・委任し、また、司法府にも法律に基づいて司法権を行使することを信託・委任したことに基づいて発動されるのである。これが、民主的法治国家における法律による行政の原理である。

そして、この法律による行政の原理に基づき、執行権が個々の具体的事案について法を適用し、さらにそれを実力をもって強制するという方式がとられている。この点、司法権の行使については、法律→裁判判決→強制執行という形式で行われ、行政権の行使については、法律→行政行為→強制執行という形式で行われる。このように公権力は具体的事案に法律の定めを適用するために適法性の推定をうけて、発動される。これが「行政行為」、「行政処分」である。これをもう少し詳しく説明すると、次のようである。

この行政行為の概念は、種々の行政活動たとえば、文教、厚生、運輸、警察、税務、農林水産、通産、運輸、郵政、労働、建設、地方自治、などの諸活動に関し、すべて共通する行政庁の行為を説明するために作り出された学問上の概念である。したがって、行政行為という概念は、実定法上の概念ではない。

「行政行為」としての性質が認められているものは実定法上は、許可、免許、承認、更正決定、裁決など種々の名称で呼ばれており、統一されていない。したがって、以下に説明する学問上の行政行為の用語と実定法上の用語とは一致していないということに十分注意しなければならない。ただ、行政事件訴訟法（三条二項参照）および行政不服審査法（二条一項参照）では、「処分」という概念が採用されているが、これは学問上の意味での「行政行為」と一致している場合が多い。

(3)　学問上の「行政行為」

一　次に、学問上の行政行為について説明を加えておきたい。行政行為は行政作用の一種であり、この行政作用は結局人間によって行われる。したがって、行政作用を分類するには、人間の行動を分類することによってその実態を把握することができる。

(1)　法律作用（精神作用）と事実作用――人間の行動は大別して精神作用と事実作用とに分けることができるが、これと同じく、行政機関の作用にも、(i)その精神作用（法律作用）として、たとえば、学長の学生に対する懲戒処分というような行政機関の意思・欲望または認識・判断の表示があり、(ii)事実作用として、たとえば教職員が学校教育法第一一条但書に基づいて行う体罰という事実行為などがある。

法律作用は、たとえば三か月の停学処分があれば学生は三か月間大学に出席してはならないという義務が発生するというように、一定の法律効果を生じさせるものである。これに対し事実作用は右のような固有の法的効果を生ぜしめないため、公法上の作用とか私法上の作用というように区別することはできない。

二　**法律行為的行政行為と準法律行為的行政行為**――行政法が取り扱う作用は公法上の作用に限られる。この作用はもともと、人間の精神作用の表示を内容とするものである。そして、この精神作用をさらに分類すると、知・情・意に分けられる。すなわち、知は判断・認識の表示であり、情は喜怒哀楽の表示であり、意は欲望の表示である。

しかし、このうち法律が行政機関の情の表示について一定の固有の効果を認めた場合は存在しないので、結局、公法上の法律作用は意思表示を内容とするものと判断あるいは認識の表示を内容とするものとの二種類となる。民法では前者を法律行為とし、後者を準法律行為としているため、この用語を借用し、それに相当する行政機関の行為という意味で一般に前者を法律行為的行政行為、後者を準法律行為的行政行為といい、この二つを一括して、通常、行政行為といっている。

三　命令的行為と形成的行為――右に述べたように学問上、行政行為は、意思の表示を内容とする法律行為的行政行為と判断または認識の表示を内容とする準法律行為的行政行為に分けられているが、このうち、法律行為的行政行為は、さらに、それによって表示される行政庁の意思ないし欲望の内容から、命令的行為と形成的行為とに分けられる。

(1)　命令的行為――命令的行為は、自然に存する事実上の自由を制限しまたはこれを回復せしめる行為であり、具体的には、国民に対し、ある義務を命じ、またはその義務を免除する行為である。学問上はこれを下命・禁止、許可、免除に分けている。

(i)　ここでいう下命・禁止は、法令の形式でなされることが多い。行政庁はこれに基づいて、具体的に処分の形式で下命・禁止を行う。たとえば、学生に対する健康診断の受診命令や、学校閉鎖命令である。下命のうち不作為を命ずる行為を特に禁止（例　集会の禁止）といっている。

この下命・禁止の概念に該当するものとして、たとえば、(1)県立高等学校教職員に対する校長の時間外勤務命令（東京高昭和四四・二・一三判・高裁民集二二巻一号一三六頁）、(2)公立学校教職員の職員会議への出席に伴う時間外勤務に関する学校長の指示（旭川地昭和四七・三・二三判・行裁例集二三巻三号一四八頁）、(3)東京都教育委員会が学校長に対して行う所属職員の勤務成績を評定すべき旨の職務命令（東京地昭和四七・三・二四判・行裁例集二三巻三号一六三頁）などがある。

(ii)　許可は、法令による一般的禁止、すなわち不作為義務（禁止）を特定の場合に解除する行為である。たとえば、公安条例による集団示威行進の許可や大学校内における集会の許可などがそれである。許可は、新たな権利や能力を設定するものではなく、単に不作為義務を解除し、あることを行う自由を回復せしめるに止まり、相手方の申請に基づいて行われる。

たとえば、公立学校教職員から年次休暇の申請がなされた場合に、客観的に授業の正常な運営が妨げられるような事由が存しないときは、これを承認すべきであるとされている（富山地昭和四七・七・二一判・行裁例集二三巻六・七号五五三頁）が、この場合の承認は「許可」に該当しよう。

(iii)　免除は、法令により定められた作為、給付、受忍の義務を特定の場合に解除する行為、すなわち、下命の解除である。たとえば、健康診断の免除、就学義務の免除、大学紛争で停止期間中の授業料の免除などである。

(2)　形成的行為――人の自然には有しない法律上の力――特定の権利・権利能力・行為能力など――または法律関係等を発生・変更・消滅させる行為を形成的行為という。これは直接の相手方のためにする行為と第三者のためにする行為とに分けられている。

(i)　特許（設権行為）――直接相手方のためにする行為で、その者が元来もっていない法律上の力を与える行為を学問上特許（設権行為）といっている。学生が大学に入学を許可されると大学と学生との間に発生する法律関係は「特許」に当たる。これは、本来人が当然に行うことのできる自然の自由に属する行為ではなく、大学で教育をうけ、研究を行おうとするものは、その権利を設定されなければならない。冒頭(C)に掲げた大阪高裁昭和二八年四月三〇日判決は、「特定の学校で教育を受け得るということは、その学生個人の享受する積極的な内容を有する利益というべきである。それはいわゆる反射的利益たるに止まらず、その学生の有する権利なり」と判示している。

この学問上の「特許」は実定法上では、許可、認可、など種々の用語が使用されている。学生を退学処分に付すことは、学生の教育を受け得る権利を剥奪することになるが、このことを学問上、設権行為に対して「剥権行為」といっている。

次に、大学院の在学年限が四年と定められていて、但し書に「特別の事情がある場合は更に四年に限り在学を許可することができる」とある場合の許可の性質が講学上の許可に当たるのかそれとも単なる届出なのかが問題となった事例があるので、まず、それを紹介しておきたい。

申立人Xは、昭和四二年四月徳島大学大学院医学研究科博士課程に入学し、その後、大学院学則所定の最短在学年限である四年を経過した昭和四六年四月一日以降も在学期間の延長を許可され、なおその身分を継続している徳島大学大学院学生であり、昭和四七年三月一五日被申立人Y（徳島大学学長）に対し、さらに昭和四八年三月三一日までの在学期間延長の申請をしていた。ところが、Yは同四七年三月二三日被申立大学大学院医学研究科委員会の議を経た上、右申立を許可しない旨決定し、その旨Xに告知した。

これに対し、Xは、右不許可処分は、無効または取り消されるべき瑕疵があるとし、徳島大学大学院学則二〇条二項によると、「博士課程の最短在学年限は四年とする。ただし、特別の事情がある場合は更に四年を限り在学を許可することがある。」旨規定されており、この規定の趣旨は、院生の最短在学年限は一応は四年ではあるが、もし、右期間内に未だ必要単位の修得、博士論文作成ができず、かつ最終試験に合格しない場合には、さらに四年間当然に院生としての身分を保有できることを定めたものであり、ここに「許可」というものも、行政法上の許可または認可とは性質を異にし、単に、手続上身分確認のために行われるものであるので、院生は、退学除籍等の特別の理由がない限り八年間はその身分を剝奪されることはない、したがって、本件不許可処分には、明白重大な瑕疵があり当然無効である、と主張した。

これに対し、Yは次のように反論した。徳島大学大学院学則二〇条二項によると、医学部研究科博士課程における院生の在学年限は一応四年と定められ、同期間の経過により当然在学年限は満了し院生の身分を失うのであって、ただ、特別の事情が認められる場合に限り学長が当該学生に対しその人的事情その他大学院の施設の状況、指導教官の事情その他大学院施設の管理運営上の一切の事情を勘案し、明らかに成業の見込みのある学生に対し、年限を限って在学延長を許可することがあるにすぎない。したがって、院生の身分は前記条項但書による特別の許可がない限り、在学年限満了により当然喪失するから、今、仮に本件不許可処分の執行が停止されたとしても、それにより、院生の身分を取得するものではなく、単に不許可処分がなされる以前の法律状態に立ちかえるにとどまり、申立人としては、在学延長の許可がないまま、在学期間を満了したという状態にあることには変りがない、と主張した。

これに対し裁判所は次のように判示した（徳島地昭和四七・五・一一決定・訟務月報一八巻八号一二七八頁）。

「被申立人のした本件在学期間延長申請不許可処分（正確には許可をしない旨を明らかにした申請却下処分と考えられる）は、申立人の国立徳島大学大学院（医学研究科博士課程）の院生たる地位を喪失せしめるものであり、その限りにおいて一般市民法上の地位または権利に直接かかわるものであって、単に大学院生の院生たる地位に基づいて発生する当該大学院内における権利義務の得喪に留まる処分ではないから、その在学関係の法的性質をどのように解するかにかかわりなく、これを違法として抗告訴訟を提起すること（従って、これに伴い、当該処分の執行停止を申立てること）は適法である。また、仮りに大学の機関の行う処分がいわゆる大学の自治によりその裁量に任されている部分が存するとしても、そのことの故に、処分の適法性の存否がすべて裁判所の審査の外にあるものではないこともちろんである」。

「これを本件についてみるに、申立人も医学研究科博士課程大学院生としてその適用を受け、被申立人が本件不許可処分の根拠とした徳島大学大学院学則二〇条二項によれば、同大学大学院では院生の在学年限について『博士課程の最短在学年限は、三年（医学研究科にあっては四年）とする。ただし、特別の事情がある場合は、更に三年（医学研究科にあっては四年）を限り在学を許可することがある。』旨定めており、他に不許可の場合の当該院生の身分について、暫定的にせよ、明文の定めはないことが明らかである。しかして、右規定の趣旨は、徳島大学大学院では院生の在学年限を原則として四年間とし（申立人の場合）、ただ、大学院の特殊性に鑑み特別の事情がある場合は例外的に四年を限り（申立人の場合）延長を許可する旨定めたものであり、この場合もし許可処分がなければ在学年限は原則どおり四年間であって、四年の経過により院生の身分は失われる建前であると解すべきである。

申立人は、院生の身分は、前記大学院規則により、特別の許可がなくても八年間は当然その身分を保有できるのが原則であり、在学期間延長申請は授業料の支払い等専ら手続上の要請から身分確認のために行われるもので、実質は届出の性質を有するものであり、それ故、申請許可の性質も確認的なものにすぎないから、いま不許可処分の効力が停止されれば、申立人としてはあらためて、被申立人の許可処分をまつまでもなくそれを解除条件として、延長申請（届出）自体により院生たる身分を回復することができる旨主張するが、明文に反し、また、他にこのように解するのを相当とする手がかりとなるような規定もないから、右主張は採用できない（申立人の言う徳島大学（学部）学則一四条、二八条の規定も、必らずしも右判断を覆えすものとは言えない）」。

すなわち、右の事案はXが「許可」は手続上身分確認のために行われるのであるから、退学除籍などの特別の理由がない限り、八年間はその身分を剝奪されることはないと主張したのに対し、裁判所は、明文上も右許可を単なる届出と解する余地がないとし、本件不許可処分の執行停止により院生の身分を回復継続することにはならないので、申立の利益を欠くと判示したのである。

また、右の判決において、大学院学生の在学期間延長申請不許可処分は院生の地位を喪失せしめるものであり、その限りにおいて一般市民法上の地位または権利に直接かかわるものであるとしていることは、この場合の許可が命令的行為の許可ではなく、いわゆる形成的行為の「特許」たる性質を有するものと解していると思われる。

(ii)　**認可**（補充行為）――次に講学上の「認可」であるが、これは第三者の行為を補充してその法律上の効力を完成させる行為をいう。たとえば、ある種の契約が認可を必要とする場合、その契約は有効に成立していることを前提とし、さらに認可されてはじめて効力を完成するというようなものである。たとえば、私立学校設置についての認可などである。実定法上では、許可、承認、認可などの用語が用いられている。認可は、形成的行為の特許のように独立した行為ではなく、他の行為に附随したものである。すなわち、国の監督手段として文部大臣が私立学校の設置について同意を与え、その法律上の効果を完成せしめるようなものである（私立学校法三一条）。

この認可を受ける行為は法律行為である。またすでに指摘した命令的行為の営業の許可の法的効果は禁止された行為に関する自由の回復である。この形成的行為の認可の法的効果は法律行為の効力の補完であり、認可をうける法律行為の効力の発生を促すものである。許可を要する行為を許可なくして行うことは違法であり、行政強制、行政罰の対象となるが、許可なくして行われたとしてもその行為は当然に無効とはならない。これに対し、認可は効力要件であるから、認可を受けない行為は無効であり、行為そのものが無効であるので原則として行政強制や行政罰の対象にならない。認可は、補充的効力を有するに止まり、基本の行為が無効の場合は、認可されても効力はないとされている。

(iii) **代理**——第三者のなすべき行為を国・公共団体などの行政主体が代わって行い、その第三者が自ら行ったと同じ効果を生じさせる行政行為をいう。たとえば、文化庁長官が国宝について、国宝の所有者、管理責任者などが修理に関する命令に従わないときに、自ら修理を行うなどである（文化財保護法三八条）。

(4)　準法律行為的行政行為

一　次に準法律行為的行政行為について検討するが、これは法律行為的行政行為と異なり、判断あるいは認識の表示を内容とする行為であり、法規の定めるところにより効果を生ずる行為であるとされている。その種類として、一般に、確認行為、公証行為、通知行為、受理行為がある。

二　確認行為——確認行為というのは、一般に、特定の法律事実または法律関係の存否について疑あるいは争のある場合に、その疑あるいは争について行政庁が公の権威をもってこれを確認し、公に宣言する行為である。

たとえば、事実の存否に関するものとして、課税標準の更正決定（地方税法七二条の四二）、土地収用における事業認定（土地収用法六条以下）、発明の特許（特許法二九条以下）、公の選挙における当選人の決定（公選法九五条以下）などがあり、また、特定の法律関係の存否に関するものとして、恩給権の裁定（恩給法一二条）、教職員の公務災害補償認定（地公法四五条、県費負担教職員が公務上の災害を受けた場合、その補償をなすべき労働基準法上の使用者及び職員が受けた災害が公務上のものであるかどうかについての認定権者は都道府県教育委員会である（昭和三三・五・一〇鹿児島県あて公務員課長）

などがある。

確認行為は判断の表示にすぎないので確認行為自体から形成的な法的効果は発生しない。たとえば、選挙当選人の決定や恩給権の裁定などは、議員たる資格を与えたり恩給権を授与したりするのではなく、単にだれが当選人であるかを確認することであり、また恩給権の存否および金額を確定するにすぎない。また、建築基準法第六条による建築主事の確認には、適法に建築工事をなし得るという効果があるに止まり、その確認に係る計画に従って建てられた建築物の適法性までをも確定するものではない（東京地昭和五三・九・二八判・行裁例集二九巻九号一七九二頁）、とする裁判例がある。

このような確認行為の特色は、行政庁が公の権威をもって確定した以上、新たな事情が発生しない限り、自由に変更できない効力を生ずるところにある。このほかどのような効果が発生するかは、各場合に法律の定めるところによって異なる。実定法上、確認行為は、決定、裁定、認定などの語が用いられている場合が多い。このように学問上の用語と実定法上の用語が一致していないので注意しなければならない。

なお、この確認行為は、右に指摘したように公の権威をもってその行為の正当性を確定するものであるが、これは決して反証を許さない絶対的なものではない。不正が認められると、公の権威をもって変更できるものと解されている。また、その成立や内容に瑕疵があれば、これを覆すことができるとされている。

したがって、教職員の公務災害補償の認定について、不正が立証されれば変更されたり覆されたりする。

この点、争訟の解決を目的とし、その判決に誤りがあっても特別の例外の場合のほか変更できないとする確定力とは区別されるのである。

三　公証行為――次に公証行為であるが、これは特定の法律事実または法律関係の存在を公に証明する行為である。たとえば、(i)特定の事実の存在に関するものとして、戸籍簿への記載（戸籍法一二条）、住民票の記載（住民登録法四条）などがあり、また(ii)特定の法律関係の存在に関するものとして、不動産登記簿への登記（不動産登記法二五条以下）、恩給証書の交付（恩給給与規則二一条）、教育職員免許受検者証明書の発行（教育職員免許法七条）などがある。

公証行為は、行政庁の意思表示たる法律行為的行政行為ではない。また、確認行為と公証行為との相異は、確認行為が特定の法律事実または法律関係の存否について疑あるいは争がある場合にその存否を確定する判断の表示行為であるのに対し、公証行為は、特定の法律事実または法律関係の存在を証明するために特定の法律事実または法律関係が存在するということの認識の表示行為である点にある。この公証行為は、行政庁が認定したものを公に証明することを目的としている。したがって、証明されると特定の法律事実または法律関係は公の証拠力（証明力）を有する。しかし、これは一応の証拠力であるのに止まり、確認行為と同じく行政機関または裁判所による取消しがなくとも、何人も反証をあげてその証拠力を争い、これを覆すことができる。

公証行為は公の証拠力を生じ、何人もこれを真実なものとして承認しなければならないという性格を有するので、所定の様式に従って記入するとか、一定の書式の書面を発行して表示するというようないわゆる要式行為が要求される。公証行為の法的効果も法規の定めるところにより異なる。

四　通知行為――通知行為とは、特定の事項を知らせる目的をもって行われる行為である。通知行為には、特定の事実に関する認識・判断を知らせる行為（例・土地収用における事業認定の告示・通知（土地収用法二六条―三〇条）、特許出願の公告（特許法五一条）、帰化の告示（国籍法一二条））と、意思ないし欲望の表示を知らせる行為（例・代執行の戒告（行政代執行法三条）、租税滞納者に対する督促（国税通則法三七条）、就学義務履行の督促（学校教育法二二条二項））などがある。いずれにせよ、通知行為は準法律行為的行政行為であり、それが行われることにより、法規の定める一定の効果が生ずる。この点、なんら法律上の効果が生じない単なる事実行為としての通知とは異なる。この点についての教育関係の裁判事例は見当たらないが、行政代執行法の戒告について、「戒告は、代執行そのものではなく、またこれによって新たな義務ないし拘束を課する行政処分ではないが、代執行の前提要件として行政代執行手続の一環をなすとともに、代執行の行われることをほぼ確実に示す表示でもある。そして代執行の段階に入れば多くの場合直ちに執行は終了し、救済の実を挙げえない点よりすれば、戒告は後に続く代執行と一体的な行為であり、公権力の行使にあたるものとして、これに対する抗告訴訟を許すべきである」とする判決がある（大阪高昭和四〇・一〇・五決定・行裁例集一六巻一〇号一七五六頁）。また、旧国税徴収法第六条の定める源泉徴収所得税の納税の告知は、支払者の納付すべき税額を確定する効力を有する行政処分と解すべきであるとする判例がある（最高昭和四八・九・二八・二小判・税務訴訟資料七一号三八八頁）。

したがって、通知行為の特色は、それが行われることにより後続の行為を適法ならしめるところにある。通知行為の法的効果も、法規の定めるところにより異なる。

また、通知行為は、それ自体、独立の行政行為であるので、すでに成立した行政行為（例・書面による許可）の効力発生要件としての交付・送達とは異なる（たとえば「農地買収令書の送達は独立の行政処分ではない」（大阪地昭和三五・九・三〇判・行裁例集一一巻九号二四五六頁）という裁判事例がある）。

また、教育委員会が当該市町村の区域外就学児童生徒の保護者に対して、右児童生徒を引き続き従来の小・中学校に就学することを認容しないという意思を明確にする行為は退学処分という行政処分に当たる（浦和地昭和五二・四・三〇決・行裁例集二八巻四号四三四頁）。さらに、学齢簿の作成、記載の加除訂正、抹消などはもっぱら行政庁たる教育委員会の内部の事務処理として行われるものであってこれにより直接児童生徒の身分に変動を生ぜしめる行政処分ではない（同地裁決定）とする裁判事例がある。

五　受理行為――受理行為は、届出、願書、不服申立書（異議申立書、審査請求書）などの他人の申出を有効な行為として受領し、法令に従ってこれを処理する意思を表示する行為である。

受理行為の特色は、(i)受理権限を有するものでなければ受理できない。(ii)他人の申出をまって行われる受動的行為であり、その他人の申出を自己の占有内に置く行為である。(iii)受理行為は、他人の申出を自己の占有内におく行為であるが、それと同時に、法令に従って他人の申出を処理する意思を表示する意味をもつものである。この点、単に他人の申出を自己の占有内に止めておくに止まる受付や申出の単なる到達と区別せられる（たえば、市街地建築物法施行令等一四四条の規定による増築届の受理は、いわゆる受付とは異なり、届出者の届出行為を適法かつ有効な行為と認めて受理する所管庁の受動的行政処分であって、行政処分取消訴訟の対象となり得るものである（東京地昭和二七・六・二五判・行裁例集三巻五号一〇七八頁））。

しかし実際上、どこまでが受付であり、受理行為であるかの断定は難しいが、受理行為は法令に従って一定の判断を下すという意思表示であるという点が重要である。たとえば博士学位請求論文を当該研究委員会が受領し、学校教育法や学則に従って、博士の学位を授与するか否かを判断する意思表示である。これが受理決定（行為）である。

また、不服申立書に対する補正命令（審査法二一条）は、下命的行為たる命令ではなく、不服申立人が補正しない場合には、審査庁が不服申立書の受理を拒否するという意思を知らせる通知行為であるとする判例がある。たとえば、宅地買収取消請求事件（千葉地昭和三六・六・三〇判・行裁例集一二巻六号一一九九頁）において、裁判所は、「訴願人が右指定期間内にその欠陥を補正してこれを訴願裁決庁に再提出しなかったときは、前記訴願書による訴願は、右還付のときにさかのぼって当該訴願に対する却下処分があったものと解するを相当とする」と判決した。受理行為の法律上の効果は、法規の定めるところにより異なる。たとえば、婚姻届の受理により婚姻が成立し（民法七三九条・七四〇条、戸籍法七四条）、異議申立書、審査請求書の受理により、審査庁がこれに対し決定・裁決をすべき行政上の義務が生ずる（審査法四〇条・四九条・五一条・五五条、民訴法二二八条など）ような場合である。

(四) 行政行為の附款（許可条件）の問題

(1) 集団示威行進の許可条件と行政行為の附款

一 (A) 「本条例四条三項による許可条件の付与は、現に公衆に対する危害が切迫している場合に限らず、公衆に対する危害を予防するため、公衆に対する危害に発展する可能性のある行為を制限禁止する場合にも許されるとした原判決の判断は正当である」。

「所論は、いずれも、本条例四条三項は道路交通法七七条三項と全く同一の趣旨、目的をもつものであり、許可条件違反を処罰する本条例五条、道路交通法一一九条一項一三号は保護法益及び違法態様を同じくするものであるのに、本条例五条の罪の法定刑が道路交通法一一九条一項一三号より重いのは、憲法三一条、九四条、地方自治法一四条に違反すると主張する。

しかし、道路交通法は道路交通秩序の維持を目的として制定された法律であり、同法七七条三項による所轄警察署長の許可条件の付与もかかる目的のためにされるものであるのに対し、本条例は、単に道路交通秩序の維持にとどまらず、公共の安全と秩序の維持を目的とするものと解され（本条例の目的が何かを判断するにあたつては、本条例の前文の規定だけでなく、本条例全体の規定を統一的、有機的に解釈して決定すべきである）、本条例四条三項による公安委員会の許可条件の付与は、示威行進又は示威運動の参加者が『秩序を紊し又は暴力行為をなすことによって生ずべき公衆に対する危害を予防するため』付されるものであり、したがって右許可条件によって禁止、制限される行為は、公衆に対する危害に発展する可能性がある行為に限られるのであるから、許可条件違反を処罰する本条例五条と道路交通法一一九条一項一三号が保護法益及び違法態様を同じくするものとはいえない。所論は、前提を欠き、適法な上告理由にあたらない。

被告人荒井兵一ほか四名の弁護人の上告趣意第四点のうち、各『ジグザグ行進、いわゆるフランス式デモなど一般公衆に対し迷惑をおよぼすような行為をしないこと』という条件が憲法二一条、三一条に違反すると主張する点について所論は違憲をいうが、ジグザグ行進やいわゆるフランス式デモは、公衆との間にまさつを生じ公衆に対する危害に発展する可能性があるから、本条例四条三項により『公衆に対する危害を予防するため』これらの行為の制限・禁止が許されるものと解すべきである。所論は、前提を欠き、適法な上告理由にあたらない。

被告人荒井兵一ほか四名の弁護人の上告趣意第四点及び被告人大高明の弁護人の上告趣意第四点のうち各その余の点について所論のうち、憲法二一条、三一条違反をいう点は、被告人らの参加した本件各集団行動に付された条件は、個々独立の意味を有し、個々に構成要件を補充するものであって、被告人らは、自己の行為と法律上、事実上の関連のない許可条件につきその違憲性を争う適格を欠くものであるから、不適法であり、その余は、単なる法令違反の主張であって適法な上告理由にあたらない」。（最高昭和五〇・九・三〇判・判例時報七八九号三頁）。

(B)「所論はかりに道路交通法第七七条によるデモの規制が合憲であるとしても、佐世保警察署長が本件道路の使用を許可するにあたり付した条件中佐世保市平瀬町無番地所在のロータリーから佐世保重工業株式会社東門に通ずる間の道路の使用を禁止したことと渦巻き、蛇行進を全面的に禁止したこととは一体をなしており、道路における危険を防止しその他交通の安全と円滑を図るためのものとは到底考えられないので、かくては条件は全体としてもっぱら、本件デモの企図する米原潜寄港反対の意思の表示を阻む目的で付されたことに帰し、憲法第二一条で保障されている表現の自由を不当に制限する違憲違法のものといわざるをえないというのである。

よって審按するに、道路交通法第七七条第二項第二号、第三項に規定した道路の特別使用の許可に際し付せられる条件は、行政行為の付款ともいうべく、さきに説示したとおり特別使用が許可されることを前提とし、実質的にその使用の方法、規模、態様など外形的な事情に即応し、一般大衆の交通の便益との調整措置としてこれに制約変更を加えるのであって、決してその使用の意図目的自体に関しては何らの制約変更を強いるものではないと解せられる。これを本件について看ても、記録上本件集団行進の許可に付せられた条件が、所論のように米原潜寄港反対の意思の表現を阻害する目的でなされたものと認むべき資料はなく、全順路にわたり渦巻き、蛇行進など交通の妨害となる方法で行進しないことを条件としたのも、集団行進が本来平穏に秩序を重んじてなされるべきものであることからすれば、当然守らなければならない基本的事項である。」

「結局右条件は市内の中心道路における一般交通の安全円滑との調和をはかるため、そこを使用する集団行進に課せられた必要最少限度の合理的な条件であるといえるので、これを違憲違法という論旨は理由がない。」（福岡高昭四四・三・一九判・判例時報五七六号九四頁）。

二　右に掲げた(A)の判決文は最高裁昭和五〇年九月三〇日（判例時報七八九号三頁）の「道路交通等保全に関する条例違反被告事件」についての判決の一部であり、(B)の判決文は、福岡高裁昭和四四年三月一九日（判例時報五七六号九四頁）の「公務執行妨害被告事件」についての判決の一部である。

(A)の事件では、道路交通等保全に関する条例（昭和二四年秋田県条例第二五号）四条三項により付しうる許可条件はどの範囲まで許されるのか、ジグザグ行進やいわゆるフランス式デモの禁止の条件が適法か否か、といった点が問題となった。

本件の判決文で最高裁は秋田県の道路交通等保全条例四条三項による「公衆に対する危害を予防するため」に許可条件を付与することは、現に公衆に対する危害が切迫している場合だけでなく、危害の予防、危害が発生すると予測される行為を制限するためにも認められるとした。

また、右の(B)の事件は、日米安保条約に基づき米原潜が佐世保に入港するにあたり、同市で行われた寄港反対の集団行進を許可条件違反として規制しようとした警察官との間において発生した公務執行妨害事件である。本件において、道交法七七条と同条一項に基づく長崎県道路交通法施行細則一五条三号によるデモの規制と道交法七七条三項により道路の特別使用の許可に付せられた条件、すなわち一定区間の道路使用の禁止と渦巻き・蛇行進の禁止が憲法三一条に違反しないかが問題となったが、裁判所は違反しないとした。

三　右に二つの判決文を掲げたが、その意図は、双方とも学生らが集団示威行進を行う場合、公安委員会により「許可条件」、たとえばジグザグ行進の禁止、フランス式デモの禁止、一定区間の道路の使用禁止、渦巻き・蛇行進の禁止というような「条件」を付与した上で、集団示威行進が認められることが多いので、このような「許可条件」とは何かということが問題となるからである。これが学問上の「行政行為の附款」といわれているものである。

これは、冒頭の(B)の判決文においても、「道路交通法第七七条第二項第二号、第三項に規定した道路の特別使用の許可に際し付せられる条件は、行政行為の付款ともいうべく」と判示していることからも理解できよう。

(2) 行政行為の附款の内容

一　右に掲げた判決から明らかなように、行政行為の附款の「附款」の語は実定法上の用語ではない。これは、行政行為の効果を何らかの形で制限するために、主たる意思表示に付加される従たる意思表示である。附款には、(i)条件、(ii)期限、(iii)負担、(iv)取消権の留保、(v)法律効果の一部の除外などの種類がある。このような附款を附すことは、許可に制限を課すことになるので、法令に根拠がある場合または条理上当然に認められる場合を除いては認められないと解されている。たとえば、冒頭の判決の事例から明らかなように、道路などでデモをしようとする者は警察署長の許可をうけなければならないが、この場合、署長が必要と認めるときは、交通の安全などの確保のために条件を附することができる（道路交通法七七条三項）ことになっているが、これが法令上附款をつけることが認められている事例である。

ところが、行政行為の効果を制限する場合にも、それが行政庁の意思によるものではなく、直接、法規によって定められている場合がある。たとえば、国家公務員の任用における「条件附任用期間」を六か月とし（国公法五九条）、教育職員の臨時免許状の有効期間を「その免許状を授受したときから三年間、その免許状を授与した授与権者の置かれている都道府県においてのみ効力を有する」（教育職員免許法九条二項）と法定の期限を定める場合などである。これも、広い意味では、行政行為の効果を制限する附款の一種であるが、しかし、それは、行政庁の意思に基づいて附されるものではないので、行政行為の附款と区別しなければならない。これらは、法定附款と呼ばれているものである。

二　附款の種類――附款の種類としては、一般に次の五つがあげられているが、このうち最も多く使用されるのは、次の(2)(3)(4)である。

(1)　**条件**――条件とは、行政行為の効果を発生不確定な将来の事実にかかわらしめる附款のことをいう。条件には、その将来の事実の発生によって行政行為の効力が生ずる停止条件（民法一二七条一項）と、その条件の成就により行政行為の効力が消滅する解除条件（一二七条二項）の二つがある。

たとえば、教育関係の事例ではないが、砂利会社の設立登記を条件として砂利採集という河川の使用を許可するようなことは、停止条件の附款の場合であり、また六か月以内に工事に着手しなければ失効することを条件として農地の転用を認める（名古屋高昭和五二・二・一五判・判例時報八五号七六頁）というようなことは、解除条件の附款の場合である。

(2)　**期限**――行政行為の効果を将来到来する確実な事実にかかわらしめる意思表示を期限という。これには、民法と同じように、期限の到来によって効力を生ずるもの（始期）（民法一三五条一項）と、期限の到来によって効力を失うもの（終期）（一三五条二項）とがある。

たとえば、昭和×年四月一日から道路の使用を許可するというのは、前者の例であり、免許状を授与したときから三年間効力を有するというのは後者の例である。また、期限の到来の時期が昭和×年四月一日というように確定している場合（確定期限）と、期限の到来が確定していない場合（不確定期限）とがある。また、たとえば県教育委員会が助教諭を任用するに際し一年の期限を附しても違法ではない（仙台高昭和三六・八・二三判・判例時報二七八号一五頁）とされている。

(3)　**負担**――負担は、特許・許可・認可などの行政行為の相手方に対し、主たる意思表示に付加して、特定の義務（作為、給付、不作為）を命ずることである。

たとえば、行政庁が道路に面した場所にビル建築の許可をする場合に、危害防止上の柵の囲いや鉄網の施設を設けることを命じたりするような場合である。この負担は法令上または実務上では、条件の語を使用している。しかし、前述の(1)の「条件」とは異なる。(1)の「条件」は、前述したように、砂利会社の設立登記を条件として砂利採集という河川の使用を許可するというように、行政行為の効果を発生不確定な将来の事実にかかわらしめているが、これに対し負担は建築許可の効力そのものは完全に発生しているのである。しかし、この許可には、危害防止のための施設を設けることが義務づけられているのである。したがって、前記(1)の条件の場合は、その条件の成就により当然にその効力が発生あるいは消滅することになる。これに反して、負担の場合はその負担の義務内容が履行されないと、たとえば前掲の例では、危害防止の施設を設けない場合はその義務の不履行という事実を理由に、別個な行為により、改めて行政庁は建築許可の撤回をすることになる。

負担の例として、たとえば、集団行進および集団示威運動に関する条例違反被告事件（東京高昭和四八・四・四判・判例時報七一三号三七頁）がある。

この事件は、昭和四〇年秋に行われた日韓条約反対デモの際、東京都公安委員会が付した「ことさらなかけ足行進、停滞等交通秩序をみだす行為をしないこと」、「合唱、シュプレッヒコール等示威にわたる言動は行わないこと」などの許可条件に違反した集団行動を指導したことなどを理由に起訴されたという事案である。同公安条例第三条一項は「公安委員会は……（集団行進などを行うための許可）申請のあったときは……これを許可しなければならない。但し、次の各号に関し必要な条件をつけることができる。…四　集会、集団行進又は集団示威運動の秩序保持に関する事項…　六　公共の秩序又は公衆の衛生を保持するためやむを得ない場合の進路、場所又は日時の変更に関する事項……」と規定している。

右の公安条例三条一項但書により条件を付す行為について、裁判所は、集団行動の主催者、指導者、参加者のなどに「一定の義務を課する行政処分であって、右の条件は講学上付款の一種たる負担と呼ばれるものに属」する、と判示している。

右の見解から理解できるように、この種の許可条件は講学上の「負担」に該当するということになる。

(4)　**取消権の留保**（撤回権の留保）——取消権の留保とは、行政庁が許可・特許・認可などの行政行為を行うに当たって、そのような主たる意思表示に付加して、公益上必要な場合などに、その行政行為を取り消しうべき権利を、行政庁に留保する意思表示である。実定法上、「取消権の留保」という用語はない。これは、負担と関連して附され、かつ、権利・利益を与えるような行為に多い。

たとえば、道路の使用を許可するにあたり「公益上やむを得ない必要が生じた場合」（道路法七一条一項、二項）に許可を取り消しうるとしたり、また、文部大臣は、学校または民法第三四条の規定による法人の行う通信教育で、社会教育上奨励すべきものについて通信教育の認定を与えることができる（社会教育法五一条）ことになっているが、この認定をうけた者が社会教育法令に「違反したときは、文部大臣は、認定を取り消すことができる」（同法五七条）としているような場合である。

(5) **法律効果の一部除外**――行政行為の主たる意思表示に附随して、法令が一般にその行政行為に附した効果の一部を発生させないようにする意思表示である。たとえば、有給の公務員の職に任命し、ただし法定の俸給を支給せず、としたり、公務員に出張を命じ、ただし、旅費を一定額で打ち切る、とするような場合である。

(3) 附款の限界と違法な附款の問題

一　附款を附しうるのは、行政庁の欲望の意思表示である法律行為的行政行為（命令的行為、形成的行為）に限られる。行政庁の判断・認識の表示である準法律行為的行政行為（確認・公証・通知・受理等の諸行為）は、その行おうとしている行為が適法であるので、これに附款を附することは、附款の本質に反するのでできない。法律行為的行政行為について、附款を附しうるといっても、法により厳格に覊束されている覊束行為の場合、すなわち、その行為が単なる法の具体化、執行にすぎないような場合にも附款を附することはできない。同時にまた、附款を必要な一定の限度を超えてまで附することも、行政行為の比例原則という一般的条理に照らして問題があり、できない。

かようにして、附款にはおのずから内在的な限界があり、かような限界を超えた附款は、違法な附款ということになる。すなわち、⑴附款は、これを附しうることを法令自身明文で認めている場合、あるいは、行政庁に対して、自由裁量の余地を認めていると解される場合に、附することができる。したがって、法令で附款を附しうることについて何ら根拠がないにもかかわらず附款を附したり、行政庁に自由裁量の余地を認めていないのにこれを附したりする場合は、そのような附款は、法令を無視し、附款の本質ないし要件に合致しないものであるから、違法な附款となる。⑵行政行為に附した附款は、具体的な行政行為の目的に照らし、必要な限度に止まらなければならない。たとえば、都市計画上必要な限度を超えて附款を附したり、警察上の営業許可の場合に、警察の目的に照らし、必要な限度を超えてまで、附款を附したりすれば、それは、違法な附款といわざるを得ない。最近の立法は、このような趣旨を明示した場合も少なくない。たとえば、「前項の条件は、災害の防止又は公共の安全の維持をはかるため必要な最小限度のものに限り、且つ、許可を受ける者に不当な義務を課することとならないものでなければならない」。（火薬類取締法四八条二項）と規定し、あるいは、「公安委員会は、……道路における危険を防止し、その他交通の安全を図るため必要があると認めるときは、必要な限度において、免許を受ける者の身体の状態又は運転の技能に応じ、……その他自動車等を運転するについて必要な条件を付することができる」（道交法九一条）と定めているのは、右の趣旨を明文をもって規定しているものといえる。

二　附款の限界について判示している裁判例を若干あげておきたい。公安条例に関係したものが多い。

適法な附款（許可条件）の限界を提示している事例――⑴公衆に対する危害を防止するための許可条件としてジグザグ行進やいわゆるフランスデモを禁止、制限することは許される（最高昭和五〇・九・三〇判・判例時報七八九号一〇頁）。⑵集団行動の許可条件は必要最小限度のものにとどめられるべきである（東京高昭和四八・四・四判・判例時報七一三号三七頁）。⑶デモ行進の全コースについて一律にだ行進等を禁止した許可条件は適法である（神戸地昭和四八・三・三〇判・刑裁月報五巻三号三四八頁）。この種の裁判例は多い。

違法の限界を提示している事例――⑴デモ行進の許可につき、現場警察官の指示に従うことの条件を付することは、右指示の要件、範囲を明確にしない限り違憲・違法となる（福岡地昭和四八・五・二二判・刑裁月報五巻五号九五一頁）。
(2)四列の隊列という条件は違法である（同右福岡地昭和四八・五・二二判）。

(4) **違法な附款（許可条件）と行政行為の効力との関係**

附款が右に述べたように、法令に違反し、附款の本質に反し、違法で無効であるような場合には、その主たる意思表示たる行政行為の効力は、どうなるであろうか。その場合、行政行為も当然に無効になるであろうか。これについては、理論上、次の三つに分けて考えるべきであろう。すなわち、(i)もしその附款を附することができないとすれば、その行政行為をしなかったであろうことが客観的に認定されるような場合、その附款が無効であれば、その行政行為そのものも無効とならざるを得ない。

(ii)　これに反して、その附款が行政行為をなすにあたり必ずしも重要不可欠な要素となっていない場合、すなわち、その附款を附することができないとしても、行政行為をしたであろうことが客観的に認定されうるときは、その附款が無効となるだけで、その行政行為だけが効力を生ずると考えられる。たとえば、「附款が行政行為の重要な要素でなく、その附款に無効又は取消の原因たる瑕疵があるときは、その附款のみの取消を求めることが許されるものと解するを相当とするところ、本件争訟の対象たる附款（注・ベトナム反戦全国行動大集会集団示威行進の許可に附した条件のうち、通行区分につきなした「本町四丁目交差点から道頓堀橋南詰までは、西側歩道を行進すること」との条件）は、集団示威行進の許否に直接関するものではなく、道路の通行方法に関する変更にすぎないから、行政行為の重要な要素とはなし難く、従って、右附款に前記のような瑕疵のあるときは、その取消を求めうるものであるから、被申立人の右主張は理由がない。」（大阪地昭和四三・六・一四決定・行裁例集一九巻六号一〇六六頁）。

(iii)　また、附款が違法ではあっても取り消しうべきものにとどまる場合は、その違法がはっきりと確定され取り消されるまでは、有効な附款附の行政行為として扱われるべきであり、附款が取り消されて初めて、無効の附款となるのであり、右の場合と同様に考えてよい。

第四章　教育行政における処分の成立要件

(一)　学生に対する不利益処分と処分の瑕疵

(1)　学生に対する不利益処分の成立要件

一　(A)「会議構成員が審議事項について如何なる利害関係がある場合に、如何なる権利が制限されるかの問題は、当該会議体の性質により、法令または条理に則りその基準が判断されなければならないところである。ところで教授会の運営について、右の点についてこれを定めた法令はなく、且つ前掲都留大学則によれば、学生の懲戒処分については、一般教授会の審議、議決を経べきこと、並びに一般的に、右教授会の構成員、定足数、議決数の定めについてこれを規定しているけれども、審議事項に、利害関係のある者についてこれを如何にすべきかの規定は存しない。そうとすれば、右の問題については、学校教育法第五九条の趣旨に従い、法令の趣旨に反しない限り、教授会において自主的に、自由に予めこれを定め、または随時これを定めることができるものと解するのが相当である。そして前記認定事実に基づけば都留大教授会は右五名の教官について、本件学生の処分理由とされている事由について煽動又は共闘したものとの見解により利害関係があるとして、その出席権、議決件を制限したものである。そして右の制限の程度については、商法第二三九条、第二六〇条の二においては利害関係がある者について、株主総会、取締役会における議決権を制限するのみであるが、地方自治法第一一七条によれば、地方公共団体の議会の構成員について、右の例より広く、自己及び親族の一身上に関する事件のみならず、右の者の従事する義務に直接の利害関係のある案件については、議会の同意がない限り、出席権が制限されていることが認められる。この点からすれば、都留大教授会の右の制限措置は、五名の教官について被告主張の事実のような合理的な疑いがある限り、必ずしもこれを目して違法と解することは相当でない。

よって右の措置による教授会の議決を違法として、本件処分の取消を求める原告の右主張は理由がない。」

(B)(1)「(五)　原告は本件処分を思想弾圧であると主張する。しかしながら原告が処分された理由は、正当な理由のない欠席なのであるから、原告が三里塚闘争に参加したことが欠席という所為の中に含まれているとしても、それをもって、欠席を正当化するものと認められない以上、結果だけをとらえて自己の思想に対する弾圧とすることはあたらない。」

(2)「(一)　原告は無期停学処分は学校教育法第一一条、施行規則第一三条、学則第二九条に定めのない処分であると主張する。同条文には「停学」とのみ定められており、かつ無期停学が被処分者に大きな苦痛を与えるであろうことは原告の主張するとおりであるが、懲戒処分として退学も認められていること、懲戒もまた教育の手段としてなされるものであり、事の性質上有期停学はある程度の期間をこえることは相当ではなく、長期にわたらざるをえないような場合にはむしろ不定期の処分をし、事情に応じてその解除をはかるのが相当であり、弁論の全趣旨からそのような取扱いがなされていることが認められることにかんがみると、法が無期停学という処分を禁じていると解すべきものではない。」

二　右に掲げた(A)の判決文は、都留文科大学停学・退学処分事件（甲府地昭和四二・六・一五判・行裁例集一八巻五・六号七五九頁）判決文の一部である。(B)の(1)と(2)判決文は、高校生に対する懲戒処分取消請求事件（福島地昭和四七・五・一二判・判例時報六七七号四四頁）の判決文の一部である。

(A)の事件の法的問題点の一つは、公立大学の教授会に審議事項に利害関係のある教官を出席させずに学生の懲戒処分を議決した場合その議決は違法にならないか否かという点である。

(B)の事件については、(1)高校の生徒に対する懲戒処分が思想弾圧ないし、高校の教育体制を改善すべきことを指摘したことに対する報復処分に当たるか否か、(2)学校教育法、同施行規則などは、高等学校生徒に対する無期停学処分を禁止しているか否か、といった点が法的問題として検討すべき点である。

右の諸点は、学生に対する懲戒処分が適法に成立するための成立要件の問題、すなわち行政法学上の観点からすれば、(A)の事件の論点は、「正当に組織されない機関の行為」に関するものであり、(B)の事件の(1)は「権限の濫用」、(2)は「法律上の不能または違法な事項を内容とする行為」に関するものである。

三　(A)の事件において原告らは、次のような違法行為を犯したとして、退学処分および無期停学処分に付された。それを整理すると次のようである。

(1)　原告A、B、Fは、昭和四〇年六月一日都留大旧校舎一二番教室において開催された学生集会に都留大事務局長、学生課長、学生係長の三名を呼び出し、事務局長以下事務職員全員の更迭などを要求して解答を求め、同人らを軟禁したこと。

(2)　六月八日、原告B、Eらは学生課長室に立ち入り学生係長に対し、「五月二二日の学内民主化闘争の記録出版記念会の模様について学生会の掲示物の撮影をしたネガフィルムを返せ」といって、事務を妨害したこと。

(3)　六月一六日、当時学内の規則上、学生デモは届出制が採用され、原告Aは都留市内における学生デモ行進の届出書を提出したが受理されず、しかも学長が学生の校外活動を禁止する旨の掲示を出したにもかかわらず、原告らは右禁止に違反し、学生約一、〇〇〇名に呼びかけてデモに参加し、他の学生をデモ行進させたこと。

(4)　七月六日、原告B、E、Fは、学生課室内に立ち入り、学生係長に対し、写真のネガフィルムを返せと迫り、約三〇分間事務を妨害したこと。

(5)　同日、原告Iは、学長に面会を求めて会議室に侵入し、教務委員長の再度にわたる注意を受けてようやく退去したこと。

(6)　六日午後七時頃から、原告らは他学生数百名とともに会議室をとりかこみ、スクラムを組むなどし、人事教授会終了後帰宅しようとした学長を翌日〇時五分頃まで同室に軟禁し、確認書に捺印を強要したが、その確認書には、(i)この闘いに於て教官学生の処分者を絶対に出さないこと、(ii)学内の組織改悪を即時とりやめること、(iii)一般教授会を開くことと記載されていたこと。

(7)　原告D、G、J、K以外の原告らは、八日の緊急学生大会において、無期限同盟休校、学長退陣要求等の議案を可決させ、原告Bが同盟休校のビラを貼ったため学長が同日から一七日まで臨時休業とする旨告示すると、一転して市内の学生に同盟登校を呼びかけ、大学名で教官全員に出講を依頼する電報を発信したこと。

(8)　原告A、B、C、E、F、I、Hは、九日、大学事務室内にスクラムを組んで押し入り、労働歌を高唱して職務を妨害し、事務局長に対し学生集会への出席を求め、左手に全治一か月位の傷害を与えたこと。

(9)　原告A、F、Hらを含む約三〇名の学生は、一四日、人事教授会の議事を妨害するため、入口扉のガラスを破損して屋内に侵入し守衛によって退去させられたこと。

(10)　学長が、一七日までの臨時休業期間中および一九日から三一日までの夏期休業中校舎等の無断使用を禁止する旨告示したにもかかわらず、原告K、L以外の原告らは、しばしば無断で宿泊し、学外の者を宿泊させたこと。以上の事実を理由にして、原告A、B、C、D、E、F、G、H、I、Jは退学処分、K、Lは無期停学処分とされた。

なお、本件各処分を審議した二回の教授会については、五名の教官に対して召集通知をしなかったが、右五名の教官は、いずれも一般教授会において懲戒処分に付せられるべき旨決議されており、そのうち二名は退職願を提出し、受理されていた。

四　右の事案は、学生が学内において違法なデモ行為、学内の事務妨害行為、教授会の開かれていた会議室の包囲・学長軟禁行為、無制限同盟休校・学長退陣要求の議決とそれに関するビラ貼り行為、職員に対する傷害行為、校舎の破損行為、校舎内での無断宿泊行為などの違法行為を行ったため、大学が原告らに対し、退学処分や無期停学処分をしたというものである。

これに対し、原告らの主張の一つは、次のようであった。

五「原告らに対する本件各処分が、昭和四〇年八月一八日並びに同月二〇日の都留大教授会において審議され決定されたものであることは認めるけれども、教授会における審議決定は、その構成員全員の出席、又は少なくとも全員につき召集がなされた教授会においてなされなければならないところ、右教授会には、学生部長、学生委員の任にあった五名の教官に対する召集がなく、その欠席のまま開催されたものである。よって右教授会は、適法な教授会ではなく、その審議決定には瑕疵があり、右瑕疵は被告の主張する事情にあっても治癒されない違法のものである。よって右違法の教授会の決定を前提とする本件各処分は違法であり取消されるべきものである。」

右の原告らの主張は、本件の処分は教授会全員が出席して決定しなければならないのに教授会は学生部長、学生委員の任に当たる五名の教官に対する召集がなく欠席のまま開催され、議決したので違法であるというものであるが、それに対する裁判所の見解が(A)の見解である。

この(A)の判決文の重要な点は、(1)会議の構成員が審議事項に関しどのような利害関係があれば審議に参加できないかは条理により決定するしか方法がないとしていること、(2)都留文科大学の学則には、教授会の構成員の審議事項と利害関係者との関係については規定がないこと、(3)本件について五名の教官を出席させなかったのは、懲戒処分の対象者たる学生を煽動した教官を出席させると公平な客観的な判断が期待できないところに原因があるとしていること、である。

(2)　学生に対する不利益処分と瑕疵ある行政処分との関係

一　一般に、学生に対する不利益処分がその根拠法規その他の法規に合致しない場合、または教育目的に反する場合、このような不利益処分を瑕疵ある行政処分という。そして行政処分の瑕疵の軽重の度合によって、かかる瑕疵ある行政処分は無効な行政処分と取り消し得べき行政処分とに分けられる。理論上、右のうち無効な行政処分は、行政処分としては存在するが、正当な権限を有する行政庁（学長）または裁判所が取り消さなくても、はじめから行政処分としての法律上の効果を生じない処分であるとされている。したがって、このような行政処分は拒否できるし、それに従う必要はなく、また、従わなくても処罰されないとされている。これに対し、取り消し得べき行政処分は、その成立に瑕疵があるが、正当な権限を有する行政庁（学長）または裁判所が取り消すまでは有効な行政処分として効力が認められ、右の行政庁（学長）または裁判所が取り消してはじめて効力を失う処分であるとされている。したがって、この両者の基本的な相違は、無効な行政行為については公定力が働かず、取り消し得べき行政行為については公定力が働くという点である。

二　この取り消し得べき行政処分と無効な行政処分とを分類して区別した場合の実益は、行政上の争訟に現われる。すなわち、(1)訴訟の類型として無効確認訴訟と取消訴訟に分かれ、取り消し得べき行政処分は、出訴期間の制限（行訴法一四条（三か月以内に出訴）、審査法一四条など）、審査請求前置の適用の有無（行訴法八条）、先決問題の適用（たとえば、懲戒退学処分の違法を理由とする学生の身分確認の訴訟）、行政処分の転換、治癒の可否、事情判決などが適用されるかどうかが問題となる。これに対し、無効な行政処分の場合は、それらは適用されない。右の点において、この両者は区別すべき実益があるとされている。

三　では、どのような標準に従って取り消し得べき行政処分と無効な行政処分の両者を区別するかについては学説の分かれるところであるが、一般的標準として「重大かつ明白な瑕疵」のある行政処分が無効な行政処分とされている。

それならば具体的には、どのような瑕疵があれば、行政処分は無効な行政処分となり、取り消し得べき行政処分となるのであろうか。普通、行政処分が完全な行政処分として作用するためには四つの要件が必要であるとされている。すなわち、主体、内容、手続、形式である。したがって、これらの要件のうち一つにでも瑕疵があった場合、その瑕疵が重大かつ明白であれば無効な行政処分とされ、それ以外の場合は取り消し得べき行政処分とされる。しかし、これは理論上の問題であり、実際問題として、いずれに属するかは簡単に断定することはできない。すなわち、ある行政行為の瑕疵が無効の原因となるか、それとも取消しの原因に止まるかは具体的事件に従って、個別的に決定しなければならず、抽象的には決定できない。したがって、特に強調しておきたいのは、処分を行う場合は、(1)法令の根拠があるか否か、(2)法令の解釈はどうなっているか、(3)裁判所の見解、特に最高裁の見解はどうなっているか、(4)行政実例として、文部省や教育委員会の見解はどうか、について注意して判断を下す必要があるということである。

(3)　学生に対する不利益処分と「主体に関する瑕疵」

一　そこで、ここでは、従来の学説、判例を整理してどのような瑕疵が無効原因となり、あるいは取消し原因となるかを、行政処分の主体、内容、手続、形式の四点について、簡単な説明を加えておきたい。

主体に関する瑕疵――完全な行政処分であるためには、処分行政機関が正当な権限を有し、正当な意思に基づいて行うことが必要である。この種の瑕疵の類型は、一般につぎの六つに大別できる。

(1)　行政機関でない者がなした行為――行政機関でないものが行政機関としてなした行為は原則として無効であるが、一般人にとって行政機関でないことが明白でない場合も少なくないので、相手方の信頼の保護、法的安定性の維持という点から必ずしも無効としていない場合があることに注意すべきである。たとえば、その例として、退職後の公務員の行為、正当な代理権を有しないものがなした行為などがあげられよう。

(2)　正当に組織されない合議機関の行為――行政機関の組織の瑕疵は、主に地方議会、行政委員会などの合議機関の場合に問題となる。合議機関は組織のいかんによってその決定に相違が生ずるおそれがあるからである。したがって、組織自体に重大な瑕疵がある合議機関の行為は原則として無効と解される。しかし、具体的な点に関しては、学説、判例ともに必ずしも一致しているとはいえない。すなわち、(i)適法な招集を欠く場合は原則として無効であり、

(ii)定足数を欠く場合は当然無効、(iii)欠格者を参加させた場合は無効と解されるが、一貫していない。

(3) 法律上必要な他の機関の協力を欠く場合――ある行政処分を行うに当たって他の機関の議決、同意、承認などを経ることが要件とされている場合に、これらの要件を欠いて行われた行為は原則として無効である。しかし、その議決または同意が効力要件でない場合は単に義務違反行為であり、取り消し得るに止まる。

(4) 法律上必要な相手方の申請または同意を欠く場合――原則として無効である。

(5) 行政機関の権限外の行為――行政機関が自己の権限に属しない事項（事項的無権限）または自己の権限の及ばない地域についてなした行政行為（地域的無権限）は、原則として無効である。

(6) 行政機関の意思に欠缺のある行為――(i)意思に欠缺ある行為、(ii)錯誤のある行為、(iii)詐欺、強迫、贈賄などの不当行為に基づく行為などは、無効ないし取消し原因となる。

右に掲げたのが、「主体に関する瑕疵」の原因の分類である。

二　右の分類からすると、冒頭に掲げた(A)の事件は、五人の教官を出席させなかったことが問題となっているのであるから、「主体に関する瑕疵」のうち「正当に組織されない合議機関の行為」に該当するか否かということが問題となるということになる。教授会の一員としての地位を有するものを招集しなかったとするならば、適法な招集を欠くとして原則として無効ということになろう。

しかし、本件の場合、この五名の教官は、本件学生の処分理由とされている事由について煽動または共闘し、その意味で利害関係があるとして出席権、議決権を制限されたのである。

この制限を肯定する根拠として、裁判所は地方自治法一一七条などをあげている。この問題は、行政法学上の行政手続の問題のうち「忌避の事由」に該当する問題である。

この点に関する事件として、仙台高裁秋田支部昭和三一年六月二一日の判決（行裁例集七巻一一号二五四五頁）がある。本件は、右の地自法一一七条と同趣旨の規定である地自法一八九条（「委員長及び委員は、自己若しくは父母、祖父母、配偶者、子、孫若しくは兄弟姉妹の一身上に関する事件又は自己若しくはこれらの者の従事する義務に直接の利害関係のある事件については、その議事に参与することができない」)に関する事件である。本件において、A町長解職に関する賛否投票の結果A町長は失職し、その後の町長選挙においてその町長選挙の候補者の子供が当該町長選挙管理委員会の委員長、選挙長として選挙を管理執行したため、選挙民はこのような選挙の執行の方法が適正な選挙といえるかに疑問をもつにいたった。裁判所は、この点に関し、選挙管理委員会がした投票管理者、立会人、選挙事務に従事する職員の選任について、右の候補者に有利な人選であったことを認めたが、これのみで本件選挙の管理執行が選挙の規定に違反したといえないとし、また、「選挙管理委員会の委員長はその父が立候補した選挙に関しては一般的にその職務の執行から除斥せられ或いはその選挙長となることを禁止されるものとする法規上の根拠もない」として、この選挙を無効ではないとした。最高裁も、選挙の候補者の長男が投票管理者となることは好ましくないが、それをもって選挙規定に違反することはないとしている(昭和三五・九・一判・民集一四巻一一号二〇五五頁)。

右の事案では、候補者の子供が選挙長として父親の選挙について特定の不正な活動をしたというわけではなく、候補者としての父親と選挙長としての子供との関係においてなんらかの不正な行為が行われるおそれがあるのではないかということが問題となっているのであり、これに対し(A)の事件では、教官が学生を煽動し、共闘したという点が、基本的に異なる点である。したがって、本件の裁判所の見解は妥当ということになろう。

三　(B)の懲戒処分取消請求事件の事実は次のようであった。

原告は、昭和四四年四月福島県磐城高校に入学し、昭和四六年一二月七日当時第三学年に在学していた。

(1)　**第一次処分の事実**――昭和四六年二月一一日、原告は、前日学校から無許可の集会であるから参加しないように注意されたが、二・一一紀元節粉砕合同同盟登校に参加して他校生徒を含む十数名の者と学校校地内に入り、教師らの退去の指示を無視して約三〇分にわたりアジ演説、デモを行ったため、被告学校長から無期家庭謹慎処分をうけたが今後このような行為をしないことの誓約書を提出して、右処分は解かれた。

その後、八月に行われた三里塚の第二次強制収用反対運動に原告が参加するおそれがあったので、担任教諭や両親がこの運動に参加しないように説得したが、原告は三里塚に行き学校を欠席した。

他方、新聞では磐城高校生を含む高校生が三里塚闘争に参加し、これについて県教育委員会がその処分を厳正に行うよう指示したかのような記事が掲載された。これに対し、原告らは、これは高校生の政治活動に対する弾圧であると考え、このことを生徒一般に知らせ処分を阻止しようとはかり、ハンドマイクなどで処分反対、職員会議の公開要求のための学内集会の開催を呼びかけるなどの行為を行い授業を妨害した。

一方、学校側は、処分を行った場合、原告らが処分に服せず登校する可能性が強く、そのため再度処分を行わなければならない事態の生ずることも予想されたため、処分後登校した場合には欠席として取り扱い、謹慎処分に服した日には加えないこととする実質一〇日間の家庭謹慎処分に処することに決定した。

(2)　**第二次処分の事実**――原告は、他の四名の被処分者とともに処分を撤回させようとして連日登校し、教師らの指導および制止を無視してハンドマイクを使用し、校庭で処分撤回、大衆団交要求、授業ボイコットを呼びかけて集会を開き授業の妨害を行った。

また、磐城高校で学校行事として高月祭が開催されたときに、弁論部の主催するフリートーキングの場で、自分たちが主導権を握って集会を開いた。さらに、覆面をした者を含むヘルメットを着用した原告以下二十数名が校門から進入し、教師らの制止をきかず講堂前までデモをし、フリートーキングの会場に座り込んだため、学校側は退去命令を出し、数十回にわたって解散と退去とを命じた。

この状況の下で、学校側は、原告が家庭謹慎処分をうけているのに、右に指摘したような行為を行い学校の秩序を乱したことを理由として、無期停学処分を命ずることを決定した。

(3)　**第四次処分についての事実**――第二次処分がなされた後、生徒の反応が衰えてきたことから、原告らはハンストをもって学校側に対し、処分の白紙撤回などを要求していくことを考え、生徒にハンストの宣言をして集会を呼びかけ、テント二張りを設けた。学校側はハンストの中止とテントの撤去と退去を命じたが、これに応じなかった。原告らはハンストによるなんらかの成果を得たいと考え、被告もこれに応じて話合いをはじめたが、不調に終り激高した原告らは校長室のドアを蹴破って入り一時間三〇分余にわたって被告に大衆団交を要求したが、職員らにより室外に排除された。学校側は実力でテントを撤去した。

学校側は原告から処分についての事情聴取をすることなく職員会議を開き、原告が第二次処分をうけたのに反省の色がなく、学校の制止をきかないで連日のように登校し、さらにハンストを支援し、テントを張って校地を不法占拠し、連日の退去命令に応じないで抗議行動を続けたことを理由に退学処分を命ずることに決定した。

（なお本件については、最高裁第一小法廷は、昭和五八年四月二一日「校長による裁量権の範囲内で、処分は適法」として訴えを退けた第一審、第二審の判断を支持し、上告棄却の判決を下した（毎日新聞　昭和五八年四月二一日）。

四　本件の事実を簡単に整理すると、原告は処分当時、福島県立磐城高校三年在学中であったが、三里塚闘争に参加したという理由で、(1)校長から自宅謹慎処分（第一次処分）、(2)次いで、原告のその後の行動を理由として無期停学処分（第二次処分）、(3)退学処分（第四次処分、――第三次処分は他の学生に対するもの――）を受けた。これに対して原告は、第一次処分については、(一)自宅謹慎なる処分は、学校教育法第一一条、施行規則第一三条の懲戒処分に該当せず、違法な処分であること、(二)謹慎には自宅謹慎と学校謹慎とがあり、処罰内規に定める謹慎にこの二種の処分を含ませることは許されないこと、(三)原告に対する処分は思想弾圧であること、(四)原告以外にも学校欠席者がいたにもかかわらず、原告のみが処分を受けたのは差別に基づく処分であること、などを主張した。また、第二次、第四次処分において、原告を無期停学処分に付したことは第一次処分の加重処分であること、また、原告に対する校長の懲戒処分は、校長の裁量権の濫用であり、逸脱であること、などを主張した。

五　これに対し裁判所は、生徒に対する懲戒処分は、処分権者の裁量にまかされるべきものであることを前提として、「学校も社会的施設であって、そのおかれた社会的諸条件のもとに存在するものであり、かつ現に生徒を収容して教育を実施し、これを停止することは許されないのであるから、教育の衝にあたる者は常に学校教育の改善向上に眼を向け努力を重ねるとともに、現になされている教育の効果的実施のための環境の維持保全に意をつくさなければならないし、かかる状況の下に学校教育が行われている、という認識に立って、原告の行った事実によれば、被告(校長)が自己の非をおおいかくし、その非を指摘した原告に対し報復的に本件各処分をしたとはとうてい認め難い。」と判断した。

右の判決の見解は、公立高校生徒に対する懲戒処分が思想弾圧ないし、高校の教育体制を改善すべきことを指摘したことに対する報復処分とは認められない、としたものである。

これは、校長の原告に対する懲戒処分が、行政庁の「主体の瑕疵」のうちの「権限濫用行為」に該当しないとされたものである。

懲戒処分は、学生、生徒と学校との間の相互信頼関係を基礎として成り立っているものである。相互の信頼関係が確立していれば、不当な懲戒処分もなく、紛争となって裁判所に提起されることはない。本件は、この相互の信頼関係の限界を示した判例といえよう。

六　次の東京教育大学懲戒処分取消請求事件は、東京教育大学で生じた懲戒処分に関する事件である。やはり人間関係の欠如が問題となった事件といえよう（東京地昭和四六・六・二九判・行裁例集二二巻六号八九九頁）。

原告は、東京教育大学理学部の学生で理学部学生自治会の副委員長の地位にあった者であるが、昭和四四年四月、「昭和四三年九月二一日から五か月間にわたり『ストライキ』と称して理学部教授会構成員が研究室ならびに講義室に立ち入ることを原告及びその指導する多数の学生が威力で阻止し、よってその研究教育活動を妨害した」ことが学則五八条所定の懲戒事由たる学生の本分に違背する行為に該当するとして、被告理学部長により無期停学処分に処せられ、また、同年一〇月、「補導教官の補導・警告に応ずることなく、一部学生の先導となり、本学の規則に反する行為を繰り返したこと、昭和四四年一〇月一五日停学中であるにもかかわらず、自ら自治会の責任者であると宣言し、理学部の一部学生とともに東京大学農学部に赴き、同大学当局の禁止・説得を無視して入構し、集会の中止・解散命令にそむいて本学理学部学生大会と称する集会を強行した」ことを理由として被告学長（当時は学長事務取扱い）により、放学処分に処せられた。

本件は、(1)国立大学学生に対してされた無期停学処分、放学処分に関する紛争は法律上の争訟に当たるか否か、(2)大学の自治を享受する主体の範囲はどこまでか、(3)大学の学生は大学の管理運営に参加する固有の権利を有するか否か、(注)(4)大学の学生に対する懲戒処分が裁判所の判断の対象となる場合とはどういう場合か、などの諸点が問題となった事件である。

いま、ここで取り上げなければならないのは右の(4)の点についてである。

七　裁判所は次のように判示している。「大学の学生に対する懲戒処分は大学がその自治の権能に基づいて行なう教育的措置であるから、懲戒処分に付するかどうか、また、懲戒処分のうちいかなる処分を選ぶべきかの判断は、学内の事情に通ぎょうして直接教育の衝に当っている処分権者の裁量に待つのでなければ、適切な結果を期待し難いことはいうまでもないが、被告ら主張のごとく、その裁量権の行使がほとんど全面的に肯定され、前記のような極めて限られた場合でなければ司法審査の道が残されていないといいうるためには、大学という研究と教育とを目的として構成される共同体において、教育と学生又は教官相互間に本質的な対立の契機が存在しておらず、大学の権威ないしは権限行使の妥当性が一般的に承認されていることを前提とするものであること多言を要しないところである。しかるに、現下の大学紛争をめぐり、……教官と学生との相互信頼関係が全く喪失し、大学の権威自体が問われて懲戒処分の基盤そのものが大きくゆらいでいる等右の前提条件の欠けている場合には、該前提条件の具備されている事案についてなされた前記判例をそのまま適用することは許されず、むしろ、通常の裁量処分におけるのと同様に、処分事由の存否はもとより、当該処分が教育的措置としての目的、範囲を逸脱するものでないかどうかということも、裁判所の審査に服するの相当であり、本件訴訟がかかる場合に属することは、本件弁論の全趣旨に徴して極めて明らかである」と判示した。

すなわち、大学紛争にあって教官と学生との相互信頼関係が全く喪失し、大学の権威自体が問われて懲戒処分の基盤そのものが大きくゆらいでいる場合には、大学の学生に対する懲戒処分は、処分事由の存否についても、また、右処分が教育的措置としての目的、範囲を逸脱するものでないか否かについても、裁判所の審査の対象となるとするものである。

（注）　裁判所は(1)の懲戒処分と行政上の争訟との関係については、国公立大学学生に対する無期停学処分は、公の営造物たる大学の施設、設備を利用しうる権利を長期間かつ無期限に停止し、放学処分は右権利を行使しうる法律上の地位を剝奪するものであるから、いずれも大学の内部的秩序維持の限度にとどまることなく、学生の基本的権利に直接影響を与えるものとして、これに関する紛争は法律上の争訟に当たる、と判断し、また、(2)の大学の自治を享受する対象範囲については、大学の自治は大学における学問の自由の実効性を保障するため、直接には教官その他の研究者につき認められたもので、大学における研究、教育にかかわりあいのない者に対してまでも与えられたものではない、とした。

さらに(3)の大学学生と大学の管理運営参加との関係については、「大学内においても対立の契機の存在することは否定できず、学生が大学の一構成員として教官ないし大学当局の方針・措置に対して批判を表明しうることも当然であるとはいえ、単なる言論による批判の域を超え、学生自らをも含む大学の教育的機能を停廃せしめることを目指して行なう一斉授業放棄等の抗議行動に出ることを容認し、これを正当な権利行使と観念するがごときことは、対等当事者間における相反する性格の利害の対立を前提とする労働者のストライキと異なり、学生が教官と対等同質の構成員ではなく、また、大学における対立の契機も基本的には共通の基盤の上に立つものであることを看過し、大学の自己否定を認める結果となるので、当裁判所の、到底、賛同し得ないところである。」「大学において広範な自由を享受することの反面、大学が研究・教育機関としての機能を営むうえで必要な規律に服すべき義務を負担し、自治活動の範囲を超えて大学の研究・教育機関としての機能を阻害する者に対しては、大学は、みずからの権限と責任において、一定の懲戒処分をなし得るものであり、また、それが大学に課せられた社会的責務でもあるといわなければならない。されば、大学における学生が教官と対等同質の意味における大学構成員であり大学の自治の担い手として大学の管理運営に参加する固有の権利を有することを前提として、本件無期停学処分の違憲をいう原告の主張は、排斥を免かれないものというべきである。」（東京地昭和四六・六・二九判・行裁例集二二巻六号八九九頁）と判断した。

(4)　学生に対する不利益処分と「内容に関する瑕疵」

一　内容に関する瑕疵――行政行為の内容が法律上または事実上実現不能または不明確の場合は、通常無効とされる。

(1)　**内容の不能**――内容の不能とは、行政行為の目的とするところが実現不可能な場合をいう。不能には事実上の不能と法律上の不能とがある。事実上の不能は、当然無効とされる。法律上の不能とは、行政行為の目的とするところが法律上実現不可能な場合をいう。したがって、法に違反しているが実現可能な行為（内容の違法な行為）と区別される。前者は無効であり、後者は原則として取り消し得るに止まる。しかし、実際上両者の区別は必ずしも明確ではない。問題となるのは、(i)人に関する不能、(ii)物に関する不能、(iii)法律関係に関する不能の場合である。

(2)　**内容の不明確な行為**――行政行為の内容が不明確な場合には無効である。

この内容に関する瑕疵に係る事件は多いが学生の処分に係るものは少ない。

まず、この内容に関する瑕疵に係る教育関係の事例を一般の事例に従ってあげ、そこでどのようなことが問題となっているかを知って戴きたいと思う。

二　なお、「内容に関する瑕疵」を裁判例に基づいて分類すると次のような行為が問題となっている。たとえば、(1)私人の権利を侵害しまたは処分の権限なくしてなした行為、(2)効力要件を欠く行為、(3)法令による制限・禁止に違反する事項を内容とする行為、(4)正当な補償をしないでした行為、(5)公序良俗に反する行為、(6)信義に反する行為、(7)

不合理な内容を有する行為、⑻公平・平等の原則に反する行為、⑼無意味な行為、⑽不能な事項を内容とする行為、⑾法律上の要件または資格を欠く者に対する行為、⑿死者に対する行為、⒀架空の者に対する行為、⒁所有者の誤認に基づく行為、⒂納税義務者の認定を誤った行為、⒃住所の誤認に基づく行為、⒄架空または不存在の物に対してなされた処分、⒅買収対象農地の認定を誤った行為、⒆課税対象の認定を誤った行為、⒇差押対象の認定を誤った行為、(21)内容が不明確または特定しない行為などである。

三　**(I)法律上の不能または違法な事項を内容とする行為の裁判事例**——⑴私人の権利を侵害しまたは処分の権限なくしてなした行為——公立中学校の統廃合に伴う就学指定処分の取消訴訟において、右統廃合自体の違法を主張しうるのは、それが特定の児童生徒、保護者に著しく過重な負担を課し、通学を事実上不可能にするなど裁量権の範囲を逸脱した場合に限られる（徳島地昭和五二・三・一八決定・行裁例集二八巻三号二四九頁）。

⑵　効力要件を欠く行為——(a)学校法人紛争の調停等に関する法律一〇条四項による理事および評議員の解職処分をするについて、その前提をなす調停や辞職勧告の手紙を踏まなかった場合またはそれらが無効と解されるような場合には、右解職処分も無効となる（東京地昭和四八・七・二五判・判例時報七二七号三二頁）。(b)地方教育行政の組織及び運営に関する法律三八条一項によれば、県教委が県費負担教職員に対して任命権を行使するには、原則として地教委の内申をその要件とし、内申によって不利益をうける側が暴行、脅迫またはこれに類する違法不当な圧力を地教委に加え、地教委が内申をしたくてもできないような例外的な場合でない限り、地教委の内申を欠いて任命権を行使することができないものと解するのが相当である（福岡地昭和五二・一二・二七判・判例時報八七七号一七頁）。

(c)　地方公務員法三八条に定める兼業許可をうけていない中学校長を選挙管理委員に選定したとしてもその選定行為を当然無効と解することはできない（千葉地昭和三二・三・二七決定、行裁例集九巻三号四九三頁）。(d)県教育委員会の教職員に対する他校への転勤処分は、勤務評定阻止闘争に対する報復の意図でなされたものとは認められず、地方公務員法五六条に違反する不利益取扱いに当らない（熊本地昭和四〇・一・二〇判・行裁例集一六巻一号六四頁）。(e)県教育委員会の市立小学校教員に対する転任処分の結果、その教員が意図していた授業計画を希望どおりに実施できなくなったとしても、これをもって直ちに当該転任処分がいわゆる教員の教育権の独立を侵害した違法なものとはいえない（静岡地昭和四〇・四・二七判・行裁例集一六巻五号九七四頁）。(f)旅行命令権者は、旅行命令を旅費予算額の範囲内で発令しなければならない旨の条例の定めがある場合に、予算の範囲を超えて公立学校長の発した旅行命令は、違法である（山口地昭和四五・六・八判・行裁例集二一巻六号八九頁）。(g)学校教育法、同施行規則等は、高等学校生徒に対する無期停学処分を禁じていると解すべきものではない（福島地昭和四七・五・一二判・判例時報六七七号四四頁）。

(3)　公平・平等の原則に反する行為――村立小学校教諭に対する分限免職処分は同人の思想・信条ならびに組合活動を理由とする差別的不利益取扱であり、憲法一四条、労働基準法三条に違反する重大かつ明白な瑕疵があるものとして無効である（静岡地昭和四一・九・二〇判・行裁例集一七巻九号一〇六〇頁）。

(4)　不能な事項を内容とする行為――市町村立学校の校長に対し勤務評定書の提出を求める旨の市町村教育委員会の命令は、法律上不能なことを命じたものとはいえない（秋田地昭和三五・九・八判・行裁例集一一巻九号二六八五頁）。

(II)　**行政行為の相手方たる人に関する不能または違法の行為の裁判事例**――法律上の要件または資格を欠く者に対する行為――地方公務員法の適用をうけない特別職たる非常勤講師の身分を有する者に同法二八条の規定を適用して した分限免職処分は無効である（福井地昭和三四・三・一一判・行裁例集一〇巻三号五七一頁）。

(III)　**内容が不明確または特定しない行為の裁判事例**――公立高等学校生徒に対し、処分期間中に登校することがあればこれを処分に服した日に加えないこととして、実質一〇日間の家庭謹慎処分をしたことは違法ではない（福島地昭和四七・五・一二判・判例時報六七七号四四頁）。

四　「学部留学生招致制度は……国づくりの指導者養成に積極的に協力する目的をもって、わが国が世界にさきがけて実施してきた独自の制度である」「これらの諸国の国家的要請に応じて教育協力をするものであって、その意味では留学生個人に恩恵を与えることを目的とするものではないということができる。」

「留学生として採用されるに先だち提出される誓約書には、『留学の目的を果すために、最善をつくして、日本の大学において学習研究を行うこと』その他の誓約条項のほか、『日本政府により成業の見込みがないと判断された場合……国費留学生としての身分を打切られても……不服を申立てることなくこれに従う』などのように、包括的条項が定められていて、これらの誓約条項は、例示的ではなく、むしろ限定的なものと推定されるのである。これらの意味において、身分取消に関する誓約条項は、国費外国人留学生のわが国政府に対する勉学上の義務ないし責任(身分打切りなどの不利益を生ずべき可能性)の範囲を明確にし、その反面として、わが国政府が身分打切事由を特定の事由に限定し、それ以外の事由によってはみだりに身分の打切りをしないという、いわば身分剝奪権行使の自己制約によって、留学生をして留学期間中安んじて学習研究に従事させるとともに、その成果を挙げさせようとする趣旨に出たものと解するのが相当である。」

「このように考えると、わが国は、たとえ恩恵ないし利益を与えることを内容とするものであっても、一たん国費外国人留学生として採用した以上は、自らも右のような誓約条項の趣旨に拘束されるものであって、前記誓約条項の違反や募集要項の定める打切り事由以外の事由によってみだりに留学生の身分を打切ることは許されず、または国交の断絶、出身国の他国への併合などの事情の変更や留学生の身分を維持することがそれ自体留学生制度の本旨に反するなどの特段の事情がない限り、右法律関係を解消することはできないものというべきである。」

「国費外国人留学生の招致制度は、国内開発のための指導者養成という諸外国政府の国家的要請に応じて、わが国が教育協力するため設けられたものではあるが、そうであるからといって、当該外国政府からなされた留学生の身分打切りの要請は、条約上の要請権がある場合とは異なり、その要請に反する法律状態の存続を否定する効力を有する道理はないのみならず、わが国政府がこの要請を契機として、当該留学生の身分を当然に取消しうるものと解すべき法理上の根拠はない。もし、当該外国政府の要請があれば、理由のいかんを問わないで、わが国政府が留学生の身分を取消しうべきものとするならば、留学生がそれまでの学習によって得た成果は全く無駄なものとなり、他面留学生らは自己の意思の及びようのない自国政府の要請を常に念頭において不安のうちに勉学に従事しなければならなくなるのであって、右のような解釈は、留学生個人の意思と人格を尊重し、個人の同意を前提として留学生として採用するということを基礎として成り立っている国費外国人留学生招致制度を根底からくつがえすものとして、とうてい許されないものというべきである。」

「このことは、国費留学生が自国政府の推薦によってわが国政府によって採用された場合においても、同様に解すべきである。

従って、一般の国費外国人留学生に対して、本件処分事由と同様、自国政府の身分打切りの要請があった場合に、わが国政府が右の要請があったことを処分事由として、当該国費留学生の身分を取消すことは違法であるといわなければならない。」（東京地昭和四四・四・一八判・行裁例集二〇巻四号四九九頁）。（傍点筆者）

右に掲げた判決は、国費外国人留学生の身分打切処分取消請求事件の判決文の一部である。本件の事実は次のようである。

五　原告は、文部大臣裁定「国費外国人留学生制度実施要項」に基づく募集に応じ、シンガポール自治州から昭和三七年度国費外国人留学生として被告文部大臣により採用され、千葉大学留学生課程に配属されて勉学に従事していた。原告は右採用の当時シンガポール自治州の市民でイギリス国籍を有していたが、マレーシア連邦成立後はマレーシア国籍の留学生であり、シンガポールが分離独立した後はシンガポール国籍を有していた。文部大臣は、原告が千葉大学留学生部（留学生課程廃止後これに代るもの）第三年次に在学中、原告に対し、原告の国費外国人留学生身分打切りの処分をなし、原告はこの処分の通知を受けた。

このような事態になったのは、次のような理由による。

シンガポール政府は、在シンガポール日本総領事館上田総領事に対して、原告が在日マラヤ学生協会の指導者として、東京で反マレーシア活動を行っているので、同政府としてはその推薦によって送られた国費外国人留学生のかかる行動を黙許することができないという理由で、日本政府が原告の有する国費外国人留学生としての身分を打切り帰国させるよう要請し、かつ、シンガポール政府機関である人事委員会より原告あての書面（造船工学を専攻するため原告に与えられた日本政府奨学金をシンガポール政府が破棄した旨を知らせる旨、また、それは原告が在日マラヤ学生会の反マレーシア、反国家活動に参加したためである旨の記載がある）を原告に手交されたい旨の依頼をしてきたので、上田総領事は、これを外務大臣に報告し、外務省は文部省（調査局長）にこれを通報するとともに、シンガポール政府の要請に応ずるために、原告の留学生身分打切りについて早急の措置をとるよう依頼した。文部大臣は、原告に対して「昭和三九年九月四日付であなたの国費外国人留学生の身分を打切りましたので通知します。これは貴マレーシア国政府からの要請にかんがみあなたの留学目的が達せられないと認め措置したものです。」との通知をした。このように、本件身分打切処分は、原告の出身国であったマレーシア国政府の要請によってなされたが、原告は、昭和三七年度採用の国費外国人留学生としての原告の身分は、東南アジア、中近東諸国からの国費外国人留学生のそれと異なるところはなく、したがって被告の本件処分事由にあるように、出身国の政府の要請によって留学生の身分を打ち切るがごとき処分は違法であると主張し、出訴した。

右の事実に対する判決の一部が前掲の判決文である。

六　右に掲げた裁判例において、法的には、(1)被告文部大臣の行った国費外国人留学生としての身分を打ち切る行為が行政訴訟の対象となるか否か、(2)右の被告文部大臣のした行為が行政処分であるとした場合に、右留学生としての身分打切り処分の取消しを求める訴えの利益があるか否か、(3)被告文部大臣の行った行為が適法か否か、が問題となった。これに対し裁判所は右の(3)の点について、国費外国人留学生として採用された者は誓約条項違反または募集要項に定める打切事由以外の事由により留学生の身分を打ち切られないことを保障されているのであって、当該留学生の自国政府からの要請を理由に国費留学生の身分を取り消すことは違法である、と判示したのである。

すなわち、被告文部大臣は、国費外国人留学生の受入れが被告文部大臣の組織法上の権限に基づく行政上の措置にすぎないとし、留学生の身分上の問題は、行政権内部の内部的行為にすぎず行政処分とは解することはできないと主張した。これに対し、裁判所は、留学生の採用、在学関係を検討し被告文部大臣の留学生に対する身分の打切りは、国立大学の一般学生に対する除籍ないしは退学処分と類似する公権力に当たる行為であると判断したのである。

本件は、シンガポール自治州がマレーシア連邦の一州として分離独立するという政治的変動の中にあって発生した留学生の身分に関する事件である。

七　以上、「内容に関する瑕疵」の問題についての裁判例を検討したが、処分が違法•無効とされた根拠は、(1)児童生徒などに著しく過重な負担を課すような裁量権の限界の逸脱は違法、(2)処分を行う前提としての調停や辞職勧告の欠落は無効、(3)内申に基づかない任命権の行使は違法、(4)勤務評定阻止闘争に対する報復措置であれば違法、(5)予算の範囲をこえた旅行命令は違法、(6)組合活動を理由とする差別的不利益取扱いは無効、(7)非常勤講師に対する分限処分は無効、(8)国費外国人留学生の出身国政府の要請による身分の打切りは違法、などというものであった。

これらの裁判例において、「内容に関する瑕疵」を理由として違法・無効とされている根拠に注意すべきである。

(5)　学生に対する不利益処分と「手続に関する瑕疵」

一　「大学の学生に対する懲戒処分は、学生の権利ないし身分関係に対する一定の不利益処分であり、特に退学処分は、学生の権利ないし身分そのものを剝奪する重大な処分であるから、その決定にあたっては、実体上慎重な判断がなさるべきこと前述のとおりであり、従って、その手続においても、懲戒権者の恣意、独断等を排除し、その判断の公正を担保するため、処分を受ける学生に対し、弁明の機会を与えるなどの事前手続を経ることが望ましいことはいうまでもないところである。しかしながら、大学の学生に対する懲戒処分は、学内秩序を維持し、教育目的を達成するために行われる教育作用であって、その決定に際しては、合目的的要請が強く働くうえ、これを規制する手続法規ないし確立した慣行も存在しない（当時、佐賀大学にもそのような学則、内規等はもちろん、右事前手続を義務付ける慣行も存在しなかった。）のであるから、判断の公正が実質的に担保される限り、右のような手続をとるかどうかは、処分の選択と同様、懲戒権者の合理的裁量に委ねられているものと解するのが相当である。

ところで、本件処分に際して、原告に対し弁明の機会が付与されず、処分の通知書に処分理由が記載されていなかったことは当事者間に争いがないところであるが、前記認定の本件処分に至る経過および当時の学内の異常事態等に照らすと、懲戒処分を前提とする事前手続が果たして正常にできたかは極めて疑問であり、右手続を実施することによって、再度学生らの暴力行為を誘発する危険性さえあったものと推認されるうえ、本件処分の対象とされた原告の行動は、多数の補導委員の面前でなされたものであり、いわば現行犯的行為として、事実誤認の危険性が乏しかったこと（本件処分の対象とされた事実につき、著しい事実誤認がなかったこと前述のとおりである。）、また本件処分は学内規則に基づく所定の機関の慎重な審議を経て決定され、被告の独断ないし偏見により特に不公平な処分が行われた形跡も認め難いことさらに原告は本件処分に抗議するため経済学部長に面会を求めた際、その処分の理由を口頭で告知されたこと前記認定のとおりであるから、これらの事実を総合すると、本件処分の公正は実質的に担保されていたということができるのであって、本件処分に際して、原告に弁明の機会を与えず、処分の通知書に処分理由を記載しなかったからといって、直ちに、本件処分が違法になるものではないというべきである。」（佐賀地昭和五〇・一一・二一判・訟務月報二一巻一二号二五四八頁）。

二　右に掲げた佐賀地裁判決の骨子は、⑴学生に対する退学処分は身分の剝奪に当たるので、慎重な判断がなされなければならないこと、⑵懲戒処分は恣意・独断に基づいてなされてはならないこと、⑶公正な手続に基づいて処分をする必要があること、⑷しかし大学には処分を行う手続規定がないので、「判断の公正」が実質的に担保されればよいこと、⑸その場合の判断は、懲戒権者の合理的裁量に委ねられていること、⑹本件の場合、「弁明の機会」が附与されず、「処分理由」も処分書に記載されていなかったことは、学内の異常状態に原因すること、⑺本件処分は学内規則に従っており、不公平になされたとはいえず、処分理由は経済学部長から口頭で告知されていること、という点にあり、以上の点から、本件は公正な処分の実質が担保されていると判断したのである。

右の判例から明らかなように、原告が本件で問題とした点は、原告に対する「弁明の機会の供与」がなく、「通知書に処分理由が記載されていなかった」という点である。

ここで注意すべき点は、懲戒処分権者が処分を行う場合に事前に「弁明の機会」を供与しなければならないかということである。この「弁明の機会の供与」の問題は、事前救済の問題ないしは行政手続といわれている問題であり、わが国の行政法学では新しい分野である。

三　従来、行政法学上「手続の瑕疵」については、いわゆる行政行為が完全な行政行為として成立する要件としての主体、内容、手続、形式という四つの要件の一つとして取り上げられ、現在も一般にそのような認識に立って「手続の瑕疵」が論じられている。
しかし、第二次大戦後、英米法の影響を受けて、いわゆる「適正な法の手続」(due process of law) の考え方がわが国にも導入されてきた。たとえば、日本国憲法第三一条は「何人も法律の定める手続によらなければ、その生命若しくは自由を奪はれ、又はその他の刑罰を科せられない」と規定する。この規定が、刑事手続だけではなく、行政手続の根拠規定になり得るか否かが問題となっているのである。すなわち、本条は、アメリカ合衆国憲法修正第五条の「何人も……正当な法の手続 (due process of law) によらなければ、生命、自由、又は財産を奪われない」という規定および修正第一四条第一節の「州は、何人に対しても正当な法の手続によらなければ、その生命、自由、又は財産を奪うことはできない」という規定の影響を受けて成立したものであることは、一般に認められているところである。したがって、本条が、アメリカ合衆国憲法と同様の意味をもつものと解する方が、日本国憲法の基本的人権尊重の趣旨に合致すると思われる。したがって、この憲法第三一条の規定を行政手続の根拠規定と解してよいと考える。たとえば、学生が学校教育法第一一条に基づく懲戒処分を受けるということは、学生にとって、教育を受ける権利の剥奪ということになるので、これを右の憲法の規定に基づいて考えると、法律の定める手続によらなければ教育を受ける権利は奪われないということになる。したがって、このような懲戒処分がなされるためには、正当な法の手続に依拠しなければならないということになる。

しかし、右のような発想は、日本国憲法制定以前には存在しなかったということができる。しかも、従来の行政法学の理論は、大陸行政法、プロシヤ行政法により確立された理論である。このため、右のような「正当な法の手続」すなわち、処分がなされる前に、(1)告知（関係当事者は何について処分を受けるかということを知らされなければならないこと）と(2)聴聞の機会の供与（関係当事者に対し、その権利・利益について主張する機会を供与しなければならないこと）の手続を経なければならないというような考えは、存在しなかった。このような「正当な法の手続」に基づく「行政手続」論は、処分を受ける者の権利を擁護するために適正な処分を行うための手続という考えに基づいている。

したがって、この「行政手続」論は、ここで取り扱う「手続の瑕疵」というものとは、発想が異なるといってよい。行政法学者の中には、この「行政手続」論を従来の分類に従って「手続の瑕疵」の中に入れて論じているものもあるが、この両者は、その発生を異にするものであり同一次元では議論できないものである。すなわち、従来の「手続の瑕疵」論は、行政処分の公定力を中心に、国民に対し処分をなすに当たっていかなる手続によれば行政庁が適法な処分を行うことができるかという意味において、行政庁自らを規律している手続であるということができる。これに対し、処分の相手方の権利、利益を擁護するためには、どのような手続に依拠すればよいかという意味における手続とは発想において根本的な相違があるのである。

四　数個の行政機関の行為が連続的に行われ、最終的な行為により、法律効果が生ずる場合に、その各個の行為を手続という。手続の瑕疵は、その手続の性質により効果が異なり、一般には重要な手続の瑕疵は無効原因となり、重要でない手続の瑕疵は取消し原因に止まると解されている。両者の区別は必ずしも明白ではない。しかし、手続が相対立する当事者間の利益の調整を目的とし、また利害関係人の権利・利益を保護することを目的として定められている場合には、その手続の瑕疵は無効原因となり、手続が行政上の便宜のためのものである場合は、取消し原因に止まるとする説が有力である。この「手続の瑕疵」について問題となるのは、(i)公告、縦覧、通知を欠く行為、(ii)申請を欠く行為、(iii)関係人の同意を欠く行為、(iv)関係人の意見聴取を欠く行為、(v)聴聞、審査手続を欠く行為、(vi)他の機関の意見聴取を欠く行為、(vii)手続の前提行為を欠く行為、(viii)手続の順序を過った行為、(ix)手続期間を経過した行為などである。

五　以下、教育関係の事例を中心にあげ、どのようなことが問題となっているかを考察しておきたい。

(1)　公告、縦覧、通知を欠く行為――(a)県教育委員会が学校職員の分限免職処分をするについての会議ないし議事の告示をしなかったからといって、右処分手続が違法であるということはできない（鹿児島地昭和四〇・四・五判・行裁例集一六巻五号八二三頁）。(b)市教育委員会が教職員の懲戒処分を内申するについての会議を告示しなかったとしても、右内申に基づく処分を違法ならしめるものではない（大分地昭和四〇・四・一三判・行裁例集一六巻五号八五五頁）。(c)県教育委員会が学校職員を分限免職処分にするについての会議が急施を要する場合との判断をもとに、その開催の日時、場所を告示することなく招集せられ、また書面により委員に通知することなく招集せられたとしても、処分手続に違法があるとはいえない（大阪高昭和四三・一〇・三一判・行裁例集一九巻一〇号一七〇一頁）。(d)市教育委員会会議の開催についての告示が、右会議の約二〇分前になされたとしても、右告示書が所定の掲示版に貼付され、一般住民の了知し得べき状態におかれたときに告示としての効力が生じ、適法である（大阪高昭和四三・一一・一九判・行裁例一九巻一一号一七九二頁）。(e)公立学校教員に対する転任処分について、市教育委員会の委員全員が出席のうえ決議している以上、仮に適法な招集の告示がなされなかったとしても、右の決議が無効であるとはいえない（神戸地昭和三四・七・一三判・行裁例集一〇巻八号一五七二頁）。

(2)　申請の瑕疵――市教育委員の辞職申出の撤回後にされた辞職申出に対する市長の同意処分は違法であるが無効ではない（長崎地昭和五〇・五・九判・行裁例集二六巻五号七三二頁）。

(3)　関係人の意見聴取を欠く行為――(a)公立中学校教諭に対する転任処分の発令が、従来の慣行に反し、事前に当該教諭の意思を確認することなくなされても、いわゆる同和教育をめぐって生じた学校教育の混乱を収拾するための緊急措置であれば違法ではない（大阪地昭和五一・六・二一判・行裁例集二七巻六号八七五頁、大阪高昭和五五・三・二五判・行裁例集三一巻三号五三八頁）。(b)市町村教育委員会が公立小中学校の通学区域変更を決定するに当たり、事前に関係住民・保護者の意見を聴取しなくても違法ではない（大阪地昭和五三・一二・二六判・行裁例集二九巻一二号二一三七頁）。

(4)　聴聞、審理手続を欠く行為——大学管理機関が教員の懲戒免職処分を審理する場合に、審理を公開にするか、被審査人に口頭又は書面によるいずれの陳述の機会を与えるか、また、弁護人の出頭を許すか等は大学管理機関が自由に決定することができる。したがって、陳述の機会を与えなくても違法ではない（甲府地昭和四二・七・二九判・行裁例集一八巻七号一〇八〇頁）。

(5)　他の機関の意見聴取などを欠く行為——(a)教職員組合のストライキを指導、実施した県費負担教職員に対し、県教育委員会が市町村教育委員会の内申を得られないままにした懲戒処分は、右内申をすることが不可能なような例外的場合でない限り、地方教育行政組織法三八条に違反し、取消しを免れない（福岡地昭和五二・一二・二七判・訟務月報二四巻一号一二二頁）。(b)教育委員会の許可を受けないで、中学校長を村選挙管理委員及び同委員長に選定した行為は、当然に無効とはいえない（千葉地昭和三三・三・二七判・行裁例集九巻三号四九三頁）。(c)県教育委員会が県立高校職員の免職処分をするに際して、その所属校長の意見を徴しなかったとしても違法ではない（大阪高昭和四三・一〇・三一判・行裁例集一九巻一〇号一七〇一頁）。(d)学生に対する懲戒処分について、学長が教授会の決議と異なる処分を選択したからといって、そのことで右処分が違法となるものではない（佐賀地昭和五〇・一一・二一判・訟務月報二一巻一二号二五四八頁）。

(6)　期間の経過した行政行為——次に、「期間の経過した行為」に関する裁判例として、福岡地裁昭和五五年三月四日の判決がある（訟務月報二六巻四号六七〇頁）。

本件の事実は、次のようであった。

原告の入学した九州大学法学部の修業年限は四年で、そのうち当初の一年六月を教養課程として教養部において履修し、右課程を終了した後、学部に進学して、二年六月を専門課程として履修することになっている。

原告は、昭和五〇年四月入学し、同五一年九月と五二年九月の二回にわたり履修単位不足のため学部に進学することができず、いわゆる留年となった。教養部における在学期間の限度は三年六月で、原告は五三年九月までの間に五五単位を修得する必要があったが、原告がこれまでに修得した単位はわずか一八単位にすぎなかった。

ところで、原告は昭和五三年二月六日新東京国際空港開港阻止闘争に参加して逮捕され、同月二八日身柄勾留のまま起訴され、右勾留は同年九月二〇日保釈されるまで続いた。

その間、同年四月二三日原告は父を通じて被告に対し、向こう一年間の休学願を提出したが、被告は同年九月二〇日に至って、これを受理できない旨（休学不許可）の通知を発した。そして、被告は同年九月三〇日付で原告を除籍処分に付した。

そこで、原告は、原告がこのような除籍処分に付されたのは、被告が原告において他に手段を取り得ない程度に長期間許否の決定を遅らせたことに原因があるのであるから、本件休学願の決定手続は違法となり、その違法により本件休学願不許可処分も違法となると主張した。

これに対し、裁判所は、「前記認定事実によれば、右決定が原告の休学願提出から約五ヶ月後になされたものであるから、その期間だけを見れば、不当と言える余地があるかもしれないが、前掲各証拠を総合すると、被告は、右期間を漫然と経過させたのではなく、原告の父時也に対して、原告の自主的な退学がもっとも望ましいことを繰返し説得し、原告にもそう説得するように勧めたり、あるいは、本件休学願に対してこれを許可する要件を充足していないことを説明したりした事実が窺われるばかりか、前記認定のように、原告が昭和五三年九月二〇日まで身柄を拘束されていたのであるから、仮に本件休学願不許可がすみやかになされていたとしても、原告において何らかの措置をとり得たかは疑問である。そうだとするならば、本件休学願不許可が遅れたことをもって違法ということはできない。」と

判示した（福岡地昭和五五・三・四判・訟務月報二六巻四号六七〇頁）。

右の裁判所の見解は、休学願不許可処分は原告の休学願提出から約五ヶ月後になされたものであり、その期間だけを考えると不当といえるとする余地があることを容認したものの、このように処分が遅れたのは、大学当局が、(1)原告が自主的に退学するのが望ましいことを説得していたこと、(2)本件休学願を許可する要件を充足していないことを説明していたことにその理由があるのであるから、本件休学願不許可処分が遅れたことについては、合理的理由があるとして、大学側（被告教養部長）の主張を認めたのである。

六　このほか、「手続の瑕疵」に関する教育関係の事例をあげてみると、次のような事件がある。

(1)　県教育委員会が町立小学校講師に対し分限免職処分をするにあたり、その審議を公開しなかったからといって、その処分が違法となるものではない（福岡高宮崎支部昭和四一・一〇・三一判・行裁例集一七巻一〇号一二一三頁）。

(2)　学生の懲戒処分を審議する教授会に学生を煽動し、または共闘した教官を出席させずに議決を行ったとしても、これに基づく懲戒処分は違法ではない（甲府地昭和四二・六・一五判・行裁例集一八巻五・六号七五九頁）。

(3)　市教育委員会会議が非公開で開催されても、直ちに全委員一致で秘密会とされた場合は、右非公開の瑕疵は治癒され、これに引き続きなされた会議における議決は適法である（大阪高昭和四三・一一・一九判・行裁例集一九巻一一号一七九二頁）。

(4)　教育職公務員を懲戒するについては、審査説明書を交付し、口頭または書面で陳述する機会を与えなければならないから、被処分者の所為のうち右説明書に記載せず、右陳述の機会を与えていないものを懲戒処分理由とすることは許されない（甲府地昭和四二・七・二九判・行裁例集一八巻七号一〇八〇頁）。

(5)　国立大学の学長が学生を放学処分に付するに当たって、当該学生に弁明の機会を与えなかったとしても、そのことだけで右処分を違法とすべきではない（京都地昭和三〇・一二・二八判・行裁例集六巻一二号三〇〇三頁）。

(6)　公立高等学校生徒に対する懲戒処分につき、被処分者の弁明の機会を作らなかったことは違法ではない（福島地

昭和四七・三・二九判・判例時報七五〇号四八頁)。

(7)　高校生に対する退学処分について、処分理由となった第三学年における学業成績出欠状況はすでに被告ら学校関係者に明らかであり、原告の人格などは学級担任教師、交渉にあたった教諭らによって、それまでに十分把握されていたと認められるから、本人の弁明を聞く必要はないというべきである(学則に特別の規定があるかあるいは慣行のある場合を除き、処分に先立ち、被処分者たる生徒の弁明をきくか否かは、処分権者たる校長の裁量にまかされていると解される)(大阪地昭和四九・三・二九判・判例時報七五〇号四八頁)。

(8)　教育委員会法の下において、教育委員会が秘密会で免職処分の議決をした場合に、右秘密会で審議する旨の議決に公開違反の瑕疵があったとしても、同委員会においては、従来から人事案件はすべて秘密会で審議しており、各委員がこれを了知した上全員一致で秘密会で審議する旨を議決したものであって、その議決を公開の会議で行うことが議決の公正確保のために実質的にさして重要な意義を有せず、公開違反の瑕疵が公開制度の趣旨目的に反するというに値しないほど軽微な場合には、免職処分の議決の取消事由とはならない(最高昭和四九・一二・一〇判・民集二八巻一〇号一八六八頁)。

(9)　国立大学附属中学校の入学志願者選抜方法につき、抽せんの方法を採用しても、憲法二六条、教育基本法三条に反しない(和歌山地昭和五〇・二・三判・行裁例集二六巻二号一四五頁)。

(10)　文部大臣が地方教育行政の組織及び運営に関する法律五四条二項の規定を根拠として教育委員会に対してした昭和三六年度全国中学校一せい学力調査の実施の要求は、教育の地方自治の原則に違反するが、これに応じてした教育委員会の実施行為は、そのため違法となるものではない(最高昭和五一・五・二一大判・刑集三〇巻五号六一五頁)。

(11)　文部大臣が地方教育行政の組織及び運営に関する法律五四条二項に基づき都道府県教育委員会に対してした昭和三六年度全国高等学校抽出学力調査の実施の要求は、教育の地方自治の原則に違反するが、これに応じてした教育委員会の実施行為は、そのために違法となるものではない(最高昭和五四・一〇・九・三小判・刑集三三巻六号五〇三頁）。

⑿　公立小学校長が、職員からなされた職務専念義務免除の申請につき、理由を告知しないでした不承認処分も、違法でない（札幌地昭和四六・五・一〇判・行裁例集二二巻五号六四七頁）。

⒀　国立大学の学生に対する懲戒処分の通知書に、処分理由の記載がないからといって、そのことだけで右処分が違法となるものではない（佐賀地昭和五〇・一一・二二判・訟務月報二一巻二号二五四八頁）。

七　以上、「手続に関する瑕疵」の問題についての裁判例を検討したが、この点で処分が違法・無効とされた事件は少ない。すなわち、⑴会議を公告しないでなされた分限免職処分、⑵書面による招集がなされなかった会議に基づく免職処分、⑶適法な招集の告示なしに決議された教育委員会の転任処分、⑷事前に意志の確認をすることなくなされた解任処分、⑸関係住民・保護者の意見を聴取せずになされた公立小学校の通学区域変更、⑹陳述の機会を供与しないでなされた免職処分、⑺教授会の決議と異なる学長の学生に対する懲戒処分、などが適法とされている。

一般に、判例の動向は、学生や生徒に対する懲戒処分については弁明の機会を与えなかったからといって直ちに違法とすべきでないとしている。しかし、「公正な処分」ではないのではないかと疑われるような処分をすべきではない。

⑹　学生に対する不利益処分と「形式に関する瑕疵」

一　学生に対する不利益処分は、その内容を明確にし、また将来争いが生ずることを防止し、争いが生じた場合の証拠を確保するために要式行為とされる場合が多い。このような場合にその要件を欠く行政行為の効力が問題となる。すなわち、(i)文書によらない行為、(ii)文書の記載事項の欠缺、たとえば署名捺印、理由または日付の記載を欠く行為などが問題となる。

右の行政処分の形式に関する瑕疵のうち(ii)の理由を欠き、または明示しない行為がこの点では特に問題となっている。

二　前述した佐賀大学学生懲戒処分事件判決（佐賀地昭和五〇・一一・二一判・訟務月報二一巻一二号二五四八頁）において、裁判所は、「本件処分に際して、原告に対し弁明の機会が付与されず、処分の通知書に処分理由が記載されていなかったことは当事者間に争いがないところであるが、前記認定の本件処分に至る経過および当時の学内の異常事態等に照らすと、懲戒処分を前提とする事前手続が果たして正常にできたかは極めて疑問であり、右手続を実施することによって、再度学生らの暴力行為を誘発する危険性さえあったものと推認されるうえ……原告の行動は、多数の補導委員の面前でなされたものであり、いわば現行犯的行為として、事実誤認の危険性が乏しかったこと……また本件処分は学内規則に基づく所定の機関の慎重な審議を経て決定され、被告の独断ないし偏見により特に不公平な処分が行われた形跡も認め難いことさらに原告は本件処分に抗議するため経済学部長に面会を求めた際、その処分の理由を口頭で告知されたこと前記認定のとおりであるから、これらの事実を総合すると、本件処分の公正は実質的に担保されていたということができる……処分の通知書に処分理由を記載しなかったからといって、直ちに、本件処分が違法になるものではないというべきである。」と判示し、(i)処分が学内規則に基づく所定の機関の慎重な審議を経て決定されていること、(ii)処分理由が口頭で告知されていることなどから処分が公正に行われている限り、通知書に処分を記載しなくても処分は違法とはならないとしている。

三　次に、行政処分の形式に関する瑕疵のうち、理由を欠きまたは明示しない行為に関する最高裁の見解の動向について一言触れておきたい。行政処分に理由の記載を欠くことは違法であるとし、具体的な理由の記載を要求しているのは租税関係の事件に多いといってよい。行政処分の通知に理由が付される趣旨は、被処分者にいかなる事実について、いかなる法令を適用して処分がなされたかを明らかにし、不服申立ての機会を与えるとともに、同一事実について再び処分を受けることのないように保障することにある。したがって、処分を行うには、処分の対象となった事実およびその発生年月日、処分の根拠法条を明らかにしなければならない。このような理由が全く記載されないでなされた行政処分は違法であり、無効となる。

法令が明文で理由の付記を定めている場合、たとえば、審査請求の裁決（行審法四一条一項）、異議決定（行審法四八条）などについては、理由の付記が求められているので問題はないが、しかし、右のような明文の規定のない場合が多く、このような理由の付記が明文で定められていない場合に、理由の付記が必要ないと解してよいかということが問題となっているのである。

この点、法令上特に理由の付記が要求されていない場合には、理由の付記を必要としないとする説（田中二郎・行政法総論三五三頁）が有力である。これに対し、理由の付記に関する明文の規定がなくても行政審判を経て行われる裁決その他の行政処分については、原則として理由を付さなければならず、これを欠く行為は違法であるとする説もある（綿貫芳源・行政法概論一三九頁）。

四　行政行為に理由の付記を要求することにより、どのような実益があるのであろうか。

(i)　行政行為に理由の付記を義務づけることにより行政庁は行政処分がなされた事実や法律上の基礎を相手方に示さなければならなくなること、(ii)このため、行政庁に対し不十分な事実認定や不明確な法解釈は許されないという拘束を与えることになること、(iii)処分の相手方だけが行政処分の理由を検討するだけでなく、その他の第三者も当該処分の理由を検討することになり、行政庁が行政処分を下す際に一層慎重になること、(iv)相手方は処分理由が明白になることにより、行政上の争訟を提起する場合、その法的、事実的問題の所在を明確にするとができること、(v)このことは同時に相手方にとっても無意味な争訟を提起しないですむことになること、(vi)行政上の争訟が提起された場合、審査庁や裁判所は付記理由を知ることにより、審理が容易となり、迅速化することになること、などの実益がある。

五　昭和三九年に第一次臨時行政調査会が答申した行政手続法草案一三条四項は「行政庁が法令に基づく申請を拒否し又は国民の権利利益を制限する処分を書面でする場合には、その理由を附さなければならない」と規定している。行政庁が申請を拒否するとか、または相手方の権利、利益を制限する処分を書面で行う場合は、理由を付けて処分を行うべきである。

(二)　学生に対する処分の取消しと撤回

(1)　学生に対する処分の取消しと撤回

一　次に、学生に対する処分の取消しと撤回の問題について検討を加えておきたい。

行政実定法上あるいは行政実務上、行政行為の取消しという用語は、広く行政行為により生じた法的効力を否定するために行われる行政行為を指して用いられている。これを細別すると、性質上二つに分類できる。すなわち、その一つは行政行為の取消しである。これは行政行為が法令に違反しまたは公益に反するなどその成立に瑕疵があった場合、行政行為の効力が発生したときにさかのぼってその効力を失わせるものである。たとえば、行政事件訴訟法第三条の「行政庁の処分その他公権力の行使に当たる行為」や裁決の取消しの場合である。これに対し、行政行為の撤回は、行政行為の成立には瑕疵がないが、行政行為の成立後本人の義務違反または行政行為の附款の一種である取消権の留保等（たとえば、社会教育法五七条「文部大臣は、認定を取り消すことができる」）により、取消しをなすべき行政上または公益上の必要が生じた場合、行政行為の効力を将来に向かって失わせる処分のことをいう。このように、行政行為の取消しと撤回はともにその効力を失わせる処分であるが、両者は、行政行為の成立に瑕疵があるかないか、また、その効果が既往にさかのぼるかどうかという点で、性質を異にするわけである。ただ、撤回は学問上の用語であり、右の社会教育法五七条のように実定法上は取消しという語が用いられる場合が多いことに注意しなければならない。

二　行政行為の撤回は、一般の行政処分と同様に、特別法に規定がない限り、許可された行為が公共の安全と秩序に反する場合とか、許可された者が不当に長期間にわたり許可された行為を実行しない場合には、許可権を有する処分行政庁が取消権（撤回権）を有するものと解されている。すなわち、法制局意見は、「公衆浴場法による公衆浴場業の許可を受けた者が、許可を受けてから相当の期間を経たにもかかわらず、営業を開始せず又は長期にわたって休業している等客観的事実に徴し、その者が営業をなす意思ないし能力を欠いていると認められる限り、たとえこれによって積極的な公衆衛生上の障害を生ずるものではないにせよ、与えられた許可の本旨を没却するものであるから、都道府県知事は、法の明文の規定がなくても、その許可を取り消す権限を有する」（昭和二八年一二月九日法制局意見、法制意見総覧一〇五四頁）としている。

この考えからすれば、私立学校の設置者が監督官庁の認可を受けたにもかかわらず、相当期間学校を開校しない場合は、監督庁はその認可を取り消すことになる。

三　行政行為の撤回権者は、行政処分をした処分行政庁のみである。したがって、たとえば、学校教育法上、大学の学生に対する処分の撤回権者は大学学長のみである（学校教育法一一条）。また、前掲の社会教育法五七条では「文部大臣」である。これは、撤回が新たな事情の発生段階において適法な行政行為の効力を継続すべきか否かという新たな判断に基づくものであり、性質上、新たな行政行為をなすのと同じであるからである。この点で、行政処分の成立に瑕疵があるか否かを理由に行政処分の適否を事後的に審査する場合の行政行為の取消しとは異なるということになる。

瑕疵ある行政行為の取消権者については、内容的に相手方の請求による場合と職権による場合との二つの側面から考察できる。すなわち学生に対する懲戒処分を例にとると、(1)相手方の請求による場合とは、懲戒処分の成立に瑕疵があることを理由に、懲戒処分をうけた学生が訴訟を提起し、裁判所が行政事件訴訟法に基づき、その学生に対する懲戒処分を取り消す場合である。したがって、この場合の学生に対する懲戒処分の取消権者は裁判所である（この場合注意しなければならないことは、国公立大学の学生に対する処分については、行政不服審査法に基づく不服申立てはできないということである（行政不服審査法四条八号））。(2)職権による場合とは、裁判所に対し訴訟の提起される前に処分行政庁としての学長が職権により当該処分を取り消す場合である。

四　学生に対する処分を職権により取り消した事例として神戸医科大学入学許可取消事件（神戸地昭和三〇・一一・二六判・昭和二八年（行）第一八号、大阪高裁昭和三三・一二・五判・昭和三一年（ネ）第三六六号）をあげ参考としたい。

本件の事実は次のようであった。すなわち、原告が神戸医科大学を受験するに際し原告の出身学校である浪速大学農学部長から神戸医科大学宛に提出された昭和二八年二月二三日付調査書によると、原告の学科成績は、人文科学関係で一二単位、社会科学関係で一二単位、自然科学関係で三六単位、外国語関係で一六単位、体育関係で四単位合計八〇単位を履修したことになっていたが、原告が入学を許可されてから後、浪速大から神戸医科大に提出された昭和二八年三月三〇日付調査書並びに成績確定通知書によると、原告の学科成績は、文学（四単位）、芸術学（四単位）、政治学（二単位）歴史学第二（二単位）、体育実技（一単位）がそれぞれ抹消され、心理学、数学、物理学、独乙語、体育講義がそれぞれ評点を訂正せられ、結局人文科学関係は四単位、社会科学関係は八単位、体育関係は三単位を履修したにすぎないことになっており、右確定成績を入学者選抜要項に照らしてみたところ、所要の単位数に対して人文科学関係において八単位、社会科学関係において四単位、体育関係において一単位がそれぞれ不足することが分かった。

そこで神戸医大は照会状をもって原告の出身学校長に第一回と第二回の調査書が相違している理由の釈明を求めたところ、原告の出身校から原告に将来受験すべき学科目について見込点を与えていたが、原告が出身学校所定の確定試験をうけなかったため、第一回調査書の成績を取り消しこれを神戸医大に通知してきたということであった。

被告はさらに原告の出身校へ出張し、出身学校の責任者に面接し、調査し、原告に医科大学入学資格のないことを確認し、医科大学の教授会に附議した。教授会は満場一致で原告の入学許可を取り消すことを決定し、直ちにこの旨を原告とその出身校に通知した。

これに対し、原告は(1)医科大学に入学許可され、入学料授業料も納入し、通学していること、(2)医科大学受験に際し、原告の入学資格の有無は充分調査されていること、(3)今更入学許可の取消しは許されないこと、(4)本件の被告医科大学学長には学生の身分を喪失させるというような処分事項について処分権限はなく、被告のなした入学許可取消は権限外の行為で法令上無効であること、(5)本件について教授会の審議を経ていないことなどを主張した。

そこで、裁判所は、右の抹消された各科目について原告の学科履修状況について調査し、文学（四単位）について、原告は学科に合格していると解するのが相当であること、芸術学（四単位）については、原告は履修を未だ終わっていないこと、政治学（二単位）については、単位を得たとみるのが相当であること、歴史学第二（二単位）については履修を終わっていないこと、体育実技（一単位）については履修を終わったと認めるのが相当であること、と判断し、結局原告は芸術学と歴史学第二の二科目の履修単位を欠くことにより所定の単位数に満たず、入学資格を欠くものとして、入学許可取消処分の取消請求は失当であるとし、さらに、入学許可取消処分の取消権者たる学長と、学長の学生に対する入学許可取消処分の手続について、次のように判示した。すなわち、「原告は被告のなした本件入学許可取消処分はその権限外の行為であると主張するが、学校教育法施行規則第六七条には、『学生の入学、退学、卒業、休学、転学は教授会の議を経て学長がこれを定める』旨の規定があり、本件の入学許可取消処分も同条の『退学』に準じて考えるのが相当であるから、被告にその権限がないという原告の主張はとうてい採用することできない。そして被告が本件の入学許可取消処分を行うにあたり……教授会の審議を経たことは証人……の証言によってこれを認めることができる……」被告のなした本件入学許可の取消処分は止むを得ない処置である、と判示した。これは入学許可の取消しは、学校教育法施行規則六七条の「退学」に準じて考えられるのを相当とするから、大学学長は、入学許可を取り消す権限を有すると解すべきである、としたものである。

五　以上、神戸医科大学入学許可取消事件について若干詳しく事実関係を踏まえて紹介したが、本件のように、医科大学の入学許可が誤った資料に基づいて成立したものである場合には、公正な入学決定を保持するためにも、本件入学許可の取消処分はやむを得ないものであったと考える。

(2) 学生に対する瑕疵ある処分を職権により取り消す場合の手続

一　瑕疵ある懲戒処分を処分行政庁たる学長が職権により取り消す場合の手続については、一般に別段の規定はないようである。しかし、処分行政庁たる学長は、懲戒処分に違法があり、取消原因ありと自ら認定した場合は、積極的に職権により取り消すのが原則である。

二　この点の判例には、次のようなものがある。すなわち、(1)行政処分は司法行為と異なり、一般的に実質的確定力を有せず、行政庁は自己の行った行政処分に瑕疵がある場合には原則としてこれを取消しまたは変更することができる（静岡地昭和二七・一一・一三判・行裁例集三巻一一号二一七八頁）。(2)行政処分が無効な場合は、処分庁はいつでも取り消すことができる（静岡地昭和三五・四・一八判・行裁例集一巻四号五八一頁）。(3)行政処分が異議または訴願の対象となり争訟中でも処分庁は公益上相当と認められれば、その行政処分をいつでも取り消すことができる(東京地昭和二九・九・一一判・行裁例集五巻九号一九九二頁)。(4)行政処分の不服申立期間を経過し、処分が形式的に確立しても、処分庁は自ら処分を取消変更できる（金沢地昭和二六・四・二一判・行裁例集二巻五号七〇一頁）。

(3) 学生に対する処分を撤回する場合の手続

一般的に行政行為を撤回する手続についても別段の定めがないようであるが、事前救済手続として、相手方の出頭を求め、公開の聴聞を行い、相手方に弁明の機会を供与し、特定機関の意見を聴取するなどの手続を経る旨の規定が多くなっている。たとえば教育職員免許法第一二条一項も「授与権者は、前条の規定による免許状取上げの処分に係る聴聞を行おうとするときは、聴聞の期日の三十日前までに、行政手続法（平成五年法律第八十八号）第十五条第一項の規定による通知をしなければならない。」、二項は「前項の聴聞の期日における審理は、当該聴聞の当事者から請求があったときは、公開により行わなければならない。」、三項は「前条の規定による免許状取上げの処分に係る利害関係人……は、当該聴聞の主宰者にに対し、当該聴聞の期日までに証拠書類又は証拠物を提出することができる。」四項は「第一項の聴聞の主催者は、当該聴聞の期日における証人の出席について、当該聴聞の当事者から請求があったときは、これを認めなければならない。」とそれぞれ規定している。この規定は事前救済手続を定めているものである。この種の事前救済手続としての行政手続は、第二次大戦後、アメリカの法制の影響をうけて、個々の行政法規の多くに設けられたものであるが、これらの行政手続がわが国においてもつ意義は大きい。

(4)　学生に対する違法な処分の取消しの制限

一　学生に対する違法な懲戒処分については、原則として処分行政庁たる学長は、相手方学生からの申請あるいは請求によって取り消し、また、処分行政庁たる学長が、懲戒処分に違法があり、取消しの原因ありと自ら認定した場合は、原則として職権により取り消すことになる。しかし、処分行政庁たる学長は、懲戒処分に違法があればいかなる場合にも取り消さなければならないのか否かについては、問題がある。すなわち、ここに、取消権の制限の問題が提起されるのである。

二　一般論としてこの行政処分の取消権の制限については次の点を検討して処分を取り消すか否かを決定しなければならないとされている。すなわち、処分行政庁は、たとえ違法な行政処分を行っても、一たび行政処分がなされると、新しい法律秩序が形成されていくため、行政処分が違法であったということで、無条件にその違法な行政処分を取り消すことができるというわけではない。すなわち、一方において、既成の法律秩序を尊重し、法的安定を維持しなければならず、他方、国民の既得権を保護しなければならないからである。これは、取消権には条理上の制限があるということである。したがって、行政処分が違法であるとしてつねにこれを取り消すことができるという見解（行裁昭和四・四・一三・行判録三九〇頁）は妥当とはいえない。

(1)　行政処分に違法があっても、その取消しにより公共の福祉を害する場合は、その行政処分を取り消すことはできない。行政事件訴訟法第三一条に「取消訴訟については、処分又は裁決が違法ではあるが、これを取り消すことにより公の利益に著しい障害を生ずる場合において、原告の受ける損害の程度、その損害の賠償又は防止の程度及び方法その他の一切の事情を考慮したうえ、処分又は裁決を取り消すことが公共の福祉に適合しないと認めるときは、裁判所は、請求を棄却することができる。」とあるのは、むしろ、この条理上の一般原則を明示したといってよい。この場合には、処分の取消しに代わって損害賠償の請求をすることができる。(2)不服申立手続を経てその行政行為をなした場合（審査請求の裁決、異議申立の決定）とか、利害関係人の参加により確認的行為の行政行為をなした場合（一定の公務員の懲戒処分）などは、不可変更力が生ずるから、当事者が一定の期間内に一定の争訟手続によって争い、それに基づいて行政庁または裁判所が取り消す場合のほかは、処分行政庁がその職権により取り消すことは許されない（最高昭和三〇・一二・二六判・民集九巻一四号二〇七〇頁）。

(5)　学生に対する処分の撤回の制限

一　行政機関が行政行為の撤回権を行使する場合、独自の公益判断に基づいて当然にこれを行使できるかが問題となっている。通説はこれを認めている。すなわち、(i)行政庁は事情の変更に応じ、公益に適合するように権限を行使できること、(ii)行政実定法が行政庁に行政行為を行う権限を授与している限り、これと裏腹の関係にある撤回権も当然に授与されていること、(iii)したがって、行政実定法上行政行為の撤回の根拠が規定されていなくとも、公益上必要ならば処分庁は原則として自由に処分を撤回できるとする。これを撤回自由の原則といっている。

二　このような撤回自由の原則を認めながらも、(a)人に権利を賦与し、また義務を免ずる行為の撤回は公共の福祉の止むを得ない限度に止まることを要し、また、実質的確定力のある行政行為は撤回できないとする説、(b)撤回の必要が相手方の義務違反など相手方の責に帰すべき事情により生じた場合および相手方の同意ある場合以外は、自由な撤回は許されないとし、それでも撤回を必要とする場合は公用収用の場合に準じ、撤回により生ずべき不利益に対し相当の補償を要するとする説がある。なお、この撤回と補償との関係が問題となっている裁判例は、道路占用許可（東京地昭和四七・八・二八判・判例時報六九一号四〇頁)、行政財産である土地についての建物使用許可(最高昭和四九・二・五判・民集二八巻一号一頁)、鉱業権の行使の取消(東京高昭和四四・七・八判・判例時報五六七号五五頁)などの分野にみられる。

(6) 紛争収拾のために適法な懲戒処分を取り消すことの適否

次に、公務員に関する事案であるが、懲戒処分をめぐる職員組合との紛争を収拾するために、瑕疵のない懲戒処分を取り消すことができるか否かが問題となった裁判例において、裁判所はこれを否認している(大阪高昭和四六・一一・二五判・行裁例集二二巻一一・一二号一八六三頁)。

行政処分の撤回の意義を論じている点が参考となると思われるのでその判決文を掲げておきたい。裁判所は、次のように判示している。

「平田課長代理は原告らに対し本件懲戒処分を撤回すると言明し、確認書にも同様の文言が記載されているが、平田課長代理は、右撤回なる言葉を本件懲戒処分の効力をその処分時に遡及させて消滅させること、すなわち講学上の取消の意味で使用したものであるから、まず本件懲戒処分の取消が有効かどうかについてみるに、およそ、行政処分は行政庁において自由に取消し得るものではなく、当該処分に一定の瑕疵が存する場合に限って取消し得るものであるところ、本件懲戒処分については……後記のように無効または取消し得べき瑕疵があるとの立証がないから、その取消は許されないといわなければならない。この理は、本件懲戒処分の如く、相手方の権利を奪い義務を課するような行政処分であっても同様である。

仮に、右取消を撤回の意義、すなわち懲戒処分の効力を将来に向ってのみ失わせるものと解するとしても、適法かつ有効に成立した行政処分は、処分庁といえどももはやその効力を自由に変更、消滅させることはできないのが原則である。尤も、懲戒処分のように被処分者の権利を侵害する処分の撤回は、それによって被処分者の侵害された権利を復活させるものであり、新たに権利を侵害するものではないから、一見処分庁が自由になし得ると考えられないではないが、懲戒処分は……使用者である国が制裁として科するものであって、職員に右のような義務違反がある場合、国は公務員関係の秩序を維持するため懲戒処分をなすべきことを義務づけられるのであるから、特別の規定……がない限り、法的安定の立場から、原則として一旦なした懲戒処分をその後自由に撤回することはでき」ない。

「そして、有効かつ無瑕疵の行政処分の撤回が一般的に許されるのは、その処分後、公益上その効力を存在せしめ得ない新たな事由が発生した場合に限ると解すべきところ、本件の場合、前記認定の事実によれば、平田課長代理は、処分撤回闘争としての数日にわたる執拗かつ激しい大衆団交の結果、組合との紛争を一応収拾し、混乱した一部業務を平常の状態に戻すため、やむを得ず本件懲戒処分を撤回しようとしたものであることが認められるのであって、原告らに対する懲戒事由はその後においても依然存続しており、その効力を存続せしめることが公益に反するという新たな事由が発生したため撤回したものでないことは明らかである。したがって、右撤回はその重要な要件を欠き、法律の認めない処分をしたものであって、重大かつ明白な瑕疵があるから無効であるといわなければならない。」

この判決からすれば、処分行政庁たる学長は、学園紛争を収拾するために、学生に対して適正になされた懲戒処分を取り消すというようなことは許されない。

第五章　教育行政における行政強制

(一) 行政強制

学生に対する処分と行政上の強制執行との関係についての裁判例は見当たらない。しかし、講学上の行政上の強制執行の問題について、教育関係の他の事例を関連させながら検討を加えておきたい。

(1) 学校施設確保に関する政令と行政強制

「学校施設の確保に関する政令」(昭和二四・政令三四号) の第四条は「管理者は、学校教育上支障があると認めるときは、学校施設の占有者に対してその学校施設の全部又は一部の返還を命ずることができる」と規定する。そして、本条の規定による返還命令の履行に関し、同政令二一条は「この政令の規定により命ぜられ、又はこの政令の規定に基づいて管理者により命ぜられた行為を義務者が履行しない場合において、行政代執行法 (昭和二三年法律第四三号) による代執行によっては義務の履行を確保することができないときは、管理者は直接にこれを強制することができる。2行政代執行法第三条及び第四条の規定は、前項の規定により直接強制をする場合に準用する」と規定している。

右の政令は、国・公立の学校の建物、その他の工作物及び土地 (学校のために賃借権、使用貸借による権利その他当該工作物又は土地を使用する権利が設定されているものを含む) が学校教育の目的以外の目的に使用されることを防止することによって、学校教育に必要な施設を確保することを目的としている (同政令一条)。

右に掲げた同政令第二一条に「行政代執行法による代執行によって義務の履行を確保する」とか、また「管理者は、直接にこれを強制する」と規定していることに注意する必要がある。すなわち、前者は行政代執行について触れている点であり、後者は直接強制について触れている点であるからである。

次に、結核予防法第六五条第一項は「都道府県知事は、事業者又は学校若しくは施設の長が第四条第一項の規定による健康診断、第一三条第二項の規定によるツベルクリン反応検査又は同条第一項若しくは第二項の規定による予防接種を行わないか、又は行っても十分でないと認めるときは、行政代執行法の例により、自ら健康診断、ツベルクリン反応検査又は予防接種を行い、その費用を当該事業者又は学校若しくは施設の設置者から徴収することができる」と規定する。

すなわち、右の条文においても、学校長が行う健康診断などが不十分な場合は、都道府県知事が行政代執行法の例に従って健康診断などを行うことができる旨を規定している。

右の行政代執行とか、直接強制というものは、講学上どのような性格を有しているかを以下検討する。

(2)　行政上の義務の履行確保の手段

行政上の義務の履行確保の手段として、講学上、行政強制と行政罰が認められている。

まずこの行政上の義務の履行の確保の手段としての行政強制について、一般的な説明を加えておきたい。

明治憲法下には、種々批判のあった行政執行法（明治三三・法八四）と行政執行法施行令（明治三三・勅令二五三）があり、これによって、警察強制が行われていた。すなわち、行政執行法第五条は「当該行政官庁ハ法令ニ基ツキテ為ス処分ニ依リ命シタル行為又ハ不行為ヲ強制スル為左ノ処分ヲ為スコトヲ得　一　自ラ義務者ノ為スヘキ行為ヲ為シ又ハ第三者ヲシテ之ヲ為サシメ其ノ費用ヲ義務者ヨリ徴収スルコト　二　強制スヘキ行為ニシテ他人ノ為スコト能ハサルモノナルトキ又ハ不行為ヲ強制スヘキトキハ命令ノ規定ニ依リ二十五円以下ノ過料ニ処スルコト　前掲ノ処分ハ予メ戒告スルニ非サレハ之ヲ為スコトヲ得ス　但シ急迫ノ事情アル場合ニ於テ第一号ノ処分ヲ為スハ此ノ限リニ在ラス　三　行政官庁ハ第一項ノ処分ニ依リ行為又ハ不行為ヲ強制スルコト能ハスト認ムルトキ又ハ急迫ノ事情アル場合ニ非サレハ直接強制ヲ為スコトヲ得ス」と規定していた。

右の規定のうち第一号は代執行、第二号は執行罰、第三号が直接強制という三つの手段を規定していたのである。

この行政執行法が定める手段が濫用される危険があり、基本的人権の尊重を基軸とする日本国憲法の意図に合致しない点もあるため、同法は日本国憲法の施行とともに廃止された。

しかし、右の法律が規定する代執行、執行罰、直接強制の手段は全く否定されたわけではない。

すなわち、代執行については、一般法として、行政代執行法（昭和二三・法四三）が制定されたが、この法律は、行政上の強制執行の一般的手段として代替的作為義務に関する代執行を規定するに止まる。また、執行罰や直接強制は各特別法に規定されるにいたり、行政上の強制執行の一般的手段としては認められなくなった。

また、行政上の即時強制についても行政執行法に規定されていたが、現在は、その一般法として警察官職務執行法（昭和二三・法一三六条）（その他個々の法律にも規定がある）が制定されている。

したがって、右の点を整理すると、講学上、行政強制は、大別して行政上の強制執行と即時強制に分けられ、行政上の強制執行はさらに代執行、執行罰、直接強制、強制徴収に細別されている。

(3)　行政上の強制執行の特色

行政上の強制執行に共通する特色として、一般に、次の点があげられている。

(1)　強制執行の主体は行政機関であること——すなわち、行政上の義務の実現については民事訴訟手続に従い、裁判所の確認、執行吏の執行により実現するのではなく、当該行政機関自ら義務を確認し、執行する権限を有する。たとえば、前述の学校施設確保令によれば、国立学校にあっては文部大臣、公立大学にあっては設置者である地方公共団体の長、が右の行政機関である。

なお、行政代執行法第二条が、行政機関による代執行について「その不履行を放置することが著しく公益に反すると認められるときは、当該行政庁は、自ら義務者のなすべき行為をなし」と規定していることは、右のことを認めているものである。

(2)　行政上の強制執行にあっては、行政上の義務の不履行に対し強制措置をとる場合、法律の根拠が必要であり、どのような行政上の強制措置をとるかは法律の定めにより決定しなければならないこと――すなわち、国民の権利・利益の保護の観点から、行政下命権には当然に強制執行権が含まれず、強制執行権の行使に当たっては法律の根拠を必要とするという説が有力となっている。東京地裁昭和四一年一〇月五日判決（判例時報四七〇号三五頁）は「行政下命は当然には命令の内容を権力的に強制しうるものではなく、行政強制には別個の法の根拠を必要とし、戒告は、その別個の法の根拠の一環をなすにすぎないものであるから、下命行為の違法は、直ちに戒告の違法を招来するものではな」い、と判示している。

(3)　行政上の強制執行にあっては、たとえ、その行政上の義務に関し争訟が提起されても、その争訟の結果を待つことなく、行政上の義務を履行できること――たとえば「審査請求は……処分の執行……を妨げない」（審査法三四条一項）、「処分の取消しの訴えの提起は……処分の執行……を妨げない」（行訴法二五条一項）というような規定は、右のことを示している。

右の行政上の強制執行の特色を整理すると(1)行政機関が行うこと、(2)法律の根拠が必要であること、(3)執行不停止の原則が適用されることの三点を指摘できる。

(4)　代執行

行政代執行法は、代執行について定義している。すなわち、同法第二条は「法律（法律の委任に基く命令、規則及び条例を含む。以下同じ。）により直接に命ぜられ、又は法律に基き行政庁により命ぜられた行為（他人が代ってなすことができる行為に限る。）について義務者がこれを履行しない場合、他の手段によってその履行を確保することが困難であり、且つその不履行を放置することが著しく公益に反すると認められるときは、当該行政庁は、自ら義務者のなすべき行為をなし、又は第三者をしてこれをなさしめ、その費用を義務者から徴収することができる。」と規定する。

右の規定を整理すると、代執行とは、法令または行政処分に基づく公法上の代替的作為（他人が代わってなすことができる行為）の義務に関し、義務者がこれを履行しない場合、(i)行政庁が自ら義務者のなすべき行為をなし、または第三者をしてこれをなさしめ、(ii)その費用を義務者から徴収することをいう。この代執行の一般法が行政代執行法である。すなわち、結核予防法第六五条は「都道府県知事は……学校……の長が……健康診断……ツベルクリン反応検査……予防接種を行わないか、又は行っても十分でないと認めるときは、行政代執行法……の例により、自ら健康診断、ツベルクリン反応検査又は予防接種を行い、その費用を当該……学校……の設置者から徴収することができる」と規定している。これは、代執行の一般的根拠法が行政代執行法であることを示している。

同時にたとえば伝染病予防法第二六条のように「此ノ法律若ハ此ノ法律ニ基キテ発スル命令ニ依リ清潔方法……ヲ施行スヘキ義務者之ヲ施行セス……之ヲ施行スルモ……充分ナラスト認ムルトキ……市長村長又ハ予防委員之ヲ施行シ其ノ費用ハ市町村ヲシテ支弁セシムヘシ此ノ場合ニ於テ市町村ハ其ノ費用ヲ義務者ヨリ追徴スルコトヲ得」などの規定は、特別法が、行政代執行法に優先することを意味している（行政代執法一条）。

代執行は、次の四段階の手続によって行われる。すなわち、(1)文書による戒告、(2)代執行令書による通知、(3)執行、(4)費用の徴収の手続に従って行われる。

以下、右のそれぞれの手続について検討する。

代執行の内容——すでに述べてきたように代執行をすることができる場合は、法令または行政処分に基づく公法上の代替的作為義務で、義務者がこれを履行しない場合、他の手段によってもその履行を確保することが困難であり、かつその不履行を放置することが著しく公益に反すると認められる場合に限られる（行政代執行法二条）。たとえば、前示の学校施設確保令第四条は、管理者は学校教育上支障があると認める場合には、学校施設の全部又は一部の返還を命ずることができる旨規定している。右の管理者の命令に違反した場合には、三年以下の懲役又は五万円以下の罰金に処せられる（同令二九条）ほか、その内容が代替的作為義務である場合には、その義務の不履行者に対し、行政代執行法の代執行を行うことができる。すなわち、管理者は、返還の目的である学校施設にある工作物その他の物件の所有者にその物件の移転を命ずることができる（同令一五条）。

したがって、非代替的作為義務（たとえば教員免許状の証明書の申請（教育職員免許法七条）は、事柄の性質上当人でなければならないのであって、他人が代わることはできない）とか、不作為義務については代執行はできない。

行政代執行法二条にいう「著しく公益に反する」という要件の存否についての判断は、一応行政上の裁量にゆだねられている。したがって、前掲の学校施設の返還命令も「学校教育上必要がある」か否かの判断は、管理者の裁量にゆだねられる。しかし、関係法令の趣旨、目的をはなれた恣意的な観点から代執行の実施が決定された場合は、その行政庁の判断は違法となる（東京地昭和四八・九・一〇判・判例時報七三四号三四頁）。

また、行政代執行法第二条の「他の手段」とは具体的に何を指すのか必ずしも明確ではない。「他の手段」を執行罰や直接強制を指すと考えることには問題がある。右の二つの手段は代執行とは異なる手段であるからである。さらに、執行罰は過料による心理的威嚇を加えるものであり、直接強制は直接相手方に実力を加えるのであり、義務者に必要以上の負担を課すことになり、このような必要以上の負担を課すには現行法の下では必ず法律上の根拠が必要である。しかるに、執行罰や直接強制に関し規定している法律は、きわめて少ない。したがって、現行法上「他の手段」というのは、実際上ほとんど適用される機会がないということになる（柳瀬良幹「行政強制」行政法講座二巻）。

文書による戒告通知――(1)戒告と準法律行為的行政行為の通知行為との関係――代執行をするには、まず相当の履行期限を定め、その期限までに履行されないとき、代執行をするということをあらかじめ文書で戒告する必要がある。戒告は準法律行為的行政行為の通知に属し、その効果は、後続の行為を適法ならしめる。したがって文書によらない戒告は無効となり、事後の手続は違法となる（長崎地昭和三六・二・八判・行裁例集一二巻二号二九二頁）。

(2)　代執行令書の内容・性格――義務者が右の戒告をうけても指定の期限までに義務を履行しない場合には、当該行政庁は、代執行令書をもって、代執行をなすべき時期、代執行のために派遣する執行責任者の氏名および代執行に要する費用の概算による見積り額を義務者に通知する義務がある（行政代執行法三条二項）。この通知は準法律行為的行政行為の通知である。この場合、必ず文書による代執行令書が必要である。したがって、文書によらない通知は無効となり、事後の手続は違法となる。

右の二つの手続は、(a)非常の場合、(b)危険切迫の場合、(c)当該行為の急迫な実施が必要であり右の手続をとるひまがない場合、以外は省略することはできない（三条三項）。

(3)　戒告と取消訴訟の対象――次に行政代執行法に基づく戒告が、取消訴訟の対象となりうるか否か、それとも単なる事実上の催告か否かが問題となっているので、一言触れておきたい。この点で問題となった事案として、教育関係の事案ではないが、裁決取消請求、戒告取消請求併合訴訟事件（東京地昭和四一・一〇・五判・判例時報四七〇号三五頁＝却下）がある。本件において、原告は蔵王国定公園附近にリフトを建設し、その附属施設として木造建築物を設置した。被告山形県知事は、右各建物が蔵王山国有林内に設置されており、自然公園法第一八条三項の規定に違反していることを理由に同法第二一条の規定により原告に対しこれを撤去するように命じたが、原告は、この命令に従わなかった。このため、行政代執行法第三条一項の規定により原告が右撤去義務を履行しないときは被告において代執行をなすべき旨を戒告した。これに対し、原告は各建物はいずれも適法であるから本件戒告もまた違法であり取り消されるべきものであると主張した。これに対し、裁判所は、この戒告は単に代執行または代執行令書発付の手続上の前提要件として義務の履行を催告する通知行為ではなく、後に続く代執行と一体となるものであり、また代執行の実施についての意思を表示するものであるから、行政処分に準ずるものとして抗告訴訟を提起できると判断している（類似の判例として徳島地昭和三一・一二・二四判・行裁例集七巻一二号二九四九頁）。相手方に争わせる機会をより多く与えて、その権利・利益の保護を図るという観点からしても、戒告も行政処分と解することが妥当であろう。

(4)　戒告書の明示の問題――戒告書を明示しなかった場合の戒告が有効か否かが問題となった事案について、裁判所は、「戒告は、代執行令書による通知と並んで代執行の事前手続をなすもので、行政上の義務の義務者による任意的履行が、右義務を命じた行政庁にとってはもとより、義務者にとっても代執行に比して有利であるところから、代執行に先立ち、義務者に対し、代執行が行われることを確実に予知させて、右任意的履行の機会を与え、これを促すことを目的とするものであるから、戒告書であることを明示した独立の文書でなされることが望ましいものではあるが、同法三条一項に所定の内容が記載された文書であり、そのことが義務者に容易に理解されるものである以上、前判示のように義務を課する行政処分と同一の文書でなされ、右文書が戒告書である旨を明示していなかったとしても、そのことによって戒告がなかったことにならないことはもとより、戒告に瑕疵があるものということはできない。しかして、前判示の原状回復命令書の記載において、同法三条一項に所定の内容を欠く点はなく、他方、右文書が原告会社に原状回復義務を課すとともに、右義務につき代執行の戒告をする趣旨のものであることは極めて明瞭であるから、本件原状回復命令書をもってなされた前示戒告をもって、同法三条一項所定の戒告として欠けるところはなく、本件行政代執行が右の点において違法となることはない。」と判示している（大津地昭和五四・一一・二八判・行裁例集三〇巻一一号一九五二頁）。すなわち、行政代執行法三条一項の戒告について、同項所定の内容が記載され、同項の戒告であることが義務者に容易に理解されるものであれば、義務を課する行政処分と同一の文書でなされ、また、その文書が戒告書である旨表示されていなかったとしても、右戒告に瑕疵があるとはいえないと判示しているものである。

(5)　戒告と執行までの期間――戒告と執行までの期限がどの程度であればよいかという点については、建物移転命令の代執行にあたり、命令の履行期限が戒告書到着の日から一〇日以内と定められても、それ以前に二度も約三箇月の期間を定めて建物移転を命じたことがある場合は、行政代執行法三条にいう相当な履行期限でないということはできない、(前橋地昭和二九・七・一七判・行裁例集五巻七号一七〇六頁) としている事例がある。

(6)　除却命令の対象物と代執行命令の取消――除却命令の対象物件中建物のみが解体されたが、その土台石、庭石、燈ろう、樹木などに手が加えられていない場合、右除却命令に基づく代執行は終了したといえるかが問題となった事案について、裁判所は、かかる場合には代執行はいまだ終了したといえないとし右除却命令および代執行命令の各取消しを求める訴えの利益があるとしている (東京地昭和四八・九・一〇判・行裁例集二四巻八〇九号九一六頁)。

(7)　一部の解体撤去を理由とする全部解体の適否――一棟の建物の一部の解体撤去を目的として、建物全部を解体撤去することができる場合があるかが問題となった事案について、裁判所は、代執行において残存建物を維持することが危険でありこれを維持するには多額の補強や補修費を要する場合には、建物全部を解体撤去できるとしている(福岡地昭和五〇・四・一判・訟務月報二一巻七号一四〇五頁)。

(8)　代執行と妨害排除――代執行の執行に対する妨害を実力を用いて排除することができるか否かについて、裁判所は、行政執行の方法の一つである代執行は、代替的作為義務を履行するために認められているものであるので、その実効性を確保するために、代執行の実行に際してこれに対する妨害や抵抗があった場合に、それらを排除するにやむを得ない最小限度の実力を用いることは、代執行に随伴する機能として条理上認められる、としている(札幌地昭和五四・五・一〇判・訟務月報二五巻九号二四一八頁)。

(9)　係争中の行政処分と代執行――義務を課する行政処分について係訟中であっても、代執行することができるか否かに関し、裁判所は行政処分について係訟中であっても執行停止がなされていない限り、代執行をなすことができるとしている (行審法三四条、行訴法二五条) (札幌地昭和五四・五・一〇判・訟務月報二五巻九号二四一八頁)。

(10)　代執行をすべき時期の判断――行政代執行をなすべき時期の判断について、裁判所は、戒告に示された履行期限経過後は行政庁の裁量に委ねられているとしている（札幌地昭和五四・五・一〇判・訟務月報二五巻九号二四一八頁）。

行政代執行法に基づく執行――前述した手続を経た後、義務者に代わって、当該行政庁は自ら義務者のなす行為をしたり、または第三者にその行為をさせることができる。行政庁が自ら行うというのは、部下の公務員または職員が人夫を指揮して行わせることをいい、「第三者をしてなさしめる」というのは、請負その他の契約に基づいて適当な私人（民間の業者その他職員以外の者）にその行為を遂行させる場合のことをいう。

この場合、代執行のために現場に派遣される執行責任者は、執行責任者たる本人であることを示す証票を携帯し、要求があるときは何時でもこれを提示しなければならない（四条）。義務者がこの執行に抵抗する場合は、公務執行妨害罪を構成することになる。また、このような犯罪行為が行われようとする場合は警職法第五条に基づき実力行使が可能となる。また、建物除却作業などの進展に伴い居すわり者の身体に危険が及ぶ場合は警職法第四条に基づいて実力で避難させることもできる。しかし、これは、直接強制的な行為を認める危険がある。

代執行の費用の徴収――代執行に要した費用は義務者から徴収する。その徴収手続は、実際に要した費用の額およびその納期日を定め、義務者に対して文書をもってその納付を命じなければならない（五条）。義務者が費用を納付しない場合には、国税滞納処分の例によって徴収する。代執行に要した費用については、行政庁は、国税および地方税に次ぐ順位の先取特権を有する。また、徴収した代執行の費用は事務費の所属に従い、国庫または地方公共団体の経済の収入となる（六条一項、二項、三項）。

代執行と執行停止――行政事件訴訟法第二五条一項は「処分の取消しの訴えの提起は、処分の効力、処分の執行又は手続の続行を妨げない」と規定し、執行不停止の原則を採用している。したがって、代執行の戒告や代執行令書による通知に対して抗告争訟を提起しても、代執行の執行を止めることはできない。

ただ、行政事件訴訟法は、国民の権利保護の立場から「処分、処分の執行又は手続の続行により生ずる回復の困難な損害を避けるため緊急の必要があるとき」（行訴法二五条二項）に一定の要件と制約の下に執行停止の手続が例外的に認められるとしている。一方「執行停止は公共の福祉に重大な影響を及ぼすおそれがあるとき、又は本案について理由がないとみえるとき」（行訴法二五条三項）および内閣総理大臣が異議を述べたときはすることができない（行訴法二七条）とされている。

現行行政事件訴訟法上、執行停止とは「処分の効力、処分の執行又は手続の続行の全部又は一部の停止」を指す。

この代執行と執行停止との関係で参考となると思われる裁判例として、「市庁舎使用許可取消処分を前提とする組合事務所存置物件の搬出の代執行手続の執行停止に対する抗告申立事件」（大阪高昭和四〇・一〇・五決定・行裁例集一六巻一〇号一七五六頁）がある。

本件の事実は次のようである。すなわち、I市長（抗告人）は市役所職員組合に対し従来、市庁舎の一部を組合事務所として使用することを許可していたが、これを取り消す旨の処分をした。そして、組合に対し組合事務所内の存置物件搬出についての代執行の戒告をした。そこで、組合は庁舎使用許可の取消処分と戒告の各取消を求める抗告訴訟を提起するとともに⑴庁舎使用許可取消処分の効力の停止、⑵右取消処分に基づく、組合事務所内存置物件搬出についての代執行の戒告と、これに続く代執行手続の執行停止を求めた。原決定は⑵の申立を認容しその旨決定した。

これに対し、市長は、市庁舎たる行政財産の許可による使用関係については借家法の適用がなく、公用もしくは公共用に供するため必要が生じたときは、その許可を取り消すことができること、市長が使用許可を取り消したのは市庁舎本来の目的である行政事務の処理のために使用する必要が生じたからであること、さらには組合は市長の使用許可取消処分によって使用権限を失い、これを市長に明け渡すべき行政上の義務を負担するに至ったにもかかわらずこの義務を履行せず、このまま放置することは著しく公益に反するし、他に履行確保の手段もなく、市長はやむなく事務所の明渡に伴う事務所内存置物件の搬出という代替的作為義務について代執行を行うこととし、その旨の戒告をしたのであって行政代執行法二条の要件に欠けるところはないとして抗告した。

右のような事案において代執行と執行停止との関係について裁判所は次のように判示している。

「本件庁舎の管理権者たる茨木市長が、組合に対する庁舎の使用許可を取消すときは、庁舎の使用関係はこれによって終了し、市長が管理権に基づいて組合に対し庁舎の明渡ないし立退きを求めることができ、組合はこれに応ずべき義務あることはいうまでもないが、右義務は行政代執行によってその履行の確保が許される行政上の義務ではない。けだし行政代執行による強制実現が許される義務は、行政代執行法二条によって明らかな如く、法律が直接行為を命じた結果による義務であるかまたは行政庁が法律に基づき行為を命じた結果に基づく義務に限定されているのである。ところで、本件の如き庁舎使用許可取消処分については、処分があれば、庁舎の明渡ないしは立退きをなすべき旨を直接命じた法律の規定はない。また右使用許可取消処分は単に庁舎の使用関係を終了せしめるだけで、庁舎の明渡ないしは立退きを命じたものではないし、またこれを命じうる権限を与えた法律の規定もないからである。……しかのみならず、行政代執行により履行の確保される行政上の義務は、いわゆる『為す義務』たる作為義務のうち代替的なものに限られるのであって、庁舎の明渡ないしは立退きの如き、いわゆる『与える義務』は含まれないものと解すべきである。……もっとも、市長が組合に対してなした行政代執行の前提たる戒告は、……庁舎内にある組合事務所の存置物件の搬出についてであって、組合事務所の明渡しないしは立退きについてではないが、組合事務所内存置物件の搬出は組合事務所の明渡しないしは立退き義務の履行に伴う必然的な行為であり、それ自体独立した義務内容をなすものではなく、況んや、法律が直接命じた義務あるいは法律に基づく行政処分により命じた義務でないこと勿論である。従って、組合事務所の明渡しないしは立退きについて……代執行が許されないからといって、……存置物件の搬出のみを取り上げ、これが物件の搬出という面では代替的な作為義務に属することの故に、代執行の対象とするが如きことが許されないのは、いうまでもない。」

「本件では、相手方は抗告人のなした前記戒告に対しても取消訴訟を提起しているのである。もっとも戒告は代執行そのものではなく、またこれによって新な義務ないし拘束を課する行政処分ではないが、代執行の前提要件として行政代執行手続の一環をなすとともに、代執行の行われることをほぼ確実に示す表示でもある。そして代執行の段階に入れば多くの場合直ちに執行は終了し、救済の実を挙げえない点よりすれば、戒告は後に続く代執行と一体的な行為であり、公権力の行使にあたるものとして、これに対する抗告訴訟を許すべきである。そうであれば、前記の如く戒告に対する抗告訴訟の提起がある以上、行政事件訴訟法二五条により戒告に続く代執行手続の続行を停止する意味での執行停止が許されるものといわなければならない」

右の判決の主要な点は(1)組合が庁舎を明け渡す義務は、代執行によって確保される義務ではないこと、(2)市長の庁舎使用許可取消は(i)その使用関係を終了させ、(ii)組合には庁舎明渡し立退きの義務が発生すること、(3)しかし、この組合の庁舎明渡し義務は代替的作為義務の要件に該当しないので代執行により確保される義務ではないこと、(4)したがって存置物件の搬出と組合事務所の明渡しないしは立退きとを分けて、物件の搬出について代執行の対象とすることはできないこと、(5)ただ、本件では相手方（組合側）が市長のなした代執行の戒告について取消訴訟を提起しているので、戒告を行政処分と解し、戒告に続く代執行手続の続行を停止する意味で執行停止が許されること、とした点である。

したがって、本件については、庁舎の明渡しないしは立退きを請求するには、庁舎の権利主体たる市が、相手方に対し公法上の法律関係に関する訴えたる当事者訴訟を提起し、その確定判決に基づく強制執行によるか、あるいは仮処分によるなど民訴法上の強制的実現の方法によることになろう（この見解に疑問を提示している見解もある（判例時報四二八号五三頁コメント））。

(5) 執行罰

執行罰とは、履行されない行政上の義務が他人に代わってすることのできない作為義務または不作為義務である場合にその義務を強制するために義務者に科する処罰である。間接強制ともいう。たとえば、砂防法第三六条は「私人ニ於テ此ノ法律若ハ此ノ法律ニ基キテ発スル命令ニ依ル義務ヲ怠ルトキハ主務大臣若ハ地方行政庁ハ」一定期限内に履行しない場合または履行しても不十分な場合は、五〇〇円以内の過料に処することを予告してその履行を命ずることができる旨規定している。このように、執行罰はあらかじめ指定した期間内に義務が履行されない場合、一定の過料に処することを戒告し、心理上の威嚇を加えて義務の履行を強制することを目的としている。このため別名、戒告罰、心理罰、強制罰などともいわれている。執行罰は義務の履行を強制することを目的としている点で行政罰、懲戒罰、刑事罰などと区別される。

執行罰は、現行制度では砂防法（三六条）に規定されているだけである。砂防法以外に執行罰の規定がなくなった理由として(i)五〇〇円程度の過料では義務履行の方が過料より高くつく場合があり、執行罰をもって行政上の義務の履行を確保することを期待できないこと、(ii)五〇〇円程度の過料では義務者に対しどれだけの心理的威嚇を与えるか疑問であること、(iii)執行罰は心理的威嚇の点で義務不履行に対する制裁としての懲役、禁錮、罰金、拘留、科料などに及ばないこと、などが考えられる。

したがって、教育関係では執行罰の適用を認めている規定はない。

(6) 直接強制

直接強制とは、直接に義務者の身体または財産に実力を加えて義務が履行されたと同一の状態を実現する作用をいう。右に考察した代執行と執行罰は、緊急の場合にはあまり実効性がないところに欠陥がある。

直接強制は義務の履行があったのと同一の状態を実現するために直接義務者の身体、財産に実力を加えるものであるのに対し、(i)執行罰は心理的に威嚇を与えることにより義務の履行を強制するものであり、(ii)代執行は義務者に実力を加えるが、その内容は義務者のなすべき行為を代わってなすことである(たとえば、代執行は義務者が移転すべき家屋を移転しない場合に行政機関が代わってこれを移転しその費用を義務者から徴収するのに対し、直接強制は家屋を破壊して焼却してしまうようなものである)。したがって、直接強制は、代替的、非代替的、作為、不作為のいずれを問わず一切の義務に適用できる。このように強力に行政目的を実現する手段は、現行憲法の基本的人権尊重の立場からいって問題がある。したがって、法律に規定されている以外は、直接強制の手段は使用できない。現行法上認められているものとしては出入国管理令による退去強制のための収容(同令五二条以下)、性病予防法による健康診断、受診命令および強制検診(同法一五条、一一条)などをあげることができる。

前回述したように、「学校施設の確保に関する政令」の第四条は、「管理者は、学校教育上支障があると認めるときは、学校施設の占有者に対してその学校施設の全部又は一部の返還を命じることができる」と規定し、本条の規定による返還命令の履行について、同政令二一条は、「この政令の規定により命ぜられ、又はこの政令の規定に基づいて管理者により命ぜられた行為を義務者が履行しない場合において、行政代執行法による代執行によって義務の履行を確保することができないときは、管理者は直接にこれを強制することができる。」と規定している。右条文の後半で明らかなように、直接強制を認めていることに注意する必要がある。

(7)　行政上の強制徴収

代執行の場合の義務の履行にかかった費用をどのように徴収するかが問題となってくる。ここで行政法学上問題となるのが、行政上の強制徴収である。

行政上の強制徴収とは、国民が国または地方公共団体に対し行政上の金銭給付義務を履行しない場合に、その義務の履行を強制する手段で、その手続は、国税通則法および国税徴収法に規定されている。通常これは国税滞納処分と称されているが、国税（関税および噸税を除く）のほか、地方税、使用料、手数料等の公課、過料等公法上の金銭給付義務に対し、種々の法令で、行政上の金銭債権の徴収について「国税（または地方税）滞納処分の例による」という規定をおいて強制徴収の方法を認めている場合が多い（地自法二三一条の三、地方税法六八条一項、八項、七二条の六八の一項、七三条の三六の一項等、行政代執行法六条、労働者災害補償保険法三一条）。その意味では、強制徴収に関する基本法といってもよい。しかし、国税以外の公法上の金銭給付義務についてその徴収手続に関し、特に規定がない場合には一般に民事訴訟をもって請求することになる。

滞納処分と裁判所の強制執行とは性質上同じであるが、滞納処分は執行を開始する要件として民事訴訟法が規定する債務名義を必要としない点で裁判所がする強制執行と異なる（千葉地昭和三〇・四・五判・行裁例集六巻四号一〇六九頁）。しかし、どのような場合に行政上の滞納処分をもって徴収できる債権とするかについては、学説、判例の見解は分かれている。

行政上の強制徴収の手続き――国税通則法および国税徴収法が規定する行政上の強制徴収手続は、督促、財産の差押え、換価処分、充当配分によって行われる。

以下、行政上の強制徴収の手続について一言触れておきたい。

(1)　督促――滞納処分の第一段階として、税務行政庁は、まず督促をする必要がある。この督促は、必ず書面（督促状）によらなければならない。督促状は法律に別段の定めがある場合を除き、納期限から二〇日以内に発することになっている（国税通則法三七条二項）。督促は、義務の履行の催告であり財産の差押えをなすべき旨を戒告する行為である。したがって、これは、準法律行為的行政行為の通知行為である。したがって督促は、滞納処分ではないが不可欠の前提行為であるので、督促しないで滞納処分をすることはできない。督促をしないで滞納処分をした場合は、その滞納処分は違法な処分となる（東京地昭和三四・五・二八判・行裁例集一〇巻五号九五八頁）。

督促状は、名宛人の住所または居所に郵便による送達または交付送達により送達する（国税通則法一二条）。督促状をうける者の住所、居所が不明な場合は、公示送達の方法により行い、当該行政機関の掲示場に書類を交付する旨掲示し、掲示を始めた日から起算して七日を経過すると書類の送達があったものとみなされる。督促した場合は、延滞加算税額を滞納税額に加算して徴収する（三七条三項）。

(2)　財産の差押え――義務者が督促をうけ、督促状を発した日から起算して一〇日までに税金（延滞加算税を含む）を完納しない場合は、行政庁は義務者の財産を差し押さえる（国税徴収法四七条）。差押えにさいしては(i)必要な財産以外の財産の差押え、差し押さえる財産の価額が税金などの合計額より少ない場合の差押えはできない（四八条）。(ii)どの財産を差し押さえるかの選択に当たっては、第三者が有する権利を尊重しなければならない（四九条）。(iii)生活に不可欠の衣服、寝具、食料および薪炭その他の一定の物件は差し押さえることはできない（七五条）。(iv)給料、賃金、俸給、歳費、退職金、社会保険制度に基づく給付の差押えは禁止されている（七六条、七七条）など、差し押さえうる財産の種類、差押えの方法、手続などに関し詳細な規定がある。

収税官吏が滞納者の財産を差し押さえる場合、どの財産を差し押さえて公売するかは、収税官吏の自由裁量と解されている（仙台高昭和三四・四・一七判・行裁例集一〇巻八号一五二九頁）。また、滞納にかかる租税債権が充足されない限り、これを差押債権として数回にわたり追加して差押えをしたとしても、そのことだけで差押処分は当然に違法とはならない（広島高昭和三八・三・二〇判・訟務月報九巻六号七七九頁）。

(3)　換価処分――差し押さえた財産は金銭、有価証券を除くほか、原則として公売する（国税徴収法八九条、九四条）が公益上必要な場合などは、随意契約をもって公売に代えることができる（一〇九条）。滞納者および国税庁、国税局、税務署などの国税事務に従事する職員は、換価の対象となった財産を買いうけることはできない（九二条）。

(4)　充当配分――差押財産の売却代金、差し押さえた金銭および第三債務者から給付をうけた金銭は、一定の国税その他の債権に配当しなお残金がある場合は、滞納者に交付する（国税徴収法一二八条、一二九条）。滞納処分費については、その徴収の基因となった国税に先だって配当しまたは充当する（一三九条）。

(二) 学生の行動と即時強制

(1) 博多駅事件

「ところで、将来学生らが佐世保においていかなる行動をとるかは予断を許さないとしても、少くとも博多駅における時点では、右危険物を使用した犯罪が行われる差し迫った危険があったと判断できるような事情は認められない……のであるから、果してこの時点で前記のような理由で学生らに対して職務質問できるかどうか疑問がないわけではない。

しかし、警職法二条一項は、職務質問の条件として、『差し迫った危険性』は掲げていないのであるから、『合理的に判断』して何らかの犯罪を犯そうとしていると疑うに足りる『相当な理由』さえあれば、職務質問をすることとじたいを禁ずべき理由はない。もっとも本件のように専ら将来行われるかもしれない犯罪の予防の名のもとに、いたずらに人権を侵害することのないよう職務質問の要件の存否の判断、職務質問の方法について、とくに慎重であらねばならないことはいうまでもない。」

「以上のとおり、本件所持品検査についてはその明文の根拠となるべきものはなく、犯罪捜査の場合における任意手段については刑事訴訟法一九七条のような明文の規定があるにもかかわらず、それより以上に濫用の危険性があると考えられる犯罪予防のための所持品検査について、前記銃砲刀剣類所持等取締法二四条の二第一項のような明文の根拠がない以上、警察側の主張するように、相手方の同意を前提とする任意手段であるからといって、直ちに所持品検査が許されると解することには疑問がないわけではない……。

しかし、右の考え方については、種々見解が分れており、警察側の主張のように、任意手段によるかぎり警察法二条に基づき所持品検査が許されるとか、警察官は、警察法二条の責務を遂行するため、強制権限の行使にあたる行為は具体的な法規の定めに基づかないかぎり行うことができないが、それにあたらない（すなわち相手方の同意に基づく）行為であれば、とくに法令によってそれが禁じられていないかぎり、必要なあらゆる手段をとることができるという見解もあり、しかも警察の実務が右のような見解によって行われているといわれている……ことから、警察官が学生らの承諾を得たうえで所持品検査をすることが許されると信じたとしても無理からぬことである。したがって、仮りに相手方の承諾があっても所持品検査は許されず、所持品検査をしようとすることじたいが客観的には公務員職権濫用罪を構成するとしても、警察官が右の見解のもとに、学生らの承諾を得たうえ所持品検査をしようとしたのであれば、職権濫用は成立しないといわなければならない。」（福岡地昭和四五・八・二五決定・判例時報六〇五号二六頁（つ）号）。

右に掲げた判決文は、いわゆる博多駅事件の付審判事件棄却決定の一部である。本件において、アメリカ原子力空母エンタープライズの佐世保港寄港阻止闘争に参加するため拠点となった九州大学教養部に全国各地から結集しようとして集まってきた学生に対し、博多駅構内で警察官、鉄道公安職員約一〇〇〇名が集札口強行突破により不測の事態が発生するおそれがあるとして警備に当たっていた。その時、機動隊員、鉄道公安官が共謀の上、学生を階段から突き飛ばしたり足払いをかけて転倒させた行為、およびその直後警察官が強制的に学生のポケットやナップザックをあけて所持品検査をした行為を、特別公務員暴行陵虐罪、公務員職権濫用罪にあたるとして社会党などから、当時の県警本部長ら警察官、鉄道公安職員約八七〇名を相手どり付審判請求がなされていた。

本決定は、鉄道公安官については暴行の事実と警察側の暴行に関する警察側との共謀の事実を否定した。しかし、警察側については、報道機関から押収したテレビフィルム、学生の証言などから、ほぼ付審判請求の内容に近い暴行の事実と強制的な所持品検査の事実を認めた。そして、右の各行為は警察官職務執行法により警察官に許容された実力行使の限度をこえた違法なものであり特別公務員暴行陵虐罪、公務員職権濫用罪にあたるが、いずれも直接手を下した警察官を特定できないし、福岡県警本部長をはじめとする警察側指揮者にも右各行為につき共謀があったことを認めるに足りる証拠はないとして付審判請求を棄却した。

右のような事実と裁判所のとった態度について、前掲の判決文で明らかなように、学生に対する警察官の職務質問が問題になっている。この職務質問は、警察官職務執行法二条一項に基づくものである。警察官職務執行法に基づく警察官の行為は、学問上、行政上の即時強制といわれているものである。

(2) 行政上の即時強制

行政上の即時強制とは、一般に、行政上の義務の履行を強制するためだけではなく、目前急迫の障害を取り除く必要上、行政上の強制執行のように義務を命ずる暇がない場合、またはその性質上義務を命ずることによってはその目的を達しがたい場合に、直接国民の身体または財産に実力を加え、もって行政上必要な状態を実現する作用をいうとされている。したがって、たとえば、狂犬が街路を徘徊して通行人に害を加えるおそれがある場合とか、現に火災が起こっており、消火のために隣りの家屋に侵入する必要があるとか、また、さらには、危険のおそれのある事業の装置や施設の実地検査とか、営業上の帳簿その他の書類の検閲、家宅の立入捜査、警察官による職務上の質問、武器の使用など、あらかじめ下命行為により行政庁が相手方に義務を命じ、その不履行をまって強制執行したのでは時期を失し、その間に公共の安全または社会の福祉が著しく侵害されるおそれのある場合になされる行政上の強制が、即時強制といわれているものである。したがって、行政庁はこのように強力な即時強制の手段を恣意的に行使することは許されない。というのは、行政庁は、憲法が保障する基本権を保障しなければならず、即時強制の作用は法律上の根拠を要し、その目的を達するため必要最小限度に止めなければならないからである。このため、法律が即時強制の根拠を定めている場合にのみ、行政権はこの手段をとることができるが、反面、その相手方は、そのような強制手段を受忍すべき義務を負うことになる。

右のような行政上の即時強制の一般法として明治憲法下においては行政執行法（明治三三年法律第八四号）があった。

しかし、この法律は濫用され、特に検束などは本来の目的を逸脱して政治、労働、思想運動の弾圧のために悪用された。

たとえば、この行政上の即時強制を規定していた行政執行法第一条二項の一つを取り上げてもその運用は形式的であった。すなわち、同条は「前項ノ検束ハ翌日ノ日没後ニ至ルコトヲ得ス」と規定していたが、この検束の期間の「翌日ノ日没後ニ至ルコトヲ得ス」という条文は、思想犯などについては、(1)連続検束の方式（翌日の日没になるとあらためて検束し、法に基づき書類をつくり直して検束を続ける方式）、(2)たらい廻しの方式(X署が検束した人間を翌日の日没前にY署の管内に連れていき一度釈放する形式をとり、Y署がただちに同一人物を検束する方式)、(3)引戻検束の方式(翌日の日没になると一度法に基づいて釈放し、釈放の瞬間ふたたび新たに検束する方式）などの方法で検束を行うために利用された。このため、警察の法規の運用は形式的なものであった。右のことは行政執行法が、翌日の日没以後の検束を許していなかったのにもかかわらず警察権行使の限界をこえて長期間にわたり検束することができる方法が考え出されていたということである（戒能通孝編「警察権」八一頁以下）。また、行政執行法は、保護や予防の名のもとに犯罪者でないものを検束することを許し、警察署内の一室に監禁したり、体をしばったり、あるいは樹木に繫留して自由を拘束することを許していた。これは、検束の名の下に逮捕を認めることを意味したのである。

(3)　行政上の即時強制と警察官職務執行法

日本国憲法施行後は、右の行政執行法は、憲法の基本的人権の尊重の趣旨に抵触するとして廃止され、新たに警察官職務執行法（昭和二三年法律第一三六号）が制定され、他の行政法規に個別的に即時強制の規定が設けられた。

即時強制の手段——右に指摘したように、即時強制の手段には、大別して、警察官職務執行法の定める手段とその他の行政法規が具体的に定める手段とがある。

警察官職務執行法の定める手段——日本国憲法下の現行の警察官職務執行法は、「警察官が警察法に規定する個人の生命、身体及び財産の保護、犯罪の予防、公安の維持並びに他の法令の執行等の職権職務を忠実に遂行するために、必要な手段を定めることを目的とする」とし（一条一項）、その目的を実現する手段として、質問（二条）、保護（三条）、避難等の措置（四条）、犯罪の予防および制止（五条）、立入り（六条）、武器の使用（七条）をあげ、これらの措置をとり得る場合を具体的に規定している。そして、同法に基づく手段の濫用により基本的人権が侵害されないように、「この法律に規定する手段は、前項（一条一項）の目的のため必要な最小の限度において用いるべきものであって、いやしくもその濫用にわたるようなことがあってはならない」（一条二項）ことを注意している。ここにいう「最小の限度」の程度は、個々の警察官の客観的判断にまかされるのではなく、警察比例の原則に立脚し、具体的実情に応じて判断され、また警察法第六二条の規定のように、上官の指揮監督をうけて行使されるべきである。さらに、本法は、司法警察職員としての警察官の権限を定めたものではなく、権限の濫用があった場合には、刑法第三五条の「法令……ニ因リ為シタル行為ハ之ヲ罰セス」の規定に該当せず、法令による行為としての違法性の阻却がなく、相手方の行為が正当防衛となり、当該警察官の懲戒責任と行政主体の賠償責任が生ずる場合がある。以下、学生の行為との関係で警察官職務執行法の規定のいくつかについて検討を加えておきたい。

(4)　学生と職務質問

冒頭に掲げた博多駅事件で問題となっている警察官職務執行法第二条は、一項「警察官は、異常な挙動その他周囲の事情から合理的に判断して何らかの犯罪を犯し、若しくは犯そうとしていると疑うに足りる相当な理由のある者又は既に行われた犯罪について、若しくは犯罪が行われようとしていることについて知っていると認められる者を停止させて質問することができる。」

二項「その場で前項の質問をすることが本人に対して不利であり、又は交通の妨害になると認められる場合においては、質問するため、その者に附近の警察署、派出所又は駐在所に同行することを求めることができる。」

三項「前二項に規定する者は、刑事訴訟に関する法律の規定によらない限り、身体を拘束され、又はその意に反して警察署、派出所若しくは駐在所に連行され、若しくは答弁を強要されることはない。」四項「警察官は、刑事訴訟に関する法律により逮捕されている者については、その身体について凶器を所持しているかどうかを調べることができる。」と規定している。

この職務質問（二条）については、一般に次のように解されている。すなわち、(A)警察官が停止させて質問することが相手方の名誉に不利だとか交通上妨害になるなどの理由で派出所などに同行して質問する場合でも、威圧的、強制的に同行することは許されない。(B)質問に対し被質問者は答弁を強要されない（憲法三八条）。(C)被疑者の取調べではないから、刑訴法第一九八条に規定されているように自己の意に反して供述する必要がない旨を告げる必要はない。(D)刑訴法による場合以外は質問のために長時間にわたり、停止、拘束することはできない。(E)同行を拒絶する者に対し、刑訴法の逮捕、勾引、強制同行をすることは許されない。

以下、職務質問についての最高裁の見解をあげ、その限界を検討しておきたい。

(5)　職務質問の裁判例と職務質問の限界

(1)所持品の内容の提示と職務質問――窃盗の疑いにより質問を始め、所持するふろしき包みの内容の呈示を求めるやにわかに逃げ出す等異常の態度を示したためさらに質問を続けるためにその跡を追いかけて停止を求めようとする行為は、適法な職務質問に属する（最高昭和二九・一二・二七判・刑集八巻一三号二四三五頁）。

(2)　追跡して背後から腕をかける行為と職務質問――夜間道路上で職務質問を受け、任意に同行された巡査駐在所で所持品等につき質問中すきをみて逃げ出した者を、さらに質問を続行すべく追跡して背後から腕に手をかけ停止させる行為は、正当な職務執行の範囲を越えるものではない（最高昭和二九・七・一五判・刑集八巻七号一一三七頁）。

(3)　任意同行を求められた者の逃走と職務質問――「巡査から挙動不審者として職務質問を受け派出所まで任意同

行を求められた者が突如逃走した場合に巡査が更に職務質問をしようとして追跡しただけでは、人の自由を拘束したものではなく、巡査の職務行為として適法である（最高昭和三〇・七・一九判・刑集九巻九号一九〇八頁）。

(4)　承諾なくしてポケットに手を入れて押収した証拠物と職務質問――警察官が所持品検査として許容される限度をわずかに超え、その者の承諾なくその上衣左側内ポケットに手を差し入れて取り出し押収した点に違法があるに過ぎない証拠物の証拠能力は、証拠能力として肯定される（最高昭和五三・九・七判・判例時報九〇一号一五頁）。

(5)　自動車の窓から手を入れて車を停止した行為と職務質問――酒気帯び運転の疑いがある者に対する職務質問及び交通の危険防止のため、自動車の窓から手を差し入れエンジンキーを回転してスイッチを切り運転を制止した警察官の行為は適法である（最高昭和五三・九・二二判・判例時報九〇三号一〇四頁）。

右に掲げたのは、警察官の職務質問に関し適法とされた最高裁の判例である。これらの判例では、職務質問の傾向として、警察官から職務質問を受けた際直ちに逃げ出した者を追跡する行為が職務質問の限界をこえているかどうかが問題となったが、適法とされている。

次に参考までに違法な職務質問とされた事例をあげておきたい。しかし、この点については最高裁の判例はなく、下級審の事例のみである。

(1)　旅館に宿泊中の弁護士を指名手配犯人に似ていると速断して警察署への出頭を要求し、前後三〇分間職務質問を行い、ついに同人の意に反して警察署に出頭せしめた行為（宇都宮地昭和三五・五・一六判・下級民集一一巻五号一〇七九頁）、(2)派出所に同行を求めることのできる場合に当たらないのに同行を求め、これを拒絶されるや相手方のえり元をつかんだまま離さなかった行為（静岡地沼津支部昭和三五・一二・二六判・下級刑集二巻一一・一二合併号一五六二頁）、(3)相手方が同行を拒絶する意思を表明しているにもかかわらず、これを納得させる手段をとらずいたずらに押問答を繰り返し、最後にはその右腕をつかむ挙に出た行為（福島地会津若松支部昭和三八・一〇・二六判・下級刑集九・一〇号一〇七三頁）などは違法な職務行為とされている。

冒頭に掲げた博多駅事件の裁判所の見解においても、警察官が合理的に判断してなんらかの犯罪を犯そうとしていると疑うに足りる相当の理由があれば職務質問を禁ずべき理由はないこと、また、警察官は学生らの承諾を得たうえ所持品検査をすることができること、とされている。

本件の抗告審決定（福岡高昭和四五・一一・二五決・判例時報六一五号三頁）においても、裁判所は、「警察官は学生らの承諾を得たうで所持品検査をすることは許されると信じていたので、『所持品検査をしようとすること自体が客観的に公務員職権濫用罪を構成するとしても、警察官が学生らの承諾を得たうえで所持品検査をしようとしたのであれば、職権濫用罪の犯意がないことになり結局公務員職権濫用罪は成立しない』としているので、……相手方の承諾を得て行なう所持品検査の場合には職権濫用罪が成立しないという結論においては一致することになる。」と判示し、相手方の承諾を得ている限り、所持品検査は違法とはならないとしている。

(6)　犯罪の予防及び制止

次に、警察官職務執行法第五条の犯罪の予防及び制止についてとりあげておきたい。第五条は「警察官は、犯罪がまさに行われようとするのを認めたときは、その予防のため関係者に必要な警告を発し、又、もしその行為により人の生命若しくは身体に危険が及び、又は財産に重大な損害を受ける虞があって、急を要する場合においては、その行為を制止することができる。」と規定する。

ここでいう犯罪とは、刑法上の犯罪のほか法令に違反するすべての罪を指し、本条の手段は警告と制止の二つである。警告の方法は、口頭、身ぶり、手ぶり、警笛、信号、文書など具体的事態に応じ適切な方法でなされる。制止は、実力をもって犯罪行為を中止させ、または中止しなければならない状態におくことをいう。

(A)　制止の要件は、人の生命、身体または財産に危険または重大な損害が及ぶおそれのあることと急を要する場合であることである。

(B)　制止の手段は、社会の良識に照らして判断する。たとえば、凶器を取りあげること、闘争の現場に駆けつける者を押し止めること、暴徒の指導者を群衆の中から実力で引き抜くことなどがそれである。判例では、(a)郵便局員の就労を阻止するために張られたピケット隊員を引き抜く行為（東京高昭和四一・八・二六判・高裁刑集一九巻六号六三一頁）、(b)学生デモ隊を制止するための警察官の放水車による放水（東京地昭和四〇・八・九判・下級刑集七巻八号一六〇三頁）、(c)学生らの過激な行動を阻止するための阻止線設定（長崎地昭和四七・九・二九決・刑裁月報四巻九号一五七八頁）、(d)催涙液の放射（長崎地昭和四七・九・二九決・刑裁月報四巻九号一五七八頁）、(e)違法デモに直面した警察官が、現行犯逮捕の手段をとらずにした警職法第五条の制止の措置、などはいずれも適法とされている。また、制止に従わないで警官に暴行、脅迫などの行為に出た場合は、公務執行妨害罪が成立する。

旧行政執行法の予防検束と「犯罪の予防及び制止」との相違は、旧法の場合、「その他公安を害するおそれのある者」として解釈いかんにより適法範囲が広げられたのに対し、本条は「犯罪がまさに行われようとしているとき」のほか、人の生命、身体、財産に対する危険が及び、または財産に重大な損害を受けるおそれがあり急を要する場合というように解釈範囲が限定されているところにある。

また、警備事案で次のような場合、すなわち、(A)陳情あるいは抗議のため多数の者が公務所に押しかけ平穏に坐り込み、または陳述、抗議をしている場合、(B)団体交渉などで多数の威力を示していることが認められるがまだ交渉を続けている場合、(C)労働争議などピケッティングが道路交通妨害となっているが、その方法が平和的説得または団結力の示威程度に止まっている場合、などはまだ制止してはならない。

(三) 大学の自治と警察官の大学構内への立入り

(1) 大学の自治と警職法第六条の立入りについての最高裁判所の見解

(A) **大学の自治と警察官の警備情報収集のための学内立入り**――「警察官が特に、警察官職務執行法(本件当時は警察官等職務執行法)六条所定の立入権の行使としてではなく、単に、警備情報の収集の目的を以って大学の教育の場、学問の場に立ち入ることは、憲法二三条の保障する学問の自由ないし大学の自治を侵す違法行為であるといわねばならない。

しかし、本件ポポロ劇団の集会は、原判決の認定事実によれば、反植民地闘争デーの一環として行なわれ、演劇の内容も裁判所に係属中の松川事件に取材し、開演に先き立ち右事件の資金カンパが行なわれ、更にいわゆる渋谷事件の報告もされたというのであって、真に学問的な研究や、その発表のための集会とは認められない。従って、本件警察官の立入行為が前記の学問の自由ないし大学の自治を侵した違法行為であるということはできない。」(最高昭和三八・五・二二判・刑集一七巻四号三七〇頁)。

(B) **大学校内の公開集会と警察官の立入り**――「したがって、右教室を借受けた目的は、真に、憲法の保障する「学問の自由」及びこれに由来する「大学の自治」の範囲に属する研究集会のため使用するにあったのではなくして、実社会の政治的、社会的活動に当る行為としての公開集会を開催するため使用するにあったものであるとの認定判断に到達する確実性が高度であるといわねばならない。然りとすれば、到底、第一審判決及びこれを維持する原判決において判断せられる如くに、原判示劇団ポポロの本件集会を以って、右「学問の自由」、「大学の自治」の範囲に属するとなす由もない。以上説明した事情のある限り、警察官としては、警察法一条、警察官等職務執行法六条二項(本件当時)により本件集会に立入るにつき、合理的理由があったものといわねばならないのみならず、右両巡査に、右集会の進行を害する意図があったと認むべき資料もない。かような事実関係の下においては、警察官が公衆の一員として本件集会に入場券を買求めて入場したことに対しても被告人にこれを排除防衛すべき何らの法益もない。」(最高昭和三八・五・二二判・刑集一七巻四号三七〇頁)。

(C)　**学内集会に対する警察官の立入りの条件――**「(三)　この大学の自治と警察権の行使の調整を図ることは、かなりの困難を伴う問題であり、結局においては、関係者の良識と節度をまつほかはないが、この点に関して注目に価するものは、原判決に示されている文部次官の通達であろう。この通達は、集会、集団行動及び集団示威運動に関する東京都条例が施行されるに際し、右条例の解釈につき、警視庁と協議の上、文部次官が、昭和二五年七月二五日、東京都内所在の大学の長等に宛てて発したものであるが、右通達中、大学の学生による学内集会に関する部分を摘示してみると、この通達においては、学校構内における集会で、学生又はその団体が学校の定める手続きによる許可を得て、特定の者を対象として開催されるものは、公共の場所における集会とは認めず、したがって公安委員会の許可を要しないことが明らかにされているが、同時に、右集会の取締については学校長が措置することを建前とし、要請があった場合に警察がこれに協力することとする旨が定められているのであって、右は、単に集会の許可権者を明らかにしているに止まらず、学内集会に対する大学の自治と警察権の行使との調整の問題にもふれているものと解されるのである。右通達によれば、大学の責任と監督の下に行われる正規の学内集会の条件としては、特定の者を対象とするものであること、すなわち一般公衆を入場させないという意味での非公開性が定められているだけで、集会の目的、内容については、とくにふれるところはないが、本来、大学においては政治的活動はもとより(教育基本法八条二項)、大学教育の理念とする政治的中立性を害し、学問に専念すべき学生の本分にもとるがごとき社会的活動をすることは許されないのであるから、かかる目的、内容を有する集会に対しては、大学が許可に際し規制を加えること(学生の管理に関する大学の自治の作用)が当然に予定されているものと考えられるので、正規の学内集会といいうるためには、集会が少くとも右のごとき活動を目的、内容としないものであることも条件とされているものと認められる。右通達に示されたところは、それ自体に法律的な拘束を認めることは困難であるとしても、大学の自治と警察権の行使の調整に関する一応の具体的基準を示したものとして、決して軽視してはならないものと考えられる。要するに、学生による学内集会が、少くとも以上の二条件を現実に具備しているかぎり、警察官のこれに対する職務行為としての立入りは、正規の法的手続を践み、必要の限度をこえないでする場合のほかは、許されないものと解する反面、集会が現実に右条件を欠いている場合には、警察官は、これに対し、一般の屋内集会に対すると同一条件で立入ることができるのであり、その集会が大学の許可をえて学内において行われているという形式的理由だけで、警察官の立入りを拒むことをえないものと解するのが相当である。もっとも、この後の場合においても、集会が単に非公開性を欠くに止まる場合においては警察官の警備情報活動としての立入りは、警察官の特殊性にかんがみ、これが学内集会（ことに学問的会合）の運行を不当に妨げることとなり、集会主催者側においてその立入りを拒否するにつき正当の理由があることとなる場合もありうることを見逃してはならないであろう。

㈣　本件につきこれをみるに、大学の公認団体である東大劇団ポポロが主催した本件学内集会が、前示通達の線に副い、大学の許可（形式上は施設使用の許可）を得て法文経二五番教室において開催されたものであり、また、東大の学生、職員約三〇〇名を対象とし、政治的目的を有する集会でないことを条件として許可されたものであることは、本件記録に徴し明らかであり、また、原審は、右劇団ポポロの性格、本件集会の内容、警察官立入りの実情等につき一応の認定をしているのであるが、本件記録に徴すれば、原審は、右劇団ポポロの実体、本件集会の真の目的、その現実のあり方、許可に際し大学当局はこの集会の目的、内容をどのように理解していたか等本件集会の実態を明らかにするために必要な事項に関し審理又は判断をよく尽していないうらみがあることを否みえないのである。そして、この事実関係が明らかでないかぎりは、本件集会に対する警察官の立入りが、上述したところに照し、許容される限度をこえたものであるかどうかを判定することはできないのであるから、原判決には、少くとも、右の点に関し判決に影響を及ぼすべき審理不尽の違法があり、これを破棄しなければ著しく正義に反するものと思料する。」（最高昭和三

八・五・二二判・刑集一七巻四号三七〇頁）。

(D)　**学内における実社会の政治的活動の集会に対する警察官の立入り**――上告趣意第二点は「原判決は、憲法二三条の「学問の自由」の解釈にあたって、警察官が警備情報収集活動のため、本件以前から継続的に学内集会に立ち入っていた事実を切り離して、形式論理的抽象的に判断した結果、同条の解釈を誤ったと主張する。しかしながら、原判決は、前記大法廷判決の趣旨に従って、本件東大劇団ポポロの演劇発表会（以下本件集会という）は、真に学問的な研究または発表のためのものでなく、実社会の政治的社会的活動にあたる行為をしたものであり、かつ半公開的なものであったということを理由に、大学における学問の自由を享受しえないものである旨の判断をしているのであるから、憲法二三条の学問の自由の解釈にあたって、所論の主張するような警察の活動を考慮する必要は認められず、したがって、論旨はその前提を欠き、適法な上告理由とならない。」

「同第三点は、原判決は、憲法二三条の「学問の自由」の解釈にあたって、本件集会への警察官の立入りの当否を考慮しなかったため、同条の解釈を誤ったと主張する。しかし、原判決は、前記のとおり、本件集会は、憲法二三条の学問の自由を享受しえない性格のものであったと判断しているのであるから、同条の解釈にあたって、警察官の立入りの当否を考慮する必要は認められず、したがって所論はその前提を欠き、適正な上告理由とならない。」（最高昭和四八・三・二二判・判例時報七〇一号一七頁）。

右に掲げた(A)から(C)までの見解は、東大ポポロ劇団事件の最高裁昭和三八年五月二二日判決の判決文の一部である。本件は、右の最高裁判決において原判決および第一審判決が破棄され、東京地裁に差し戻された。それから一〇年後の昭和四八年三月二二日、最高裁は、第二次上告審判決を下した。それが(D)である。

東大ポポロ劇団事件の事実は、次のようであった。

東大ポポロ劇団事件（暴力行為等処罰法違反被告事件）は、昭和二七年二月二〇日夜、東大法文経二五教室において東大学生劇団ポポロが松川事件に関する演劇を上演した時、私服警察官三名が一観客として入場券を求めて入場し、会の様子を監視していたが、これを発見した学生が警察官の洋服のポケットに手を入れ、オーバーのボタンをもぎとり、警察手帳を奪いとったため、学生のこの行為が暴力行為等処罰に関する法律第一条一項に当たる暴力行為であるとして、起訴された事件である。

本件において、被告人らは、大学の自治と警職法第六条の立入りとの関係について、警職法第六条の立入り権の行使ではなく、警備情報の収集の目的で学問の自由の場である大学に立ち入ったことは、学問の自由ないしは大学の自治を侵害するものであることを主張した。

この主張に対し、最高裁は、学問の自由ないし大学の自治と警職法第六条の立入りとの関係について、次のような考え方を示した。

すなわち、(1)　警察官が単に警備情報の収集のために大学の教育の場に立ち入ることは違法行為であること、(2)　本件のポポロ劇団が行った演劇は松川事件に取材したもので、学問的研究ではなく、政治的、社会的活動であること、(3)　警察官は公衆の一員として入場券を求めて入場していること、(4)　文部次官通達は(a)学則などによる許可を得て学校構内において行う特定者を対象とする集会は、公安委員会の許可を必要としないこと、(b)この学内の集会については学校長が取締の責任を負うこと、(c)学校長の要請があった場合には警察がこれに協力すること、を内容とするものであること、(5)　この文部次官通達は法律的拘束力を有しないが、大学の自治権と警察権の行使の調整に関する一応の具体的基準を示しているものであること、(6)　学内の集会が(a)特定の者を対象とするものではないこと、(b)学生の本分にもとる政治的、社会的活動にあたること、という二条件を具備している場合には、警察官は、学内で行われているという形式的な理由で、大学に立ち入ることができないということはないこと、(7)　しかし、警察官の情報収集活動としての立入りについて集会主催者が正当な理由により拒否した場合には、警察官は大学内に立ち入ることはできないこと、などの点を判示している。

また、第一次上告審判決に対し、第二次上告審判決は、(1)　東大ポポロ劇団の発表は、真に学問的な研究による発表ではないこと、(2)　実社会の政治的、社会的活動に当たる発表であること、(3)　半公開的なものであること、(4)　この発表会は、学問の自由を享受し得ない集会であるから、警察官の立入りの当否を考慮する必要はないこと、(5)　警察官にはこの集会の進行を妨害する意図がなかったこと、(6)　警官が入場券を求めて入場したことを排除されるべき理由はないこと、と判示した。

したがって、この最高裁の見解は、結局、大学内における学問の自由を享受し得ない政治的、社会的集会には、原則として警察官の立入りが許されるとするものである。

(2)　警職法第六条の「立入り」

次に、以上の東大ポポロ劇団事件を通じて考察してきた警職法第六条の立入りについて、一般的説明を加えておきたい。

警職法第六条は、次のように規定している。すなわち、第一項「警察官は、前二条に規定する危険な事態が発生し、人の生命、身体又は財産に対し危害が切迫した場合において、その危害を予防し、損害の拡大を防ぎ、又は被害者を救助するため、已むを得ないと認めるときは、合理的に必要と判断される限度において他人の土地、建物又は船車の中に立ち入ることができる。」

第二項「興行場、旅館、料理屋、駅その他多数の客の来集する場所の管理者又はこれに準ずる者は、その公開時間中において、警察官が犯罪の予防又は人の生命、身体若しくは財産に対する危害予防のため、その場所に立ち入ることを要求した場合においては、正当の理由なくして、これを拒むことができない。」

第三項「警察官は、前二項の規定による立入に際しては、みだりに関係者の正当な業務を妨害してはならない。」

第四項「警察官は、第一項又は第二項の規定による立入に際して、その場所の管理者又はこれに準ずる者から要求された場合には、その理由を告げ、且つ、その身分を示す証票を呈示しなければならない。」と規定している。

警察官の立入りに関し、他の法令に規定されているものとして、たとえば、(A)風俗営業等の規制及び業務の適正化等に関する法律（風営法）第三七条二項は、「警察職員は、この法律の施行に必要な限度において、風俗営業又は風俗関連営業の営業所……に立ち入ることができる」と規定している（同趣旨の規定、古物営業法二三条、質屋営業法二四条、火薬類取締法四三条、高圧ガス取締法六二条など）。また、建築主事などが違法建築の除却、命令を発する前提として、「立入ることができる」（建築基準法一二条四項）とする規定があるが、この種の規定は多い。この種の立入りは、行政監督上認められているものであり、これを拒否した場合は、その義務違反に対し、罰金、科料、過料などの警察罰が科せられる。

これに対し、(B)前述した警職法第六条の立入りは、応急事態の措置、防犯または危害の予防のために、強制的に立ち入るもので、右の(A)の場合と異なる。この警職法第六条に合致した警察官の立入りを拒絶し、暴行、脅迫が伴うと公務執行妨害罪が成立する。

しかし、他方、警察官は立入りに際してみだりに関係者の正当な業務を妨害したり、本法第六条の条件に反して立入りをしたりすると、刑法第二三四条の業務妨害罪、軽犯罪法第一条五号、一三号あるいは三一号の罪により問責される場合があり、また、国家賠償法もしくは民法の損害賠償の対象となる場合がある。警察官は、立ち入る場合はその場所の管理者またはそれに準ずる者から要求された場合は、その理由を告げ、かつその身分を示す証票を呈示しなければならない。

(3) 行政法規の定める即時強制の手段

各種の行政法規はそれぞれ必要な即時強制の手段を設けているが、その主たるものは次のごときものである。

(i) 身体に対する強制——本人の意思に反し本人の身体に強制を加える場合で、現在認められている主なものとして、健康診断の強制（伝染病予防法一九条、性病予防法一二条）、労働者の検診（労基法一〇一条二項）、予防接種の強制（予

防接種法八条）、強制隔離、交通遮断（伝染病予防法七条、八条、一九条）、強制入院、保護拘束（伝染病予防法七条、精神衛生法二九条、三三条、三四条、四三条以下）、優生手術の強制（優生保護法四条ないし一一条）等がある。

(ii)　家宅に対する強制――現居住者の意思に反して、家宅・営業所等の立入り、検査、捜索等をする場合で、家宅・営業所等の立入り（風営法六条、消防法四条、三四条）、臨時検査・捜査（国税犯則取締法二条、ガス事業法四七条）等がある。臨時検査・捜査については、国税犯則取締法は、特に裁判官の許可（状）を要するものとしている。家宅の侵入については、特に法に根拠がない以上許されないと解すべきだと思われる。

(iii)　財産に対する強制――財産の所有者または占有者の意思に反して、財産に実力が加えられる場合で、土地物件の使用、処分および使用の制限（消防法二九条、三〇条、薬事法四八条、郵便法四二条）、仮領置（銃砲刀剣類所持等取締法一一条、二五条）、見本品の無償収去（覚せい剤取締法三二号、食品衛生法一七条、労基法一〇一条三項）、没収（未成年者飲酒禁止法二条）、差押え（国税徴収法四七条以下）、収容（関税法七九条）等がある。

右のうち、立入検査、臨時検査のように、行政上の情報の収集や調査のために行われるものは目前急迫の障害を排除しようとする即時強制とその性格が異なるので、「行政調査」という場合もある。

(4)　大学の自治と警職法第六条の立入りに関する法的問題点

この警職法第六条の立入りが学生問題との関係で裁判上問題となっている重要な点は、すでに前述の東大ポポロ劇団事件に関し指摘されているが、そのほか、たとえば、(1)　警察官の学内立入りに際しては、つねに大学の許諾がなければならないのか、(2)　警察官が警備活動を理由にして大学教授やその他の研究者の研究やその発表を監視したりすることができるのか否か、(3)　警察官は警備情報収集活動を理由として学生自治会の行動を監視するために大学の事前の承諾なしに学内に立ち入ることができるのか、といった点が問題となっている。

このように、大学の自治と警察活動の関係を論じたものは、前述の東大ポポロ劇団事件のほかに、(1)　愛知大学事

件（一審名古屋地昭和三六・八・一四判・判例時報二七八号四頁、二審名古屋高昭和四五・八・二五判・判例時報六〇九号七頁、三審最高昭和四八・七・一〇決・判例時報七〇三号一〇七頁）、(2)　大阪学芸大学事件（一審大阪地昭和三七・五・二三判・判例時報三〇七号四頁、二審大阪高昭和四一・五・一九判・判例時報四五七号一四頁、三審最高昭和四八・三・二〇決・判例時報七〇一号二五頁）がある。

右の(1)の愛知大学事件は、夜間、挙動不審者を職務質問する目的で、これを追跡して愛知大学構内に立入った警察官二名に対し、同大学の学生等が暴行脅迫を加え、かつ、うち一名を不法に監禁したうえ謝罪文を作成させる等をし、それぞれ、その公務の執行を妨害したという事案である。本件において、名古屋高裁昭和四五年八月二五日判決は、警察官の学内立入りと大学の許諾との関係について「原則として警察官の学内立入りは、大学側の許諾了解のもとに行うべきであるが、しかし、許諾なき立入りは、必ずしもすべて違法とは限らない。結局、学問の自由、大学の自治にとって、警察権の行使が干渉と認められるのは、それが、当初より大学当局側の許諾了解を予想し得ない場合、特に警備情報活動としての学内立入りの如き場合ということになる。」と判示し、大学の許諾なくして警察官が大学に立入ることが、すべて違法となるとは限らないとしている。

(2)の大阪学芸大学事件は、大阪府天王寺警察署勤務のO巡査が大阪学芸大学の女子学生Tと交際を始め、Tを通じ、大阪学芸大学自治会の活動状況を把握すべくこれに関する情報を収集する意図のもとに同女に接近、接触したものと認められたため、大阪学芸大学等の学生三名がO巡査に弁解を求めるべく同行を要請したところ、これを拒絶されたので、他の学生数名とともにO巡査を強制的に約一〇〇メートル連行する等共同して同巡査に暴行を加えたという事件である。

これに対し、大阪高裁昭和四一年五月一九日判決は、大学の自治と警備情報活動について、「大学における教授その他の研究者の研究、発表及び教授の仕方を監視したり、無断で大学の施設内に立入って学生の研究会や集会を監視したり、盗聴や信書の開披等違法手段を用いたりして、これらに関する警備情報を収集する等の警察活動が許されるとすれば、到底学問の自由及び大学の自治は保持されない。」と判示し、また、学生自治会に対する警備情報活動に関しては、「大学の学生自治会において学生がその強固な信念に基いて破壊活動、殺人その他明らかに犯罪と認められる行為の計画ないし謀議をし、更に実行行為に出るおそれがあるとはっきり認められ、しかも大学当局がこれを知らず又は知っていてもその学生に対する管理指導の権能を行使してこれを差止める意思や能力が欠けていると推測されるような場合には、大学当局の要請若しくは事前の承認がなくても、大学内に立入り、その他手段を尽してこれに対する情報を収集することは当然許されるであろうが、学生集会の指導者、個々の構成員あるいは上部団体等の政治的、社会的行動により、何等かの疑を生ずる場合でも、ある程度の情報を収集してみなければその学生集会が実社会の政治的社会的活動にわたる行為をしているか否か及びそれが違法の行為に発展する虞があるか否かが判明しないような場合には、大学当局の要請ないし事前の承認なくして学内に立入りその他不当の手段を用いて警備情報収集の活動を行うことは許されないと解すべきであろう。」と判示した。

第六章　学校教育行政における行政罰

一　(1)　学校教育行政と行政罰

学校教育行政を適切に行うためには、学校関係の諸法規に違反したり、学校教育行政の目的の実現を妨げるような状態が存在したり、学校教育行政を遂行しなければならない義務者がその義務を履行しないような事態が生ずる場合に、学校教育行政の違反の法状態を除去し、学校教育の目的に適合した状態を実現し、学校教育上の法的義務を履行させ、義務の履行があったと同じ状態の結果をもたらすことが必要である。かくしてはじめて学校教育行政の目的を実現することができる。このように、学校教育行政の目的を実現するための一手段として認められているのが、これまでに検討してきた行政強制と、つぎに取り上げようとしている行政罰である。

学校教育関係の行政罰に関する規定を若干あげると次のようなものがある。すなわち、

(1)　学校教育法第八九条は学校の閉鎖命令違反行為について、学校教育法第一三条（学校の閉鎖命令）の規定による閉鎖命令または第八四条第二項（教育の停止命令）の規定による命令に違反した者は、「これを六月以下の懲役若しくは禁錮又は一万円以下の罰金に処する」と定めている。なお、この学校の閉鎖命令は専修学校にも、各種学校にも準用される。

(2)　学校教育法第九〇条は、学齢子女を使用している使用者が、子女の義務教育を受けることを妨げるというような学校教育法第一六条（学齢子女使用者の義務教育をうけることの妨害禁止）の規定に違反する行為をした場合は、「これを三千円以下の罰金に処する」と定めている。また、同法第九一条は、保護者の就学義務不履行について、「督促を受け、なお履行しない者は、これを一千円以下の罰金に処する」と規定している。

(3)　学校教育法第九二条は、専修学校、各種学校その他同法第一条（学校の定義）に掲げるもの以外の教育施設が、同条に掲げる学校の名称または大学院の名称を使用することを禁止している同法第八三条の二の規定に違反した場合は、「これを五千円以下の罰金に処する」と規定している。

(4)　学校施設が学校教育目的以外の目的に使用され、管理者が学校教育上支障があると認めるときは、学校施設の占有者に対しその学校施設の全部または一部の返還を命ずることができることになっている（学校施設の確保に関する政令四条）。そして、この規定に違反し「学校施設の返還を拒み、又は忌避した者は、三年以下の懲役又は五万円以下の罰金に処」せられることになっている（学校施設確保令二九条）。

右に掲げた罰則を行政罰といっている。したがって、この行政罰の理論について、学校教育行政上理解しておく必要があると思われるので取り上げることにする。

二　まず、行政罰に関する行政法学上の一般的な説明を加えておきたい。行政罰とは、行政法上の義務の違反者に対して、国が一般統治権に基づいて、その制裁として科す罰のことをいう。その目的は行政法上の過去の義務違反に対し制裁を科すと同時に、それにより将来にわたり、行政目的の実現を確保しようとしているところにある。この点で行政罰は、将来に向かって義務違反を除去することを直接の目的としている行政強制とは異なる。したがって、このような制裁を課しても、義務違反が依然継続している場合、行政罰は、もはや、その義務の履行を担保とする手段としての効用は有しないことになる。これに対し、義務違反を将来に向かって、実力をもって解消せしめるのが行政強制である。ここに、両者の性質と効用において相違があるということになる。しかし、実際には行政目的の実現確保の手段として、相互に補充し代替して行われており、また、そうすることが必要である。

三　行政罰が科せられる行政法上の義務違反のことを行政犯といい、行政犯に対して行政処罰を加える国家作用を行政罰といっている。行政罰は過去の義務違反に対する制裁であるという点において刑事罰と共通しているが、これにより間接に行政法上の義務の履行を確保しようとしている点で、刑事罰と異なる特色を有する。

行政罰も一種の罰である。したがって、罪刑法定主義の原則からして、これを科すためにはつねに法律の根拠が必要である（憲法三一条、三九条）。したがって、旧憲法下において命令に罰則の一般的定立権が委任されていたのに対し、現憲法下では、法律により具体的、個別的に罰則定立権が委任されている場合のほか、委任は許されない（たとえば、医療法二一条二項は「前項第一号又は第十五号の規定に基く省令の規定によって定められた人員又は施設を有しない者については、政令で五千円以下の罰金の刑を科する旨の規定を設けることができる。」と定めている）。ただ、例外として、地方自治法一四条五項が「普通地方公共団体は、法令に特別の定があるものを除く外、その条例中に、条例に違反した者に対し、二年以下の懲役若しくは禁錮、十万円以下の罰金、拘留、科料又は没収の刑を科する旨の規定を設けることができる。」と規定していることにより、条例に対する罰則の一般的委任が認められている。

行政罰の分類——現行法上認められている行政罰には、刑法に刑名の規定のある罰を科す場合（行政刑罰）と過料を科す場合（行政上の秩序罰）がある。

(1)　行政刑罰——刑法所定の刑罰——懲役、禁錮、罰金、拘留、科料または没収の六種類の行政罰に適用される。このうち懲役ないし科料は主刑であり、没収は附加刑である。主刑には死刑もあるが、行政罰の処罰手段としてはその本来の目的に合していないため、死刑を認めていない。行政罰は、いかなる行政部門において定められたものかにより、警察罰、統制罰、財政罰、営造物行政罰、公用負担行政罰などに区別することができる。また、行政罰と刑事罰とは異なるのであるから、これを行政刑罰とすることは適当でないとし、行政刑罰のことを準刑罰たる行政罰とする学説がある。たとえば、前掲の学校教育法第八九条は、学校の閉鎖命令に違反した者は、六か月以下の懲役若しくは禁錮又は一万円以下の罰金に処すとしている。

これらの刑罰は、法令に特別の規定のある場合を除き、刑法総則が適用され、刑事訴訟法の手続により科せられる。これは、刑法第八条が、「本法ノ総則ハ他ノ法令ニ於テ刑ヲ定メタルモノニ亦之ヲ適用ス但其法令ニ特別ノ規定アルトキハ此限ニ在ラス」と規定していることによる。これは学校教育行政法令に刑法上の刑罰を科す規定がある場合には、原則として刑法総則の適用があるということであり、また、学校教育行政法令に明文をもって刑法総則の規定を排除する特別の規定がある場合にはその限度において刑法総則の適用がないことを明らかにしている。しかし、このような刑法総則の規定を排除する特別規定は、学校教育行政関係法規には見当たらない。

(2)　行政上の秩序罰——行政上の秩序罰とは、行政上の秩序を維持するために行政法規の違反の程度が軽微で反社会的行為に至らない場合に科すものである。行政上の秩序罰のことを純粋行政罰と呼ぶ説もある。

行政上の秩序罰には直接法律により国が科するものと、法律の授権によって条例または規則で科すものとがあり、その手続が異なる。ただ、いずれも刑法および刑事訴訟法の適用は受けないところに特色がある。

学校教育行政に関しては、直接法律が行政上の秩序罰たる過料を定めている。たとえば、

(1)　放送大学学園法第四五条は、(i)文部大臣又は主務大臣の認可又は承認をうけなかった行為、(ii)登記を怠った行為、(iii)第二〇条の業務以外の業務を行った行為、(iv)違法な業務上の余裕金の運用をした行為、(v)主務大臣の監督命令に違反した行為、の一つに該当する場合は「その違反行為をした学園の役員は、十万円以下の過料に処する」と規定している。また、学園でない者が、放送大学学園という名称を使用した場合は、「五万円以下の過料に処する」と規定している。

(2)　私立学校法第六六条は、学校法人の理事、監事、清算人に、(i)登記の懈怠、不実の登記、(ii)財産目録の備付の懈怠、不実の記載、(iii)書類の備付の懈怠、不実の記載、(iv)合併手続上の違反行為、(v)破産宣告の請求の懈怠、(vi)債権者申出の公告の懈怠、不実の公告、(vii)就業停止命令違反、があった場合は、「一万円以下の過料に処する」と規定している。また、学校法人でない者が類似名称の使用禁止規定に違反して、学校法人という文字を使用した場合は、違反者に対し「五千円以下の過料に処する」と規定している。

右の過料については、刑法総則の適用はなく、これに関する一般原則の定めもない。過料は他の法令に別段の定めある場合を除いて非訟事件手続法の定めるところにより、過料に処せられるべき者の住所地の地方裁判所において科

せられる。すなわち、非訟事件手続法第二〇六条は「過料事件ハ他ノ法令ニ別段ノ定アル場合ヲ除ク外過料ニ処セラルヘキ者ノ住所地ノ地方裁判所ノ管轄トス」と規定している。この過料の裁判は理由を附した決定という形で行われる(同法二〇七条一項)。裁判所はこの過料の裁判を行う前に当事者の陳述を聴かなければならないし、また検察官の意見も求めなければならない（同条二項)。しかし、裁判所が相当と認めた場合は、当事者の陳述を聴かないで過料の裁判をすることができる（同法二〇八条の二)。

地方公共団体の定める過料に関しては、地方自治法は、地方公共団体の規則に、規則違反者に対し二〇〇〇円以下の過料を科すべき旨の規定を設けることができるものとしている(一五条二項)。この種の過料は、国の科するものと異なり、裁判によらず長の納額告知書によって徴収し、不納のときは、地方税滞納処分の例により強制徴収する(地自法二三一条の三)。

(2) 行政罰と他の罰との区別

一　行政罰と刑事罰との区別――行政罰は行政法上の義務違反行為に対する罰である。この意味で行政罰は一般的、道徳的、社会的非行として刑法上規定された犯罪行為に対する刑事罰とは異なる。このように行政法上の義務違反を犯し行政罰を科せられるものを行政犯といっている。これに対し、刑事犯は、刑法一九九条が「人ヲ殺シタル者ハ死刑又ハ無期若クハ三年以上ノ懲役ニ処ス」と規定しているように、社会道義上の義務違反に対して科せられるものであり、国法によって義務を科せられているものではない。行政犯はその行為自体は道徳的非行と認識されず、行政目的達成のために設立された法規に違反するがゆえに、犯罪であると考えられるものをいうのであるから、刑事犯と区別される。たとえば、学校教育法に定める学校は、公の性質を有するものであり(教育基本法六条一項)、学校としての設備、編制その他の事項に関する条件を維持しなければならない義務がある。学校教育法に基づいて、監督庁は、学校が学校としての最低条件を下回る状態となった場合には、その条件を充足するように、また、それを維持するように命令を発することができる。さらに、監督庁は学校が学校としての最低限度の教育条件を維持せず、これを下回るような事態が発生し、これを回復させることができない場合には、学校の閉鎖を命ずることができる。前者が学校教育法第一四条の設備、授業等の変更命令であり、後者が同法第一三条の学校閉鎖命令である。そして、この学校閉鎖命令違反者に対しては「六月以下の懲役若しくは禁錮又は一万円以下の罰金に処する」とされている。ただ、行政罰と刑事罰との間に本質的な差異があるか否かについては、議論が分かれている。

二　行政罰と懲戒罰との区別――行政罰は、右の学校閉鎖命令義務違反で明らかなように、たとえば、私立学校の学校閉鎖について、監督庁（大学と高等専門学校については文部大臣、これ以外の学校については都道府県知事）が命令を発するように一般権力関係において認められている制度である。これに対し、懲戒罰は、国公立大学と学生のような公法上の部分社会の秩序を維持するために、いわゆる特別権力関係において科せられる点において区別される。

このほか、行政法学上、行政罰と執行罰との区別があげられるが、執行罰は砂防法以外に、それを認めている規定が見当たらず、学校教育行政とは直接関係がない。

(3)　行政犯と刑事犯との区別に関する問題

一　行政罰を中心に、他の罰との関係をみてきたが、右のうち、行政犯（罰）と刑事犯（罰）との区別の問題が行政法学上、大きな問題となっている。以下、簡単にその問題の所在を検討しておきたい。

行政犯（行政罰）と刑事犯（刑事罰）とが区別されるべきか否かの問題は、一つには、行政刑法学の存在理由そのものに関するものであり、二つには、刑法総則の規定が、行政犯に対してどこまで適用されるかという問題としてとらえられている。したがって、多くの学者は、ここに行政刑法の出発点があるとして、現在まで論じてきている。しかるに、行政犯と刑事犯とが区別されるべきか、区別されるとすれば、その基準をどこに求めるべきかについて見解が対立し、定説をみていない。以下、わが国における本問題についての学説を簡単に説明しておきたい。

行政罰には、前述のごとく、「過料」といわれる金銭罰と、刑法に刑名の定めのある刑罰の二種類がある。「過料」については、刑事罰と形式的に区別され、性質的に差異がある点で、議論が分かれていない。しかし、刑罰を制裁とする行政罰については、刑事罰（刑事犯）との間に、性質上差異があるか否かについては、議論が分かれている。すなわち、(1)行政犯と刑事犯との区別を否認する説と(2)この両者の区別を肯定する説とがある。

二　行政犯と刑事犯との区別を認めない学説――多くの刑法学者は、両者の性質上の差異そのものは認めるが、その差異は絶対的なものではなく、流動的、相対的相違にすぎないとする。すなわち、刑事犯は行為の反道徳性、反社会性が一般的通念とされているのに対し、行政犯は行為の反道徳性、反社会性が必ずしも一般的通念となっていない点では区別されるべき特色があるが、行政犯も、行政法規が制定実施後に、自己に適した新しい道徳感情を生み出そうと努めるので、その法規違反行為の反社会性、反道徳性が一般通念となるようになると、刑事犯に転化してゆくとしている。たとえば、行政犯の典型ともいうべき右側通行の規則も、その規則が制定された後、長い年月を経過すれば右側通行の交通道徳は国民意識に浸透し、この違反は自然犯ということになるとしている（福田平・行政刑法三二頁、三四頁）。したがって、両者の区別は法規違反に対する道徳的評価、社会通念いかんによって、流動的相対的であると主張する。

三　行政犯と刑事犯との区別を認める学説――行政犯と刑事犯との間に本質的区別を認めるのは、行政法学者に多い。たとえば、ある有力学説は刑事犯は社会の一員として当然犯してはならない道徳的本分に違反し、その行為が反道徳性・反社会性・罪悪性を有し、その行為の可罰性が、社会通念上また国民の健全な法感情の上で処罰されることが当然であるとされている犯罪であるのに対して、行政犯は、その行為自体は必ずしも当然に反道徳性・反社会性・罪悪性を有するものではなく、行政法上の義務違反者に対してなされる命令禁止に違反するがゆえに、犯罪としての刑罰の制裁を科せられる行為であるとする（美濃部、田中（二）[1]）。

以上みてきたごとく、刑法学者が述べているように、刑事犯も行政犯も両者が共に犯罪であり、原則として刑罰を科せられるべきものである点において共通性があり、その間に本質的な差異がないということができる。しかし、両者が相対的にしろ、その性質が異なることは刑法学者も必ずしも否定し得ないのではあるまいか。かかる実質的な性質上の区別が認められればこそ、実定法上も、行政罰について、種々の特別な規定が設けられていると思われる。

(4)　行政罰と刑法総則との関係の問題

一　行政罰と刑事罰との性質上、理論上の差異が、法を解釈し適用する場合、いかなる差異をもたらすことになるかが実際上問題となっている。このように問題とされる原因の一つはわが国においては行政罰に関する通則的法規が存しないということである(行政罰として過料を科す場合は、刑事罰と性質を異にするものであるから、実定法上の取扱いが異なることは当然である)。では、行政罰と刑事罰とがその性質を異にしていることから生じている問題点とは具体的にはなんであろうか。この点の重要な問題点は、反道徳性、反社会性を前提とする刑事罰について規定している刑法総則を行政目的達成を前提とする行政刑罰に対して無条件に適用できるかという点である。すなわち、刑法第八条は、「本法ノ総則ハ他ノ法令ニ於テ刑ヲ定メタルモノニ亦之ヲ適用ス但其法令ニ特別ノ規定アルトキハ此限ニ在ラス」と規定し、行政法令に刑法上の刑罰を科す規定がある場合は、原則として刑法総則の適用があり、また、その行政法令に明文をもって刑法総則の規定を排除する特別の規定がある場合にはその限度において刑法総則の適用がないことを明らかにしている。すなわち、ここでいう「他ノ法令ニ於テ刑ヲ定メタルモノ」とは、他の法令に規定された処罰手段が懲役、禁錮、罰金、拘留、科料または没収である以上、これには刑法総則の適用があることを意味する。したがって、特別規定がないのに行政罰と刑事罰とは異なるとして刑法総則の適用を排除してはならないのである。もし、かかる行為が行われたならば、法律の規定によらずに処罰を科することになり、罪刑法定主義に反し、憲法三一条に反するということになる。

二　しかし、性質上および理論上行政罰と刑事罰との間に区別があると考えられることから、行政罰について、刑法第八条にいう特別の規定がある場合だけでなく、その趣旨が窺える合理的根拠が示されている限り、特別の規定があるものとして、刑法総則の適用を排除してよいとする見解がある。この見解は、行政罰に関する通則規定もない現状にあって、行政罰と刑事罰との性質などが異なることから刑法総則の規定を全面的に適用する必要はないという考えに基づくものである。

この点判例もこれを肯定しているものがある。たとえば、大正二年一一月五日の大審院の判決は、刑法第三八条について「刑法第三十八条第一項但書ニ所謂特別ノ規定アル場合トハ必ズシモ明文ヲ以テ犯意ノ有無ニ拘ラズ処罰スル旨ヲ規定シタル場合ノミヲ謂フニ非ズ、苟モ法令ノ規定ニシテ其ノ趣旨ヲ窺フニ足ル以上ハ特別ノ規定アル場合ニ外ナラザルモノトス」と判示している（刑録一九輯一一二四頁）。

以上のごとく、行政罰と刑事罰との性質上の差異から、明文の規定がなくとも刑法総則の規定が行政罰に適用されない場合があることについては、現在、学説は一致してきているように思われるが、しかし、これを個々の場合に適用するにあたっては、問題が多い。(2)

(1)　「行政犯も結局において反社会性を有することにおいては刑事犯と同様であるにしても、行政法規の定めに基く命令禁止の存在を前提とし、その違反を通じて間接的に反社会性を取得し可罰性をもつに至る点において刑事犯と区別される。」（田中二郎『行政法総論』四〇八頁）

(2)　「行政法学者の中には、行政刑罰の特質を強調し、このほか明文の規定はなくても、行政犯には刑事犯と異なる扱いがなされるべきであるとし、(イ)行政犯には犯意は要件ではなく過失をもって足るとしたり、(ロ)行為者に違法性の認識が欠けるときは、そのことにつき過失がなければ、責任を欠くとみるべきであると主張するものがある。しかし、明文の規定もないのに、こうした特別の解釈を認めることは、刑法八条に抵触する疑いが強い。おそらく明文上に特別の扱いを認める趣旨が明瞭でないかぎり少なくとも(イ)の点は消極に解すべきであろう。」（原田尚彦「行政法要論」一九〇頁）。

第四編　教育行政と行政手続（適正手続）

(1)　学生に対する懲戒処分と事前救済手続としての行政手続（適正手続）
学生の懲戒処分と適正手続に関する裁判所の見解――(1)

影響のもとに設けられたことは、否定できないが、同条が刑事の手続のみならず、基本的人権にかかわる行政の手続にも適用ないし準用があるとしても、その法的土壌と立法の沿革を異にするわが国において、同条の規定する「法律の定める手続」の意味内容を、原告主張のごとく、アメリカ合衆国憲法修正第五条所定の「適正な手続」（デュー・プロセス）と同意義に理解して、事前の手続のみに限定することは、早計であるといわなければならない。また、事前手続の要請を、原告主張のごとく、自然的正義ないし条理であると観念することも、各特別法毎に個別的に事前手続の規定が設けられているにすぎず、一般的には、事後救済手続としての行政不服審査法によらしめることとし、事前手続としての行政手続法が制定されていないわが国の現状に照らし、にわかに首肯し難いところである。むしろ、わが国の現行法体系のもとにあっては、当該行政処分が単に基本的人権にかかわるものであるということだけで、直ちに、事前手続の履践が処分の有効要件であると一律に介することは妥当でなく、各具体的事件における基本的人権の種類、行政処分の性格ないしはこれによる権利侵害の程度に応じて、事前手続の要否、処分の効力等を弾力的に理解するのが相当である。

いま、これを大学の学生に対する停学、放学等の懲戒処分についていえば、それが教育的見地から学内規律を維持するために行なわれる措置であることに鑑みれば、学則に特段の規定ないしは慣行の存する場合は格別、然らざる場合にあっては、学生を懲戒処分に付するに際し、いかなる内容、程度の事前手続を履践すべきかは、処分権の発動および処分の選定と同様に、教育の衝に当っている処分権者の判断に委ねられているのであって、その違反は、裁量権の踰越又は濫用の問題として、司法審査に服するものというべきである。」

「本件放学処分にあたり、原告に対して告知、弁明の機会が与えられなかったことは、被告らにおいても認めて争わないところである。しかし、単にかかる一事をもって本件放学処分を違法と判定し得ないことは、前段説示のとおりであり、また、前記認定のごとき本件放学処分の行なわれるに至った経緯に徴し、本件放学処分が原告の全然予期し得ない事情のもとになされたものとは、到底認められない。

なお、……本件放学処分は、『処分検討委員会』において昭和四四年一〇月一三日と二一日の二回にわたり前叙認定に係る原告の処分を検討した結果、原告には反省の色がなく、放学処分に付するのを相当とするものと判断してその旨教授会に報告し、前叙のごとく、教授会の同旨の答申に基づき、被告学長によってなされるに至ったものであることが認められ、右認定に抵触する証拠はない。

されば、本件各懲戒処分は、その手続の面においても、原告主張のごとき瑕疵はないものというべきである。」

(2)　東大の懲戒処分に対する考え方――「3　いわゆる『教育的処分』という見地はとらないが、教育・研究の場としての大学の規律・秩序を乱す行為は、処分の対象から除かれていない。

4　手続きにおいて一方的な処分はしない。」

「4　処分が問題となるような事件が起きたときは、まず、当該学生の所属する学部（大学院学生の場合は、所属する研究科をいう。以下同じ。）において、当該事件を調査し、事実を確認したうえで、処分を行う必要があるかどうかを検討するものとする。

5　(ア)　学部が事件を調査するにあたり、当該学生は、学部から事情の聴取をうけ、弁明し、有利な証拠を提出する機会を与えられる等、自己を防禦する権利を有する。ただし、当該学生がこの機会を十分に利用できるにもかかわらず、正当な理由がないのに事情聴取に応ぜず、弁明をしないときには、この権利を放棄したものとみなされることがある。(イ) 前項ただし書の場合には、学部は、客観的な証拠に基づいて、事実を確認し、事件を評価・判断するものとする。

6 (ア) 当該学生は、事情聴取に際して、友人その他の本学学生を指名し、その補佐を受けることができる。(イ) 補佐する学生は、当該学生のために弁明し、必要な証拠を提出することにより、学部の調査・判断を適正ならしめることを任務とし、それに加えて当該事件に関し意見を述べることができる。(ウ) 学部は、当該事件の調査の妨げとなる場合には、補佐する学生の数を必要な範囲に制限することができる。」(「現行懲戒処分制度について」東京大学広報委員会速報昭和五六年)。

東京教育大学事件第一審判決の事実――冒頭(1)の判決文は、東京地裁昭和四六年六月二九日に出されたいわゆる東京教育大学事件第一審判決（判例時報六三三号二三頁）の一部である。

本件の事実は次のようなものであった。すなわち、大学紛争中の東京教育大学において、理学部学生であるXに対して行われた懲戒処分の是非をめぐり、大学全体が大学当局側と反体制側に分裂し、両者の対立がそのまま裁判所に持ち込まれた事件である。すなわち、紛争中、理学部学生大会の決議により実施された、いわゆる教官排除のストライキについて、Xの自治会副委員長としての幹部責任を問い、大学当局はXを無期停学処分に付した。しかし、停学中のXの行状がさらに問題となり、処分を加重して、放学処分を行った。このため、Xは、これを不服として本件訴訟を提起し、同時に両処分の執行停止を申し立てた。Xは、(1)教育大の筑波研究学園都市への移転問題審議をめぐり、教授会至上主義をうたったいわゆる朝永原則を大学当局が終始じゅうりんしたこと、(2)理学部学生自治会の行動は、大学側の右のような行為に対する抗議をその動機目的としており、学生参加権の行使として正当な行為であり、これを弾圧する本件無期停学処分は憲法二一条、二六条に違反すること、(3)放学処分については、処分加重理由が違法であること、(4)両処分とも、Xに対し、告知、弁明の機会を与えていないので、法定手続を履践しない憲法三一条違反の処分であること、(5)本件懲戒処分には処分権者の裁量権の踰越・濫用の瑕疵があること、等を主張した。

これに対し、大学側は、(1)朝永原則は正規の評議会決定ではないこと、(2)移転審議については各学部の意見を十分尊重したこと、(3)Xの行為はいずれも学則違反の行為であったこと、(4)告知弁明については、現行法上、処分の手続的要件でもなく、学則にも規定はないが、大学当局としては、事情聴取の機会を与えるための努力を尽くしたこと、(5)本件懲戒処分は、事実上の根拠もあり、社会観念上著しく妥当を欠くものでもないので、処分権者の自由裁量に委ねられたものであること、などを主張した。

東京教育大学事件における適正手続についての原告の主張と裁判所の見解――右のような事案にあって、原告は、行政手続の点について判決文によると次のように主張した。

「(四)　憲法三一条の保障する法定手続の原則は、自然的正義ないし法の支配の思想に根ざす永久普遍の原理であるから、単に刑事の手続のみならず、基本的人権にかかわる行政の手続についても適用ないし準用があるものと解すべきであり、殊に、本件のごとく、ストライキによる秩序違反を理由として、学生の基本的権利ないしは地位そのものを剥奪する懲戒処分については、当該処分がストライキの相手方であって紛争の当事者たる大学自身によって行なわれるものであることに鑑みれば、法定手続ないし正当手続の要請する告知、弁明の機会を与えることは、学内規則にその旨の定めがあるかどうかにかかわらず、処分の不可避的な要件であり、これを欠く懲戒処分は、ただそのことだけで当然無効になるものといわざるを得ない。

ところで、本件懲戒処分は、いずれも、大学当局の志向する正常化路線が押し進められかけた時期において、しかも、移転強硬派の中心人物と目されている福田教授が委員長をしている処分検討委員会の手によってその手続が行なわれたのであるが、無期停学処分について被告らの強調する呼出状なるものは、被告理学部長名義で、「昨年七月以来理学部学生自治会が行なってきたストライキと称する行為について事情を聴取したい。」と記載されていて、処分検討委員会の作成した文書ではないことは明らかであり、また、そこに記載されている「事情聴取」なる文言も、原告らの強く要求してきた理学部学生自治会と教授会との話合いを指称するものと解される節もあるので、これをもって、適法な告知とは認め難い。そこで、原告は、かかる呼出状を受ける都度、被告理学部長および理学部教授会に宛て、出頭命令の趣旨、根拠、立会教官の氏名等についての求釈明と処分の不当を訴える質問状、要望書と題する各書面を提出したにもかかわらず、右委員会はもとより被告らも、これに対して何らの回答をもしないまま、昭和四四年四月一五日処分検討委員会が、原告を無期停学処分に付する旨の処分案を理学部教授会に提出し、教授会は、同月三〇日これをそのまま採択可決したのである。

なお、東京教育大学においては、全学的関連事由について学生を懲戒処分に付する場合には、当該教授会の議決が各学部間の補導連絡協議会で承認され、さらに、評議会の議を経て学長がこれを行なう旨の学内慣行が確立されており、しかも本件無期停学処分は、補導連絡協議会において理学部教授会の原告を無期停学処分に付する旨の決定が否決されたにもかかわらず、評議会の議決を経て、執行されるに至ったのである。

また、本件放学処分については、原告に対して告知、弁明の機会が一切与えられることなく、同年一〇月二二日の教授会で議決され、しかも、補導連絡協議会の承認を受けることなく、同月二二日の評議会の議を経て、執行されたのである。

そして、若しも、原告に対して告知、弁明の機会が与えられていたとすれば、被告らの挙示する前記各処分事由が学生の本分にもとるものでないことが容易に判明したはずであろうという意味において、本件懲戒処分は、いずれも、当然無効というべきである。」(東京地昭和四六・六・二九判・判例時報六三三号二三頁)

右の原告の主張の特色は、(1)憲法三一条の法定手続の原則は行政手続にも適用されること、(2)特に学生の基本権を剝奪する懲戒処分については、学内規則に適正手続(正当手続)の規定があるか否かにかかわらず、当然に適正手続が認められるべきであること、(3)学部長名義でなされた呼出状による「事情聴取」は原告の求めている適法な告知、弁明の機会とはいえないこと、(4)適正な告知、弁明の機会を一切与えられなかったこと、したがって、本件懲戒処分は無効な処分であること、と主張した点である。

これに対して、裁判所は、行政手続の点について、冒頭に掲げたような判断を下した。この判決の特徴は、(1)憲法三一条の法定手続の規定がアメリカ合衆国憲法の影響の下に設けられ、行政手続にも適用されることを否定していないこと、(2)しかし、アメリカ合衆国憲法の「適正手続」を日本国憲法三一条の「法律の定める手続」の意味内容と同意義に理解して事前手続に限定することはできないとしていること、(3)わが国では事前手続としての行政手続法が制定されていないので、個別法で規定されている範囲で行政手続が保障されるとしていること、(4)基本的人権に関わる行政処分でも事前救済手続としての行政手続を有効要件とすると考えるのは妥当でないとしていること、(5)学生の停学、放学などの懲戒処分については懲戒権者の判断に任されているとしていること、(6)本件放学処分において原告に告知、弁明の機会が与えられなかったことにより本件放学処分が違法となると断定することはできないとしていること、などの点から、本件懲戒処分は手続面においても正当であるとしたことにある。

本件において原告が主張し、裁判所も見解を述べている憲法三一条を中心として展開されている適正な法の手続とは何であろうか。この点について検討を加えなければならない。

冒頭(2)に掲げたのは、「東京大学広報委員会速報」（昭和五六年）に掲載された「現行懲戒処分制度について」という文書の中の一節である。そこにみられる「いわゆる教育的処分」とは何であろうか。また、手続き上の「一方的な処分」とは何であろうか。さらに、また、学生は事情聴取をうけ、弁明し、有利な証拠を提出する機会を与えられるとし、処分をうけようとしている学生は自己を補佐してくれる学生を指名でき、弁明し、証拠を提出する機会を与えられるとしているが、これらの一連の考え方は、どのような見解に基づくものであろうか。

右の学生に対する処分手続の考え方と、前掲の東京教育大学事件において問題となっている適正な法の手続とは軌を一にするものであり、その論拠は憲法三一条にあると思われる。

以上の考察からこの「適正な法の手続」の問題を検討するには、まず憲法三一条を検討しなければならない。

憲法三一条と適正手続――(1)憲法三一条は「何人も、法律の定める手続によらなければ、その生命若しくは自由を奪はれ、又はその他の刑罰を科せられない」と規定している。これは国が人の生命もしくは自由を奪いまたはその他の刑罰を科すには、法律の定める手続によらなければならないということである。

しかし、この憲法三一条の解釈に当たっては、生命・自由の剝奪の「手続」を規定しているだけではなく、その実体的要件をも定めていると解さなければならない。すなわち、憲法三一条は、文言上は手続のみを規定しているようにみえるが、そのように限定的に解釈すべきではなく、憲法三一条の「法律の定める手続」は、単に刑事訴訟手続を法律で定めることを要求しているだけではなく、どのような刑罰が科せられるかについて法律で規定しなければならないという罪刑法定主義をも要求していると解さなければならないということである。

罪刑法定主義については、日本国憲法は必ずしも明白に規定していないが、この点は、いわゆる近代法の基本原則であるので、憲法三一条をそのように解するのが正しい。その理由は、刑罰法規が明確でないと、国民はいかなる行為をした場合に、どのような処罰をうけるかということについて事前に知ることができないため、国民が恣意的な判断によって処罰をうけるおそれがあることになり、これは基本権の侵害であり、正義に反することといわなければならないからである。したがって、刑罰法規が明白でなく漠然としている場合には、そのような法規は憲法三一条に違反するものとして無効であるということになる。

憲法三一条が規定する罪刑法定主義には、その派生的原則として、(1) 法律以外の法、すなわち、慣習法や行政立法などはそれ自体刑罰を科すための根拠規定とはなり得ないこと（憲法七三条六号）、(2) 遡及処罰の禁止（憲法三九条）、類推解釈の禁止、絶対不定期刑の禁止などが含まれているとされている。

憲法三一条は、生命・自由剝奪の手続および実体的要件についての法律の規定が適正・合理的でなければならないことを定めているが、その適正手続の主な内容は、生命・自由を剝奪するには、相手方に対し、その旨を告知し、これに対して十分に弁解、防御する機会（聴聞の機会）を与えなければならないということである。

(2)　また憲法三一条の適正手続の保障は、「刑罰を科せられ」る刑事手続のみに限定されるか否かに関しては、説が分かれている。この規定の保証が刑事手続を主眼とするものであることはいうまでもないが、本条がアメリカ憲法に由来していることから、この保障は、刑罰に準ずるような自由の拘束、財産権の制限、行政手続にも及ぶと解されている。

この憲法三一条と適正手続との関係について、東京地裁昭和三八年一二月二五日判決（判例時報三六一号一六頁）は、次のように判示している。すなわち、「国民の基本的人権は、公共の福祉に反しない限り、国政の上で最大の尊重を必要とする（憲法第一三条）ものであるが、国民の権利、自由の保障は、これを主張し擁護する手続の保障と相いまって初めて完全、実質的なものとなり得るのであるから、国民の権利、自由は、実体的のみならず、手続的にも尊重されなければならないことは当然であって、この憲法の規定は、同法第三一条と相いまって、国民の権利、自由が、実体的にのみならず手続的にも尊重さるべきことを要請する趣旨を含意するものと解さねばならない。そればかりでなく、そもそも、行政の作用は、国民の政府に対する信託に基づくものであって（憲法前文）、行政の掌にあたる公務員は、全体の奉仕者として、誠実にその事務を処理する義務を負うものといわねばならない（同法第一五条参照）。」と判示している。

なおこの憲法三一条の規定が、刑事手続だけではなく、行政手続の根拠規定になりうるか否かについては論議が分かれている。しかし、本条がアメリカ合衆国憲法修正第五条の「何人も……正当な法の手続（due process of law）によらばければ、生命、自由又は財産を奪われない」および修正第一四条第一節の「州は、何人に対しても正当な法の手続によらなければ、その生命、自由、又は財産を奪うことはできない」という規定の影響をうけて成立したものであることは、一般に認められているところである。したがって、本条が、アメリカ合衆国憲法と同様の意味をもつものと解する方が、日本国憲法の基本的人権尊重の趣旨に合致すると思われるので、行政手続の根拠規定と考えてよいであろう。たとえば、行政庁に営業許可申請をし、それが不許可処分とされた場合、これは営業の自由の剥奪ということになる。これを右の憲法の規定に照らしていえば、法律の手続によらなければ（英米法的には「正当な法の手続」によらなければ）、営業の自由は奪われないと解される。したがって、かかる処分がなされるためには、正当な法の手続に依拠することが要求されるということになる。

行政手続と事前手続・事後手続――次に、この行政手続と事前手続・事後手続との関係について触れておきたい。

この事前手続と事後手続という分類は、国民の権利・利益を行政庁の違法または不当な処分から救済する手続を行政庁の処分の決定の時期を基準として区別したものである。すなわち、行政手続は、行政庁の処分の決定の時期を基準として事前手続と事後手続に大別できる。事前手続とは、行政庁が申請または職権により処分を開始してから、処分の内容を決定してそれを文書または口頭で相手方に了知させることにより一連の手続を完了するまでの手続をいう。

行政庁の授益処分（許認可処分、各種の免除、給付行政など）は、通常、申請に基づくなんらかの決定や事実行為が相手方になされたことにより完了する。この場合の行政手続は事前手続である。また、行政庁の不利益処分（営業の停止、租税の納付など）は、相手方がその決定の趣旨に従って行政上の義務を履行することにより完了する。この場合の行政上の義務の履行までの手続（行政上の強制執行）も事前手続である。

事前救済手続とは、右の行政庁の授益処分や不利益処分などの事前手続により、私人の権利・利益が侵害されることを未然に防ぐための事前の予防的性格を有する救済手続である。これに対し、行政庁の処分その他公権力の行使が国民の権利・利益を侵害した場合に、国民が行政主体（国または公共団体）に対しその救済を求める手段として、行政不服審査法、行政事件訴訟法および国家賠償法があるが、これらは、いずれも行政庁の処分その他公権力の行使がなされた後に救済を求める司法的性格を有する事後救済手続である。

(2) 学生に対する懲戒処分手続と特別権力関係

一　前述した東京教育大学事件の原告の見解は、学生に対して懲戒処分を行う場合には、学内規則に適正手続の規定があるか否かにかかわらず、憲法三一条の法定手続の保障からして当然に「適正な法の手続」（行政手続）が保障されるべきであるので、その手続に基づかない懲戒処分は違法であるというものである。

他方、裁判所の見解は、わが国では行政手続法が制定されていないので、個別法で規定されている範囲で、適正な法の手続が保障されるのであり、本件について告知、弁明の機会を与えなくても違法処分ということはできない、というものである。

さらに、東大の「現行懲戒処分制度について」の見解は、いわゆる「教育的処分」という考え方をとらないということを前提として処分の対象となるような事件が起きた場合、当該学生は事情聴取をうけ、弁明し、有利な証拠を提出する機会が与えられなければならないとしている。これは、いわゆる「適正な法の手続」（行政手続）により、学生の権利を保護しようとしているものである。

右の三者の見解は、いずれも、学生に対する処分について適正な法の手続の保障が必要か否かが大きな問題となっていることを示しているものということができる。

二　学生の懲戒処分手続の問題を考える場合、わが国の学校教育を支配してきた考え方を一言整理しておく必要があろう。

明治憲法下の教育法制の特徴は、教育の実態が宗教的、政治的性格が強く、中央集権的教育行政が行われていたことにあった。特に、学校教育は教員の懲戒権を中心とした権力作用すなわち国家権力作用であると考えられていた。しかも、教育の自由が否定され、学校教育権を国家が独占し、私立学校の学校経営権は保障されず、私立学校は国公立学校の代用と考えられ、監督庁の認可により国家権力としての学校教育権を賦与された特許事業とされていたのであり、国公立学校の学生の在学関係は、営造物権力としての学校権力が作用する「特別権力関係」と解されていた。

右のような戦前の教育制度に対し、戦後の教育改革は、ＧＨＱの指令に基づいて行われ、教育基本法が制定された。新しい教育改革の基本原則は、具体的には、⑴教育をうける権利の保障、⑵教育の自由の制限としての就学義務、⑶

教育の機会均等、(4)男女共学、(5)義務教育の無償、(6)六・三制による義務教育年限の延長、(7)義務教育学校設置義務、(8)教育振興義務、(9)教育の宗教的中立制、(10)私立学校の自由と公共性などである。

三　右のようなGHQによる教育改革が行われたにもかかわらず、戦後においても、学校教育の倫理性・紀律性と公法上の営造物利用関係を理由に、学校教育に法的優越性・権力性を認め、国公立学校の学生の在学関係は特別権力関係と解されている。このため、(1)国公立学校の学生の在学関係は公法上の権力関係であり、(2)一般権力関係における基本的人権の保障および法治主義の原則はそのまま適用されないとされてきた。

しかし、国公立学校の学生の在学関係が特別権力関係であるとする根拠についての明文規定がないため、学生の在学関係が特別権力関係であるか否かはもっぱら条理解釈にゆだねられている。このため、条理解釈の根拠が問題となり、さらに、学校教育そのものの本質論までが問題となり、学生の在学関係についての見解が対立している。この点はすでに詳しく検討を加えてきたところである。

四　従来の特別権力関係説は、三つの点からとらえることができる。一つは社会関係からする区別である。すなわち、社会関係は一般市民社会関係（一般権力関係）と部分社会、特殊社会関係に区別することができ、前者には基本的人権や法治主義の原則に関する憲法規定や法律が適用されるのに対し、後者は自主的規律の要請から法律の根拠を必要とせず、特別な包括的支配権に服する関係であり、基本権を一般市民社会関係の場合より制限することが認められる。二つは営造物利用関係からする区別である。すなわち、営造物・公企業は一般に非権力的施設や事業であり、実質的には私企業と異ならず、その限りでは私法が適用される。しかし、純然たる私経済的関係と区別されるべき公共性が実証できる場合には、その営造物、公企業の利用関係は公法関係となり、特別の権力に服する関係が生ずる。三つは、ある関係が倫理的性質または紀律性を有するか否かの点からの区別である。すなわち、国公立学校の図書館、国公立病院、監獄などの利用関係は、私法上の契約関係と異なり、また、郵便、水道、ガス、公営住宅などのような経済的営造物とも異なるもので、倫理的性質を有する営造物であり、また、利用者、収容者に対し懲戒権などの人的な紀律権が課せられる関係は特別権力関係である。したがって、かかる三つの点からみて、国公立学校の学生の在学関係は特別権力関係であるとするものである。

従来の学生の在学関係は、右のようにとらえられてきた。

五　一方、学生の懲戒処分について規定している学校教育法は、昭和二二年三月三一日（法律二六号）に公布されている。したがって、本法が特別権力関係理論を前提として制定されたものであることは否定できず、そこでは、現在、重要な法理論となっている「適正な法の手続」というような考え方は問題とされなかったということができよう。しかし、学校教育法が制定されてから五〇年以上経過しているのであるから、学生の懲戒処分についての考え方や手続が変化するのも当然といわなければならない。

⑶　学校教育法第一一条と懲戒処分手続

一　学校教育法第一一条は、国立私立を問わずすべての学校の「校長及び教員は、教育上必要があると認めるときは、学生、生徒及び児童に懲戒を加えることができる」と規定しており、懲戒は教育作用の一環として教育的な論理と形態により行われるべきであるとしている。そして、懲戒の教育的性格は、法制度上、次のような点にみられる。⑴懲戒権は、学校管理主体（所管教育委員会、私学理事会）ではなく、教育権者たる校長・教員が行使する。叱責、訓戒、起立強制、残留強制、作業命令などの事実上の懲戒は、主として各教員の権限によって行われる。他方、懲戒のうち、「退学、停学及び訓告の処分は、校長がこれを行う」（学校教育法施行規則第一三条二項）とされている。しかし、実際には、この種の懲戒処分は職員会議の議決に基づいて、校長が学校を代表して対外的に表示するという方式がとられている。⑵懲戒の事由認定・懲戒処分の発動およびその方法は、教育的裁量によって行われる。この点に関する代表的事件として、前述した公立大学学生の退学処分取消請求事件（最高昭和二九・七・三〇・三小判・民集八巻七号一五〇一頁）がある。

本件において、教育的立場からなされる懲戒は、教育権者の自律性と専門性とを根拠に、自由裁量処分であるとされた。このように、教育的懲戒処分を自由裁量処分であるとする根拠として、教育の専門技術性と自律性との二つの面があげられている。したがって、教育的懲戒処分は、他律的な法的規制をうけないとする説（教育権の独立説）がある。

二　現在、教育法規上、退学処分の事由は四つに限定されている。すなわち、学校教育法施行規則第一三条三項は、(1)性行不良・学力劣等で是正の見込みなき者、(2)正当な理由なき欠席常習者、(3)学校秩序かく乱、(4)その他学生生徒の本分違反をあげている。

三　現行の学校教育法第一一条および同法施行規則に依拠して、それぞれの学校は、以下に示すように懲戒処分に関する規定を設けているが、すでに指摘したように判例および通説はいわゆる特別権力関係理論を前提として教育的懲戒処分を、教育の専門技術性とその自律性を根拠に自由裁量処分であるとしている。

以下、A国立大学とB私立大学とを例にとり、学生の懲戒処分に関する規定を考察してみる。

A国立大学の学生の懲戒処分規定——「学生が本学の規則に違反し、又は学生としての本分に反する行為があったときは、学部長は学長の命により、これを懲戒する」。前項の懲戒処分をするのは学部長であるが、それは評議会の議を経なければならない。評議会は大学の最高議決機関であり、学長、各学部長、付置研究所長、各学部から二名ずつ選出された教授、大学院各研究科委員長により構成される。学生の懲戒処分の原案は、学部自治の慣行に従い、教授会が事実を調査し、確認したうえ、退学、停学、けん責などの「量刑」を定めることになっている。したがって、学生に対する懲戒処分は、学部教授会の自治に任されており、慣行として成立している手続により決定される。一方、評議会内規は、評議会は、学生の退学、休学の基準について審議すると規定しているが、学生の退学の具体的な基準について実際にどのような審議がなされているかは不明であり、その規則もない。

B私立大学の学生懲戒規定——「学生が本大学の校規に違背し、若しくは本学園の秩序を乱し、又は学生の本分に反する行為があったときは、その情状によって懲戒を行う」「懲戒は、けん責、停学、及び退学の三種とする」。また、退学の要件として「一　性行不良で改善の見込みがないと認められる者、二　本学園の秩序をみだし、その他学生としての本分に反した者、三　正当の理由なくして学業を怠る者」をあげ、これらの処罰は、「当該学部の教授会の議を経て学長が行う」と規定する。また、特にその内容が問題となる停学の取扱いに関しては、「学生懲戒規定取扱いに関する内規」が定められており、(a)停学は有期と無期の二種とされ、有期停学は、処分後六カ月以上を経過した後、改悛の情が顕著であると思われるときには、これを解除することができる、(b)停学期間中の補導は、専任の教員が行なう、(c)懲戒処分は学長告示の日から発効し、告示の日から起算する、(d)懲戒に関する手続は別に定める、となっている。

さらに、懲戒処分学生の取扱要領によると、(a)停学の解釈について、停学とは、登校停止であり、大学から特に補導について呼出しがあれば登校し、そのほかは自宅謹慎することを意味する、(b)停学中の各種証明書発行については、「卒業見込証明書は発行しないが、他の証明書は発行する」、(c)停学中の期間は、在学期間に算入し、有期停学者は、取得単位により進級と卒業が可能であり、無期停学者は、その年度留年（原級）とし、後期試験後処分を受けた者は、次年度に留年される、としている。

このB私立大学の場合もA国立大学の場合と比較して本質的な相違があるとは思われない。

(4)　学生の懲戒処分手続と適正手続に関する裁判所の見解

一　右にあげた二つの大学の学生の懲戒処分手続には、他の大学における学生の懲戒処分手続と本質的な相違があるとは思われない。しかし、適正手続に基づく懲戒処分の必要性については、つねに問題となっている。

以下に掲げる裁判例は、学生・生徒に対する懲戒処分について行政手続の弁明の機会を要しないとした裁判例であるが、行政手続が問題となっていることを指摘しなければならない。

(1)　京都大学放学処分事件――本件の原告は京都大学文学部学生であったが、大学は、原告に学生の本分を守らない行為があったとして懲戒処分による放学に処した。その処分理由は、「全日本学園復興会議準備会は、去る一一月八日の同会議総会々場に法経第一教室の使用許可願を提出したが、本学は既定の方針に従って不許可とした。理由を明示して会場の変更を促したにも拘らず、一一月七日午後一時二十分頃から本部時計台前広場で不許可に対する抗議集会が強行された。右者、許可願の届出責任者である。且つ同学会総務部中央執行委員であるにも拘らず、前記不法集会で議長の役割を果し、越えて一一月九日法経第一教室で同様の抗議集会が強行されたとき同教室内に貼出された本学の集会禁止掲示を直に破棄し去ったものである」というものである。

かかる事案にあって、裁判所は懲戒処分と行政手続との関係について次のように判示した。

原告は、本件放学処分には「被処分者たる原告に何等弁明の機会を与えず為された手続上の違法がある旨主張する。しかしながらかかる機会を与うべきことの当否はともかく機会を与えなかったとしてもその一事によって本件処分そのものを違法と見るべき成法上の根拠は存しない。原告主張の如き『何人もその弁明の機会を与えられないでその不利益な結果を帰せられることはない』との他国の方諺を以て直に我成法上の根拠と為し得るものとは解することはできない。」（京都地判・昭和三〇・一二・二八判・行裁例集六巻一二号三〇〇三頁）と判示した。すなわち、国立大学の学長が学生を放学処分に付するに当たって当該学生に弁明の機会を与えなかったとしても、そのことだけで処分を違法とすべきでないとしたのである。

(2)　福島県磐城高校生懲戒処分取消請求事件――本件において、原告は処分当時、福島県立磐城高校三年在学中であったが、三里塚闘争に参加したという理由で、(1)校長から自宅謹慎処分（第一次処分）、(2)次いで原告のその後の行動を理由として無期停学処分（第二次処分）、(3)退学処分をうけた。

そこで原告はこの懲戒処分の取消を求めて訴えを提起したが、裁判所は、「処分にあたって原告の弁明をきく機会が作られなかったことは前認定のとおりであるが、処分事由とされた原告の行動はすべて学校側の面前で行なわれたものであり、原告の行動の動機および理由は原告が直接間接に被告に対して明らかにしているのであり、原告の人格については極めて多数の学生を収容している大学等とは異なり、級担任教師を通じて把握されているのであるから、このような事情のもとにおいては、必ずしも別個に弁明の機会を作る必要はないということができる。」（福島地昭和四七・五・一二判・判例時報六七七号四四頁）と判示した。すなわち公立高等学校生徒に対する懲戒処分につき、被処分者の弁明の機会を作らなかったことが違法ではないとしたのである。

(3)　大阪府立生野高校生退学処分取消請求事件（大阪地昭和四九・三・二九判・判例時報七五〇号四八頁）――原告は、高校二年の頃から生徒自治会活動に積極的に参加し、学校封鎖闘争を推進したりするようになり、三年生になってからはいっそうこの傾向が強まり、学業に専念せず、欠席日数が重なり、ほとんどの単位を修得できなかったため、卒業することができないで留年を希望したが、学校長は原告の保護者に対し自主退学を勧めた。しかし、功を奏さなかったので、学校長は約一年余経過後に、Xを学力劣等で成業の見込みがないこと、および正当な理由なく出席常でないことを理由にして、退学処分にした。原告は、学校長の右処分は、原告の活動を嫌悪し、原告に引続き在学の意思があることを無視してなした報復的措置で、事実の基礎を欠き、また社会通念上著しく妥当性を欠いており、原告の弁明をきく努力もしていない、と主張して、その取消を求めた。

裁判所は、次のように判示した。

「原告は、本件退学処分を行なうについて、被告は原告の弁明を十分きいていないというが、前掲各証拠によれば、処分理由となった第三学年における学業成績出欠状況はすでに被告ら学校関係者に明らかであり、原告の人格などは級担任教師、交渉にあたった教諭らによって、それまでに十分把握されていたと認められるから、その必要はないというべきである（学則に特別の規定があるかあるいは慣行のある場合を除き、処分に先立ち、被処分者たる生徒の弁明をきくか否かは、処分権者たる校長の裁量にまかされていると解される」（大阪地昭和四九・三・二九判・判例時報七五〇号四八頁）すなわち、高校生に対する退学処分について本人の弁明を聞く必要がない、としたのである。

(4)　北海道立江別高校生退学処分効力停止申立即時抗告事件――北海道立江別高校で起こった学園紛争（集会、デモ、ハンスト、校長室封鎖等）の結果、同校三年の原告ら三人の生徒が退学処分をうけた。このため、原告らは、右処分を不服として、札幌地裁に取消訴訟を提起しあわせて処分の効力の停止を申し立てたところ、同地裁は、本件訴訟が、(1)決定の段階において、本案について理由がないとみえると速断できないこと、(2)退学処分による在学関係および大学入試受験資格の喪失は「回復の困難な損害」にあたり、入学願書の受付の締切日や、高校卒業試験日の切迫状況からみて、「緊急の必要」があること、として、退学処分の効力を停止した。これに対して、江別高校長が即時抗告をした。

札幌高裁は、退学処分については「教育責任者として懲戒権を与えられた校長の教育専門家としての裁量の範囲に属するものというべきであり、……本件退学処分をもって、裁量の範囲逸脱ないし裁量権の濫用として、違法ということはとうていできない」

「相手方らは、本件退学処分においては、相手方らに全く弁明の機会を与えなかったから、その手続において憲法三一条に違背するという。

しかし、退学処分は刑罰でないから、これに憲法三一条の適用はないし、本件の場合、抗告人が相手方らの弁明、防禦権を制限するような仕方で、抜打ち的に処分したことをうかがわしめる資料もない。」（札幌高昭和四六・三・八判・判例時報六二六号四三頁）とし、原告らの申立てを却下した。すなわち、公立高校生徒の退学処分に憲法三一条の適用はなく、また当該処分手続において弁明、防禦権を制限した事案も認められないとしたのである。

二　右の裁判例から明らかなように、原告の学生・生徒は、弁明の機会が与えられなかったことを前提として適法手続による保障を裁判所に求めているのである。

学生にこのような「適正な法の手続」の保障が認められるとするならば、それはどのような法理論に基づいているのであろうか。

(5) 学生の在学関係と懲戒処分手続についての一つの考え方

一　学生の懲戒処分手続と適正手続に関する裁判所の見解の動向を考察したが、裁判所は、学生の懲戒処分に「適正手続」の法理を適用することには消極的であり、その理由として、(1)弁明の機会を与えなければならないとする法律上の根拠規定がないこと、(2)他国の法諺をもって直ちにわが国の法理論とすることはできないこと、(3)弁明の機会を与えるか否かは処分権者の裁量にまかされていること、(4)退学処分については憲法三一条は適用されないこと、などをあげている。

しかし、学生の懲戒処分については、被処分者である原告は、法理論上の根拠として「適正な法の手続」の保障がなかったということを訴訟上問題としている。

学生の懲戒処分手続に「適正な法の手続」の保障が認められるべきか否かが問題となっているとするならば、それがどのような法理論に基づいているのかを検討しておかなければならない。

以下、まずアメリカで展開されている考え方を紹介しながら、わが国の動向について一言触れておきたい。

二　アメリカにおける学生の懲戒処分についての考え方——学生の懲戒処分と適正手続との関係についての基本的な考え方は、学生が退学処分を命ぜられたことから生ずる権利侵害が大きく、また、教育が市民社会生活にとって不可欠なものとなっている限り、学生は正当な手続によらなければ教育権を剥奪されないという見解に基づいている。

この見解は、さらに、学生の権利が法の下の保障を受けるべきものであり、学生が大学に在学する権利を有する以上、なんら手続上の保護を与えずに学生に退学を命ずることは公正ではないというものである。さらに、法の下の保障原則から生ずる学生の権利は、正当手続条項にいう「自由」(due process "liberty") に該当すると考えられ、この自由が否認されるためには正当な手続によらなければならないと主張されている。

さらに、右の学生の在学の権利に関する見解を支えている考え方として教育も経済的価値があり、この教育の経済的価値は正当手続によらなければ剥奪され得ない財産であるという見解がある。これは、たとえば、経済的価値を伴う営業の許可申請と比較し、大学の入学と退学との区別は、営業の許可申請とその取消しとの区別と類似しているという見解に立ち、学生が退学させられることは、財産上の利益を剥奪されることに類似し、さらに、学生が大学に在学することは将来に対する投資の意味を含んでいるので、かかる権利の侵害に対しては、正当な手続が要求されなければならないとするものである。

かくして学生が教育を受ける権利を剥奪される場合には、正当手続の保護をうけるという理論が展開されることになる。したがって、大学に在学することは特権であって権利ではなく、大学は学生の在学関係を自由に取り消す権利を有し、これを取り消す場合には理由を述べる必要はないというようなことは認められないという論理が展開される。

三　かかる前提に立って大学当局が学生の教育を受ける権利を剥奪する懲戒処分手続に関して学生にとって最も重要なことは、学校当局の恣意独断による懲戒処分を排除するということである。特に、退学処分は、学生にとり教育をうけることから生ずる経済的・社会的価値を放擲することであり、また、社会的汚名をうけることにもなるからである。これに対し、大学当局は、学生に対して懲戒処分を行うことによって学校内部の規律と秩序を保持することができ、同時に、大学の名誉を保持することができると主張する。しかし、学校当局が学生に対する懲戒処分を行う場合、一定の正当な法の手続を否認することが真実の主張を妨げ、その決定を遅延させ、学生に過重な責任を負わせることになる場合もある。また一方、学生に対する懲戒処分の手続上の保護規定が定められていれば教育が公平に行われているという点で大学の評判を高め、学生の利益を積極的に保護していることを証明することになる。しかし、手続が厳格なため費用が高くつくとか、また、公開の聴聞を行うことにより、かえって、内部的に処理した方がよい問題が社会的に注目をひくような裁判事件に発展し、教育機能が破壊されてしまうという場合もありうる。ここに、学校当局と学生の双方の利害関係に立脚した懲戒処分手続を検討する十分な理由があり、また、手続を定める場合の基本的問題があるという見解が展開されている。

右に述べた見解は、わが国の場合にも参考にすべき側面を有しているのではないかと考える。

四　そこで、右のような学生の教育を受ける権利を前提として、学生の懲戒処分手続について、どのようなことが問題となっているかを検討しておきたい。

この適正な法の手続の要件は、通知と聴聞であり、これが、学生の懲戒処分をめぐって紛争が生じた場合、最も重要な手続上の問題となる。すなわち、学生の行為が学則上懲戒処分に該当するか否かが問題となっている場合に、この適正な法の手続の法理に基づいて学生は自己の行為を弁明する機会が与えられなければならないかということである。

そして、「通知」と「聴聞」を前提とした適正な法の手続の法理からすると、具体的には次のような点が問題となる。

(1)　証人――懲戒処分の対象となっている学生が、証人を召喚して対決することを要求することが許されるかどうかが問題となるが、懲戒処分を受ける学生が証人を必要とする場合には、証人の出頭を要求することが認められなければならないということになる。

(2)　交互訊問――交互訊問については、懲戒処分を受けようとしている学生が交互訊問によって得る利益は証人がうける不利益より大きいこと、また、交互訊問は、証人が虚偽の陳述をした場合に、その虚偽を明白にすることができることなどから、その必要性が主張されている。ただし、学生が交互訊問を大学当局を攻撃するための手段として利用したりする場合には、大学は、この権利に必要な制限を加えられよう。

(3)　その他の手続――(a)弁護人――弁護人制度を採用することは、交互訊問や公正な手続を促進することになるが、大学当局にとっては非常な負担となる。しかし、学生の立場からすると、この制度が認められるべきであろう。

(b)　証拠原則――大学当局は、公正な聴聞を行っている限り、明らかに不公正な証拠に基づいて処分している場合を除いては、厳格な証拠原則を遵守する必要はないとされている。

(c)　機能の分離――訴追機能と裁決機能の分離に関する行政手続法上の要件は重要であるが、大学当局は、必ずしも正式のまた機能の分離した審理手続に従う必要はないという見解が強い（81 Harvard Law Review 1136 (1968)、田中舘照橘「学生の懲戒処分手続」（田中舘『現代世界の法制度』所収）。

五　以上アメリカの場合を参考にして学生の懲戒処分と適正な法の手続の問題を考察したが、この学生の懲戒処分の問題を考察するには、当然にその前提として学生の地位（在学関係）が考察されなければならず、また、懲戒処分手続の問題は、基本的には学生の参加の問題に関連する。学生参加には限界があるがこれを認める姿勢をとることは、大学の一体性を強化し、さらには、大学の管理・運営面における民主主義の原則を守ることになり、大学の権威と自信を強化することになると考える。この学生参加の問題は、単に学生を大学の管理・運営に参加させる方がよいか否かというような問題として抽象的にとらえるのではなく、内容的に考察し、具体的、個別的にその範囲や分野について検討することが必要である。学生の懲戒処分手続を整備するということは、学生の権利を保護するとともに、大学の共同体の実質を高めることに寄与することになるであろう。しかし、学生がその意思を統合し、定められた規則には従うという基本的態度が確立されない限り、画餅に終わることも明白である。

(6)　わが国の学生の懲戒処分についての一つの新しい動向

一　国立大学の学生のストライキと懲戒処分との関係についての考え方――わが国のある国立大学では、学生の懲戒処分制度について、次のような事項が確認されていることを紹介しておきたい。

「I　学生大会における「ストライキ」の提案・議決およびその実行としての授業放棄は、処分の対象としない。II　正当な自治活動への規制となる処分は行わない。」ということを前提として、学生に対する懲戒処分手続が確認されている。この大学の懲戒処分制度によると、学生大会におけるいわゆる「ストライキ」の提案や議決、その実行としての授業放棄は処分の対象とされていないが、この考え方は、従来のわが国の大学教育についての考え方と全く異なるものと思われる。

二　学生のストライキに対する裁判所の見解――わが国の大学におけるいわゆる「ストライキ」についての考え方は、次の裁判所の判決に現われている。

以下、その見解を検討しておきたい。すなわち、都留文科大学停・退学処分事件（甲府地昭和四二・六・一五判・行裁例集一八巻五・六号七五九頁）において、原告らは山梨県都留文科大学に入学し、その学生であったが、昭和四〇年に、学長により退学処分、無期停学処分に付せられたため、停・退学処分の取消を求めて出訴した。

原告らは、本件処分手続の瑕疵について、「原告らに対する本件各処分が、昭和四〇年八月一八日並びに同月二〇日の都留大教授会において審議され決定されたものであることは認めるけれども、教授会における審議決定は、その構成員全員の出席、又は少くとも全員につき召集がなされた教授会においてなされなければならないところ、右教授会には、学生部長・学生委員の任にあった五名の教官に対する召集がなく、その欠席のまま開催されたものである。よって右教授会は適法な教授会ではなく、その審議決定には瑕疵があり、右瑕疵は被告の主張する事情にあっても治癒されない違法のものである。よって右違法の教授会の決定を前提とする本件各処分は違法であり取消されるべきものである。」と主張した。

これに対し、被告大学は、「学校教育法第一一条によれば、学校長は、教育上必要があると認めたときは、監督官庁の定めるところにより学生、生徒に対し、懲戒を加えることができると規定され、公立大学の監督官庁である文部大臣の定める学校教育法施行規則第一三条第一項によれば、学生に対し懲戒を加えるにあたっては教育上必要な配慮をしなければならないことと規定され、これらの規定をうけて都留大の学則第二六条は学生が学内秩序を乱し、または学生の本分に反する行為をしたときは、学長は教授会の議を経て懲戒することができ、その懲戒は戒告、停学処分および退学の三種と定められている。」ところが、「原告らは、次のような違法行為を犯し、いずれも学内の秩序を乱し、学生の本分に反するものであるので、被告は右行為に対し右規定に基づき、昭和四〇年八月一八日および同月二〇日適法に開催された教授会の審査決定を経て、本件処分をなしたものであるから、本件各処分を取消さねばならない実体上、手続上の違法事由は存しない。」と反論した。

本件において、裁判所は、学生のストライキについて、「学生多数の蝟集するなかで、学長に対し、要求事項の即答を求め、長時間応答し、確約書に署名を求めたり、要求貫徹のため同盟休校を一旦決定し、学長において同盟休校の責任問題を避けるため、臨時休校を決定するや、一転して同盟登校を決定して、学生及び一部教官の登校を要請して、学長通達を無視することを図ったりしたことは、原告らの要望する大学自治の擁護を目的とするものとしても、甚だ妥当を欠いているものと認めざるを得ないところである。以上説示したところと、上段認定の右原告らの行為の回数、行動態容を彼此勘案してみれば、被告が右原告らに対してなした本件処分が著しく社会通念に反する裁量処分であると断ずることは困難である。したがって、これをもって権利の濫用となす原告らの右主張は肯認できない。」と判示した。

三　また、すでにとりあげた東京教育大学停・放学処分事件（東京地昭和四六・六・二九判・判例時報六三三号二三頁）においても、裁判所は、「大学の自治は、前叙のごとく、大学における学問の自由の保障の実効を期するために教官その他の研究者に認められたものではあるが、それ以外の大学構成員に対してかかる参加権を与えることも、もとより、右の自治の機能に属する事柄である。これまで、大学構成員としての学生の自治の位置づけが不明確又は不適切であったことが、後に詳述するごとく、今次大学紛争の主要な原因のひとつとなり、大学制度の改革を押し進めるにあたり、学生の参加の問題が優先的にとりあげられている公知の事実に徴すれば、大学の自治における学生の参加の問題は、現下の事態を予測しないで制定された前記諸法令の文理解釈のみによって容易に片付けられるものではなく、大学改革の進展と大学のおかれている社会的諸条件の改善に応じ、学生みずからの努力と、これに対する大学当局の謙虚な態度に支えられて、新しい大学の自治の中に築き上げられていくものというべきである。かように、今日の大学における学生の自治の位置づけは、理論上もまた事実上も、流動的な状態にあるとはいえ、少なくとも、まだ問題の解決をみない現段階においては、学生の前叙のごとき地位からみて、学生には大学の自治の担い手として当然に大学の管理運営に参加しうる固有の権利がある――つまり、学生の自治は、大学の自治の一環をなす――ものとは認め難く、学生が大学当局に対し自治活動を通じて行なう要求も、窮極的には、大学の自治の決定機関による任意の採択にまかされているものというほかはないのである。

しかも、前叙のごとく、大学内においても対立の契機の存在することは否定できず、学生が大学の一構成員として教官ないし大学当局の方針、措置に対して批判を表明することは否定できず、学生が大学の一構成員として教官ないし大学当局の方針、措置に対して批判を表明しうることも当然であるとはいえ、単なる言論による批判の域を超え、学生自らをも含む大学の教育的機能を停廃せしめることを目指して行なう一斉授業放棄等の抗議行動に出ることを容認し、これを正当な権利行使と観念するがごときことは、対等当事者間における相反する性格の利害の対立を前提とする労働者のストライキと異なり、学生が教官と対等同質の構成員ではなく、また、大学における対立の契機も基本的には共通の基盤の上に立つものであることを看過し、大学の自己否定を認める結果となるので、当裁判所の、到底、賛同し得ないところである。もともと、真理探究の場である大学における研究、教育は、整然たる秩序のもとで一定の規律に従うことによってはじめて可能なものであるから、大学の学生は、前叙のごとく、大学において広範な自由を享受することの反面、大学が研究・教育機関としての機能を営むうえで必要な規律に服すべき義務を負担し、自治活動の範囲を超えて大学の研究・教育機関としての機能を阻害する者に対しては、大学はみずからの権限と責任において、一定の懲戒処分をなし得るものであり、また、それが大学に課せられた社会的責務でもあるといわなければならない。

されば、大学における学生が教官と対等同質の意味における大学構成員であって大学の自治の担い手として大学の管理運営に参加する固有の権利を有することを前提として本件無期停学処分の違憲をいう原告の主張は、排斥を免かれないものというべきである。」と判示している。（傍点筆者）

四　右の裁判所の見解は、(1)大学の自治は教官その他の研究者に認められたものであること、(2)それ以外の者に大学の自治をどの程度まで認めるかは各大学が決定すべき問題であること、(3)学生が大学自治の担い手として認められるか否かは、社会的諸条件の改善に応じて学生みずからの努力と大学当局の謙虚な態度により決定されていくべきこと、(4)大学の自治の位置づけも流動的であり、学生の大学への要求も大学の決定機関の任意に決定されること、(5)学生は教官と対等同質の構成員ではないこと、(6)したがって、私企業の労働者のストライキと同一に考えることはできないこと、と判示したのである。

五　右に取りあげた裁判所の見解が、現在のわが国の学生のストライキについての考え方の一般的傾向ではないかと考える。しかし、この裁判所の見解は、前掲の某大学の見解とは根本的に異なっているといわざるを得ない。すなわち、裁判所の考え方は、学生は教官とは対等でないということを前提としているのに対し、某大学の考え方は、学生と教官との関係について明白には述べていないので明らかではないが、懲戒処分手続を確認してゆくに当たって「いわゆる教育的処分という見地をとらない」としていることから、従来の「学生と教官」との関係についての認識とは異なる見解を前提としているものといわざるを得ない。

このような某大学の懲戒処分制度についての考え方は、前述のアメリカで展開されている考え方と類似しており、また、今後のわが国の大学教育についての考え方について一つの新しい方向を示唆するものといえよう。

六　また、右に指摘した某国立大学の懲戒処分制度においては懲戒処分の対象となりうる行為として、五項目があげられている。すなわち、「3　懲戒処分（以下「処分」という。）の対象となりうる行為は次のものとする。(ア)本学の構成員に対して暴力を加える行為　(イ)本学の施設および設備を占拠し、または損壊する行為　(ウ)破廉恥的な犯罪行為　(エ)本学の試験等における不正行為　(オ)教官の研究・教育、職員の業務遂行または学生の学習等、大学構成員としての不可欠な活動を暴力をもって妨害する行為」となっている。

処分の対象となるこれらの行為の特色は、「暴力を加える行為」、「占拠し、または損壊する行為」、「破廉恥的な犯罪行為」、「不正行為」、「暴力をもって妨害する行為」といった、いわゆる刑事犯的性格を有する行為である点にある。

この点、従来、「性行不良」、「大学の秩序をみだし」、「学生の本分に反する」、「学業を怠る」といった内容の行為が処分対象とされていたことと比較すると、基本的に異なっているということができる。

(7)　国立大学の学生懲戒処分手続

一　前項において、学生に対する懲戒処分に関し、ある国立大学の「学生の懲戒処分制度」の考え方を紹介した（以下A国立大学という）。この国立大学の学生の懲戒処分手続を以下に紹介しておきたい。

「4　処分が問題となるような事件が起きたときは、まず、当該学生の所属する学部（大学院学生の場合は、所属する研究科をいう。以下同じ。）において、当該事件を調査し、事実を確認したうえで、処分を行う必要があるかどうかを検討するものとする。

5　(ア)　学部が事件を調査するにあたり、当該学生は、学部から事情の聴取を受け、弁明し、有利な証拠を提出する機会を与えられる等、自己を防禦する権利を有する。ただし、当該学生がこの機会を十分に利用できるにもかかわらず、正当な理由がないのに事情聴取に応ぜず、弁明をしないときには、この権利を放棄したものとみなされることがある。(イ)　前項ただし書の場合には、学部は、客観的な証拠に基づいて、事実を確認し、事件を評価、判断するものとする。

6　(ア)　当該学生は、事情聴取に際して、友人その他の本学学生を指名し、その補佐を受けることができる。(イ)　補佐する学生は、当該学生のために弁明し、必要な証拠を提出することにより、学部の調査・判断を適正ならしめることを任務とし、それに加えて当該事件に関し意見を述べることができる。(ウ)　学部は、当該事件の調査の妨げとなる場合には、補佐する学生の数を必要な範囲に制限することができる。

7　学部は、調査を終え、事実を確認したうえで、当該事件について処分を行う必要があると認めたときは、処分に関する学部の意見を付して評議会に申出るものとする。

8　㈠　評議会は、7の申出があった場合には、評議員若干名をもって構成する委員会（以下「委員会」という。）を設け、それに当該事件の審査を付託しなければならない。㈡　当該学生の所属する学部の評議員は、原則として、委員会の構成員となることができない。

9　委員会は、審査のために必要と認めたときは、当該学生について事情の聴取を行うことができる。この場合においては、5および6の定めを準用するものとする。

10　㈠　評議会は、委員会からの処分を相当とする旨の審査報告があった場合は、処分の要否および処分の種類・程度を決定するものとする。この場合、停学には有期停学を含むものとする。㈡　評議会は、審査報告があった場合においても、更に審査を必要とすると認めたときは、委員会に対し審査の再開を命じることができる。

11　㈠　評議会が処分を決定した場合には、学長の命により当該学部長が処分を行い、その旨を公示しなければならない。㈡　処分の効力は、前項の公示によって生ずる。

12　㈠　当該学生は、事実誤認・新事実の発見等正当な理由があるときは、その存在を示す証拠を提出して、学長に対し再審を求めることができる。㈡　前項の請求があったときには、学長は再審の要否の審査を直ちに評議会に付託する。これを受けた評議会は、速やかに再審の要否を決定しなければならない。評議会が再審を決定したときは、8から11に定める審査の手続きによるものとする。」

二　右のA国立大学の学生懲戒処分手続を整理すると、⑴学生の所属学部による当該事件の調査、事実確認、処分の必要性の有無の検討、⑵(a)学生に対する事情聴取、弁明、有利な証拠の提出の機会の供与、(b)学生が弁明の機会を放棄した場合の事件の評価、⑶学生に対する事情聴取に際しての補佐人の立場と権利、補佐人の数の決定、⑷学部が処分の必要があると判断した場合の評議会への申出、⑸(a)評議会における委員会の構成（関係学部の評議員の排除）とその審査、(b)評議会の委員会の構成員、⑹評議会における処分の決定および決定手続、⑺当該学生の学長に対する再審査請求、といった内容になっている。

三　右のA国立大学の学生懲戒処分手続を、行政手続の一般原則に対比して考えてみた場合、さらにどのような点が問題となるであろうか。

たとえば、⑴学部が事件を調査する場合そのための調査委員が設けられるのか否か、⑵調査のため、当該学生に出頭するように通知する場合、当該学生の範囲はどこまで及ぶか、⑶学部が当該学生に事情聴取のために出頭を求める場合の通知はどのような方法によるのか、⑷出頭の通知をする場合、どのような事項を通知すべきか、⑸当該学生に弁明させるための聴取の期日や場所の決定は、学部の自由裁量か、この場合、当該学生の便宜をはかる必要はないか、⑹当該学生に出頭を求めるための通知から聴聞までの期間は何日位あったらよいのか、⑺当該学生が事情聴取に出席できない場合、「答弁書」ないしは「口述書」などを提出できるか否か、⑻当該学生に事情聴取のために出頭を求める場合、学部は、当該事案についてどの程度まで告知する必要があるか、⑼事情聴取は公開で行うのか否か、⑽事情聴取の秩序を乱す学生に対しどのような措置をとることができるか、⑾事情聴取に当たり、担当教授は当該学生に対し、事実関係について立証を促すことができるか、⑿事情聴取を行った後に、さらに事情聴取をする必要が生じた場合、事情聴取を再開できるか、⒀事情聴取を行った担当教授は、調書にどのような事項を記載すべきか、というようなことを検討していかなければならない点として指摘できるであろう。

(8)　学生に対する懲戒処分手続について検討すべき点

一　⑴当該学生に対する通知――右のA国立大学の考え方からすれば、事情聴取の通知の主体の第一段階は学部（学部長）である。学部では事情聴取を担当する教授が手続を主宰するが、この場合も、学部が通知する。通知の相手方は、懲戒処分をうけようとしている学生である。

通知の方法は、書面によるべきであろう。

通知事項としては原則として、⑴件名、⑵当該学生の氏名、住所（一個の処分に数名の学生が当事者となっている場合、または同一手続に数名の当該学生がいる場合などは、すべての学生の氏名・住所)、(3)事案の要旨、根拠となる学則の条項(事案の要旨については、事案の内容を当該学生が知り、それに基づいて十分に防禦することができる程度の事案を記載する必要がある)、(4)聴取の期日および場所、などを通知すべきであろう。

なお、事情聴取の期日および場所の決定は、学部(学部長)の裁量によるが、聴取の場所の指定については、当該学生の便宜を考慮した方がよいであろう。

通知がなされる目的は、当該学生に対し弁明をするための準備の機会を与えることにあるのであるから、通知がなされてから事情聴取までの期間があまりにも短いようでは通知の意味がないということになる。右のA国立大学の事例では規定されていないが、二〇日間ほどの時間的余裕があった方がよいと思われる。

聴取の期日および場所の決定は、学部(学部長)の裁量処分に属するが、学部がその決定を変更する場合には、当該学生の便宜を考慮する必要があろう。

(2)「答弁書」の提出——当該学生が事情聴取に欠席した場合、「答弁書」を提出させることによって事情聴取で陳述したものとして取り扱ってもよいであろう。「答弁書」は陳述の論点の整理に役立つ。「答弁書」を求めるか否かは学部の裁量によるが、かかる規定がない場合にも、右のような利点を考慮して「答弁書」の提出を求める方策を考慮してもよいと思われる。

(3)事情聴取の手続——(i)事案の内容の告知——学部が行う懲戒処分に関する事情聴取手続の通知の内容については、聴取の行われる頭初において事案の内容が担当教授から説明されることになり、そこで当該学生は学部側の意図を知り、これに反駁することになるものと思われる。

(ii)意見の陳述および証拠の提出——事情聴取に当たっては、当該学生には、その意見の陳述権と証拠の提出権が認められなければならない。ただ、当該学生が事情聴取において意見を述べず、証拠を提出しない場合は、争いのないものとして、事情聴取を終結することになる。

また、当該学生などが必要な陳述をすることができないような事態が発生した場合——たとえば、能力の不足、興奮、事案の複雑さによる内容の不理解など——は、その陳述を禁止し、聴取続行のために、新たに聴取期日を定める必要があろう。

(iii)　公開の事情聴取——事情聴取について、A国立大学の手続規定では「公開による事情聴取」とは規定していないが、非公開と明文化されていないので、手続の公正を期すため公開主義を採るべきか否かということが問題となる。

この問題について「公開による事情聴取」とは規定していない場合は、必ずしも事情聴取を公開する必要はないという見解と、非公開と明文化されていない限り、手続の公正を期すために公開主義を採るべきであるという見解が対立しているが、公開すると当該学生の利益を著しく損なう場合には非公開が認められてよいであろう。

(iv)　事情聴取の秩序維持——事情聴取の進行・整理は、事情聴取担当教授の責任である。担当教授は、事情聴取が適正かつ迅速に行われるように配慮する必要がある。すなわち、担当教授は、陳述の内容が事案に無関係であったり、重複している場合には陳述を制限することができる。また、秩序を乱した者に対し注意を与えたり、退場を命ずることができる。

この点、A国立大学の規定には秩序維持についての規定はないが、補佐する学生の数を制限することができる旨定めている。

(v)　当該学生に対する釈明の請求——事情聴取の担当教授は事案の内容を明らかにするため、法律上の事項や事実について、当該学生に質問し、または立証を請求し、必要と認めた場合には、手続を併合したり、または分離することもできよう。

(vi)　補佐する学生の参加——A国立大学の事情聴取手続には「当該学生は、事情聴取に際して、友人その他の本学学生を指名し、その補佐を受けることができる」としこの場合、補佐する学生は、当該学生のために弁明し、必要な証拠を提出することができるとしている。そして、この場合の補佐する学生の任務は、学部の調査、判断を適正ならしめるところにあるとしている。また、補佐する学生は当該事件に関し意見を述べることができるとされている。ある特定の学生が補佐する学生としての地位に当たるか否かの判断は、主観的だけではなく客観的に決定される必要がある。

(vii) 事情聴取の調書——事情聴取の調書は、担当教授が聴取の期日ごとに、(1)件名、(2)担当教授の氏名、(3)出席した当該学生、補佐する学生の氏名および住所、(4)聴取の期日、場所、(5)聴取の進行の要領（退場命令、時機に遅れた陳述の禁止、手続の併合・分離、聴取の続行、聴取の終結など）、(6)陳述の要旨、(7)聴取の証拠の標目、(8)当該学生または補佐する学生の供述の要旨、(9)事情聴取を非公開にした場合の理由、(10)答弁書に記載された内容をもって陳述したものとみなした場合はその旨、(11)聴取に対する異議の申出のあった場合にはその旨などについて、事情聴取調書に記載すべきであろう。

(viii) 事情聴取の終結——事案の内容が容易な場合などは、一回の事情聴取で終結することも考えられるが、しかし、事案が複雑で一回の聴取で十分な結果が得られない場合などは、事情聴取を続行し、その期日と場所を定め、当該学生と補佐する学生にその旨を通知する必要がある。この場合は、事情聴取は継続して行うことが必要である。その理由は事情聴取の期間の間隔を長くおくことは、聴取の印象をうすくしてしまう恐れがあるからである。

事情聴取担当教授は当該学生の提出した攻撃防禦方法、証拠などを基礎として一定の判断を下すことができると考えた場合は、その事情聴取を終結することになる。

(ix) 事情聴取の再開——事情聴取担当教授は当該学生を懲戒処分に付すべきか否かの判断を下すために、記録を精読し、当該学生の意見の趣旨が明白でないとか、証拠調べが不十分であることが判明した場合、あるいは、事情聴取終了後に、当該学生が事情聴取に出席しなかったことに正当な理由があったことが判明した場合、その事情聴取を再開すべきであろう。

二 事情聴取担当教授は証拠調べを行うが、証拠調べは、当該学生の申出または職権により行われる。

A国立大学の学生懲戒処分制度は、当該学生が事情聴取において証拠書類および証拠物を提出する権利を認めている。この制度には規定されていないが事情聴取担当教授は、職権により、適当と認める者に、参考人としてその知っている事実を述べさせるようにすべきであろう。ただしこの場合、参考人の出頭を求めて質問しようとするには、相当の期間を定めて所定の事項を参考人に通知する必要があろう。

このほか、担当教授は次のような行為をすることを認められる場合がある。すなわち、(i)適当と認める者に対して鑑定を依頼すること、(ii)書類その他の物件の所持者に対してその物件の提出を求めること、(iii)検証をすること、などである。

右のA国立大学の手続は、事情聴取が終了すると、学部は、懲戒処分を行う必要があるか否かを決定することになる。そして、処分する必要があると認定した場合は、意見を付して、評議会に付議することになるとしている。この場合、処分決定案ないしは決定書には、(1)主文、(2)事実および争点、(3)理由の三点を記載することになろう。

(9)　適正手続に関し問題となった一つの裁判例

一　現在の裁判所の見解の動向からすれば、学生に対する懲戒処分に適正な法の手続の保障を認める点については消極的であるということができる。しかし、右に紹介したA国立大学の懲戒処分手続やアメリカで展開されている学生の処分手続をみると、学生に対する懲戒処分手続にも、厳格な意味での適正手続の要件を適用することが要求されるようになると考えなければならない。この意味で、一般論として、行政処分の手続の瑕疵について適正手続との関係で裁判上問題となっている点を指摘すると、次のような点がある。

前述したように、この適正手続の要件は、通知と聴聞の機会の供与である。この適正手続を前提とした行政手続は、行政庁に対し公正な手続を要求すると同時に、いかにして相手方の権利、利益を擁護するかということを意図しているものである。

この行政手続に関し、いわゆる個人タクシー事件の第一審判決である東京地裁判決（昭和三八・九・一八判・行裁例集一四巻九号一六六頁）は、個人タクシー免許申請者は、事実の認定につき独断を疑うことがいわれがないと認められるような手続によって判定を受けるべき法的利益の保障を享有すると判示している。この考え方は、その後の群馬中央バス事件の東京地裁判決（昭和三八・一二・二五判・判例時報三六一号一六頁）においても再確認された。最高裁判所も、右の個人タクシー事業免許事件に関して正当手続の原則を容認し（最高昭和四六・一〇・二八判・判例時報六四七号二二頁）、群馬中央バス事件においても、適正手続の考え方を肯定し、「全体として適正な過程により右決定をなすべきことを法的に義務づけているものであり、このことから、右免許の許否の決定は、手続的にも適正でなければならない」ものと解されると判示した（最高昭和五〇・五・二九判・民集二九巻五号六六二頁）。

このように、適正手続の考え方は、裁判所においても容認されるにいたっている。

この適正手続の論点が問題となった具体的事例として、運転免許取消処分取消し等請求事件（浦和地昭和四九・一二・一一判・判例時報七七四号四八頁）をあげて適正な処分手続の参考にしておきたい。本件において、Xは、大型貨物自動車を時速四〇キロメートルで運転中、左方にNの自動二輪車を認めたが、先行する普通貨物自動車を追い越そうとして注意を怠ったため、Nを転倒させ、左後輪で轢過し、即死させるという事故を起こしたとして検挙され、運転免許取消処分をうけた。本件のような運転免許取消処分を行うためには公安委員会の各委員が、直接一堂に会して会議を開き、議決しなければならなかったにもかかわらず、Xを聴聞したA公安委員は、警察職員を介して聴聞の結果についての資料を別室で他の聴聞を主宰していたB公安委員に回し、B委員の同意を得て取消処分を決定したが、その所要時間は五分程度であった。そこで、Xは処分決定にいたる審査判定手続が公正でないことを理由にその取消しを求めた。

この事案には、(1)聴聞官の事案に対する理解の問題、(2)行政機関の決定の手続の問題、(3)機能の分離の問題という、行政手続理論の基本的な問題が内在していると思われる。

(1)聴聞主宰官の事案に対する理解の問題は、基本的には、「決定する者は、審理しなければならない」(One who decides must hear.) の法理の問題であるといってよい。この法理の意味は、決定官（聴聞主宰官）が、実質的に関係記録や証拠を検討し、評価することを義務づけているということである。しかし、実際には、決定官の審理時間の節約などのために、結局は、補助職員が証拠審理をして作成した調書に基づいて証拠を調べ、評価することになる。本件においては、聴聞主宰官である公安委員は、聴聞に当たって事前に本件取消処分の事実認定の資料を自ら検討せず、また、聴聞事務を補佐する警部から本件の事案についてなんらの説明も受けず、Xが自分では車で轢いたかどうか全くわからなかったと弁明してはじめて、警部から資料を提出させて説明をうけ、わずか五分で聴聞を終了している。

ここで重要なことは、決定官が証拠を十分理解した上で決定を下すのでなければ、公正な処分を下すことはできないということである。このような公正な処分を下すためにも、被処分者の十分な弁明立証が必要であり、他方、公安委員の事実認定の理解は十分でなければならないのである。本件判決は、公安委員が自分が聴聞しようとしている事案の内容を十分に理解していたか否かの点について、行政手続の点から判断を下したものとしても、参考とすべき判決であると思われる。

(2)　さらに、本件においては、聴聞を担当したA公安委員が、職員に、別室で他の事件の聴聞をしていたB委員のところに聴聞の結果の要旨などの書類をもたせ、本件の聴聞を行わなかったB委員はその職員の説明を聞いて簡単にこれに目を通し、A委員の見解に同意している。しかし、公安委員会規則は、このような持ち回り方式による決定方式を予定していないし、また、これは、「決定する者は、審理しなければならない」の法理に反し、聴聞主宰官の事案についての理解という点からも問題がある。したがって、審査判定手続を本件のような持ち回り方式で行うということは、処分の相手方の権利・利益を保護しようという法の趣旨に反するので、無効といわなければならない。

(3)　次に、判決が指摘している重要な点として、「運転免許の取消処分をするにあたって行う聴聞においては、その手続構造上、処分を求める者と処分をする者とが分離されていない」という点がある。すなわち、外形的には、公安委員が裁判官的機能を果たし、警察職員が訴追官的な機能を果たしているが、しかし、聴聞に際し、聴聞事実を読みあげているのは警察職員であり、この警察職員は、公安委員を補佐する立場にある。このことは、処分をする者と処分を求めるものとの関係が一体をなしていることを意味する。適正な手続の立場からいえば、機能は分離していることが望ましく、このような機能の結合は、適正な法の手続の原則に反することになろう。

さらに、この点に関し、判決は、処分を求める者（訴追的機能を果たす者）と処分権者（裁判的機能を果たす者）とが結合しているため、公安委員会がいかなる証拠に基づいて事実を認定するのか、また、その事実認定を前提にどの法律を適用しようとしているのかが明らかでない。このため、被処分者が有利な証拠を提出しようとしても、それができない場合がありうるが、このような事態は、被処分者に十分に弁明立証の機会を与えようとしている法の趣旨に反することになるため、運転免許の取消処分の場合の聴聞にあっては、(1)被処分者に対し、主張・立証の有無を確認するだけではなく、聴聞官の方で進んで具体的事項を摘示すること、(2)被処分者に対しては、主張・立証を促す方法をとること、(3)被処分者に問題事項を摘示すべきであると認められる場合には、証拠を開示し、これに対する反論立証の機会を与えるべきこと、が要求されるのに対し、本件の場合は十分な主張・立証が尽くされていないから、この点から、本件取消処分は違法であるとしている。

以上、適正手続を前提として学生の懲戒処分手続について、裁判所の動向とA国立大学の学生懲戒処分手続を中心に検討した。今後学生の処分に関し「適正手続」の理論をどこまで認めていくべきかということが、一層重要な問題となっていくと思われる。

第五編　教育行政と行政上の争訟

第一章　教育行政と行政上の争訟

(一)　学生に対する処分と行政上の争訟

(1)　学生に対する処分と行政救済

一　(A)　「国公立の大学は公の教育研究施設として一般市民の利用に供されたものであり、学生は一般市民としてかかる公の施設である国公立大学を利用する権利を有するから、学生に対して国公立大学の利用を拒否することは、学生が一般市民として有する右公の施設を利用する権利を侵害するものとして司法審査の対象になるものというべきである。そして右の見地に立って本件をみるのに、大学の専攻科は、大学を卒業した者又はこれと同等以上の学力があると認められる者に対して、精深な程度において、特別の事項を教授し、その研究を指導することを目的として設置されるものであり(学校教育法五七条)、大学の専攻科への入学は、大学の学部入学などと同じく、大学利用の一形態であるということができる。そして、専攻科に入学した学生は、大学所定の教育課程に従いこれを履習し専攻科を修了することによって、専攻科入学の目的を達することができるのであって、学生が専攻科修了の要件を充足したにもかかわらず大学が専攻科修了の認定をしないときは、学生は専攻科を修了することができず、専攻科入学の目的を達することができないのであるから、国公立の大学において右のように大学が専攻科修了の認定をしないことは、実質的にみて、一般市民としての学生の国公立大学の利用を拒否することにほかならないものというべく、その意味において、学生が一般市民として有する公の施設を利用する権利を侵害するものであると解するのが、相当である。されば、本件専攻科修了の認定、不認定に関する争いは、司法審査の対象になるものというべきである。」（最高昭和五二・三・一五・三小判・民集三一巻二号二八〇頁）

(B)「被告らは、最高裁判所昭和二九年七月三〇日第三小法廷各判決（同庁昭和二八年(オ)第五二五号、同年(オ)第七四五号、民集八巻七号一四六三頁、一五〇一頁）を援用して、大学の学生に対する懲戒処分は、大学の自治の権能に基づき大学の責任においてなされるものであり、かつ、大学の自治の認められた趣旨・目的が前叙のごときものである以上、当該処分が全く事実上の根拠を欠いているとか、社会観念上著しく妥当性を欠き到底教育的目的に出たものとは認められないような場合を除き、懲戒権者の自主的裁量が尊重され、裁判所の司法審査権はこれに及び得ないと主張する。しかし、大学の学生に対する懲戒処分は大学がその自治の権能に基づいて行なう教育的措置であるから、懲戒処分に付するかどうか、また、懲戒処分のうちいかなる処分を選ぶべきかの判断は、学内の事情に通ぎょうして直接教育の衝に当っている処分権者の裁量に待つのでなければ、適切な結果を期待し難いことはいうまでもないが、被告ら主張のごとく、その裁量権の行使がほとんど全面的に肯定され、前記のような極めて限られた場合でなければ司法審査の道が残されていないといいうるためには、大学という研究と教育とを目的として構成される共同体において、教官と学生又は教官相互間等に本質的な対立の契機が存在しておらず、大学の権威ないしは権限行使の妥当性が一般的に承認されていることを前提とするものであること多言を要しないところである。しかるに、現下の大学紛争をめぐり、前段叙説のごとき事情によって、教官と学生との相互信頼関係が全く喪失し、大学の権威自体が問われて懲戒処分の基盤そのものが大きくゆらいでいる等右の前提条件の欠けている場合には、該前提条件の具備されている事案についてなされた前期判例をそのまま適用することは許されず、むしろ、通常の裁量処分におけるのと同様に、処分事由の存否はもとより、当該処分が教育的措置としての目的、範囲を逸脱するものではないかどうかということも、裁判所の審査に服するのが相当であ」る。（東京地昭和四六・六・二九判・判例時報六三三号二三頁）。

二　右に掲げた(A)の見解は、富山大学単位不認定等違法確認訴訟の最高裁判決の一部である。本件についてはすでに取り上げたが、その事実は次のようである。すなわち、富山大学経済学部の学生であったXらは、同学部A教授担当の経済原論、演習などの試験に合格したが、A教授が成績証明書の偽造などを理由に授業の担当を停止されているのに、自ら試験を実施したため、大学はその試験が正式の試験ではないとして、Xらの単位の授与（認定）および専攻科終了の認定をしなかった。これに対して、Xらは学部長または学長に対し、単位授与・不授与決定違法確認または単位授与（認定）義務確認を求め、またXらの一人は、学長に対し、専攻修了・未修了未決定違法確認または専攻科修了認定義務確認をあわせて単位不認定等違法確認請求訴訟を提起した。

最高裁は前掲の判決文で明らかなように、国公立大学における専攻科修了認定行為は、司法審査の対象になると判示したのである。

また、冒頭(B)に掲げた見解は、すでに取り上げた東京教育大学事件第一審判決の一部である。本件は昭和四〇年代の大学紛争の時に発生した事件であり、東京教育大学において、理学部の学生であるXに対して行われた懲戒処分の是非をめぐって、大学全体が大学当局側と反体制側に分裂し、対立したが、その対立が、そのまま裁判所に持ち込まれた事件である。本件において、理学部学生大会の決議により実施された教官排除のストライキについて、Xの自治会副委員長としての幹部責任が問われ、大学当局はXを無期停学処分に付した。しかし、停学中のXの行状が問題となり、処分を加重して、放学処分を行った。これを不服として、Xは当該処分の取消しを求める行政処分取消請求訴訟を提起した。

本件に関する東京地裁の見解は前掲のとおりである。要するに、大学の学生に対する懲戒処分であっても、教官と学生の相互信頼関係が喪失し、大学の権威自体が問われ、懲戒処分の基礎がゆらいでいるような場合においては、通常の裁量処分における と同じく、処分事由の存否はもとより、当該処分が教育的措置としての目的、範囲を逸脱するかどうかの点についても、司法審査に服するものと解するのが相当である、と判示したのである。

三　以上、右に二つの裁判事例をあげたが、(A)の事件において問題となっている単位授与、不授与未決定の違法確認を求めるとか、行政処分の取消しを求めるということは、訴訟法上どのような訴訟なのであろうか。大学の学生に対する処分を中心として、行政救済について検討を加えておきたい。

行政救済とは、行政機関の行為によって自己の権利又は利益を侵害されたとする者が、行政機関又は裁判所に対して、その行為の取消し若しくは原状回復を求め、又はそれによって生じた損害の塡補を求めるのに対し、行政機関又は裁判所において、これを審理し、権利又は利益の保護に関する決定をなし又はこれに対する救済を与えることであるとされている（田中二郎『要説行政法』）。国または公共団体が行った行為により侵害された国民の権利・利益を救済する方法には、事前救済と事後救済との二つの方法がある。事前救済は、「行政手続」（適正手続の保障）であり、事後救済には、国家補償と行政上の争訟がある。次に検討しようとしているのは事後救済の問題であるので、まず、行政上の争訟の点から「学生に対する処分」を前提として検討を加え、その後に、国家補償の問題を取り上げたい。

(2)　学生に対する処分と行政上の争訟

一　争訟を定義すると、「当事者間に生じた具体的な紛争を国家が権威をもって裁断する作用である」ということができる。これは、国家が、当事者間の紛争を終局的に解決するには、その裁断が公正中立なものでなければならないということである。この要請に応えるために、一般に、争訟手続は、慎重かつ精緻に構成されなければならない。このような争訟手続は、次のような特徴がある。すなわち、(i)争訟は、争訟当事者が争訟を提起することによって開始されること、(ii)争訟の提起に対しては、必ず一定の手続のもとに審理がなされること、(iii)当事者または利害関係人には、裁判の公正を期するため、争訟の審理過程に参与する権利が保障されていること、(iv)国の裁断行為（判決、裁決、決定など）には、原則として、実質的確定力というような特別な法的権威が認められていること、などである。これらの争訟手続は、歴史的に形成されてきたものであり、一般に、行政上の争訟に関する手続が発達したのは、近代法治国家の理論によるといわれている。しかし、わが国は、民主的基礎が薄弱であるだけに、この点を注意しなければならない。

法治国家の理論は、行政が単に公益に適合するだけではなく、行政権が国民の権利、自由を制限し、これに義務を課すような場合には、法の適用を厳格にし、法の定める要件にのみ従って行政権を行使することを要求している。しかし、民主的手続の発展していない国家においては、行政庁の違法または不当な処分は、上級庁の行政監督などにより、行政権自ら是正すれば、それで足りると期待されていた。このため、行政上の争訟制度は、国家が必要と考える範囲で採用されていたにすぎなかったといってよい。したがって、このような国にあっては、国家の公法行為の正当性を根拠づけるための手段として行政上の争訟制度が利用されたといっても過言ではない。しかし民主主義思想の発展により、国民が積極的に国政に参与し、行政活動の適性を保障することが必要になった。したがって、不当または違法な行政作用によって直接に権利、利益を侵害された者は、国家に対し、その権利・利益の救済を求めることが認められるようになった。わが国においても、右のような要請に応えるため行政上の争訟制度が、完備されるにいたった。

二　行政上の争訟は種々の角度から分類することができる。以下、学生に対する処分と行政訴訟との関係を説明するためにも参考までに検討しておきたい。

行政争訟と行政訴訟――これは、争訟の裁断機関の性質による区分である。行政争訟（憲法七六条二項「特別裁判所は、これを設置することができない。行政機関は、終審として裁判を行ふことができない」。裁判所法三条二項「前項の規定は、行政機関が前審として審判することを妨げない」）とは、行政府の機関による争訟の裁断のことをいう。すなわち、上級行政庁がその監督権の発動として下級行政庁の判断の当否を簡略な手続で審理し裁断するものである。行政不服審査法に基づく審査請求や異議申立てがそれである。また、独立性が保障された行政委員会などの第三者的機関が司法手続に準じた手続で紛争を処理する場合も多くなっている。

行政訴訟とは、独立性を保障された裁判機関が紛争の裁断にあたる手続のことをいう。この場合の裁判機関は司法裁判所でも行政裁判所でもかまわない。

行政争訟と行政訴訟との相違は、前者が行政監督作用の一環として行われるのに対して、後者は、相対立する当事者相互の主張に基づき、裁判所が中立的な立場から事実を究明し客観的に適用すべき法規をさがして紛争を解決し、その対象は、「法律上の争訟」に限られ自由裁量処分の当不当に関する紛争には及ばないという点にある。

日本国憲法第七六条第二項は「行政機関は、終審として裁判を行ふことができない」と規定して、民事事件であれ、行政事件であれ、法律上の紛争を訴訟によって解決するという、いわゆる司法国家の建前を採用したため関係人が行政庁の裁決の違法をさらに主張する場合には、必ず裁判所に出訴する道が保障されていなければならない(裁判所法三条二項)。なお、学生の処分に係る事件については、行政不服審査法第四条第八号の「学校……において、教育……のために、学生……に対して行われる処分」という規定により、行政争訟を提起することは認められていないことに注意しなければならない。しかし、行政訴訟は認められている。

実質上の争訟と形式上の争訟——これは争訟作用の内容による区分である。実質上の争訟とは、紛争当事者からの申立てに基づいて、国家機関が当事者の主張の適否を審査し、法律関係の内容を確定して、当事者間の紛争を解決する作用である。たとえば、行政事件訴訟法上の抗告訴訟や当事者訴訟、行政不服審査法上の審査請求や異議申立ては、いずれも実質上の争訟である(学生の処分については、前示したように行政不服審査法の審査請求、異議申立ては適用されない)。

これに対し、形式上の争訟とは、既存の法律関係についての具体的な紛争を解決するためではなく、行政行為の決定を慎重ならしめ決定がなされる前に争訟に類似した手続をとる場合のことをいう。たとえば、私立学校法に基づく学校法人の収益事業の停止処分の手続（私立学校法六一・六二・六三条）がある。この形式上の争訟をどのような場合に採用するかは立法政策の問題である。

正式の争訟と略式の争訟――これは、争訟手続が完全であるか否かによる区分である。争訟は、一般に慎重な手続で公正妥当に解決されなければならない。このために、第一に対審構造により相対立する両当事者に口頭弁論の権利を与え、十分に相互の主張を争わしめる機会を保障し、第二に、裁断機関が双方の当事者から完全に独立した第三者としての地位を有することが必要である。この二つの要件を具備した手続を正式の争訟といい、これに対し、これらの要件のいずれかを欠くものを略式の争訟という。

現行法においては、行政事件訴訟は前者に属するが、審査請求、異議申立てその他の行政争訟は原則として後者である。ただ、人事院や人事委員会が行う審査手続（国公法九一条二項、三項）などは、準司法手続に基づく裁決で、裁判判決に類似しているので、それに近い効力が認められている（実質的確定力が認められている場合がある）。

始審的争訟と覆審的争訟――これは、争訟の対象である法律関係の差異による区分である。始審的争訟とは、民事訴訟のように、当事者間で紛争となっている法律関係について国民が裁判所などの争訟裁断機関に対し、はじめて公の判断を求めて提起する争訟である。これに対し、覆審的争訟とは、すでに国家機関の公権力によって決定されている法律関係に対して不服ある利害関係人がその覆滅を求めて提起する争訟である。たとえば、行政不服審査法による異議申立て、審査請求、行政事件訴訟法による取消訴訟などは、このような行政行為の事後審査という形をとって行政行為の公の権威を覆滅することを目的として提起されるものであるから、いずれも、覆審的争訟の性質をもっている。学生の懲戒処分の取消訴訟などは、覆審的訴訟の典型的なものである。

当事者争訟と抗告争訟――これは主として行政事件訴訟上の訴訟の分類による区分である（行訴法三条一項、四条参照）。すなわち、当事者争訟とは、法的に対等な地位にある権利主体が、争訟の当事者として相争う争訟をいい、抗告争訟とは、行政権の客体である国民が公権力を行使する行政庁を相手どって提起する争訟をいう。ただ現行の行政事件訴訟法には抗告訴訟として覆審的訴訟である「取消訴訟」や「無効等確認訴訟」（二条二項、三項、六項）のほかに、行政行為を前提としない、いわば始審的訴訟としての「不作為の違法確認の訴え」（三条五項）が入っているため一概に抗告訴訟を覆審的訴訟と同義に解することには問題がある。

また、行政事件訴訟法第四条にいう当事者訴訟については、「本来の当事者訴訟」と「形式的当事者訴訟」とに分けられるが、学生の「処分」について問題となるのは前者の場合である。たとえば、国公立大学の学生の退学処分の無効を前提とする国公立大学学生の身分確認訴訟のような「公法上の法律関係に関する訴訟」は始審的争訟にあたる。

主観争訟と客観争訟――これは、争訟制度の目的の差による区分である。主観争訟とは争訟当事者間の個人的な権利、利益の救済を目的とする争訟をいう。これに対し、客観争訟とは、行政作用の客観的な適法性維持を意図し、一般公共の利益の擁護を目的とする争訟をいう。この区別の実益は、前者にあっては、原告は争訟提起に際して、個人的な権利利益を「訴えの利益」として主張することが要件とされ、また、争訟の裁決または判決の「既判力の主観的範囲」は、原則として当事者およびその承継人に限定される（民訴法二〇一条参照）。これに対し、後者の場合は個人的な利益の主張は必ずしも争訟提起の本質的な要件とはされておらず、既判力は単に当事者間だけに限られず、広く対世的な効力が認められるといった点にある。現在、一般的に、主観争訟は、現行行政不服審査法による各種の不服申立てや行政事件訴訟法による抗告訴訟、当事者訴訟がそれであるとされ、客観争訟は、現行法上、民衆争訟と機関争訟の二種がそれであるとされている。

学生の処分に関しては、前述したように、行政不服審査法の不服申立ては適用されない。

機関訴訟は、たとえば、地方公共団体の議会の議決が違法であるとして、地方公共団体の長から、自治大臣または都道府県知事に対し、審査を申し立て、その審査の裁定に不服な場合、長または議会から裁判所に出訴する場合がその例である（地自法一六七条）。民衆訴訟は、たとえば、住民訴訟などがそれである。いずれも、特に法律の規定がある場合にのみ提起できる。
わが国の行政上の争訟制度――明治憲法下のわが国の争訟制度は、ドイツ法の行政争訟制度に依拠していた。すなわち、明治憲法は行政裁判について「行政官庁ノ違法処分ニ由リ権利ヲ侵害セラレタリトスルノ訴訟ニシテ、別ニ法律ヲ以テ定メタル行政裁判所ノ裁判ニ属スヘキモノハ司法裁判所ニ於テ受理スルノ限ニ在ラス」（六一条）と規定し、公法（行政）事件を司法裁判所の管轄外とした。これは、公法私法の二元主義に基づき、公法上の紛争は、司法裁判所が裁判するのではなく、行政裁判所その他の行政機関が解決するということを示している。
現行憲法は、行政裁判については規定していない。しかし、日本国憲法は、アメリカ法の思想に基づいて、民事、刑事の裁判はもちろん、行政事件の裁判も含めて、一切の法律上の争訟の裁断作用を、第七六条一項にいう「司法」の観念に入れた。すなわち、憲法は行政法秩序の終局的な保障機能をもすべて司法権に委ねたのである。
行政上の争訟法の法源――行政上の争訟法とは、行政上の争訟制度の組織とその手続に関する法のことをいい、その主な内容は、行政上の争訟の裁断機関、当事者、審理手続、裁断行為の効力などを規律し、直接、国民の権利、義務を規律する法ではない。したがって、実体法というよりは手続法であるといえる。
成文法――行政上の争訟法は、成文法主義に依拠している。行政事件訴訟に関する一般法は、行政事件訴訟法である。しかし、同法は「行政事件訴訟に関し、この法律に定めがない事項については、民事訴訟の例による」（七条）としていることから、民事訴訟法も行政訴訟の法源となっている。行政争訟（行政審判）の一般法源は、行政不服審査法である。しかし、国公立大学の学生の処分については、これは適用されない。
慣習法――行政上の争訟については、行政手続上の取扱いの安定性と画一性を保持する必要があるため、慣習法が適用されることは少ない。しかし、従来、行政争訟に関する規定が整備されていなかったので、行政実例や行政解釈により処理されたことがあった。また、行政上の先例や上級庁からの通達により処理する場合が多い。
判例・条理――判例や条理が法源であるかどうかについては問題があるが、それらが成文法規の解釈適用に際して重要な意味をもつことは否定できない。事実、現行の行政争訟法が、完全な法体系を備えているとはいえず、解釈の余地を広く残しているため、判例や条理が機能する点は大きく、特に判例の動向に注意することが必要である。

(3) わが国の行政訴訟制度の特色

前述したように、国公立大学の学生に対する処分についての訴訟は、行政事件訴訟法に基づいてなされることになる。このため、行政事件訴訟法の説明を加えなければならないが、この説明に入る前に、わが国の行政裁判制度と諸外国の行政裁判制度との関係について一言触れたい。

行政事件に関する訴訟制度の類型については、一般に、大陸型と英米型とに大別して説明されている。しかし、大陸型といっても、ドイツとフランスにおいては、その実態が異なるし、ドイツの場合もワイマール憲法下の行政訴訟とドイツ基本法下の行政訴訟とでは大きく異なる。したがって、大陸型として行政訴訟の特色を求めるとするならば、民事、刑事事件を取り扱う通常裁判所とは別個の行政裁判所が設けられていることをあげることができる。これに対し、英米型の特色は、通常裁判所と別個の行政裁判所を設置せず、通常裁判所が行政事件を民事、刑事の事件とともに裁判しているところにある。しかも、これも、議会主権主義、大臣責任主義を採用するが違憲立法審査制を有しないイギリスと、違憲立法審査権を中心に、司法権の優位を原則とするアメリカとではその実態は異なる。

わが国の場合、明治憲法第六一条は、「行政官庁ノ違法処分ニ由リ権利ヲ侵害セラレタリトスルノ訴訟ニシテ別ニ法律ヲ以テ定メタル行政裁判所ノ裁判ニ属スヘキモノハ司法裁判所ニ於テ受理スルノ限ニ在ラス」と規定し、プロイセンの制度にならって、行政裁判所の設置を認めていた。

明治憲法下の行政裁判所設置の理由は、伊藤博文の「憲法義解」によれば、(1)「若行政権ノ処置ニシテ司法権ノ監督ヲ受ケ裁判所ヲシテ行政ノ当否ヲ判定取舎スルノ任ニ居ラシメハ即チ行政官ハ正ニ司法官ニ隷属スル物タルコトヲ免レス」(2)「行政ノ事宜ハ司法官ノ通常慣熟セサル所ニシテ之ヲ其ノ判決ニ任スルハ危道タルコトヲ免レス故ニ行政ノ訴訟ハ必行政ノ事務ニ密接練達ナル人ヲ得テ以テ之ヲ聴理セサルコトヲ得ス此レ司法裁判ノ外ニ行政裁判ノ設ヲ要スル所以ノ二ナリ」としている。すなわち、(1)司法裁判所は民法上の事件を処理し、行政官の処分を取り消す権力をもたず、これを認めれば、「行政官ハ正ニ司法官ニ隷属スル」ことになること、(2)行政処分は公益の保持を目的としているので、公益の問題を熟知していない司法官の介入を排除すること、に行政裁判所の設置の理由があるとしたのである。

右のような理由に基づいて行政裁判所が設置されたが、明治憲法六一条には三つの原則があることが指摘されている。すなわち、(1)行政訴訟を審理裁判するために行政裁判所を設置しなければならないこと、(2)行政裁判所は法律をもって定めるべきこと、(3)行政裁判は司法裁判と分離しなければならないこと、である。

このような明治憲法下の行政裁判に対する考えは、行政権と司法権との間の相互の独立を担保し、行政権の独立を保持するところにあったといえる。それならば、このような行政権の独立を前提とした行政裁判所は、どのような特色を有する裁判所であったのであろうか。

(4)　明治憲法下の行政訴訟制度の特色

一　この行政裁判制度の特色をあげると、(1)訴訟事項について列記主義(注)がとられていたこと、(2)訴願前置主義が採用されていたこと、(3)一定の出訴期間を定め、これを制限していたこと、(4)訴訟手続については職権主義が強調されたこと、(5)行政裁判所が始審にして終審であったこと、(6)裁判管轄権が不明確であったこと、(7)裁判官制度ではなく評定官制度がとられていたこと、などをあげることができる。

右は、その特色であると同時に国民にとっては欠点でもあった。

二　明治二三年に行政裁判所が設置されて以来、第二次大戦が終了した昭和二〇年までの間に行政裁判法制の改革案は一三回にわたり帝国議会に提出されていた。その主な内容は列記主義と訴願制度の改革であった。すなわち、明治二三年、行政裁判所発足のわずか二年数か月後に松岡康毅貴族議員は、訴訟事項について概括主義を採用すべきこと等を内容とする改革策を提出し、訴訟事項について、列記主義をとることにより、臣民の権利を保障しないことは立憲主義に反すると主張していた。特に注目すべきことは、行政裁判法制の改革案の提案者の多くがこの行政裁判制度が列記主義をとり、国民の権利・利益の救済の点において、不備、欠陥があることは明治憲法に違反しているという形で改革案を提出しているということである。

三　しかし、第一次世界大戦後におけるわが国の資本主義の急速な発展に伴う社会的矛盾は、深刻な社会問題を提起し、国民の権利を司法的に保障していかなければならないという見解が展開された。

すなわち第四六回帝国議会（大正一二年）貴族院議事速記録第一二回（五四二―三頁）によると、国民教育の普及、労働保険、職業紹介、失業問題、住宅問題など「国家ノ力ヲ借リナケレバ、迚モ〔設置〕経営スルコト〔ノ〕出来ナイ」施設がふえ、「何レノ国家機関デモ、成ルベク其運用ヲ拡大シテ、民衆ノ要望ニ応ジテ、其欲望ヲ満セシメネバナラヌコトトナッテ来タ」という主張がなされ、行政訴訟事項について概括主義を採用すべきことが一層主張された。

このため、政府は、行政裁判法制の改正について、臨時法制審議会への諮問という方式によりこれを打開しようとした。

この臨時法制審議会は、美濃部達吉博士の主導の下に広範な濃密な審議を行い、昭和三年、行政裁判法の改正の必要性を認め、「行政裁判法改正綱領」を答申した。政府はそれをうけて、翌年九月に行政裁判法及訴願法改正委員会を設置した。同委員会は昭和七年に行政裁判法案等を政府に答申した。

右の法案等は、従来のわが国の行政裁判制度に根本的改正を加えたものであったが、政府は、これを帝国議会に提出しなかった。このため、政府の怠慢が追及されたが、政府は「御承知ノ二・二六事件ナドガ起リ、引続イテ特別議会ヲ召集スルト云フ準備ノ為ニ、其後続行致シマセヌケレドモ、其研究ナドハ打切ッテ居ルヤウナ訳デゴザイマセヌ……」と答弁している。

右の答弁に示されているよう、わが国は二・二六事件を契機として、日中戦争、太平洋戦争へと進み、行政裁判法制は改正されることなく、明治二三年に制定されたまま、第二次大戦の敗戦を迎えることになったのである。

（注）「朕行政庁ノ違法処分ニ関スル行政裁判ノ権ヲ裁可シ茲ニ之ヲ公布セシム　法律勅令ニ別段ノ規程アルモノヲ除クノ外左ニ掲クル事件ニ付行政庁ノ違法処分ニ由リ権利ヲ毀損セラレタリトスル者ハ行政裁判所ニ出訴スルコトヲ得
一　海関税ヲ除ク外租税及手数料ノ賦課ニ関スル件
二　租税滞納処分ニ関スル事件
三　営業免許ノ拒否又は取消ニ関スル事件
四　水利及土木ニ関スル事件
五　土地ノ官民有区分ノ査定ニ関スル事件」
（行政庁ノ違法処分ニ関スル行政裁判ノ件（明治二三・一〇・一〇法律一〇六号））

(二)　学生の法律関係と行政訴訟制度

(1)　学生の法律関係と行政事件訴訟

一　前項において簡単に明治憲法下の行政訴訟法制度の特色を指摘したが、明治憲法下の行政裁判法制の改革は、列記主義の改革を中心として展開されたということができる。その列記事項の中には「学生の処分に関する事件」などは含まれておらず、学生の処分について裁判所で争うということはできなかった。

この問題は、日本国憲法下の新しい制度に持ちこされたということになる。

次に、わが国の行政訴訟制度がどのように確立したかを簡単に説明したいが、その説明に入る前に、学生の法律関係と行政訴訟との関係についての裁判所の判示事項をあげ、どのようなことが問題となっているかを紹介しておきたい。

二　(A)行政事件訴訟特例法下の事例――　(1)　公立大学の学長が学生に対してした懲戒は、右学長の有する管理権に基づく行政処分であるから、司法審査の対象となる（京都地昭和二五・七・一九判・行裁例集一巻五号七六四頁）。

(2)　公立大学の学長の学生に対する放学は、右学長の有する管理権に基づく処分であるから、司法審査の対象となる（大阪高昭和二八・四・三〇判・行裁例集四巻四号九八六頁）。

(3)　私立大学の学長が右大学を代表しその学生に対して停学を命じた処分は、行政訴訟の対象とはならない（東京高昭和三一・一・二六判・行裁例集七巻一号一一九頁）。

三　行政事件訴訟法下の事例――　(1)　博士の学位不授与決定の取消を求める訴訟は、審査手続の違法を理由とするときは適法である（東京地昭和三七・三・八判・行裁例集一三巻三号三六二頁）。

(2)　博士の学位不授与決定の無効確認または取消訴訟は、右決定手続の違法を理由とするときは、許される（東京高昭和三七・六・一一判・行裁例集一三巻六号一二一三頁）。

(3)　公立大学の学長の学生に対する無期停学処分は、実質的には退学処分に準ずる重大な利益を喪失させる処分であるから、司法審査の対象となる（甲府地昭和四二・六・一五判・行裁例集一八巻五・六合併号七五九頁）。

(4)　文部大臣が国費外国人留学生に対してした身分打切り処分は、抗告訴訟の対象となりうる（東京地昭和四四・四・一八判・行裁例集二〇巻四号四九九頁）。

(5)　国立大学の学生に対する措置であっても、それが一般市民としての権利義務に関するものである限り、司法審査の対象となりうる（名古屋高金沢支部昭和四六・四・九判・行裁例集二二巻四号四八〇頁）。

(6)　大学の学生に対する懲戒処分であっても、教官と学生の相互信頼関係が喪失し、大学の権威自体が問われ、懲戒処分の基礎がゆらいでいるような場合においては、通常の裁量処分における と同様に、処分事由の存否はもとより、当該処分が教育的措置としての目的、範囲を逸脱するかどうかの点についても、司法審査に服するものと解するのが相当である（東京地昭和四六・六・二九判・判例時報六三三号一三頁）。

(7)　大学の学生に対する懲戒処分であっても、それが学生の基本的権利に直接影響を与える場合には、法律上の争訟にあたると解すべきである（東京地昭和四六・六・二九判・行裁例集二二巻六号八九九頁）。

(8)　国立大学医学部の行なう学内試験の受験申請行為の適否に対しては、司法審査権が及ぶ（名古屋高金沢支部昭和四六・九・二九判・判例時報六四六号一二頁）。

(9)　国立大学の学長が、大学院生の在学期間延長申請に対して行なった不許可処分は司法審査の対象となる（徳島地昭和四七・五・一一決・訟務月報一八巻八号一二七八頁）。

(10)　国公立大学における専攻科修了認定行為は、司法審査の対象になる（最高昭和五二・三・一五・三小判・民集三一巻二号二八〇頁）。

(11)　国立大学の学生に対する休学不許可処分は、司法審査の対象となる（福岡地昭和五五・三・四判・訟務月報二六巻四号六七〇頁）。

(12)　国公立大学における専攻科修了認定行為は、行訴法三条にいう処分にあたる（最高昭和五二・三・一五・三小判・民集三一巻二号二八〇頁）。

(13)　公立高等学校長のする教育課程の編成は、抗告訴訟の対象となる（大阪地昭和四八・三・一判・行裁例集二四巻一一・一二合併号一一七七頁）。

(14)　国立大学学生の学部内規に基づく履修科目受験申請は、行訴法三条五項にいう「法令に基づく申請」に該当する（金沢地昭和四六・三・一〇判・行裁例集二二巻三号二〇四頁）。

(15)　公立小学校の校長が就学児童に対し校舎内の掃除当番を課する行為は、行政訴訟の対象とはならない（札幌地昭

和三八・三・八判・行裁例集一四巻三号七〇七頁)。

⒃　大学における授業科目の単位授与(認定)行為は、一般市民法秩序と直接の関係を有するものであることを肯認するに足りる特段の事情のないかぎり、司法審査の対象にならない(最高昭和五二・三・一五・三小判・民集三一巻二号二三四頁)。

右に掲げた事例は、学生に係る事案が行政訴訟上問題となっているものである。これらの事件が処理されるわが国の行政訴訟制度はどのようなものであろうか。まず、それを知っておく必要がある。

(2)　行政裁判所の廃止と行政事件訴訟法の制定

一　明治憲法の改正と憲法問題調査委員会の設置——　昭和二〇年七月二六日、ポツダム宣言第一三項において、連合国は、日本に対し無条件降伏かさもなければ滅亡かいずれかを選ぶべきことを要求し、天皇は無条件降伏を選択した。わが国は、昭和二〇年八月一四日、ポツダム宣言の受諾を通告した後、八月一五日正午、天皇は国民に対し、ポツダム宣言を受諾したこと告げた。それから昭和二七年四月二八日、平和条約が発効するまでの六年七か月余りの間、わが国は、連合国の軍事占領下におかれたのである。ポツダム宣言は、わが国に対し無条件降伏を要求すると同時に、政府に対し民主主義と基本的人権の尊重をも要求してきた。

明治憲法下の行政裁判法制が戦後どのような運命をたどったかを知ることは、第二次大戦後の行政裁判法制を理解する上に重要な意味をもつと思われる。特に、明治憲法の天皇主権、君主主義を前提とした国家機構の中の行政裁判法制が、ポツダム宣言が要求した民主主義と基本的人権の尊重を前提とした国家機構の中でどのように位置づけられていったかということを知ることが重要である。

昭和二〇年一〇月九日東久邇内閣総辞職のあとを受けて、幣原内閣が成立した。一〇月一一日、幣原新首相は、連合国軍最高司令官マッカーサー元帥を訪ね、新任のあいさつをしたが、その時、マッカーサー元帥は、日本の「伝統的社会秩序は匡正される」べく、それは「憲法の自由主義化を包含することは当然である」とし、諸改革の一つとして、「秘密の検察及びその濫用が国民をたえざる恐怖に曝してきた諸制度の廃止」を示唆した。これは、戦後日本の司法の民主化が具体化してゆく第一歩をなすもので、重要な意味をもつ。

右のマッカーサーの示唆を背景に同月一三日政府は、松本国務大臣を委員長とする憲法問題調査委員会を設け、同委員会は憲法改正問題の調査に着手した。委員会は一〇月二七日の第一回総会から翌昭和二一年二月二日の第七回総会まで、七回の総会と一五回の調査会を開いて憲法問題を調査し、その間に行政裁判所の廃止を決定した。しかし、この委員会の審議は極秘のうちに行われた。

二 マ元帥と憲法改正総司令部案――　政府は二月一日、毎日新聞の報道した憲法改正案が憲法問題調査委員会の案ではない旨声明した。これに対し、総司令部は、政府の右委員会の案の内容がポツダム宣言の要求と相当の開きのあるものと判断した。すなわち「この改正案は、極めて保守的な性格のものであり、天皇の地位に対して実質的変更を加えてはいません。天皇は、統治権をすべて保持しているのです。この理由からも（他にもいろいろの点がありますが）、改正案は、新聞論調でも世論でも、評判がよくありません。」と述べている（連合国最高司令官総司令部民政局一九四六年二月二日最高司令官のための覚え書（高柳・大友・田中「日本国憲法制定の過程」Ⅰ四一頁）（有斐閣）。

三 二月一日に毎日新聞の報道があった後、総司令部の憲法改正草案が日本政府に提示されるまでの経緯は、簡単に整理すると、次のようであった。

(1)　吉田外相は松本案に関する会談を二月五日に非公式に行うよう民生局長に要請した。(2)二月二日朝、日本側はこの会談の延期を申し入れ、総司令部は一週間の延期（二月一二日）を承認した。(3)マ元帥は二月二日から三日にかけて、憲法草案を総司令部で作成し、用意した方がよいと結論を下した。(4)総司令部は、極東委員会が二月二六日に第一回の委員会を開催し、活動を開始する前に、憲法改正案を起草することが政治的に重要であると考えた。(5)二月三日、マ元帥は、ホイットニー将軍に対し、いわゆるマッカーサー・メモ三原則（天皇の地位、戦争放棄、封建制度の廃止）

を提示し、総司令部案の作成を指示した。⑹二月四日、ホイットニー将軍は、民政局員に憲法改正案の起草を極秘のうちに一週間で完成するように命じた。⑺二月八日、日本政府は総司令部に松本案を提出した。⑻総司令部は、右憲法改正案を総司令部案として正式に決定するため、二月一二日の会合を翌一三日に延期する旨通告した。⑼二月一三日、ホイットニー将軍は、松本案は自由と民主主義の原則に照らして全く承認することはできないとし、吉田外相、松本国務相に対し、総司令部の憲法改正案を手交した。この憲法改正案を提示された日本側の態度は、「驚愕と憂慮」(manifesting shock and concern) そのものであったといわれる。

この総司令部の憲法改正草案は、すべて司法権は最高裁判所および国会が設置する下級裁判所に属せしめられることを前提として、行政機関には終局的な司法権を与えてはならないとした。これは、司法権の拡大を図りつつ、行政事件については行政機関が前審として審判することを否定するものではなかった。この方式は、アメリカ、イギリスで行われている方法を採用したものである。

四　憲法改正総司令部案と行政裁判所の廃止――　昭和二一年二月一三日に憲法改正総司令部案（ＧＨＱ案）が日本政府に提示された。翌々日の二月一五日、遠藤源六行政裁判所長官は、行政裁判所廃止に対し反対の見解を表明した。しかし、この遠藤長官の反論も、同年三月六日の日本政府の「憲法改正草案要綱」の発表により、行政裁判所の廃止が確定的となったため、問題にされなくなった。すなわち同要綱第七二条は、司法権は最高裁判所および法律で定める下級裁判所に属し、特別裁判所はこれを認めず、行政機関は終審として裁判を行うことはできないと謳い、ここに、日本政府により、正式に行政裁判はすべて司法権の下におかれることになった。

かくして、わが国の行政裁判法制は、行政事件が司法権の管轄の下におかれるという司法国家体制の下で、行政裁判をどのように位置づけるかという新しい方向へ進んだのである。

五　平野事件の意味と総司令部――　憲法改正に関する総司令部案が昭和二一年二月一三日、日本政府に提示されたが、その後、日本側は司法法制審議会を中心に、行政裁判法制について審議し、政府は公定力を前提とした行政処分に係る行政事件について一般民事事件の裁判とは異なる特例を設けて運用しようとしていたが、昭和二二年五月三日の日本国憲法施行の日を間近に控えても、なお、総司令部側は、訴願前置主義の採用の問題と行政事件訴訟特例法の必要性の問題などをどう取り扱うか結論が出ず、行政事件訴訟特例法案を承認せず、昭和二二年、日本国憲法下の行政訴訟は「日本国憲法の施行に伴う民事訴訟法の応急的措置に関する法律」（昭和二二法七五号）第八条の、取消訴訟についての出訴期間（六ヵ月）と除斥期間（三年）に関する規定によって特別の規律を受けるのみで、その他は一般民事事件と同様に扱われて発足した。しかし、この民訴応急措置法は、昭和二二年一二月末日限りで失効することになっていた。このため、その後も政府は総司令部から「行政事件訴訟特例法案」の承認を得ようと折衝を行っていた。

この段階で、日本側の内部においても対立があった。すなわち、折衝の行政庁の立場を優先させる観点から行特法案を作成しようとする見解と、裁判所の立場を優先させる観点から行特法案を作成しようとする見解とが対立していた。

ところで、昭和二二年五月三日の日本国憲法制定以降は、処分取消訴訟の出訴期間を定めているにすぎない民訴応急措置法が適用されていたのであるから、取消訴訟を提起する場合には行政庁に訴願をする必要はなく、直ちに裁判所に訴訟を提起できるということになっていた。

このような状態の中にあって発生したのが平野事件である。すなわち、昭和二三年一月一三日、平野力三衆議院議員は内閣総理大臣より公職追放の覚書該当者に指定されたため、内閣総理大臣（被申請人）を相手方として、右指定の効力停止の仮処分を東京地方裁判所に申請した。これに対し、東京地方裁判所は、公職追放指定の効力は「その発生を停止する」という仮処分決定を下した（昭和二三・二・二決定・行裁月報二号八三頁）。

その論拠は、総司令部の覚書に基づく勅令については裁判所は審査権はないが、それに基づく行為は行政処分であり、民訴法に基づいてその適否を審査できるのであるから、民訴法に基づく仮処分は認められるという点にあった。この東京地裁の決定に驚いた政府は、権力分立論などを理由に不承認の意思を表明し、総司令部は、連合国最高司令部の指令については日本の裁判所は裁判権を有しないということを理由に、最高裁長官に対し、仮処分決定の取消しを求めた。このため、東京地裁は、仮処分決定を取り消した。かくして、本件は超憲法的に決着せしめられた。

六　総司令部と行政事件訴訟特例法の制定について問題となった点――ここに、総司令部は、行政事件を民事事件と同様に処理することには問題があることを認め、行政事件訴訟特例法の起草の作業が急速に進められたのである。日本側と総司令部との折衝において問題とされた重要な点は、訴願前置主義と執行停止に対する内閣総理大臣の異議であったといわれる。ところが、訴願前置主義の問題については、日本側は訴願制度が不備であるためにその採用には消極的であったが、総司令部は訴願前置主義を原則とする建前に固執した。その理由は、一つには占領軍が行政府を通じてわが国の占領政策を実施するためには行政府を重視しなければならなかったという点と、二つには行政の専門性、技術性に対する裁判所自体の能力の欠如を危惧した点にあったと思われる。

また、処分の執行停止については、総司令部側は、行政権の長としての内閣総理大臣の処分についても執行停止ができるのでは、裁判所の行政権に対する介入の範囲が広すぎるのではないかという点を指摘したといわれる。

これに対し、最高裁は日本の官僚主義の打破と民主化のために裁判所による執行停止制度の必要性を主張した。しかし、日本側はその後急に態度を変え、内閣総理大臣の異議制度を容認した。この内閣総理大臣の異議（現行の行政事件訴訟法第二七条によると処分の執行停止の申立てがあった場合、内閣総理大臣は裁判所に異議を述べることができ、この異議があったときは、裁判所は執行停止をすることができず、また、執行停止の決定をしているときは、これを取り消さなければならないとされている。これが内閣総理大臣の異議制度である）は、司法裁判所が決定しようとしている執行停止について内閣総理大臣の異議によりその決定を不可能にさせるのであるから、「公共の福祉に重大な影響を及ぼす」事案および内閣総理大臣の異議事案については、司法裁判所の執行停止権の範囲外におき、裁判所の介入を拒否するというものである。このため、内閣総理大臣の異議制度は、その運用如何によっては「行政訴訟の抗告訴訟における仮の救済を骨抜きにしかねない」という批判がある。

七　このような批判があるにもかかわらず、総司令部が内閣総理大臣の異議制度に固執したのは、司法裁判所が行政権へ介入することに対する不信にその理由があった。それは、司法裁判所がその時代の行政、経済、社会に敏速に対応できるような機能を有していないにもかかわらず法律問題を理由にその分野に介入することになることから、政治問題、経済問題に混乱が生ずることを恐れたことに原因があった。すなわち、行政府の側からみれば、司法裁判所の裁判権の濫用ということになるのであり、総司令部はこれを恐れたものと思われる。しかし、これと反対に内閣総理大臣の異議制度が、行政権の濫用へと進まないという保障があるかどうかという恐れもある。

八　この内閣総理大臣の異議制度が問題となったのは、昭和二〇年八月一五日の降服の日からわずか二年半後のことであり、敗戦後も日本国憲法が施行された昭和二二年五月三日の前日までは行政裁判所が存続していたのである。しかも、敗戦後日本国憲法が施行されるまでの期間において、行政裁判所を中心に陰に陽に行政裁判所の存続を意図する動きがあり、わが国が司法国家に変革した後にもなんらかの形で従来の行政裁判制度を存続させようとする動きがあった。

このような時に、総司令部の方から積極的に内閣総理大臣の異議制度が提案されたとするならば、当時の行政裁判所擁護論者にとっては、まさに「行政権の独立」を保持するための重要な手段を示唆されたものであったということができると思われる。

九　行政事件訴訟特例法の特色と行政事件訴訟法の制定――　かくして、行政事件訴訟特例法は、昭和二三年(法八一号)に制定された。その特色は、⑴訴願前置主義を認めていたこと、⑵行政庁の所在地の裁判所が管轄権を有したこと、⑶出訴期間を六か月としたこと、⑷行政事件訴訟に原状回復、損害賠償その他の請求に関する訴えを併合することを許したこと、⑸民事訴訟の仮処分の規定を排除したこと、⑹執行停止の制度を認めたこと、⑺執行停止決定に対する内閣総理大臣の異議制度を認めたこと、⑻職権による訴訟参加および職権証拠調べの制度を認めたこと、などである。しかし、本法は、全文一二条という短いもので解釈上疑義があったこと、行政事件に関する他の規定との調整が十分に行われなかったことなどの理由から、全面的に改正され、昭和三七年に行政事件訴訟法が制定された。すなわち昭和二七年四月二八日、わが国が平和条約を締結するとともに、占領下の法制度の改革に対する反省の下に、行政事件訴訟特例法の改正が意図され、昭和三七年一〇月一日、行政事件訴訟法と行政不服審査法が施行された。この二つの法律は、日本国憲法下のいわゆる司法国家体制下において、日本が自主的に立案し制定した訴訟手続として重要な意味を有するとともに、ここに日本国憲法下の行政裁判法制が一応確立したという意味でもきわめて重要であると思われる。しかし、この二法案をめぐって最も問題となったのは、やはり内閣総理大臣の異議制度と訴願前置制度をどう取り扱うかという点であった。その問題の根底に流れているのは、基本的人権の尊重を実現する機関としての司法裁判所に対する期待と公共の福祉の実現の責任を負う行政府との間の争いであったということができる。

そして、行政事件訴訟法と行政不服審査法という二つの法律の制定により、日本国憲法下におけるわが国の行政裁判法制は、新しい局面に入ったということができる。

一〇　行政事件訴訟法の特色――　行政事件訴訟法は、行政事件訴訟特例法に比較して、次のような特色がある。(1)行政事件訴訟の種類を明確に類型化したこと（二条）、(2)訴願前置主義を原則的に廃止したこと（八条一項）、(3)原処分中心主義を採用したこと（一〇条二項）、(4)裁判管轄の専属を廃止し、一般管轄によることにしたこと（一二条）、(5)関連請求に係る訴訟の移送を認めたこと（一三条）、(6)出訴期間を六か月から三か月に短縮したこと（一四条）、(7)処分の執行停止の要件を整備し、執行停止に関する内閣総理大臣の異議の制度を整備したこと（二五条、二七条）、(8)第三者の再審の訴えの制度を認めたこと（三四条）、(9)無効確認訴訟の原告適格を狭めたこと（三六条）などである。また、全文四五条となり、審理手続も整備されたといえよう。しかし、本質的には特例法と変わっていないと思われる。

㈢　学生に対する処分と行政事件訴訟の限界

⑴　行政事件訴訟法の特色

一　前項ですでに行政事件訴訟法の特色を行政事件訴訟特例法との関係において簡単に整理したが、さらに、この点について検討しておきたい。

行政事件を民事訴訟と区別する意味――行政事件訴訟法第一条は、「行政事件訴訟については、他の法律に特別の定めがある場合を除くほか、この法律の定めるところによる。」と規定し、また、同法第七条は、「行政事件訴訟に関し、この法律に定めがない事項については、民事訴訟の例による。」と規定している。

右の規定からして、現行の行政事件訴訟法は、民事訴訟法の特例法ではなくて、行政事件訴訟の一般法的地位を確立した。しかし、行政事件訴訟に関する訴訟手続については、右の行訴法第七条からも明らかなように、行政事件訴訟法に定めがない事項については民事訴訟の例によるとされている。この行訴法第七条の意味について、田中二郎博士が、行政事件訴訟法が「単に民事訴訟法に対する特例法に止まるものでないことを示すとともに、他方において、同法は、さしあたり、行政事件訴訟にとって、必要な特殊固有の規定を設けるに止め、その他は、訴訟法の分野で、学問的に最も成熟し、法制的にも整備された民事訴訟法の例によることを示したものである。したがって、『民事訴訟の例による』場合においても、それは、行政事件訴訟法の本質に反しない限りにおいてであって、将来、行政事件訴訟の本質が解明されていくにつれて、その本質に即した独自の解釈理論が展開されるべきことは、当然に予期されなければならない。」（『要説行政法（新版）』三九一頁）と述べているように、民事訴訟法は、行政事件訴訟の本質に反しない限りにおいて適用される。すなわち行政事件訴訟は、行政事件訴訟法によって処理されるのである。

特に、わが国の訴訟制度においては、紛争の処理に当たってまず、ある具体的な法律関係が公法関係か私法関係か、あるいはある具体的な行政行為が行政処分か私法上の行為かという分類をすることによって紛争を解決しようとしている。

明治憲法下においては、公法関係に関する紛争は行政裁判所が管轄権を有していた。この意味で、ある事件が公法関係の事件であるか私法関係の事件であるかということは、重要であった。しかし、日本国憲法下においては行政裁判所が廃止されたため、公法関係の事件については、司法裁判所の訴訟手続において、行政事件訴訟法が適用されているという点で、ある具体的な法律関係が公法関係か私法関係かを区別する理由がある。

行政事件訴訟法第二条は「この法律において『行政事件訴訟』とは、抗告訴訟、当事者訴訟、民事訴訟及び機関訴訟をいう。」と規定して、行政事件訴訟の種類を明確にしているが、右の訴訟のうち、民事訴訟か行政訴訟かが実務上明白に区別できず、議論されているものは、当事者訴訟である。

二　行政事件訴訟法の特色――日本国憲法は、司法裁判所以外の特別裁判所の設置を認めず（憲法七六条二項）、憲法に特別の定めのある場合を除いては司法裁判所が一切の法律上の争訟について裁判権を有することとなった（裁判所法三条）。したがって、行政訴訟も行政機関が前審として裁判を行う場合のほかは司法裁判所の管轄となった。

前述したような制定過程を経た行政事件訴訟法は、民事訴訟法と対比して、次のような特色を有することが指摘されよう。それはまず、行政処分の執行停止決定に対する内閣総理大臣の異議制度を認めたことに象徴される。すなわち、行訴法第二二条二項に基づく執行停止の申立ておよび執行停止の決定があった場合、行訴法第二七条は内閣総理大臣が当該裁判所に対し異議を述べることを認めている。異議が述べられたときは、裁判所は執行停止をすることできず、また、すでに執行停止の決定をしてる場合にはこれを取り消さなければならない。この内閣総理大臣の異議制度は、執行停止制度に重大な制約を加えているものである。

このような制度は、民事訴訟にはみられない制度である。

このほか、⑴行政処分については、民事訴訟法に規定する仮処分が排除されていること（行訴法四四条）、⑵取消訴訟については事情判決の制度(行政処分は違法だが、その処分を取り消すと公共の利益に反する場合には請求を棄却するという制度)が認められていること(行訴法三一条)、(3)取消訴訟の出訴期間が三カ月とされていること(行訴法一四条)、(4)処分の取消訴訟が提起されても処分の効力、処分の執行などについて、執行不停止の原則が採用されていること(行訴法二五条一項)、(5)処分の取消しの訴えについては法律に規定がある場合は不服申立前置が義務づけられていること、などに民事訴訟法と異なる特色がある。

三　裁判権の限界――次に学生に対する処分について裁判所はどこまで、その裁判権を行使できるであろうか、まず行政事件についての裁判権の限界論を検討する。

(1)　訴訟制度の本質から生ずる限界

訴訟制度の本質からは裁判の対象が「法律上の争訟」(裁判所法三条)であることが要請される。法律上の争訟とは法律の適用によって解決されるべき当事者間における具体的な権利義務または法律関係の存否に関する紛争であって、法律の適用によって終局的に解決し得べきものをいう(最高昭和二八・一一・一七・三小判・行裁例集四巻一一号二七六〇頁)。したがって、(i)法律の適用によって結論を得ることのできない学問上、技術上の論争、文学、美術、芸術の優劣の争い、運動競技の勝敗などは、この争訟に含まれない(東京高昭和二四・一二・五判・高裁民集二巻三号三二五頁)。(ii)法令自体の不存在または無効確認を求める訴え(福井地昭和二三・一〇・一六判・行裁月報四号一四六頁)、国家公務員法第三条以下の人事院関係法規および人事院規則の全部の無効確認を求める訴え(福井地昭和二七・九・六判・行裁例集三巻九号一八二三頁)、(iii)一般的抽象的に法令の解釈に関し裁判所の見解を求める訴え(金沢地昭和二五・九・一九判・行裁例集一巻八号一一七四頁)は許されない。

また、個人の具体的権利義務に関する場合でも、訴訟による救済に適しない場合は同じく裁判権の対象から排除される。それは行政庁の自由裁量に属する行政処分と統治行為である。

(2)　権力分立主義から生ずる限界

権力分立主義の立場から、司法裁判所の権限の限界について、次の問題が指摘されよう。すなわち、司法裁判所は行政事件において、行政機関に対し積極的に一定の処分をなすべきことを命ずる判決（給付判決）、または裁判所自体が行政機関に代わるべき処分をなす判決（形成判決）を下すことができるであろうか、という問題である。

この点に関し、通説は、(i)行政機関には処分をなすかまたはなさないかの第一次的判断権が留保されているが、裁判所はかかる裁判権を有せず、むしろ事後統制権があるのみであること、(ii)裁判所が行政機関の第一次的判断に代わって判断することは、行政権に対する侵犯となること、(iii)裁判所は本来司法機関として法の具体的適用を保障するという消極的機能を有するに止まり、行政機関に対する監督権は有しないこと、(iv)またかかる判決を認めた場合、裁判所が政治責任を伴うような行為を行う結果になる危険があり、これは裁判所の本来の機能に反し、また責任行政の民主原理に反すること、(v)現在の司法裁判所には行政の専門的知識を有する裁判官が少ないこと、などを理由に、裁判所が給付判決または形成判決を下すことはできないとしている。したがって、この見解からすれば、裁判所は、消極的に行政処分の全部または一部を取り消すことができるに止まり、給付判決または形成判決によって、行政機関に命令するようなことは権力分立主義の原則に反するということになる。

しかし、右の通説に対し、裁判所に給付判決または形成判決を下させることにより、行政権に対する司法統制を強化しようという考え方から、次のような批判がなされている。すなわち、(i)権力分立の原則は基本的人権を守るための手段であり、日本国憲法は基本的人権保障のために司法に行政を監督する地位を与えているので、国民の権利保護のために裁判所は給付判決を下すことができること、(ii)裁判所が法を維持し、適用し、宣言することは、行政機関の上級庁が行政目的を達成するために法を適用して下級庁を監督する場合と性質上異なり、憲法にはかかる司法権の行政作用に対する司法的意味における関与を禁止する規定はないことなどを理由に、給付判決または形成判決を認めるべきことを主張している。

右に指摘したように、この点に関しては見解が対立しているが、国民の実質的権利の保障の立場から、給付判決または形成判決について積極的に検討すべき時期にきていると考える。この点は、「無名抗告訴訟」ないしは「義務づけ訴訟」の問題として論議されている点である。

(3)　法律が特に定めた権限

裁判所の主要な権限は、法律上の争訟の裁断であるが、それ以外に実定法が特に裁判所の権限に属せしめた機能も、裁判所の権限に含まれる。たとえば、民衆訴訟（行政法五条）、機関訴訟（行訴法六条）は、特定個人の具体的権利義務に関係しない点で、本来のいわゆる法律上の争訟とはいえないが、特に法律の規定があることにより、裁判所への出訴が許され、裁判所も裁判権を有する。

(4)　具体的権利義務関係と裁判権

次のような訴えは、具体的権利義務関係に関するものではなく、また具体的法律関係の存否についての紛争でないことを理由に、訴訟の対象とされていない。たとえば(i)国会の代表者、内閣総理大臣その他政府機関に対し自己の上申した施策の採用を求める訴え（東京地昭和二六・四・一三判・行裁例集二巻一一号一九四四頁）、(ii)教育勅語が憲法に違反しない旨の確認を求める訴え（東京高昭和二七・三・三一判・行裁例集三巻二号四二七頁、最高昭和二八・一一・一七・三小判・裁判集民一〇号四五五頁）、(iii)国家試験の不合格の判定を合格に変更することを求める訴え（東京地昭和三八・一〇・二判・訟務月報九巻一〇号一三〇頁）、(iv)受刑者に対する全裸検身制度の廃止を求める訴え（大阪地昭和三九・六・二六判・行裁例集一五巻六号一一七五頁）、(v)検察審査会の議決の無効確認を求める訴え（広島高昭和三九・七・二二判・行裁例集一五巻七号一四四五頁）などである。

(2)　**学生に対する処分と行政事件訴訟の限界**

学生に対する処分と行政事件訴訟の限界が問題となったものとして、次のような裁判事例があるので、紹介しておきたい。

(A)　学生に対する処分について、裁判所が裁判権を有するとした事例

(1)　無期停学処分と裁判権――「当該学生に対する教育的見地からこれを行使すべき権利であると解し得られ、その意味において懲戒権の発動は、被告主張のとおり一面において教育施行のための自立的法規範をもつ団体の内部規律維持の問題であることは否定できないところである。しかしながら右のような団体も、国家社会を構成する一部であることは明らかであり、したがって一面団体の内部規律の問題であっても、その対象ではないとして、これを放任することは現行法秩序に照して首肯し得ないところであり、被告も退学処分の如く身分の喪失に関する事項についてこれを司法審査の対象となし得べきものと解していることは被告の弁論の全趣旨からもこれを窺うことができるところである。そこで進んで無期停学処分について考えるに、なるほど停学処分は、退学処分と異り、当該学校の学生たる身分を喪失することなく、なお依然としてその学生としての地位を保有し、只その身分に伴って享受し得られる教育を受ける利益を一時的に剝奪されているに過ぎないものである。しかしながら、無期停学処分は、期間を定めた停学処分と異り学生として本質的な利益である教育を受ける利益の剝奪期間が予想できず、停学処分に対する新たな解除処分がない限りその継続年数によっては、年齢的、経済的に就学が不可能となる可能性があり名称は停学であっても、実質的には復学制度のある学校における退学処分と大差のない不利益を蒙るものといわなければならない。そうとすれば、無期停学処分は、実質的には退学処分に準ずる重大な利益の喪失であると認めるべきである。よってかかる処分については現行法秩序からして、司法審査を受け得べき行政処分であると解するのが相当である。したがって被告の右抗弁は肯認できない。」（甲府地昭和四二・六・一五判・行裁例集一八巻五・六合併号七五九頁）。

右の甲府地裁の判決は、公立大学の学長の学生に対する無期停学処分は、実質的には退学処分に準ずる重大な利益を喪失させる処分であるから、司法審査の対象となるとしている。

(2)　留学生に対する身分打切りと裁判権――「原告のような自然科学系学科を専攻する者についていうと、国費外国人留学生たる身分ないし地位は、千葉大学留学生課程（留学生部）への入学資格であり、またその喪失が同大学におけ

る既存の在学関係の解除原因をなしているのみならず、専門課程の国立大学への進学のため不可欠の要件をもなしているのであって、千葉大学留学生課程（留学生部）第三年次在学中の原告に対する被告文部大臣の身分打切処分は、国立大学における一般学生の除籍ないし退学処分と類似する法的性格をもつものであり、公権力の行使にあたる行為として抗告訴訟の対象となるものと解すべきである。」（東京地昭和四四・四・一八判・行裁例集二〇巻四号四九九頁）。

右の東京地裁の判決は、文部大臣が国費外国人留学生に対してした身分打切り処分は、抗告訴訟の対象となるとしている。その理由は、身分打切り処分は一般学生の除籍ないし退学処分と類似の法的性格をもつものであるということである。

(3)　無期停学処分の裁量権と裁判権――「教官と学生との相互信頼関係が全く喪失し、大学の権威自体が問われて懲戒処分の基盤そのものが大きくゆらいでいる等右の前提条件の欠けている場合には、該前提条件の具備されている事案についてなされた前記判例をそのまま適用することは許されず、むしろ、通常の裁量処分におけるのと同様に、処分事由の存否はもとより、当該処分が教育的措置としての目的、範囲を逸脱するものでないかどうかということも裁判所の審査に服するのが相当である。」（東京地昭和四六・六・二九判・判例時報六三三号二三頁）。

本件において被告らは、最高裁昭和二九年七月三〇日判決（民集八巻七号一四六三頁）を援用し、大学の学生に対する懲戒処分は懲戒権者の自由裁量処分であり、裁量権の濫用ないしは限界を逸脱しない限りは、裁判所の司法審査権の対象となり得ないと主張したが、東京地裁は、学生に対する無期停学処分は法律上の争訟に該当すると判断した。

(4)　学生の基本的権利と裁判権――「学生に対する懲戒処分としての無期停学は、学生のかかる基本的権利の行使を長期間かつ無期限に停止し、また、放学は、学生のかかる基本的権利を行使しうる法律上の地位を剥奪するものであるので、いずれも、教育的見地によりなされるところから、懲戒権者の裁量に基づく随時就学又は復学の可能性が残されているとはいえ、処分そのものは、大学の内部的秩序維持の限度にとどまることなく、学生の基本的権利に直接影響を与えるものとして、裁判所法三条にいう法律上の争訟に該当すると解すべきである。」（東京地昭和四六・六・二九判・行裁例集二二巻六号八九九頁）。

東京地裁は、本件において、大学の学生に対する懲戒処分でも、それが学生の基本的権利に直接影響を与える場合には、法律上の争訟の対象となる、すなわち無期停学処分、放学処分のように学生の基本的権利を剝奪する処分は争訟の対象となるとしたのである。

(5)　在学期間延長不許可処分と裁判権――「被申立人のした本件在学期間延長申請不許可処分（正確には許可しない旨を明らかにした申請却下処分と考えられる）は、申立人の国立徳島大学大学院（医学研究科博士課程）の院生たる地位を喪失せしめるものであり、その限りにおいて一般市民法上の地位または権利に直接かかわるものであって、単に大学院生の院生たる地位に基づいて発生する当該大学院内における権利義務の得喪に留まる処分ではないから、その在学関係の法的性質をどのように解するかにかかわりなく、これを違法として抗告訴訟を提起すること（従って、これに伴い、当該処分の執行停止を申立てること）は適法である。また、仮りに大学の機関の行う処分がいわゆる大学の自治によりその裁量に任されている部分が存するとしても、そのことの故に、処分の適法性の存否がすべて裁判所の審査の外にあるものではないこともちろんである。」（徳島地昭和四七・五・一一決・訟務月報一八巻八号一二七八頁）

右の徳島地裁の決定は、国立大学の学長が大学院生の在学期間延長申請に対して行った不許可処分は院生たる地位を喪失せしめるものであるので、司法審査の対象となるとした。

(6)　大学の専攻科修了不認定と裁判権――「専攻科に入学した学生は、大学所定の教育課程に従いこれを履修し専攻科を修了することによって、専攻科入学の目的を達することができるのであって、学生が専攻科修了の要件を充足したにもかかわらず大学が専攻科修了の認定をしないときは、学生は専攻科を修了することができず、専攻科入学の目的を達することができないのであるから、国公立の大学において右のように大学が専攻科修了の認定をしないことは、実質的にみて、一般市民としての学生の国公立大学の利用を拒否することにほかならないものというべく、その意味において、学生が一般市民として有する公の施設を利用する権利を侵害するものであると解するのが、相当である。

されば、本件専攻科修了の認定・不認定に関する争いは、司法審査の対象になるものというべきである。」(最高昭和五二・三・一五・三小判・民集三一巻二号二八〇頁)。

右の最高裁の見解は、国公立大学の専攻科修了の認定がなされないと国公立大学の施設を利用する権利を侵害されるので、専攻科修了不認定行為は司法審査の対象となるというものである。

(7)　休学願不許可処分と裁判権――「一方、休学は、学生から見れば、修学困難な事情があって、そのままであれば学生としての地位を失う可能性が強い場合、これを避けるために設置された教育上の救済制度であるから、国公立の大学において、大学が休学を許可しないことは、実質的にみて、一般市民としての学生に大学の利用を拒否する結果に導くことにほかならず、この意味において、学生が一般市民として有する公の施設を利用する権利を侵害する虞れがある。したがって、本件休学願不許可に関する争いは、司法審査の対象になるものと解するのが相当である。」(福岡地昭和五五・三・四判・訟務月報二六巻四号六七〇頁)。

右の福岡地裁の判決は、国立大学の学生に対する休学願不許可処分は、学生が大学という公の施設を利用する権利を侵害することになるので、司法審査の対象となるとしている。

(B)　学生に対する処分について、裁判所が裁判権を有しないとした事例――国立大学の学部あるいは専攻科の課程における授業科目、担当教授、単位数および時間割等の定めや履修届の提出から授業、試験、成績の評価、単位の授与、ひいては、右課程修了の判定等教育実施上の諸事項は、学校利用関係における内部的事項に属し、一般市民の権利義務に関するものではないから、右事項について大学のする行為、不行為は、裁判所の審判の対象とならない(富山地昭和四五・六・六判・行裁例集二一巻六号八七一頁)。

以上の考察から明らかなように、学生に対する処分について裁判所が裁判権を有するとしている事例が多いが、無期停学、退学処分、放学処分というように、実質上、一般市民としての学生が有する公の施設を利用する権利を侵害する処分を司法審査の対象としているという特色がある。

第二章　教育行政と行政訴訟

(一)　学生に対する処分と抗告訴訟の対象

次に、「大学と学生との法的関係」を踏まえて、学生に対する処分と「各種の行政事件訴訟」との関係について検討を加えていきたい。

(1)　各種の行政事件訴訟

行政事件訴訟法第二条は、「この法律において『行政事件訴訟』とは、抗告訴訟、当事者訴訟、民衆訴訟及び機関訴訟をいう。」と規定し、行政事件訴訟の種類を明らかにしている。右の訴訟形態のうち、抗告訴訟と当事者訴訟はいわゆる主観訴訟といわれているもので、個人の権利利益の保護を目的としている訴訟である。これに対し、民衆訴訟と機関訴訟は個人の権利利益の侵害を必要としない客観訴訟といわれているものである。

右の抗告訴訟と当事者訴訟の相違は、行政庁の公権力の行使という上下関係に基づくかあるいは対等当事者間の法律関係であるかという点にある。当事者訴訟には形式的当事者訴訟と実質的当事者訴訟とがある。形式的当事者訴訟は抗告訴訟的な性格を有している特殊な訴訟である。民事訴訟と当事者訴訟は、法律関係が私法上の法律関係か公法上の法律関係かによって区別される。

したがって、行政事件訴訟法は、行政庁の活動を権力的な活動と非権力的な活動に分け、非権力的な活動を公法関係と私法関係とに区別しているということになる。

行政事件訴訟法第三条は、「この法律において『抗告訴訟』とは、行政庁の公権力の行使に関する不服の訴訟をいう。
2　この法律において『処分の取消しの訴え』とは、行政庁の処分その他公権力の行使に当たる行為（次項に規定する裁決、決定その他の行為を除く。以下単に『処分』という。）の取消しを求める訴訟をいう。
3　この法律において『裁決の取消しの訴え』とは、審査請求、異議申立てその他の不服申立て（以下単に『審査請求』という。）に対する行政庁の裁決、決定その他の行為（以下単に『裁決』という。）の取消しを求める訴訟をいう。
4　この法律において『無効等確認の訴え』とは、処分若しくは裁決の存否又はその効力の有無の確認を求める訴訟をいう。
5　この法律において『不作為の違法確認の訴え』とは、行政庁が法令に基づく申請に対し、相当の期間内になんらかの処分又は裁決をすべきにかかわらず、これをしないことについての違法の確認を求める訴訟をいう。」と規定している。
行政事件訴訟法第三条は、右のように、抗告訴訟の定義と四種類の典型的な抗告訴訟の定義をしている。

第一項は、抗告訴訟の定義規定であると同時に、抗告訴訟の対象について規定している。この抗告訴訟は、行政訴訟において最も多く提起されている訴訟である。

行訴法第三条が、抗告訴訟について右の四種類の訴訟に限定するとは規定していないことから、それ以外の抗告訴訟が学説・判例によって認められるようになる場合があることを否定しているものではないと解されている。この四種類以外の抗告訴訟のことを無名抗告訴訟といっている。

抗告訴訟の対象となる行政庁の行為は「処分性」を有する行為でなければならないが、何が「処分性」を有する行為であるかは、抗告訴訟の目的などによって異なってくる。

抗告訴訟を提起するには、原告はまず、行政庁の処分が存在していることを主張しなければならない。原告が主張する行為が行政庁の処分その他公権力の行使に当たらないと抗告訴訟の対象となるべき要件を欠くことになる。

最高裁は、「行政処分が行政処分として有効に成立しているためには、行政庁の内部において単なる意思決定の事実があるかあるいは右意思決定の内容を記載した書面が作成・用意されているのみでは足りず、右意思決定が何らかの形式で外部に表示されることが必要であり、名宛人である相手方の受領を要する行政処分の場合は、さらに右処分が相手方に告知され又相手方に到達することすなわち相手方の了知しうべき状態におかれることによってはじめてその相手に対する効力を生ずるものというべきである」としている（最高昭和五七・七・一五判・民集三六巻六号一一四六頁）。

(2) 抗告訴訟の対象

行政事件訴訟法第三条二項により、取消訴訟の対象は「行政庁の処分その他公権力の行使に当たる行為」であり、また、裁決取消訴訟の対象は、「行政庁の裁決、決定、その他の行為」である。不作為違法確認訴訟は、行政庁の処分などについての不作為を対象とする訴訟である。このような概括的な規定の仕方は、当然に、「処分性」の範囲について種々の学説・判例をもたらしている。

抗告訴訟の目的は、違法な処分に対する国民の権利救済にあるとし、その権利救済に値する処分のみが抗告訴訟の対象となるとする考えが強い。しかし、国民の「権利」の侵害の場合にのみ救済するというように限定したり、処分による「直接」侵害の場合だけに限定すると、救済範囲を狭く限定してしまうことになる。

このため、「権利」だけに限定しないで、相手方の「法的利益」を侵害する行為や、「間接的」な侵害行為にまで範囲を広げようとする判例や学説が展開されている。

しかし、この考え方は、現在少数説である。前述したように、行政庁のいかなる行為が処分にあたるか否かを具体的事例について判断することは、簡単ではない。しかし、抗告訴訟の対象となる「処分その他公権力の行使に当たる行為」であるか否かを決定する要素として、次の四つの点をあげることができる。

(1)　処分の主体が行政庁であること——国会や裁判所が行った行為ではなく、行政機関が行った行為でなければならない。すなわち、放学処分取消請求事件（最高昭和二九・七・三〇判・民集八巻七号一五〇二頁）において、最高裁判所は、「その学生に退学を命ずることは、市民としての公の施設の利用関係からこれを排除するものであるから、私立大学の学生に退学を命ずる行為とは趣を異にし、行政事件訴訟特例法第一条の関係においては、行政庁としての学長の処分に当るものと解するのが相当である」と判断し、国公立大学の学長を行政庁としている。

(2)　行政庁の行為が対外的に表示されていること——行政機関相互間の認可、承認、同意、指示などは行政庁の内部的な行為で抗告訴訟の対象となる処分に当たらない。したがって国公立大学の教授会の学生に対する懲戒処分の議決は、抗告訴訟の対象となりうる行政処分ではない。教授会は、本来、国公立大学の意思決定機関として大学に関する事件について、大学の意思を決定することをその任務とする機関である。したがって、教授会は一般に、その権限の行使について外部と交渉することはないのであって教授会の権限の行使は、直接学生の権利義務に影響を及ぼさない大学の内部的行為ということになる。

右のほか、直接、学生に係る事案ではないが、教育委員会が学齢簿から特定の児童生徒を抹消する措置は、内部の事務処理にすぎず行政処分に当たらない（浦和地昭和五二・四・三〇決・行裁例集二八巻四号四三四頁）とする裁判事例がある。

校長の教育課程の編成に対する教育委員会の承認——「以上の事実に徴すると、本件課程は教育内容を授業時数との関連において組織した八尾高校の教育の計画であり、被告校長の本件課程の編成は、被告校長が定めた八尾高校の学則の規定と相い俟って、同校生徒が昭和四七年度において授業として提供を受け、履習すべき教科・科目、特別教育活動およびその単位（時数）を一方的に確定し、生徒に対しその履習を義務づけるものということができる。そして高等学校の教育課程の編成については、後に記すところにより明かなように、高等学校の教育を一定の水準に維持し、学校が生徒に対して提供する教育内容を適切ならしめるため、これに必要な基準が、法令に基いて定められるのであるから、その編成行為は司法審査の対象となりえないものではない。したがって、公立学校の校長である被告校長の本件課程の編成は、行政庁の処分ということを妨げず、それによって利益を侵害された者は抗告訴訟を提起しうるものと解するを相当とする。

しかし被告府教委の本件承認は、教育委員会と校長という行政庁の間の内部的な行為であって、直接国民の権利義務を形成し或いはその範囲を確定するものでもないから、抗告訴訟の対象とはならない。したがって被告府教委に対する本件訴えは不適法である。」（大阪地昭和四八・三・一判・行裁例集二四巻一一・一二合併号一一七七頁）。すなわち、大阪地裁は、公立学校の校長の教育課程の編成に対する教育委員会の承認は、内部的行為であって、処分に当たらないとしている。

(3)　処分が行政庁の権力行為であること――行政庁の行為でも、国民の権利、義務になんらの影響を及ぼさないあっ旋、勧告、督促などは抗告訴訟の対象とはならない。行政指導も直接国民の権利、義務に影響を及ぼさないため抗告訴訟の対象となる行政処分とはいえない。法的効果の発生を直接の目的とした行政庁の意思表示としての法律行為的行政行為は処分に当たる。したがって、国公立大学の学生に対する懲戒処分は、行政処分に当る（最高昭和二九・七・三〇判・民集八巻七号一四六三頁）。

博士の学位不授与決定と公法上の確認行為――「控訴人は、右学位を授与しない旨の被控訴人の決定は、これにその理由を付すべきであるにかかわらず、理由を付さない違法があるから、これが取消を求めると主張するので考えるに、被控訴人に対し博士の学位授与の申請があった場合には、被控訴人は一定の手続（東京大学学位規則の定めるところにより、研究科委員会に論文の審査を付託し、同委員会は審査委員会の審査報告に基いて審議し、学位の授与不授与を議決し、その結果を被控訴人に報告したときは、これに基いて被控訴人は学位の授与不授与を決定することになっている。）を経て決定すべきものであることは、当事者間に争いのないところであり、このようにしてその授与不授与を確定する被控訴人の行為である本件決定は、いわゆる公法上の一種の確認行為というべく、右決定が違法な手続によってなされた等の場合には、これが無効確認もしくは取消を求めうべきものと解するを相当とするところ、被控訴人のなす右決定に、学位を授与しない理由を付さなければならないという法令上の規定は存しないから、理由を付していないからといって、本件決定を直ちに違法ということはできないし、他に違法の点のあることについてはなんらの主張も立証もない。」(東京高昭和三七・六・一一判・行裁例集一三巻六号一二一三頁)。すなわち、東京高裁は、博士の学位不授与決定は公法上の確認行為であり、したがって、同行為の無効確認または取消訴訟は、右決定手続の違法を理由とするときは、許されるとしている。

(4)　処分が、国民の権利、義務に具体的な変動を及ぼす行為であること――この点の裁判例として、次の事例をあげておきたい。

(A)　公立高等学校長による教員の受持時間数の決定――「一　学校教員は、法令の規定、学校長の監督の制約はあるものの、その範囲内において、原則的には自らの創意工夫において授業を中心とする学校教育をつかさどるものであって、その教育の十全な実施の過程を通じて自己の職務に誇りを持つと同時に他からも高い評価を受け、またさらに、自己の教員としての知識・技能等の研磨、ないし人格の向上の機会を与えられ、これらの実践の集積によってより良い執務条件を獲得・享受する可能性を有するものであるといえる。従って、学校長が、教職員に対し以上のような受持授業時間が通常の場合に比して削減された割当を行う事態において、その程度が著しく、かつ、右のような機会と可能性が損なわれるような場合には、当該教員についてなされた配置転換等と同視し得るものと評すべく、単に職務時間の量的軽減ということではまかない切れない不利益な取扱いということができる。

二　そして、学校長による教員の受持授業時間数の決定は、それが裁量処分であるとしても、前記のような不利益を生じさせ、これが濫用にわたると認められる場合には、その処分は、単に部分法秩序内部における自律的な問題としての処理にとどまらず、一般市民法秩序にかかわる問題として、司法審査の対象となるというべきである。」（札幌地昭和五二・一二・二一判・判例時報八九四号六一頁）。すなわち、右事例は、公立高等学校長による教員の受持時間数の決定は司法審査の対象となる決定であるとしているものである。

(B)　公立学校の「君が代」斉唱の計画と行政処分――「行訴法三条二項によれば、処分の取消しの訴えとは、行政庁の処分その他公権力の行使に当たる行為の取消しを求める訴訟をいうのであるが、ここに『行政庁の公権力の行使に当たる行為』とは、それがなされることにより、当該行為の相手方ないし第三者の権利義務又は法律上の地位に対して何らかの法的効果を及ぼすものでなければならないと解されるところ、本件訴えの対象となっている君が代斉唱計画なるものは、原告の主張を前提としてみても、小、中、高等学校のいずれを問わず、そこで挙行される入学式、卒業式等の式典における式次第の一部にすぎないものであって、それ自体はもとより、これに基づいて計画どおり斉唱がなされても、そのことによって、原告を始め、当該式典に参列する児童生徒、父兄、教職員、その他の関係者らのいずれの権利義務に何らの変動を生ずるものでないことは、明白なところである。

そうすると、原告の本件訴えは、処分の取消しの訴えの対象となし得るところの、『行政庁の公権力の行使に当たる行為』以外の事項につき訴えを提起していることになるから、行訴法三条二項の要件を充足しているとは、とうてい認め難い。」（福岡地昭和五五・六・二〇判・判例時報九九七号一〇三頁）。すなわち、公立学校の校長が卒業式における「君が代」の斉唱を計画したことは、児童生徒、父兄、教職員らの権利義務に何ら変動を及ぼさないので、行政処分に当たらないとしている。

(C)　専攻科修了認定行為と処分――「論旨は、法令上専攻科修了なる観念は存在せず、したがって、専攻科修了の認定というのも法令に根拠を有しない事実上のものであるから、専攻科修了の認定という行為は行政事件訴訟法三条にいう処分にあたらない、と主張する。しかしながら、大学の専攻科というのは、前述のような教育目的をもった一つの教育課程であるから、事理の性質上当然に、その修了という観念があるものというべきである。また、学校教育法五七条は、専攻科の教育目的、入学資格及び修業年限について定めるのみで、専攻科修了の要件、効果等について定めるところはないが、それは、大学は、一般に、その設置目的を達成するために必要な諸事項については、法令に格別の規定がない場合でも、学則等においてこれを規定し、実施することのできる自律的、包括的な権能を有するところから、専攻科修了の要件、効果等同法に定めのない事項はすべて各大学の学則等の定めるところにゆだねる趣旨であると解されるのである。そして、現に、本件富山大学学則においても、『専攻科の教育課程は、別に定めるところによる。』（六〇条）、『専攻科に一年以上在学し所定の単位を履修取得した者は、課程を修了したものと認め修了証書を授与する。』（六一条）と規定しているのであるから、法令上専攻科修了なる観念が存在し、専攻科修了の認定という行為が法令に根拠を有するものであることは明らかというべきである。そして、このことと、前述のように、国公立の大学は公の教育研究施設として一般市民の利用に供されたものであって、国公立大学における専攻科修了の認定、不認定は学生が一般市民として有する右公の施設を利用する権利に関係するものであることとにかんがみれば、本件専攻科修了の認定行為は行政事件訴訟法三条にいう処分にあたると解するのが、相当である。それゆえ、論旨は、採用することができない。

論旨は、また、専攻科修了の認定は、大学当局の専権に属する教育作用であるから、司法審理の対象にはならないと主張する。しかしながら、富山大学学則六一条によれば、前述のように、一年以上の在学と所定の単位の修得とが同大学の専攻科修了の要件とされているにすぎず（ちなみに、大学設置基準（昭和三一年文部省令第二八号）三二条によれば、大学の卒業も、四年以上の在学と所定の単位一二四単位以上の修得とがその要件とされているにすぎない。）、小学校、中学校及び高等学校の卒業が児童又は生徒の平素の成績の評価という教育上の見地からする優れて専門的な価値判断をその要件としている（学校教育法施行規則二七条、五五条及び六五条参照）のと趣を異にしている。それゆえ、本件専攻科の修了については、前記の二要件以外に論旨のいうような教育上の見地からする価値判断がその要件とされているものと考えることはできない。そして、右二要件が充足されたかどうかについては、格別教育上の見地からする専門的な判断を必要とするものではないから、司法審査になじむものというべく、右の論旨もまた、採用することができない。」(最高昭和五二・三・一五・三小判・民集三一巻二号二八〇頁)。すなわち、最高裁は、国公立大学における専攻科修了認定行為は、学生が一般市民として有する公の施設を利用する権利に関係するものであるとして、行訴法三条にいう「処分」にあたると判断している。

(D)　博士の学位不授与決定と抗告訴訟の対象――被告東京大学学長は、「学位授与資格の有無の判定は、学術的研究の成果を評価すると共に、研究指導能力の程度について判断することによって行われるものであって、その性質上司法審査に服することを相当としない事項であるから本訴は不適法である旨主張する。もとより、博士の学位は、独創的研究によって新領域を開拓し、学術的水準を高め、文化の進展に寄与すると共に、専攻の学問的分野について研究を指導する能力を有する者に授与されるものであって(昭和二八年四月一日文部省令第九号学位規則第三条)、博士の学位を授与するか否かの判定は、専ら学問的見地から審査判断されるところであり、法律の適用によって決せられる事項ではないから、かかる審査内容の当否についての判断を求める訴は、裁判所の審査権限に属しない事項を対象とする訴として不適法であることはいうまでもない。しかしながら、他方、被告も主張するように博士の学位を授与するか否かは一定の手続を経て決定されるものであって、かかる手続は処分の公正を担保するために設けられているのであるから、もし違法な手続によって学位を授与しないことに決定された者は、手続の違背を理由として、当該行為の取消を訴求し得るものと解すべきである。ところで、本件訴は、原告に対する学位を授与しない旨の決定の通知書に理由の記載がなされていないという手続上の瑕疵を理由として、右決定の取消を求めているのであるから、かかる請求の当否はともかくとして、訴自体としては、必ずしも不適法といえないものと解する。(東京地昭和三七・三・八判・行裁例集一三巻三号三六二頁)。すなわち、東京地裁は、博士の学位不授与決定に当たって、違法な手続により学位を授与しないことに決定された者は、手続の違法を理由に、その決定の取消訴訟を提起できるものとしている。

(二) 学生に対する処分と訴えの利益・被告適格・出訴期間

(1) 学生に対する不利益処分と取消訴訟

一般に行政庁の処分が違法であるとして裁判所にその取消訴訟を提起するには、まず、訴訟要件を充足していないと、たとえ瑕疵ある違法な行政行為の取消請求であっても、本案審理に入ることなくして訴えは却下されることになる。抗告訴訟特に取消訴訟の訴訟要件としては、一般に、(1)行政庁の処分が存在すること、(2)原告適格を有する者が処分の違法を主張すること、(3)被告適格を有する行政庁を被告とすること、(4)裁判管轄権を有する裁判所に訴えを提起すること、(5)法律に審査請求前置の定めのある場合はそれを経由すること、(6)法定期間内の出訴であること、(7)一定形式の訴状をもって訴えを提起すること、の七つの要件が要求される。右のような訴訟要件を備えていなければ、本案審理に入ることなく訴えが却下されてしまうということになる。

以下右の点について検討を加えていくことになるが、右のうち、(1)の「処分性」の問題については、すでに検討を加えた。

(2) 学生に対する不利益処分と訴えの利益

学生が裁判所に訴えを提起して裁判をしてもらうためには、裁判によって得ることのできる利益が存在し、裁判を提起した者がその利益を享受できるのでなければならない。すなわち、学生は、裁判所に対し、違法な不利益処分の取消しを求める場合でも、まず、その違法な不利益処分の取消しによって自己の利益が救済されることを主張しなければならない。すなわち、「訴えの利益」の要件が充足されていなければならない。この「訴えの利益」に関し問題となるのは、いわゆる「原告適格」と「狭義の訴えの利益」との関係である。

一般に行政処分が違法であるとして、その取消しを求めるには、「訴えの利益」の要件を充足していなければならず、この「訴えの利益」については、主観的側面と客観的側面から考えることができる。主観的側面というのは処分が取り消された場合、その処分が取り消されることにより法律上の利益を得る者でなければ訴えを提起することができないということであり、また、客観的側面というのは、処分が取り消された場合には、原告は現実に利益の回復が得られる状態がなければならないということである。前者の主観的側面を「原告適格」といい、後者の客観的側面を「狭義の訴えの利益」といっている。

したがって、「訴えの利益」という場合には、右の「原告適格」と「狭義の訴えの利益」の双方を含むことになる。したがって、原告適格が認められても、狭義の訴えの利益が否定されれば、訴えが却下される場合があることに注意しなければならない。

学生に対する不利益処分と原告適格――行政事件訴訟法第九条は、「当該処分又は裁決の取消しを求めるにつき、法律上の利益を有する者に限り提起することができる」と規定している。この原告適格の点で問題となるのは、右の法律上の利益の意味である。すなわち、学長および教員により違法な不利益処分が行われた場合に、どのような「法律上の利益」を主張すれば、取消訴訟を提起することが認められるかということである。この場合の法律上の利益の範囲と限界が問題となっている。

不利益処分をうけた学生は、当該不利益処分が違法に学生の権利を制限するものであれば、法的利益の侵害を受けたものといえるから、その処分を争う原告適格を有するということになる。ただし、法律上の利益の侵害を必要とするので、単なる反射的利益の侵害の主張では十分ではない。しかし、最近の学説や判例の動向は、環境・公害問題などの分野で、実定法の解釈に当たってできるだけ法の保護する利益の範囲を拡大し、従来、反射的利益と考えられていたものを法律上の利益と解し、原告適格を拡大する傾向にある。ただし、学生の法律関係における不利益処分についての原告適格に関し、どこまでその範囲を拡大してゆくかは、一つの課題であろう。

教育関係に関する判例として次のようなものがある。

(1)　学校教育法二二条の保護者は、その属する市町村の設置する小学校の分校を廃止する旨の処分の不存在、無効確認若しくは取消しを訴求するについて法律上の利益を有する（仙台高昭和四六・三・二四判・高裁民集二四巻一号六三頁）。

(2)　公立高等学校長のする教育過程の編成につき、当該高校の生徒の親権者は、その取消しを訴求するについて法律上の利益を有する（大阪地昭和四八・三・一判・行裁例集二四巻一一・一二号一一七七頁）。

(3)　子女の保護者は、公立中学校の廃統合に伴う就学指定処分の取消しを訴求する当事者適格を有する（徳島地昭和五二・三・一八決・行裁例集二八巻三号二四九頁）。

(4)　公立小学校の廃統合に伴い、就学予定児童についてした学校指定処分及び既就学児童についてした学校指定変更処分につき、右児童の保護者は、その取消しを訴求する当事者適格を有する（富山地昭和五七・三・一三決・行裁例集三三巻三号四一〇頁）。

(5)　教科書検定不合格処分の取消しの訴えの利益は、検定に合格することによりその所期する内容の著作が教科書として出版され採択されることとなる可能性を有していたのに、違法な不合格処分によってその可能性が失われたので、右不合格処分の取消しによって再びこのような可能性を回復することができるという点にある（最高昭和五七・四・八・一小判・民集三六巻四号五九四頁）。

(6)　教科用図書の検定が不合格処分となった場合に著作者もその取消訴訟を訴求する法律上の利益を有するかが問題となった事案について、東京高裁昭和五〇年一二月二〇日判決は次のように判断している。

「本件各改訂検定の申請者が訴外株式会社三省堂であることは……明らかであり、被控訴人が同申請にかかる図書の著作者であることは当事者間に争いがない。そして、一般に申請にもとづいてなされる行政行為が拒否された場合に、その拒否の行政処分を不服とし、訴によって同処分の取消を求めうる適格を有するのは、当初の行政行為を申請した者にかぎられることは控訴人主張のとおりである。

ところで、学校教育法にもとづく教科用図書検定規則（昭和二三年文部省令四号）三条においては、教科書とすべき図書の著作者または発行者は、その図書について教科書としての検定を申請することができる旨が定められている。このことからすれば、教科用図書の新規検定または改訂検定の申請がたとえ著作者または発行者のいずれか一方のみによってなされたとしても、その検定合格処分の効果はその図書そのものについて生じ、申請者とならなかった他の一方にも当然に及ぶものと解され、改めて一方の者から同一の申請をして検定合格処分をえなければ、その図書を合格検定の内容どおりの教科書として発行することができないとか、その図書の著作者となることができないとかいうことになるものではない。そうだとすれば、発行者または著作者のいずれか一方の申請によって検定不合格処分がなされた場合にも、その不合格処分の理由が申請者自身に特有のものであるならば格別、その検定事項の内容にかかるものであるかぎり、その不合格処分の効果は、右申請者でなかった他の一方の者にも当然に及ぶのであり、少なくとも他の一方の者が改めて同一事項について別途検定申請をしても、新たに合格検定処分をえられる期待はありえないというべきである。

本件の場合についてこれをみるのに、被控訴人主張の本件各改訂検定不合格処分が申請者たる前記訴外会社自身に特有の理由によったものでないことは、双方当事者の主張自体から明らかである。そうだとすれば、右不合格処分にかかる図書の著作者である被控訴人は同処分の取消を訴求する適格を有するというべきであり、この点に関する控訴人の主張は失当である。」（東京高昭和五〇・一二・二〇判・行裁例集二六巻一二号一四四六頁、同趣旨最高昭和五七・四・八・一小判・民集三六巻四号五九四頁）。すなわち、教科用図書の検定申請が発行者からなされた場合でも、これに対し検定不合格処分がなされた場合は、発行者のみならず、著作者もまた右の処分についてその取消しを訴求する法律上の利益を有するとしているのである。
(7)　学校教育法二一条及び三九条にいう子女の保護者は、その属する市町村が設置する小中学校に子女を通学させて営造物を利用する権利を有するものと解すべきであるから、当該市町村が行った既存の小中学校の廃止及び新たな小中学校の設置処分により右権利を侵害された場合には右処分の取消し又は無効確認を訴求する原告適格を有する（盛岡地昭和三七・七・九判・行裁例集一三巻七号一三三一頁）。

(3)　学生に対する不利益処分と被告適格

行政事件訴訟法第一一条は、「処分の取消しの訴えは処分をした行政庁を、裁決の取消しの訴えは裁決をした行政庁を被告として提起しなければならない」旨規定している。このように行政事件訴訟法は取消訴訟の被告を処分の帰属主体である国または公共団体にしないで、元来は当事者能力を有しない処分行政庁に被告適格を認めている。ここに、行政事件訴訟における取消訴訟の被告適格の特色がある。これは、取消訴訟においては、行政庁の権限行使の適否が争われるので、国（代表者は法務大臣）や公共団体（代表者は長）を訴訟に登場させるよりも処分をした行政庁自体に攻撃防御の方法を尽くさせた方が、適当妥当な解決を図ることができるものと考えられるからである。したがって、国公立大学の学生に対する不利益処分についての取消訴訟の被告は行政庁たる学長ということである。

また、A国立大学学長の学生に対する不利益処分があった後に、A大学が廃校になり、B国立大学が設置され、A大学の教育事務がB大学に承継された時には、学生は、権限を承継したB国立大学学長を被告として訴えを提起することになる（行訴法一一条一項）。訴訟係属中に権限の承継が行われた場合にも、A国立大学学長は、その訴訟から離れ、権限を受け継いだB国立大学学長が訴訟を承継する。権限の承継については次のような裁判例がある。

「村議会議員の除名取消訴訟の係属中、当該村が他の町村と合併して消滅し、新たに市が形成されたときは、右市議会が訴訟を当然に承継する」（宮崎地昭和三〇・三・一判・行裁例集六巻三号六四二号）。

なお、いわゆる地方教育行政組織法の施行前に県費負担教職員に対し行われた不利益処分の無効確認の訴を同法施行後に提起する場合には、同法附則第二一条に基づき、県教育委員会が被告となる（神戸地昭和三三・七・一三判・行裁例集一〇巻八号一五七二頁)。

学生の処分取消訴訟が被告適格を有する処分庁たる学長以外のものを被告として提起された場合は、不適法な訴えとして却下される。しかし、行政事件訴訟法は、相手方の救済を確保するため、「取消訴訟において、原告が故意又は重大な過失によらないで被告とすべき者を誤ったときは、裁判所は、原告の申立てにより決定をもって、被告を変更することができる」(一五条一項)と規定している。これは、行政事件訴訟には出訴期間に制限があるため、被告を誤ったとして改めて出訴すると出訴期間を徒過してしまうことがあるので、それを防止するためである。この被告変更の「決定は、書面でするものとしてその正本を新たに被告に送達しなければならない」(同条二項)。また、被告変更の決定があったときは、出訴期間の遵守については、新たな被告に対する訴えは、最初に訴えを提起した時に提起されたものとみなし」、従前の被告に対しては、訴えの取下げがあったものとみなす(同条三項、四項、なお五項以下参照)。

権限の委任と代理の場合の被告適格――処分権者としての行政庁の権限の一部または全部が他の行政庁により行使される場合、被告行政庁は、委任庁か、それとも受任庁のいずれかという問題がある。

(1)　委任の場合――A行政庁がある行政処分をなす権限をB行政庁に委任した場合、その権限の一部は、B行政庁に委譲され、B行政庁の権限として行政処分がなされる。したがって、処分行政庁たる受任庁を被告とすべきである(ただし、権限の委任は法の明文の規定が必要である)(東京地昭和三九・九・三〇判・行裁例集一五巻九号一七三二頁、青森地昭和三六・七・一四判・行裁例集一二巻七号一四四三頁、東京地昭和三〇・七・一九判・行裁例集六巻七号一六九〇頁)。

したがって、処分権者としての国公立大学管理機関が、学生の不利益処分についての権限を委任した場合の被告適格は特別の規定などがある場合は別として、受任庁が有する。

(2)　代理の場合――事務の代理の場合は、委任の場合と異なり、代理行政庁に処分権限が移動するのではなくて、処分権限は本来の被代理行政庁に帰属している。したがって、被告適格を有するのは、本来の被代理行政庁である。また行政庁の内部的補助機関による代決や専決も、外部的には代決、専決される行政庁の処分が表示されるのであるから、代決、専決者を処分行政庁とすべきではない。

(3)　訴訟代理人――行政事件訴訟法には、訴訟代理人の規定がないので、民事訴訟の例による（行訴法七条）。しかし、国（または行政庁）を当事者とする訴訟については、「国の利害に関係のある訴訟についての法務大臣の権限等に関する法律」（昭和二二・法一九四）が制定されており、この法律によると、国を当事者または参加人とする訴訟については、法務大臣が国を代表する。また、同法第五条一項は、「行政庁は、所部の職員でその指定する者に行政庁を当事者又は参加人とする訴訟を行わせることができる。」と規定している。ここにいう行政庁は、国の行政庁に限らないとされている。この場合、当該行政庁は、法律解釈の統一などの必要上、訴訟実施に際しては、法務大臣の指揮を受け、また、法務大臣は、必要があると認めるときは、その指定する者に訴訟を行わせ、行政庁の専任した指定代理人を解任させることができる（法務大臣権限法六条一項・二項）。また、弁護士を行政庁の訴訟代理人として委任することもできる（同法五条三項）。

(4)　訴訟係属中における被告適格の変動――学生に対する不利益処分の取消訴訟係属中に、争いの対象となっている処分行政庁が法令により廃止された場合、また、その処分権限が他の行政庁に移管された場合、被告適格の問題をどう取り扱うべきかについては、行政事件訴訟法に規定がない。このため、この種の場合の訴訟の承継については、民事訴訟の例により解決されなければならない。

この点、判例の傾向は、訴訟の係属中に処分権限が、A行政庁からB行政庁に移管された場合には、訴訟は権限を取得したB行政庁に承継されるとしている。すなわち、県教育委員会が市教育事務の一時的所管者として行った市立小学校教諭の休職処分について、右県教育委員会を被告としてその休職処分の取消訴訟が提起された後、市教育委員会が設置された場合は、市教育委員会が当然に訴訟を承継する（福岡高昭和二九・一二・二八判・行裁例集五巻九号三〇八八頁）。

(5)　訴訟の中断と被告適格――前述のように訴訟の係属中に行政庁が被告適格を失い、他の行政庁が訴訟上の地位を承継したような場合、当事者の一方が訴訟を追行することが不能または困難になることがある。このような場合、民事訴訟法は、訴訟の中断を認めているが、取消訴訟においても、民事訴訟法第二〇九条を準用して訴訟の中断を認めることが当事者の便宜から考えて妥当と思われる。指定代理人の場合も、中断すると考えられている。

これに対して、法務大臣が任命した指定代理人の場合は、中断する必要性が少ないので訴訟を追行することができると解する余地がある。

また、被告の表示の問題については、判例の傾向は、それを誤って記載しても訴状全体の記載内容から判断して誤記と認められる場合は、適法な訴えとしている。たとえば、訴状に被告として「愛知県右代表青柳秀夫」と記載してあっても、「愛知県知事青柳秀夫」を被告とする訴えと認められている（名古屋地昭和二五・一〇・三一判・労働民例集一巻五号九二七号、同趣旨大阪地昭和四四・五・三一決・訟務月報一五巻六号二九九頁）。

(4)　学生に対する不利益処分と裁判管轄

裁判所がその権限たる裁判権を行使すべき場所的範囲および職務的範囲を裁判管轄という。ある一定の事件は、特定の裁判所が担当するが、その特定裁判所を、その事件の管轄裁判所といっている。管轄権のない裁判所に訴訟が提起された場合は、一般的には管轄違いを理由として管轄裁判所に移送される（民訴法三〇条一項）。

行政事件訴訟の裁判管轄には、民事訴訟と比較して次のような特質がある。

事物管轄――第一審の訴訟は、事件の性質または種類により、簡易裁判所、家庭裁判所、地方裁判所、高等裁判所のいずれかに分配される。これを事物管轄という。行政事件は、一般に、抗告訴訟のみならず、当事者訴訟を含めて、その審理は、特殊専門的知識が必要とされるため、簡易裁判所の管轄に属しない（裁判所法二四条一項、三三条一項一号）。したがって学生の不利益処分の第一審の管轄裁判所は、地方裁判所である。

学生の不利益処分に対する抗告訴訟の一般管轄裁判所は、被告国公立大学管理機関の所在地の裁判所である（行訴法一二条一項、三八条)。しかし、専属管轄を定めたものでなく、抗告訴訟の管轄については民事訴訟法の合意管轄(二五条)、応訴管轄(二六条)、損害または遅滞を避けるための移送(三一条)等任意管轄に関する規定が準用され、当事者間の合意または被告国公立大学の管理機関の応訴があれば、被告行政庁の所在地以外の裁判所へ訴えを提起することが認められる(なお、行政事件訴訟法第一二条は、二つの特別管轄を認めていることを附言しておく。すなわち、一つは、不動産または特定の場所に関わる処分または裁決についての取消訴訟(行訴法一二条二項)であり、二つは、当該処分または裁決に関し、事案の処理に当たった下級行政機関所在地の裁判所に提起する取消訴訟(行訴法一二条三項)である)。

なお、文部大臣を被告とする国立大学教員の懲戒処分の取消しを求める訴訟について、その管轄裁判所が問題になった事件がある。すなわち、東京地裁昭和四〇年六月一八日決定(行裁例集一六巻七号一二四六頁)は、被告文部大臣が国立愛媛大学の教員である原告に対してなした懲戒処分について、その取消訴訟が提起されたが、かかる懲戒処分は、当該大学の管理機関の申出に基づいて行うものである、したがって、この懲戒処分の実質上の権限は、当該大学管理機関に帰属するので「行政事件訴訟法一二条三項の趣旨から見て本件訴訟につき右大学管理機関の所在地の管轄裁判所たる松山地方裁判所も管轄を有するものと解するのが妥当である」と決定している。

学生の不利益処分の執行停止またはその取消申立事件の管轄裁判所は、本案訴訟の係属する裁判所である(行訴法二八条、二九条)。また、無効確認訴訟および不作為違法確認訴訟の管轄にも取消訴訟に関する管轄の規定が準用される(行訴法三八条、四三条)。

(5) 学生に対する不利益処分と出訴期間

行政上の法的安定を図るためには行政処分をいつまでも取り消せるような未確定な状態におくことは回避しなければならない。他方、行政処分に瑕疵があれば国民の権利救済のためにその違法を争う機会も十分に与えなければならない。この二つの要請を調整するために行政事件訴訟の取消訴訟においては、一定期間に限り出訴を認め、期間経過後の出訴は訴訟要件を欠いた不適法なものとして却下することとしている。このように、行政事件訴訟における取消訴訟は出訴期間に制限がある。この制限は、学生に対する不利益処分の取消訴訟についても妥当する。

学生の不利益処分の取消訴訟は、不利益処分のあった日から三カ月以内に提起しなければならない（行訴法一四条一項）。しかも、不利益処分の取消訴訟はかりに不利益処分のあったことを知らなかった場合でも、正当な理由がある場合以外は、処分の日から「一年を経過したときは提起することができない」ことになっている（行訴法一四条三項）。前者の三カ月という期間は不変期間とされ（同条二項）、裁判所はこの期間を自由に伸縮できない（民訴法一五八条一項但書）。しかし、当事者の責めに帰すことのできない事由により、右の期間（三カ月）を遵守できない場合には、その事由の止んだ後一週間以内に限り、なお、出訴することが認められている（民訴法一五九条）。後者は出訴権の存続期間を一年と限定したいわゆる除斥期間であるが、正当な事由により、この期間内に訴えを提起することができなかったことが証明されたときは例外が認められている（同法一四条三項）。

学生の不利益処分取消訴訟の出訴期間制限の効果——不利益処分取消訴訟に出訴期間の規定が適用されるということは、この出訴期間が経過すると学生は不利益処分についてもはや訴訟を提起することができなくなるということである。

出訴期間経過後の訴えは不適法な訴えとして却下されるが、出訴期間経過後に出訴した場合、行政庁と原告のいずれが、出訴期間の起算日である処分の日または処分のあったことを知った日と、期間内に訴えを提起したことを立証しなければならないかという問題がある。裁判所の判決の傾向は、被告行政庁に出訴期間経過後の出訴であることの立証責任を負わせている（大阪地昭和三一・六・二九判・行裁例集七巻六号一二九七頁、仙台高昭和三二・九・一七判・行裁例集八巻九号一五五九頁）。しかし、原告に立証責任があるとするものもある（神戸地昭和四〇・一二・二判・行裁例集一六巻一二号二〇七二頁）。この点、行訴法第一四条一項（出訴期間）および三項（除斥期間）の本文の期間を経過した場合に、本条二項、三項ただし書による出訴期間を遵守できなかったことについては、その救済を主張する原告の側に立証責任があると解すべきであろう。

行訴法第一四条の出訴期間の規定は、処分の取消しを求める訴え（取消訴訟）について適用され、取消訴訟以外の抗告訴訟、当事者訴訟などには準用されない。ただし、いわゆる無名抗告訴訟については、どの種の形態の出訴が許されるかという問題があるけれども、その目的が、行政庁の処分の取消しを求めることを内容としている場合には、本条を適用すべきものと考えられている。

不利益処分取消訴訟の出訴期間の起算日――行訴法第一四条は、出訴期間を「処分があったことを知った日」から三カ月または「処分の日」から一年と定めている。

出訴期間の起算点である「処分のあった日」とは、行政処分が外部に表示されて効力を生じた日をいう。行政庁の内部的意思決定があっただけでは処分があったことにはならない。

「処分があったことを知った日」とは、学生が不利益処分を現実に知った日を指し、抽象的な知り得べかりし日を意味するのではない。判例は、処分書などが郵便で配達された時は特別の事情がない限り、その日に処分があったことと認められるとし（最高昭和二七・四・二五判・民集六巻四号四六二頁）、処分書を返却し、またはその受領を拒絶しても、出訴期間は起算されるとしている（新潟地昭和二五・七・五判・行裁例集一巻九号一二〇六頁）。

不利益処分または裁決の日から一年を経過した訴えでも、正当な理由がある場合は、出訴することが許される（行訴法第一四条三項ただし書）。この正当理由については、出訴できなかった理由のほかに、出訴の障害が解消された後遅滞なく提起された訴えか否かの点を含めて決定されるべきであるとされている。正当理由の例として、たとえば、処分当時海外に居住していたため、出訴ができなかった場合（福島地昭和二九・一二・六判・行裁例集五巻一二号二八三一頁）などは、その理由に該当するが、法律の不知による出訴の遅延は、これに当たらない（福岡地昭和三一・一一・二二判・行裁例集七巻一一号二九〇六頁）。

(三)　学生に対する処分と立証責任・執行停止

(1)　学生に対する不利益処分取消訴訟における立証責任の問題

立証責任というのは特定の法律効果の発生、不発生を判断するのに必要な事実の存否について、裁判所が訴訟終結のときまでに確信を抱けないときに、不利益な判断をうけなければならない一方の当事者の負担をいう。人間の認識能力は完全ではなく、ことに訴訟の実際で利用できる手段にはおのずから限界がある。このため、審理の最後の段階にいたっても基本たる事実関係がすべて解明されるわけではない。また、判断の基礎となるべき事実の存否について、裁判所は、職権で証拠調べをした場合であってもなお確信をもてない場合がある。他方、事実関係不明を理由に裁判所が裁判を拒むことは許されない。したがって、このような場合には、存否不明の事実を当事者いずれか一方に不利益に判断しその一方に敗訴の責任を負わせることになる。

このような立証責任の問題は、民事訴訟ではきわめて重要な問題であるが、行政事件訴訟では裁判所による職権証拠調べによって証拠が補足されるので、立証責任だけによって訴訟が解決されることは、民事訴訟に比較して少ない。したがって、この意味で、行政訴訟では、立証責任の問題は民事訴訟の場合ほど重要ではないといえる。しかし、職権証拠調べによってもなお真偽が不明確な場合には、結局立証責任の問題として処理されなければならないので、行政訴訟においても、立証責任を論ずる必要が失われたとはいえない。

(2)　学生に対する不利益処分に関する取消訴訟における立証責任の所在

行政行為には公定力があるとされているため、行政処分の効力を争う抗告訴訟、特に取消訴訟においていずれの当事者が立証責任を負うかということが問題とされている。すなわち、これは、学生に対する不利益処分の取消訴訟において、学生または処分権者たる学長のいずれが立証責任を負うかという問題である。この立証責任分配の問題は、訴訟前においても、当事者に訴訟結果についての予測を可能ならしめ、訴訟中は当事者の証拠提出活動や裁判所の確信に影響を及ぼすことになる。特に、不利益処分が適法か否か争いがある場合、不利益処分を受ける相手方たる学生が訴訟を提起しなければならず、また、取消訴訟を提起したからといって、直ちに不利益処分の執行が停止するものではない（行訴法二五条）。むしろ、処分庁である学長が行った不利益処分には自力執行力が認められ、制度上、明白に、学長の優越性が認められている。このような優越性が処分庁たる学長に認められているにもかかわらず、不利益処分取消訴訟の遂行の段階においてまで、不利益処分を受けた学生の方で立証責任を負わなければならないかが、問題となっている。

(3)　立証責任分配に関する学説

この立証責任分配に関する学説について、第一説は、行政行為には公定力ないしは適法性の推定が認められているので、これを争う原告が行政行為の違法原因について立証責任を負うとする。第二説は、行政行為の公定力は、行政行為の効力に関し認められるもので、行政行為の具体的な要件事実の存在自体を推定させるものではないので、個々の要件事実の有無についての立証責任については、行政行為の効力とは別個の観点から考え、権利発生に必要な要件事実は、被告行政庁が立証責任を負うとする。

右の第一説に対しては、(i)この説は、公法関係が権力関係であることを強調することから生じた説であり、基本的人権尊重の現在において、行政行為の公定力を理由に、原告に行政行為の違法性についての立証責任を負わせるということは、正義と公平を第一とする訴訟上の立証責任の理念と矛盾するのではないか、(ii)行政訴訟においては、形式的には原告と被告行政庁とは対等であるが、実質的には行政庁は強大な国家権力を背景としているのに対し、微力な国民に行政行為の違法性についてのすべての立証責任を負わせるということは、基本的人権尊重の精神に反し、憲法上の正義と公平の実現とを期し得ない、という批判がある。

第二説に対しては、民事裁判の場合には妥当するかもしれないが、行政法規は公益と私益の調整を内容とし、また、裁判規範としての意味よりも行政機関に対する行為規範としての性格をもつものであるから、行政訴訟を民事訴訟の場合と同一に論ずることは原理的に疑問がある、という批判がある。

右のように、行政訴訟上の立証責任の分配に関する学説は対立し、一定していない。しかし、国公立大学の学生に対する不利益処分の取消し訴訟の場合は、処分庁である学長の側で不利益処分の適法なることの立証責任を負うと考えるべきであろう。すなわち、処分権者たる学長は、不利益処分を行うことが適法、妥当と信じて行動しており、また、学長は組織をもって行動していることからして要件事実の存在や手続の適正を明らかにすることは、不利益処分を受けた学生に比してはるかに容易である。

したがって、当該不利益処分が適法妥当であると信ずる処分権者たる学長が、学生の権利利益を違法に侵害するものではないことを証明することが必要である。

これに対して、不利益処分の無効確認訴訟は、処分が無効であるため、不服申立て前置、出訴期間などの制約を受けないこと、また、不利益処分の無効を主張するには、一般にその処分の瑕疵の重大性、明白性が存しなければならないという点で無効事由には自ら制限があること、などの点から、取消訴訟と異なり、したがって、一般に行政処分の無効は、これを主張する原告の側で瑕疵が重大明白であることを主張し、立証しなければならない。

裁判事例としては、勤務成績が不良であることを理由とする免職処分の無効確認訴訟事件において、裁判所は、原告の神経衰弱の程度が出勤を不能ならしめるほど重態であったならば、校長の出勤勧告があったとしても、勧告が不当であり原告の欠勤は病気欠勤として正当づけられるものと思われるが、免職処分の理由である勤務実績の不良たる事実の存在しないことは、請求の原因たる事実でないとしても、請求を理由あらしめる事実として、立証責任が原告に属すると解せられるにかかわらず、原告の右神経衰弱が出勤に堪えられないほど重症であるとの証拠は明白でない、とした判決がある（宇都宮地昭和三二・五・一三判・行裁例集八巻五号八七六頁）。

また、最高裁は、行政処分を当然無効ならしめるには、その瑕疵が重大かつ明白なものでなければならず、その瑕疵の明白さは、処分の外形上客観的に処分庁の誤認が一見看取できるものでなければならず、またそのような処分の無効原因は、無効を主張する者において具体的事実に基づいて主張すべきであると判示している（最高昭和四四・二・六判・昭和四一年（行ツ）五二号）。

(四)　学生に対する不利益処分と執行停止

次に、不利益処分と執行停止との関係について触れておきたい。

行政事件訴訟法第二五条一項は、行政処分の失効不停止の原則を定めている。すなわち、「処分の取消しの訴えの提起は、処分の効力、処分の執行または手続の続行を妨げない。」と規定している。この規定は、学生に対する不利益処分の場合にも妥当する。したがって、処分権者たる学長は、学生に対する不利益処分に対し取消訴訟が提起されても、処分の有効性を前提として行動することができる。すなわち、処分権者たる学長の処分は適法性の推定をうけ、その違法を理由に取消訴訟が提起されても、取消判決があるまでは、その執行力は失われないとされている。このような執行不停止の原則がとられているのは、取消訴訟の提起に執行停止の効力を認めると、処分による強制を免れるために、濫訴となり、行政の停廃が生ずることになる危険があるため、これを回避するためである。

(1)　学生に対する不利益処分の執行停止の要件

右のような理由から執行不停止の原則が採用されているが、行政事件訴訟法では相手方の権利保護の立場から、「処分、処分の執行又は手続の続行により生ずる回復の困難な損害を避けるため緊急の必要があるとき」（行訴法二五条二項）に、一定の要件と制約の下に執行停止の手続が例外的に認められている。一方、「執行停止は、公共の福祉に重大な影響を及ぼすおそれがあるとき、又は本案について理由がないとみえるとき」（同法二五条三項）および内閣総理大臣が異議を述べたときには、することができない（同法二七条）とされている。現行行訴法上、執行停止とは、「処分の効力、処分の執行又は手続の続行の全部又は一部の停止」を指す。

執行停止を命ずるには、次の五つの要件が要求される。

㈠　本案の取消訴訟が適法に係属していること――たとえば、本案訴訟の判決が確定した後では処分の執行停止を求める利益はない。

(1)　在学期間延長申請不許可処分と執行停止――高松高裁昭和四七年九月七日決定は国立大学大学院在学期間延長申請不許可処分の執行停止申立につき、特段の事情が認められない限り、延長許可のないまま在学期間を経過すれば大学院生たる身分は消滅し、その後において不許可処分の効力を停止しても、大学院生たる身分は当然には回復しないから、その執行停止の申立は利益を欠くとしている（高松高昭和四七・九・七決定・行裁例集二三巻八・九合併号六六五頁）。すなわち、

「在学に関する同大学院学則第二〇条第二項によると、「博士課程の最短在学年限は、三年（医学研究科にあっては四年）とする。ただし特別の事情がある場合は、更に三年（医学研究科にあっては四年）を限り在学を許可することがある。」と規定されているのであり、これは、大学院設置審査基準要項（昭和二七年一〇月一一日大学設置審議会決定）の関係事項に則って制定されたものと解される。もとよりかかる在学期間の定めは教育の機会均等の見地と、利用者の相対的な利用目的達成に要すると目される期間を考慮しながら、その利用の時的限界を画するものと解される。そこで右条項の規定の趣旨を医学研究科所属の抗告人に則していえば、原則として四年間の在学が許容されるほか、特別の事情がある場合に在学期間の延長許可によって更に最長四年間の在学が認められることになり、右延長の許可がないまま在学年限を経過すれば、特段の事情なき限り大学院生たる身分は当然に消滅するものと解するのが相

当である。

㈢　この点について抗告人は、徳島大学学部や他の大学院における在学年限が最長在学年限の規律にとどまり、許可などの手続を要せずしてその間当然に在学しうるとしていることとの不均衡をいうが、前記大学院設置審査基準要項でもかかる相違を予想しているものとも解されるし、いずれにしても規定の文言に徴し、指摘の相違も前記解釈に消長を及ぼすものでないといわなければならない。

㈣　ただ徳島大学大学院学則第二八条により同大学学則が準用されるところ、同大学学則第二八条に「在学八年（医学部医学科学生は一二年）に及んでも、なお、所定の試験に合格しない者に対しては、学長は、これを除籍する。」旨の規定があるため、右規定の文言のみからは在学年限の経過のみでは大学院生たる身分は消滅しないのではないかとの疑義があるが、右条項の在学年数以上に在学が許される旨の規定のないこと、と前記第二〇条の規定に照らせば、右の除籍とは在学年限の経過による大学院生の身分の消滅を確認し、且つ学籍簿に外形上存する記載を消除する内部手続をなすことを意味し、右以上の意味を有しないものと解するのが相当である。

㈤　そうだとすると、特段の事情の認められない抗告人について延長申請の許可がないまま期間を経過したことにより大学院生たる身分は消滅したものと解するほかないというべく、在学期間の延長申請不許可処分（その性質論は措く）なるものの効力を停止したとしても、大学院生たる身分を当然に回復するものではない。」

「すると大学院生の身分の回復を前提とする抗告人の本件執行停止の申立は利益を欠くものというべく、同一の見地から右申立を却下した原決定は相当であって、本件抗告は理由がない。」と判示している。

右の判決文から明らかなように、裁判所は、大学院生の在学期間延長申請に対する不許可処分については、その効力を停止しても大学院生としての身分を回復継続することにはならないので、申立の利益を欠くとしている。

⑵　在留期間更新不許可処分の効力と執行停止――在留期間更新不許可処分の効力の停止により在留外国人が本邦に在留できることは法的利益といいうるか否かが問題になった事案がある。

すなわち、神戸地裁昭和四九年一月一四日決定は、

「在留期間更新不許可処分はたとえ効力が停止されても、法務大臣に在留期間更新の許可を命ずることにはならないし、況んや在留外国人が在留期間更新の許可なく本邦に在留する権利を取得するに至るものではなく、ただ不許可処分がなかりしと同じ状態が作出されるにすぎない。然し乍ら出入国管理令が、その二一条において、在留期間更新を受けようとする外国人は、法務大臣に対し在留期間更新の許可申請をしなければならず、法務大臣は、右申請があった場合には、在留期間の更新を適当と認めるに足りる相当の理由があるときは、これを許可することができる旨規定し、また二四条四号ロ、七〇条五号において、在留外国人が在留期間を経過して本邦に在留するときは本邦からの退去強制をされ、さらに刑罰に処せられる旨規定していることに鑑みると、法は、在留外国人に在留期間更新許可申請権を認め、これに対応して法務大臣は右申請に対し許否いずれかの処分をしなければならない義務があると一応考えることができるから右の見解に従えば在留期間更新不許可処分の効力の停止により、在留期間更新許可の申請をした者は、在留資格を取得するものでないこと勿論であるが、未だ申請に対し何らの処分もなかりしと同じ状態が作出され、その申請が権利の濫用にわたるなど特段の事情がない限り、たとえ旅券に記載された在留期間が徒過した後においても、許否いずれかの処分がなされるまでは、不法残留者としての責任を問われることなく、本邦に在留することができる法的状態におかれると解せられ在留期間更新不許可処分の効力の停止は、申請人にとっては右の如き法的期待を存させるものであるので、これを認める利益があるものというべきである。」（神戸地昭和四九・一・一四決定・訟務月報二〇巻五号一四三頁）と判示している。

すなわち、在留期間更新不許可処分の効力の停止によって作出される申請人が暫時本邦に在留しうる状態は、法的利益であるとしたのである。

(二)　執行停止の対象となる行政処分が完了していないこと——執行停止命令は、原則として執行が未完結の状態にあることを前提としているので、執行が完了してしまった後には執行停止を求めることができない。たとえば、(i)公

立中学校職員に対する懲戒停職処分についてはその停職期間後においては、その効力を停止する余地はない（広島高昭和四一・二・一〇判・教職員人事関係裁判例集四巻六九頁）、(ii)消防学校への入学命令については、入学期間経過後においては、その効力を停止することはできない（青森地昭和四三・五・三一決定・行裁例集一九巻五号九七五頁）とされている。

㈢　回復困難な損害を避けるため緊急の必要があること――「回復困難な損害」とは、当該行政処分をうけることにより、もし右処分が本来違法で取り消されるべきである場合に、(i)その処分により被ることの予想される損害が金銭賠償により補填することのできないような性質のもの、(ii)その損害が金銭の賠償をもって補填することが一応可能であると思われる場合でも、その損害の性質、態様から考えて損害がなかった原状を回復できないもの、もしくは社会観念上それが容易でないとみられるもの、であると思われる。たとえば、(i)俸給を停止されることにより、衣食の途をとざされて、社会通念上基本的な生活を保持できなくなるような場合である（奈良地昭和四〇・七・三〇決定・教職員人事関係裁判例集四集九一頁）。また、(ii)市技術吏員が、懲戒免職処分をうけたため、右吏員の現在の生計の維持がほとんど労働組合の救援金によるもので、もし、右救援がなければ、生活に困窮することが明らかであり、また、右吏員の提起した本案訴訟は三年以上を経過し、訴訟の推移からみて、その確定までにはなお数年を要することが確実と考えられる場合は、右吏員の申立てにかかる右処分の執行停止について行訴法第二五条二項にいう「回復の困難な障害」を避けるため緊急の必要があるときに該当する（大阪地昭和四三・一・一八判・行裁例集一九巻一・二合併号一八頁）。

この点についての学生に関する事例として次のようなものがある。

(2)　学生に対する不利益処分が「回復の困難な損害に当たる」とされた裁判例

長期の停学処分と「回復の困難な損害」――長期の停学処分と行訴法二五条二項にいう「回復の困難な損害」との関係について、札幌地裁昭和四五年三月二三日決定は、

「申立人らはいずれも授業時間数の三分の一を超えて欠席した科目があるので昭和四四年度の学年末の定期試験の受験資格を失い、今学年における進級は不能であること、および翌昭和四五年度の授業開始日は、進学課程、専門課程の各一年が昭和四五年五月一八日、専門課程二年は同月二五日であることが認められる。そうすると申立人らのうち小畑および木島はいわゆる留年を免れないから昭和四四年度の残りの授業を受けられなくとも回復困難な損害を受けるとはいい難いし、かつ停学三月の処分であるから右昭和四五年度の授業開始日より今学年と同一の授業を受けることができることになるから、昭和四五年度のことを考慮してもなお回復の困難な損害が存するとは解し得ない。しかしその余の停学期間が六月若しくは無期の一一名の申立人らについては、昭和四四年度における授業を受けられないことにより回復の困難な損害を受けると解することができないことは右と同様であるが、翌昭和四五年度の授業開始日以降なおかなり長期間にわたり授業を受けることができない限度で回復の困難な損害を蒙るというべきである。」（札幌地昭和四五・三・二三決定・判例時報五九八号五二頁）と例示している。

すなわち、公立大学の学生が長期の停学処分によって被る授業をうけない損害は、出席時間数の不足から学内規定によりすでに進級試験の受験資格を失い進級不能となっている場合を除き、行訴法二五条二項にいう「回復の困難な損害」にあたると判示している。

右の札幌地裁の法定に対する控訴審の決定は次のようである。すなわち、

「相手方高橋博政、同東野隆は、六か月の停学処分をうけたが、昭和四四年度の講義および試験をうけるため、その処分の執行を一定期間停止すべきものと判断する。その理由は、つぎに付加するほか、原決定（中略）に説示するとおりであるから、これを引用する。これによれば、右両名は、原決定時において、同年度の残る講義をうければ前記規程による受験資格をかろうじてみたすことになるわけであって、もし、この受験資格をうばうこととなると、昭和四四年度の留年が確定することとなる。そして、本件のごとくたまたま処分の効力が昭和四四年度、同四五年度の二年度にまたがることによって、昭和四五年度の留年の危険（もっとも、その危険は、後記のとおりそれほど

大きなものではないが、）をも負担することになるのであって、処分時までの出席状況が、同じく六か月の停学処分をうけた前記(四)の相手方らよりよかったにもかかわらず、かえって大きな不利益を負担することになるのであって、右相手方らに比し、いちじるしく均衡を失することになる。そして、原決定時においてただちに処分の執行を停止しなければ、右両名とも所定の出席時数が不足することとなる科目のあることは、原決定認定のとおりであるから、その執行停止は、損害を避けるため緊急の必要があったといえる。」（札幌高昭和四五・五・二決定・行裁例集二一巻五号七五七頁）と判示した。

すなわち、公立医科大学学生の停学処分について、当該年度内の残る講義をうければ進級試験の受験資格を満たすことができるとして、その年度の試験終了日までに限り、行訴法二五条二項にいう「回復の困難な損害を避けるため緊急の必要がある」として右処分の執行停止が認められたのである。

経済的困窮及び就学の機会の喪失のおそれと「回復の困難な損害」との関係——「申請人らがその主張のように本件処分によって都留文科大学において行う講義、教育実習および試験を受け得られなくなり、そのため卒業が延期される虞れのあること、右処分存続期間勉学のため右大学の施設を利用できない不利益をうけひいては卒業延期による経済的負担就職に際しての不利益を蒙る虞れのあること、そのため精神的苦痛を蒙ることは一応推認できる。しかし右のような不利益はそれ自体においては学生の退学または停学処分の内容として、または右処分に伴い常に当然発生するものであって、これのみをもってただちに効力を停止しなければならない「回復困難な損害」があるものと解することは相当でない。けだし、もし右のような、処分に伴う一般的な不利益によって当然処分の効力を停止し得られるものとすれば、右の如き処分は常に例外なくその効力を停止しなければならないこととなり、このことは処分取消の訴の提起によっては処分の効力を妨げられるものではなく、処分の効力の停止は特に処分により生ずる「回復の困難な損害を避けるため緊急の必要があるとき」に限って許している行政事件訴訟法第二五条の法意に反するからである。そこで更に進んで、申請人らが本件処分の効力の停止を得られなければ、後日勝訴判決を得ても経済上などの事由から就学の機会を失する等「回復の困難な損害」を蒙る具体的事情の有無について考えてみる。……申請人播摩光寿は、処分当時本件大学文学部国文科三学年に在学していたものであるが、在学中の学費は、親が公務員でありその収入事情から送金は充分でなく、奨学金、アルバイト等によって補充していた事情が認められ、更に同申請人には現在高校三年在学中の弟があり同人も大学進学を希望しているので、既に一ケ年の卒業延期のやむなきに至っている同申請人としては増々弟とともに大学に在学する期間が増し従って経済的に困窮が甚しく、現在処分の効力を停止し単位の修得をしておかなければ後日勝訴判決を得ても、経済的に就学困難となり、就学の機会を失し、回復の困難な損害を蒙ることが一応疏明される。申請人北林万里子の審訊の結果……によると、同申請人は、処分当時本件大学文学部国文学科二学年に在学していたものであるが、同申請人は特に高校在学中から日本育英会の特別奨学金の貸与をうけ、処分当時の学費は、月額金八、〇〇〇円の奨学金と経済的余裕の乏しい親からの僅かの送金に依存せざるを得ない事情にあったのみならず、昭和四〇年八月二五日付をもって右奨学金の貸与停止になり、更に同申請人の妹は現在高校二年に在学し、大学進学を希望しているので、既に一ケ年の卒業延期のやむなきにいたっている申請人としては経済的困窮の度は増々強くなり、前期申請人播摩光寿の場合と同様現在処分の効力を停止しなければ就学の機会を失う事情にあることが一応疏明される。」(甲府地昭和四一・五・一八決、行裁例集一七巻五号五三七頁)。

すなわち、右判決は、公立大学学生の退学処分について、通常被る不利益のほかに経済的困窮がはなはだしく、就学の機会を失うおそれなどの不利益があるとし、これが、回復の困難な損害に当たるとしたのである。

大学構内における学生のマイク使用禁止処分と「回復困難な損害」との関係――「本件疎明の全趣旨によれば、本件中立の対象となっている「マイク使用禁止」部分は、大学本来の使命に背馳して、学問研究、教育の円満な実現を侵害するような方法で言論を行使しようとする学生に対しても、また、これと反対に真に学問研究や教育の在り方を論じ、暴力的学生を説得しようとする学生に対してもひとしく適用されるほか、大学における研究や教育の行われるべき時間、あるいは教職員の執務時間以外の時間についても、そしていやしくも大学の構内である限り、校舎、寮、運動場のいずれの場所についても、一律に適用されることになっており、かつ、その適用期間の定めはなく、また、右禁止を個別的に解く許可の基準や申請の手続についての定めもない事実が疎明される。そうしてみると、本件の「マイクの使用禁止」は、被申立人の許可の途を開いているとはいえ、その実質は、言論、表現の自由に対する無限定的ないわゆる一般禁止であると言わざるをえない。被申立人の主張するところによれば、右許可の基準や申請の手続についての定めは設けていないけれども、前者については、大学の管理責任者たる被申立人の判断により大学の機能が妨害されるか否かによって許否を決すべく、後者については、学部または学生部を通じて行なうという慣行が存すると言うのであるが、成程、被申立人が大学の管理責任者の立場において、激動する大学の紛争を収拾して、その静謐を確保し、いかなる意味の暴力をも許さないという姿勢を持しており、かつ、それが必要であること、その主張自体によって疎明されるけれども、被申立人が行なう右許否の判断にあたって拠るべき基準が設けられていないということは、言論その他表現の自由の制限につき、その合理的な範囲が客観的に明確にされていないということに帰し、また、その申請の手続を欠く理由とされている右慣行の存在につき疎明のないことをも併せ考えるならばさきに述べた大学の目的や機能に由来する広範囲の自治の要請を尊重すべきことを考慮に入れても、なお、本件処分部分は憲法第二一条に違反する瑕疵あるものというべく、したがって本件申立は行政事件訴訟法第二五条第三項所定の本案について理由がないとみえる場合には該当しない。そして本件処分により、申立人らが学生として制限を受ける言論、表現の自由に対する打撃は、回復困難で、これを避けるため緊急の必要があることにつき……による疎明があるほか、本件の場合には、処分の執行または手続の続行の停止によって目的を達しうる場合でないことが明らかであるから、右法条第二項に則り、申立人等の本件申立を認容する。」（岡山地昭和四四・一〇・二決、行裁例集二〇巻一〇号一一八六頁）。すなわち、右判決は、国立大学構内における学生のマイク使用を禁止する処分は、憲法二一条に違反するので、回復困難な損害を避けるため、右処分の効力を停止すべき緊急の必要があるとしたのである。

なお、本件においては、学長名で、次のような内容の禁止処分がなされていた。

「大学構内において、角材、さお、鉄パイプ、火災ビン、その他の危険物の持込および携行を禁止する。また、許可を得た者以外のヘルメット着用およびマイクの使用を禁止する。本日以降、これに違反した者は、学外に退去することを命ずる。

昭和四四年九月一五日

岡山大学学長　谷口澄夫」

無期停学処分と「回復の困難な損害」との関係――国立大学学生らに対する無期停学処分の執行停止の申立てが、「回復の困難な損害を避けるため緊急の必要がある」と認められた事例として、無期停学処分取消請求事件がある。

本件において、筑波大学長Yは、同大学学生の原告ら五名を無期停学処分に付した。そこで、原告らはこれを不服として、右処分の執行停止の申立てをした。裁判所は、筑波大学学則上、停学処分により除籍されることになるおそれが発生している停学処分中の者は、結果的には、退学処分をうけた者と等しいことになるので、その場合には、行政事件訴訟法第二五条第二項の所定の「回復の困難な損害を避けるため緊急の必要があるとき」の要件を充足するとした。そして、原告らのうち二名は昭和五六年度第一学期から履修ができないと、かりに、同年度の途中で、本件処分が解除されたとしても、卒業に必要な単位数の履修が未了のまま除籍されることになるおそれが現在すでに発生しているとして、右の執行停止の要件に合致しているとした。しかし、他の三名について、右緊急の必要性の要件を欠くものと判示した。すなわち、「申立人五名はいずれも「本件処分により回復困難な損害を被り、かつ、その損害は時々刻々拡大累積しているから、これを避けるため右各処分の効力を停止する緊急の必要がある。」旨主張するので判断する。

疎明資料によれば、筑波大学学則上、同大学学生の在学年限は医学専門学群の学生を除き、最長六年間であり（学則第二三条。なお、申立人五名の在籍する学群ではいずれも通常四か年間で卒業できる建前になっている）、右在学年限六年間を超えた者については学長が除籍する（学則第四五条二号）ところ、停学処分期間も右在学年限に算入される（学則第四七条四項）（即ち、停学処分中で、かつ卒業に必要な単位数のうち未履修単位ある者は、在学年限六年以内に復学してその単位を修得することができないときには、在学年限六年を超えたことを理由に除籍される。）関係にあることが認められる。この経過をたどり除籍されることになる虞れが現在発生している停学処分中の者は、結果的には退学処分を受けたのに等しいことになるのであるから（即ち、本来停学処分は、退学処分と異なり、学生たる身分を保持することを前提とする懲戒処分であるにも拘らず、在学年限経過によりその身分を喪失することになるから）、このような事態は行政事件訴訟法第二五条二項の「回復の困難な損害を避けるため緊急の必要があるとき」に当たると解するのが相当である。

㈠　そこで、まず申立人甲及び同乙の両名について検討する。疎明資料によれば、右申立人両名はいずれも昭和五七年三月末までが六か年の在学年限（即ち昭和五一年四月入学であるため）であり、昭和五六年四月からの一年間を残すのみであるところ、申立人甲には卒業に必要な単位数（一三四・五単位）のうち未履修のものが少なくとも一九・五単位……あり、同乙には卒業に必要な単位数（一三三単位）うち未履修のものが通年科目（この科目は第一学期の始めに履修申請をしなければ受講できない。以下同じである。）を含め四一単位（専攻科目一九・五単位、関連科目Ａ一三単位、総合科目三単位、体育二単位、第一外国語一・五単位、国語二単位）あると認められる。従って、右両名については、昭和五六年度の第一学期（四月）からの履修ができないと、仮に同年度の途中で本件処分が解除されたとしても、卒業に必要な単位数の履修が未了のまま除籍されることになる虞れが現在既に発生していると解せられるから、右両名につき「回復の困難な損害を避けるため緊急の必要がある」旨の一応疎明がなされているものというべきである。」と判示した（水戸地昭和五六・三・三一決・行裁例集三二巻三号五一〇頁）。

すなわち、右判決は、停学処分期間も在学年限に算入する旨の学則の規定のある国立大学において、無期停学処分をうけた学生がした右処分の効力停止の申立てについて、卒業に必要な単位数の履修が未了のため除籍されるおそれが現存する場合は、回復の困難な損害を避けるため緊急の必要があるときに当たるとして、在学年限まで一年を残す時点で執行停止を認めたのである。

右の裁判例と同趣旨の裁判例として、水戸地裁昭和五六年九月二一日決定（行裁例集三二巻九号一六六三頁）がある。同裁判所は被申立人である筑波大学は『筑波大学における無期停学処分は、改悟の情が認められる場合に所定の手続を経て学長が解除できるにすぎず、その解除がとられないまま右六か年の在学年限を経過したときは、望ましくはないが、除籍に至ることは本件処分に伴う当然の結果であって、行訴法二五条にいう回復の困難な損害にはあたらない』旨主張するところ、右主張に沿って除籍に至る旨の疎明資料はある。しかしながら、疎明資料によれば、昭和五四年度の学園祭の実施に際しての紛争に加担した学生一八名が昭和五五年三月一四日付で懲戒を受け（無期停学七名、停学六か月二名、停学三か月四名、訓告五名）、その内の一人として申立人が無期停学の本件処分を受けた事実が認められるとともに、本件処分に付加された『一二か月間は解除しない』旨の期間を経過し、かつ、その後も引続き六か月の期間を経過している事実も明らかである。このような状況をたどっている本件処分たる無期停学処分を、個別的に除籍との関連について検討を加えるときは、除籍という結果を、その内容として含ませしめるのであるとすれば、その実質は退学処分と同等であって、学則四七条が最も重い懲戒処分として退学処分を定め、その要件を厳格に規定している趣旨を没却するに等しくなる。」として、執行停止を認めた。

(3) 学生に対する不利益処分が「回復の困難な損害に当たる」とされたその他の事例

(1) 甲小学校に就学中の児童につきその就学すべき学校を乙小学校と指定する旨の処分は、償うことのできない損害を生ずる（浦和地昭和三六・九・八決・行裁例集一二巻九号一八六八頁）。

(2) 合理的な理由がないのに転学を余儀なくされることによって児童に与える教育上、人格形成上の影響が甚大である場合には、その保護者らが被る回復の困難な損害を避けるため転学処分の効力を停止すべき緊急の必要がある（名古屋地昭和四三・三・三〇決・行裁例集一九巻三号五六一頁）。

(3)　国立大学学生の大学構内への入構について、入構許可申請をして入構許可証を得ることを必要とする措置を講じたことに対する執行停止申立てにつき、卒業又は進級に必要な科目の履修が不可能となることが認められるので、回復困難な損害を避けるため緊急の必要がある（東京地昭和四四・一〇・一一決・行裁例集二〇巻一〇号一二二二頁）。

(4)　公立大学学生の停学処分の執行停止申立てにつき、右処分により翌年度の授業開始以降長期間にわたり授業を受けられない限度において、「回復の困難な損害」を被り、これを避けるため「緊急の必要があるとき」に当たる（札幌地昭和四五・三・一三決・行裁例集二一巻三号五六一頁）。

(5)　公立大学学生の停学処分の執行停止申立てにつき、当該年度内の残る講義を受ければ進級試験の受験資格をかろうじて満たすことになる学生について、その年度の試験終了日までに限り、「回復の困難な損害を避けるために緊急の必要がある」として、右処分の執行が停止された（札幌高昭和四五・五・二決・行裁例集二一巻五号七五七頁）。

(6)　教育委員会が当該市町村の区域外就学生徒の保護者に対し、右生徒を引き続き従来の中学校に就学することを認容しないことを明確にする処分により、越境入学を理由とする退学処分の執行停止申立てにつき、償うことのできない損害を生ずる（浦和地昭和五二・四・三〇決・行裁例集二八巻四号四三四頁）。

(4)　学生に対する不利益処分が「回復の困難な損害に当たらない」とされた事例

放学処分による翌年三月卒業不可能と「回復の困難な損害」との関係――「申立人は、右放学処分により他の学生と同様に授業を受けることができず、ひいては来年三月に卒業することができなくなるのは必至であって、このような回復困難な損害を避けるため緊急の必要があると主張する。

元来、放学処分は公の教育施設の利用関係すなわち在学関係から学生を排除する処分であって、その処分が確定判決によって取消されると、以前の在学関係が回復され、当該学生は未履修課目について教育を受けることができるのである。これを本件についてみると、本案勝訴の確定判決を得た場合、在学関係を回復することが申立人にとって無意味となり又は困難になるような事由が存することについては、申立人の主張及び疎明がなく、結局申立人は、本案勝訴の確定判決を得れば、放学処分により失った在学関係を回復することができるものというべきある。そして申立人の主張するように、本件放学処分の結果他の学生と同様に授業を受けることができず、ひいては、来年三月卒業することができなくなるということは、放学処分の効力停止のために必要な『回復の困難な損害』に当らないものと解する。その他、本件放学処分によって生ずる回復の困難な損害を避けるため緊急の必要があることについては、申立人の主張及び疎明がない。」（東京地昭和四二・一二・一〇決・行裁例集一七巻一二号一三三〇頁。同趣旨、東京高昭和四二・四・一〇決・行裁例集一八巻四号三九五頁）。

すなわち、右裁判所の決定は、国立大学学生の放学処分によって授業を受けることができず、翌年三月卒業しえなくなるというけれども、本件の場合、本案勝訴の確定判決を得ると、放学処分によって失った在学関係を回復することができるというのであるから、放学処分の効力停止のために必要な回復の困難な損害に当たらない、としたのである。

大学構内への立入禁止措置と「回復の困難な損害」との関係――「立入禁止の措置は、大学営造物の利用ができないようにすると言うよりも、むしろ、当時既に大学営造物の正常な利用が事実上不可能となっていた異常な状況下において、直面する混乱と人命の危険を避け、施設の破壊を復旧して、申立人等を含む大学関係者の営造物の正常な利用が可能となるようその回復維持のためにとられた緊急暫定的な措置というべきものであるから、これをもって申立人等が回復し難い損害を蒙るおそれがあるとは認められない。」（大阪地昭和四四・五・三一決・訟務月報一五巻六号六九九頁）。

すなわち、右の裁判所の決定は、学園紛争の異常な状況の下で、学長が学生の大学構内への立入禁止の措置をとって、大学構内の営造物を利用することができない結果となっても、その措置は大学の営造物の正常な利用が可能となるように回復維持のためにとられた緊急暫定的な措置というべきであるので、右の大学構内の立入禁止の措置は、学生の回復しがたい損害とはいえないとした。

除籍処分に伴う一般的不利益と「回復の困難な損害」との関係――申立人国立大学学生は、「本案判決がなされるまで長期間学業から遠ざかることをもって回復の困難な損害であると主張する。しかしながら、かような不利益は、本件除籍処分の如きいわゆる放学処分（公の教育施設の利用関係すなわち在学関係から学生を排除する処分）に当然に伴う一般的な不利益であって、これをもって本件除籍処分の効力停止のために必要とされる『回復の困難な損害』に当るとすることはできない。そして、もし申立人が本案訴訟に勝訴して在学関係を回復することになった場合、そのことが申立人にとって無意味であるとか、あるいは、実質的にそれが困難になるといった事情が存することについて、申立人の主張及び疎明はない。」（福岡地昭和五四・四・二〇決・訟務月報二五巻八号二二〇九頁）。

すなわち、右裁判所の決定は、国立大学学生の除籍処分に伴う公の教育施設を利用できないという一般的な不利益は、除籍処分の効力停止のために必要とされる「回復の困難な損害」に当たらないとしたのである。

(5)　学生に対する不利益処分が「回復の困難な損害に当たらない」とされたその他の事例

(1)　「公立大学学生が、退学処分または無期停学処分によって、右大学の講義、教育実習および試験を受けられなくなり、そのため卒業が延期されたり、また勉学のため右大学の施設を利用できない不利益を被り、ひいては卒業延期による経済的負担や就職の際の不利益を被り、そのため精神的苦痛を被る等の不利益を受けても、それは、右処分に伴い当然発生するものであるから、これのみをもって、行訴法二五条二項にいう『回復の困難な損害』とはいえない。」（甲府地昭和四一・五・一八決・行裁例集一七巻五号五三七頁）。

(2)　「抗告人は、本案について勝訴の確定判決をうることができても、㈠それ迄に早くて数ヶ月、おそくなれば数年を経なければならないので、抗告人が既に七ヶ月に及び修めた学習の結果はその時には殆んど効果なく、㈡抗告人は現在健康で、且つ、昭和四二年三月までの修学については授業料減免の許可を得ているのに、この機会を逸すれば健康ならびに経済上どうなるかわらないから、生涯取り返えしのつかない結果を生ずることになり、また、㈢抗告人は昭和四二年三月まで有効な都内私立中、高校の教員採用基準となる検定試験結果を所有しており、放学になるとこれが無効同然となり、他に就職する場合、学校を通して就職するのが有利且つ確実であるのに放学になればこれが出来ない、また、㈣公立学校の教員採用条件が通例年齢制限は三五年になっているので、本案判決が長びいた場合教員免許を得ることが出来ても無益になるから執行を停止すべきであると主張するが右㈠の事由は、回復困難な損害とは認められず、㈡の事由はこの程度の事由があればとて『損害を避けるため緊急の必要あるとき』にはあたらず、㈢の事由は処分の当然の効果というを得ずいわゆる間接的損害というべきであり、㈣の事由は処分の停止をしなければならない『緊急の必要あり』とは到底いえない。したがって以上いずれの事由も放学処分の効力停止のために必要な『回復困難な損害を避けるため緊急の必要あるとき』に当らないものと解する。」

「その他原決定にはこれを取消さねばならないなんらの違法な点もない。」（東京高昭和四二・四・一〇決・行裁例集一八巻四号三九五頁）。

(3)　「公立高等学校生徒が退学処分によって受講および学校施設の利用ができなくなることは、右処分の内容そのものであって、それだけでは行訴法二五条二項にいう『回復の困難な損害』にあたらない。」（高知地昭和四七・六・一三決・行裁例集二三巻六・七合併号三八一頁）。

(4)　「公立高等学校生徒の退学処分によって受ける三、四年の空費等が回復の困難な損害にあたらず、かつ教師との信頼関係の喪失と処分事由にかんがみ、退学処分に伴う不利益を申立人に帰せしめても社会通念上不当とはいえないとして、その執行停止申立が却下された。」（神戸地昭和四八・二・七決・タイムズ二九二号三〇九頁）。

以上の裁判例からわかるように、学生の不利益処分が「回復の困難な損害に当たる」とされ、その執行停止が認められるためには、その処分により通常被る不利益のみではなくその他に経済的困窮が甚だしく、就学の機会を失うおそれがあるというような場合でなければならない。

(6) 学生に対する不利益処分執行停止と公共の福祉に対する重要な影響との関係

行政事件訴訟法第二五条三項により「執行停止は、公共の福祉に重大な影響を及ぼすおそれがあるとき、又は本案について理由がないとみえるときは、することはできない。」すなわち、執行停止は、(i)「公共の福祉に重大な影響を及ぼすおそれがあるとき」、(ii)「本案について理由がないとみえるとき」はできない。これが執行停止の消極的要因である。

右の(i)の公共の福祉に重大な影響を及ぼすおそれがあるとは、当該処分が直接目的とする不特定または多数者の実質的利益に重大な影響を及ぼすおそれがあることであり、このような場合は、当該処分の執行停止は認められないのである。これは、個別的、具体的に、執行停止の申立人に発生している損害と、右の公共の福祉とを比較し、前者を犠牲にしてもなお後者を擁護すべきときは、執行停止は認められないということである。具体的な事例としては次のようなものがある。

大学（被申立人）は、「『本件処分の執行を停止すれば、再び学内を混乱させ、他の学生多数の勉学を妨げ、ひいては公共の福祉に重大な影響を及ぼすおそれがある。』旨主張するが、……本件処分の執行停止により、申立人が履習すること自体をもって、公共の福祉に重大な影響を及ぼすおそれがあるとは認められない。……本件申立をとおして勉学に励みたい旨の申立人の態度と併せ考えるならば、被申立人の抱く右危惧の発生の可能性は減少しているものとみることができる。」（水戸地昭和五六・九・二一決・行裁例集三二巻九号一六六三頁）。

すなわち、右決定は、退学処分の執行停止を認めると公共の福祉に重大な影響を及ぼすおそれがあるとする大学側の主張に対して、これを否定したものである。

(7) 学生に対する不利益処分執行停止と「本案について理由がないとみえるとき」との関係

行政処分の執行停止は、当該行政処分に対する取消しの訴えが提起された場合にされる保全的性質を有するから、執行停止をするには、本案審理が法律上理由ありと合理的に推測できる場合であること、また、事実上の点について疎明のあることが必要である。この点の具体的な事例としては、次のようなものがある。

(1)　**退学処分の執行停止却下決定に対する抗告の棄却と「退学処分取消請求がその理由ありと認め難いこと」との関係**――「抗告人は、本案訴訟の従来の審理において、すでに、(1)本件不正受験の用具なりとされたセルロイド製下敷に記載されていた文言と抗告人が当日提出した答案とは全く一致しておらないこと、及び抗告人に不正受験の所為があったとのことは、単にその時の監督官の推定に止まり、何等物的証拠が具わらないことが判明しており、今後抗告人側の証人尋問が行われることによって真相が判明し、必ず抗告人の主張の認められる時があることを確信するとい い、また(2)本件退学処分は学生にとり極刑ともいうべきものであって過酷に失し、相手方の裁量権の誤りか乃至は裁量権を超えた違法の処分で取消しを免がれないというけれども、当裁判所が関係記録を全般に亘って精査した結果によるも現段階においては到底抗告人の右主張を肯認し難く、上叙原審の認定を左右するに足る疎明はない。」「抗告人が現在他の一般学生と同様の学修を継続し得ないことは、本件退学処分の当然の結果であって」「抗告人の右退学処分取消請求がその理由ありと認め難い現状においては、抗告人として右の損害はこれを忍受しなければならない。」（大阪高昭和三二・六・二六決・行裁例集八巻六号一一七三頁）。

すなわち、右の裁判所の決定は、本件の不正行為に基づく退学処分の取消請求ありと認め難い現状にあるとして国立大学学生に対する退学処分の執行停止却下決定に対する抗告を棄却したものである。

(2)　**出席日数不足による退学処分の効力停止申立と「本案について理由がないとみえるとき」との関係**――「右に疎明されたところからすると、第一号事件抗告人、第二号事件相手方とも昭和四四年度から昭和四六年度に亘り同一学年に在学（ただし昭和四五年度は前記停学処分中のために在学）し、そして昭和四四年度における右停学処分前および昭和四六年度における右停学処分解除後の欠席時間数が前記のとおりであるとすると、右両名の前記のような受講態度に対しては、学則第三一条第二項第二号にいう『正当の理由がなくて出席が常ではない』との評価ができないことではない。ところで、およそ医学教育が他の教育とは異り、現実に所定科目の講義および実習を履習しなければ習得することができない特殊性をもち、従ってそれら授業への出席時間数が不足することは医学習得上において致命的ともいうべき欠陥となるであろうことは見易い道理である。このような見地からすれば、前記のような右両名の出席状況に対し右学則の条項にあたるとして右両名を本件退学処分としたことは、教育責任者として懲戒権を与えられた学長の教育専門家としての裁量の範囲に属するものというべきであり、すくなくとも懲戒権の裁量を誤り著しく妥当を欠くとは解し難い。」

「本件各退学処分には違法のかどはなく、従ってこれが執行停止を求める右両名の申立は、行政事件訴訟法第二五条第三項にいう『本案について理由がないとみえるとき』にあたるから、許されないものである。」（札幌高昭和四七・八・五決・行裁例集二三巻八・九合併号六一三頁）。

右裁判所の決定は、正当な理由がなくて出席が常でないことを理由として退学処分に付された者の退学処分の効力停止申立てが、「本案について理由がないとみえるとき」にあたり、許されないとしたものである。

(3)　**懲戒処分の執行停止と本案訴訟の勝訴の合理的確実性との関係**――「学生に対する懲戒処分の効力が一旦停止されると、当該学生の残存在籍年限と本案判決の確定に要する年月との関係で、申立人に対し終局的満足を与えたに等しい結果を招来する事態の発生するおそれがあることは、疑いを容れないところである。しかして、執行停止は、抗告訴訟の提起があった場合において、当該訴訟の勝訴判決の効力実現の可能性を確保するために認められる暫定的な救済措置であることはいうまでもなく、しかも、民事訴訟における仮処分とは異なり、行政の円滑な運営を阻害するものである。このことに思いを致せば、処分若しくは処分の執行又は手続の続行によって生ずる回復の困難な損害を避けるため緊急の必要がある場合であっても、執行停止をすることによって申立人に対し終局的満足を与えたに等しい結果を招来するおそれのある処分について、執行停止が許されるためには、申立人が本案訴訟において勝訴の合理的確実性を有していると認められることを必要とするものといわなければならない。」（東京地昭和四六・六・二九決・

判例時報六三三号四三頁）。

右の裁判所の決定は、大学の学生に対する懲戒処分の執行停止が許されるためには、申立人が本案訴訟において勝訴の合理的確実性を有していると認められることを必要とする、としている。

(4)　**停学処分の取消訴訟の本案の証拠調べの進行していない段階と「本案について理由がないとみえる場合」との関係**――「公立大学における学長の懲戒処分は、それが社会観念上いちじるしく妥当を欠く場合をのぞいては、原則として学長の裁量にまかされる。疎明によると、学長は、本件処分をなすにあたって、抗告人申立のような相手方らの個々の行為について、目撃者の確認書その他の資料にもとづいて事実を認定したうえ処分を決定したことが、一応認められる。ところが、相手方らは、右確認書は、相手方らと敵対関係にあるいわゆる民青系の学生らが適当に作成したもので、その証明力は疑わしいと抗争し、疎明として、相手方らの陳述書を提出している。右陳述書だけでは、疎明としても十分ではないが、相手方らの抗争する点は、学長の処分に右に述べた意味での瑕疵があるかどうかを決するうえで重要な要素があるので、なお、本案において慎重に証拠調して判断するのが相当である。結局、現段階では、いまだ本案について理由がないとみえるとは断定できない。」（札幌高昭和四五・五・二一決・行裁例集二一巻五号七五七頁）。

すなわち、裁判所の右の決定は、公立大学の学生の停学処分の執行停止申立てについて、本案の証拠調べを慎重にしなければ結論の出ない段階においては、「本案について理由がないとみえる場合に当たらない」と判断しているものである。

(8)　**学生に対する不利益処分の執行停止と即時抗告との関係**

次に、執行停止と即時抗告について触れておきたい。

裁判所が執行停止の申立てに対する決定を下すと、その決定が認容の決定であっても却下の決定であっても、当事者が即時抗告をすることはできる（二五条六項）。行政事件訴訟特例法（昭和二三年法律第八一号）のときには、却下決定に対する申立人の即時抗告は認められていたが、執行停止を認容する決定に対する行政庁側の不服申立ては許されていなかった。このため、内閣総理大臣の異議の濫用を誘発した。そこで、現行法は、執行停止決定に対し行政庁側にも即時抗告の申立権を認めた。しかし、即時抗告があっても、執行停止決定の効力は妨げられない（二五条七項）ので、行政庁側は結局、内閣総理大臣の異議を発動することになる。

執行停止の決定が確定した後に、事情が変更し、もはや執行停止の理由が消滅したと考えられる場合には、行政庁の申立てに基づいて、裁判所は決定をもって、執行停止の決定を取り消すことができる（二六条一項）。執行停止またはその決定の取消しも、執行停止の決定に準じて、本案の係属する裁判所が当事者の疎明に基づいて行う（二八条）。その場合には、相手方の意見の聴取が必要である。この決定に対して、当事者は、即時抗告を申し立てることができる（二六条二項）。

執行停止の内容――裁判所は、執行停止の措置として、必要に応じ、「処分の効力、処分の執行又は手続の続行の全部又は一部の停止」を命ずる（行訴法二五条二項）。「処分の効力の停止」とは、処分の効力が全く発生しなかった状態におくことである。たとえば、学生の退学処分の効力が停止されれば、学生はもとの地位を回復するというようなものである。「執行の停止」とは、処分の執行力を奪い処分内容の強制執行を差し止めることをいい、「続行の停止」とは、処分が有効であることを前提として行われる後行処分を行うことを差し止めることをいう。このうち、処分の効力の停止が、もっとも効力の強い執行停止措置である。したがって、「処分の効力の停止は、処分の執行又は手続の続行の停止によって目的を達することができる場合には、することができない」（二五条二項但書）ことにし、処分の執行停止を必要最小限度にとどめようとしている。この執行停止の決定またはこれを取り消す決定は、第三者に対しても効力を有する（三二条二項）。

㈤　学生に対する不利益処分と内閣総理大臣の異議制度

一　学生に対する処分の執行停止の決定について内閣総理大臣が異議を述べた事例は見当たらない。しかし、教育公務員関係の事件では全くないわけではない。以下に紹介する事件がそれである。

二　京都地裁は「当裁判所は、審訊期日を開いて被申立人の意見をきき、審理をすすめていたところ、内閣総理大臣は同年六月一一日に当裁判所に対し、本件行政処分の執行停止に関して、被申立人は、同年四月一日付をもって人事の刷新、教育運営上の必要から京都市教育異動の一貫として、申立人北小路を京都市立二条中学校教諭に、申立人寺島を京都市立柳池中学校教諭に、申立人山本を京都市立四条中学校教諭に各転補する処分をなしたところ、申立人等は不法に右処分に反対し、速かに赴任すべき旨の職務命令にも従わないので、同年五月五日付をもって、地方公務員法第二九条により、申立人等に対して懲戒免職処分をなした。そして申立人等は右処分に抗議するためと称して教職員組合その他労働組合の組合員等とともに被申立人の管理権を排除し、不法に京都市立旭ヶ丘中学校校舎を占拠して、いわゆる管理授業を行い我が国教育史上未曾有の不祥事件を惹起するに至ったのであるが、同年六月一日被申立人と京都教職員組合との間に、同中学校在籍の教職員全員を短期間に他の学校に転出させ、同日より同中学校の授業を再開する旨の協定を成立してようやく解決の緒についたのである。然るところ、いまもし裁判所の命令によって被申立人のなした本件懲戒処分及び転補処分の執行が停止されるに至ると被申立人の教職員に対する人事行政を混乱せしめるとともに今後のその円滑な遂行を困難ならしめ学校教育の正常な運営を阻害するばかりでなく、ようやく緒についた前記事件の解決策を根底から覆し、再び同校における紛擾を誘発する虞があるのみならず、その結果いかんによっては、さらに各地にこれに類する紛争を惹起せしめる虞なしとしない。本件の帰趨は、教育界のみならず一般国民の注視するところであって、一京都市立中学校の問題たるに止まらず、その学校教育に影響するところは、極めて広く且つ重大であり、従って本件処分の執行停止を見るにおいては政府の念願する教育行政の円滑正常な運営は、期待し難い結果となるといわなければならない。よって内閣総理大臣は、行政事件訴訟特例法第一〇条の規定により本件行政処分の執行停止に関し異議を述べる次第である、との理由を付して異議を述べた。

行政事件訴訟特例法第一〇条第二、三項によれば、行政処分の執行停止に関して内閣総理大臣が理由を明示して異議を述べたときは、裁判所は処分の執行を停止すべきことを命ずることができないこととなっているので、本件申立を却下することとし、（中略）主文のとおり決定する。」と判断した。

右の引用文は、京都地裁昭和二九年七月二三日の決定（行裁例集五巻七号一七二六頁）の一部である。すなわち、中学教員の転補処分の執行停止申請に対し内閣総理大臣が異議を述べ、このため裁判所は処分の執行停止を命ずることができず、執行停止の申立てを却下したのである。

右の京都地裁の決定の事案は次のようなものであった。

京都市教育委員会は京都市教育異動の一環として申立人Xらを転補処分にしたが、Xらはこの処分が同教育委員会の会議による議決によらず、教育長の専決によりなされ違法な処分であると主張した。すなわち、Xらは、教育長は通常の教員の人事異動の権限を有しているが、「異例に属する」人事については教育委員会がその議を経て行わなければならなかったが本件の場合は教育長からXらに異動の内示があり、Xらがその処分の発令前に異議を申し立てるなどしたにもかかわらず、教育長が教育委員会委員長の政治的圧力に屈して右転補処分を強行したものであって、このような転補処分を容認することはいわゆる偏向教育を是認し、教育者の良心に反することになるとして、これを拒否し、従前どおり旭ヶ丘中学校に勤務していた。そこで、教育委員会委員長は、Xらに転補処分の職務命令を発したが、Xらが拒否したため、Xらを懲戒免職処分に付した。このためXらはこの懲戒処分の取消しを求めるため審査の請求をしたが、この判決をまっていたのではXらの生活が危殆にひんし、かつ、教育上ゆゆしき大問題をひき起こすことになるとして裁判所に取消訴訟を提起すると同時に、その執行停止を求めたものである。

右の事例は、内閣総理大臣の異議制度が教育行政にも適用される場合があることを示している。すなわち、現行の行政事件訴訟法第二七条は、同法第二五条二項に基づく執行停止の申立ておよび執行停止の決定があった場合、内閣総理大臣が当該裁判所に対し異議を述べることを認め、この異議が述べられたときは裁判所は執行停止をすることはできず、また、すでに執行停止の決定をしている場合はこれを取り消さなければならないと規定している。この内閣総理大臣の異議制度は執行停止制度に重大な制約を加えているものである。

三　内閣総理大臣の異議制度に関する行政事件訴訟法二七条の規定は次の通りである。

「① 第二五条第二項の申立てがあった場合には、内閣総理大臣は、裁判所に対し、異議を述べることができる。執行停止の決定があった後においても、同様とする。

② 前項の異議には、理由を附さなければならない。

③ 前項の異議の理由においては、内閣総理大臣は、処分の効力を存続し、処分を執行し、又は手続を続行しなければ、公共の福祉に重大な影響を及ぼすおそれのある事情を示すものとする。

④ 第一項の異議があったときは、裁判所は、執行停止をすることができず、また、すでに執行停止の決定をしているときは、これを取り消さなければならない。

⑤ 第一項後段の異議は、執行停止の決定をした裁判所に対して述べなければならない。ただし、その決定に対する抗告が抗告裁判所に係属しているときは、抗告裁判所に対して述べなければならない。

⑥ 内閣総理大臣は、やむをえない場合でなければ、第一項の異議を述べてはならず、また、異議を述べたときは、次の常会において国会にこれを報告しなければならない。」

⑴　**内閣総理大臣の異議制度が設けられた経緯**

内閣総理大臣の異議制度は、いわゆる「平野事件」を契機として設置された。平野事件とは、片山内閣の農林大臣であった平野力三衆議院議員(昭和二二年一一月三日罷免)の公職追放に関わる事件である。平野氏はこの追放令を不服としてマッカーサーに訴願するとともに、追放処分執行停止の仮処分を東京地裁に申請したところ、東京地裁は、追放令の効力停止の仮処分の決定を下した。この事件は連合国のわが国に対する占領管理体制の根本にかかわる問題であり、同時に司法国家体制下における行政事件をどのように位置づけてゆくかという司法権対行政権の問題を内包している事件でもあった。連合軍最高司令部は、昭和二三年二月四日、公職追放令の適用については日本の裁判所に裁判権がないことを理由に、最高裁長官に対し仮処分の取消しを求めた。また、政府も、権力分立の原則に違反することおよび追放令について、わが国の裁判所は裁判管轄を有しないことを東京地裁に通告した。これに従い、東京地裁は仮処分を取り消した。当時、政府は行政事件訴訟特例法の制定を企図していたが、総司令部はこれに同意せず、行政事件も民事訴訟手続によるべきであると考えていたのである。ところが、この平野事件を契機として、総司令部は、行政事件を民事事件と同様に処理することには問題があることを認め、行政事件訴訟特例法の起草の作業が急速に進められたのである。日本側と総司令部との折衝において問題とされた重要な点は、訴願前置主義と執行停止に対する内閣総理大臣の異議であったといわれる。ところが、訴願前置主義の問題については、日本側は訴願制度が不備であるためにのその採用には消極的であったが、総司令部は訴願前置主義を原則とする建前に固執した。その理由は、一つには占領軍が行政府を通じてわが国の占領政策を実施するためには行政府を重視しなければならなかったという点と、二つには行政の専門性、技術性に対する裁判所自体の能力の欠如を危惧した点にあったと思われる。

また、執行停止に対する内閣総理大臣の異議については、総司令部側は、内閣総理大臣の処分についても執行停止ができるのでは、裁判所の行政権に対する介入の範囲が広すぎるのではないかという点を指摘したといわれる。これに対し日本側は、この内閣総理大臣の異議制度についても、行政権が司法権に介入することになることを理由に当初は消極的な態度をとっていたが、急に態度を変え、内閣総理大臣の異議制度を容認した。しかし、日本側がなぜその態度を変更したかの理由は明白でない。

右のような歴史的経過を経て、内閣総理大臣の異議制度は、行政事件訴訟特例法第一〇条二項に規定され、その後、現行の行政事件訴訟法第二七条に継受されたのである。

(2) 内閣総理大臣の異議制度に対する見解の対立

内閣総理大臣の異議制度に対する肯定説・否定説の論議は、(i)権力分立制度と(ii)必要性の二つの点からなされている。

(1) 肯定説――この説は、(i)行政処分の効力を早急に実現しなければ公共の福祉に重大な影響を及ぼす場合、行政の最終責任者である内閣総理大臣に異議を述べさせることは、司法権の侵犯とはならないこと、(ii)執行停止がなされた場合について、政治的責任を問う途のない裁判所の判断を終局的なものとすることは、責任行政の見地からみて妥当ではないので、本制度は必要であると主張する。

(2) 否定説――この説は、(i)執行停止決定のあった後に異議によりこれを取り消させることは、権力分立の原則をみだすものであること、(ii)この制度は裁判所に対する不信を前提としているが、裁判所が執行停止を下すための要件は限定されており、はなはだしく不都合な決定が下されるとは考えられないことなどを主張する。

この両者の主張にもみられるように、結局は、司法国家体制を採用した日本国憲法下において、行政事件というものをどのような性質のものとして理解し、制度化するかということから考えてみなければこの内閣総理大臣の異議制度は理解できない。また、この制度は昭和二三年に行政事件訴訟特例法が制定された当時の総司令部の日本政府を通して占領政策を遂行していこうとする意図および明治憲法下の裁判官から構成されている裁判所に対する不信なども、政治的には考慮しなければならなかったとも考えられる。

内閣総理大臣の異議制度には、右に指摘したように肯定説と否定説とが対立しているが、日本国憲法が司法権をして基本権保障の唯一の砦としている以上、この異議制度は、基本権の保障を担保しようとする司法救済の実効性を阻害することになる。また、この異議制度は、行政庁に絶対的優位性を認めるものであり、訴訟が対等当事者間で行われるという基本原則を覆すことになり、同時に、司法権に対する行政権の侵害であるという批判は免れない。前述の旭ヶ丘中学校事件は行政事件訴訟特例法の時代の事件であるが、現行の行政事件訴訟法に内閣総理大臣の異議制度を採用するに際して、政府は、政府の命運に関わるような場合にしか適用しないと述べていたことからしても、現行制度の下では、その運用は慎重になされなければならない。現行行訴法下においては、学生関係の事件について内閣総理大臣の異議が発動された事例は見当たらないが、公安関係の事件については九件の事件について異議が述べられている。なお、行政事件訴訟法下の異議制度についての最高裁の見解はまだ出されていない。

(3) 内閣総理大臣の異議の手続

(1) 内閣総理大臣が異議を述べる時期は、執行停止決定の前後を問わない（行訴法二七条一項）。

(2) 異議については、書面によるべきことは法律上明記されていないが、内閣総理大臣の異議権の行使の慎重を期すため、一般に、書面により行い、異議には理由を付さなければならない（同条二項）。異議の理由には、内閣総理大臣は、「処分の効力を存続し、処分を執行し、又は手続を続行しなければ、公共の福祉に重大な影響を及ぼすおそれのある事情」を示さなければならない（同条三項）こととなっている。したがって、単なる抽象的な説明ではなく、その必要性を具体的に説明することが必要である。異議に全く理由をを付さないときなどは、裁判所はその形式について判断権を有するから、不適法な異議として拒否できる。しかし、その理由の当否については裁判所は判断権を有しないとされている。

(3) 異議は、執行停止決定前においては、その執行停止の申立てを受けた本案訴訟の係属する裁判所に、執行停止後には、その決定をした裁判所に、ただし、その決定に対する抗告裁判所に係属しているときは、抗告裁判所に対して述べなければならない。

(4)　異議を述べたときは、内閣総理大臣は、次の常会でこれを国会に報告し、国会の政治的批判をうけることになっている。これは内閣総理大臣の異議の濫用を防止することを目的としている。

(4)　内閣総理大臣の異議の附記理由に対する裁判所の審査権

内閣総理大臣の異議が行訴法二七条三項、六項前段各所定の要件を具備しているか否かが裁判所の審判事項であるかに関し問題となっている。

この点、裁判所は次のように判示している。すなわち、

「行訴法第二七条第三項は『前項の異議の理由においては、内閣総理大臣は、処分の効力を存続し、処分を執行し、又は手続を続行しなければ、公共の福祉に重大な影響を及ぼすおそれのある事情を示すものとする。』と規定し、第六項前段は、『内閣総理大臣は、やむをえない場合でなければ、第一項の異議を述べてはならず、』と規定している。これらの規定内容からすると、総理大臣の異議は、当該訴訟における当事者としての立場で、裁判所に対して裁判を求める申立ではなく、司法権に対する行政権を代表する立場で、その行政的責任において、司法権の機関である裁判所に対して行う、当該行政処分についての裁判所の執行停止権限を消滅させる申入れという性格をもつものであることが分かる。このことと同条第三項の『事情を示すものとする』という文言自体及び同条第二項、第四項と合わせて考えると、同条第六項後段と相まって、これら一連の規定は、異議申述についての総理大臣の政治的責任を明らかならしめることによって、異議申述を慎重にさせようとするものであって、裁判所は、異議の利用として示された事情の存否、及びそれが公共の福祉に重大な影響を及ぼすものといえるか否かについての判断権、すなわち異議の理由の当否についての判断権を有しないと解するのが相当であり、同条第六項前段についても同様である。すなわち、行訴法第二七条第三項及び第六項前段はいずれも、こと裁判所に対する関係においては、いわゆる訓示規定であり、これに対する適合性の有無は、政治責任の問題として、国会において検討されるべきことがらであり、適法、違法の問題と

して、裁判所で審判の対象となる問題ではない。

(二)　原告は、総理大臣の異議の当否について執行停止裁判所（異議申述を受けた裁判所）は判断権を有しないとしても、それは当該行政処分執行の必要の緊急性ということ以外には実質的な根拠がないから、右の緊急性にかかわりのない本件訴訟においては、本件異議申述の理由の当否について判断されるべきであると主張するが、行訴法第二七条が異議の理由の当否について執行停止裁判所に判断権がないものとして規定したのは、前記のとおり行政処分の執行停止が行政処分たる性質を有することに鑑み、執行停止については、その結果について法的にも政治的にも何らの責任を負わない司法権の機関である裁判所の判断よりも、行政的、政治的責任を負う行政機関の首長である総理大臣の判断に優越性を認めたことによるのであって、行政処分執行の必要の緊急性に基くものではないと解されるから、原告の右主張は採用できない。」（東京地昭和四四・九・二六判・判例時報五六八号一四頁）と判示している。すなわち、内閣総理大臣の異議が行訴法二七条三項、六項前段各所定の要件を具備するかどうかは、裁判所の審判事項ではない、としたのである。

(六)　学生に対する不利益処分取消訴訟の終了

(1)　学生に対する不利益処分取消訴訟の終了

学生に対する不利益処分取消訴訟は、原則として、裁判所が判決を下すことにより終了する。以下、学生に対する不利益処分取消訴訟の終了の場合について検討する。

一　学生に対する不利益処分取消訴訟の訴えの取下げ——訴えの取下げというのは、原告である学生が訴えを撤回し、訴訟が初めから係属していなかったものとすることである。取消訴訟を提起することは、原告学生の自由意思にまかされているので、原告である学生は、判決が確定するまではいつでも訴えを取り下げることができる(民訴法二三六条一項)。しかし、被告である学長の側で本案について準備書面を提出したり、準備手続において申述したり、または口頭弁論をした後に訴えを取り下げる場合には、被告である学長の同意が必要である(民訴法二三六条二項)。

二　請求の放棄――請求の放棄とは、原告学生が自己の請求をあきらめ、自己の請求に反する法律関係を承認することである。これに対し、請求の認諾とは、反対に被告である学長が原告学生の請求の法律関係を認めることをいう。民事訴訟法では、当事者が請求を放棄したり、認諾したりした場合は、これに確定判決と同一の効果を与えている(民訴法二〇三条)。これは、民事訴訟法においては、当事者が訴訟物である権利関係を自由に処分する権限が認められているからである。これに対し、不利益処分である学生に対する懲戒処分の効力については、公定力や不可変更力が働いているので、学長は、自由に取り消したり認容したりすることはできない。すなわち、訴訟当事者が請求を放棄するとか請求を認諾するということによって、処分の効力の有無について確定判決と同様の効果を生ぜしめることは妥当ではないのである。したがって、学生に対する不利益処分の取消訴訟には、請求の放棄・認諾に確定判決と同一の効力を認める民事訴訟法第二〇三条の規定の適用はないと解される。

三　裁判上の和解――裁判上の和解とは、原告被告の双方が請求に関する相互の主張を互いに譲り合って、請求について一致した見解を裁判所に対し陳述することをいう。民事訴訟法は、請求の放棄・認諾と同じく、裁判上の和解に確定判決と同様の効果を付している(民訴法二〇三条)。

これに対し、国公立大学学生に対する不利益処分の取消訴訟にあっては、その処分の内容が適法か違法かは法によって客観的に定められるべきであり、学長の意思によって任意に変更すべきものではなく、したがって、学長は処分内容を自ら融通して和解をすることは許されないと解される。ただ、行政庁たる学長に自由裁量が認められている場合には、その範囲で和解が許されるべきだとする見解がある。しかし、行政庁たる学長は、自由裁量が認められている範囲内においても、客観的にみてもっとも教育的で、公益に則した手段を選ばなければならないという責任があるので、任意に譲歩すべきではなく、学生に対する不利益処分は、和解にはなじみにくいと考えられる。

四　当事者の消滅――学生に対する不利益処分取消訴訟は、その原告たる学生が死亡し、訴訟物である権利関係を承継する者がいない場合には、原告学生の死亡により判決をまたずに当然に終了する。

(2)　学生に対する不利益処分取消訴訟の判決の種類

一　取消訴訟は、原則的には裁判所の判決をもって終了する。判決はその内容によって訴訟判決と本案判決とに分かれる。

訴訟判決――これは、訴えが訴訟要件を欠いている場合に訴えを不適法として却下する判決である。すなわち、学生の懲戒処分の取消訴訟の訴訟要件としては、一般に、(i)学長の処分が存在すること、(ii)原告適格を有する学生が処分の違法を主張すること、(iii)被告適格を有する学長を被告とすること、(iv)裁判管轄権を有する裁判所に訴えを提起すること、(v)法定期間内に出訴すること、(vi)一定形式の訴状をもって訴えを提起すること、の六つの要件が要求される。したがって、右のような訴訟要件を備えていなければ、本案審理に入ることなく訴えが却下される。このことは、行政庁たる学長の処分が違法であっても違法処分が承認され、法的には損害賠償の問題としてのみ、問題が処理されることになる場合があることを意味する。

この訴訟判決は、争われている学生に対する不利益処分が適法か否かを確定するものではない。訴訟判決は原則として訴えが最初から訴訟要件を欠いている場合に行われるが、訴えが提起された後に訴訟要件が欠けた場合、たとえば係争の処分が取り消され、訴えの利益が消滅したような場合にも行われる。

二　本案判決――これは学生に対する不利益処分の取消請求の当否を判断する判決である。具体的には請求認容の判決、請求棄却の判決のほかに、例外的に事情判決がある。

三　請求認容の判決――この判決は、原告たる学生が不利益処分の取消しを求めている場合に、その請求に理由ありとして、学生に対する不利益処分を取り消す判決をいう。行政事件訴訟における取消しの判決は、処分が違法であることを確認する効果のほかに、処分の効力をただちに消滅させるという形成力を伴うのを原則としている。

四　請求棄却の判決――これは、本案に関し審理した結果、原告たる学生の請求を理由なしとして、その主張を排斥する判決である。

(3)　学生に対する不利益処分と事情判決

一　学生に対する不利益処分について事情判決が適用された事例は見当たらないが、この事情判決の問題は重要であるので、説明を加えておきたい。

行政事件訴訟法三一条は、「取消訴訟については、処分又は裁決が違法ではあるが、これを取り消すことにより公の利益に著しい障害を生ずる場合において、原告の受ける損害の程度、その損害の賠償又は防止の程度及び方法その他一切の事情を考慮したうえ、処分又は裁決を取り消すことが公共の福祉に適合しないと認めるときは、裁判所は請求を棄却することができる。この場合には、当該判決の主文において処分又は裁決が違法であることを宣言しなければならない」旨規定する。すなわち、本来、裁判所は、取消訴訟を審理した結果、その行政処分が違法であると認めれば、その違法な処分を取り消さなければならない。しかし、一切の事情を考慮した場合、それを取り消すことによりすでに生じている事実を破壊して原状に復することがかえって公共の利益に著しい障害を生ずると認められるときは、たとえ原告の処分の取消しまたは裁決の取消しを求める請求に理由があっても、請求棄却の判決をし、行政処分の効力を維持することができる（行訴法三一条）。これが、事情判決の立法趣旨である。

二　一般に、この点については、たとえば、電力会社が河川法に基づき河川使用の許可を取得し、巨額な投資をして大規模なダム工事をすすめていたところ同河川を従来から使用していた漁業権者が許可処分の違法性を争って取消訴訟を提起し、審理の結果、河川の使用許可処分の違法が明らかになったとすると、本来ならば、この場合、右の許可処分は取り消され、諸設備は違法なものとして撤去しなければならないが、しかし、すでに投じられた巨額な資本、電力会社のダムの設立によりうける一般国民の利益、公共性という事情を勘案して、取消しの理由があってもその請求を棄却するというものである、と説明されている。

三　右のことから明らかなように、事情判決は公益を理由に行政庁の違法処分を肯定する制度である。このため、法治行政の原理の実現および国民の権利利益の保障との関係で、この制度の存置自体について重大な疑問がもたれている。すなわち、法治行政の原理や国民の権利利益の保障を担保するということは、違法な行政処分の取消しを行政上の争訟により保障しようとしているということである。このような行政上の争訟制度そのものの本質的な考え方から離れて、違法な処分を肯定して、金銭で補償することによって問題を処理してしまうということは、違法な行政処分を排除することにより国民の権利利益を救済しようとする行政救済本来の目的に反するのではないかと思われる。

四　このような事情判決制度は、それが特に必要とされる限定された場合にのみ認めるならばともかく、一般的にこの種の制度を認めることは、基本権の保障をその主たる目的とする現在の法治国家の制度においては問題があるという批判がなされている。

右のような事情判決制度に対する批判がなされているのに対し、この制度を肯定する見解は、行政処分が違法であっても、判決時に新しい事実関係や法律関係が生じ、かつ、新しい観点から公共の福祉を実現しなければならないというような場合は、この制度が必要となると主張する。

五　しかし、公益を理由に私益を犠牲にして違法な処分の効力を維持する事情判決制度は、私益の保護と行政の適法性の維持を目的とする行政訴訟制度からすれば、きわめて例外的な措置であるので、処分の取消しを妨げるような特別の事情がない限り適用すべきではない。

六　明治憲法六一条は、「行政官庁ノ違法処分ニ由リ権利ヲ侵害セラレタリトスル」の訴訟は原則として行政裁判所が管轄する訴訟であり、司法裁判所は審理裁判する権限を有しないとしていた。しかし、行政裁判所法（明治二三年法四八号）には事情判決制度の規定は設けられておらず、その必要性は当時から主張され、昭和七年の行政訴訟法案一七四条は事情判決制度を設けていた。しかし、この法案は成立しなかった。

七　ところが、この事情判決制度は、行政裁判所が廃止された戦後の司法国家体制の下で実現することになった。すなわち、行政事件訴訟特例法（昭和二三年法八一号）一一条は、「処分は違法であるが、一切の事情を考慮して処分を取り消し又は変更することが公共の福祉に適合しないと認めるときは、裁判所は請求を棄却することができる」と規定した。しかし、この規定の内容が不明確であったため、不当な拡大解釈がなされるのではないかという疑いが生じたため、昭和三七年の行政事件訴訟法の制定とともに、その第三一条に前述のように規定された。すなわち、現行訴法の下で事情判決が下されるためには処分または裁決が違法であっても、これを取り消すことが「公の利益に著しい障害を生ずる場合」でなければならず、さらに、この場合でも、直ちに棄却判決をするのではなく、「原告の受ける損害の程度、その損害の賠償又は防止の程度及び方法その他一切の事情を考慮」した上で、判決により処分、裁決を取り消すことが公共の福祉に適合しないと認められる場合にはじめて事情判決をすることができることになっている。

八　事情判決は、取消訴訟の本来の機能を麻痺させ、私益の犠牲の上に公共の福祉を図る制度であり、本来望ましくないが、やむを得ないものとして認められているものである。このため、違法な既成事実を先に作ったものが有利であるということになるともいえる。

このような問題のある事情判決が適用されることを避けるためには、(1)事前救済手続としての行政手続を整備すること、(2)抗告訴訟の対象や原告適格の範囲を拡大すること、(3)執行停止の要件を緩和すること、などの点を検討することが必要であると考える。

九　前述したように学生に対する不利益処分について事情判決が適用された事例はないが、公立学校教育に対する懲戒免職処分の取消訴訟において事情判決の適用が排除された事例がある。すなわち、京都地裁は「被告の本件懲戒処分が取消されると、結果において本件懲戒処分後の全国否世界の耳目をそばだたしめた、日本教職員組合の指導下に行われた不法な学校管理闘争の目的を達せしめることとなるとの主張について考えるに、本件懲戒処分を取消すことによって仮に所論のような結果となっても、それは単に反射的にそのような結果が生じるということがいえるだけのことであって、本件懲戒処分の取消は所論のような学校管理闘争の目的を達成させることを意図するものではないのであるから、そのような結果が発生したとしても、それは別個に考慮すべき問題であって、そのような結果を発生させないために原告等の救済を拒否すべきものとは到底いえないのである。従ってこの点の主張は、理由がないのである。」（京都地昭和三〇・三・五判、行裁例集六巻三号七二八頁）として事情判決の適用を排除している。

(4)　学生に対する不利益処分取消訴訟の判決

一　裁判所が学生に対する不利益処分の取消訴訟の判決を下すと、その判決は、既判力、形成力、拘束力を生ずる。既判力――既判力とは、訴訟がすべての審級をつくし、または上訴期間を徒過したためもはやその訴訟手続内ではその判決の効力を争い得なくなり（これを形式的確定力という）、また、訴訟物（不利益処分の取消請求）について裁判所の判断内容が確定した場合、訴訟当事者間で当該事項について再び紛争を蒸し返すことができないこととなる判決の効力（これを実質的確定力という）のことをいう。したがって、当事者の一方がすでに裁判所により判断の内容が確定した事項について重ねて訴えを提起した場合には、相手方はすでに裁判所の判断が確定しているという抗弁をして訴えの却下を求めることができる。また、裁判所の方も一事不再理の原則によって却下することができる。

二　既判力の性質――既判力の性質に関しては次の点が問題になっている。すなわち、(1)取消判決において、裁判所は、いかなる対象物に関して判断するのか、(2)既判力は裁判所の判決の主文あるいは理由のいずれの部分に示されるのか、という点が問題となっている。右の(1)の取消判決における裁判所の判断と訴訟物の点については、一般に、裁判所が判断する訴訟物は、争われている行政行為の違法性である。すなわち、学生に対する不利益処分取消訴訟における取消判決は、裁判所が学生の不利益処分の違法性を有権的に確定するものである。したがって、裁判所は、学生に対する不利益処分の違法性の有無を訴訟物としているのである。

三　右の(2)の点については、一般に、訴訟法上の原則からすれば、既判力は訴訟物に関する判断にのみ生じ、その判断に至るまでの前提事項に関しては生じないとされている。この一般論によれば、訴訟物に関する判断は、判決主文に示されるので、判決主文についてのみ既判力が生じ、判決事由については生じないということになる。したがって、この見解によると、学生に対する不利益処分の取消判決の既判力は、争われた不利益処分の違法性の判断について生じ、その前提となる違法原因の判断については生じないことになる。したがって、原告学生に対する関係において、当該処分に違法性のないことを確定することになる。

四　しかし、実際には、判決主文がきわめて簡単なため、問題がある。すなわち、判決主文が単に請求認容あるいは請求棄却だけを宣言している場合は、既判力の及ぶ客観的範囲を判決主文だけでは理解できない。このような場合は、判決主文のよって立つ理由も、判決の効力に該当すると考えるべきであろう（行政裁判所昭和四・二・九、法律新聞二九八五号）。また、判決の主文自体において、訴訟物が一義的に明確に記載されていないときは、主文のみならず、これに加えて判決理由中主文によって生ずる部分を総合して主文の意味するところを確定すべきである、とする判決もある（東京地昭和三五・六・一四判、訟務月報六・七号一三七九頁）。

五　取消判決の既判力から生ずる実益——(1)　請求棄却の判決の既判力——請求棄却の判決が下された場合は、当該行政行為が違法でなかったことの判断に関し、既判力が生ずる。したがって、原告たる学生は、同一の不利益処分の取消訴訟を提起することはできなくなる。

(2)　既判力と損害賠償——原告学生から不利益処分取消請求が提起され、それを認容する判決（取消判決）が下された場合には、既判力により、当該懲戒処分の違法性が確定されたのであるから、学長は、学生に対する懲戒処分の取消訴訟とは別の国家賠償請求訴訟において、処分が適法であったことを主張することはできない。また反対に、請求棄却判決が下された場合は、その不利益処分が適法であることが確定されたのであるから、原告学生の方で、他の違法事由を主張して再び懲戒処分の取消しを請求したり、国家賠償請求訴訟を提起したりすることは許されない。

(3)　既判力の適用される範囲――取消訴訟の既判力の適用される範囲は、当該学長だけではなく、当事者とならなかった国または公共団体にも及ぶと解されている。すなわち、「行政処分取消の訴において、処分行政庁が国又は公共団体のため被告となることを定めたものであるから、行政処分取消訴訟の確定判決の既判力が当事者とならなかった国又は公共団体に及ぶことはいうまでもない。また、右の訴における行政処分取消の判決は取り消された処分が違法であることの確認をも含むと解するのが相当であるから、判決の既判力はこの点についても生ずるといわなければならない」（福島地昭和二九・五・一〇判、行裁例集五巻六号一二一四頁）。たとえば、右の(2)の事例でいうと、学生が提起した国家賠償請求訴訟において、国は処分が適法であったと主張することはできない。

(4)　既判力と行政行為の取消し――既判力は、学生に対する懲戒処分が違法であったという判断について生じ、学長に一定の義務を課すものではないので、学長は大学管理機関などの議を経るなど、一定の手続を経て当該懲戒処分を取り消し、変更することができる。

(5)　既判力とその後の事情の変更――既判力は、最終の口頭弁論時を基準として生ずる。したがって、学生が懲戒処分の違法を主張して出訴し、裁判所がその請求を棄却した場合には、再びその違法性を争うことはできないが、新たな行政行為を学長に求めることはできる。その場合の許否は、新たに許否を決する時の事情により決することになる。

(5)　学生に対する不利益処分の取消判決の形成力

学生に対する不利益処分の取消判決が確定した場合は、その処分は、学長の取消しをまつまでもなく当然に効力を失い、当初から不利益処分がなされなかったのと同一の状態になるが、このような状態をもたらす判決の効力を形成力といっている。したがって、裁判所により、学生の不利益処分に対する取消判決が下されると、その不利益処分の効力は、直に遡求的に消滅することになり、はじめから処分が行われなかったのと同じことになる。すなわち、取消判決が下されることにより、当該学生の地位は不利益処分が下されなかった当時に遡って回復することになる。しかし、取消判決を下された後においても学長が判決の趣旨に従わなかったり、判決の趣旨に矛盾するような処分をしていたのでは、学生の救済はできないことになる。そこで、このような事態が発生しないようにするために、行政事件訴訟法第三三条一項は、「処分又は裁決を取り消す判決は、その事件について当事者たる行政庁その他の関係行政庁を拘束する」と規定しているのである。

(七)　学生に対する不利益処分取消判決の拘束力・無効確認訴訟

(1)　学生に対する不利益処分の取消判決の拘束力

判決の拘束力は、(1)「してはならないという不作為義務」の消極的効果と、(2)「取り消さなければならないという作為義務」の積極的効果を生ずる。すなわち、学生の不利益処分の取消判決が下されると、その前提となった違法原因についての裁判所の判断が学長を拘束し、同一の瑕疵が「その事件について」繰り返されることが禁止される。したがって、学長は、当該原告学生に対し同一の事情のもとで、同一理由により同一内容の処分をすることができないことになる。取消判決は、この意味において、消極的効果を有する。

また、本案の確定判決が下されると学長はその判決理由中に示される処分の適法違法の判断に反する行政処分をなし得ないこととなり、その趣旨に沿う措置を採らなければならないということになる。このように取消判決の拘束力は、判決後において学長の行為を規制することになるのである。

この取消判決の拘束力をうけるのは、被告学長と取消判決により取り消された処分に関係をもつ大学の機関である。関係機関は、たとえ訴訟に関与しない場合でも取消判決に拘束され、判決の趣旨に従って行動しなければならない。たとえば、学生の懲戒処分をするのは学長であるが、その処分を行うには評議会の議を経なければならないとされ、学長が当該評議会の懲戒処分決定を根拠に懲戒処分をしたため、被処分者の学生がその懲戒処分の取消しを求めて学長を相手に出訴した場合、その懲戒処分の取消判決の効力は、評議会にまで及び、評議会は懲戒処分決定を撤回しなければならないということになる。

(2) 学生に対する不利益処分取消判決の拘束力に関する実益

(1) 拘束力の主観的範囲（関係行政庁の意義）――行政事件訴訟法第三三条一項の「関係行政庁を拘束する」という規定の関係行政庁とは、取り消された学生の不利益処分にかかわる事件に関して、なんらかの処理権限をもつ行政庁をいうとされている。学生に対する懲戒処分については評議会などがこれに該当すると思われる。

(2) 拘束力の客観的範囲――取消判決の拘束力は取消判決の下された学生の不利益処分の個々の違法原因について生ずるのであって、違法性一般について生ずるのではないとされる。すなわち、拘束力は裁判所が違法としたと同一の理由なり資料に基づいて同一人に対し同一の行為をすることを禁ずるにすぎないので、別の理由もしくは資料に基づいて同一の処分をすることができるとされている。たとえば、手続形式の瑕疵を理由に取り消されたときは右手続上の欠陥を補正し、あらためて同一の内容の処分をすることを妨げないとされている（青森地昭和二五・一一・一六判・行裁例集一巻一一号一六二六頁）。右のことは学生に対し別個の理由により同一内容の不利益処分をすることを妨げないということを意味すると思われる。

しかし、たとえば、学生Xが卒業試験においてカンニングをしたという理由で懲戒処分をうける場合に、十分な弁明の機会も与えられず、また、十分な調査も行われないで懲戒処分に付されたため、学生Xが懲戒処分取消訴訟を提起し、裁判所が懲戒処分を取り消した場合、学長が懲戒処分手続の欠陥を補正して、Xを再び懲戒処分に付することは法理論的には許されるということになる。そして、この処分をまた争うということになると、事件は裁判所と学長との間を往復し、最終的決定がなされないということになる。しかも、処分取消訴訟において被告学長は処分時に現われていなかった新たな資料を提出することができるというのでは、原告学生はきわめて不利であるということになる。このため、学長は前訴で提出できたであろう理由に基づく同一処分はなし得ないと解すべきであろう。

(3)　判決の拘束力とその違反行為――また、たとえば、学生の退学処分の取消判決が下されたにもかかわらず、学長がその判決の趣旨に従わず、再度、退学処分を行うことは違法であり、そのような処分は取り消され、または無効となる（取消判決の趣旨に従わない再度の賦課処分は違法であり取消しを免れない（行政裁昭和五・一一・一八判・行録四一輯一四三〇頁））。また、たとえば、退学処分の取消判決が下されたにもかかわらず学長がなんら適切な措置をとらない場合（不作為の場合）は、国家賠償法上の違法行為となり、国家賠償の問題が生じよう。たとえば受刑者に関する事件であるが、刑務所内で受刑者に対する図書購入のための領置金使用願不許可処分が違法であるとし原告勝訴の判決がなされ確定したにもかかわらず、なお、図書購入を許さなかった行為は違法であるとする事例がある（広島地昭和四三・三・二七判・訟務月報一四巻六号六一四頁）。

(4)　判決の拘束力と職権取消し――学生に対する不利益処分の取消判決の拘束力は、その学生に対する不利益処分の取消判決や処分取消請求認容判決の効力とされている。したがって、この拘束力は学生に対する不利益処分取消請求棄却判決や却下判決については生じない。したがって、これらの判決が下されても学長は係争処分を職権で取り消す事由があれば、取り消すことができる。

(3)　**取消訴訟から民事訴訟への請求の変更**

学生が違法な不利益処分であるとして、その取消しを求める訴えについても、民事訴訟法第二三二条（「原告ハ請求ノ基礎ニ変更ナキ限リ口頭弁論ノ終結ニ至ル迄請求又ハ請求ノ原因ヲ変更スルコトヲ得」）による訴えを変更することは認められる。ただし、右の民事訴訟法第二三二条による訴えの変更は、同一当事者間の訴えの変更でなければならない。したがって、処分取消訴訟を損害賠償請求訴訟などの民事訴訟や当事者訴訟に変更することは許されない。しかし、取消訴訟は時間がかかったりして、訴訟係属中に期間が満了してしまったり、目的物が滅失したりして、係争中の処分が失効して取消訴訟の訴えの利益が消滅してしまうことがある。このような場合、たとえば右の学生の不利益処分の取消訴訟を、違法処分を理由とする損害賠償請求訴訟に変更して訴訟を続行することが望ましい場合がある。そこで行政事件訴訟法第二一条一項は、「裁判所は、取消訴訟の目的たる請求を当該処分又は裁決に係る事務の帰属する国又は公共団体に対する損害賠償その他の請求に変更することが相当であると認めるときは、請求の基礎に変更がない限り、口頭弁論の終結に至るまで、原告の申立てにより、決定をもって、訴えの変更を許すことができる。」と規定している。したがって、訴えの変更は、請求の基礎に変更がなく、かつ、裁判所が原告学生の訴えの変更の申立てを相当と認めた場合に許される。そして、裁判所は、この訴えの変更を許すかどうか、従来の処分取消訴訟によってはその目的を達することができないかどうか、従来の訴訟手続と訴訟資料を利用する実益があるかどうか等を考えて、その裁量によって決定する（行訴法二一条一項）。この決定は書面で行い、その正本を新たな被告に送達しなければならない（同条二項）。

なお、裁判所は原告学生から訴えの変更の申立てがあった場合には、事前に当事者や新たに被告となる者の意見を聞かなければならない（行訴法二一条三項）。

右の訴えの変更を許す決定に対しては、従前の訴えの被告又は新たな被告は、即時抗告をすることができる。これに対して、訴えの変更を許さない決定に対しては、不服を申し立てることができない（同条五項）。

たとえば、裁判例として、違法な行政処分の取消しを求める訴えを損害賠償を求める訴えに変更すると同時に、被告たる行政庁を国に変更することは、許される（東京高昭和二九・三・一八判・行裁例集五巻三号六五五頁、東京高昭和三〇・一・二八判・行裁例集六巻一号一八一頁）とする事例がある。

(4) 民事訴訟から取消訴訟への請求の変更

行政事件訴訟法には、民事訴訟や当事者訴訟を取消訴訟に変更することを認める規定がない。しかし、取消訴訟から民事訴訟への請求の変更が許されているとするならば、民事訴訟から取消訴訟への請求の変更が許されないという積極的な理由もない。すなわち、出訴期間などの要件が備わっていれば、国家賠償請求訴訟を取消訴訟に変更したり、学生に対する懲戒処分の無効を前提とする学生の身分確認訴訟を懲戒処分の取消訴訟に変更することはできると考えるべきであろう。

(5) 学生に対する不利益処分と無効確認訴訟

(1) 無効確認訴訟の性格――無効確認訴訟とは処分もしくは裁決の存否又はその効力の有無の確認を求める訴訟をいう（行訴法三条四項）。

無効確認訴訟の性格に関しては、従来、二つの対立する考え方があった。すなわち、一つは、無効確認訴訟を抗告訴訟と解して取消訴訟とできるだけ同じに取り扱おうとする考えである。二つは、無効確認訴訟は処分の公定力が存在しない訴訟手続であるという考えの下に当事者訴訟として扱うべきであるとする考えである。この両者の見解は、具体的には⑴被告適格、⑵裁判管轄、⑶仮処分の可否の問題などの点について対立していた。このため、現行の行政事件訴訟は、この点を立法的に解決し、無効確認訴訟を抗告訴訟の一つとして取り扱った。

しかし、理論上、重大かつ明白な瑕疵のある無効な行政行為については、何人も無効確認訴訟を提起しなくてもこれを無視することができるのであるから、いちいち取消訴訟のように広く無効確認訴訟を認める必要はないという考えに基づいて、行政事件訴訟法は無効確認を提起できる場合を制限し、無効確認訴訟を提起しなければ、原告を十分保護することのできない場合にだけ認めることにしている。したがって、補充的な救済手段として無効確認訴訟が認められているということになる。

行訴法第三六条は、「無効等確認の訴え」の原告適格について規定している。すなわち、無効確認の訴えを提起することかできるものには、(i)「当該処分又は裁決に続く処分により損害を受けるおそれのある者」と(ii)「その他……現在の法律関係に関する訴えにより目的を達することができないもの」がある。この無効確認訴訟についてまず問題になるのは、右の(i)と(ii)の二つの要件が要求されるのかということである。

(2)　無効確認訴訟の原告適格——一般に無効等確認訴訟を提起できるものは、(i)「当該処分又は裁決に続く処分により、損害を受けるおそれのある者」か、(ii)「その他当該処分又は裁決の無効等の確認を求めるにつき法律上の利益を有する者で、当該処分若しくは裁決の存否又はその効力の有無を前提とする現在の法律関係に関する訴えによって目的を達することができないもの」に限られるとされている（熊本地昭和四一・七・一判・行裁例集一七巻七・八合併号七五五頁、東京地昭和四五・二・二四判・行裁例集二一巻二号三四三頁）。すなわち「当該処分又は裁決に続く処分により損害を受けるおそれのある者」の訴えは、一定の行政処分に続く、後続処分により被ることが生ずるかも知れない動的関係の行政処分による損害を防止しようとする予防訴訟的性格を有すると解し、「現在の法律関係に関する訴えによって目的を達することができない」場合の訴えは、すでに完結した行政処分に対するいわば一応納まりのついた静的法律関係についての事後の救済訴訟的性格をもつと解されている。そして、行訴法第三八条、第三三条一項、第二五条による判決の拘束力や執行停止などにより、いわゆる予防の目的を達することができる場合には、その先行処分に無効確認の利益を認めるのが制度の趣旨である。たとえば、建築物は、その差押え処分により、また、後続の公売処分により損害を受けるおそれがあるので、原告の被処分者は被告国税局長に対し、右差押え処分の無効確認を求める利益がある。すなわち、当該処分の後続処分により損害を受けるおそれのある者は、それだけで無効確認の訴えの利益を有する（前掲東京地昭和四五・二・二四判、東京地昭和四三・一〇・五判・行裁例集一九巻一〇号一六〇七頁）。すなわち、行訴法第三六条前段は、予防訴訟の考え方、後段は補充的な訴訟の考え方に立っている。

(3)　無効確認訴訟の裁判例——(a)学生にする不利益処分と無効確認訴訟との関係が問題となった裁判例として次の

ようなものがある。すなわち、原告は秋田大学の学生であるが、(1)被告秋田大学長は昭和三五年三月原告に対し原告を同大学の学籍から除籍するとの処分をしたが、被告は原告に対し右処分を正式に告知せず、原告が処分理由の説明を求めてもなんらの応答をしないのみならず、右処分は審理機関の適正な審議を経ずにその職権を濫用した不正な決定に基づいてなされたものであるから無効であること、(2)原告は右処分がなされる以前に、秋田大学に対し編入学検定料一、〇〇〇円、入学金一、〇〇〇円、授業料九、〇〇〇円、誠身寮費一〇〇円、以上合計金一一、一〇〇円を支払ったが、原告は被告の右違法な処分によって同大学における学習を妨害され、その結果右同額の損害を被ったこと、を理由に、右処分の無効確認と損害賠償として右同額の全額の支払いを求めた。

これに対し、裁判所は、「国立大学の学長が当該大学の学生を除籍する行為は、当該学生を国の営造物たる国立大学の利用関係から一方的に排除する効果をもつものであるから行政事件訴訟法にいわゆる行政処分というべきであるが、行政処分の無効確認訴訟はその処分の効力の有無を前提とする現在の法律関係に関する訴によってその目的を達することができないときに限り許される（同法第三六条）ものであるところ、原告は被告のした除籍処分の無効を前提として、国を被告として、秋田大学の学生たる身分を有することの確認を求める等の現在の法律関係に関する訴によって本件無効確認の訴と同じ目的を達することができるのであるから、本件無効確認の訴は不適当である。

また、本件損害賠償請求の訴については、賠償義務の主体となり得る国を被告として提起したのであれば格別、行政庁である本件被告は当事者たる適格を有しないから、右訴も又不適法である。

しかして、右の欠缺はいずれも補正することができないものであるから、本件訴は口頭弁論を開くまでもなく、いずれも却下すべきである。」（秋田地昭和三八・二・二五判・行裁例集一四巻二号一九八頁）と判示している。

すなわち、学生の除籍処分の無効確認を求める訴は、現在の法律関係に関する訴、すなわち、地位確認の訴えによって目的を達することができるので、不適法であるということである。

(b)　次に学生の不利益処分に関する事案ではないが、公立学校の職員と免職処分の事案をあげておきたい。県立高校の職員が、地公法第二八条一項四号（「職制もしくは定数の改廃又は予算の減少により廃職又は過員を生じた場合」）に基づく免職処分に重大かつ明白な瑕疵があるとして、その無効確認を求めた事案について、裁判所は、「無効等確認の訴えの原告適格を定めた行政事件訴訟法第三六条の法意に鑑みれば、原告に対する本件免職処分の性質からして、なお該処分にもとづきこれに続く行政処分の発動は考えられない」から「原告らにおいて本件免職処分に続く処分により損害を受けるおそれがあるものとはいえない」、原告は「本件免職処分の無効を前提又は理由として現在における原告らの奈良県立高等学校職員たる地位身分の確認を求めるいわゆる公法上あるいは私法上の現在の法律関係に関する訴えを提起することが可能であり、かつ、行政事件訴訟法第四五条の規定も存することであるから、右の訴えによって原告らの訴訟上の救済は充分果たされるというべきである」としている（奈良地昭和四二・一・九判・行裁例集一八巻一・二合併号二頁、同趣旨前橋地昭和四二・四・二〇判・教職員人事関係裁判例集五集八二頁、大阪高昭和四三・一〇・三一判・行裁例集一九巻一〇号一七〇一頁）。

(4)　学生に対する退学処分の無効確認訴訟の適否――学長により退学処分に付された学生が、その退学処分の無効確認を求める訴えは、学長のなした退学処分の無効を前提または理由とする現在の法律関係である学生としての地位確認の訴えにより目的を達することができるので、学生は、行訴法第三六条によ無効確認の訴えを提起することができない。また、その無効確認の訴えの趣旨が、学生としての地位確認を求める趣旨であるとしても、その訴えは、行訴法第四条の公法上の法律関係に関する訴訟すなわち当事者訴訟である。したがって、当該法律関係の帰属する権利主体のみが正当な権利主体であるので、公法上の法律関係の帰属主体である国を被告として訴えるべきであり、学長を被告として訴えを提起することはできないということになる。

すなわち、学生の退学処分の無効確認の訴えは不適法であり、行訴法第四条の当事者訴訟で争うことになること、その場合、公法上の法律関係の帰属主体たる国または公共団体を被告として訴えるべきこと、などが、学生の退学処分と無効確認訴訟との関係で注意しなければならない点である。

なお、右のように、退学処分の無効確認の訴えが不適法であるとして却下する判決が下された場合は、いわゆる既判力が生じない。したがって、却下判決は、訴訟要件を具備すると再訴が許されるので、請求棄却の判決よりも被処分者である学生にとって有利であるといえよう。

(八) 学生に対する処分と不作為違法確認訴訟

(1) 学生に対する利益処分と不作為違法確認訴訟

一　不作為違法確認訴訟とは、行政庁が法令に基づく申請に対し、相当の期間内に何らかの処分または裁決をすべきにかかわらず、これをしないことについての違法の確認を求める訴訟をいう(行訴法三条五項)。この訴訟が認められるのは、行政庁がなんらかの処分をなすべき場合に処分をしないで放置しておくことは、違法な処分をなしたと同じく相手方の権利を侵害することになるという考え方に基づいている。したがって、この訴訟は、行政庁がなんらかの処分をしないことが違法であると宣言することにより、行政庁の事務処理を促進し、処分の申請に対する応答を促すものにとどまる。すなわち、裁判所が行政庁に対して一定の行為を行うべきことを命令したり義務づけたりすることを求める訴訟ではない。

二　右の不作為違法確認訴訟についての学生に関する事件として、金沢大学医学部試験不実施事件がある。すなわち、本件において、Xらは、金沢大学医学部に在学中の学生で法医学科目については出席時間数を充足し、所定の履習も終了していたので、同科目の試験の受験資格があるとして、Y(医学部長事務取扱)に対し昭和四五年七月二一日付で同科目の試験受験の申請書を提出した。これに対し、Yは、右受験申請書には、学内慣行となっている担当教官の承認印がないことを理由に、これをXらに返還しようとしたが、Xらは、これを拒否したため、右受験申請書を学生係に保管させ、右申請に対してなんらの応答もせず、同科目の試験も実施しなかった。

しかし、法医学科目を除く他の科目の試験は実施されていた。そしてXらはそれらの科目には合格していたので、法医学科目の試験に合格し、単位の認定をうければ卒業できる状況にあった。

他方、法医学科目の担当教官は、Xらを含む同大学医学部学生が昭和四四年一二月から昭和四五年五月七日まで授業放棄を行い、その間に実施された法医学科目の試験をXらが妨害した行為、暴力行為や中傷文書の送付などの行為を公的に謝罪していないことなどを理由に受験申請書への承認印の押捺を拒否し、Xらの受験申請を認めなかった。そこでXらは右の受験申請に対しYがなんらの処分もしないのは違法であるとしてその旨の確認を求めて出訴した。

本件について、(1)不作為の違法確認の訴えの当事者適格、(2)国立大学の在学生に対する試験実施と自由裁量、(3)学生の受験申請と行訴法第三条五項の「法令に基づく申請」との関係などが問題となった。

右の論点のうち、(1)および(2)について、被告医学部長事務取扱（当時）は、不作為の違法確認の訴えとは、行政庁が、法令に基づく申請に対し、相当の期間内に処分をしないことについての違法の確認を求める訴訟であるが、Xらが本件申請の根拠とする医学部の「科目試験に関する内規」は公の営造物たる国立大学の営造物規則であって、講学上のいわゆる「行政規則」であるから、法規たる性質を有しない、したがって、Xらの主張する本件申請は、行訴法第三条五項にいう法令に基づく申請とはいえないので、Xらは不作為違法確認訴訟の原告適格がないと主張した。

これに対して、裁判所は行訴法第三七条は不作為の違法確認の訴えの原告適格について、「処分又は裁決についての申請をした者に限り提起することができる。」と規定しているが、ここにいう「処分又は裁決についての申請をした者」とは、申請権限の有無を問わず、当該訴訟の対象となっている不作為の内容である処分・裁決について、現実に申請した者であることを要し、かつ、それをもって足りると解すべきであるとし、Xらの原告適格を認めた。

さらに、また、内規に基づく受験申請が、行訴法第三条五項にいう「法令に基づく申請」に該当するかどうかという点について、右内規をいわゆる講学上の行政規則に属すると認めたが、「行政規則の形式をとりながらその実質においては法規の補充としての意味をもち、それ自身法規的性質を有するものがあることは一般に肯認されているところである。そして、右の如き法規的性質を有する行政規則に基づく申請については、行訴法三条五項にいう『法令に基づく申請』といい得るものと解するのが相当である。」とした。すなわち、裁判所は、内規を法規的性質を有する規則と解釈し、原告適格を認めたのである（金沢地昭和四六・三・一〇判、行裁例集二二巻三号二〇四頁）。

そして、右のXらの受験申請に対し、Yらがなんらの処分をしないのは違法であるとして出訴した不作為の違法確認の訴えについて、金沢地裁はXらの請求を認容したのである。

これに対し、本件の控訴審判決もXらの原告適格を認めた。すなわち、名古屋高裁は、申請者が不作為違法確認の訴えによって求めているものは、まさに、このような「行政庁の不作為についての第一次的判断が、法令上いかなる実体的評価を受けるべきかの裁判所の判断であるということができるのである」とし、法令上一定の申請事項につき処分または裁決について現実に申請した者であれば、不作為違法確認の訴えを提起するにつき、正当な当事者たり得るとし、Xらの受験申請は学校教育法、金沢大学医学部の「科目試験に関する内規」に基づくものであるから、Xらは当事者適格を有する、と判示した（名古屋高金沢支部昭和四六・九・二九判・訟務月報一七巻一〇号一六二六頁）。

三　結局、右に引用した事例は、学生の受験申請に関する内規は学校教育法第六三条第一項を補充し、同時に学生の基本的権利を保障する具体的・手続的規程であって法規たる性質を有するとし、これに基づく申請は「法令に基づく申請」であると判示したのである。

(2)　不作為違法確認訴訟の訴訟要件

この不作為違法確認訴訟の訴訟要件は、次のとおりである。

(1)　不作為が存在すること——不作為というのは、法令に基づく申請に対し、行政庁が相当の期間を経過したにもかかわらず諾否の応答を示さず、申請を放置していることをいう。右の金沢大学事件では、Xらの受験申請書をYが学生係に保管させ、Xらの申請になんらの応答もせず、試験を実施しなかったことが、これに該当する。

金沢大学の「科目試験に関する内規」に基づき申請している行為がここでいう不作為違法確認訴訟の対象に該当するか否かが問題になっていることからも分かるように、不作為違法確認訴訟には、裁判所の判断を求めるという意味もあることに注意しなければならない。

また、不作為の違法確認訴訟を提起している間に、行政庁が申請の認容または拒否を通知してきた場合は不作為ではなくなるので、当然不作為の違法確認の訴えの利益はなくなる。

金沢大学事件の控訴審では、Y（学部長）は、金沢地裁判決言渡し後間もなく、昭和四六年三月一三日付で、Xらの申請を却下するという処分を書面により行った。このため不作為の違法状態は存在しなくなった。すなわち、名古屋高裁は、「控訴人の被控訴人ら学生に対する昭和四六年三月一三日付の書面による応答について考えるに、右書面によれば、控訴人は担当教官の承認を得ない受験申請によっては当該申請科目の試験を実施する意思はない旨明記していることが認められるから、控訴人は右書面によって、はじめて被控訴人らの昭和四五年七月二一日付および同年一二月一四日付の申請書による本件受験申請に対し、右申請には応じ難い旨の却下処分を表明したものと解することができる。」

「してみれば、被控訴人らの本件受験申請に対する控訴人の不作為の状態は、控訴人の前記昭和四六年三月一三日付の却下処分により解消したものというべきであって、被控訴人らの本件訴えはいずれもこれを維持遂行すべき具体的利益は消滅したものといわなければならない。よって、本件訴えは、本案について審理するまでもなく、いずれも不適法として却下を免れない。」と判示し、却下処分があった以上、Xらの不作為違法確認の訴えは維持できないとして、右訴えを却下した（確定）。

(2)　処分または裁決について申請をした者が訴えを提起すること（行訴法三七条）——申請が法令に基づくものであるかどうかは本案審理に入ってから判断すべき事柄であるので、適法な申請者も、事実上の申請者もこの訴訟を提起することが認められる。

(3) 被告適格を有する行政庁を被告とすること（行訴法一一条、三八条一項、取消訴訟の例による）。
(4) 裁判管轄を有する裁判所に出訴すること（行訴法一二条、三八条一項）。
(5) 審査請求との関係は取消訴訟の例によること（行訴法八条、一〇条二項、三八条四項）。
(6) 一定の形式を備えた訴状をもって出訴すること（民訴の例による）。

なお、不作為違法確認訴訟にあっては、出訴期間について計算できないので出訴期間の制限規定は適用されない。

(3) 不作為違法確認訴訟における審理

一　不作為違法確認訴訟の訴訟要件が満たされると本案審理に入ることになる。本案審理で注意すべきことは、(1)この不作為違法確認訴訟で何を審理するのか、(2)どのような手続で審理が進められるかということである。

不作為違法確認訴訟においては、(1)原告が行った許認可の処分の申請や裁決の申請が法令に基づく適正な申請であるかどうか、(2)これらの申請に対する行政庁の不作為状態がたしかに不当に長期に及んでいるかどうか、の二つの点が審査される。右の(1)の点については、原告の申請について、行政庁の判断を求める手続上の要件（前示した）が法令に合致しているかどうかということを判断する。また、(2)の点については、原告が行政庁に対し許認可等を申請したときから、裁判所が判決を下す時までの行政庁の不作為が一般に必要とされている相当な期間をこえているか否かが判断されるのである。

二　この点を金沢大学事件についてみると、名古屋高裁は、右の(1)の手続上の要件のうちの原告適格について、「不作為の違法確認の訴えにおける原告適格については、法令に基づく申請をした者に限るか、それとも申請権限の有無にかかわらず現実に申請した者をいうのかにつき議論のわかれているところであるが、当裁判所は申請権限の有無は、右訴えにおける本案の問題であって、現実に処分又は裁決について申請をした者であれば右訴えについて正当な当事者であると解するものである。

すなわち、不作為の違法確認の訴えは、私人が法令上一定の申請事項について申請することが認められている場合において、行政庁の右申請に対する応答の遅延ないし不作為状態が違法であることの確認を求め、もって申請権者の救済をはかることを目的とする制度である。したがって、右制度の趣旨からいって、法令上申請権限のない者の申請については行政庁はこれに応答する義務（何らかの処分をすること）はないが、一定の申請事項が実質的に法令上の根拠を有するかどうかの判断はかならずしも容易ではないのであって、行政庁が一定の申請に対して応答しないという不作為も、すでにこのような法令上の根拠についての第一次的判断を経たうえのことであってみれば、現実の申請が本件訴えによって求めているものは、まさにこのような行政庁の不作為についての第一次的判断が法令上如何なる実体的評価をうけるべきかについての裁判所の判断であるということができるのである。

しこうして、原告適格は、原告が特定の訴訟物についてその存否を確定する判決をうけるに値するだけの利害関係人であるかどうかという観点からその有無が決められるものであるから、不作為の違法確認の訴えについて考えてみると、法令上一定の申請事項に関し現実に申請をした者であれば、行政庁が右申請事項に対応する何らかの処分をしないことが違法であるかどうかの判断を求めるだけの必要ないし利益はあるものということができ、また当該申請者の右のような利益は不作為の違法確認の訴えの制度を設けた趣旨に十分相応するものと解せられる。行訴法三七条が『不作為の違法確認の訴えは、処分又は裁決について申請をした者に限り、提起することができる。』と規定しているのは、申請権限があっても現実に申請しない者は右訴えを提起することは許されないが、法令上一定の申請事項につき処分又は裁決について現実に申請した者であれば右訴えを提起するにつき正当な当事者たり得る者と認めた趣旨であると解するのが相当である。

ところで、被控訴人Aが昭和三八年四月、同Bが昭和三九年四月金沢大学医学部へ入学し、その後現在に至るまで、同大学学生の身分を有していること、そして、被控訴人らが昭和四五年七月二一日付をもって控訴人に対し法医学科目の試験受験申請をしたことは当事者間に争いがなく、さらに、被控訴人らは右申請は学校教育法、金沢大学医学部の『科目試験に関する内規』1、3項を根拠とする旨主張しているのであるから、被控訴人らが本件訴えについて当事者適格を有するものというべきである。」とし、不作為の違法確認の原告適格の点と、期末試験の不実施と受験申請者の原告適格の点について判断した。

(4) 不作為違法確認訴訟の審理手続

一　不作為違法確認訴訟を提起することができるのは、原告の法令に基づく許認可などの処分または裁決を求める申請に対して行政庁が相当の期間を過ぎても諾否の応答を示さない場合に、その応答を示さないことが違法であるという場合である。したがって、行政庁が一定の処分をしていないので裁判所に対し執行停止を求めるというようなことはその性質上許されないことはいうまでもない。したがって、執行停止、内閣総理大臣の異議など行訴法第二五条から第二九条までと、第三二条二項の規定は準用されない。また、行政庁の一定の処分が示されていないのであるから、行政庁の自由裁量に属する事項も問題とされず、行訴法第三〇条の準用もない。

この訴訟には、取消訴訟の規定が準用されるが、その準用されるものを列記すれば次のとおりである。すなわち、(1)関連請求の併合、共同訴訟（行訴法一六―一九条）、(2)国または公共団体に対する訴えの変更（行訴法二一条、たとえば、不作為の違法確認訴訟の係属中に、行政庁が処分をなし、不作為状態が解消された場合に、国家賠償請求訴訟に切りかえるというようなもの）、(3)訴訟参加（行訴法二二条、二三条）、(4)職権証拠調べ（行訴法二四条）の規定が準用される。

二　金沢大学事件については、右の(1)の関連請求該当の要否と(2)の訴えの変更が問題となった。すなわち、本件では、控訴審の名古屋高裁の段階で、Xらは、不作為の違法確認の訴えにY（学部長）が、当該申請科目の試験を実施しないことを理由に、本件受験申請に応じ難い旨の却下処分をしたため、その却下処分の取消請求を追加併合した。このため、不作為違法確認の訴えを取り下げると、訴えの変更と同様の結果を生ずる。この場合、却下処分取消訴訟が係属中の抗告訴訟の関連請求に該当するか否か（行訴法一九条一項前段）が問題となり、さらに、行訴法一九条二項との関係が問題になった。すなわち、行訴法一九条一項は「原告は、取消訴訟の口頭弁論の終結に至るまで、関連請求に係る訴えをこれに併合して提起することができる。この場合において、当該取消訴訟が高等裁判所に係属しているときは、第一六条第二項の規定を準用する。」と規定し、第一六条一項は「取消訴訟には、関連請求に係る訴えを併合することができる。」、二項は「前項の規定により訴えを併合する場合において、取消訴訟の第一審裁判所が高等裁判所であるときは、関連請求に係る訴えの被告の同意を得なければならない。」と、それぞれ規定している。

三　金沢大学事件における訴えの変更については、行訴法一九条後段で準用されている一六条二項の「行政庁の同意」を要するか否かが問題になった。本件において、Y（学部長）は、訴えの変更について同意を与えなかった。そこで、Xらは、「一体民訴法の規定によれば何ら被告の同意が必要とされないのに、行政事件なるが故に被告＝行政庁は何故同意をするしないという特典を与えられるのであろうか。控訴人の解釈論は、全く国民を愚弄し、行政庁を不当に優遇するものであって、そのような見解にはとうてい承服しがたい。」と主張した。

これに対して、名古屋高裁は、次のように判断した。すなわち、「行訴法一九条二項の趣旨は被控訴人ら主張の趣旨と異なるばかりでなく、行訴法の関連請求の併合、追加、変更に関する諸規定（同法一六条ないし二一条）を総合して考察すると抗告訴訟が高等裁判所に係属しているときに関連請求の併合等の提訴がなされる場合には行政庁の同意（審級の利益を保障したものと解される）が無視できない要件となっていることがわかるのである。」

「抗告訴訟における請求の追加的併合の場合には新訴が現に係属する抗告訴訟の関連請求に該当するかどうかが、その要件とされているため、制度上民訴法におけるような保障がないからであろう。もっとも、個々具体的訴訟において審級の利益が必ずしも害されない場合のあることは予想され得るが、しかし、そのことを抗告訴訟における追加的併合の要件として制度上行政庁の同意を必要とすることとは何ら矛盾するものではない。

したがって、被控訴人らが本件訴えの変更については控訴人の審級の利益は何ら害されいと主張することには理由がない。

このようにみてくると、行訴法一九条二項の規定は、同条一項、後段に規定する請求の追加的併合の場合には行政庁の同意を要件とする定めを何ら無用に帰せしめるものではないといわなければならない。」と判示した。すなわち、名古屋高裁は、本件の訴えの変更について、行訴法一九条後段で準用されている一六条二項の行政庁の同意を要するか否かについて、行訴法の関連請求に関する規定の趣旨に照らし、行政庁の審級の利益を考慮すべきであって、民訴法二三二条の準用が、右の考慮までも排斥するものとは考えられない旨、判示したのである。

四　不作為の違法確認判決は、行政庁に対し拘束力を有する(行訴法三三条、三八条)。すなわち、この判決が下されると行政庁は申請に対してなんらかの行為(申請を認容するか申請を棄却するか)をしなければならないという拘束力をうける。

なお、行政庁が、被告、参加人となるので訴訟費用の裁判に関する規定(行訴法三五条)も準用される。しかし、この不作為違法確認判決は、取消判決のように、行政処分の効力を遡求的に消滅させるとか、はじめから当該処分が行われなかったのと同じ状態を発生させるということはあり得ないので、判決の対世的効力は問題にならない。さらに、事情判決もあり得ない。したがって、事情判決(行訴法三一条)、判決の対世的効力(行訴法三二条)、第三者の再審に関する訴え(行訴法三四条)の規定は準用され得ない。

(九)　学生に対する処分と当事者訴訟・争点訴訟

(1)　国公立大学生の身分確認訴訟と当事者訴訟

(A)　「本訴は要するに、原告等は孰れも長野師範学校の生徒なるところ昭和二三年一〇月二〇日同校校長から退学を命ぜられたが該退学処分は憲法等に違反し当然無効であって原告等は今尚同校の生徒たる身分を有し居るから之が確認を求めるといふのであって右退学処分そのものの取消若くは該処分そのものの無効確認を求めるにあらずして原告等が現在尚同校の生徒たる地位を有して居ることの確認を求めて居るものであること訴状記載の請求の趣旨並に原因に徴し明かである。而して長野師範学校は学校教育法第九八条同法施行規則第八五条師範教育令第二条等に依って存続する国立の学校であるから所謂国の営造物であって同校に入学し同校の生徒となる法律関係は国の営造物の利用関係であり公法上の法律関係である。従って原告等が本訴に於て同校の生徒たるの地位の確認を求めるのは即ち右の国の営造物利用関係の存在確認を求めるに外ならない。而して国の営造物の主体即ち国家の営造物利用者との間に生ずる法律関係である。従って国立学校の生徒たるの地位の確認即ち国の営造物利用関係の存在確認を訴を以って請求するには国を被告とすべきものであって国の営造物の管理機関である学校長を被告とすべきではない。然るに本訴は長野師範学校長岩波喜代登を被告としているから当事者を誤っているのであって、此の点に於て不適法と謂はねばならない。而して本訴には行政事件訴訟特例法第七条の適用なく従って右の不適法は其の欠缺を補正出来ないものであるから之を却下する。」（長野地昭和二四・二・一〇判・行裁月報一三号九一頁）。

(B)　「本件仮処分申請は要するに、申請人等はいずれも京都府立医科大学学生であったところ、昭和二四年一一月一五日本科教授会の決議により翌一六日口頭で同大学学長から放学処分を命ぜられたが、その放学処分は申請人主張の㈠乃至㈣の理由で無効でありなお申請人田阪、門脇両名は被申請人のどうかつに基く父兄の哀願や強要に負けて退学願を無理矢理出さされる破目に陥ったものであるからこれ又当然無効であって、申請人等は今なお同大学の学生たる身分を保有しているからその確認と同大学の内外における申請人等の学生としてなす一切の行動を妨害してはならいことを求めるというのであって、右放学処分そのものの取消を求めるものでないことは明白である。ところで京都府立医科大学は学校教育法第九八条同法施行規則第九一条旧大学令、旧大学規程によって存続する京都府立の大学であるから、いわゆる京都府の営造物であって、同大学に入学して学生となる法律関係は、京都府の営造物の特別使用関係であり、公法上の権利義務関係である。この法律関係のみが一に右大学と在学生との法律関係である。従って本件仮処分申請は、とりもなおさず申請人等と京都府との間に本件大学なる営造物の特別使用関係の存在することを前提とするものである。申請人は、被申請人は右大学の管理者であって申請人等の学生たる身分すなわち営造物たる右大学利用関係は申請人等と被申請人との間に存するものであると主張するが被申請人は右大学学長としてすなわち大学なる営造物の主体なる京都府の機関として旧大学規程第一〇条第一一条京都府立医科大学学則第三四条により学生の懲戒権を行使する権限を有する外右諸法規の明規する諸種の権限を有することは明らかであるがいまだもって学長が大学なる営造物の管理主体なりと解すべき成法上の根拠なくむしろ却て学校教育法第五条地方自治法第二条第二項第五号第一四九条第三号等の規定に徴すればその管理主体は京都府なりと解すべきである。」

「申請人は本件の本案たる学生たることの身分関係確認訴訟において被告として訴訟物たる権利関係の主体たる京都府に対し訴を提起せねばならぬことは既に上述したところにより明瞭であろう。ひっきょう本件仮処分申請は被申請人たり得ざる者を被申請人として為されたものであってこの申請はこの点において失当である。」（京都地昭和二五・一・一七判・行裁例集一巻三号四五七頁）。

冒頭(A)に掲げた見解は、国立学校の生徒たるの身分の確認を求める訴えは、学校長を被告として訴えるべきか、国を被告として訴えるべきかが問題となった事案についての判決の一部であるが、裁判所は、国を被告として訴えるべきであるとした。すなわち、原告Xは、長野師範学校の生徒であるが、校長から退学を命ぜられたため、退学処分は無効であるとして、同校の生徒たるの身分の確認を求めて訴えを提起した。このような場合、学校長を被告とすべきか、国を被告とすべきかが問題となったのである。

また、冒頭(B)の見解は、府立大学の学生たることの身分関係保有の確認を求める訴えは、府を被告とすべきであるとするものである。

右の(A)と(B)の訴訟は、抗告訴訟ではなく、いわゆる公法上の当事者訴訟である。

以下、この公法上の当事者訴訟について検討を加えておきたい。

(2) 学生に対する不利益処分と当事者訴訟

行政事件訴訟法第四条は、当事者訴訟について「当事者間の法律関係を確認し又は形成する処分又は裁決に関する訴訟で法令の規定によりその法律関係の当事者の一方を被告とするもの及び公法上の法律関係に関する訴訟をいう」と規定している。

この当事者訴訟は公法上の法律関係について疑いまたは争いのある場合に相争う権利主体が原告、被告の立場に立って権利関係を争う訴訟である。したがって、この訴訟は抗告訴訟のように、たとえば、違法在学生に対する懲戒処分が行われた場合にその学生の権利・利益の保護やその救済を目的としてなされるものではない。

すでに検討を加えてきた抗告訴訟は、行政庁としての学長の公権力の行使について学生が学長を被告として不服を申し立てる訴訟である。したがって、この抗告訴訟の場合は、被告は懲戒処分を行った行政庁としての学長である(行訴法一一条一項、三八条一項)。これに対して当事者訴訟は、訴訟の対象が公法上の権利関係であればよい。

当事者訴訟は、行訴法第四条からして、形式的当事者訴訟と実質的当事者訴訟に区別されるが、学生の不利益処分に関し問題となるのは実質的当事者訴訟についてである。

すなわち、行訴法第四条後段の「当事者間の公法上の法律関係に関する訴訟」は、いわゆる実質的当事者訴訟といわれるものである。この公法上の法律関係に関する訴訟とは、訴訟上請求している権利ないし法律関係が公法に属する訴訟すなわち公法上の権利の主張を訴訟物とする訴訟である。したがって、公法上の権利または法律関係を訴訟物とする訴訟であれば、ここにいう実質的当事者訴訟に当たる。

この実質的当事者訴訟は具体的には、前掲の裁判例(A)と(B)でいえば、国・公立学校の生徒たる身分の確認を求める訴訟のような場合の確認訴訟の形態をとるものおよび公務員の給与支払請求訴訟のような公法上の金銭給付請求訴訟の形態をとるものなどがある。

実質的当事者訴訟の訴訟要件は、(1)公法上の権利ないしは法律関係の主張であること、(2)裁判所の事物管轄が訴額のいかんにかかわらず地方裁判所であって簡易裁判所ではないこと、である。その他原告適格、被告適格、裁判所の土地管轄、訴状の形式については、すべて民事訴訟の定めるところに準ずる。実質的当事者訴訟には一般に出訴期間の規定はない。

(3)　当事者訴訟と訴えの利益との関係

当事者訴訟と訴えの利益との関係について触れている裁判事例を若干挙げ参考としておきたい。

(1)　現業国家公務員に対する懲戒免職処分等の不利益処分を争う場合にはその処分事由の不存在ないし裁量権の逸脱を理由とする場合は抗告訴訟により、不当労働行為該当を理由とする場合は、当事者訴訟によるべきである(東京地昭和四五・一二・二六判・行裁例集二一巻一一・一二号一四七三頁)。

(2)　公立学校の教員が、本来支給されるべき勤勉手当の額と現実の支給額との差額の支払いを求めるには、抗告訴訟として右支給行為の効力を争うべきではなく、公法上の法律関係に関する訴訟として差額分の給付請求訴訟を提起すべきである(富山地昭和四七・七・二一判・行裁例集二三巻六・七号五五三頁)。

(4)　学生の不利益処分と実質的当事者訴訟上の被告適格

当事者訴訟においては、国・地方公共団体その他権利主体が被告となる。たとえば、前掲の(A)の裁判例では裁判所は、(1)長野師範学校は学校教育法第九八条同施行規則第八五条師範教育令第二条等により存続する国立の学校であること、(2)長野師範学校は所謂国の営造物であること、(3)同師範学校の生徒となる法律関係は国の営造物の利用関係であり公法上の法律関係であること、(4)したがって、原告が同校の生徒たるの地位の確認を求めるのは即ち国の営造物利用関係の存在確認を求めることであること、(5)したがって国立学校の生徒たるの地位の確認すなわち国の営造物利用関係の存在確認を訴を以て請求するには国を被告とすべきであり、国の営造物の管理機関である学校長を被告とすべきではないこと、と判示している。

また、前掲の(B)の裁判例においても、(1)京都府立医科大学は学校教育法第九八条同法施行規則第九一条旧大学令、旧大学規程により存続する京都府立の大学であること、(2)したがって、同大学に入学して学生となる法律関係は、京都府の営造物の特別使用関係であり、公法上の権利義務関係であること、(3)学長は大学なる営造物の主体なる京都府の機関として旧大学規程第一〇条第一一条京都府立医科大学学則第三四条により学生の懲戒権を行使する権限を有するが、学長は大学の営造物の管理主体となるとする法律の根拠はないこと、(4)学校教育法第五条などの規定からすれば同大学の管理主体は京都府であること、などと判示した。

(5)　当事者訴訟の訴えの変更、審理手続

当事者訴訟の訴えの変更は請求の基礎に変更のない限り、口頭弁論終結時まですることができる。

当事者訴訟の審理手続は、原則として民事訴訟法の定めるところによる。しかし、公権その他公法関係に関する争いは、公益に関するところが多いので、抗告訴訟に関する規定が準用されている。すなわち、行訴法第四一条一項は、「第二三条、第二四条、第三三条第一項及び第三五条の規定は、当事者訴訟に準用する。」と規定している。以下、この点について説明を加えておきたい。

(1)　行訴法第二三条（行政庁の訴訟参加）と当事者訴訟——当事者訴訟の場合は、国・地方公共団体が当事者となる。このため、関係行政庁、すなわち、学長が訴外におかれることになる。しかし、学生の身分確認訴訟などの審理の便宜上、関係行政庁たる学長を訴訟に関与させる必要がある場合もある。この場合、裁判所は必要と判断したときは当事者たる学生もしくはその行政庁たる学長の申立てにより、または職権で行政庁を訴訟に参加させる権限を有する（行訴法四一条一項、二三条）。

裁判所は他の行政庁を訴訟に参加させるか否かを決定するには、事前に当事者たる学生や当該行政庁たる学長の意

見を聞かなければならない。そして、その許否の裁判は、決定の形式で行わなければならない（行訴法二三条一項、二項）。この参加の決定に対しては、不服申立ては許されないと解されている。また、一般に判決の参加人に対する効力としては、それが補助参加人である限り、参加的効力（民訴九〇条）しか及ばないと解されている。ただ、参加行政庁が行訴法三三条一項の関係行政庁である場合は、同条により取消判決の拘束力を受けることはいうまでもない。

(2)　行訴法第二四条の職権調査と当事者訴訟——公権その他公法関係に関する争いは公益に関するところが大きいので、職権証拠調べの手続が採用されている。しかし、職権調査が裁判所の義務か否かについては、消極的に解されている。

なお、当事者訴訟と関連する請求が他の裁判所に係属しているときは、それが公法上のものでも、私法上のものでも、当事者訴訟が係属している裁判所へその請求を移送して併合して審理することができる（行訴法四一条二項、一六条—一九条）。

(6)　当事者訴訟の判決

当事者訴訟の判決は、当事者間の権利義務を確定するものであるので、当事者間に既判力が生ずる。この点は民訴法の場合と同じである。たとえば、懲戒退学処分の無効を前提とした学生たることの身分確認訴訟において勝訴した場合、既判力が国や公共団体にだけに及び、懲戒権者たる学長が判決の趣旨を尊重しないのでは判決の意味がないということになる。そこで当事者訴訟の判決は、関係行政庁たる学長を拘束することとされ、勝訴当事者の実質的救済が保障されている（行訴法四一条一項、三三条一項）。

この点、東京高裁昭和四五年一一月二七日判決は、市町村立小学校の教諭の任免権者である県教育委員会は、同教諭が市町村を被告として教諭の身分関係存在確認の訴えを提起し、認容の判決を得たときは、行訴法第四一条、第三三条一項によりその判決に拘束されると判示している。

(7) 不利益処分と仮の救済制度

行訴法第四四条は、「行政庁の処分その他公権力の行使に当たる行為については、民事訴訟法に規定する仮処分をすることができない。」と規定している。民訴法の仮処分の制度は、私法上の紛争について、争われている私法上の法律関係が本案判決によって確定されるまでに、原告の権利を保全することを目的として認められている仮の救済の制度である。

これに対し、行訴法は、行政庁の処分その他公権力の行使に当たる行為について仮処分の方法により、仮の権利保護を図ることを禁止していることに注意しなければならない。行政事件訴訟における取消訴訟や無効等確認訴訟において認められている執行停止の制度（行訴法二五―二九条、三八条三項）は、この仮処分の制度が禁止されていることの代償として認められたものである。しかし、この代償としての執行停止制度も、内閣総理大臣の異議によって、その実効性が否認される場合があることに注意しなければならない。

しかし、行政事件訴訟においても、この仮の救済制度を認めてゆく必要があることが、最近特に公害・環境問題に関連して問題となってきている。

右のような仮の権利保護が行政訴訟上も問題となるのは、一般に行政訴訟を提起しても判決が下されるまで長い期間を要するため、たとえ裁判で勝っても訴訟を提起した意味がないということになる危険があるからである。そこで、このような事態が発生しないように事前に原告の権利、利益を保全する必要があるという主張がなされている。

前述したように、民事訴訟では仮の権利救済のための仮処分制度が認められている。このため、判決が下されるまで、原告の地位を定めたり現状の変更を禁止したりすることがある。しかし、行訴法第四四条により、行政庁の処分その他公権力の行使に当たる行為に対して仮処分の制度は適用されないのである。このため、取消訴訟だけでなく、無効等確認訴訟についても仮処分が排除されることになる。

行訴法第四四条により学生の不利益処分に関する仮処分が排除されるか否かを決定するためにはまず、その学生の法律関係が公法関係か私法関係かが問題となる。すなわち学生の在学関係が私法上の契約関係であれば仮処分が認められ、そうでなければこれが否認されることになる。

(8) 学生に対する退学処分と争点訴訟

行政事件訴訟法第四五条は、「私法上の法律関係に関する訴訟において、処分若しくは裁決の存否又はその効力の有無が争われている場合には、第二三条第一項及び第二項並びに第三九条の規定を準用する」と規定している。すなわち、処分または裁決の存否または効力の有無を前提とする私法上の法律関係に関する訴訟を争点訴訟といっている。たとえば、学生の退学処分の無効を理由に奨学金の支払を請求するような場合がそれである。

争点訴訟は、形式上は、その訴訟物が私法上の権利に関するものであるので、民事訴訟である。したがって、民事訴訟法の手続によって審理される。しかし、実質上、その争点は、行政庁の処分または裁決が有効か無効かということである。このため、争点訴訟は、実質上、処分無効等確認訴訟に類似した訴訟であるということになる。

このように、争点訴訟は私法上の法律関係に関する訴訟であるが、行政庁の処分の効力の有無が前提問題として争われていなければならないので、当事者においてこの点を主張せず、もしくは主張があっても相手方においてこれを争わなければ、争点訴訟ということはできない。また、行政庁の処分の効力の有無が争われている場合でも、訴訟物となっている法律関係が公法上の法律関係である場合には、公法上の当事者訴訟であり、争点訴訟ではない。したがって、争点訴訟であるか否かは、流動的であるといえる。

右に指摘したように、この争点訴訟は、その前提問題として処分の効力などの有無が問題となっているため、実質上は処分の無効等確認訴訟と変わりがないということになる。したがって、学生に対する退学処分を行った学長を訴訟に関与させないで、民事訴訟で処理するには問題がある。そこで、退学処分をした学長は、この争点訴訟においても訴訟に参加する機会が与えられるべきであるとされ、この点が認められている。行訴法第四五条は、争点訴訟は民事訴訟であるとしても、その争点に関する限り、ある程度、抗告訴訟に準じた取扱いが必要であるという考えに基づいて、行政事件訴訟に関する若干の規定の準用を認めている。

たとえば、学生に対する退学処分の無効を前提とする奨学金支払請求訴訟を争点訴訟として争ったような場合を考えると、次のようになると思われる。この場合、訴訟の当事者は退学処分をうけた学生が原告で、被告は奨学金の支払義務の主体である日本育英会である。

他方、退学処分を行った学長は訴外におかれ、訴訟では、原告と日本育英会が争うことになる。しかし、原告に対し奨学金が支払われるか否かは、当該退学処分が有効か無効かということにかかってくる。そこで退学処分を行った学長を訴外に放置しておくことはできないので、訴外学長を訴訟に参加させて資料を提出させるなどして退学処分を行ったものとしての責任を尽くさせなければならないということになる。

(1)　行政庁である学長に対する出訴の通知、訴訟参加――争点訴訟の提起があった場合は、裁判所は(i)処分庁である学長に出訴の事実を通知し（行訴法四五条一項、三九条）、(ii)必要がある場合は当事者もしくは学長の申立てあるいは裁判所の職権で、処分庁を訴訟に参加させることができる（同法四五条一項、二三条一項）。

訴訟に参加した学長は、補助参加人の地位にたって民事訴訟法第六九条の定めるところにより、自己の行った処分の効力が適法であったことを主張することになる。

(2)　処分庁である学長の訴訟参加の決定の取消し――また、争点訴訟において、処分の存否または効力の有無に関する争いがなくなり民事上の問題として紛争が解決されるようになったときは、もはや学長を訴訟に参加させておく必要が失われることになる。このときは、裁判所は学長の訴訟参加の決定を取り消すことになる。この点、行訴法第四五条三項は「行政庁が訴訟に参加した後において、処分若しくは裁決の存否又はその効力の有無に関する争いがなくなったときは、裁判所は参加の決定を取り消すことができる」と規定している。

(3)　職権証拠調べ、訴訟費用――さらに、争点訴訟は私法上の法律関係に関する訴訟であるので、民事訴訟の種類に入るが、その前提問題として処分の効力が争われている限り、無効等確認訴訟と本質的に異ならないので争点の審理に関する限り、職権証拠調べの規定が準用される（行訴法二四条）。

㈢ 学生に対する処分と行政上の争訟の要約

右に、学生に対する処分と行政上の争訟を中心として、学生に対し懲戒処分などの不利益処分がなされた場合、学生にとっては、どのような救済方法があるのかという点から検討を加えてきた。

次に、「学生に対する処分と行政上の争訟」について検討してき点を簡単に整理要約する。

最高裁は富山大学単位不認定等違法確認事件において「本件専攻科修了の認定、不認定に関する争いは、司法審査の対象になるものというべきである」（最高昭和五二・三・一五、三小判・民集三一巻二号二八〇頁）とし、国公立大学における専攻科修了認定行為は、司法審査の対象になるとしている。

また、東京地裁は東京教育大学事件第一審判決において、大学の学生に対する懲戒処分であっても、教官と学生の相互信頼関係が喪失し、大学の権威自体が問われ、懲戒処分の基礎がゆらいでいるような場合においては、通常の裁量処分における と同じく、処分事由の存否はもとより、当該処分が教育的措置としての目的、範囲を逸脱するかどうかの点についても、司法審査に服するものと解するのが相当である、と判示した。

(1) 学生に対する不利益処分と行政救済

(1) 学生が単位授与、不授与未決定の違法確認を求めるというようなことは、いわゆる行政救済の問題である。

(2) この行政救済は、国または公共団体が行った行為により権利を侵害された国民が自己の権利・利益の救済を求めるものであり、事前救済と事後救済の二つの方法がある。事前救済は、「行政手続」（適正手続の保障）であり、事後救済には、国家補償と行政上の争訟がある。

(3)　争訟は「当事者間に生じた具体的な紛争を国家が権威をもって裁断する作用である」。このような争訟手続の特徴は、(i)争訟は、争訟当事者が争訟を提起することによって開始されること、(ii)争訟の提起に対しては、必ず一定の手続のもとに審理がなされること、(iii)当事者または利害関係人には、裁判の公正を期するため、争訟の審理過程に参与する権利が保障されていること、(iv)国の裁断行為（判決、裁決、決定など）には、原則として、実質的確定力というような特別な法的権威が認められていること、などである。これらの争訟手続は、歴史的に形成されてきたものであり、一般に、行政上の争訟に関する手続が発達したのは、近代法治国家の理論による。

法治国家の理論は、行政が単に公益に適合するだけではなく、行政権が国民の権利、自由を制限し、これに義務を課すような場合には、法の適用を厳格にし、法の定める要件にのみ従って行政権を行使することを要求している。しかも、民主主義思想の発展により、国民が積極的に国政に参与し、行政活動の適正を保障することが必要となり、不当または違法な行政作用によって直接に権利、利益を侵害された者は、国家に対し、その権利、利益の救済を求めることが認められるようになった。わが国においても、右のような要請に応えるため行政上の争訟制度が整備された。

(2)　学生に対する不利益処分と行政上の争訟の種類

行政上の争訟は種々の角度から分類することができる。

行政争訟と行政訴訟――これは争訟の裁断機関の性質による区分である。行政争訟とは上級行政庁がその監督権の発動として下級行政庁の判断の当否を簡略な手続で審理し裁断するものである。行政不服審査法に基づく審査請求や異議申立てがそれである。

行政訴訟とは、独立性を保障された裁判機関が紛争の裁断にあたる手続のことをいう。この場合の裁判機関は司法裁判所でも行政裁判所でもかまわない。

日本国憲法第七六条第二項は、「行政機関は、終審として裁判を行ふことができない。」と規定して、民事事件であれ、行政事件であれ、法律上の紛争を訴訟によって解決するという、いわゆる司法国家の建前を採用しているので、関係人が行政庁の裁決の違法をさらに主張する場合には、必ず裁判所に出訴する道が保障されていなければならない（裁判所法三条二項）。学生の処分に係る事件については、行政不服審査法第四条第八号の「学校……において、教育……のために、学生……に対して行われる処分」という規定により、行政争訟を提起することは認められていないことに注意しなければならない。しかし、裁判所へ行政訴訟を提起することは認められている。

このほか、実質上の争訟と形式上の争訟（これは争訟作用の内容による区分である）、正式の争訟と略式の争訟（これは、争訟手続が完全であるか否かによる区分である）、始審的争訟と覆審的争訟（これは、争訟の対象である法律関係の差異による区分である）、当事者争訟と抗告争訟（これは主として行政事件訴訟上の訴訟の分類による区分である）、主観争訟と客観争訟（これは、争訟制度の目的の差による区分である。主観争訟とは争訟当事者間の個人的な権利、利益の救済を目的とする争訟をいう）がある。

わが国の行政上の争訟制度――明治憲法下のわが国の争訟制度は、ドイツ型の行政争訟制度に依拠し、公法上の紛争は、司法裁判所が裁判するのではなく、行政裁判所その他の行政機関が解決するというものであった。しかし、日本国憲法は、アメリカ法の思想に基づいて、民事、刑事の裁判はもちろん、行政事件の裁判も含めて、一切の法律上の争訟の裁断作用を、第七六条一項にいう「司法」の観念に入れた。すなわち、憲法は行政法秩序の終局的な保障機能をもすべて司法権に委ねているのである。

この行政上の争訟法とは、行政上の争訟制度の組織とその手続に関する法のことをいい、その主な内容は、行政上の争訟の裁断機関、当事者、審理手続、裁断行為の効力などを規律するものである。行政事件訴訟に関する一般法は行政事件訴訟法であり、行政争訟（行政審判）の一般法源は、行政不服審査法である。このほか、慣習法、判例、条理がある。

(3)　わが国の行政訴訟制度の特色

行政事件に関する訴訟制度の類型については、一般に、大陸型と英米型とに大別して説明されている。大陸型の行政訴訟の特色は、民事、刑事事件を取り扱う通常裁判所とは別個の行政裁判所が設けられていることをあげることができる。これに対し、英米型の特色は、通常裁判所と別個の行政裁判所を設置せず、通常裁判所が行政事件を民事、刑事の事件とともに裁判しているところにある。

わが国の場合、明治憲法第六一条は行政裁判所の設置を認めていた。明治憲法下において、伊藤博文は、(1)司法裁判所は民法上の事件を処理し、行政官の処分を取り消す権力をもたず、これを認めれば「行政官ハ正ニ司法官ニ隷属スル」ことになること、(2)行政処分は公益の保持を目的としているので、公益の問題を熟知していない司法官の介入を排除すること、に行政裁判所の設置の理由があるとした。

右のよう明治憲法下の行政裁判に対する考えは、行政権と司法権との間の相互の独立を担保し、行政権の独立を保持するところにあったといえる。

明治憲法下の行政訴訟制度の特色を挙げると、(1)訴訟事項について列記主義がとられていたこと、(2)訴願前置主義が採用されていたこと、(3)一定の出訴期間を定め、これを制限していたこと、(4)訴訟手続については職権主義が強調されたこと、(5)行政裁判所が始審にして終審であったこと、(6)裁判管轄権が不明確であったこと、(7)裁判官制度ではなく評定官制度がとられていたこと、などを挙げることができる。これらの特色は、国民にとっては同時に欠点でもあった。

このため明治二三年に行政裁判所が設置されて以来、昭和二〇年までの間に行政裁判法制の改革案は一三回にわたり帝国議会に提出されていたが、その主な内容は、列記主義と訴願制度の改革であった。行政裁判法制の改正について政府は、臨時法制審議会へ諮問し、昭和三年、同審議会は「行政裁判法改正綱領」を答申したが、わが国は二・二六事件を契機として、日中戦争、太平洋戦争へと進み、行政裁判法制の改正は問題とされなくなり、結局、行政裁判法は明治二三年に制定されたまま、第二次大戦の敗戦を迎えることになったのである。

(4)　学生の法律関係と行政事件訴訟

明治憲法下の行政裁判法制の改革は、列記主義の改革を中心として展開されたということができる。その列記事項の中には「学生の処分に関する事件」などは含まれておらず、学生の処分については裁判所で争うということはできなかった。この問題は、日本国憲法下の新しい制度に持ち越されたということになる。

日本国憲法下において、学生の法律関係と行政訴訟との関係にって、司法審査の対象となるとされた事例として、次のようなものがある。すなわち、(1)公立大学の学長の学生に対する懲戒処分（京都地昭和二五・七・一九判・行裁例集一巻五号七六四頁）、(2)公立大学の学長の学生に対する放学処分（大阪高昭和二八・四・三〇判・行裁例集四巻四号九八六頁）、(3)博士の学位不授与決定の取消を求める訴訟（東京地昭和三七・三・八判・行裁例集一三巻三号三六二頁）、(4)博士の学位不授与決定の無効確認または取消訴訟（東京高昭和三七・六・一一判・行裁例集一三巻六号一二一三頁）、(5)公立大学の学長の学生に対する無期停学処分（甲府地昭和四二・六・一五判・行裁例集一八巻五・六合併号七五九頁）、(6)文部大臣が国費外国人留学生に対してした身分打切り処分（東京地昭和四四・四・一八判・行裁例集二〇巻四号四九九頁）、(7)国立大学医学部の学生の権利義務に関する措置（名古屋高金沢支部昭和四六・四・九判・行裁例集二二巻四号四八〇頁）、(8)国立大学医学部の行なう学内試験の受験申請行為の適否（名古屋高金沢支部昭和四六・九・二九判・判例時報六四六号一二頁）、(9)国立大学の学長が、大学院生の在学期間延長申請に対して行なった不許可処分（徳島地昭和四七・五・一一決・訟務月報一八巻八号一二七八頁）(10)国公立大学における専攻科修了認定行為（最高昭和五二・三・一五、三小判・民集三一巻二号二八〇頁）、(11)国立大学の学生に対する休学不許可処分（福岡地昭和五五・三・四判・訟務月報二六巻四号六七〇頁）、(12)公立高等学校長のする教育課程の編成（大阪地昭和四八・三・一判・行裁例集二四巻一一・一二合併号一一七七頁）、などが、司法審査の対象となるとされている。

右のような事件が処理されるわが国の行政訴訟制度は次のような経緯をたどって確立した。

(5) 行政裁判所の廃止と行政事件訴訟法の制定

わが国は、昭和二〇年八月一四日、ポツダム宣言の受諾を通告した後、八月一五日天皇は国民に対し、ポツダム宣言を受諾したことを告げた。それから昭和二七年四月二八日、平和条約が発効するまでの六年七か月余りの間、わが国は、連合国の軍事占領下におかれたのである。ポツダム宣言は、わが国に対し無条件降伏を要求すると同時に、政府に対し民主主義と基本的人権の尊重をも要求してきた。

昭和二〇年一〇月一一日、連合国軍最高司令官マッカーサー元帥は、日本の「伝統的社会秩序は匡正される」べく、それは「憲法の自由主義化を包含することは当然である」とし、諸改革の一つとして、「秘密の検察及びその濫用が国民をたえざる恐怖に曝してきた諸制度の廃止」を示唆した。

右のマッカーサーの示唆を背景に、同月一三日政府は、松本国務大臣を委員長とする憲法問題調査委員会を設け、同委員会は憲法改正問題の調査に着手し、行政裁判所の廃止を決定した。

ところが、昭和二一年二月一日、毎日新聞が憲法問題調査委員会の改正案を報道したため、総司令部は、右の案の内容がポツダム宣言の要求と相当の開きのあるものと判断し、また、同時に政府には憲法改正を行う能力が欠けていることを認め、マ元帥は、憲法草案を総司令部で作成し、用意した方がよいと結論を下し、二月四日、ホイットニー将軍は、民生局員に憲法改正案の起草を極秘のうちに一週間で完成するように命じた。二月一三日、ホイットニー将軍は松本案は自由と民主主義の原則に照らして全く承認することはできないとし、吉田外相、松本国務相に対し、総司令部の憲法改正案を手交した。この憲法改正案を提示された日本側の態度は、「驚愕と憂慮」そのものであったといわれる。

この総司令部の憲法改正草案は、すべて司法権は最高裁判所および国会が設置する下級裁判所に属せしめられることを前提として、行政機関には終局的な司法権を与えてはならないとした。この方式は、アメリカ、イギリスで行われている方法を採用したものである。

右の総司令部の憲法改正草案の線にそって昭和二一年三月六日、日本政府は「憲法改正草案要綱」を発表し、これにより行政裁判所の廃止が確定的となり、正式に行政裁判はすべて司法権の下におかれることになった。

かくして、わが国の行政裁判法制は、行政事件が司法権の管轄の下におかれるという司法国家体制の下で、行政裁判をどのように位置付けるかという新しい方向へ進んだ。

その後、日本政府は公定力を前提とした行政処分に係る行政事件について一般民事事件の裁判とは異なる特例を設けて運用しようとしたが、昭和二二年五月三日の日本国憲法施行の日を間近に控えても、なお、総司令部側は、訴願前置主義の採用の問題と行政事件訴訟特例法の必要性の問題などをどう取り扱うか結論が出ず、行政事件訴訟特例法案を承認せず、昭和二二年日本国憲法下の行政訴訟は「日本国憲法の施行に伴う民事訴訟法の応急的措置に関する法律」（昭和二二年法七五号）第八条の、取消訴訟についての出訴期間（六か月）と除斥期間（三年）に関する規定によって特別の規律を受けるのみで、その他は一般民事事件と同様に扱われて発足した。

このような状態にあって発生したのが平野事件である。すなわち、昭和二三年一月一三日、平野力三衆議院議員は内閣総理大臣より公職追放の覚書該当者に指定されたため、内閣総理大臣を相手どり、右指定の効力停止の仮処分を東京地方裁判所に申請した。これに対し、東京地方裁判所は、公職追放指定の効力は「その発生を停止する」という仮処分決定を下した（昭和二三・二・二決定・行裁月報二号八三頁）。

この東京地裁の決定に驚いた政府は、権力分立論などを理由に不承認の意思を表明し、総司令部は、連合国最高司令部の指令については日本の裁判所は裁判権を有しないということを理由に、最高裁長官に対し、仮処分決定の取消しを求めた。このため、東京地裁は仮処分決定を取り消した。かくして、本件は超憲法的に決着せしめられた。

ここに、総司令部は、行政事件を民事事件と同様に処理することには問題があることを認め、行政事件訴訟特例法の起草の作業が急速に進められた。日本側と総司令部との折衝において問題とされた重要な点は、訴願前置主義と執行停止に対する内閣総理大臣の異議であったといわれる。ところが、日本側は訴願制度が不備であるためにその採用には消極的であったが、総司令部は訴願前置主義を原則とする建前に固執した。その理由は、一つには、占領軍が行政府を通じてわが国の占領政策を実施するためには行政府を重視しなければならなかったという点と、二つには行政の専門性、技術性に対する裁判所自体の能力の欠如を危惧した点にあったと思われる。

また、処分の執行停止については、総司令部側は、行政権の長としての内閣総理大臣の処分についても執行停止ができるのでは、裁判所の行政権に対する介入の範囲が広すぎるのではないかという点を指摘した。これは、総司令部が司法裁判所の裁判権の濫用を恐れたことを示している。

かくして、行政事件訴訟特例法は、昭和二三年（法八一号）に制定された。しかし、本法は、全文一二条という短いもので解釈上疑義があったこと、行政事件に関する他の規定との調整が十分に行われなかったことなどの理由から、全面的に改正され、昭和三七年に行政事件訴訟法が制定された。

すなわち、昭和三七年一〇月一日、行政事件訴訟法と行政不服審査法が施行された。この二つの法律は、日本国憲法下のいわゆる司法国家体制下において、日本が自主的に立案し、制定した訴訟手続として重要な意味を有するとともに、ここに日本国憲法下の行政裁判法制が一応確立したという意味でもきわめて重要である。しかし、この二法案をめぐってもっとも問題となったのは、やはり内閣総理大臣の異議制度と訴願前置制度をどう取り扱うかという点であった。その問題の根底に流れているのは、基本的人権の尊重を実現する機関としての司法裁判所に対する期待と公共の福祉の実現の責任を負う行政府との間の争いであったということができる。

現行の行政事件訴訟法は、民事訴訟法の特例法ではなくて、行政事件訴訟の一般法的地位を確立した。しかし、行政事件訴訟法に定めがない事項については民事訴訟の例によるとされている（行訴法七条）。

このような行政事件訴訟法は、民事訴訟法と対比して、次のような特色を有することが指摘される。それはまず、行政処分の執行停止決定に対する内閣総理大臣の異議制度を認めたことに象徴される。この内閣総理大臣の異議制度は、民事訴訟にはみられない制度である。

このほか、行政処分については、(1)民事訴訟法に規定する仮処分が排除されていること(行訴法四四条)、(2)取消訴訟については事情判決の制度(行政処分は違法だが、その処分を取り消すと公共の利益に反する場合には請求を棄却するという制度）が認められていること（行訴法一四条）、(3)処分の取消訴訟が提起されても処分の効力、処分の執行などについて、執行不停止の原則が採用されていること(行訴法二五条一項)、(4)処分の取消しの訴えについては法律に規定がある場合は不服申立前置が義務付けられていること、などに民事訴訟法と異なる特色がある。

(6)　裁判権の限界

次に学生に対する処分について裁判所はどこまでその裁判権を行使できるかが問題となっている。

(1)　訴訟制度の本質から生ずる限界――法律上の争訟とは法律の適用によって解決されるべき当事者間における具体的な権利義務または法律関係の存否に関する紛争であって、法律の適用によって終局的に解決し得べきものをいう（最高昭和二七・一一・一七・三小判・行裁例集四巻一一号二七六〇頁）。したがって、法律の適用によって結論を得ることのできない学問上、技術上の論争、文学、美術、芸術の優劣の争い、運動競技の勝敗などは、この争訟に含まれない（東京高昭和二四・一二・五判・高裁民集二巻三号三二五頁）。

(2)　権力分立主義から生ずる限界――司法裁判所は行政事件において、行政機関に対し積極的に一定の処分をなすべきことを命ずる判決（形成判決）を下すことができるかという点について、通説は、裁判所は消極的に行政処分の全部または一部を取り消すことができるに止まり、給付判決または形成判決によって、行政機関に命令するようなことは権力分立主義の原則に反するとしている。しかし、この通説に対しては、憲法には司法権の行政作用に対する司法的意味における関与を禁止する規定はないことなどを理由に、給付判決または形成判決を認めるべきであるとする主張も強い。

(3)　具体的権利義務関係と裁判権――具体的権利義務関係に関するものではなく、また具体的法律関係の存否についての紛争でない事件は、訴訟の対象とされていない。たとえば、(i)教育勅語が憲法に違反しない旨の確認を求める訴え（東京高昭和二七・三・三一判・行裁例集三巻二号四二七頁、最高昭和二八・一一・一七・三小判・裁判集民一〇号四五五頁）、(ii)国家試験の不合格の判定を合格に変更することを求める訴え（東京地昭和三八・一〇・二判・訟務月報九巻一〇号一三〇頁）などは訴訟の対象とされていない。

(7)　学生に対する処分と行政事件訴訟の限界

学生に対する処分に関し行政事件訴訟上、裁判権の限界が問題となったものとして、次のような裁判事例がある。

(1)　甲府地裁昭和四二年六月一五日判決（行裁例集一八巻五・六合併号七五九頁）は、公立大学の学長の学生に対する無期停学処分は、実質的には退学処分に準ずる重大な利益を喪失させる処分であるから、司法審査の対象となるとしている。

(2)　東京地裁昭和四四年四月一八日判決（行裁例集二〇巻四号四九九頁）は、文部大臣が国費外国人留学生に対してした身分打切り処分は一般学生の除籍ないし退学処分と類似の法的性格をもつものであるので、抗告訴訟の対象となるとしている。

(3)　東京地裁昭和四六年六月二九日判決（判例時報六三三号二三頁）は、被告らが大学の学生に対する懲戒処分は懲戒権者の自由裁量処分であり、裁量権の濫用ないしは限界を逸脱しない限りは裁判所の司法審査権の対象となり得ないと主張したのに対し、学生に対する無期停学処分は法律上の争訟に該当すると判断した（同趣旨、東京地裁昭和四六

年六月二九日判決（行裁例集二二巻六号八九九頁））。

(4)　徳島地裁昭和四七年五月一一日決定（訟務月報一八巻八号一二七八頁）は、国立大学の学長が大学院生の在学期間延長申請に対して行った不許可処分は院生たる地位を喪失せしめるものであるので、司法審査の対象となるとした。

(5)　最高裁第三小法廷昭和五二年三月一五日判決（民集三一巻二号二八〇頁）は、国公立大学の専攻科修了の認定がなされないと国公立大学の施設を利用する権利を侵害されるので、専攻科修了不認定行為は司法審査の対象となるとしている。

(6)　福岡地裁昭和五五年三月四日判決（訟務月報二六巻四号六七〇頁）は、国立大学の学生に対する休学願不許可処分は、学生が大学という公の施設を利用する権利を侵害することになるので、司法審査の対象となるとしている。

(7)　また、富山地裁昭和四五年六月六日判決（行裁例集二一巻六号八七一頁）は、国立大学の学部あるいは専攻科の課程における授業科目、担当教授、単位数および時間割等の定めや履修届の提出から授業、試験、成績の評価、単位授与、ひいては、右課程修了の判定等教育実施上の諸事項は、学校利用関係における内部的事項に属し、一般市民の権利義務に関するものではないから、右事項について大学のする行為、不行為は、裁判所の審判の対象とならないとしている。

以上の考察から、無期停学、退学処分、放学処分というように、実質上、一般市民としての学生が有する公の施設を利用する権利を侵害する処分を司法審査の対象としているという特色がある。

(8)　各種の行政事件訴訟

行政事件訴訟法第二条は、「この法律において『行政事件訴訟』とは、抗告訴訟、当事者訴訟、民衆訴訟及び機関訴訟をいう。」と規定し、行政事件訴訟の種類を明らかにしている。また、行政事件訴訟法第三条は、「この法律において『抗告訴訟』とは、行政庁の公権力の行使に関する不服の訴訟をいう。」としている。

行訴法第三条は、(1)処分取消しの訴え、(2)裁決の取消しの訴え、(3)無効等確認の訴え、(4)不作為違法確認の訴えを規定し、抗告訴訟の定義と四種類の典型的な抗告訴訟の定義をしている。この抗告訴訟は、行政訴訟において最も多く提起されている訴訟である。

なお、行訴法第三条が、抗告訴訟について右の四種類の訴訟に限定するとは規定していないことから、それ以外の抗告訴訟が学説、判例によって認められるようになる場合があることを否定しているものではないと解され、この四種類以外の抗告訴訟のことを無名抗告訴訟といっている。

抗告訴訟の対象となる行政庁の行為は「処分性」を有する行為でなければならないが、何が「処分性」を有する行為であるかは、抗告訴訟の目的などによって異なってくる。

(9) 抗告訴訟の対象

行政事件訴訟法第三条二項により、取消訴訟の対象は「行政庁の処分その他公権力の行使に当たる行為」であり、また、裁決取消訴訟の対象は、「行政庁の裁決、決定、その他の行為」である。不作為違法確認訴訟は、行政庁の処分などについての不作為を対象とする訴訟である。このような概括的な規定の仕方は、当然に、「処分性」の範囲について種々の学説、判例をもたらしている。

抗告訴訟の対象となる「処分その他公権力の行使に当たる行為」であるか否かを決定する要素として、次の四つの点を挙げることができる。

(1) 処分の主体が行政庁であること――放学処分取消請求事件（最高昭和二九・七・三〇判・民集八巻七号一五〇二頁）において、最高裁判所は、国公立大学の学長を行政庁としている。

(2) 行政庁の行為が対外的に表示されていること――行政機関相互間の認可、承認、同意、指示などは行政庁の内部的な行為で抗告訴訟の対象となる処分に当たらない。したがって、国公立大学の教授会の学生に対する懲戒処分の議決は、抗告訴訟の対象となりうる行政処分ではない。大阪地裁は、公立学校の校長の教育課程の編成に対する教育委員会の承認は内部的行為であって、行政処分に当たらないとしている（大阪地昭和四八・三・一判・行裁例集二四巻一一・一二合併号一一七七頁）。

(3)　処分が行政庁の権力行為であること――行政庁の行為でも、国民の権利、義務になんらの影響を及ぼさないあっ旋、勧告、督促などは抗告訴訟の対象とはならない。行政指導も直接国民の権利、義務に影響を及ぼさないため抗告訴訟の対象となる行政処分とはいえない。法的効果の発生を直接の目的とした行政庁の意思表示としての法律行為的行政行為は処分に当たる。したがって、国公立大学の学生に対する懲戒処分は、行政処分に当たる（最高昭和二九・七・三〇判・民集八巻七号一四六三頁）。また、東京高裁は、博士の学位不授与決定は公法上の確認行為であり、したがって、同行為の無効確認または取消訴訟は、右決定手続の違法を理由とするときは許されるとしている（昭和三七・六・一一判・行裁例集一三巻六号一二一三頁）。

(4)　処分が、国民の権利、義務に具体的な変動を及ぼす行為であること――(i)公立高等学校長による教員の受持ち時間数の決定については、教員の受持ち授業時間が通常の場合に比して著しく削減され、教員としての知識・技能の研磨の機会などが損なわれる場合は配置転換等と同視すべきであり、不利益な取扱いといえるので、司法審査の対象となる決定であるとされている（札幌地昭和五二・一二・二二判・判例時報八九四号六一頁）。(ii)専攻科修了認定行為と処分との関係について、最高裁は、国公立大学における専攻科修了認定行為は、学生が一般市民として有する公の施設を利用する権利に関係するものであり、行訴法三条の「処分」に当たると判断している（最高昭和五二・三・一五・三小判・民集三一巻二号二八〇頁）。(iii)博士の学位不授与決定について、東京地裁は、博士の学位不授与決定に当たって、違法な手続により学位を授与しないことに決定された者は、手続の違法を理由に、その決定の取消訴訟を提起できるものとしている（昭和三七・三・八判・行裁例集一三巻三号三六二頁）。

⑽　学生に対する不利益処分と取消訴訟

一般に行政庁の処分が違法であるとして裁判所にその取消訴訟を提起するには、まず、訴訟要件を充足していないと、たとえ瑕疵ある違法な行政行為の取消請求であっても、本案審理に入ることなくして訴えは却下されることになる。抗告訴訟特に取消訴訟の訴訟要件としては、一般に、⑴行政庁の処分が存在すること、⑵原告適格を有する者が処分の違法を主張すること、⑶被告適格を有する行政庁を被告とすること、⑷裁判管轄権を有する裁判所に訴えを提起すること、⑸法律に審査請求前置の定めのある場合はそれを経由すること、⑹法定期間内の出訴であること、⑺一定形式の訴状をもって訴えを提起すること、の七つの要件が要求される。以下右の七要件について一言整理しておくと次のようである。

⑴　学生に対する不利益処分と訴えの利益――学生が裁判所に訴えを提起して裁判をしてもらうためには、違法な不利益処分の取消しによって自己の利益が救済されることを主張しなければならない。

この点について行政事件訴訟法第九条は、「当該処分又は裁決の取消しを求めるにつき、法律上の利益を有する者に限り提起することができる」と規定しているが、この規定は、その点を規定しているものである。

したがって、不利益処分をうけた学生は、当該不利益処分が違法に学生の権利を制限するものであれば、法的利益の侵害を受けたものといえるから、その処分を争う原告適格を有するということになる。

⑵　学生に対する不利益処分と被告適格――行政事件訴訟法第一一条は、「処分の取消しの訴えは処分をした行政庁を、裁決の取消しの訴えは裁決をした行政庁を被告として提起しなければならない」旨規定している。したがって、国公立大学の学生に対する不利益処分についての取消訴訟の被告は行政庁たる学長ということである。

⑶　学生の不利益処分と裁判管轄――裁判所がその権限たる裁判権を行使すべき場所的範囲および職務的範囲を裁判管轄という。ある一定の事件は、特定の裁判所が担当するが、その特定裁判所を、その事件の管轄裁判所といっている。管轄権のない裁判所に訴訟が提起された場合は、一般的には管轄違いを理由として管轄裁判所に移送される（民

訴法三〇条一項)。

学生の不利益処分に対する抗告訴訟の一般管轄裁判所は、被告国公立大学管理機関の所在地の地方裁判所である(行訴法一二条一項、三八条)。しかし、専属管轄を定めたものではなく、抗告訴訟の管轄については民事訴訟法の合意管轄(二五条)、応訴管轄(二六条)、損害または遅滞を避けるための移送等任意管轄に関する規定が準用され、当事者間の合意または被告国公立大学の管理機関の応訴があれば、被告行政庁の所在地以外の裁判所へ訴えを提起することが認められる。

学生の不利益処分の執行停止またはその取消申立事件の管轄裁判所は、本案訴訟の係属する裁判所である(行訴法二八条、二九条)。また、無効確認訴訟および不作為違法確認訴訟の管轄にも取消訴訟に関する管轄の規定が準用される(行訴法三八条、四三条)。

(4)　学生の不利益処分と出訴期間——学生の不利益処分の取消訴訟は、不利益処分のあった日から三か月以内に提起しなければならない(行訴法一四条一項)。しかも、不利益処分の取消訴訟は仮に不利益処分のあったことを知らなかった場合でも、正当な理由がある場合以外は、処分の日から「一年を経過したときは提起することができない」ことになっている(行訴法一四条三項)。前者の三か月という期間は不変期間とされ(同条二項)、裁判所はこの期間を自由に伸縮できない(民訴法一五八条一項但書)。

(5)　学生の不利益処分取消訴訟の出訴期間制限の効果——不利益処分取消訴訟に出訴期間の規定が適用されるということは、この出訴期間が経過すると学生は不利益処分についてもはや訴訟を提起することができなくなるということである。

「処分があったことを知った日」とは、学生が不利益処分を現実に知った日を指し、抽象的な知り得べかりし日を意味するのではない。判例は、処分書などが郵便で配達された時は特別の事情がない限り、その日に処分があったことと認められるとし(最高昭和二七・四・二五判・民集六巻四号四六二頁)、処分書を返却し、またはその受領を拒絶しても、出訴期間は起算されるとしている（新潟地昭和二五・七・五判・行裁例集一巻九号一二〇六頁）。

不利益処分は裁判の日から一年を経過した訴えでも、正当な理由がある場合は、出訴することが許される（行訴法一四条三項ただし書）。

⑾　学生に対する不利益処分取消訴訟における立証責任の問題

国公立大学の学生に対する不利益処分の取消し訴訟の場合は、処分庁である学長の側で不利益処分の適法なることの立証責任を負うと考えるべきである。すなわち、処分権者たる学長は、不利益処分を行うことが適法、妥当と信じて行動しており、また、学長は組織をもって行動していることからして要件事実の存在や手続の適正を明らかにすることは、不利益処分を受けた学生に比してはるかに容易である。

したがって、当該不利益処分が適法妥当であると信ずる処分権者たる学長が、学生の権利利益を違法に侵害するものではないことを証明することが必要である。

これに対して、不利益処分の無効確認訴訟は、処分が無効であるため、不服申立て前置、出訴期間などの制約を受けないこと、また、不利益処分の無効を主張するには、一般にその処分の瑕疵の重大性、明白性が存しなければならないという点で無効事由には自ら制限があること、などの点から、取消訴訟と異なる。したがって、一般に行政処分の無効は、これを主張する原告の側で、瑕疵が重大明白であることを主張し、立証しなければならない。

⑿　学生に対する不利益処分と執行停止

行訴法第二五条一項は、「処分の取消しの訴えの提起は、処分の効力、処分の執行または手続の続行を妨げない」と規定し、行政処分の執行不停止の原則を定めている。この規定は学生に対する不利益処分の場合にも妥当する。

しかし、行政事件訴訟法では相手方の権利保護の立場から、「処分、処分の執行又は手続の続行により生ずる回復の困難な損害を避けるため緊急の必要があるとき」（二五条二項）に、一定の要件と制約の下に執行停止の手続が例外的に認められている。一方、「執行停止は、公共の福祉に重大な影響を及ぼすおそれがあるとき、又は本案について理由がないとみえるとき」（二五条三項）および内閣総理大臣が異議を述べたときには、することができない（二七条）とされている。

裁判所が執行停止を命ずるには、次の三つの積極的要件が要求される。

(1)　本案の取消訴訟が適法に係属していること――たとえば、本案訴訟の判決が確定した後では処分の執行停止を求める利益はない。

(i)　在学期間延長申請不許可処分と執行停止――高松高裁昭和四七年九月七日決定は国立大学大学院在学期間延長申請不許可処分の執行停止申立てにつき、特段の事情が認められないかぎり、延長許可のないまま在学期間を経過すれば大学院生たる身分は消滅し、その後において不許可処分の効力を停止しても、大学院生たる身分は当然には回復しないから、その執行停止の申立ては利益を欠くとした（行裁例集二三巻八・九合併号六六五頁）。

(ii)　在留期間更新不許可処分の効力と執行停止――在留期間更新不許可処分の効力の停止により在留外国人が本邦に在留できることは法的利益といいうるか否かが問題になった事案について、神戸地裁昭和四九年一月一四日決定は、法的利益であるとした（訟務月報二〇巻五号一四三頁）。

(2)　執行停止の対象となる行政処分が完了していないこと。

(3)　回復困難な損害を避けるため緊急の必要があること――(i)長期の停学処分と「回復の困難な損害」との関係について、札幌地裁昭和四五年三月二三日決定は、公立大学の学生が長期の停学処分によって被る授業を受けない損害は、出席時間数の不足から学内規定によりすでに進級試験の受験資格を失い進級不能となっている場合を除き、回復の困難な損害に当たると判示している。

右の事件の控訴審である札幌高裁も、当該年度内の残る講義を受ければ進級試験の受験資格を満たすことができるとして、その年度の試験終了日までに限り、行訴法二五条二項にいう「回復の困難な損害を避けるため緊急の必要がある」として右処分の執行停止を認めた（昭和四五・五・二決・行裁例集二一巻五号七五七頁）。

(ii)　甲府地裁昭和四一年五月一八日決定（行裁例集一七巻五号五三七頁）は、公立大学学生の退学処分について、通常被る不利益のほかに経済的困窮がはなはだしく、就学の機会を失うおそれなどの不利益があるとし、これが、回復の困難な損害に当たるとした。

(iii)　岡山地裁昭和四四年一〇月二日決定（行裁例集二〇巻一〇号一一八六頁）は、国立大学構内における学生のマイク使用を禁止する処分は、憲法二一条に違反するので、回復困難な損害を避けるため、右処分の効力を停止すべき緊急の必要があるとした。

(iv)　水戸地裁昭和五六年三月三一日決定（行裁例集三二巻三号五一〇頁）は、停学処分期間も在学年限に算入する旨の学則の規定のある国立大学において、無期停学処分を受けた学生がした右処分の効力停止の申立てについて、卒業に必要な単位数の履習が未了のため除籍されるおそれが現存する場合は、回復の困難な損害を避けるため緊急の必要があるときに当たるとして、在学年限まで一年を残す時点で執行停止を認めた。

(13)　――学生に対する不利益処分が「回復の困難な損害に当たる」か否かに関する事例

学生に対する不利益処分が行政事件訴訟法第二五条二項の「回復困難な損害」に当たらないとされた事例として次のようなものがある。

(1)　放学処分による翌年三月卒業不可能と「回復の困難な損害」との関係について、東京地裁昭和四一年一二月一〇日決定（行裁例集一七巻一二号一三三〇頁）は、国立大学学生の放学処分によって授業を受けることができず、翌年三月卒業しえなくなるとしているが、本案勝訴の確定判決を得ると、放学処分によって失った在学関係を回復することができるというのであるから、放学処分の効力停止のために必要な回復の困難な損害に当たるといえないとした。

(2)　大学構内への立入禁止措置と学生の回復困難な損害との関係について、大阪地裁昭和四四年五月三一日決定（訟務月報一五巻六号六九九頁）は、学園紛争の異常な状況の下で学長が学生の大学構内への立入禁止の措置をとって、大学構内の営造物を利用することができない結果となっても、その措置は大学の営造物の正常な利用が可能となるように回復維持のためにとられた緊急暫定的な措置というべきであるので、右の学生の立入禁止の措置は、学生の回復しがたい損害とはいえないとした。

(3)　除籍処分に伴う一般的不利益と「回復の困難な損害」との関係について福岡地裁昭和五四年四月二〇日決定（訟務月報二五巻八号二二〇九頁）は、国立大学学生の除籍処分に伴う公の教育施設を利用できないという一般的な不利益は、除籍処分の効力停止のために必要とされる「回復の困難な損害」に当たらないとした。

(4)　「回復の困難な損害に当たらない」とされたその他の事例として、甲府地裁昭和四一年五月一八日決定（行裁例集一七巻五号五三七頁）、東京高裁昭和四二年四月一〇日決定（行裁例集一八巻四号三九五頁）、高知地裁昭和四七年六月一三日決定（行裁例集二三巻六・七合併号三八一頁）、神戸地裁昭和四八年二月七日決定（タイムズ二九二号三〇九頁）があるが、これらの裁判所の見解は学生の不利益処分が「回復の困難な損害に当たる」とされ、その執行停止が認められるためには、その処分により通常被る不利益のみではなく、その経済的困窮が甚だしく、就学の機会を失うおそれがあるというような場合でなければならないとしている。

⒁　学生に対する不利益処分の執行停止と「公共の福祉に重大な影響を及ぼす」ことの有無および「本案について理由」の有無との関係

行政事件訴訟法上の執行停止の消極的要件として、(1)「公共の福祉に重大な影響を及ぼすおそれがあるとき」、(2)「本案について理由がないとみえるとき」があり、この場合には執行停止はできない。この点の裁判例として次のものがある。

(1)　退学処分執行停止と公共の福祉に重大な影響を及ぼすおそれとの関係について、水戸地裁昭和五六年九月二一日決定(行裁例集三二巻九号一六六三頁)は、退学処分の執行停止を認めると公共の福祉に重大な影響を及ぼすおそれがあるとする大学側の主張を否定した。

(2)　退学処分の執行停止却下決定に対する抗告の棄却と「退学処分取消請求がその理由ありと認め難いこと」との関係について、大阪高裁昭和三二年六月二六日決定(行裁例集八巻六号一一七三頁)は、いわゆる不正受験の不正行為に基づく退学処分の取消請求に理由ありと認め難い現状にあるとして国立大学学生に対する退学処分の執行停止却下決定に対する抗告を棄却した。

(3)　出席日数不足による退学処分の効力停止申立てと「本案について理由がないとみえるとき」との関係について、札幌高裁昭和四七年八月五日決定（行裁例集二三巻八・九合併号六一三頁）は、正当な理由がなくて出席が常でないことを理由として退学処分に付された者の退学処分の効力停止申立てが、「本案について理由がないとみえるとき」に当たり、許されないとした。

(4)　懲戒処分の執行停止と本案訴訟の勝訴の合理的確実性との関係について、東京地裁昭和四六年六月二九日決定(判例時報六三三号四三頁)は、大学の学生に対する懲戒処分の執行停止が許されるためには、申立人が本案訴訟において勝訴の合理的確実性を有していると認められることを必要とする、としている。

(15)　学生に対する不利益処分の執行停止と即時抗告・内閣総理大臣の異議

行政事件訴訟法は、執行停止決定に対し行政庁側にも即時抗告の申立権を認めた。しかし、即時抗告があっても、執行停止決定の効力は妨げられない（二五条七項）ので、行政庁側は結局、内閣総理大臣の異議を発動することになる。

学生に対する処分の執行停止の決定について内閣総理大臣が異議を述べた事例は見当たらない。しかし、教育公務員関係の事件では全くないわけではない。京都地裁昭和二九年七月二三日の決定（行裁例集五巻七号一七二六頁）は、中学教員の転補処分の執行停止申請に対し内閣総理大臣が異議を述べ、このため裁判所は処分の執行停止を命ずることができず、執行停止の申立てを却下している。

右の事例は、内閣総理大臣の異議制度が教育行政にも適用される場合があることを示していることに注意すべきである。

すなわち、行政事件訴訟法第二七条は、同法第二五条二項に基づく執行停止の申立ておよび執行停止の決定があった場合、内閣総理大臣が当該裁判所に対し異議を述べることを認め、この異議が述べられたときは裁判所は執行停止をすることはできず、また、すでに執行停止の決定をしている場合はこれを取り消さなければならないと規定している。この内閣総理大臣の異議制度は執行停止制度に重大な制約を加えているものである。

内閣総理大臣が異議を述べる時期は、執行停止決定の前後を問わない（行訴法二七条一項）。

異議については、書面によるべきことは法律上明記されていないが、内閣総理大臣の異議権の行使の慎重を期すため、一般に、書面により行い、異議には理由を付さなければならない（同条二項）。異議の理由には、内閣総理大臣は、「処分の効力を存続し、処分を執行し、又は手続を続行しなければ、公共の福祉に重大な影響を及ぼすおそれのある事情」を示さなければならない（同条三項）こととなっている。

異議を述べたときは、内閣総理大臣は、次の常会でこれを国会に報告し、国会の政治的批判をうけることになっている。これは内閣総理大臣の異議の濫用を防止することを目的としている。

なお、内閣総理大臣の異議の附記理由に対する裁判所の審査権について東京地裁昭和四四年九月二六日判決（判例時報五六八号一四頁）は、内閣総理大臣の異議が行訴法二七条三項、六項前段各所定の要件を具備するかどうかは、裁判所の審判事項でないとした。

⒃　学生に対する不利益処分取消訴訟の終了

学生に対する不利益処分取消訴訟は、原則として、裁判所が判決を下すことにより終了するが、このほか学生に対する不利益処分取消訴訟の終了として、次の場合がある。

(1)　学生に対する不利益処分取消訴訟の訴えの取下げは原告である学生が訴えを撤回し、訴訟がはじめから係属していなかったものとすることである。取消訴訟を提起することは、原告学生の自由意思にまかされているので、原告である学生は判決が確定するまではいつでも訴えを取り下げることができる。

(2)　請求の放棄――請求の放棄とは、原告学生が自己の請求をあきらめ、自己の請求に反する法律関係を承認することである。これに対し請求の認諾とは、反対に被告である学長が原告学生の請求の法律関係を認めることをいう。

(3)　裁判上の和解――裁判上の和解とは、原告被告の双方が請求に関する相互の主張を互いに譲り合って、請求について一致した見解を裁判所に対し陳述することをいう。

国公立大学学生に対する不利益処分の取消訴訟にあっては、その処分の内容が適法か違法かは法によって客観的に定められるべきで、学長の意思によって任意に変更すべきものではなく、したがって、学長は処分内容を自ら融通して和解をすることは許されないと解される。ただ、行政庁たる学長に自由裁量が認められている場合には、その範囲で和解が許されるべきだとする見解がある。

(4)　当事者の消滅――学生に対する不利益処分取消訴訟は、その原告たる学生が死亡し、訴訟物である権利関係を承継する者がいない場合には、原告学生の死亡により判決を待たずに当然に終了する。

⒄　学生に対する不利益処分取消訴訟の判決の種類

取消訴訟は、原則的には裁判所の判決をもって終了する。判決はその内容によって訴訟判決と本案判決とに分かれる。

訴訟判決は、訴えが訴訟要件を欠いている場合に訴えを不適法として却下する判決である。これは、行政庁たる学長の処分が違法であっても違法処分が承認され、法的には損害賠償の問題としてのみ、問題が処理されることになる場合があることを意味する。

本案判決は、学生に対する不利益処分の取消請求の当否を判断する判決である。具体的には請求認容の判決、請求棄却の判決のほかに、例外的に事情判決がある。

⒅　学生に対する不利益処分と事情判決

学生に対する不利益処分について事情判決が適用された事例は見当たらない。しかし、公立学校の教員に対する懲戒免職処分の取消訴訟において事情判決の適用が排除された事例がある（京都地昭和三〇・三・五判・行裁例集六巻三号七二八頁）。

⒆　学生の不利益処分の取消訴訟の判決

裁判所が学生に対する不利益処分の取消訴訟の判決を下すと、その判決は、既判力、形成力、拘束力を生ずる。右のうち、判決の拘束力は、⑴「してはならないという不作為義務」の消極的効果と、⑵「取り消さなければならないという作為義務」の積極的効果を生ずる。すなわち、学生の不利益処分の取消判決が下されると、その前提となった違法原因についての裁判所の判断が学長を拘束し、同一の瑕疵が「その事件について」繰り返されることが禁止される。したがって、学長は、当該原告学生に対し同一の事情の下で、同一理由により同一内容の処分をすることができないことになる。取消判決は、この意味において消極的効果を有する。

また、本案の確定判決が下されると学長はその判決理由中に示される処分の適法違法の判決に反する行政処分をなし得ないこととなり、その趣旨に沿う措置を採らなければならないということになる。このように取消判決の拘束力は、判決後において学長の行為を規制することになるのである。

この取消判決の拘束力を受けるのは、被告学長と取消判決により取り消された処分に関係をもつ大学の機関である。関係機関は、たとえ訴訟に関与しない場合でも取消判決に拘束され、判決の趣旨に従って行動しなければならない。たとえば、学生の退学処分の取消判決が下されたにもかかわらず、学長がその判決の趣旨に従わず、再度、退学処分を行うことは違法であり、そのような処分は取り消され、または無効となる(取消判決の趣旨に従わない再度の賦課処分は違法であり取消しを免れない（行政裁昭和五・一一・一八判・行録四一輯一四三〇頁）)。また、たとえば、退学処分の取消判決が下されたにもかかわらず学長がなんら適切な措置をとらない場合（不作為の場合）は、国家賠償法上の違法行為となり、国家賠償の問題が生じよう。

次に、取消訴訟から民事訴訟へ請求を変更できるか否かが問題となるが、この点に関しては、行政事件訴訟法第二一条一項からして、訴えの変更は、請求の基礎に変更がなく、かつ、裁判所が原告学生の訴えの変更の申立てを相当と認めた場合に許される。そして、裁判所が、この訴えの変更を許すかどうかは従来の処分取消訴訟によってはその目的を達することができないかどうか、従来の訴訟手続と訴訟資料を利用する実益があるかどうか等を考えて、その裁量によって決定する（行訴法二一条一項）。

また、民事訴訟から取消訴訟へ請求を変更することができるか否かについては、行政事件訴訟法には、民事訴訟や当事者訴訟を取消訴訟に変更することを認める規定がないが、取消訴訟から民事訴訟への請求の変更が許されているとするならば、民事訴訟から取消訴訟への変更が許されないという積極的な理由もない。

(20)　学生に対する不利益処分と無効確認訴訟

無効確認訴訟とは処分もしくは裁決の存否またはその効力の有無の確認を求める訴訟をいう(行訴法三条四項)。さらに、行訴法第三六条は、「無効等確認の訴え」の原告適格について規定している。すなわち、無効確認の訴えを提起することができるものには、(i)「当該処分又は裁決に続く処分により損害を受けるおそれのある者」と(ii)「その他……現在の法律関係に関する訴えにより目的を達することができないもの」がある。

学生に対する不利益処分と無効確認訴訟との関係が問題となった事例において、裁判所は、「原告は被告のした除籍処分の無効を前提として、国を被告として、秋田大学の学生たる身分を有することの確認を求める等の現在の法律関係に関する訴によって本件無効確認の訴と同じ目的を達することができるのであるから、本件無効確認の訴は不適当である。

また、本件損害賠償請求の訴については、賠償義務の主体となり得る国を被告として提起したのであれば格別、行政庁である本件被告は当事者たる適格を有しないから、右訴も又不適法である。

しかして、右の欠缺はいずれも補正することができないものであるから、本件訴は口頭弁論を開くまでもなく、いずれも却下すべきである。」と判示している（秋田地昭和三八・二・二五判、行裁例集一四巻二号一九九頁）。

学生の除籍処分の無効確認を求める訴えは、現在の法律関係に関する訴え、すなわち、地位確認の訴えによって目的を達することができるので、不適法であるということである。

したがって、学長により退学処分に付された学生が、その退学処分の無効確認を求める訴えは、学長のなした退学処分の無効を前提または理由とする現在の法律関係である学生としての地位確認の訴えにより目的を達することができるので、学生は、行訴法第三六条により無効確認の訴えを提起することができない。また、その無効確認の訴えの趣旨が、学生としての地位確認を求める趣旨であるとしても、その訴えは、行訴法第四条の公法上の法律関係に関する訴訟すなわち当事者訴訟である。したがって、当該法律関係の帰属する権利主体のみが正当な権利主体であるので、公法上の法律関係の帰属主体である国を被告として訴えるべきであり、学長を被告として訴えを提起することはできないということになる。

すなわち、学生の退学処分の無効確認の訴えは不適法であり、行訴法第四条の当事者訴訟で争うことになること、その場合、公法上の法律関係の帰属主体たる国または公共団体を被告として訴えるべきこと、などが、学生の退学処分と無効確認訴訟との関係で注意しなければならない点である。

(21) 学生に対する不利益処分と不作為違法確認訴訟

不作為違法確認訴訟とは、行政庁が法令に基づく申請に対し、相当の期間内になんらかの処分または裁決をすべきにかかわらず、これをしないことについての違法の確認を求める訴訟をいう(行訴法三条五項)。この訴訟が認められるのは、行政庁がなんらかの処分をなすべき場合に処分をしないで放置しておくことは、違法な処分をなしたと同じく相手方の権利を侵害することになるという考え方に基づいている。

したがって、この訴訟は、行政庁がなんらかの処分をしないことが違法であると宣言することにより、行政庁の事務処理を促進し、処分の申請に対する応答を促すものにとどまる。したがって、裁判所に対して、裁判所が行政庁に一定の行為を行うべきことを命令したり義務付けたりすることを求める訴訟ではない。

不作為違法確認訴訟についての学生に関する事件として、金沢大学医学部試験不実施事件がある。名古屋高裁は、原告適格について、「不作為の違法確認の訴えにおける原告適格については、法令に基づく申請をした者に限るか、それとも申請権限の有無にかかわらず現実に申請した者をいうのかにつき議論のわかれているところであるが、当裁判所は申請権限の有無は、右訴えにおける本案の問題であって、現実に処分又は裁決について申請をした者であれば右訴えについて正当な当事者であると解するものである。」とし、さらに、「被控訴人Aが昭和三八年四月、同Bが昭和三九年四月金沢大学医学部へ入学し、その後現在に至るまで同大学学生の身分を有していること、そして、被控訴人らが昭和四五年七月二一日付をもって控訴人に対し法医学科目の試験受験申請をしたことは当事者間に争いがなく、さらに、被控訴人らは右申請は学校教育法、金沢大学医学部の『科目試験に関する内規』1、3項を根拠とする旨主張しているのであるから、被控訴人らが本件訴えについて当事者適格を有するものというべきである。」とし、不作為の違法確認の原告適格の点と、期末試験の不実施と受験申請者の原告適格の点について判断した。

また、不作為違法確認訴訟を提起することができるのは、原告の法令に基づく許認可などの処分または裁決を求める申請に対して行政庁が相当の期間を過ぎても諾否の応答を示さない場合に、その応答を示さないことが違法であるという場合である。

不作為の違法確認判決は、行政庁に対し拘束力を有する（行訴法三三条、三八条）。すなわち、この判決が下されると行政庁は申請に対してなんらかの行為（申請を認容するか申請を棄却するか）をしなければならないという拘束を受ける。

なお、行政庁が、被告、参加人となるので訴訟費用の裁判に関する規定（行訴法三五条）も準用される。しかし、この不作為違法確認判決は、取消判決のように、行政処分の効力を遡及的に消滅させるとか、初めから当該処分が行われなかったのと同じ状態を発生させるということはあり得ないので、判決の対世的効力は問題にならない。さらに、事情判決もあり得ない。したがって、事情判決（行訴法三一条）、判決の対世的効力（行訴法三二条）、第三者の再審に関する訴え（行訴法三四条）の規定は準用され得ない。

㉒　国公立大学学生の身分確認訴訟と当事者訴訟

学生が学長から退学を命ぜられ、その退学処分が無効であるとして、同大学の学生たる身分の確認を求めて訴えを提起した場合学長を被告とすべきか、国を被告とすべきかが問題となる。このような学生の退学処分の無効を前提とする身分確認訴訟は、公法上の当事者訴訟に当たるものであるので、国立大学の学生の場合であれば、国を被告としなければならないことに注意を要する。

第六編　教育行政における損害賠償制度

第一章　明治憲法下の損害賠償制度

㈠　明治憲法下の損害賠償制度

一　明治憲法下においては、明治憲法の条文中に国家賠償の規定は存在せず、また、現行の国家賠償法が昭和二二年一〇月二七日に公布・施行されている（昭和二二法一二五）ことから明らかなように、国家賠償法というような法律も存在しなかった。しかし、公権力を行使する官吏、道路・河川などの公共用物や、学校などの公用物が存在し、それに基づく損害事件が発生していたことは事実である。

学校教育に関する損害賠償の問題を考える前提として、明治憲法下の損害賠償の考え方から検討していくことにしたい。

この明治憲法下の損害賠償に関し検討することにより、現在の憲法第一七条を中心とした国家賠償法制の意義を明らかにし、その解釈運用の重要性を理解することができると考える。

二　日本国憲法第一七条は、「何人も、公務員の不法行為により、損害を受けたときは、法律の定めるところにより、国又は公共団体に、その賠償を求めることができる。」と規定する。

右の憲法第一七条の規定に基づいて、その一般法として、現在、国家賠償法が制定されている。

この現行の国家賠償法の主要な部分は、次の三つに分類することができる。

(1)　権力作用に基づく損害賠償――第一条第一項「国又は公共団体の公権力の行使に当る公務員が、その職務を行うについて、故意又は過失によって違法に他人に損害を加えたときは、国又は公共団体が、これを賠償する責に任ずる。」

第二項「前項の場合において、公務員に故意又は重大な過失があったときは、国又は公共団体は、その公務員に対して求償権を有する。」

(2)　非権力的作用に基づく損害賠償――第二条第一項「道路、河川その他の公の営造物の設置又は管理に瑕疵があったために他人に損害を生じたときは、国又は公共団体は、これを賠償する責に任ずる。」

第二項「前項の場合において、他に損害の原因について責に任ずべき者があるときは、国又は公共団体は、これに対して求償権を有する。」

(3)　私経済的作用に基づく損害賠償――第四条「国又は公共団体の損害賠償の責任については、前三条の規定によるの外、民法の規定による。」

以上、現行の国家賠償法を三つの分野に分類し、同時に、それらの条文を挙げた。以下これらの条文を中心として検討を加えていきたい。

(1)　明治憲法下の損害賠償と民法の不法行為の規定との関係

一　明治憲法下においては官吏は天皇の官吏であり、他方、天皇が国の元首であって統治権を総攬しており(明治憲法四条)、また、立法権も天皇が行使することになっていたため、帝国議会は天皇に協賛する機関にすぎなかった(明治憲法五条)。行政権も天皇に帰属し、国務各大臣は天皇を輔弼することにより、その責任を果たすにすぎず(明治憲法五五条)、さらに、司法権も天皇に属し、「司法権ハ天皇ノ名ニ於テ」裁判所が行うことになっていた(明治憲法五七条)。このように明治憲法下においても、三権分立の原則は一応採用されていたが、それは近代憲法が意図している基本的な考え方とはきわめて大きな隔たりのあるものであった。したがって、官吏は天皇に対してのみ責任を負い、国民に対して責任を負うということはあり得なかった。

一方、明治憲法下においても、国民の権利については、「臣民権利義務」として一応各種の権利や自由が保障されていた。しかし、その規定の仕方は「法律ノ範囲内ニ於テ」、「法律ニ依ルニ非スシテ」、「法律ニ定メタル場合ヲ除ク外」、「安寧秩序ヲ妨ケス」、「臣民タルノ義務ニ背カサル限リニ於テ」というように、すべて国民の権利は法律に規定さえすればどのようにも制限することができるという「法律の留保」の原則が採用されていた。しかも、公権力の行使に当たる官吏の損害賠償に関する規定は、憲法上存在せず、もちろん現在のような国家賠償法の規定も存在しなかった。さらに、損害賠償の規定は民法の不法行為の規定しかなく、このため、民法の不法行為の規定を公権力を行使する官吏に適用することはできなかった。

二　右に述べたように明治憲法下では国家賠償法は存在しなかったため、損害賠償に関する一般法としての民法の不法行為の規定(民法七〇九条以下)により損害賠償が認められるか否かが大きな問題であった。

この点を象徴している事件として、板橋火薬製造所事件を挙げることができる。本件は、軍の砲兵工廠における火薬製造事業は公法上の行為であるとして、所員が火薬製造事業に従事するのは、国家の一機関として行動しているものであるから、その所員の行為により個人に損害を加えても、国家は法令に特別の規定のない限り、私法上の責任を負わないと判断した事件である。

すなわち、大審院は、「国家ノ行為ニシテ主トシテ国家ノ財産上ノ利益ノ為ニスルモノハ乃チ国家ノ私経済的動作ニシテ私法行為トシテ私法ノ適用ヲ受クベク、之ニ反シテ国家ノ行為ニシテ主トシテ公共ノ利益ノ為ニスルモノハ公法上ノ行為トシテ公法ノ適用ヲ受クベキモノト謂フベキナリ。……国家カ軍備ノ充実又ハ戦闘力ノ準備等所謂軍事的行動ノ一部ニ属スルモノト認ムヘク之ヲ以テ公共ノ利益ノ為ニスルモノト看做スヘクシテ単ニ国家カ財産上ノ利益ノ為ニスルモノニ非サルヤ明ケシ。然ラバ則チ板橋火薬製造事業ハ乃チ公法上ノ行為ニシテ所員カ火薬製造ニ従事スルハ国家ノ一機関トシテ行動スルモノニ外ナラサルカ故ニ其行為ニ付個人ニ損害ヲ加ヘタリトスルモ、国家ハ法令ニ特別ノ規定アラサル限リ私法上ノ責任ヲ負フベキモノニ非サルナリ」(明治四三・三・二・大民録一六輯一七四頁)と判示している。

右の判決は、公共のために行う事業または設備を当然に公法上の行為とし、民法の不法行為の適用を否定したのである。

また、国の営造物である橋梁および道路を修築改繕することまでも、国が公共の利益と安全のためにするのであるから、それは権力であるとして、かかる権力により他人の権利を害しても、不法行為とはならない、というような判断が下されていた(宮城控明治四一・三・二七・最近判二巻一〇一頁)。

三　次に、教員の公権力の行使に基づく損害賠償事件については、民法の不法行為の規定の適用は排除されていた。この点について、小学校代用教員小学児童傷害事件を挙げることができる。本件は小学校の代用教員が児童に傷害を加えた事件である。昭和四年大審院は次のように判示した。

「小学校令第四二条ニ依レハ特別ノ事情アルトキハ免許状ヲ有セサル者ヲ以テ小学校准教員ニ代用スルコトヲ得ヘク右代用教員ニ関スル規定ハ文部大臣之ヲ定ムト規定シ文部省令タル小学校令施行規則第一六八条ニ依レハ市町村立小学校代用教員ノ採用辞職及懲役処分ハ市町村立小学校准教員ノ別ニ依ル旨規定スルヲ以テ小学校令第四四条第四八条ノ準用ニヨリ右代用教員ノ任用解職及懲戒処分ハ府県知事カ国ノ行政官庁トシテ之ヲ行フモノナルコト極メテ明瞭ナリ左レハ小学校代用教員カ右ノ手続ニ拠リ任用セラレタル後之ニ対スル俸給其他ノ諸給与ヲ該市町村ノ負担タラシムル事実ヲ以テ右代用教員ヲ民法第七一五条ニ依ル其市町村ノ被用者ナリト論断スルコトヲ得ス果シテ然レハ被控訴

人村ハ同村立小学校代用教員タル被控訴人嘉重ノ使用者ニアラサルコト勿論ナルニヨリ被控訴人嘉重ノ本件不法行為ニ付被控訴人村ヲシテ控訴人等ニ之カ損害賠償ヲ為サシメントスル本訴請求ハ既ニ此点ニ於テ不当ナルヲ以テ之ヲ棄却セサルヘカラス」（東控昭和三・三・二〇判・新聞二八二六号五頁、大審昭和四・四・一八民一判・民集八巻二八六頁）。

すなわち、大審院および東京控訴院は、(a)町村立小学校の校長および教員の任用と監督は国の行政機関たる府県知事が行うこと、(b)代用教員の任用解職、懲役処分も国の機関たる府県知事が行うことなどを理由に、代用教員の小学児童に対する傷害は民法による損害賠償の対象とはならず、したがって市町村はその責任を負わないと判示したのである。

右の事案は、町村立小学校の代用教員に関するものであるが、このほか、公権力を理由に民法の適用を排除した消防自動車試運転事件を挙げておきたい。

この事件は、消防自動車の試運転中に人を轢殺した事件であるが、大審院は、「府県ノ設置ニ係ル消防署ノ職員等カ其ノ消防自動車ヲ修繕シテ之カ試運転ヲ為スカ如キハ即チ消防事務ノ遂行ニ外ナラサルヲ以テ国家警察権ノ一作用ニ属スルモノナルコトハ既ニ当院ノ判例トスルトコロナリ」とし、「而シテ国家ノ警察権ハ公法上ノ権力ナルコト勿論ナルカ故ニ之カ行使ノ任ニ当ル職員ニ於テ其ノ行使ニ際シ故意又ハ過失ニ因リ他人ノ私法上ノ権利ヲ侵害シタリトスルモ法令ニ特別ノ規定ナキ限リ国家ニ於テ之カ賠償ノ責ニ任スヘキモノニ非サルコト亦当院ノ判例トスルトコロニシテ今尚之ヲ変更スヘキ理由ヲ発見セス」（大審昭和一〇・八・三一判・新聞三八八六号七頁）と判決した。

すなわち、右の判決は府県の設置にかかる消防署の職員が消防事務の行使に際し、故意または過失により他人の私法上の権利を侵害しても、法令に特別の規定のない限り、国家はその賠償の責に任じない、としたのである。

右事件の上告人の上告理由には「美濃部博士『行政法撮要』第三版上巻一五〇頁参照」としてその理論的根拠を提示していることから、美濃部博士の理論に基づいて上告していたことをうかがうことができる。そして、その上告理由の論拠として、試運転が設備事務の範囲に属し、消防自動車の試運転をする行為自体は「修繕ノ一部若クハ其ノ延長ト認ムヘキ事実上ノ行為ニシテ如何ナル点ヨリ云フモ警察権ノ行使ニハ属セス国家若クハ地方自治体ノ経済的ノ行為ナリ」として、消防自動車試運転中に当該職員の故意過失によって他人の権利を侵害した場合は「国家ハ右職員ノ使用者トシテ其ノ責ヲ負フヘキハ当然ナリ」と主張していた。しかし、大審院は、府県の設置にかかる消防署の職員が消防事務の行為に際し、故意または過失によって他人の私法上の権利を侵害しても、法令に特別の規定のない限り、国家はその賠償の責には任じない、としたのである。

四　従来、民法の不法行為責任に関する規定が適用されたのは、原則として、私人対私人の私法上の行為に対してであり、国や公共団体が公権力をもって国家目的を実現する過程において、違法に私人に損害を加えた場合には、国や公共団体の行為は公法上の行為であり、私法上の行為ではないとして、民法の不法行為規定は適用されなかったのである。

明治憲法においては、違法な官吏の公権力の行使による損害について、学説、判例は民法の規定の適用を拒否する傾向が強かったといえる。

右の消防自動車試運転事件は、そのことを示している。

このように、明治憲法下においては、大正五年頃までは、国または公共団体が公益のために行う行政行為を一般に「公権」または「権力作用」としてとらえ、国家の賠償義務を否定した事例が多い。

(2)　明治憲法下の損害賠償と徳島市立小学校遊動円棒事件

一　明治憲法下においては、大正五年の徳島市立小学校遊動円棒事件の判決が下されるまでは、河川や道路の改修工事、火薬製造事業などを権力作用または公法上の行為として、国家の賠償責任を否定していた。

これに対し、学界などからも批判が強く(1)大正五年の右の判決を境として公共事業に基づく損害賠償義務が肯定されるに至った。

右のような意味を有する徳島市立小学校遊動円棒事件の判決は次のようである。

すなわち、「本件小学校ノ管理ハ上告人主張ノ如ク行政ノ発動タルコト勿論ナレトモ其管理権中ニ包含セラルル小学校校舎其他ノ施設ニ対スル占有権ハ公法上ノ権力関係ニ属スルモノニアラス純然タル私法上ノ占有権ナルノミナラス其占有ヲ為スニモ私人ト不平等ノ関係ニ於テ之ヲ為スニアラス全ク私人カ占有スルト同様ノ地位ニ於テ其占有ヲ為スモノナレハ之ニ因リ被上告人等ニ損害ヲ被ラシメタル本訴ノ場合ニ於テ原院カ民法第七一七条ノ規定ヲ適用シタルハ毫モ不法ニアラス」（大審大正五・六・一判・新聞一一四八号三二頁）。

右の見解と類似の見解に立つものとして、東京市立小学校肋木事件がある。

すなわち、本件について、大審院は、「学校長又ハ教員カ教育ノ目的ノ為メ運動機具ヲ使用スルハ公法上ノ関係ニシテ之カ為メ直チニ学校長又ハ教員カ運動機具ノ占有権ヲモ有スルモノト断定スルヲ得ス尚ホ運動機具ヲ区ニ於テ占有スルモノト解スルモ現行法制上何等法令ノ規定ニ抵触スルモノニ非ス」（大審大正一〇・六・二八判・新聞一八六四号九頁）と判示していた。

右の二つの事件の判例の態度は、従来、「公法上の行為」ということで一括して把握されていた事実を権力作用と非権力作用に分類し非権力作用には、民法を類推適用するという新しい方向を示したものとして、当時においては、重要な判決であったということができる。

二　しかし、右の二つの判決は、単に小学校の管理権に包含せられる小学校校舎の施設に対する占有権が純然たる私法上の占有権であることを理由としているだけで、全く新しい理論といえたか否かには疑問がある。

すなわち、大審院が国または公共団体の賠償義務を肯定したのは、権力作用について民法の適用を認めたのではなく、それらの行政上の事件のうち公物の管理または事業の経営そのものが私法上の関係に属していることを理由に民法上の損害賠償を認めたにすぎないということである。

したがって、大正五年を境として判例が大きな方向転換を示したことは事実であるが、その本来の立場を変更したと考えることは問題である。

それは、前述の消防自動車試運転事件に示されているといってよい。すなわち、私人の行為と本質的に異ならない公物の管理や公の事業の執行などは、民法の不法行為規定が適用され、したがって、消防自動車の試運転は、それ自体権力作用ではなく、公の事業の執行にほかならないと考えなければならなかったのではないかと思われるからである。

(3)　美濃部達吉博士の国家賠償に対する見解

民権学派の美濃部達吉博士は、国家賠償の問題については次のように説明していた。すなわち、「純然タル公ノ権力ノ作用ニ関シテハ民法ノ規定ハ適用セラルルコトナク、随テ国家又ハ公法人ガ刑罰権、裁判権、警察権、課税権等総テ公ノ権力ノ主体トシテ人民ニ対スル場合ニ於テハ、官吏又ハ公吏ノ故意又ハ過失ニ因リ其ノ権力ヲ違法ニ行使シ他人ノ権利ヲ侵害スルコトアルモ、官吏又ハ公吏ガ個人トシテ賠償責任ヲ負フハ格別、国家又ハ公法人ハ損害賠償ノ責任ニ任ズルコトナシ」と説明していた。また、美濃部博士は、「今日ノ社会的正義ノ思想ヨリ言ヘバ」、人民は国家権力によって違法にその権利または自由を侵害されない権利を有するので、もし国家の違法な権力の行使によって、人民の権利が侵害されることがあれば、人民はその損害について国家に対して賠償請求権を有することは当然のことであり、諸外国においても、かかる場合には国家が賠償責任を負う傾向にあると指摘し、わが国においてはそれが認められていないことを次のように述べている。すなわち、「然レドモ我ガ現時ノ国法ハ未ダ此ノ主義ヲ採ルニ至ラズ、国家ノ公ノ権力ノ作用ニ対シテハ人民ハ之ニ忍従スルコトヲ要ストスルノ思想ハ今日ニ於テモ尚深ク其ノ影響ヲ遺シ、司法判決又ハ行政行為ノ如キ公ノ権威ヲ以テ行ハルル行為ニ対シテハ人民ハ場合ニ依リ訴願、行政訴訟、控訴、上告等ノ手段ニ依リ其ノ違法ナルコトヲ主張シ得ルコトヲ認メラルルニ止マリ、仮令其ノ違法ナルコトガ確定スルモ人民ノ之ガ為ニ受ケタル損害ニ付テハ、唯其ノ行為ガ官吏ノ故意又ハ忍容スベカラザル過失ニ基キタル場合ニ於テ官吏個人ニ対シテ賠償ヲ請求シ得ルノミ、国家ニ対スル関係ニ於テハ其ノ損害ヲ受忍スルコトヲ要シ、国家ニ対シテハ損害要償ノ権利ヲ認メラルルコトナシ。」と述べている。

右のようなことからも、官吏が一私人として被害を与えた場合には私法上の責任を負うけれども、公権力の行使として行った行為については、損害賠償は認められなかったといえる（美濃部達吉『行政法撮要』上巻一四一、一四二頁）。

佐々木惣一博士も、「官吏の行為が公法の適用を受くべき国家の行為として為されたる場合には国家と第三者との関係は公法関係なり、従って此の場合に於ける国家の賠償義務の問題は全く公法上の法理に依る、民法の規定に依ることを得ず、然るに右の場合に付て一般的に国家の責任を定めた規定は存しないが故に、国家に賠償義務なし」と主張していた（日本行政法論総論六七一頁）。

また、昭和八年の時期において田中二郎博士は「公共の利益」と国家賠償責任の関係について次のように述べていた。すなわち、「惟ふに、従来、国家の名に於て又は公共の利益の名に於て、法律上国家責任に付て特殊の理論構成を与へんとする傾向は一応理由ある所ではあらう。併しながら問題は、結局国民全体の負担に於て具体的の個人の特別の犠牲を償ふべきか、それとも個人の特別の犠牲を国民全体の利益の為めに、已むを得ざる犠牲として之を甘受せしむべきかの選択の問題であり、その何れがより正義なるかの利益衡量の問題に帰することを考へねばならぬのである。問題は経済的価値の分配に在り、其処に支配すべきものは正義公平の原則でなければならぬ。若しかかる見解が是認されるならば、その損害が公権力の作用に基くものなりとする理由のみを以て、国家の賠償義務を否定し去ることが果して正当なりや疑はざるを得ない。其の損害が権力的作用に基くか、非権力的作用に基くかは、公平負担の原則からは、特に区別する必要を見ないのである。」、「私は、公法上の特別の規定なき限り、経済生活に関する基礎規律たる民法に於ける原則が公法の領域にも類推適用さるべきものと解するのが正当ではないかと憶測する。」（田中二郎「行政上の損害賠償及び損失補償」二四、二五頁）とし、公権力の作用に基づくとする理由で、国家の賠償義務を否定することに消極的態度を表明し、経済的分野についての公法の領域には、民法を類推適用すべきことを主張していた。

（1）「以上の叙述によって伺ひ得る我が国の法制が実際の制度として妥当なりや否やは疑はしいのみならず、解釈論的にも当然に上の結論に達すべきものなりや否やは疑の余地がないではない。兎も角、現在の実際の制度が、正義公平の理想から、甚だしくかけ離れたものであることだけは事実で、此の理想を実現するためには、立法的解決を図った独逸、学説判例による新な理論の構成によって国家責任を原則的に肯定するに至った佛蘭西、それは共に我々の注意せねばならぬ所と信ずる。」（田中二郎『行政上の損害賠償及び損失補償』一七頁）

(二) 明治憲法下の損害賠償の動向

(1) 明治憲法下の権力作用に基づく損害賠償についての考え方

明治憲法下では、国家の行為は適法な行為とみなされ、その国家の行為を具体的に執行する官吏が違法に権力を執行して相手方国民に損害を与えたとしても、国家は適法な行為のみしか行わないのであるから、その官吏の違法な行為は、国家を代表するものの行為とは認められず、国には法的責任はないという考えが支配していた。

また、官吏が国家目的を実現するために公権力を違法に行使して国民に損害を与えても、その種の公権力の行使に基づく損害賠償を認めている法律は存在せず、したがって、官吏もまた損害賠償の責任を負わないと解されていた。

しかも、損害賠償に関する実定法は、一般法として民法しか存在せず、このため、官吏の不法行為により損害をうけた国民は、国・公共団体に対し、損害賠償を求めるには、民法の使用者責任についての規定を根拠に司法裁判所に訴えを提起するしか方法がなかった。旧行政裁判所法第一六条は「行政裁判所ハ損害要償ノ訴訟ヲ受理セス」と規定し、行政権の行使についての国家賠償請求は認められていなかったのである。

この点、小学校代用教員小学児童傷害事件において、大審院昭和四年四月一八日判決（民集八巻二八六頁）は(a)町村立小学校の校長および教員の任用と監督は国の行政機関たる府県知事が行うこと、(b)代用教員の任用解職、懲戒処分も国の機関たる府県知事が行うことなどを理由に、代用教員の小学児童に対する傷害は民法による損害賠償の対象とはならないので、市町村はその責任を負わないとしていた。

すなわち、小学校の教育事務は、国の事務であり、小学校教員は国の官吏であるので、小学校の教員の不法行為について、村の責任を否定したのである。これは当時の大審院の判決からいえば当然であったといいうる。

しかし、右の大審院の判決について、教員の任命監督が国の行政機関である県知事の権限に属することを理由に、その教員の不法行為について、村の賠償責任を否定したことについては、当時、教育に関する経済的負担者が、村であったことからすれば、経済的負担者である村を賠償責任者とすべきではなかったかという批判がなされていた(末弘厳太郎「判例民事法」昭和四年度一一九頁)。

(2) 明治憲法下の権力行為と民法の規定の適用

明治憲法下においては官吏の不法行為により損害を受けた国民が国や公共団体に対し損害賠償を求めるためには、国家賠償法の規定がなかったため、結局、次のような民法の使用者責任の規定に基づいて民事・刑事を取り扱う司法裁判所に訴えを提起するしか方法がなかったのである。

すなわち、民法の使用者責任に関する規定としては、

民法七一五条（使用者責任）第一項は「或事業ノ為メニ他人ヲ使用スル者ハ被用者カ其事業ノ執行ニ付キ第三者ニ加ヘタル損害ヲ賠償スル責ニ任ス……」

民法第四四条（法人の不法行為能力）第一項は「法人ハ理事其他ノ代理人カ其職務ヲ行フニ付キ他人ニ加ヘタル損害ヲ賠償スル責ニ任ス」

民法第七一七条(土地の工作物等占有者及び所有者の責任)第一項は、「土地ノ工作物ノ設置又ハ保存ニ瑕疵アルニ因リ

テ他人ニ損害ヲ生シタルトキハ其工作物ノ占有者ハ被害者ニ対シテ損害賠償ノ責ニ任ス……」とそれぞれ規定している。

国民は、右の規定などに依拠して損害賠償の訴えを提起せざるを得なかったのであるが、しかし、前述の判例の見解や学説の見解から明らかなように、明治憲法下の司法裁判所は、行政権力の行使に関する損害賠償の問題については民法の規定は適用されないとした。このため、官吏の不法行為による損害であって司法裁判所に救済を求めることができたのは、国・公共団体が私人と同様の立場で行う非権力的行為にかかわる不法行為に限られていた。

この点、美濃部達吉博士も、非権力作用に基づく損害賠償について次のように説明していた。すなわち、「(二)権力的作用ニ非ザル經濟的活動ニ付テハ之ニ反シテ國家又ハ公法人、民法第七百十五條ニ依リ損害賠償ノ責ニ任ゼザルベカラズ。純然タル營利事業ニ付テハ是レ爭ナキ所ナリト雖モ、主トシテ公益ノ爲ニスル事業例ヘバ道路ノ修築、河川工事、築港工事、運河ノ開鑿、學校官衙ノ建築、水道下水道工事、病院ニ於ケル診療ノ如キニ在リテモ、亦同一ニ論ズベキモノナリ。民法ハ決シテ營利事業ニノミ適用セラルル法律ニ非ズ、民法ハ身分法、親族法等ヲ除クノ外主トシテ經濟的關係ヲ規律スル法ニシテ、營利事業タルト否トハ問フ所ニ非ズ。國家ノ事業ニ付テモ經濟的關係ヲ主眼トスルモノハ民法ノ適用ヲ受クベキ本質ヲ有スルモノナリ。唯公益ノ爲ニスル事業ニ付テハ公益上ノ必要アル限度ニ於テ民法ノ適用ヲ排除スト雖モ、少クトモ不法行為ニ基ク損害賠償ノ問題ニ關シテハ國家又ハ公法人ノ事業ニ付テモ之ヲ私人ノ事業ト區別シテ其ノ適用ノ法律ヲ異ニスベキ理由ナク、此等ノ事業ノ施行ニ關シ不法ニ他人ニ損害ヲ加ヘタル場合ニ於テハ國家又ハ公法人ハ當然民法ニ依リ損害賠償ノ責ニ任ズベキモノナリ。」(『行政法撮要』上巻一四三頁)と述べていた。

右の見解は、(1)非権力作用に基づく損害賠償については、民法七一五条の規定が適用されること、(2)公益のためにする事業、たとえば学校の建築などに基づく損害賠償についても、民法七一五条が適用されること、(3)民法は単に営利事業のみに適用されるものではなく、国・公共団体の経済的関係にも適用されること、(4)特に不法行為に基づく損害賠償の問題は、私人の事業と区別して考える必要はないこと、を指摘していたということができる。

さらに、同博士は、国・公法人の管理する土地の工作物の設置または保存に瑕疵があるために他人に損害を加えた場合に民法が適用されるか否かの点について、次のように説明を加えていた。すなわち、

「(三) 國家又ハ公法人ノ管理スル土地ノ設置又ハ保存ニ瑕疵アルニ由リ他人ニ損害ヲ生ジタル場合ニ於テモ亦國家又ハ公法人ハ其ノ占有者トシテ民法第七百十七條ニ依リ損害賠償ノ責任ヲ負ハザルベカラズ。例ヘバ火薬庫ノ爆発、學校々舎ノ崩壊、道路ノ危険豫防装置ノ不完全、市ノ水道ノ破壊等ノ爲ニ他人ニ損害ヲ生ジタル場合ノ如シ。此等ノ場合モ亦前ノ場合ト同ジク民法ノ適用ヲ排除スベキ理由ナケレバナリ。」と述べていた。

右の見解は、国または公法人の管理する土地の工作物の設置または保存の瑕疵に基づく損害賠償の問題については民法七一七条の規定が適用されるとしていた。

(3) 明治憲法下の工作物の設置保全の瑕疵に基づく賠償責任

学校関係の工作物の設置保全の瑕疵に基づく賠償責任の問題については、次のような裁判例があった。
(1) 市が遊動円棒の保存につき相当の注意をなさないためこれに乗り遊戯中の小学児童が死亡したときは、市は損害賠償の責に任ずる（大阪控訴院民大正四・五・二四判・新聞一〇五三号二三頁）。
(2) 小学校の管理が行政の発動であることはもちろんであるが、その管理中に包含される小学校校舎その他の設備に対する占有権は公法上の権力関係に属するものではなく、純然たる私法上の占有権に属するから、それによる損害の賠償については民法七一七条の適用がある（大審大正五・六・一判・新聞一一四八号三二頁）。
(3) 東京市立小学校の校舎運動機具は区の所有に属し、区が占有しているものと認めるべきであるから、その保存設置の瑕疵によって生じた事故については、区は損害賠償の責に任ずる（東京控訴院大正六・一二・一三判・新聞一三六九号二六頁）。

(4)　小学校に備えつけられている懸垂梯子を占有することは純然たる私法上の関係であるから、その顚倒を防止すべき適当な設備をしなかった場合には、その占有者たる区は、その顚倒により生じた損害を賠償する責任を負う（大審大正一〇・六・二八判・新聞一八六四号九頁）。

(5)　市立小学校に設置されている鉄棒に瑕疵があったため、それに飛びついた児童が負傷した場合には、その占有かつ所有者である市に、その損害を賠償する義務がある（長野地昭和四・一〇・一一判・新聞三〇四八号四頁）。

右の裁判例から明らかなように、学校関係の工作物の設置保全の瑕疵に基づく賠償責任の問題については、(1)小学校関係の事件が多いこと、(2)損害賠償を認めてゆく法理論が、民法上の占有権ないしは所有権の理論に基づいていること、(3)賠償責任については、右の事案では、区、市が負うとしていること、などの特色を指摘できる。

(4)　明治憲法下の非権力行政による損害賠償の賠償責任者

前述の美濃部博士の見解でも明らかなように明治憲法下においては、営造物の設置管理などの非権力的行政による損害賠償については、民法による救済が認められる傾向が強かったが、しかし、その損害賠償をだれが負担するかが次に問題になっていた。すなわち、事業の管理者とその経済的負担者とが分かれている場合、そのいずれが賠償責任を負うべきかが問題になっていた。明治憲法下においては、この点の学説、判例は一致せず、当然賠償を受ける場合であるにもかかわらず、その責任者たる被告を誤ったとして賠償を受けられなかった場合がきわめて多かった。教育・学校関係の事案についても必ずしも一定していなかったようである。たとえば、次のような事例がある。

(A)　費用負担者に賠償を請求することはできないとした裁判例

大正五年七月一四日の東京地裁は小学校の校用の運動機具の管理権はだれが負うかが問題となった事件について、「該小学校ノ管理権ハ東京市長ニ属スルモノニシテ被告東京市神田区ニ属スルモノニアラスト解スヘク従テ同小学校内ニ於ケル校用ノ運動機具ノ類モ亦当然東京市長ノ管理ニ属シ被告ノ管理スルモノニアラスト認ムヘキヲ以テ仮リニ本件梯子ノ存置ニ付キ危険防止ノ設備ニ瑕疵アリタル為メ原告ニ損害ヲ生シタリトスルモ被告東京市神田区ニ於テ之カ責ニ任スヘキ限リニアラス」（東京地大正五・七・一四判・新聞一一七三号二三頁）と判示し、小学校の管理権は市長に属し、区に属するものではないので、校用の運動機具である梯子の存置につき危険防止の設備に瑕疵があったために損害を生じた場合でも、区は賠償の責を負わない、としたのである。

(B)　費用負担者に対し損害賠償を請求できるとした事例

(1)　小学校の遊動円棒の瑕疵に基づく損害の賠償についてだれに請求すべきかが問題となった事件について大正四年五月二四日の大阪控訴院は、「徳島市寺島尋常小学校第三学年生タル粂一カ大正二年十二月二十五日同校運動場内設置ノ遊動円棒ニ乗シ遊戯中其ノ支柱ノ挫折ニ依テ負傷シ同月二十七日死亡シタ」「徳島市ハ本訴遊戯円棒ノ所有者及ビ占有者ニ非スヤ否ヤヲ案スルニ小学教育ハ性質上国ノ事務ナレトモ其ノ事務ノ執行ニ必要ナル校舎其ノ他ノ設備カ市町村ノ負担ニ属スルコトハ小学校令第二条第六条ノ規定ニ照シ明瞭ニシテ寺島尋常小学校ノ校舎其ノ他ノ設備カ徳島市ニ於テ同令ニ従ヒテ建設シタルモノナルコトハ控訴代理人ノ認ムル所ナレハ」「此等ノ物ハ建設者タル徳島市ノ所有ニ属スト認ムルヲ相当トス」（大阪控大正四・五・二四判・新聞一〇五三号二三頁）と判示し、小学教育は性質上国の事務であるが、その事務の執行に必要な校舎その設備は市町村の負担に属するから、その設備の瑕疵に基づく損害の賠償は建設者である市町村を被告として請求するのが相当であるとした。

(2)　大正五年六月一日の大審院は、「市制第二条小学校令第二条第六条第五十一条ノ規定ニ依レハ元来小学校教育ハ国ノ事務ナレトモ市カ国ノ委任ニ因リ市ニ属スル事務トシ自己ノ費用ヲ以テ小学校ヲ設置スル者ナレハ本件徳島市寺島尋常小学校ハ上告人主張ノ如ク国ノ営造物ニアラスシテ徳島市ノ営造物ナリト解スルノヲ相当トス」（大審大正五・六・一判・新聞一一四八号三二頁）と判示し、小学校教育は国の事務であるが、市が国の委任により市に属する事務として自己の費用を以って小学校を設置するものであるから、市の尋常小学校は国の営造物ではなくして市の営造物であり、したがって、その施設の瑕疵により生じた損害の賠償を求める訴えの被告は市であるとした。

(3)　大正六年一二月一三日の東京控訴院は、東京市立小学校の校舎運動機具の所有に属し、区において占有しているものと認めるべきであるから、その保存設置の瑕疵により生じた事故については、区は損害賠償の責に任ずる（東控民大正六・一二・一三判・新聞一三六九号二六頁）と判示していた。

(4)　大正一〇年六月二八日の大審院は、小学校の運動機具を学校長または教員が教育の目的のために使用することがあっても、そのために直ちに学校長または教員がその運動機具の占有権を有するものということができず、その占有権は区にあるから、その運動機具の瑕疵により生じた損害の賠償は、区に請求すべきである（大審大正一〇・六・二八判・新聞一八六四号九頁）と判示していた。

右の裁判事例から明らかなように、明治憲法下の非権力作用に基づく賠償責任者の問題については、大正五年以前は、国または公共団体が公益のために行う行政行為を一般的に「公権」または「権力作用」としてとらえて、国の賠償責任を否定していたという特色を指摘できる。

これに対し、大正五年以降は、公物または営造物の設置管理の瑕疵に基づく損害についての損害賠償責任の考え方が変更されているということを指摘できる。

しかし、右のような大審院の考え方の変更は、一定の判例の変更の手続を経てなされたものではなかったのである。すなわち、大審院が一般的に、公法上の事件について賠償責任を肯定したわけではなかったのである。

この点、田中二郎博士は、

「大正五年徳島小學校に起きた事件に於て、大審院は始めて自らの態度を反省することとなった。人は往々此の事件の解決に、判例の根本的變遷を認めようとする。勿論さう解することが誤りといふわけではなく、少くとも實質的には、同じ性質の事件に付て從來ならば恐らく否定したであらう賠償責任を新たに肯定するに至ったもので、それは正に百八十度の轉回を示して居るのである。が注意すべきことは、それが格別判例變更の手續を經たわけでなく、大審院は決して公法上一般に賠償責任を肯定するに至ったわけでもないことである。

大審院は権力的作用又は公法行爲に付ては依然として國家公共團體の責任を否定しつつ、實質的には正に正反對の結果を齎らして居るのであるが、大正五年の判例を初めとして爾来多くの判例の立論の方法は、其の損害の原因を爲したものは、權力的作用又は公法行爲そのものではなく、そのものの半面たる私法上の關係又は事實であることを理由として居るのである。かやうな立論が果して是認され得るか否やに付ては相當に疑問の餘地はあるが、從來の判例を全體的に見てそこに矛盾があるわけでなく、單に損害の原因を爲す事實又は法律關係の性質の認定に付て、見解の變遷を來したものと見るべきである。」（『行政上の損害賠償及び損失補償』四七頁）と述べている。

右の見解は、大正五年以降の大審院の態度は、(1)権力作用的作用または公法行為については、国・公共団体の賠償責任を認めていないこと、(2)損害を発生せしめる原因をなした事実または法律関係の性質（私法上の関係）の認定について見解の変更があったにすぎないことを指摘し、このような大審院の立論には疑問があるとしている。

(5)　明治憲法下の損害賠償事件の裁判管轄

明治憲法下においては、行政処分により権利を侵害された場合には原則として行政上の訴訟手段によってのみ、その取消・変更を求めることができた。しかし、行政裁判所は、損害要償の訴訟を受理しないことになっていたので、国やその他の公法人の行為によって違法に第三者の権利が侵害された場合、その行為が行政処分であることを理由に、司法裁判所に対する救済を全く否定するのは不当であるという主張がなされていた。このため、大審院は公権力の発動たる処分の取消しを求める訴訟の場合は、裁判管轄権を有しないとしてその救済を拒否し、単に損害賠償を求める訴えであれば、受理して審理するという態度をとっていた。しかし、司法裁判所の管轄に属するという理由は一定せず、救済してもらえない場合が多かった。

(6) 明治憲法下の官公吏の不法行為に基づく損害賠償

明治憲法下においては、官公吏が個人として民事上の責任を負うか否かについて、学説も判例も一定の見解に統一されていなかった。

学説としては、(1)官吏の行為が私法行為である場合にのみ民法上の損害賠償責任があるとする見解、(2)官吏はそのすべての行為について事実上の行為として民法上の賠償責任を負うべきであるとする見解、(3)官吏は、公法関係におけると私法関係におけるとを問わず、すべての行為について、事実上の行為者として民法の適用を受けなければならないとする見解、が対決していた。

また、裁判所の見解も、(1)公法上の職務行為に基づく損害賠償については、たとえ故意または過失に基づく場合でも、特別の規定のない限り、一般に賠償責任を否定する見解と、(2)職務外の行為については、私人としての行為であることを理由に官吏の賠償責任を肯定する見解とが対立していた。

右の(1)の見解に立つ裁判例が大半であった。

学校に関する事件として、京都医科大学神経腫切除損害賠償事件がある。すなわち、京都医科大学教授が、教授としての職務中に官費患者の控訴人を診察し、坐骨神経痛と診察し、ある療法を施し、ついで神経腫を切除し、控訴人を廃疾に至らしめた。このため、損害賠償を請求された事件である。

大阪控訴院は、明治三八年一二月一九日に次のように判断していた。すなわち、

「被控訴人ノ為シタル右ノ行為ハ大学教授タル官吏ノ公法上ノ行為ナルコト勿論」なり、「官吏ガ公法上ノ行為ニ関シ故意又ハ過失ニ因リテ一私人ニ被ラシメタル損害ヲ賠償スル責任アルヤ否ヤニ就テハ学説上異論アリト雖モ我国法ハ特ニ不動産登記法第十三条戸籍法第六条等ニ登記官吏ガ其ノ故意又ハ重大ナル過失ニ因リテ生ジタル損害ヲ賠償スル責任アル旨規定セルヲ見レバ斯ル規定ノ存セザル官吏ニ在ツテハ損害賠償ノ責任ナキモノト論断セザルヲ得ズ」「假令其ノ故意又ハ過失ニ因リ控訴人ヲ廃疾ニ至ラシメタルモノト為スモ為メニ生ジタル損害ハ之ヲ賠償スル責任ナキモ

ノト云ハザルベカラズ」と判示した（大阪控明治三八・一二・一九判・新聞三三八号）。

右の判決について、当時、すでに公法関係であるがゆえに官吏の責任が否認されることに対し疑問が提示されていた。すなわち、官吏の行為について賠償責任が否定されるとするならば、具体的に官吏の行為に相当の注意がはらわれ、官吏の行為自体に違法性がなかったか否かという点からこの種の問題は考えるべきであるという批判がなされていた。（田中二郎前掲書七三頁、平野・法学志林二六巻八号六五頁）。

第二章　教育行政における国家賠償
——教育活動と国家賠償法第一条

(一)　国家賠償法

(1)　国家賠償法の制定

一　国家賠償法は、いうまでもなく、憲法第一七条の「何人も公務員の不法行為により損害を受けたときは法律の定めるところにより、国または公共団体に、その賠償を求めることができる」という規定を受けて立案された。すなわち、法律の定めがなければ損害賠償を請求できないため国家賠償法が制定され、憲法第一七条の規定そのものを具体化したのがその第一条である。

国家賠償法の制定の経過を簡単に整理することにより、その特色を検討しておきたい。

(1)　昭和二一年頃の政府の国家賠償法案——昭和二一年の末に、日本政府が考えていた国家賠償法案の骨子は次のようであった。すなわち、(i)国家賠償法第一条の国または公共団体の公権力の行使に関し、公務員の故意または過失によって損害を生じたときは、国または公共団体は求償権を有すること、(ii)第二条の道路、河川その他の公の営造物の設置管理の瑕疵があったときはそれによって生じた損害を国または公共団体が賠償すること、(iii)第三条の賠償責任者については、現在では、損害の原因を発生させた公務員の選任監督権者または公の営造物の管理権者と、公務員の俸給などの費用または公の営造物の管理の費用の負担者とが異なる場合、だれが賠償責任を負うべきかを内部的な問題とし、対外的には、双方が賠償責任を負うこととし、その選択を被害者にまかせることにしているが、しかし、昭和二一年当時の政府の考えでは、費用を負担する者が損害を賠償する責に任ずることになっていたこと、(iv)このほか、国または公共団体の損害賠償責任について、民法以外の他の法律に別段の定めがある場合はその法律の定めるところによること、というものであった。

したがって、右の(iii)の点以外は現行の制度と大体同じということができる。

(2)　GHQとの交渉の問題点──国家賠償法に関するGHQとの交渉に当たって、日本政府との間で、次の点が問題となった。

(i)　日本政府の考え方──日本政府は、国家賠償法の立案に際し、(a)国または公共団体の公権力の行使による損害については、民法上の責任は負わないこと、(b)国または公共団体の純然たる私経済作用については、民法により賠償責任を負うこと、(c)公権力の行使は伴わないが、民法が適用されるかどうか明白でない場合は、第二条で救済すること、(d)第一条一項の公務員とは、官職のいかんを問わず公権力の行使に当たるものを指すこと、(e)第一条一項の公権力を行使して損害を与えた公務員に対しては、第一条一項より直接損害賠償の請求はできないこと、(f)第一条一項の「違法に」というのは、念のための規定で、特別の意味はないこと、などをその基本として考えていたようである。

(ii)　GHQの考え方──右の日本政府の考えに対し、GHQは、(a)公法関係と私法関係とを区別する必要はないこと、(b)国家賠償は、民法の改正で行えばよいこと、(c)したがって、国家賠償法案自体を独立法案とせずに民法の一部修正でよいこと、などの点を考えていた。

右のように、国家賠償法制について、日本政府の考え方とGHQの考え方との間には基本的な相違があった。すなわち、日本政府の法的な考え方は、すべての法律関係を公法と私法関係とに区分して法律上の紛争を解決しようというものであるのに対し、GHQの考え方は、公法関係とか私法関係というような法律関係を区分する大陸法的な考え方を認めない英米法の考え方に基づくものであった。

しかし、この問題は、結局、GHQが日本の法制度を考慮し、急激な改正を避けることに決定し、日本政府の主張を受け入れたことによって解決された。

二　この国家賠償法案は、昭和二二年七月七日、内閣提出法案として、衆議院の司法委員会に付託され、同年八月七日本会議に可決すべきものとして報告され、原案通り可決された。その後直ちに参議院に送付され、参議院司法委員会では、一部修正の議決をし、同年九月二〇日、同院本会議は、この修正を可決して衆議院に回付し、衆議院は、同年一〇月一五日、この修正に同意したため、国家賠償法は同年一〇月二七日公布され、即日施行された。

三　国家賠償法の内容の制定上の特徴――右に指摘したように国会では、昭和二二年七月七日から衆参両院による審議が始まったが、国家賠償法の内容が形成されていく過程における特徴として、次のような点を指摘できる。⑴第一条の賠償責任の構成要件の定め方として、民法第七〇九条を参考にしたこと、⑵第二条で河川、道路がその他の営造物のほかに挿入された理由は、河川、道路は非公権的な公法関係のうちで最も典型的な公法関係であるということ、⑶第一条に定める国の賠償責任は自己責任であるのか、あるいは代位責任であるのかという点については立法過程ではあまり議論がなされなかったこと、⑷民法第七〇九条の権利の侵害のかわりに違法という概念をもってきたことにも深い意味があったとは思われないこと、⑸第一条は公権力による被害に対する損害賠償、第二条は非公権力による被害に対する損害賠償と割り切って考えられていたこと、⑹憲法第一七条は、ＧＨＱ案にはなく、日本の国会審議の段階で入ったこと、⑺公務員の故意、過失は、民法の故意、過失の一種であるということを前提として立案されたこと、⑻第一条関係も第二条関係も公法関係という考えで立案されていること、特に、公法関係になると民法の適用がなくなるというおそれが河川、道路などについてあったため、第二条を規定せざるを得なかったこと、⑼国賠法と民法との関係は一般法と特別法との関係ではなく、全然別個であるという考え方で立案されたこと、⑽第一条一項に関し、無過失責任主義の原理を採用すべきであるという主張がなされたが、採用されなかったこと、⑾第二条については「管理」と民法の「保存」とは同意語だが公法関係では管理という語がよく使われるので原案通りとなったこと、⑿第三条の賠償責任については、政府案を修正し、不法行為者と費用負担者のどちらも損害を賠償する責に任ずることし、内部関係で損害賠償の責任がある者に対し求償権を認めることになったこと、などの点をあげることができる。

(2)　国家賠償法の内容とその検討すべき点

一　国家賠償法を条文に従って分類し、法解釈上、どのようなことが問題となっているかをまず指摘したい。

(1)　第一条〔公権力の行使に基づく損害の賠償責任〕第一項「国又は公共団体の公権力の行使に当る公務員が、その職務を行うについて、故意又は過失によって違法に他人に損害を加えたときは、国又は公共団体が、これを賠償する責に任ずる。」

第二項「前項の場合において、公務員に故意又は過失があったときは、国又は公共団体は、その公務員に対して求償権を有する。」

本条項については、(1)「国又は公共団体」とは何か、(2)「公務員」の範囲はどこまでか、(3)国又は公共団体の賠償責任の性質は何か、(4)「公権力の行使」とは何か、(5)「公権力の行使」の範囲はどこまでか（行政指導や勧告などはどうか、公務員の勤務、自動車の運転などは公権力の行使に当たるのかどうか）、(6)公務員の行為のどこまでが損害賠償の対象となる行為か、(7)公務員のどのような行為が「職務を行うについて」に当たるのか、(8)被害者は必ず加害公務員を特定しなければならないのか、(9)「違法」とは何か、(10)「違法性」の有無を決定する基準は何か、(11)学校教育などにおける違法性の認定基準は何か、(12)行政処分の「違法性」と国賠法第一条の「違法性」は同じか、(13)「故意・過失」とは何か、(14)どのような場合に「故意・過失」があったということができるか、(15)学校職員の行為などについて、故意・過失を認定する基準があるのか否か、(16)損害賠償の対象となる損害とはどういうものか、(17)どういう場合に損害が発生したといえるか、(18)「相当因果関係」とは何か、(19)学校に関する事案で「相当因果関係」が問題になった事案としてどのようなものがあるか、(20)損害賠償額はどのようにして算定するか、(21)国、地方公共団体の双方が賠償責任を負訴訟か、などの点が問題となる。

う場合があるか、(22)公務員個人が賠償責任を負う場合があるか、(23)国家賠償請求訴訟はどのような法的性格を有する

二　第二条〔公の営造物の設置管理の瑕疵に基づく損害賠償責任、求償権〕第一項「道路、河川その他の公の営造物の設置又は管理に瑕疵があつたために他人に損害を生じたときは、国又は公共団体は、これを賠償する責に任ずる。」

第二項「前項の場合において、他に損害の原因について責に任ずべき者があるときは、国又は公共団体は、これに対して求償権を有する。」

本条については、(1)公の営造物の設置管理の瑕疵に基づく損害と公務員等の行為に起因した損害とはどう違うのか、(2)「公の営造物」とは何を指すか、その範囲は何か、(3)「瑕疵」とは何か、(4)学校、保育所、プール、公園などの設置管理の瑕疵の有無を何を基準として認定するのか、(5)公の営造物の瑕疵に基づく損害賠償額の算定はどのようにして行うのか、といったことが問題になっている。

三　第三条〔賠償責任者〕　第一項「前二条の規定によって国又は公共団体が損害を賠償する責に任ずる場合において、公務員の選任若しくは監督又は公の営造物の設置若しくは管理に当る者と公務員の俸給、給与その他の費用又は公の営造物の設置若しくは管理の費用を負担する者とが異なるときは、費用を負担する者もまた、その損害を賠償する責に任ずる。」

第二項「前項の場合において、損害を賠償した者は、内部関係でその損害を賠償する責任ある者に対して求償権を有する。」

本条については、(1)賠償費用の負担の範囲はどこまでか、(2)国賠法第一条の場合の賠償責任者はだれか、(3)国賠法第二条の場合の賠償責任者はだれか、(4)具体的にだれに損害賠償を求めるべきか、ということが問題となっている。

四　第四条〔民法の適用〕「国又は公共団体の損害賠償の責任については、前三条の規定によるの外、民法の規定による。」

本条については、⑴公権力の行使と民法第七一五条とはどのような関係になっているか、⑵民法第七一五条、第七一七条の責任があるとされる場合はどのような場合か、⑶過失相殺（民法七二二条二項）が認められるのはどういう場合か、⑷金銭以外の方法による賠償が認められる場合があるか、⑸共同不法行為とはどういう行為か、といったことが問題となっている。

五　第五条〔他の法律の適用〕「国又は公共団体の損害賠償の責任について民法以外の他の法律に別段の定があるときは、その定めるところによる。」

第六条〔相互保証主義〕「この法律は、外国人が被害者である場合には、相互の保証があるときに限り、これを適用する。」

右の二つの条文については、⑴「民法以外の他の法律に別段の定があるとき」とはどういう意味か、⑵特別法と国賠法・民法とはどういう関係にあるか、⑶相互保証主義とはどういうことか、⑷相互保証とはどういう場合か、などが問題となっている。

⑶　国家賠償法第一条の「国」・「公共団体」と国・公立学校

一　国家賠償法第一条は、国又は公共団体の公権力の行使に当たる公務員が、その職務を行うについて、故意又は過失によって違法に他人に損害を加えたときは、国又は公共団体がこれを賠償する責に任ずると規定する。

右の第一条の「国」とは日本国のことをいうことはいうまでもない。

公共団体とは、国の下に国によりその存立の目的を与えられた公法人であり、より具体的にいうと国が本来行う公共事務を国みずからが行うかわりに、国から独立した法人として自主的に処理することを認めた団体である。

二　公共団体は、公法人とも称されているが、それを区分すると地方公共団体、公共組合、営造物法人に分けられる。

右の地方公共団体には、普通地方公共団体と特別地方公共団体の二種類がある（地自法一条の二の一）。普通地方公共団体には都道府県や市町村があり、特別地方公共団体には、特別区（都の区）、地方公共団体の組合（地方公共団体の協力方式）、財産区（市町村の一部が財産を有するもの）、地方開発事業団（地域の総合的開発計画に基づく一定の事業の共同実施のためのもの）の四種がある。

地方公共団体の基礎的構成要素は住民である。この地方公共団体の処理する事務の具体的内容は、地方自治法第二条第三項に例示されている。したがって、地方公共団体は、これらの事務処理のため、直接国民と接触する機会が多く、住民との間で損害賠償の問題が提起される場合が多い。

三　学校教育法第二条第一項は、「学校は、国、地方公共団体及び私立学校法第三条に規定する学校法人（以下学校法人と称する。）のみが、これを設置することができる。」と規定し、第二項は、「この法律で、国立学校とは、国の設置する学校を、公立学校とは、地方公共団体の設置する学校を、私立学校とは、学校法人の設置する学校をいう。」と規定する。

したがって、学校教育法は、その設置者により学校を区別し、国の設置するものを国立学校、地方公共団体の設置するものを公立学校、学校法人の設置するものを私立学校と呼ぶことにしている。

四　また、学校の設置とは、一般に、教職員を配置し、校舎などの施設を整備して教育のための施設として整え、所定の手続により法律上、学校としての地位を取得し、その開設の意思を表示することを意味する。

学校教育法第二条は、このような学校を設置することのできる主体を、国、地方公共団体および学校法人に限定している。

したがって、国立学校の設置者は国である。この国立学校はすべて任意設置である。国立学校の設置の公の意思決定行為は、国立学校設置法などの法令の制定、改正によって行われる。

地方公共団体は、学校教育法第二条により設置義務を課された学校のほかに、任意に学校を「公の施設」として設置する主体となりうる。そして、これらの学校の設置および管理に関する事項はすべて各地方公共団体の条例で定めなければならない（地自法二四四条の二）。

市町村は小学校および中学校を設置する義務を負い（学教法二九条、四〇条）、都道府県は盲学校、聾学校および養護学校を設置する義務を負う（学教法七四条）。

国家賠償法上問題となる学校は、右のうち国が設置する国立学校と地方公共団体が設置する公立学校である。

(4)　国家賠償法第一条の「公務員」の範囲

一　国家賠償法第一条の「公務員」の範囲――国賠法第一条の「公務員」の概念は、国家公務員法、地方公務員法および刑法上の公務員の概念より広いと解されている。すなわち、ここでいう公務員には、官吏、公吏はいうまでもなく、すべての国または公共団体のために公権力を行使する権限を委託された者をいう。その理由は、国または公共団体の行為とみられる作用によって「他人」に、国または公共団体が損害を加えたことに対する補償に重点を置いているからである。したがって、公務員としての資格があるか否かは問題とならないからである。

したがって、官庁の雇傭員も、公務員としての身分のない会社の役職員が所得税の源泉徴収をする場合（所得税法一八三条、地方税法三二一条の五）や、催物の主催者が入場税の徴収をする場合（地方税法八六条以下）には、国賠法第一条の「公務員」に該当する。

最高裁判所は「民法四一四条二項、民訴法七三三条一項による授権決定にもとづく代替執行は、債務者のなすべき作業の内容を代わって行なう者が、債権者自身であると、債権者の委任した第三者であると、あるいは債権者の委任した執行吏であるとを問わず、ひとしく債務者の意思を排除して国家の強制執行権を実現する行為であるから、国の公権力の行使であるというべきである」と判示している（民訴法五三一条・執行吏執行手続規則五六条参照）（最高昭和四一・九・二二判・民集二〇巻一三六七頁）。

したがって、この公務員の地位は、臨時的でも一時的でもよく、給与、報酬の有無は問題とならない（古崎慶長「国家賠償法」（有斐閣）一〇八頁）。

かが問題となったものとして、市教育委員会の委員が、本条の「公務員」に当たるか否かが問題となっているものがある。

二　国家賠償法の「公務員」と教育委員会委員――教育関係の事案で、国賠法第一条の「公務員」に該当するか否かが問題となったものとして、市教育委員会の委員が、本条の「公務員」に当たるか否かが問題となっているものがある。

すなわち、津海岸における私立中学校女生徒の溺死事故について市の損害賠償責任の有無が問題となった事件において、津地裁昭和四一年四月一五日判決（判例時報四四六号二三頁）は、「津市立中学校の校長及び教員は津市の地方公務員であり、教育委員会は被告が主張するとおり、一名は津市市議会議員の中から議会において選出され、他の四名は津市の住民から選挙によって選出されるのであるが、右各教育委員は津市の一機関である教育委員会を構成するものである以上、制度上公務員たる身分はないとしても同法の適用上からはこれを一種の公務員と解すべきである。教育長、指導主事、教育課長が津市の地方公務員であることは当然であろう。」とし、当該学校に対し場所の変更ないしその場所の水泳訓練を行う場合の危険防止の方策を具体的に指導助言すべき注意義務を怠った市教育委員会の教育長、指導主事、教育課長およびこれを指揮監督すべき各教育委員も、過失責任を免れないとした。

右の裁判所の見解は、市教育委員会の委員は制度上公務員の身分はないとしても、国家賠償法第一条の適用上これを一種の公務員とすべきであるとしているものである。

三　国家賠償法の「公務員」と定期健康診断の医師――税務署の職員に対して実施される定期健康診断に関係する医師は、国賠法第一条の「公務員」に該当するか否かが問題となった事案がある。

岡山地裁津山支部昭和四八年四月二四日判決（判例時報七五七号一〇〇頁）は、国賠法の「公務員」について、広く公務を委託されてこれに従事する一切の者、すなわち、国がその者に対し、直接指揮、監督できる関係にあることを必要としないとし、税務署長の嘱託に基づいて関与したものとすれば、その医師も、すべて公権力の行使をした「公務員」というべきことになる、と判示している。

(二)　学生・生徒に対する行為と公権力

(1)　国家賠償法の公権力と行訴法の公権力との関係・国家賠償法の賠償責任と民法の賠償責任との関係

行政救済法の一環をなす国家賠償法の要件を解釈する場合に、同じ行政救済法の一つである行政事件訴訟法の抗告訴訟の要件と同じように解釈してよいかという問題がある。たとえば、抗告訴訟における「公権力」と国家賠償法第一条の「公権力」とは同一に解釈してよいかという問題である。

また、損害賠償に関する法体系において、民法の損害賠償の規定や特別法の定める損害賠償の規定と国家賠償法の規定とをどのように考えるかという問題がある。

すなわち、国・地方公共団体が、もっぱら経済的目的のために行う作用で、私人と同様の地位において、私人と同じ行為をする場合がある。このような行為に基づく損害については、国家賠償法が適用されるかまたは民法の損害賠償の規定（民法七〇九条以下）が適用されるのかが問題となる。この点、現行の国家賠償法はその第四条に、国または公共団体の損害賠償の責任について、「前三条の規定によるの外、民法の規定による」と規定し、国・公共団体の私経済的作用に基づく損害賠償を認めている。この場合、どのような作用が私経済的作用に該当することになるのかを明白に分類できるかということが問題となる。

この種の判例として、たとえば、損害賠償請求事件（最高昭和三六・二・一六判・民集一五巻二号二四四頁）がある。原告は子宮筋腫のため東大附属病院分院に入院し、担当のA医師の勧めにより前後四回にわたり輸血をうけ梅毒に感染した。この輸血は、職業的給血者であるBが半月前の日付の財団法人日本性病予防協会血液検査所の発行に係る証明書を持参したため、担当のA医師が自ら血液検査も視診、問診等もせずに、直ちにBから採血して行われた。原告は、このため、その後も入院加療しなければならず、夫と離婚するに至り甚大な肉体的精神的な苦痛を受けた。そこで原告は、国立病院に勤務するA医師の使用者である国に対して、民法の規定により、その被った損害一〇九万余円の賠償を求めて出訴した。

これに対して最高裁は、「いやしくも人の生命及び健康を管理すべき業務（医業）に従事する者は、その業務の性質に照し、危険防止のために実験上必要とされる最善の注意義務を要求されるのは已むを得ない」、本件の場合、A医師が「相当の問診をすれば、結果の発生を予見し得たであろうと推測されるのに、敢てそれをなさず、ただ単に『からだは丈夫か』と尋ねただけで直ちに輸血を行い、以て本件の如き事態をひき起こすに至ったというのであるから、原判決が医師としての業務に照し、注意義務違背による過失の責ありとしたのは相当で」あると判示した。

すなわち、裁判所は国立病院の一般の医療行為と私立病院の医療行為とは性質上同じであり、この場合は民法の不法行為の規定が適用されると判断したのである。右のような場合、医療の施行者が国立病院であるからといって、その行為を国家賠償法第一条の公権力の行使に当たるものと解して国家賠償法の適用があるとするのは妥当ではないし、また国家賠償法第二条の営造物の設置または管理の瑕疵にも当たるとは思われない。したがって、国家賠償法第四条により、国立病院の医療行為に基づく不法行為責任については、民法第七〇九条または第七一五条に従い、国に損害賠償の請求をするよりほかないと考えられる。

しかし、この場合、民法第七一五条の使用者の責任免除規定などからすれば、被害者にとっては、国家賠償法に基づいて損害賠償が認められた方がよいのか、民法に基づいて損害賠償が認められた方がよいのかという根本的な問題がある。

この種の問題は、学校教育の分野においてもみられる。たとえば、学校の臨海学校教育における教員の行為が「公権力の行使」に当たるか否かが問題となった事案について、東京高裁の判決は、学校教育は、国・公共団体でも学校法人でも行われるのであり、それは非権力作用に属するとした。

すなわち、「いったい学校教育の本質は、学校という営造物によってなされる国民の教化、育成であって、それが国又は公共団体によって施行される場合でも、国民ないし住民を支配する権力の行使を本質とするものではない。このことは、学校を設置することができるものが、国又は地方公共団体だけに止まず、私立学校の設置を目的として設立された法人をも含む（教育基本法第六条、学校教育法第三条参照）ことから考えても判るであろう。従って学校教育は、国又は公共団体によってなされると、学校法人によってなされるとを問わず、いわゆる非権力作用に属するものである。それ故学校教育に従事する公務員は公権力の行使に当るものではないから、本件の場合も小松中学校臨海学校教育に従事した小春教官は被控訴人の公権力の行使にあたったものではない。」（東京高昭和二九・九・一五判・高裁民集七巻一一号八四八頁）と判示した。

しかし、この臨海学校教育は「公権力の行使」に属するとする見解もあることに注意しなければならない。

(2) 国家賠償法第一条の要件と第二条の要件との関係

国家賠償法第一条の権力作用に基づく損害賠償の規定と第二条の非権力作用に基づく損害賠償の規定の賠償の要件とを対比した場合、次のような相違があることを指摘できる。すなわち、第一条の国または公共団体の公権力を行使する公務員による損害賠償責任の対象となるための要件としては、(1)「公権力の行使」、(2)「職務を行うについて」、(3)「公務員」、(4)さらに瑕疵要件として「故意又は過失によって違法に他人に損害を加え」ること、の点が問題となる。

これに対して、第二条の公の営造物の設置管理の瑕疵による賠償責任の対象となるための要件としては、(i)「河川・道路・その他の公の営造物」であること、(ii)「公の営造物の設置管理の瑕疵」があること、の点が問題となる。

このように、第一条と第二条の両者を対比すると、その賠償規定の適用される範囲に相違があることを指摘することができる。

しかし、この両者の相違が、最近必ずしも明確でなくなってきている。たとえば、最高裁昭和五〇年七月二五日の損害賠償事件に関する判決がある。

本件は、国道上に駐車中の故障した大型貨物自動車を約八七時間放置していたことが、国家賠償法第二条第一項に定める道路管理の瑕疵に当たるか否かが問題となった事件である。

最高裁は県の上告を棄却し、次のように判示した。

すなわち、「おもうに、道路管理者は、道路を常時良好な状態に保つように維持し、修繕し、もって一般交通に支障を及ぼさないように努める義務を負うところ(道路法四二条)、前記事実関係に照らすと、同国道の本件事故現場付近に故障した大型貨物自動車が八七時間にわたって放置され、道路の安全性を著しく欠如する状態であったにもかかわらず、当時その管理事務を担当する橋本土木出張所は、道路を常時巡視して応急の事態に対処しうる監視体制をとっていなかったために、本件事故が発生するまで右故障車が道路上に長時間放置されていることすら知らず、まして故障車のあることを知らせるためのバリケードを設けるとか、道路の片側部分を一時通行止めにするなど、道路の安全性を保持するために必要とされる措置を全く講じていなかったことは明らかであるから、このような状況の下においては、本件事故発生当時、同出張所の道路管理に瑕疵があったというほかなく、してみると、本件道路の管理費用を負担すべき上告人は国家賠償法第二条及び第三条の規定に基づき、本件事故によって被上告人の被った損害を賠償する責に任ずべきであり、上告人は、道路交通法上、警察官が道路における危険を防止し、その他交通の安全と円滑を図り、道路の交通に起因する障害の防止に資するために、違法駐車に対して駐車の方法の変更・場所の移動などの規制を行うべきものとされていること(道路交通法第一条、第五一条)を理由に、前記損害賠償責任を免れることはできないものと解するのが相当である。したがって、これと同旨の原審の判断は、正当として是認することができる。原判決に所論の違法はなく、論旨は採用することができない。」と判示した。

右の事案において、その損害賠償責任は、道路管理上の瑕疵に基づくものなのか、あるいは道路交通取締りの瑕疵、すなわち道路警察上の懈怠から発生した瑕疵に基づくものなのであろうか。前者の場合であれば第二条が適用されて無過失責任主義を前提とした瑕疵責任が問題となり、後者の場合であれば第一条が適用され、過失責任が問題となるのである。このように、第一条が適用される賠償責任上の問題なのか、第二条の適用される賠償責任上の問題なのか不明確な場合が生じている。

この両者の区別を不明確にしている原因の一つに、国家賠償法第一条の要件の一つである「公権力の行使」の問題がある。以下、国家賠償法第一条の「公権力の行使」についての学説を紹介しておきたい。

(3) 国家賠償法第一条の「公権力の行使」についての学説

国家賠償法第一条第一項の「公権力の行使」の範囲の解釈は、一般に(i)狭義説、(ii)広義説、(iii)最広義説の三つの説に大別されている。

(i) **狭義説**——この説は、公権力の行使とは、一方的に命令し強制する作用であると一方的に法律関係を形成変更消滅せしめる作用であるとを問わず優越的な意思の発動たる作用を指すとしている。たとえば、次のような行為は、公権力の行使として違法とされている。(1)不審尋問拒否に対する強制のためのけん銃使用（東京高昭和二六・一〇・二七判・下級民集二巻一〇号一二五七頁）、(2)ピケ隊排除の際の警棒使用（横浜地昭和三四・九・三〇判・下級民集一〇巻九号二〇六五頁）、(3)町立中学校の校内盗難事件の調査中における教諭の生徒に対する暴行（福岡地飯塚支部昭和三四・一〇・九判・下級民集一〇巻一〇号二一二一頁）などである。

右の(3)の事件について裁判所は次のように判示している。

すなわち、「教師が……学校教育の目的と、秩序維持のために、学校内の非行事件の容疑者ないし関係者としての生徒を取調べる行為は、国家賠償法第一条第一項にいわゆる国又は公共団体の公権力の行使であるとみるのが相当である。……教師の生徒に対する前述の如き取調をする行為はここにいう非権力的作用に属するものと解すべきである。

ひるがえって考えるには、被告安藤が原告修一郎に対してなした前記暴行は、被告安藤の職務執行の過程中においてなされたもので、職務行為と関連して、これと一体をなし、不可分の関係にあるものと見ることができるから、右安藤が職務を行うにつきなした行為であると見るのが相当である。」とし、生徒を取調べる行為は、公権力の行使であるとしている。

(ii)　**広義説**――これに対し、広義説は、「公権力の行使」を私経済作用を除くすべての公行政作用と解し、その理由として、(a)公行政の分野について、権力作用と非権力作用とを明確に区別する基準を確立することは困難であること、(b)公行政の分野においては非権力的作用でも、私人相互の関係とは異なる性質を有するので、純然たる私法的作用に基づく損害賠償と区別しなければならないこと、(c)民法第七一五条では使用者が被用者の選任監督についての無過失を証明することにより責任を免れうることになるが、国家賠償法第一条第一項ではこのような免責が認められず、国家賠償による方が被害者の救済のためになること、(d)軽過失の場合には公務員に対する求償権の行使がなされないため、公務員はある程度積極的な職務の遂行も可能であること、などを主張する。

たとえば、裁判判決にも、国家賠償法第一条にいう「公権力の行使とは、狭義の国又は地方公共団体がその権限に基づき優越的意思の発動として行う権力作用のみならず、広く被害者救済のため、公の営造物の設置、管理作用及び私経済的作用を除く非権力作用をも含むものと解するのが相当である。したがって、本件のような臨海水泳実習は、大学における教育活動そのもので非権力的作用であるけれども、教官の学生に対する注意義務違反についても、同条の適用があるものと解すべきである」（富山地昭和四九・三・二九判・判例時報七五四号八四頁）とするものがある（同趣旨、東京地昭和四五・五・六判・判例時報六〇九号四八頁など）。

また、右の広義説に基づいていると思われる裁判例として次のようなものがある。

(1)　義務教育と「公権力の行使」――「義務教育たる中学校への就学は保護者に義務として課せられて居りしかも被告鹿沼市の地域には学校法人設置にかかる私立中学校は存在しないから……学齢に達した生徒は必ず被告市の設置し

た中学校に就学しなければならぬものであり、しかも義務教育においては年齢及び身分の関係があって教師と生徒とは平等の関係になく生徒は一に教師の命令により進退するものであって、その事実は教師が公権力ないし公権力に似た力をもって生徒を支配しているものと見られ、そこに危険も存する（例えば臨海学校において教師が海水浴をせよと命ずれば生徒は海に入り、陸に上れと命ずれば陸に上る。）から、学校教育の目的ないし本質が国民の教化育成であるにしても、教師が教育のために生徒を支配する関係において、故意又は過失によって、生徒に損害を蒙らしめたとき……は国家賠償法第一条にいわゆる『公共団体の公権力の行使に当る公務員が、その職務を行うについて、故意又は過失によって違法に他人に損害を加えたとき』に当ると解するのを相当とする。」（宇都宮地昭和三八・一・一二判・下級民集一四巻一号一頁）。

(2)　水泳訓練中の事故と「公権力の行使」――「本件事故は……津市立橋北中学校が特別教育活動として行った水泳訓練の際生じたものであり、右事故につき橋北中学校の校長以下全教員及び中学校に対し指導助言を行う立場にある津市教育委員会の各教育委員、教育長、指導主事、教育課長に過失が存するものとすれば、これらの者の過失は当然に国家賠償法第一条にいう公共団体の公権力の行使にあたる公務員の過失に該当すると考える。」

「同法第一条にいう公権力の行使とは狭義の国又は地方公共団体がその権限に基き優越的な意思の発動として行う権力作用にかぎらず、国又は地方公共団体の行為のうち右に述べた権力作用以外の作用すなわち非権力的作用（但し国又は地方公共団体の純然たる私経済作用と同法第二条に規定する公の営造物の設置管理作用を除く）も包含すると解するのが相当である。従って……本件のような公立学校の生徒に対する正課実施に際する注意義務違背についてもまた同条の適用があると解すべきである。」（津地昭和四一・四・一五判・下級民集一七巻三・四号二四九頁）。

(3)　国立大学の教育作用と「公権力の行使」――「国公立学校の教育作用は、それが公の営造物を利用して行なわれている点で公的色彩を払拭できないものであり、かつその収支のかなりの部分が生徒・学生の授業料収入以外の国・公共団体からの財政補助に依存している点で純然たる私経済作用というのは相当でないというべきである。右の理は国立大学が行う教育作用についても同様である。よって国立大学の教育作用は国家賠償法第一条の適用をうけるものである。」（東京地昭和四九・九・三〇判・訟務月報二〇巻一二号三〇頁）。

(4)　宿題を課す行為と「公権力の行使」——市立中学校教諭が生徒に夏期休暇中の宿題を課す教育活動は公権力の行使に当たる（福岡地昭和五二・四・二六判・訟務月報二三巻七号一二一九頁）。

(5)　クラブ活動の指導監督と「公権力の行使」——県立高等学校教諭が生徒クラブ活動を指導監督することは、国家賠償法一条にいう公権力の行使に当たる（東京高昭和五二・四・二七判・高裁民集三〇巻二号七八頁）。

(iii)　**最広義説**——この説は、公権力作用・非権力的公行政作用と私経済作用との間において、特に国の賠償責任を区別すべき合理性が見いだされないから、いっさいの公務員の職務上の行為が国家賠償法の対象となるとする。この見解によれば、被害者の権利救済もそれだけ十分になされることになると思われるが、しかし、わが国の法制が現在のところ公法と私法との区別を前提として構成されていることから、国・公共団体が私人として行動したことにより発生した損害について私法を適用せず公法を適用することは、「同様な事柄については同様な法を適用する」という法の一般原則に違反することになる。この点、最高裁も、たとえば、(1)国立大学の付属病院の医師が給血者に対する梅毒感染の危険の有無についての問診を怠ったため、患者がその血液の輸血によって梅毒に感染した事件（最高昭和三六・二・一六判・最高民集一五巻二号二四四頁）、(2)水虫の治療方法たるレントゲン線照射が皮膚ガン発生の主要な原因となったとされ、かつ、治療をした国立病院の医師に過失があるとされた事件（最高昭和四四・二・六・一小判・判例時報五四七号二八頁）などについては民法第七一五条を適用して損害賠償を認めている。

右の狭義説、広義説、最広義説の三つの説のうち、最近は、広義説を支持する学説、判例が多く、むしろ支配的となっている。そのため、この「公権力の行使」の概念の中に「非権力的行政」が含まれるとすると、国家賠償法第二条と重複してこないかという問題が提起されている。また、このことは同時に、国・公共団体に関する損害賠償の事件については、国家賠償法を適用することにより、被害者の救済を完全ならしめてゆこうとすることも、国家賠償法

第一条の「公権力の行使」の解釈の範囲を拡大せしめる原因をなしているものと思われる。すなわち、民法による損害賠償については、加害者の損害賠償金の支払いの能力の限界も考えられるし、また、民法第七一五条の使用者の責任免除規定の適用もあり得ることも考えると、国家賠償法の適用により損害賠償の救済を求めた方が被害者にとり有利となるということができる。

(4)　国家賠償法の「公権力」と行政事件訴訟法の「公権力」との相違

一　国家賠償法第一条第一項の「公権力の行使」と行政事件訴訟法第三条第一項、第二項などの「公権力の行使」を同一の意味をもつものと解してよいかという問題がある。

すなわち、行政事件訴訟法第三条第一項が「……行政庁の公権力の行使に関する不服の訴訟」と規定し、また、行政不服審査法第一条第一項も「……行政庁の違法又は不当な処分その他公権力の行使……」と規定している。他方、国家賠償法第一条第一項も「国又は公共団体の公権力の行使……」と規定している。

国家賠償法上の「公権力」と行政上の争訟における「公権力」との解釈上の相違を検討するに当たって、前述したように、国家賠償法の「公権力の行使」の解釈について、狭義説、広義説、最広義説の三つの説がある。そして、これらの説のうち、学説、判例の多くは、「公権力の行使」を私経済的作用を除くすべての公行政作用と解する「広義説」を採用している。

この点、行政上の争訟における「公権力の行使」については、どのような見解が展開されているであろうか。すでに、「公法と私法」という問題を取り扱ったときにこの問題を取り扱っているが、ここで簡単に、公法と私法との区別を前提とした「公権力の行使」の問題を整理しておきたい。

(1)　公法と私法との区別を認める絶対的区別説——明治憲法の下で、特に、明治から大正の初期にかけては、公法と私法を厳格に区別し、私法に対する公法の特殊性、独自性が強調され、公法関係に私法の規定や原則を導入することを拒否する考え方が支配的であったといってよい。それは、穂積八束博士が「余は公用物ノ上ニ『此ノ所民法入ルベカラズ』と云フ標札ヲ掲ゲ新法典ノ実施ヲ迎ヘントス」と述べたことに代表されている。

右の見解は、公法を権力関係の法とし、私法を平等関係の法として両者を絶対的に区別しようという考えに依拠している。その後、美濃部達吉博士などに代表される民権学派が相対的区別説を主張する。

(2)　公法と私法との区別を認める相対的区別説――この説は、公法と私法との区別は相対的、技術的なものにすぎず、行政主体が公権力を発動する場合の法律関係についてはできるだけ私法の適用を認めるべきであると主張する。

この見解が、戦前において、国民の権利、利益の擁護に貢献してきたことは否定できない。また、日本国憲法下の現在においてもなお、有力な学説として認められている。

二　戦前の公法と私法との区別論は両者の絶対的区別論ないしは相対的区別論を中心に展開されたが、第二次大戦後、日本国憲法下にあっては、行政上の法律関係は私法原理を基底とした公法的特殊性にすぎないとし、公法を一般私法に対する特別法として理解し、行政上の特別規定が存しない限り、一般私法の規定が当然に適用されるべきであるとする公法と私法との区別否認説が展開された。

しかし、このような区別否認説に対し(i)現在なお行政に特殊固有の法原理が解消されていないとし、(ii)私法規定と行政の支配性、権威性とは両立しないこと、(iii)管理関係についても全面的に私法の規定を適用することが合理的な方法であるか疑問であること、(iv)法令に特別の規定のない場合でも、行政庁は公共の福祉を実現する給付主体として、私法関係と異なる解釈を必要とする場合があること、などを理由に、右の区別否認説を批判し、さらに、給付行政という側面から両者の区別の必要性を認めようとする説がある。

この主張は、従来の官僚的権威主義に与えられた公益性や権力性とは異なる新しい形で公法関係と私法関係とをとらえてゆこうとする見解である。

三　これに対し国賠法第一条第一項の「公権力」の範囲について、最広義説というような見解が主張されている。

この見解が主張される理由は、国賠法に基づき国によって損害賠償をしてもらった方が支払能力の点などにおいて被害者の権利救済に役立つと考えられるからである。

ただ、右の説は、わが国の法制との関係で問題があろう。すなわち、わが国の法制は、公法と私法との区別を前提として法理論を構成していることから考えると、国、公共団体が私人として行動したことにより発生した損害について私法を適用せず公法を適用することは「同様な事柄については同様な法を適用する」という法の一般原則に違反することになろう。

たとえば、裁判例として次のような事例がある。(1)県営運動場のプールの管理人が、一一歳の少年が競技用のプールに入場することを禁止する措置をとらず、また、水泳未熟者でないことの確認をした事実もないときは、右の少年が同プール内で水死した事件について、管理人は注意義務を果たしたものとはいえないから、県は、これによって生じた損害を民法に基づいて賠償する責に任ずべきである（宇都宮地昭和二九・四・五判・判例時報二八巻一七頁）。(2)国立大学の附属病院の医師が給血者に対する梅毒感染の危険の有無についての問診を怠ったため、患者がその血液の輸血によって梅毒に感染したときは、右の医師に過失があったものというべきであり、民法に基づいて国は賠償責任を負う（最高昭和三六・二・一六判・判例時報二五一号七頁）。(3)水虫の治療方法たるレントゲン線照射が皮膚がん発生の主要な原因となっており、かつ治療をした国立病院の医師に過失があるときは、国は民法に基づく損害賠償責任を負う（最高昭和四四・二・六判・判例時報五四七号三八頁）。(4)ＰＴＡの主婦が町立小学校の雪おろし奉仕作業中に生じた事故につき、学校職員に過失があり、使用者たる町は損害賠償責任がある（札幌地昭和四五・一一・一〇判・判例時報六二八号六七頁）。(5)国立大学附属病院の医師の過失による余病併発について、国に使用者責任がある（名古屋地昭和四六・三・六判・判例時報六二三号五九頁）。(6)国立大学附属病院における採血中の死亡事故について、国に使用者責任がある（千葉地佐倉支部昭和四六・三・一五判・判例時報六二四号三四頁）。右の事例については、民法第七一五条が適用されているのである。

以上、公法と私法との区別に関する学説の動向を紹介したが、法律関係について公法関係の分野を狭くし、私法関係の分野を拡大してゆこうという一つの流れがあることを指摘できるように思われる。このようにある法律関係において公法理論をどこまで認めるかについては、国家賠償法第一条の「公権力の行使」に関する解釈と適用範囲をめぐって争いがあり、その点についてどのような見解があるかについて検討を加えた。そこでは狭義説、広義説、最広義説が対決していた。現在、学説や判例の動向として右のうち広義説を支持する傾向が強い。

四　右に指摘したように、ある法律関係が公法関係か私法関係かをめぐって、国賠法第一条第一項の「公権力の行使」と行政事件訴訟法第三条第一項、第二項、行政不服審査法第一条第一項などの「公権力の行使」とを同一に解釈してよいかという問題がある。この行政上の争訟における「公権力の行使」を理解するためには、公法と私法との区別の問題から考察しなければならないが、この点はすでに(1)絶対的区別説、(2)相対的区別説、(3)区別否認説、(4)新区別説といった分類に基づいて、その区別の動向を考察した。現在、右の四つの説のうち、どれが有力であるかは必ずしも明白ではないが、絶対的区別説を肯定するものは見受けられないし、また公法と私法とを区別すること自体に批判も強い。

五　ただ、公法上の法律関係を理由に行政事件訴訟、すなわち行政事件訴訟法の抗告訴訟で争うことになると、民事訴訟と異なる抗告訴訟から派生する種々の制約を受けることになる。たとえば、(1)執行停止に対する旧内閣総理大臣の異議制度（行訴法第二七条）、(2)事情判決の制度（行政処分は違法だが、その処分を取り消すと公共の福祉に反すると考えられる場合は請求を棄却するという制度）の容認、(3)民事訴訟の仮処分の規定の排除（行訴法第三一条、第四四条）、(4)原則的に廃止されている不服申立前置主義の例外的容認（行訴法第八条）、(5)出訴期間の制約（行訴法第一四条）、(6)執行不停止の原則の採用（行訴法第二五条第一項）などである。

このように、行政事件訴訟法が民事訴訟法と異なる特色を有するため、原告の方は民事訴訟法に基づいて訴訟を提起し、それで訴訟が進行するならば有利ということになる。ここに、法律関係をできるだけ私法関係ととらえていこうという考えが展開される理由があるものと思われる。

六　他方、最高裁は、昭和五六年一二月一六日に大阪国際空港騒音公害訴訟において、「右被上告人らが行政訴訟の方法により何らかの請求をすることができるかはともかくとして、上告人に対し、いわゆる通常の民事上の請求として前記のような私法上の給付請求権を有するとの主張の成立すべきいわれはないというほかはない」として、航空機離着陸のための大阪空港の管理に関し運輸大臣の規制という行政権力性を認め、このような行政権力の問題について民事訴訟による差止めを求めることはできないとしたのである。

右の最高裁の見解は、明らかに、「公法と私法」の区別の二元論に基づいているということを指摘できる。このような最高裁の公法と私法とを区別する考えは、いかなる論拠に基づいているといえようか。

現在、公法と私法との区別を認めるとすれば、それは、単にある法律上の紛争の解決に当たってどの法律を適用するかという技術的な点に、その区別の実益があると思われる。

(三)　学校教育活動と国家賠償法第一条の「公権力」

(1)　学生・生徒のクラブ活動と国家賠償法の「公権力」

以上の点を踏まえて、次に学校教育活動が国賠法上の「公権力」に当たるか否かが問題となった事案を検討しておきたい。

(i)　ボクシングの練習指導と国賠法の「公権力の行使」

県立工業高校の教諭を顧問とするボクシング部（同好会）員であったAが、所定の会費を支払い下校後ボクシング協会による指導を受けていた。ところが、Aは同協会での練習中に転倒し死亡した。このためAの父母は、高校の委嘱によって協会が行っていた練習であるとして県と協会を相手取り損害賠償を求めた。

これに対し、裁判所は、次のように判示した。すなわち、「飾磨工高において、正規の教育活動に含まれる特別教育活動の一環としてボクシングのクラブ活動が行なわれていたと認めうるかどうかはさておき、本件事故はいずれにしても右教育活動の範囲を超えたところで生じたものというべきであるから、右事故について前記安達、松沢教諭を職務上の過失に問擬すべき前提を欠くものといわなければならない。……右安達教諭は時折ボクシング部員（同好会員）を集め、健康管理や素行面についての指示を与え、体調不良のときは練習をやめるよう注意したことがあるほか、時には前記ジムに赴いて練習を見学したり、被控訴人協会関係者から健康管理の情況を聞いたりしたこともある事実が認められるけれども、これらの行動は一般的な生徒の生活指導の域を出るものではなく、右事実によりジムにおける練習が特別教育活動の一環であることを根拠づけることができないことは当然というべきである。」と判示した。

右の判決は、本件の事故が高校の教育活動の範囲を超えたところで発生したものであるので、同好会の顧問である教諭の職務上の過失を問うことはできないとして請求を棄却したのである（大阪高昭和五三・二・二四判、判例時報九一一号一二三頁）。

(ii)　**柔道部の練習指導と「公権力」**

千葉県立長生高校に在学していたAは同校のクラブ活動の一つである柔道部の練習に参加していたが、その練習開始前に柔道部を指導する教諭である被告京徳に対し退部を申し出たが、被告京徳はAを説得した。Aは有段者である上級生Bと練習中、Bの投げ技をかけられ、頭を打ったり、首をしめられたため、Aの力が抜けたので異常を感じたBが自らはなして活を入れた。しかし、Bはその後、Aがフラフラと立ち上がるのを更につかまえて約一五分間にわたり、大内刈、小内刈、背負い投げなどの立ち技を用いてAを投げとばしたためAは昏倒し、意識を失った。そこで手当を受けるため病院へ向かう途中、救急車内で死亡した。このため、Aの両親が、県を相手に国賠法一条により損害賠償を請求した（なお、本件において、両親はAの練習相手であったBおよび同校柔道部の指導担当者であった二人の教諭に対して民法七〇九条により、同校長Cに対しては、民法七一五条により、それぞれ損害賠償を請求している。ここでは県に対する国家賠償の点だけを取り上げる)。

これに対し、裁判所は、次のように判示した。すなわち、「長生高校柔道部は同校の特別教育活動の一環としてのクラブ活動を行うもので、生徒が自主的に行うものであり……同校では右活動に助言ならびに指導にあたる教諭を顧問教諭として置いていた……練習の際には、誰か一人は立会うように指示され、そのようにしていること、事故のあった当日も被告京徳は柔道場にゆき、部員とともに練習運動をしたのち、三年生部員らとともに練習をしていたこと、被告羽鳥は、被告京徳が稽古をやっていたので稽古をせず全体の状況を見ながら……生徒に……個人的な指導をしていたこと、その後包帯をとりにいっている間に本件事故のしらせを受けたこと、その間、被告羽鳥も被告京徳も亡義照の練習について特別の指示をしたことはないこと、被告京徳は当日亡義照から退部の申出を受けたが、その申出およびその申出の撤回を深刻なものと感ずることがなかったため特に亡義照の練習に注意せず、また被告羽鳥にこれを告げもしなかったことが認められる。」「右事実からすると、かかるクラブ顧問教諭のクラブ活動における活動は、単なる一私人としての助言ではなく、優越的な意思を内在する公的活動であり、国家賠償法にいう公権力の行使に当る行為といわなければならない」と判示している(千葉地昭和四九・九・九判・判例時報七七九号九三頁)。

右の判決はクラブの顧問教諭のクラブ活動としての柔道練習の指導は、優越的意思を内在する公的活動であり、国家賠償法にいう公権力の活動に当たる行為であるとしたのである。

本件の控訴審において東京高裁は次のように判示した。

「生徒の公立学校の利用関係についても、国家賠償法第一条第一項が適用されると解すべきところ(公立学校は教育を目的とする営造物であって、その活動は広義の行政作用に属するばかりでなく、教師と生徒との関係は一般に教育目的の達成のために、かつその限度で対等の関係になくむしろ教師が生徒に包括的に指導、監督する関係にあることに留意さるべきである)、本件のようなクラブ活動は、たとえ任意のものであっても、高等学校の教育活動の一環としてされる……ものであるから、生徒の公立学校の利用関係の範囲内にあることは、明らかであって、これに従事する教諭は、同法第一条第一項にいう「公権力の行使」に当る公務員というべきである。」（東京高昭和五二・四・二七判・高裁民集三〇巻二号七八頁）。

すなわち、東京高裁も、県立高校の教諭がクラブ活動を指導監督することは、国家賠償法第一条にいう「公権力の行使」に当たると判示した。

(iii)　**ラグビー部員の指導と国家賠償法の「公権力」**

県立高校ラグビー部顧問兼監督教諭が社会人ラグビーチームの要請に応じて他の県立高校のラグビー部員に対して右社会人チームへの参加を呼びかけポジションを指定したことが右部員に対して公権力を行使したことに当たるか否かが問題となった事案がある。

原告Xらの長男Bは、Y県立A高校三年生で、同校の教育活動の一環であるクラブ活動のうちラグビー部の主将であった。Bは昭和四六年九月、ラグビー部の他の部員とともに競技の支度をして静岡市内の球技場に赴いたところ、同球技場では、ラグビー協会主催の社会人チームであるFクラブチーム対Gチームの試合が予定されていた。ところが、選手の不参加者が多く人員不足で試合が中止になったため、両チームは不足人員を補って練習試合をすることとなり、同球技場に来合わせていたY県立D高校のE教諭に高校生ラグビー部員による補充を要請した。

D高校ラグビー部の顧問兼監督であったE教諭は、クラブ活動の一環として、同校のラグビー部員のうち全静岡高校選抜チームの選手として出場する部員ら一二名を引率して同球技場に来ていたが、社会人チームの試合が中止された場合には社会人チームとの練習試合ができることを予想していたので、補充要請に応じてD高校ラグビー部員に対し参加を呼びかけて、七名をポジションを定めて出場者として指名し、さらに付近に居合せたA高校ラビグー部員にも参加を呼びかけ、これに応じて参加を希望したBをスタンドオフとして指名したほか、A高校の同部員から他の二名をも出場者として指名した。

E教諭に指名された一〇名の生徒は、直ちにFチームの補充員としてGチームとの練習試合に参加し、競技を始めたが、試合開始から十数分後、Bがハーフから受け取ったボールを持って突進した際、GチームのHにスマザータックルされて転倒し、頚椎第四、第五脱臼および背髄損傷の傷害を受け、翌日死亡した。

そこで、Xらは、(1)E教諭は、D高校ラグビー部顧問として同部の部活動を指揮監督するとともにA高校ラグビー部員をも指揮監督していたのであるから、国家賠償法上公権力を行使するY県の生徒に対する保護監督につき、その履行を補助すべき地位にあった。(2)そして、右保護監督義務者としては、体力、技量ともに優る社会人チームとの試合に高校生を参加させることは、ラグビーというスポーツの性質から見てきわめて危険であるから回避すべきであった。仮に参加させる場合でも、相手チームの体力、技能と当該高校生のそれをよく比較検討し、さらに生徒の意思、健康状態、競技歴等を考慮したうえ参加者およびそのポジションを決定し、かつ、十分な準備運動をさせたうえ試合をさせ、高校生が社会人との試合によりけがをすることがないよう細心の注意を払う義務があったのに、右の点を怠ったため、本件事故が発生したと主張し、Y県に対し、亡Bの逸失利益相続分およびXらの慰藉料の一部請求として合計一五〇〇万円（各七五〇万円）の支払を求めた。

これに対し、Y県は、(1)本人の練習試合への飛び入り参加は、部活動とは無関係である、(2)E教諭は、D高校の教諭であるからA高校の部員を指揮監督する権限も右部員を保護監督する義務もなく、練習試合への参加の勧誘もD高校教諭としての職務執行とは無関係である、(3)FクラブチームやGチームのメンバーの技量はA高校ラグビー部のそれとほとんど差はなく、過去五〜六年間にD高校ラグビー部はGチームと数回練習試合をしているが負けたことがなく、同程度かそれ以上の技量の社会人チームと練習試合をすることは、高校生ラガーにとってなんら危険ではなく、亡BはA高校ラグビー部のキャプテンとして県下有数のプレーヤーであり、F、Gチームのメンバーに比べて技量的に全く遜色がなかった、(4)したがって、E教諭としては同人が単なる練習試合でけがをし死亡するとは全く予想できなかった、(5)亡Bは、当時一八歳でほぼ成人に近い思慮分別を持ち、かつ、スポーツマンとして自己の能力の限界を知っており、右試合に参加することが危険であるかどうかを十分判断する能力があったのであるから、自己の判断で右試合が危険でないと考え自主的に参加した以上、これにつきE教諭の保護監督義務違反の過失を問うことはできない、などと反論した。

一審は、公立高校の教員は、在籍する当該学校の生徒に対してのみ権利義務を負担するものであるから、仮に練習試合参加の勧誘をしても、右他校生徒に対する義務違反はなく、本件事故は日曜日に学校側に無断で参加した試合において生じたものにすぎないとして、Y県の国賠法第一条の責任を否定した。

しかし、二審は、Y県の責任を肯定し、国賠法第一条第一項にいう「公権力の行使」とは、国または公共団体の統治権に基づく優越的な意思の作用として行う権力作用に限られるものではなく、公立学校における教職員の生徒に対する教育活動などの非権力作用も、これに包含されるものと解するのが相当であり、したがって、Bを練習試合に参加させたことは、Y県の公務員E教諭が公権力の行使としての職務を行うについてなされたものといわなければならないと判示した。

そこでY県が上告し、二審判決には国賠法一条の「職務を行うについて」の解釈適用を誤った違法がある」などと主張した。

これに対し、最高裁は昭和五八年七月八日判決（タイムズ五〇六号八一頁）で、教諭の部員に対する関係が「公権力の行使に当たるかという点について次のように判決して一部破棄差し戻した。すなわち、

「〇工ラグビー部員の右練習試合への参加が、〇工の甲野教諭の指揮監督の下に行われたことによって同校のクラブ活動としての意義を有するとしても、右練習試合における不足人員の補充は社会人チームの要請に基づくものであり、これに応じた靖仁ら〇商ラグビー部員は、ブイコンチームの一員として右練習試合に参加して〇〇機械チームと競技したにすぎないのであるから、〇商ラグビー部員の右参加が〇工の甲野教諭の呼びかけによるものであるとしても、そのゆえをもって同部員が当然に右競技中同教諭の指揮監督下に置かれたものということはできないし、また、同部員の右参加が〇工ラグビー部のクラブ活動そのものの実施を可能にしたからといって、そのことから同部員が〇工の

クラブ活動に参加したり、又はそのクラブ活動を補助する関係に立つものではないといわざるをえない。したがって、甲野教諭が靖仁ら○商ラグビー部員に対し○工ラグビー部員に対すると同様の指揮監督権を有していたと認められるような特段の事情がない限り、○商ラグビー部員の右練習試合への参加が○工のクラブ活動の一環としてされたとみる余地はないというべき筋合であるから、原審が、右特段の事情について何ら審理することなく、単に甲野教諭が靖仁らに対してブイコンチームの補充員として右練習試合への参加を呼びかけ、ポジションを定めたというにすぎない事実関係を捉えて靖仁が上告人の公務員である甲野教諭の公権力の行使としての指揮監督下にあったと判断したことは、公務員の職務行為に関する法令の解釈適用を誤り、ひいては審理不尽、理由不備の違法を犯したというべく、右違法が判断の結論に影響を及ぼすことが明らかであるから、この点をいう論旨は理由があるといわざるをえない。」と判示した。

すなわち、県立高校ラグビー部顧問兼監督教諭が社会人ラグビーチームの要請に応じて他の県立高校のラグビー部員に対して右社会人チームへの参加を呼びかけポジションを指定したことは、その部員に対して公権力を行使したことにはならない、としたのである。

教師は、生徒、学生に対し教育を行う権利があると同時に義務がある。また、生徒・学生に対し本件のような人身事故が発生することのないように保護監督する義務がある。しかし、教師は生徒・学生の全生活について責任義務を負うものではない。学校における教育活動およびこれと密接な関連のある場合に限定される。したがって、放課後のクラブ活動や自主練習については、それが教師の勤務時間外であっても正規の活動である限り教師の監督義務があるといわなければならない。

また、教師が生徒や学生に対して負わなければならない保護監督義務は、その在籍する学校の生徒に対するものである。したがって、他校生徒に対しては当然にはこれを負担しない。

このような観点から本件を考察すると、D高校の教員であって同校ラグビー部の顧問兼監督であるE教諭は、同校生徒がラグビー部のクラブ活動の一環として社会人チームと練習試合をしていて同校生徒が人身事故を受けたときは、同教諭は、同校の生徒を監督する関係にあるので同教諭の過失が認められる限りはその生徒に対する損害賠償責任を免れない。

本件の場合はどうか。A高校ラグビー部員はE教諭に誘われ、社会人チームの補充要員として試合に加わったものである。そして、その参加がD高校ラグビー部のクラブ活動の便宜のためになされたものであり、しかも、E教諭がA高校の部員についてポジションを指定している。この点からD高校ラグビー部員に準ずる扱いをしてA高校の部員は一次的に同教諭の指揮監督の下に入ったとみることもできるのではないかと思われる。しかし、最高裁はこの点を否定したのである。

(iv) 国公立学校の教師の生徒に対する懲戒権行使と国家賠償法の公権力

F県立高校三年のAが授業時間中教科書以外の書物を見ていたため、B教諭らはAを教室で殴打したうえ教壇に起立させ、さらにAを応接室に連行して長時間監禁して授業を受けさせないばかりか昼食の機会も与えずに、その間授業中におけるAの態度を責め、平手でAの頭部を殴打するなどの暴行を加えた末にAを釈放した。Aは釈放された後、翌日朝自宅倉庫において首つり自殺した。このため、Aの両親Xらは、Bらの違法な懲戒行為によってAが自殺したことによるAの逸失利益の相続取得分およびXら固有の慰藉料並びに謝罪広告を請求した。

これに対し、裁判所は、次のように判示した。

「およそ国公立学校における教育は学生生徒の教化・育成を本質とするものであって、国家統治権に由来するいわゆる狭義の公権力の行使を本質とするものでないことはいうまでもないが、他方学校教育は、学生生徒による国公立学校という公の営造物利用の関係であり、いわゆる特別権力関係の範ちゅうに属する側面を有するものといわなければならない。而してかかる関係における教師の生徒に対する懲戒権の行使は、かかる営造物利用関係における内部規律の維持ないし教育目的達成のためになされるものとしてその合理的根拠を有しているものでその権利の存在は学校教育に不可欠のものであり、その現実の行使は右特別権力関係における特別権力の発動としての実質を有するものであり、公的性格を有するものであることは否定しがたく、その権力発動がいわゆる非権力作用を本質とする学校教育という特別権力関係において行使されるの故をもってその公権力性を否定するのは相当でないといわなければならない。従って、国公立学校において、教師が非行のある生徒に対し、学内の秩序を維持し、且つ教育目的の達成のための生徒指導の方法として懲戒をなすことは、国家賠償法第一条にいわゆる公権力の発動としてなされるものであると解するのを相当とする。」（福岡地飯塚支部昭和四五・八・一二判・判例時報六一三号三〇頁）。

本件は、教師の生徒に対する叱責、訓戒などいわゆる事実上の懲戒に違法性があったか否かが争われた事件であり、学校教育法が施行されて以来初めての事案である。

本判決は、教師の生徒に対する懲戒権の行使は、公の営造物利用関係における内部紀律の維持ないしは教育目的達成のためになされるもので、特別権力関係における特別権力の行使という実質を有するので、それが非権力関係を本質とする学校教育の場で行使されるからといって、その公権力性を否定することはできないとした。

(v)　**府立高校の生徒の転落死亡事故と国家賠償法の公権力**

大阪府立高校の二年生であるA、Y_1らは、十数名の生徒とともに土曜日放課後、コンクリート三階建校舎屋上で同校教員の許可を受けてマットを使用し、自主的に前倒などの体操の練習をしていたが、休憩中Y_1がふざけて疲れて休んでいたAの運動靴を屋上周囲に張りめぐらされている高さ一・三mの鉄柵を乗り越えて屋上塔屋の窓に隠したので、Aはこれを取り戻すため右鉄柵外に出たところ、隠し終わって戻ってきたY_1とすれ違う際、いたずらをたしなめる意味でY_1の肩を軽く叩いた。これに対し、Y_1は叩き返したか突いたかしたため、Aはそのまま一二m下の校庭に転落し、死亡した。そこで、Aの両親は、Y_1およびその両親のほか、大阪府に対して国家賠償法第一条・第二条に基づいて、損害賠償を請求した。

これに対し、裁判所は次のように判示した。

「国家賠償法第一条第一項に所謂公権力の行使とは国又は地方公共団体がその権限に基き優越的な意思の発動として行う権力作用に限らず、純然たる私経済作用と公の営造物設置管理作用を除くすべての作用を包含するもので従って又生徒の公立学校利用関係もこれに含むと解すべきところ、放課後同校校舎屋上でマットを敷き体操の練習をする本件のような事例は後記のとおり高等学校における教育活動及びこれと密接不離の関係にある生活関係における生徒の公立学校利用関係であるから、これは当然同条の公権力の行使に当ると解すべきである。」

「つぎに、公立学校の校長ないし教員は学校教育法により生徒を親権者等の法定監督義務者に代って保護し監督する義務があり、右監督義務の範囲は性質上高等学校における教育活動及びこれと密接不利の関係にある生活関係範囲に限局されていると解すべきであるから、本件の体操の練習がたとい生徒の自発的意思により放課後に行われたとしてもこれは同校における教育活動に密接な関係を有し、右監督義務の範囲内にあると解される。しかし、その義務の内容について検討するに、凡そ高等学校の生徒は満一六歳ないし満一八歳に達しほぼ成人に近い判断能力を持つ迄に心身が発達している年齢に属し、自己の行為の結果何らかの法的責任が生じることを認識しうる丈の知能即ち責任能力を備えていると見られ、右のような年齢の者は自己の行為について自主的な判断で責任を以て行動するものと期待しうるから親権者に代って生徒を保護監督する教職員としても、右生徒の自主的な判断と行動を尊重しつつ、健全な常識ある一般成人に育成させる為の助言、協力、監護、指導をすることは当然の義務であるが、逐一生徒の行動と結果について監護する責任はなく、唯生徒が右のような通常の自主的な判断と行動をしていてもその過程で生命身体に危険の生じるような事故の発生が客観的に予測される場合に、右事故の発生を未然に防止すべく事前に注意指示を与えれば足ると解するのが相当である。」（大阪地昭和四五・七・三〇判・判例時報六一五号五〇頁）。

本件は、放課後における生徒の自発的な課外活動であっても、学校における教育活動と密接不離な関係にある生活関係における生徒の公立学校利用関係であるとし、それを前提として、課外活動も公権力の行使に当たるとした。注意すべき裁判例と思われる。

(vi)　府立高校生の臨海学校参加中の溺死と国家賠償法の公権力

昭和四一年夏、大阪府立天王寺高校が福井県高浜町の海岸で行った臨海学校において水泳訓練中生徒が溺れ、モーターボートに救助されたが生徒二名は意識が戻らず溺死した事故について、右生徒の両親は、同校校長、引率責任者たる教頭および引率、指揮監督に当たった教諭三名に対しては民法第七〇九条により、大阪府に対しては、国家賠償法第一条または民法第七一五条により、損害賠償を請求した。

右の事案について、裁判所は次のように判示した。すなわち、

「国公立学校における教育は生徒の教化育成を本質とするものであって、国又は地方公共団体がその権限に基づき、優越的な意思の発動として行う狭義の公権力の行使を本質とするものではないが、学校教育は、学生生徒による国公立学校という公の営造物利用の関係であり、特別権力関係に属する側面を有する。よって公立学校利用関係は公権力の行使に含まれると解されるところ、学校の主催で全生徒が参加することを原則とする夏期水泳訓練は高等学校における教育活動そのものであるから、夏期水泳訓練中の監督教諭らの行為は、国家賠償法一条にいわゆる公権力の行使と解するのを相当とする。」（大阪地昭和四六・七・一四判・判例時報六四九頁）。

右判決は、国公立学校における教育は、優越的な意思の発動としての狭義の公権力の行使を本質とするものではないとした上で、学校教育は、国公立学校という公の営造物利用の関係であり特別権力関係に属する側面を有するとし、当該公共団体の大阪府は右事故により生じた損害を賠償する義務があるとした。

(vii)　市立小学校児童の授業中の事故と国家賠償法の公権力

(A)　小学一年生の理科の授業中に同級生の振り回した鉄製移植ゴテが被害児Xの目に当たり右眼を失明した事故につき、Xより市に対し損害賠償を求めた事件について、裁判所は、「担任としては、本件事故が発生した当時は自己の担任する一年二組の児童が小学校に入学して間もない時期であって、児童全員が小学校における規律に十分馴染んでいるとは限らないうえに、教師たる担任自身も各児童の性格や性質を必ずしも十分掌握していたものとは考えられな

いところであるから、各児童がその所持している移植ごての危険性を果して十分認識できたか否か疑問視して、児童を自己の目の届かない場所に分散させるのであれば、児童の所持している移植ごてを集めさせて自ら学級園に運ぶかもしくは自己と行動を共にできる児童に運ばせるかあるいは移植ごてを各児童に所持させたまま学級園へ移動させるのであれば、全児童が着替えを終るまで児童を教室に待機させ、児童と一緒に学級園へ移動する等の方法をとって事故防止に万全の配慮をすべき注意義務があった」

「担任が教師に要求される前記義務を尽していたならば、本件事故の発生は防止できたものと解されるので担任には児童に対する監督義務を怠った過失があったものといわざるを得ない。」

「担任が被告市の公務員であることは当事者間に争いがなく、公立小学校における教師の教育活動は国家賠償法一条にいう公権力の行使にあたるものと解すべきところ、………担任には職務を行うにつき過失があったのであるから被告は同条に基づき原告の被った後記損害を賠償する責任があるものといわなければならない。」（浦和地昭和五七・一二・二〇判・判例時報一〇七二号一二六頁）と判示した。

右の理由から、裁判所は、担任教師の過失を認容した。

裁判所は⑴当該事故が小学校一年生の入学間もない時期に発生したものであること、⑵担任教師は、児童が学校の規律になれておらず、また、教師としても性格を十分に掌握していないこれらの生徒に対し、鉄製移植ゴテという危険な用具を使用させる場合には、単に口頭で注意するだけでは足りず、可能な限り直接監督すべきであったのに、監督を怠ったと判断した。そして、市の損害賠償責任を認めた。

(B)　小学校四年生の算数の授業中に同級生Aの投げた下敷きが被害児Xの右眼に当たり眼球切断の傷害を受けた事故について、Xが、加害児Aおよび市に対し損害賠償を求めた事件について、裁判所は、「本件事故は、屋上での算数の実技の授業中に発生したものであるが、解放的な屋上での授業であったこと、しかも、児童が低年齢の小学校四年生であったことを考慮すれば、右授業中児童が解放的気分になって自己又は他人の身体に危険を及ぼすような行為に出ることも予想されたものというべきであるから、右授業を担当した教諭である赤尾としては、児童が右のような危険な行為に出ることを防止し、もって児童の身体の安全を保護するための十分な措置を採るべき注意義務があったものというべきである。そこで、赤尾の現に採った措置について検討すると、………赤尾は、屋上において、事前に、児童に対し、下へ物を投げたり、ふざけたりしないように注意を行ったうえ、児童を八グループに分け、各グループごとに責任者を決めて実技を実施させ、みずからも児童たちを監督していたのであって、赤尾の採った右措置は、児童が前記危険な行為に出るのを防止し、もって児童の身体の安全を保護するために採るべき措置として十分なものであったというべきである。したがって、赤尾の措置に過失はない。

「被告大阪市も、………本件事故について責任がない。」（大阪地昭和五八・一・二七判・判例時報一〇七二号一二六頁）と判示した。

右の事実では裁判所は担任教師の過失責任を認めず、訴えを棄却した。すなわち事件については、(1)小学校四年生の事故であること、(2)担当教師は授業開始前に、生徒にふざけたりしないように一般的な注意を与えていること、(3)全員をグループに分け、各グループごとに責任者を定めて算数の実技を実施させていること、(4)生徒間で下敷き投げの遊びが流行していたが、事故が発生する前までは授業中にそのような行為をするものがいなかったこと、などを理由に、担任の教師としての安全措置に過失はないとした。

右の(A)の事案と(B)の事案とでは、年齢や学年も異なるために、異なる判断が下されたが、学校内における教師の生徒に対する安全保護義務は、その時の事故発生の態様、教師の生徒に対する具体的かかわり合いなどから判断しなければならない。

(viii) 町立中学校生徒の課外クラブ活動中の事故と国家賠償法の公権力

沖縄の町立中学校において、放課後体育館内では課外のクラブ活動であるバレーボール部とバスケットボール部とが両側に分かれて練習していたところ、同校生徒Xらはトランポリンを体育館内の倉庫から無断で持ち出し、これをバレーコートとバスケットコートのほぼ中間の壁側に設置してしばらくこれで遊んでいた。このため、バレーボール部員AがXに対し、バレーボールの練習の邪魔になるからトランポリン遊びを中止するように注意したところ、Xがこれに反発したためAがXを体育館内の倉庫に連れ込み、Xの左顔面を二、三回殴打した。このため、Xは外傷性網膜全剝離により左眼を失明した。そこで、Xは、町を被告として、事故当時、バレーボール部顧問の教諭が運動場において運動会予行演習の会場の設営等をしていたため体育館にいなかったことは過失に当たると主張して、国家賠償法第一条第一項に基づいて損害賠償の請求をした。

高裁は、バレーボール部の顧問の教諭がクラブ活動に立ち会っていなかったことが過失に当たるとして、請求を一部認容した。

これに対し、最高裁は、「本件事故当時、体育館内においては、いずれも課外のクラブ活動であるバレーボール部とバスケットボール部とが両側に分かれて練習していたのであるが、事件記録によれば、課外のクラブ活動は、希望する生徒による自主的活動であったことが窺われる。もとより、課外のクラブ活動であっても、それが学校の教育活動の一環として行われるものである以上、その実施について、顧問の教諭を始め学校側に、生徒を指導監督し事故の発生を未然に防止すべき一般的な注意義務のあることを否定することはできない。しかしながら、課外クラブ活動が本来生徒の自主性を尊重すべきものであることに鑑みれば、何らかの事故の発生する危険性を具体的に予見することが可能であるような特段の事情のある場合は格別、そうでない限り、顧問の教諭としては、個々の活動に常に立会い、監視指導すべき義務までを負うものではないと解するのが相当である。」（最高昭和五八・二・一八判・判例時報一〇七四号五二頁）と判示した。

右の最高裁の見解は、課外クラブ活動は、本来、生徒の自主性を尊重すべきものであるので、なんらかの事故の発生する危険性を具体的に予見することが可能である特別の事情がない限り、顧問の教師としては、個々の活動に常時立ち会う必要はないとした。

また、本件は、国公立学校の教育活動に伴う事故について、国賠法第一条第一項が適用されることについては明白には指摘していないが、それを前提としているものと思われる。

(ix)　**公立小学校の正規の授業として行われたクラブ活動中の事故と国家賠償法の公権力**

市立小学校の四、五、六年の児童が参加する漫画クラブの活動時間中に、児童Aがいたずらで発射した手製の矢がXの右眼に刺さり、失明するに至った。このため、Xは、当時、担任教員が教室にいなかったためAが教室内へ弓矢を持ちこむことを防止できなかったことに事故原因があるのであり、同校校長は、この場合、かわりの教員を配置すべき義務があるのにこれを怠ったとして、市に対し、国家賠償法上の損害賠償を求めた。

これに対し、裁判所は、「監督者を欠いたままクラブ活動が行われる事態となるのを回避するため、校長において当日の授業計画にあわせ他の教員を配置して指導監督にあたらせ、教員数に不足を来たすときは適宜単位クラブ活動を統合する等して、監督者不在の状態の解消を図るため必要な措置を講じ、また担任の丙川教諭においても、他の教員に児童の指導監督を依頼し、あるいは当日のクラブ活動を開始するにあたり、自らまたは他の教員を介し、児童に対し、その不在中にクラブ活動の本来の目的にそい、児童が自主的にその活動を行い、指導教員の指導監督が直接なされないため、これによる児童間の恣意的な行動が行われることのないように厳重な指示、訓戒を与える等適切な方法をとり、もって事故の発生を未然に防止すべき義務がある。」

「最高裁判所第二小法廷昭和五八年二月一八日判決……は、……本件のように正規の教育活動として小学校の教諭が直接指導にあたる小学校児童のクラブ活動における場合とは事案を異にし、本件につきこれによることは適切ではない。」（名古屋高昭和五八・三・二九判・判例時報一〇七九号五八頁）と判示した。

本件についても、直接、国賠法の「公権力」の問題については触れていないが、それを前提としているものと思われる。なお、本件については、児童が教室において級友に矢を発射する事態を、教師が予見し得たか否かは問題があるという批判もある。

(x)　**市立中学校生徒に対する同校教諭の暴行と公権力**

Y_1市立中学校一年のXは、同校教諭Aから授業怠業の訓戒に際し、左顔面付近を殴打され、さらにその翌日、同校生徒であるDから右同所付近を殴打され、その結果突発性難聴の傷害を受けた。そこで、Xは、Y_1に対し、教諭Aの暴行行為を理由に国家賠償法第一条または民法七一五条に基づいて、さらに生徒Dの校内暴力行為を防止しなかった校長B、担任教師Cの過失を理由に国家賠償法第一条に基づいて損害賠償を請求するとともに、生徒Dの親権者父母であるY_2、Y_3に対し、民法第七一四条または第七〇九条に基づいて損害賠償を請求した。

これに対し、裁判所は次のように判示した。

「前記認定によれば、訴外人がなした本件暴行は、同人が学校教育における懲罰行為の行使の過程でなされたものであり、従って、右行為は、国家賠償法一条にいう公権力の行使に当り、その職務執行の過程中においてなされたもので、職務行為と関連してこれと一体をなし、不可分の関係にあるものとみることができるから右暴行行為は、右訴外人が職務を行うにつきなした行為であるとみるのが相当であり、従って、被告市は、右同法一条一項の規定により、公共団体としての同市の教育職員である訴外人の右暴行により、原告の蒙った損害を賠償すべき義務がある。」(神戸地伊丹支部昭五九・四・二五判・判例時報一一三四号一二八頁)。

本件では裁判所はA教諭の暴行行為は、学校教育における懲罰行為の行使の過程においてなされたものであるので、国賠法第一条所定の公権力の行使に当たるとしたのである。

(xi)　**県立高校生徒の体育大会における事故と国家賠償法上の公権力**

本件は、Y県立高校定時制四年生で、同校柔道部員のX_1(一九歳)が、Y県高等学校長会主催の定時制体育大会柔道種目に同校代表として出場し、試合中相手方に投げられて落下した際、頸椎脱臼、頸髄損傷の傷害を受け下半身・両手足不髄となった事故について、X_1およびその母X_2からY県に対し、X_1Y間の在学契約上の安全配慮義務不履行ないし不法行為に基づく損害賠償を求めた事件である。

本件について、裁判所は、「そこで考えるに、公立学校の在学関係は、教育行政と切りはなした本来の教育の分野においては、優越的な意思が支配し他方がこれに服従する関係にあるとみるべきではない。

さらに現行の教育関係法規をみても、公立学校であると私立高校であるとを問わず、学校教育法・教育基本法の適用をうけ、両者は同一の目的をもつ教育機関であるとされているのであって、教育の分野においては本質的な差異を認めていない。そこで、公立学校の在学関係と私立学校のそれとでは、法律上その性質において異なるものではないから公立高校の在学関係をとくに被告の主張する特別権力関係と解すべき、合理的な理由はない。

その在学関係は、後記のとおり、教育法上の合意を基調とするものというべく、その法律上の性質は契約関係と解すべきである。

しかし、そのような関係の下にあっても、かならずしも国賠法の適用は排除されるものとはいえない。けだし、国賠法一条にいう『公権力の行使』とは、これを広義に解するを相当とするから、公共団体の作用のうち、非権力的な作用もこれに含まれると解すべく、従って、公共団体の公立高校生徒に対する作用も、国賠法一条にいう『公権力の行使』というをさまたげない。」（長野地昭和五四・一〇・二九判・判例時報九五六号一〇四頁＝確定）と判示した。

右判決は、県立高校の生徒の在学関係を契約関係であるとしたが、国賠法第一条の「公権力の行使」を広く解し、公立高校の生徒に対する作用を「公権力の行使」に該当するとしたが、原告の請求はいずれも棄却した。

(xii)　東京商船大学学生の歓迎会飲酒死亡事故と公権力

原告Xらの子のAは、国立東京商船大学の新入生であったが、入学式の後に行われた寮生自治会主催の新入生歓迎会に参加してビールを飲み、その後上級生らと外出して酒食のもてなしを受け飲食し、帰寮した。その帰寮後も上級生らと自室でビールを飲んでいた。ところが、同大学で慣行となっている上級生が各部屋をまわって下級生に飲酒させる「部屋まわり」と称する歓迎を受け、その際上級生から呼ばれてその部屋に行き、同室でコップにつがれた日本酒をたて続けに二杯飲み、三杯目を飲もうとしたときに突然嘔吐し、吐物を口内に詰まらせ、意識不明となってその場に倒れ、救急車で病院に運ばれたが、吐物吸引により窒息死した。

そこで、原告らは、全寮制を採用している東京商船大学は、在学生や在寮生の生命、身体の安全を守るために万全を期すべき注意義務を負わなければならないのに、多量に飲酒させる入学歓迎コンパ等の野蛮な慣行があることを知っていながら、このような異常事態の発生することを防止するための措置をとらなかった、すなわち、入学歓迎コンパ等を禁止するとか、適量の飲酒をさせるべき実効性のある具体的な対策を講ずるとか、また、予想される緊急事態に臨機に対応できるような医療体制を整えるなどすべきであったのに、右のような格別な具体的な危険回避のための対策を講じないで放置していたとして、国に対し国家賠償法第一条第一項に基づき、さらに、本件の学生の在学関係、在寮関係に基づく安全配慮義務に違反したことを理由に損害賠償請求訴訟を起こした。

これに対し、東京地裁昭和五五年三月二五日判決（判例時報九五八号四一頁）は、本件の学生の在学関係と大学当局の学生に対する安全配慮義務について、次のように判示している。

「大学における学生の在学関係は、私立大学の場合と国立大学の場合とでその法律関係の内容に本質的差異がないとはいうものの、本件東京商船大学は被告である国の設置する国立大学であり、その設置、管理、運営は国の教育行政の一環として行われており、その行政主体の行政処分（入学許可）によりAとの間で公法上の営造物利用関係が形成されているのであるから、私立大学における在学が私法上の契約関係によることから直ちに国立大学の場合もそれと同視しその在学関係を私法上の契約関係から生ずるものと理解することは相当でなく、行政処分によって発生する法律関係と理解するのが相当である。」

「一方、このことから直ちに大学の学生に対する安全配慮義務が否定されるものではなく、行政処分によって発生した法律関係が一定の目的（大学においては教育・研究目的）達成のための管理権を伴うものである以上、信義則等により、管理をなすべき者（大学当局）は被管理者（学生）の身体・生命・健康についての安全配慮義務を、その法律関係に内在し、又は付随するものとして負うものと解され、この義務の不履行による損害賠償義務は、私法上の契約により大学在学の法律関係が成立した場合と異ならないものと解するのが相当である」と判示している。

右の判決は、国立大学の学生の在学関係は私法上の契約に基づくものではなく、行政処分によって発生するとし、このような法律関係にあっても信義則などにより管理者である大学当局は被管理者である学生の身体、生命及び健康について、安全配慮義務があるとしたのである。

なお、本件については、東京地裁は、結論的には、安全配慮に欠けなかったとして、原告らの請求を棄却している。

(xiii)　**県立農大生の飲酒死亡事故と公権力**

本件は、全寮制の県立農業大学校の学生が各科対抗バレーボール大会の優勝祝賀会で飲酒し、急性アルコール中毒に基づく急性心不全により死亡したため、死亡した学生の遺族が、安全配慮義務違反、不法行為ないし国賠法上の責任を主張して、県に対し損害の賠償を求めたものである。

本件の事実は次のようである。すなわち、Aは原告らの長男であり、被告県は宮崎県立農業大学校を設置し管理するものであるが、本件学校は、宮崎県における農業後継者育成のために宮崎県によって設立された二年制全寮制の大学校である。Aは本件学校に入学し、本件学校内の青雲寮に入って生活するようになった。本件学校では、校内の各科対抗バレーボール大会が開催され、Aの所属する野菜科が優勝したため、青雲寮内のテレビ室で優勝祝賀会が開催され、会費一名五〇〇円で焼酎（一升ビン）六本、ビールジャイアントビン二本等が用意されて宴会が開かれた。

Aは、この間、ビール紙コップ八分目位、焼酎紙コップ五杯位（約三合）を飲んだが、宴会の終わるころには酩酊したため、同級生にかかえられて自室に戻り、バケツに三回ほど嘔吐した後、自室内で寝入った。この宴会の前後を通じ、N教授は青雲寮内の廊下を歩いて寮内を見回り、特別の異常を認めないまま事務所に戻り、点呼の報告を受けた。さらに消灯（午後十一時頃）後見回りをしたが異常を認めず、宴会が行われたことに気付かなかった。

翌朝六時過ぎころ、同室の同級生がAの異常に気付き、N教授に知らせ、急報を受けて駆けつけた救急隊員、医師らの応急措置にもかかわらず、Aは飲酒による急性アルコール中毒による急性心不全により、午前七時頃、死亡した。

宮崎地方裁判所は、県の債務不履行責任の発生の有無について次のように判示した。

「本件学校は、被告の宮崎県が、地方自治法二四四条の二に基づく条例、さらにその下位の各規則によって設置、管理する教育施設であり、学生の在学関係は、この施設の利用関係として、行政処分によって発生する法律関係である。したがって、これを私立学校と同様の私法上の在学契約に基づくものとし、学生、被告の各権利義務をこの契約から発生するものと解することはできない。

しかしながら、本件学校の設置目的を達成するための教育、研修といった諸活動は、実質的には私立学校の場合と大きく異なることはないのであって、右の教育活動の過程において学生の生命、身体、健康に対する安全に影響がある場合には、学校当局である被告県は、この法律関係の付随的義務として、信義則上、右安全について配慮すべき義務を負い、かかる義務に違反した場合には、債務不履行に基づく損害賠償責任が発生するものと解すべきである。

もとよりこの安全配慮義務の存否、その違反の有無は、在学関係という広い法律関係の中で、この義務の存否が問題とされるべき事態の発生した場所、時間、関係当事者のかかわり方、被告県ないしその履行補助者である学校側の学生に対する管理、支配の内容・程度その他具体的諸状況等を前提として、具体的、個別的に検討すべきことはいうまでもない。」(宮崎地昭和六〇・一〇・三〇判・判例時報一一八四号一〇五頁＝確定）と判示した。

すなわち、裁判所は、本件の県立農業大学校の学生の在学関係は、県が条例などに基づいて設置する教育施設を利用していることを理由として、私法上の在学関係ではないとし、行政処分によって発生する法律関係(公法関係とは断定していないが、公法上の法律関係としているものと思われる)であるとしたが、本件の県立農業大学校の設置目的を達成するための教育、研修の諸活動は、私立学校の場合と大きく相異することはないとして、同農業大学校の教育活動の過程において被告県は、信義則上、安全についての配慮義務を負わなければならず、県がかかる義務に違反した場合には、債務不履行に基づいて損害賠償責任が発生するとしたのである。

本件についても、裁判所は、学生に対する指導および事故発生後の救急医療体制に不相当な点はなかったとして、遺族の請求を棄却している。

以上、国公立学校の教育活動が国賠法第一条の「公権力」にあたるか否かが問題になった事案を挙げて検討してきたが、それを整理すると次のようにいえる。

⑴　教育活動の範囲をこえたところで発生した事故については、国家賠償の対象とならないこと（大阪高昭和五三・二・二五判・判例時報九一一号一二三頁）、⑵クラブ活動を指導監督することは、公権力の行使にあたること（東京高昭和五二・四・二七判・高裁民集三〇巻二号七八頁）、⑶県立高校のラグビー部顧問兼監督教諭が社会人チームへの参加を呼びかけ、ポジションを指定した行為は、公権力の行使にあたらないこと（最高昭和五八・七・八判・タイムズ五〇六号八一頁）、⑷教師の生徒に対する懲戒権の行使は、公権力の行使にあたること（福岡地飯塚支部昭和四五・八・一二判・判例時報六一三号三〇頁）、⑸学校における教育活動と密接不離の関係にある生活関係における生徒の公立学校の利用関係を前提とした放課後の課外活動は公権力の行使に当たること（大阪地昭和四五・七・三〇判・判例時報六一五号五〇頁）、⑹国公立学校における教育は、優越的な意思の発動としての狭義の公権力の行使を本質とするものではないが、学校教育は、国公立学校という公の営造物利用関係であり特別権力関係に属すること（大阪地昭和四六・七・一四判・判例時報六四九頁）、⑺公立小学校における教師の教育活動は国家賠償法第一条にいう公権力の行使にあたること（浦和地昭和五七・一二・二〇判・判例時報一〇七二号一二六頁）、⑻課外クラブ活動は、本来、生徒の自主性を尊重すべきものであるので、なんらかの事故の発生する危険性を具体的に予見することが可能である特別の事情がない限り、顧問の教師としては、個々の活動に常時立ち会う必要はないこと、⑼市立中学校生徒に対する同校教諭の暴行は、学校教育における懲罰行為の行使の過程においてなされたものであるので、国賠法第一条の公権力の行使に当たること（神戸地伊丹支部昭和五九・四・二五判・判例時報一一三四号一二八頁）などとした判例があった。

以上に掲げた裁判所の判例の動向にあって、町立中学校生徒の課外クラブ活動中の事故に関する事件と県立高校ラグビー部顧問兼監督教諭に関する事件について最高裁の見解が出されているが、最高裁は、双方の事件とも、教師の行為が国家賠償法上の「公権力の行使」にあたるか否かについては明白に論ずることなく、地方公共団体の賠償責任を否定している。

また、大学の学生に関する事件として、東京商船大学新入生飲酒死亡事件と宮崎県立農大生祝賀会飲酒死亡事件について下級審で判断が下されているが、学生の在学関係については双方とも、私法上の法律関係ではなく、行政処分によって発生する法律関係すなわち入学許可という行政処分を通じて生ずる公法上の営造物利用関係であると判決している。しかし、県立高校における柔道試合中の事故に関する事件では、公立学校の生徒の在学関係を契約関係としている。

このようにみてくると、国公立学校の生徒および学生の在学関係を⑴公法関係であるとし、教師の行為を公権力の行使としているもの、⑵在学契約関係であるとして、教師の行為を公権力の行使としているもの、⑶公法上の営造物利用関係ととらえて、教師の行為については公権力の行使と考えているか否か明らかでないものなど、国賠法第一条の「公権力の行使」についての裁判所の把握の仕方は一定していないといえる。これは、「学校教育」を一般の行政処分と異なるものと考えているところに原因があるのであろうか。

⑵　不作為による国家賠償と学校教育

国家賠償法第一条第一項の「公権力の行使」には、基本的人権の尊重、相手方の権利、利益の保護の立場から公務員の作為だけではなく不作為も含まれる。

しかし、昭和二十年代及び昭和三十年代には、公務員の不作為により生じた損害について損害賠償請求が認められた事例は少なかった。

一般の事例として、⑴違法な石炭の採掘事業に対する監督権の不作為、⑵他国による領土の占領に対する内閣総理大臣の不作為、(3)違反建築物に対する監督庁の不作為に関する事案があるが、裁判所はこれらについて損害賠償を拒否してきた。

このように不作為による損害賠償が認められないのは、一般に損害賠償の要件として、(1)公務員の職務義務が当該公務員の原告に対する具体的な義務であること、(2)また、当該公務員の不作為と損害の発生との間には相当因果関係が立証されなければならないことが要求されているため、加害者が損害賠償を請求する場合の右の要件を充足させることが難しいためであるということになる。しかし、この不作為による損害賠償の問題は、昭和四十年代に入るといわゆる公害、環境問題が深刻となったため、その解決は、国民的課題となった。

たとえば、(1)市長が仮換地上の建物の移転除去を怠った不作為（最高昭和四八・六・一一・三小判・判例時報六五三号八四頁）、(2)造成宅地の擁壁崩壊に対し改善命令を怠った不作為（大阪地昭和四九・四・一九判・判例時報七四〇号三頁）、(3)キノホルム剤の製造、輸入について、その承認の取消権を行使しなかった不作為（東京地昭和五三・八・三判・判例時報八九九号四八頁）などに関する事件がある。

この不作為による損害賠償の問題は、学校教育関係の事件にはあまり見当たらないが、次の事件を挙げておきたい。

(i)　**国立大学学長事務取扱発令と文部大臣の不作為**

国立大学学長事務取扱による、後任者を任命すべき旨の上申書につき、文部大臣がこれを受理してから一か月を超えても発令に及ばなかったことが、合理的な期間を超えた違法な不作為にあたるか否かが問題となった事案がある。

東京地裁昭和四八年五月一日判決（訟務月報一九巻八号三二頁）は、「一般的に、公務員の不作為が違法な職務の執行として国家賠償責任の原因となり得るには、その前提として、公務員が法律上作為をなすべき義務を負い、これを懈怠した場合であることを要する。」ことを前提として、「これらの事実から推せば、①学長事務取扱の発令を職務命令と目する文部省の見解も、全く根拠を欠いた独善の論とはなし得ず、従って、かかる見解に基づいて本件上申につき任命の拘束性はないとの立場からこれに対処せんとした文部大臣の態度を一概に非難することはできないこと、……当時の大学をめぐる異常な情勢から、学長事務取扱に任ぜられれば大学の管理運営の責任者として、警察に対し出動要請の衝に当らねばならぬ事態の発生もおのずから予想されないではなかったことを慮れば、任命権者たる文部大臣が学外において徒らなる紛議、誤解あるいは摩擦の加わることをあらかじめ避けるために、叙上のような方法によって、直接九州大学または原告自身から何らかの釈明回答を得たいと意図したことは、発令すべき職務上の義務とは別に、行政上の措置として、また政治的配慮として是認できないものではないこと、③本件上申は、その機縁において当時の大学紛争の深刻さを示すとともに、その応急性の点においても、学長が欠け、または事故があるときに、当初なされる学長事務取扱発令の申出とは若干の相違のあることを否定し難く、総じて通常の場合とは別異の状況のもとに置かれていること、を認めざるを得ない。そうだとすれば、帰するところ、本件においては、文部大臣が前記のように通常の所要期間を約一か月超えてなお原告を学長事務取扱に発令しなかったことについて、斟酌するに足る特段の事情があったものといわねばならない。すなわち、文部大臣は未だ不当に長期に亘って原告を学長事務取扱に発令しないまま放置したものとは断じ難く、文部大臣の右不作為をとらえて、合理的な期間を超えた違法なものとの法的評価を加えることは相当でないというべきである」と判示している。すなわち、文部大臣が一か月を経過しても辞令を発しなかったのは、合理的期間を超えた違法な不作為に当たらないと判示した。

(ii)　**教育諸条件整備に関する法的義務の不作為と国家賠償法**

子女を公立高校に進学させることができず、やむなく私立高校に進学および通学させている親たちが、国を相手方として、国は教育諸条件を整備する義務があり、高校進学者全員を収容するだけの公立高校を設置するための法律の制定や予算措置を具体化すべき義務があり、また、私立学校と公立学校との入学金・授業料等との差額相当の返済義務のない奨学金を支給する制度を整備する法律を制定実施すべき義務があること、さらに、私立高校生のうち父兄の収入が一定額以下の勤労者であるとき、超過学費に相当する奨学金を支給する義務があること、しかるに、国会、内閣において、故意または過失により、これらの施策を講じないで放置し、この不作為によって違法に右親たちは超過学費相当の損害を受けている、と主張し、国家賠償を求めた事件がある。これに対し、裁判所は、「公立高校と私立高校の授業料等の格差が数十倍にも及んでいることは前記認定のとおりである。そして、希望者全員を入学させるに足りない数の公立高校しか設置しないことによって、同じく高校進学希望者でありながら低額な学費で公立高校を利用しうる者とそうでない者とが生じることはさけられないけれども、いかなる数の公立高校を設置するか、私立高校に対していかなる程度の助成を行うかは、被告国がその財政状況、将来の高校進学者数、私学助成の歴史的経過等さまざまな要素を総合考慮して決定すべき性質のものであること、しかも私立高校の学費軽減についての被告国の施策が高校教育は無償制に近づけるのが望ましいとの観点に立っても憲法二六条に違反するものではないこと前記七認定のとおりである。そして、右判示を肯認する以上、公立高校生の入学者選抜方法に不合理な差別の認められない本件においては、被告国が公立高校を設置し低額な費用で国民の利用に供する施策をとることが私立高校生に対する学費軽減額よりも多額の学費軽減を公立高校生にもたらす結果になるとはいえ、国会、内閣が高校入学希望者数に見合う公立高校を設置するための施策をとらず、しかも私立高校の学費を公立高校のそれと同額にする施策をとっていないことをもって、それが恣意に基づく等教育の機会均等に反することの明白な場合にあたるとはいえないところである。」「思うに、原告らの子女の学費支出にともなう経済的困難及びその心情はこれを察しうるけれども、如上説示のとおり被告国の不作為を目して法的作為義務に違反する違法なものであるとは断じがたいのであるから、その余の点について判断するまでもなく、原告らの請求はいずれも失当として棄却するほかはない。」と判示した(大阪地昭和五五・五・一四判・判例時報九七二号七九頁)。

すなわち、裁判所は、公立学校と私立学校の授業料の格差が大きいが、いかなる数の公立高校を設置するか、私立学校に対していかなる程度の助成をするかは、国がその財政状況、将来の高校進学者数、私学助成の歴史的経過等、様々の要素を総合して決定すべき性格のものであり、公立高校生の入学選抜方法に不合理な差別が認められない以上、国会、内閣が高校入学希望者に見合う公立高校を設置するための施策をとらず、私立高校の学費を公立高校のそれと同額にする施策をとらないという不作為が恣意に基づく等教育の機会均等に反することにあたらないとして、請求を棄却したのである。

(3) 国家賠償法第一条の「公権力」と立法作用・司法作用

国家賠償と立法作用

教育諸条件整備に関する法的義務の不作為と国賠法との関係についての裁判例として、大阪地裁昭和四五年五月一四日判決（判例時報九七二号七九頁）を取り上げ紹介した。

すなわち本件において、原告は、国は教育諸条件を整備する義務があり、高校進学者全員を収容するだけの公立高校を設置するための法律の制定や予算措置を具体化すべき義務があり、また、私立学校と公立学校との入学金・授業料等との差額相当の返済義務のない奨学金を支給する制度を整備する法律を制定実施すべき義務があったのに、国会、内閣において、故意または過失により、これらの施策を講じないで放置したのは、親たちに超過学費相当の損害を与えているとして、国家賠償を求めた。

このように、国家賠償法第一条第一項の「公権力の行使」に、立法機関の作用が含まれるかが問題となっている。国家賠償法第一条第一項の「公権力の行使」に、立法機関の作用が含まれるか否かについては、同項が行政権の行使のみに限定すると規定していないことから、当然立法権の作用も観念的には含まれる。たとえば法律案や条例案の議決をなす際に必要な議員の定足数の欠如、あるいは賛否投票の誤りなど、立法過程の形式に瑕疵がある場合、国家賠償法上の損害賠償が成立するためには、当該議員に故意または過失がなければならず、その故意・過失を立証することは非常に困難であると思われる。また、立法作用の不作為についても、政治上の責任が生ずるだけで、国家賠償法による損害賠償義務の根拠とすることはできないと思われる。

右に掲げた大阪地昭和五五年五月一四日の判決も、「私立高校に対し、いかなる程度の助成を行うかは、被告国がその財政状況、将来の高校進学者数、私学助成の歴史的経過等さまざまな要素を総合考慮して決定すべき性質のものである」としていることから推測されるように立法作用の不作為については政治上の責任が生ずるだけで、国家賠償法による損害賠償義務の根拠とすることはできない。

国家賠償と司法作用

裁判所の判決は、国家賠償法第一条第一項から除外されていないが、しかし、裁判が違法であるとして国家賠償を請求するためには、裁判の本質上、おのずから一定の限界があり、裁判官の判断は、再審あるいは非常上告手続によりその判断が違法であることが確定された場合、あるいは確定判決につき再審事由が発生した場合を除いてその事件に関する限り適法とされたものと推定される（東京地昭和四一・九・二八判・判例時報四六四号二一頁）。したがって、裁判官の判断が違法であるかどうか、あるいは違法であるとしてその裁判官に故意または過失があったかどうかを審判しうるのは、右判断の違法であることが、上訴審を含めたその訴訟手続あるいは再審ないし非常上告手続によってすでに確立されている場合、および再審事由の発生した場合に限られるということになり（最高昭和四三・三・一五・判例時報五二四号四八頁）、また、実際問題として、裁判官の故意過失を立証することは困難であろう。この種の事件で、たとえば、(i)裁判官の誤判（福岡地小倉支部昭和三七・一〇・三〇判・訟務月報九巻一号一〇頁）、(ii)判決の不当（東京地昭和三九・七・一七判・下級民集一五巻七号一八一九頁）につき、国家賠償請求を否定している事例がある。

この裁判判決と国家賠償との関係についての裁判例の見解を整理すると、(1)裁判所が判決した事実認定や法令の解釈、適用が違法であるとして争うには、その裁判手続内で争うべきであること、(2)その裁判が控訴、上告などの不服申立て、さらには異議申立て、再審等により確定し、他の訴訟手続においてこれを審判することができなくなった場合には、その事実認定や法令の解釈適用の判断は最終的なものとするというのが司法制度の本質であること、(3)例外として、その判断が上訴または再審により違法とされたような場合には、国家賠償請求訴訟でその判断を攻撃できること（東京地昭和四一・九・二八判・判例時報四六四号二一頁）、などの点を挙げることができる。

(四)　国家賠償法一条と「公務員」

国家賠償法第一条にいう「公務員」については、まず、その範囲が問題となるが、ここでいう公務員は、一般に、官吏、公吏はいうまでもなく、すべての国または公共団体のため公権力を行使する権限を委託された者をいうとされている。その理由は、国または公共団体の行為とみられる作用によって「他人」に損害を加えた場合のこれに対する塡補に重点を置いているからである。したがって、公務員としての資格があるか否かは問題にならない。この意味で、国家公務員法または地方公務員法にいう公務員の概念や刑法にいう公務員の概念より広く考えられている。したがって、(1)公務員という身分を有しなくてもよく、(2)その公務員の地位は臨時的一時的なものでよく、給与、報酬の有無も問題にならない。

以下、判例において「公務員」の範囲が問題となっている事例を取り上げ、どのような事例において国賠法上の「公務員」に当たるとされているかを検討しておきたい。

(1)　国家公務員定期健康診断事件

国家公務員に対する定期健康診断に地方公共団体の職員たる保健所医師が嘱託を受けて関与した場合、この医師は国賠法上の公務員に当たるかが問題となった事案がある。

すなわちXは、昭和二七年当時大蔵事務官としてA税務署に勤務していたが、定期検診の結果健康体であるとして従前どおり外勤の職務につかされていたが、次期定期検診で結核に罹患していることが判明し、Xはその治療のため十数年に及ぶ療養生活を送ることを余儀なくされた。しかし、Xは昭和二七年の定期検診時にはすでに罹患しており、その症状は、いまだ自覚症状のない、初期の肺浸潤で、適切な事後措置と約半年ないし一年間の通院治療を受けることによって治癒する程度のものであった。
そこで、Xは、国税局長（およびその直属医官）、A税務署長には、昭和二七年の検診時において、勤務場所の変更、勤務量の軽減、休暇の承認等健康の保持に必要な適切な事後措置をとるべき義務があったのに、これを怠った過失があったと主張して、国家賠償法第一条第一項に基づいて、Y（国）に対し、昇給、昇格が遅れたこと等による逸失利益と慰藉料の損害賠償を求めた。
右の事案において、岡山地裁津山支部昭和四八年四月二四日判決（判例時報七五七号一〇〇頁）は、本件の医師が、国賠法第一条第一項の「公務員」に該当するか否かに関し、次のように判示した。すなわち、
国賠法第一条第一項の「『公務員』については、広く公務を委託されてこれに従事する一切の者、すなわち、国が、その者に対し直接指揮・監督できる関係にあることを要しない、と解する」ということを前提として、「定期検診等の関与者については、当裁判所の前記1㈢の見解によると、前記税務署長はいうに及ばず、広島国税局長（およびその直属医官）、さらには、仮に被告主張のように前記保健所所属の医師が、右署長の嘱託に基づいて関与したものとすれば、その医師も、すべて公権力の行使をした『公務員』ということになる。」と判示している。なお、本件において裁判所は、公務員の定期検診等を国家の優越的意思の発動たる公権力作用に当たるとしている。

⑵　津海岸女子生徒水難事故の損害賠償請求事件

教育委員会の委員が、国賠法の「公務員」に該当するか否かが問題となった事案がある。すなわち、本件は、昭和三〇年の夏、津海岸において発生した多数の女子生徒水難事件にかかる損害賠償請求事件であり、津市橋北中学校の実施した特別教育活動としての水泳訓練中、水死した三六名のうち三三名の女子生徒の遺族等六四名が原告となり、津市を被告として第一次的には国家賠償法第一条に基づき、予備的に民法第七一五条に基づき損害賠償を請求した。

被告市は、次のように主張して、教育委員会の委員も、教職員も国賠法上の公務員に該当しないと主張していた。

すなわち、

「本件には国家賠償法は適用されない。

同法にいう公権力の行使とは立法権、刑罰権、警察権等国家統治権に基く優越的な意思の発動たる作用を指すのであり、同法第一条はこのような公権力を行使する公務員が故意又は過失により他人に損害を加えたときは、国又は公共団体がその損害賠償の責に任ずる旨を規定しているのである。

ところが学校教育の本質は教育基本法の示すとおり人間の教化育成であって、右の公権力の行使にはあたらないのであって、学校教育を公権力の行使にあたるとすることを前提とする原告の同法に基づく請求部分は既にこの点において失当というべきである。

原告の民法第七一五条に基づく主張については次のとおり争う。

仮りに委員会ないし学校当局教職員に過失があったとしても被告には使用者責任は存しない。

けだし、民法第七一五条にいう使用者と被用者との間には被用者が使用者の指揮監督の下に事業を執行する関係のあることを要するのであるが、本件事故発生当時の津市教育委員会は教委法第七条に基づき市会議員のうち同議会から選挙された者一名と一般津市民が公職選挙法により選挙した者四名計五名により構成された独立の機関であって市長を代表者とする津市の指揮監督に服していなかったのであり、又学校の教職員は右教委法第四九条第五号により右委員会から任命されていたのであって、教職員の選任監督は委員会がなしており、これまた被告が指揮監督していたのではない。

従って委員会ないし学校教職員は被告の被用者とは言えないから原告の民法第七一五条に基づく請求も失当である。

原告は委員会自体の過失は市の教育事務の執行機関の過失として市自体の過失となるから、民法第七〇九条によっても被告の不法行為責任は免れないと主張するけれども前述のとおり委員会は被告とは独立した教育行政機関であるから、右主張もまた失当である。」と主張していた。

右の被告の主張の要点は、(1)学校教育は、人間の教化育成であって、国賠法の公権力に該当しないこと、(2)市教育委員会は市の指揮監督に服していないこと、(3)教職員の選任監督は、委員会がなしており、市が指揮監督していないこと、などである。

これに対し、裁判所は次のように判決した。

「本件事故は前示認定のとおり津市立橋北中学校が特別教育活動として行った水泳訓練の際生じたものであり、右事故につき橋北中学校の校長以下全教員及び右中学校に対し指導助言を行なう立場にある津市教育委員会の各教育委員、教育長、指導主事、教育課長に過失が存するものとすれば、これらの者の過失は当然に国家賠償法第一条にいう公共団体の公権力の行使にあたる公務員の過失に該当すると考える。津市立中学校の校長及び教員は津市の地方公務員であり、教育委員は被告が主張するとおり一名は津市市会議員の中から議会において選出され、他の四名は津市の住民から選挙によって選出されるのではあるが、右各教育委員は津市の一機関である教育委員会を構成するものである以上制度上公務員たる身分はないとしても同法の適用上からはこれを一種の公務員と解すべきである。教育長、指導主事、教育課長が津市の地方公務員であることは当然であろう。

そして同法第一条にいう公権力の行使とは狭義の国又は地方公共団体がその権限に基き優越的な意思の発動として行う権力作用にかぎらず、国又は地方公共団体の行為のうち右に述べた権力作用以外の作用すなわち非権力的作用(但し国又は地方公共団体の純然たる私経済作用と同法第二条に規定する公の営造物の設置管理作用を除く)も包含すると解するのが相当である。

従って同法第一条の適用についてはいたずらに公権力なる文言に拘泥することは相当でなく、本件のような公立学校の生徒に対する正課実施に際する注意義務違背についてもまた同条の適用があると解すべきであり、これと異なる被告の主張は採用の限りではない。」と判示した(津地昭和四一・四・一五判・下級民集一七巻三・四号二四九頁)。

右の裁判所の判決から明らかなように、裁判所の見解は(1)市立中学校の校長および教員は地方公務員であること、

(2)教育委員は教育委員会を構成するものであること、(3)教育委員は制度上、公務員としての身分がなくても一種の公務員と解すべきこと、(4)国賠法第一条の公権力の行使とは権力作用以外の作用すなわち非権力的作用を包含すること、というものである。

(五)　国家賠償法一条の「職務を行うについて」の解釈

国家賠償法第一条は、国または公共団体の公権力の行使に当たる公務員が「その職務を行うについて」、違法に他人に損害を加えたときは、国または地方公共団体がその賠償責任を負うことを認めている。この場合の公務員の「職務を行うについて」の解釈が問題となっている。この点の解釈については、公務員の職務行為そのものが違法に他人に損害を与えた場合、損害賠償の対象となること、職務とはなんら関係のない私的行為によって他人に与えた損害については本条の対象とならないことは、一般に認められている。しかし、その中間の「職務行為に際しての行為」が損害賠償の対象となる範囲と限界はどこまでか、ということが問題となっている。

この点については、法律が公務員に対し、ある職務の執行を命じている以上、公務員がその職務執行の過程において故意または過失により違法にその職務を執行する可能性は、はじめから含まれていると考えなければならない。したがって、実際上公務員が違法に他人に損害を加えるような事態が生じた場合は国または公共団体がそのような違法な職務の執行が行われる可能性のある職務を公務員にやらせていることに問題があるのであるから、かかる場合には、当然、国または公共団体が賠償責任を負わなければならないとするのが、国家賠償法の意図である。

(1)　警察官損害賠償事件

一　この「職務を行うについて」に関し問題となった有名な事件として警察官損害賠償事件（最高昭和三一・一一・三〇判・民集一〇巻一一号一五〇二頁）がある。本件の事実は次のようである。

Aは東京都警視庁巡査であったが、制服制帽を着用し実包装塡の拳銃を携帯し、神奈川県国鉄川崎駅ホームでKを呼び止め、同駅駅長室で不審尋問の上所持品の検査をした。その際事前に用意した三百円入りの封筒をひそかに右所持品の中にまぎれこませて不審の原因を作り、スリの容疑をかけて同駅前巡査派出所に連行し、Kの所持する現金九千九百円外雑品数点を犯罪の証拠品として預かると称して受け取り、同所を出て連行途中、共同便所内で用便中のKのすきを見て右預り品を持ち逃げしようとしたところ、Kが「どろぼう」と叫んだので、Aは所持の拳銃で実包一発をKの背後から発射し、同人の腰部に貫通する銃創を負わせた上、金品を携帯逃走してこれを強奪し、Kを内出血により死亡せしめた。そこで原告らは、Aの行為は公共団体である東京都の公権力の行使に当たる公務員がその職務を行うについて故意によって違法に他人に損害を加えた場合に該当するものであるとし、国家賠償法により、東京都は賠償をなすべき責任があると主張した。

二　かかる事案について、最高裁判所は、次のように判示した。すなわち、原判決は、「国家賠償法第一条の職務執行とは、その公務員が、その所為に出づる意図目的はともあれ、行為の外形において、職務執行と認め得べきものをもって、この場合の職務執行なりとするのほかないのであるとし、即ち、同条の適用を見るがためには、公務員が、主観的に権限行使の意思をもってした職務執行につき、違法に他人に損害を加えた場合に限るとの解釈を排斥し」ているが、「右の解釈は正当であるといわなければならない。けだし、同条は、公務員が主観的に権限行使の意思をもってする場合にかぎらず自己の利をはかる意図をもってする場合でも、客観的に職務執行の外形をそなえる行為をしてこれによって、他人に損害を加えた場合には、国又は公共団体に損害賠償の責を負わしめてひろく国民の権益を擁護することをもって、その立法の趣旨とするものと解すべきであるからである。」と判示している。

三　右の事件は、巡査が職務を行うのは社会の治安の維持のために認められているのにもかかわらず、本件の巡査は他人の金品を奪取する目的のために、その職務を行使したというものである。これは、公務員が違法な目的を実現するためにその職務を行ったということである。

最高裁は、「職務を行うについて」の解釈について、「客観的に職務執行の外形をそなえる行為」も指すとしたのである。これは、巡査の行為の目的は違法であるが、行為それ自体はその職務として法律に依拠している場合をいい、この場合も「職務を行うについて」に該当するとしたのである。また、「主観的に権限行使の意思をもってする場合にかぎらず自己の利をはかる意図をもってする場合」といっているのは、巡査の行為が巡査の職務について法の予定している行為とは異なる目的のためになされ、巡査がそのことを知っていたということである。

四　また、この「その職務を行うについて」の法的問題としてXの行為が非番の日であったら、「その職務を行うについて」に該当しないのではないかという問題もある。非番の定義が不明確であるが、たとえ、職務の行使が免ぜられたという意味であろうと、また、職務の行使を禁ぜられたという意味であろうと、公務員は一定の目的のためにいつでも、その職務を執行する可能性があるといわなければならない。したがって、非番の日にXが右の事実の行為をしたということは、国家賠償法第一条の「その職務を行うについて」に該当するということになる。また、職務管轄区域の問題についても、すでに、Xに法律上の職務執行が認められている以上、その職務が職務管轄区域外で執行される可能性が当然に含まれていると考えなければならない。したがって、非番の問題が職務の執行に対する時間的制限の問題であると同じく、この場合も職務執行に対する場所的制限の問題にすぎない。同様に右のような制限外に職務が遂行される可能性があるから、管轄区域外の職務執行でもその「職務を行うについて」に該当するといわなければならない。したがって、都は損害賠償をしなければならない（最高昭和三一・一一・三〇判・民集一〇巻一一号一五〇二頁）。

したがって、「職務行為に際しての行為」については、違法な職務執行が行われる可能性があることを前提として、職務とその行為との間に場所と時間の上で関連があること、また、たとえば警官の取調べ中に行われた拷問の場合のように、職務の内容とも関連して考える必要がある。

(2)　公立学校教師生徒取調べ事件

一　次に、国賠法第一条の「職務を行うについて」に関し、教育上問題となった事案を二つ紹介しておきたい。一つは、公立学校の教師が学校内の盗難事件について生徒を取り調べるに当たって生徒に暴行を加えたことが「職務を行うについて」に該当するか否かが問題となった事件であり、二つめは、中学校の校長が落書コーナーを撤去したことなどの行為が国家賠償法第一条の「公権力の行使に当る公務員の職務行為」に該当するかが問題となった事件である。

二　前者の公立学校教師生徒取調べ事件（福岡地飯塚支部昭和三四・一〇・九判・下級民集一〇巻一〇号二一二一頁）の事実は次のようであった。

被告Y_1は、町立中学校の図画科の担当教官であったが、図工準備室において図画クラブの生徒約一〇名に対し図画の指導をし、図画クラブ員が解散した後、同準備室の事務机の中に図画材料費として生徒から徴集した現金九千円を入れた袋をしまい机の錠前に施錠して職員室に行き約三〇分経って図工準備室に引き返したところ、机の錠前が破壊されて、現金を入れていた袋がなくなっていることを発見した。その直後右袋は同室備付けの戸棚の抽斗から発見されたが、現金九千円のうち金六千円（十円紙幣六百枚）は盗難にかかっていた。被告Y_1は、同日中に右事実を被告Y_2に報告したが、翌日朝被告Y_2の指示により右盗難につき手掛りを得るため、生徒の登校をまって前日のクラブ活動に参加した生徒全員に、クラブ活動後の行動を紙片に書かせてみたが手掛りは得られなかった。その後被告Y_1とY_3は校長室で前日クラブ活動に参加した生徒全員につき事情を聴いたところ、原告Xを含めて大部分のものは、クラブ活動終了後直ちに帰宅した旨答えたのに対し、訴外Aはクラブ活動終了後五時頃まで図画室で本を読んでいたこと、そこには原告Xも居合わせたことなどを申し述べたため、両教官は、Aと原告Xを校長室に残し他の生徒はその場から退去させた。引き続き約一時間にわたってAとXを取り調べたところ、結局Xは、図画室で漫画本を読んでいたことを認めた。ところが下校した時刻についてAは五時頃であったと答えたが、Xは答えず、「お前達は俺を疑っているのか」

と言い不遜な態度を示したので、被告Y_3が激昂して椅子にかけていたXの襟がみをつかんで立たせた上、素手で同人の顔面を二回にわたって殴打した。被告Y_1の口頭による届出により巡査が盗難現場の臨検をし、被告Y_1、Y_2が心当りの者としてXの名を挙げたので、B巡査はXの任意出頭を求め、派出所でXを取り調べた。しかし、右盗難事件の犯人はついに発見されなかった。そこで、原告XはY_3等の暴行により蒙った損害について慰藉料を請求して出訴した。

三　右のような事実にあって福岡地裁飯塚支部は次のように判決した。すなわち、

「教師が前述の学校教育の目的と、秩序維持のために、学校内の非行事件の容疑者ないし関係者としての生徒を取調べる行為は、国家賠償法第一条第一項のいわゆる国又は公共団体の公権力の行使であるとみるのが相当である。公権力の行使を権力的作用と同義に解する説も存するところであるが、公権力の行使とはこれを広義に解し、国又は公共団体の行為のうち、私経済的作用を除くその他のすべての作用を包含し、本来の意味における権力作用に限らず所謂非権力的作用もこれに属するものと解しなければならない。而して教師の生徒に対する前述の如き取調をする行為はここにいう非権力的作用に属するものと解すべきである。ひるがえって考えるのに、被告Y_3が原告Xに対してなした前記暴行は、被告Y_3の職務執行の過程中においてなされたもので、職務行為と関連して、これと一体をなし、不可分の関係にあるものと見ることができるから、右が職務を行うにつきなした行為であると見るのが相当である。而して庄内村が原告等主張の時期に町制の施行により被告庄内町となったことは当事者間に争のないところである。然らば被告町は国家賠償法第一条一項の規定により、公共団体としての被告町の教育職員である被告Y_3の右暴行により、原告Xの蒙った損害を賠償する責に任じなければならない。」と判示した。

右の裁判所の見解は、⑴公立学校の教師が学校内の非行事件の容疑者として生徒を取り調べる行為は、国賠法第一条第一項の国または公共団体の公権力の行使に当たること、⑵この国賠法の公権力は、権力作用に限らず非権力的作用もこれに属すること、⑶教師が原告Xに対してなした暴行は、職務執行の過程中においてなされたものであるので、職務を行うについてなした行為とみることができること、⑷したがって、被告町は原告Xの蒙った損害を賠償する責

があること、というものである。

(3) 中学校長の落書コーナー撤去事件

一　第二の中学校校長の落書コーナー撤去事件（福岡高昭和五一・二・二五判・昭和四八年（ネ）一五五号）の事実と判決は、次のようなものであった。

原告X教諭は、その担任する学級の生徒が一般におとなしく、意欲に乏しく、授業時間中も発言が少ない状態であったため、学級活動の時間などを盛り上げるための一方法として落書コーナーと題する模造紙を学級内に張り出し、生徒の思っていることを何でも書かせこれを学級活動における話合いの素材にしようと考えた。

そこで、模造紙に落書コーナーと題を付けて教室内に張り出し、生徒に対しては何でも書いてよい旨告げた。右落書の内容は、「鮫島先生にお嫁さん募集」。「校長の口にセキスイのセロハンテープをどうぞ」。「通知表の点数制をなくせ。」などのほか、「民主政治やめろ。」「日米安保をとりやめろ。」「ベトナム戦争ハンタイ、ハンタイ……。」「内閣政党をなくせ。」などの政治的スローガンを記したもの、「佐藤（時の首相）を消せ。」「国会議事堂をぶちこわせ。」「第三次世界大戦おっぱじめろ。」「ベトナム戦争大カンゲイ。」など暴力、戦争を礼賛するもの、「校長五島行き、久野先生とかわってこい。」「校長出ていけ。」など被告人個人を攻撃する内容のもの、「運動会をなくせ。」「休みをふやせ。」「早めしにせろ。」「テストをなくせ。」「先生がそうじせろ。」など学校生活における生徒の単純な欲求不満を表現したもの、「全中連結成。」「学校に教師を入れるな。」「学校はいじょ。」などいわゆる学生運動に関連するもの、「ぢーですか、オロナインおつけやす。」「かまぼこはたくさんたべましょう。」など単なるいたずら書きにすぎないもの等様々であった。

被告校長は市教委の視察が予定されていたため、それに備えるため、学内を巡視している途中、本件落書コーナーを発見し、教室に展示しておくことは好ましくないとの判断の下に、即座にこれをはぎ取って校長室へ持ち帰った。

二　右の事実について一審裁判所は、「教諭が生徒を教育する目的で教室内に展示した物を、第三者が当該教諭に無断で持ち去ることは原則として違法な行為といわなければならない。しかし、右展示物が社会通念に照らして教育の場としての教室に展示するのにふさわしくないと考えられる物であるなど特別な事情があるときは、校務全般について責任を負い、教諭を指導監督する立場にある校長自らの判断で右展示物をとりはずしても、これをもって違法ということはできない。

これを本件についてみるに、本件落書コーナーを設置した原告の意図はその教育的効果は別として、前記認定のとおり真面目なものであったが、本件落書コーナーに記載された内容は前記認定のとおりほとんど過激な政治的スローガン等を記載したもの、被告個人を侮辱するもの、学校生活における生徒の欲求不満を逃避的に表現したに過ぎないもの等不真面目なものであって、社会通念に照らして教育の場としての教室に展示するのにふさわしいものといえず、また被告がこれをはぎ取った時点においては、原告がこれを前記認定の動機目的をもって設置したものであることを事前に知っていたと認めるに足りる証拠もなく、かえって生徒らが勝手に模造紙を張って落書したものと考えていたと認めるべき余地がないわけでもないから、右のような事情の下において被告が本件落書コーナーをはぎ取った行為を違法ということはできない。」と判示した。

すなわち、裁判所は、被告校長が落書コーナーをはぎ取った行為は違法といえないとしているが、校長が教員を指導監督する立場にあるとするならば、本件落書コーナーをはぎ取る前に事前に原告Xの意見を聞くべきではなかったかと思う。

三　次に被告校長は、本件落書コーナーをはぎ取った後三年の学年主任に向かって原告Xを非難し、学級担任をやめさせることをほのめかす発言をし、原告からはなんらの事情も聴取せずに、本件落書コーナーを持って市教委へ赴き、主事、学校教育課長にこれを見せたところ、右両名は落書の内容に不穏当なものがあるから、学校の中で原告および生徒を指導するよう被告に勧告した。

被告校長は、本件落書をした七名の生徒のうち六名（一名は同日欠席）を校長室へ呼び出し、一人ずつ落書した文を指示させ、これを書いた動機について「本件のような落書きをきみたちだけで書けるはずがない。誰かに教えられたのではないか。」という趣旨の追及を厳しく行い返答をしなかった生徒の肩付近を棒で小突く等した。

被告校長は、さらに、七名の生徒の保護者を学校へ呼び（六名出席）、子弟の教育に十分注意するよう促した。

その後、佐世保市議会議員Hらはこのことを知り、事実確認のため、中学校の校長室において被告校長からこれを見せてもらった。さらに右市議は、市議会において、市教育長に対し、「A中学のある教室にA中学校共闘会議名義の掲示が張り出され、日米安保をとりやめろ、佐藤を消せ等政治的に一方に偏した内容の文言が記載された事件が発生したが、これは担任教師の示唆によって書かれたものと思われる。このような人物は教師として適格であるか。」という趣旨の質問をしたところ、市教育長はこれに対し「政治的発言、上司に対する誹謗等不穏当な落書を生徒らがしたのはその先生の示唆によるものらしいので校長を通じて本人にも厳重な注意を与えており、現在は右落書コーナーは設置されていない。今後再び右のような行為を繰り返すなら断固たる措置をとるつもりである。」という趣旨の答弁をした。

四　この事件はさらに発展し、本件落書コーナーが市議会で問題となったことから、長崎新聞、毎日新聞などに本件が報道され、毎日新聞には、原告が教育上の目的で落書コーナーを作ったと述べた旨、一方被告は「本件のような落書コーナーの教育的価値は対象者が精薄児か小学校低学年の場合だけ認められ、中学生には全く価値がない。中学生に落書を書かせると無責任なものを書くばかりで有害だ。」と述べた旨それぞれ報道された。

市議会文教民生委員会は、本件落書コーナー事件に関し特別に研究会を設け、原被告双方を参考人として招いて事情を聴取したが、ここにおいても原告は一部議員から政治的に偏向教育をしているのではないかと追及された。しかし、両者の主張が食い違うため、同研究会としてはそれ以上の追及は無理であるという結論に達し終了した。

西日本新聞は、右市議会の特別研究会に関し、「造反落書事件で論争。」「研究会に〝証人喚問〟。」などの五段抜きの見出しの下に九段にわたり報道したが、その内容は反市教組議員が〝造反教育〟を追及し、一方原告を擁護する議員が原告の名誉侵害と反論したというものであった。

被告校長は、市教委から本件落書コーナーに関する報告を求められ、報告書を提出したが、本件落書コーナー設置の本人である原告に対し、その動機目的等について弁明の機会を全く与えず、他方原告も被告に対し本件について一切の弁明を試みようとせず、本件落書コーナーを返還するよう求めることもなかった。そして、原告は名誉を侵害され、精神的苦痛を与えられたとして、慰藉料の支払いを求めて訴訟を提起した。

右のような事実について、第一審裁判所は、「以上認定の事実に基づき考えると、原告は当初担任学級の生徒を発表力のある生徒にし、学級活動をより活発なものとするため一方法として本件落書コーナーを設置したにすぎず、右は教育目的をもってなされたものであるが、右原告の意図は被告によってはばまれた結果となり、右落書コーナー設置の教育的意図、目的、原告の指導内容について弁明の機会を一切与えられず、また事実関係につきなんら聞かれることなく、原田市議らには原告が生徒に対しあたかも過激な政治教育をしているかのように扱われ、佐世保市議会に参考人として呼び出しをうけたうえに、右の過激な政治教育をしているのではないかと追及され、さらに前記認定のとおり一般世人に原告が右のような教育をしているのではないかと疑われるに足りる新聞記事まで出されたのであるからこれにより原告が教師としての名誉を侵害されたことは明らかである。」と判示した。

また、裁判所は、「甲七号証（本件落書コーナー）を全体として観察した印象を総合すると、本件落書は、生徒らが深い考えもなく、当時の新聞、テレビ等の報道から見聞きした言葉を並び書き、また単なるいたずらとして面白半分に校長、教諭等に対する不満等を書いたものと考えられる。しかるに、被告は本件落書の記載内容を表現どおりに生真面目に受けとり、しかもかなり感情的な態度で事を処理しようとしていた」と判断した。

さらに、「原告の名誉が侵害されるに至ったのは、結局被告が本件落書コーナーを設置した本人である原告から何らの事情を聴取することなく前記自己の誤解に基づいて、市教委、生徒の父兄、原田市議らに対処した一連の行為によるものと認められる。特に原田市議は前記認定のとおり愛宕中学校の校区内に広まった本件落書コーナーに関する誤ったうわさを聞き及び、これを確認するために本件落書コーナーを見ようとしたのであり、右の確認を得たならば同人がいずれ本件落書コーナーの問題を市議会に持ち込み原告の責任を追及するであろうということを、被告としては当然予想し、もしこれを見せるとすれば、原告から事情を聞き、原告が本件落書コーナーを設けた動機、目的についても併せて説明すべきであったのにこれを怠ったことが原告の名誉が侵害されたことの有力な原因の一つというべきである。

つまり、右一連の行為につき被告は過失責任を負うべきである。」

「……原告は、被告が本件落書コーナーをはぎ取った直後これを知ったにもかかわらずそのまま組合の仕事のため外出し、本件が新聞報道されるに至るまで、被告に対し落書コーナー設置の意図、目的および記載内容に原告の指示、指導は及んでいなかったこと等の弁明をせず、また自己の責任で設置した本件落書コーナーの返還を求めることもなく放置し、原告は被告が本件落書コーナーをはぎ取った翌日これを市教委へ持参するのを察知するや、県教組佐世保総支部執行委員長豊村幸治に対し即時電話連絡し、右豊村は直ちに市教委に対し右の件をどのように取扱うかを尋ねた事実、および本件落書コーナーに関し、原田市議らが市教育長に対し質問し、これが新聞に報道された直後、県教組佐世保総支部役員が被告に対し交渉を申し込んだ事実が認められ、右認定に反する証拠はなく以上の事実を総合すると、原告自身、被告のとった各措置に対し抗議することはおろか、同人に対し自己の弁明をして同人の誤解を解こうとする努力をしなかった事実を窺うことができ、本件は原告の事後の適切な行動いかんによっては原告と被告間の話し合いのみで解決されうる可能性がないわけではなかったのに、原告は右可能性を追及することを自ら放棄し組合の力に頼ろうとしたものと評価することができる。

そうすると、本件落書コーナーの問題が学校外へ持ち出され、遂に原告の名誉が侵害されるに至ったことについて、原告にも一半の過失があったものと認めるべく、右は被告が原告に対して支払うべき慰藉料額の算定につき考慮されるべきである。」と判示した。

五　右の第一審判決に対し、控訴がなされ、福岡高裁は次のように判示した。すなわち、「本件の事実関係は、原審と同様に認定するものであるから、その記載をここに引用する……。右認定に反する当審における証人針淵忠男の証言部分および控訴本人の供述部分は当裁判所の信用しないところである。右認定の事実関係の下において、控訴人のなした本件行為、すなわち、控訴人が、(1)本件落書コーナーを無断ではぎとったこと、(2)市教育委員会に報告したこと、(3)市会議員に落書コーナーを見せたことは、国家賠償法一条一項にいう『公権力の行使に当る公務員の職務行為』に該当すると解するを相当とする（学校教育法四〇条・二八条三項・佐世保市立小中学校管理規則一乙第二号証）。ところで、当裁判所も、公務員の違法行為により、損害を受けた被害者が右法条により国又は地方公共団体に対し損害賠償責任を追及できない場合は、当該公務員は被害者に対し直接損害賠償責任を負うことはないと解する。」とし、校長の落書コーナーを撤去した等の行為は、国賠法第一条の「職務を行うにあたって」に当たると判示したのである。

本件については、校長のとった行動が、校長として教職員を監督し、生徒を指導する立場として適切であったか否かについて疑問に思われるので、参考までに詳しく紹介した。

(六)　加害公務員の特定と損害賠償

国または公共団体の公権力の行使に当たる公務員の違法な職務執行行為によって損害を被ったものが、国または公共団体に対し、損害賠償を請求するには加害者を特定することが必要か否かが問題となっているが、裁判所は、加害者を特定する必要はないとしている。次に、この点を示している事件として、安保反対教授団事件と国家公務員定期健康診断事件を挙げておきたい。

(1) **安保反対教授団事件**（東京高昭和四三・一〇・二一判・判例時報五三六号一八頁）

本判決は、昭和三五年六月一五日の国会周辺における安保闘争の際、国会正門から南に約二〇〇メートル隔たった衆議院車庫前路上に滞留していた学者、研究者の団体（いわゆる大研研）が、正門前の学生を主体とするデモ隊排除行動に従事した警視庁第五機動隊によって違法に排除の対象とされ、かつ暴行を受けて負傷したとして、国および東京都を相手として提起した損害賠償事件の第二審判決である。本件で、被告は、「国家賠償法第一条の国または公共団体の賠償責任は公務員個人の不法行為による損害を国または公共団体が、当該公務員個人に代って賠償する責に任ずるものである。したがって、国家賠償法第一条に基づき賠償請求をする原告等において、右当該公務員個人の不法行為の要件を主張立証しなければならないのであって、単に『第五機動隊警察官による不法行為』というだけの原告等の主張は、加害者についての原告側の主張責任を尽していないものである。……もし、そうでなければ国家賠償法第一条による損害賠償をした者が加害者個人に対し求償権を有するという同法第一条第二項の規定は無意味になってしまう」と主張した。

これに対し裁判所は「国又は公共団体の公権力の行使に当る公務員の違法な職務執行行為によって損害を被った者が国又は公共団体に対し損害賠償を請求するには加害者を特定することを要しないものと解すべきである。……もっとも、被害者が国又は当該公共団体に損害賠償を請求する場合には、一般的に加害者を特定して主張せられるが、それは加害者が果して国又は当該公共団体の公務員であるか否かを確定する必要に基づくものであって、それ以上の意義を有しないものと解すべきである。」と判示した。

(2) **国家公務員定期健康診断事件**（最高昭和五七・四・一・一小判・判例時報一〇四八号九九頁）

A税務署に勤務していたXが、昭和二七年に、A税務署長が国家公務員法第七三条第一項第二号に基づいて実施した定期検査を受け、健康体であるとして外勤の職務に就かされていたが、翌年の定期検査で、結核に罹患していることとがわかり、Xはその治療のため十数年間に及ぶ療養生活を送ることになった。Xは昭和二七年の定期検診の時にすでに罹患しており、Xの症状はその時のX線間接撮影フィルムの読影によって発見できる程度に達していた。そして、その症状は初期の肺浸潤で、内勤に職務変更され、一年間程度の通院治療を受ければ治癒する程度のものであった。そこで、Xは、国税局長とその直属医官、A税務署長には、昭和二七年の検診時において、Xの間接撮影フイルムの陰影を発見して直接撮影等の精密検査を受けるよう指示し、その検査結果に基づいて勤務場所の変更など必要適切な事後措置をとる義務があったのに、これを怠った過失があったと主張して国家賠償法第一条第一項に基づいて国に対して昇給、昇格が遅れたこと等による逸失利益と慰藉料の損害賠償を求めた。

最高裁は、「国又は公共団体の公務員による一連の職務上の行為の過程において他人に被害を生ぜしめた場合において、それが具体的にどの公務員のどのような違法行為によるものであるかを特定することができなくても、右の一連の行為のうちのいずれかに行為者の故意又は過失による違法行為があったのでなければ右の被害が生ずることはなかったであろうと認められ、かつ、それがどの行為であるにせよこれによる被害につき行為者の属する国又は公共団体が法律上賠償の責任を負うべき関係が存在するときは、国又は公共団体は、加害行為不特定の故をもって国家賠償法又は民法上の損害賠償責任を免れることができないと解するのが相当であり、……しかしながら、この法理が肯定されるのは、それらの一連の行為を組成する各行為のいずれもが国又は同一の公共団体の公務員の職務上の行為にあたる場合に限られ、一部にこれに該当しない行為が含まれている場合には、もとより右の法理は妥当しないのである。」と判示した。

右の二つの事例は、国家賠償請求をするについては、加害者たる個々の公務員を特定することを必要としないとしているものである。

このほか、加害公務員を特定することの要否についての裁判事例としては、(1)加害公務員の属する集団、その組織上の地位および行使された公権力の特定がされていれば、加害者を個別に特定することを要しないとするもの(東京地昭四五・五・六判・判例時報六〇九号四八頁）、⑵国家賠償法第一条に基づく損害賠償の帰責には、加害公務員が特定される必要はないとするもの（東京地昭和四八・三・二九判・判例時報七〇一号八四頁）、⑶国家賠償法第一条に基づく賠償責任は、いわゆる自己責任であるから、過失ある公務員を特定することは必要でないとするもの（岡山地津山支部判・判例時報七五七号一〇〇頁）、⑷逮捕前後の混乱時に犯人が負傷したときは、何時、何人の如何なる行為によって生じたものかを認定することができなくても、特段の事情のない限り国家賠償義務が生ずると解すべきであるとするもの（神戸地尼崎支部判・判例時報七三八号九四頁）などがある。

㈦　国家賠償法第一条の「違法」の意義

一　国家賠償法第一条は、「故意又は過失」という主観的要件と「違法」という客観的要件により原告（被害者）に損害を加えたことを損害賠償の要件としている。国家賠償法が、公務員の違法が存在すれば必ず国・公共団体が賠償責任を負わなければならないというのであれば、無過失責任を認めたことになる。しかし、「故意又は過失」の要件が加わることにより、過失責任主義をとることになり、それだけ賠償責任の範囲が狭められている。

客観的要件としての「違法」性の概念に関する通説的見解は、厳密な意味での法規違反だけを指すのではなく、その行為が客観的に正当性をもたない場合をも含むものとする。これに対して、「違法」とは厳密な意味での法規違反に限定されるべきであるとする少数説がある。この点、最高裁は宅地買収不服所有権確認請求事件（最高昭和三六・四・二一・二小判・民集一五巻四号八五〇頁）において、「行政処分が違法であることを理由として国家賠償の請求をするについては、あらかじめ右行政処分につき取消又は無効確認の判決を得なければならないものではない」と判示している。これは、行政事件訴訟において、行政行為が不当であっても違法とはいえず合法であると判断される場合でも、国家賠償法上は「違法」と考えてよい場合があるということを意味している。しかし、国家賠償法の「違法」性の判断基準は明確ではなく、一般的な基準というものは確立していないように思われる。ただこの点でいえることは、(1)原告の受けた被害の種類・内容、(2)被告の行為の形式・態様との相関関係、(3)原告の損害補塡の観点から、その範囲を決定しなければならないということである。

国賠法第一条の「違法」の意義に触れている事件として芦別国家賠償請求事件控訴審判決を挙げておきたい。

本件は、昭和二七年七月、国鉄根室本線芦別・平岸間の鉄道線路がダイナマイトにより爆破され、Xら二人が(1)火薬類取締法違反（ダイナマイトと雷管の所持）、(2)窃盗（発破器の盗み）、(3)爆発物の取締罰則違反、電汽車往来危険（ダイナマイトを爆発させて列車に脱線顚覆の危険を生じさせた）の各罪で起訴されたが、無罪が確定したため、Xらが、国および当時の警察官・検察官らに対し、捜査、公訴の提起・追行について故意または重大な過失があったとして損害賠償と謝罪広告を訴求した事件である。札幌高裁は、「そして『違法に』というのは、国家の権力行使が客観的に見て、法の許容する限界を超えてなされることをいうのであって、その違法性の有無を判断するについては、単に狭義の法規違反の有無に限るべきではなく、法秩序の根本に遡り、条理、社会通念などの一般原則に照して、権力行使が理にかなったものであるか否かを基準として判断しなければならない。なお、これらの権力を行使する公務員は、被疑者または被告人に対しその権力行使をするに当って、右の法の許容する限界を越えてはならないという職務上の義務を負担しているから、違法性は、公務員の職務上の義務違反を指すことになる。したがって権力行使が違法であれば、公務員の主観的側面からこれを見れば、その原因が当然公務員の第三者に対する職務上の注意義務違反にあることを否定し得ないから、違法の態様・程度から故意、過失の存在を推定し得る。かく考えると、逮捕・勾留は犯罪の嫌疑について相当な理由がないこと、または身柄拘束の必要がないことが明らかであること、すなわち逮捕・勾留をなすべき合理的根拠がないのに、これが行われたときは、法の許容する限界を越えたものとして違法性を帯びることになり、公訴の提起、維持・追行は公訴事実について、証拠上合理的な疑いが顕著に存在し、有罪の判決を期待し得る可能性が乏しいこと、すなわち、公訴を提起し、これを維持・追行すべき合理的根拠がないのに、敢てこれがなされたとき違法性を帯びることとなる」と判示している（札幌高昭和四八・八・一〇判・判例時報七一四号一七頁）。

すなわち、右の裁判所の見解は国家賠償法第一条の「違法」に該当するか否かの判断は、狭義の法規違反のほか条理、社会通念などの一般原則に照らして、権力行使が理にかなったものであるか否かを基準として判断しなければならないとしたものである。

二　右のほか「違法」の意義について、裁判所は、(1)国家賠償法第一条にいう「違法」とは、国民の私的権利利益の侵害という面からみた公権力行使の不当性の判断であり、行政上の法律要件事実の欠缺の判断とは直接かかわりがない（大阪地昭和四三・四・五判・教職員人事関係裁判例集五集三九三頁）、(2)国家賠償法第一条の規定する「違法に」というのは、狭義の法規違反の外、基本的人権の尊重、権利濫用の禁止、公共の福祉の維持、公序良俗、信義則、条理などの法運用の一般原則をも基準としつつ、国の権力行使が客観的にみて法の許容する限界を超えていることを指す（東京高昭和四五・八・一判・判例時報六〇〇号三二頁）、(3)加害行為が違法であるかどうかは、被侵害利益の種類・性質と、侵害行為の態様（不法性の程度）との相関関係から判断すべきである（京都地昭和四七・七・一四判・判例時報六九一号五七頁）、としている。

(A)　国家賠償法第一条の「違法」に該当するとされた事例

次に、国賠法第一条の「違法」に該当するとされた裁判例を挙げておきたい。

(1)　**公立中学校における工作授業中の受傷事故と国家賠償法第一条の「違法」**

村立中学校における工作授業中の受傷事故につき指導教官の過失について国家賠償を認めた事例がある。本件において、Y村立中学校一年の男子生徒Xは、技術科担任のA教諭の指導に従い、鉛筆屑入れの小箱を作るため、刃を上向きにして定置した電気かんなに板切れを置き、Aの指示どおり両手先でこの板切れをおさえ押し進めながら削っていたところ、左手指が電気かんなの刃に触れ、拇指を残し他の四指に重傷を受け、第一関節までを残しそれより先の部分を失った。このため、Xは、村当局が危険度の高い電気かんなを中学校に配置した上、安全に定置使用できるよう本体と不可分の諸設備をしなかったことは、営造物の設置管理の瑕疵があること、また、安全設備をしないで本件の如き小木片を削らせたA教官には重大な過失があったことを理由として、Yに対し、国家賠償法第一条による損害賠償の請求をした。

これに対し、裁判所は、「右技術科の授業行為は国家賠償法第一条にいう公権力の行使に該当するか否かを検討するに、元来、公権力の概念は、営造物利用上の特別権力をも当然含むものであるところ、同条の解釈に限り公権力の概念から特別権力を除外すべき合理的な根拠はない。そして生徒の公立学校利用関係は特別権力関係と解するのが相当であり、授業における教官の生徒に対する命令的指示は右特別権力の行使の一態様と認めるべきである。したがって前記A教官の授業中における前記指示は、国家賠償法第一条にいう公権力の行使に該当するものといわなければならない。」

「違法性について検討すると、工作科の授業は、人体の傷害発生を許容するものではないから、前示授業中の受傷が、違法な損害であることは多言を要しないところである。」と判示した（広島地昭和四二・八・三〇判、判例時報五一九号七九頁）。

右の判決は公立中学校の工作授業中に生徒が受けた損害は、違法な損害に当たるとしたものである。

(2)　教員に対する研修命令と国家賠償法第一条の「違法」

市町村教育委員会は地方行政の組織および運営に関する法律第四三条第一項、第四五条第一項によって県費負担教職員に対し、勤務場所や勤務内容などの変更を伴う研修命令を発する権限を有するか否かが、また、本人の意思に反して特殊教育の研修を命ずることが、右教育委員会の裁量権の範囲を逸脱していないかが問題となった研修命令取消請求事件（松江地昭和四四・三・五判・判例時報五七四号七四頁）がある。

本件において、永年県教組や日教組の役員を務め、日教組の運動方針に忠実な組合員であった中学校教員Xは、永年勤続者として異動対象になっていたが、上司に対しては不遜とみられる言動もあって他市町村教育委が受入れを承諾せず、転出が実現しなかったところ、町教育委は、慣例に背き、本人が希望しているわけでもないのに、本人の意思をきかず、いわゆる内地留学させ、その地方の大学で特殊教育の研修をするように命じた。当初その期間は一年であったが、その期間がきれると、意見を聴取せずにもう一年間の研修を命じた。そこで、Xは、右研修命令の違法を主張し、第二次研修命令の取消およびこれによる精神的損害に対する慰藉料として町に対し三六万余円の支払を求めた。

これに対して、裁判所は、「第一次命令の真の理由は、原告が校長及び教育長等上司にとって極めてけむたい存在であり、しかも異動の対象となっている原告を、受入先がないため転出させられないので、窮余の一策として特殊教育振興の名を借りて養護教育の研修を命じ、原告を江陵中学校から一時離れさせたものと考えるのが相当であるから、第一次命令には行政目的に妥当する処分理由が存在せず、社会観念上明らかに合理性を欠いているものといわなければならない。」

「被告委員会は第二次命令の理由として……原告の研修は主として養護教育史の研究にあったが、これを基礎にして更に特殊教育の技術的教育方法を研修させる必要があることを挙げているが、仮にそのような必要性があるとしても、前記認定事実を総合すると、第二次命令は第一次命令と別個独立の研修命令として発せられてはいるものの、事実上違法な第一次命令の後続処分たる性質を有することが認められ、本件口頭弁論に顕れた一切の証拠によってもその合理性を裏付けるに足る事情は認められないから、第一次命令と同様被告委員会の裁量権の範囲を逸脱した行政処分として違法性を帯びるものというほかはない。

従って第二次命令処分の取消を求める原告の請求は理由がある。」と判示し、精神的損害の慰藉料として五万円の支払を被告町に命じた。

右判決は、公立学校の教員について人事異動基準に該当するが、その転任の受入先がないため、窮余の一策として、本人の意思に反して研修を命じ学校から離れさせたことが行政目的に反し、裁量権の範囲を逸脱し違法であるとしてこれを取り消し、慰藉料請求の一部を認容したものである。

(3) 公立高校教師の生徒に対する懲戒行為と国家賠償法第一条の「違法」

次に公立高校の教師の生徒に対する叱責、訓戒などいわゆる事実上の懲戒の違法性の有無が争われた事件として、損害賠償、慰藉料および謝罪広告請求事件（福岡地飯塚支部昭和四五・八・一二判・判例時報六一三号三〇頁）がある。本件において、県立高校三年Aは、授業中の態度を理由に教諭Yらにより昼食の機会も与えられずに長時間叱責され、殴打されるなどの懲戒を加えられた。Aは帰宅後Yを恨む旨の遺書を学友数人に書き送り、翌朝自宅倉庫で自殺した。このため、Aの両親は、県およびYらに対し、損害賠償、慰藉料の支払いおよび謝罪広告をなすべきことを求めて訴えを提起した。

これに対し、裁判所は、「公立高校の教師は生徒の教化・育成という教育目的達成のため、問題行動のある生徒に対して必要に応じて叱責・訓戒などの事実上の懲戒を加える権限を有することは明らかであるが（学校教育法一一条）、他方において右懲戒権の行使には往々にして生徒の権利侵害を伴うことも少くないから、懲戒を加えるに際してはこれにより予期しうべき教育的効果と生徒の蒙るべき右権利侵害の程度とを常に較量し、いやしくも教師の懲戒権のよって来たる趣旨に違背し、教育上必要とされる限界を逸脱して懲戒行為としての正当性の範囲を超えることのないよう十分留意すべきであって、かくしてこそ権利侵害を伴うことのあるのに拘らず正当行為としてその違法性が阻却されるのである。そのためには、当該生徒の性格、行動、心身の発達状況、非行の程度等諸般の事情を考慮のうえ、それによる教育的効果を期待しうる限りにおいて懲戒権を行使すべきで、体罰ないし報復的行為等に亘ることのないよう十分配慮されなければならないことはいうまでもない（同法一一条但書）。

本件の場合、前認定のとおり、被告徳野と東次太郎との間の教育的な信頼関係は従前から既に崩壊された状況にあり、しかも、本件非行は比較的軽度のものであるうえ、本件懲戒行為の直前に他の教諭の適切な訓戒を受けて十分納得服従したばかりの次太郎に対して更に本件懲戒がなされたのであって、被告徳野において、かかる次太郎の心的状況や自己との人間関係、緊密の度合などに深く考慮、洞察をめぐらすことなく訓戒を始めたのであるが、当初からの次太郎の反抗的態度を契機として、かなり感情的緊張場面を作り出し、自己の訓戒に屈服せしめるため、強圧的に、かつ相当の執拗さをもって非行事実の告白とこれについての反省を強要し、更に退学のことに触れたり父兄の出頭を求めるなどの言辞を弄し、応接室を出ようとする同人を、再度その腕をつかむなどして引き戻し、同人を精神的混乱に陥しいれ、訓戒に応じそうにもないかたくなな同人に対し昼食をとる機会も、授業に出席する機会も与えないで、約三時間余りにも亘って、応接室にとどめ置き、ついに同人が非行事実を自認し、一応反省の意を表するに及んで、同人を殴打したうえ釈放したというのであるから、本件懲戒行為は、単に教育的効果を期待しえない不適当な訓戒の方法であるというにとどまらず、右次太郎の身体的自由を長時間にわたって拘束し、その自由意思を抑圧し、もって精神的自由をも侵害し、ついに体罰による身体への侵害にも及んだのである。これらの点を総合して判断するとき、本件懲戒行為は、故意に又は少くともその行使の正当性の範囲に関する判断を誤った過失により、担任教師としての懲戒権を行使するにつき許容される限界を著しく逸脱した違法なものであると解するのが相当である。もちろん、非行のある生徒が教師から訓戒を受けるのに際し自らの非行を省みるどころか却って反抗的態度に出てこれを容易に改めようとしない場合には、当該教師としては時間をかけて繰返し説得を続け、時に厳格な懲戒に及ぶことがあっても已むを得ないことであるが、かかる点を考慮してもなお本件懲戒行為が許容される限界を逸脱したものとする前記の判断を左右するものではない。」と判示した。

右の判決は、公立高校教諭が生徒に対して長時間にわたり殴打をも含む強圧的な懲戒を行ったことが、故意または少なくとも過失により懲戒権の限界を逸脱した違法なものであるとしたものである。

(B)　国家賠償法第一条の「違法」に該当しないとされた事例

次に、国賠法第一条の「違法」に該当しないとする事例を挙げておきたい。

(1)　**国立大学における担当教授の再試験受験申請承認拒否と国家賠償法第一条の「違法」**

Xらは、国立金沢大学医学部学生であったが、昭和四四年一二月、Xら同学部四年生八三名は、学生大会でスト決議をして授業放棄に入ったため、同月二三日に実施が予定されていた法医学の科目試験を受けなかった。その後四五年三月までに、そのうち三六名の学生はストをやめて試験を受けた。残る四七名はストを継続し四五年五月に至りようやくストを解除した。解除後Xら四七名は、法医学科目の試験実施を求め、主任教授に対し受験申請書に申請に必要な承認印の押捺を求めた。これに対し、同教授は、さきの三六名に対する試験の際の受験妨害等の行為につき謝罪することを要求して押捺を拒否し、さらに承認印のないまま申請書を医学部長らあてに提出したりした。これらのうち、謝罪を拒否していたXらについては、翌四六年九月に至るまで試験を実施しないままで推移した。そのためXらは、同年九月まで卒業することができなかった。そこで、Xらは、(1)受験申請者が受験資格を有する以上、担当教官は、学内慣行上承認印の押捺を拒否することは許されず、また医学部長として受験申請を拒みえず、右は、四四年度の試験（本試験）を受ける権利の侵害であるとし、(2)また、仮に試験を受けなかったことによって四四年度の本試験を受ける権利がないとしても、確立した慣行として担当教官による再試験が行われていたところ、受験申請書に承認印を押さず、Xらに対し再試験を実施しなかった担当教官の措置は違法であるとして、損害賠償を請求した。

これに対し、裁判所は、「以上要するに、原告らの再試験を受ける権利は、担当教官であった井上教授によって、特別の事情なしと判断され現実化しなかったものであり、右教授退官後も同様判断のもとで推移し、後任の何川教授のもとで補講を受けることによって特別事情を肯定され再試験となったことが明らかであって、右各判断に違法な点が認められない以上、原告らの再試験を受ける権利の侵害は成立しないことが明らかであるといわねばならない。」「更に原告らは、大学ストを絶対的な違法行為とみるのは相当でなく、スト終了後は、しかるべき方法で試験をして卒業させるなど大局的見地から事態を解決する義務が大学側にあった旨を主張する。しかしながら大学ストを適法ないしは正当行為と認めることはできないばかりか、本件は、原告らが授業放棄、試験拒否等のストを行ったこと自体を問題として試験を実施しなかったのではなく、原告らが受験学生らに対し、受験妨害等の行為をしたことを取り上げ問題としていることが明らかであるから、前提において異なる事情が存在し、とうてい原告ら主張の如き結論に至らないことが明白である。」

「更に考えるに、大学において授業放棄、試験拒否等のいわゆるストライキが発生した場合、学長、教員その他の職員は、当該大学の正常な運営とその改善に意を用い、全員が協力してすみやかにその妥当な収拾を図るよう努めなければならない（大学の運営に関する臨時措置法第三条）のは当然であって、大学ストを容認するわけではないが、同法は、紛争そのものは正常な姿ではないことから、大学に対し、自己の学内に発生した紛争を自主的に収拾するよう、特に合目的的運用を示唆したものと解することができる。そしてこの解決の方向は、いわば大学の運用面からのものというべく、ストを一つの好ましからざる現象として把え、その現象を事実的ないしは行政的に取除き事態を正常化せんとする方策であるということができる。そして現実には、このような弾力的処理の発想を更に進めて、スト解決後の事態のすみやかな回復を図るため、原告ら主張の如く、内規等の拡張解釈又は合目的的運用をもって、当該スト参加の学生に対し、しかるべき方法で試験を行い、ともかく早く卒業させるといった方策が考えられないわけではない。しかしながら、大学は教育することを本務としているのであり、しかもその範囲は広汎で知識の教授のみならず、知的、道徳的能力の展開を図ることをも目的とし、これら目的達成のため、教官には自主的な教育権が保障され、学長には一定範囲で学生に対する懲戒処分権が認められていることから考えると、学生ストの収拾は、右の如き行政的解決策だけではなく、他にもより本質的方策があって然るべきであると解される。即ち教官が学生ストを教育権の対象であると判断し、教官が教育の実施としてこれに対処し、いわば人間的関係のもとでスト参加の学生を教育して行くという方法がまず考えられてよいし、また学長が懲戒処分権に基づき相当処分を課すことで秩序の回復ないしは維持を図るといった方策も勿論考えられるところである。以上の如く、大学紛争に対する大学及び教官の取組み方としては、(ア)教官の教育権の対象として教育措置をもって当該学生を教育する、(イ)懲戒権に基づき懲戒処分をもって対処する、(ウ)大学運営面から把え管理行政的に処理する、の三方法が考えられるのであるが、どれが最も効果的であるかは事案によって異なり一般的に述べられないが大学本来の目的に照らすと、(ア)の方法がより本質的で他の二方法に優先するものと考えられる。したがって(ア)の方法がとられた以上、(イ)又は(ウ)の方法は原則としてとる余地がないというべく、この場合(イ)又は(ウ)の方策を採用しなかったことをもって、学長或いは大学当局を義務違反として非難することはできないというべきである。

本件において学科担当教官である井上教授は、事件の発端となった法医学の担当者としての義務から、受験をボイコットした学生に対し、再試験実施の要件判定に際し、理非を説諭し、被害の回復を命ずるなど教育措置を講じて当該学生を教育したものであり、いわば教官の教育権が前面に出て来た形となったものである。したがってその限りで大学としては、優先的な(ア)の方策が先行したため、(イ)又は(ウ)の方策をとる余地はなかった、無理に(イ)又は(ウ)の方策をとったならば、二重処分或いは担当教官の教育権との抵触を生じかえって当該学生の地位は困乱する、と解されるのである。結局大学（本件においては医学部長）が原告らを卒業させるため大局的な見地から何らかの方法による試験の実施をしなかったことを違法とする原告らの主張は理由がない。」（金沢地昭和五四・三・三〇判、判例時報九四二号九七頁）と判示した。

右の判決は、学生自治会のストライキ決議に従い法医学の試験をボイコットした国立大学医学部の学生らが、ストライキ終了後に試験の実施を求めたのに対し、担当教官が右学生らのストライキ中における受験派学生への受験妨害などにつき謝罪を求めて右実施を拒否したことに違法はないとして、卒業が一年間遅延したことに伴う損害賠償請求を認めなかったものである。

(2) 私立高校生が公立高校生と比較して超過学費を収めていることと国家賠償法第一条の「違法」

本件は、子女を公立高校に進学させることができず、やむなく私立高校に進学および通学させている親たちが、国を相手方として、国は教育諸条件を整備する義務があること、高校進学者全員を収容するだけの公立高校を設置するための法律の制定や予算措置を具体化すべき義務があること、また、私立学校に公立学校との入学金、授業料等との超過相当の返済義務のない奨学金を支給する制度を整備する法律を制定、実施すべき義務があること、さらに、私立高校生のうち父兄の収入が一定額以下の勤労者であるとき、超過学費に相当する奨学金を支給する義務があること、しかるに国会、内閣は故意または過失により、これらの施策を講じないで放置し、この不作為によって違法に右親たちに超過学費相当の損害を被らせた、と主張し、国家賠償を求めた事案である（大阪地昭和五五・五・一四判・判例時報九七二号七九頁）。

この事件について裁判所は、「原告らは、父兄の負担する学費額は、その子女が公立高校に通学していようと私立高校に通学していようと均等でなければならず、公立高校の授業料等に較べ、著しく高額な私立高校の学費負担額は教育の機会均等に違反すると主張する。

2　公立高校の入学定員が入学希望者全員を入学させるには足りない場合、その選抜方法がその時代において合理的と認められる方法でなければならず、不合理な差別があれば憲法第一四条に違反することはもちろんである。教育基本法第三条にいう教育の機会均等とは、右の形式的平等を宣明するとともに、国民の教育を受ける権利が現実に保障されるように、とりわけ教育基本法第三条第二項の規定から明らかな如く、能力があるにもかかわらず経済的理由によって教育を受ける機会が阻害されることのないように、被告国が積極的な施策を講じ、実質的平等を図るよう努めるべきことを宣明している。そして、実質的平等を図るためにある施策を講ずる場合、被告国が国民全体を対象とする施策のみならず、国民の一部の者のみを対象とした施策を採用することも可能であって、それは憲法自身も予定しているところであるが、右の場合、いかなる程度の施策とするか、いかなる範囲の者を対象とするか、異なる複数の施策を併用するか否か等は、当該施策の趣旨、目的、被告国の財政状況をふまえた国会、内閣の広汎な裁量に委ねられているのであって、かような裁量権の行使がその範囲をこえ又は濫用にあたるとして違法となるのは、施策の対象者の限定が恣意に基づく等不合理であることが明白な場合でなければならない。

3　公立高校と私立高校の授業料等の格差が数十倍にも及んでいることは前記認定のとおりである。そして、希望者全員を入学させるに足りない数の公立高校しか設置しないことによって、同じく高校進学希望者でありながら低額な学費で公立高校を利用しうる者とそうでない者とが生じることはさけられないけれども、いかなる数の公立高校を設置するか、私立高校に対していかなる程度の助成を行うかは、被告国がその財政状況、将来の高校進学者数、私学助成の歴史的経過等さまざまな要素を総合考慮して決定すべき性格のものであること、しかも私立高校の学費軽減についての被告国の施策が高校教育は無償制に近づけるのが望ましいとの観点に立っても憲法第二六条に違反するものではないこと前記七認定のとおりである。そして、右判示を肯認する以上、公立高校生の入学者選抜方法に不合理な差別の認められない本件においては、被告国が公立高校を設置し低額な費用で国民の利用に供する施策をとることが私立高校生に対する学費軽減額よりも多額の学費軽減を公立高校生にもたらす結果になるとはいえ、国会、内閣が高校入学希望者数に見合う公立高校を設置するための施策をとらず、しかも私立高校の学費を公立高校のそれと同額にする施策をとっていないことをもって、それが恣意に基づく等教育の機会均等に反することの明白な場合にあたるとはいえないところである。」と判示した。

右の判決の考え方は、⑴教育基本法第三条等は、国が積極的な施策を講じ、実質的平等を図るよう努めるべきことを宣明していること、⑵しかし、高校教育の教育諸条件の整備について、国会、内閣に対してきわめて広範な裁量を許しており、この裁量権の範囲を超えまたはこれを乱用して右の措置を講じなかったときに限り、司法的救済の対象になること、(3)公立学校と私立学校の授業料等の格差が数十倍にも及んでいるが、いかなる数の公立高校を設置するか、私立学校に対していかなる程度の助成を行うかは、国がその財政状況、将来の高校進学者数、私学助成の歴史的経過等様々な要素を総合して決定すべき性格のものであること、(4)私立学校の学費軽減に関する国の施策が高校教育を無償制に近づけるとの観点にたっても憲法第二六条に違反するものではないこと、(5)国会、内閣が高校入学希望者数に見合う公立高校を設置するための施策をとらず、私立学校の学費を公立高校のそれと同額にする施策をとらないことが恣意に基づく等教育の機会均等に反することの明白な場合に当たらないこと、(6)したがって、国の不作為を理由に違法とすることはできないとしたものである。

(3)　公立高校の生徒の成績不良による原級留置の措置と国家賠償法第一条の「違法」

本件は、公立商業高校の生徒Xが、成績不良を理由として原級留置の措置を受けたことについて、Xおよびその母が、担任教師や校長が、Xの成績不振の原因を把握して教務規定で定める進級基準に達する程度まで教育指導させるべきであるのにこれを怠った等の理由を挙げて、担任教師、校長、北海道に対し、Xと北海道間の在学契約の債務不履行、担任教師らの不法行為を理由に損害賠償を求めた事件である（札幌地昭和五六・一一・一六判・判例時報一〇四九号一一〇頁）。

本件について、裁判所は、「各教師は、担当の教育活動につき、生徒に対して教育権を有し、各科目担当の教師は、右教育権に基づき、成績評定権を有する……が、これによれば、各科目担当の教師は、成績評定の前提として又は右教育権の本質をなすものとして、当該科目につき授業などにおける教育指導の具体的な内容、方法などを編成する権能を有するものというべきであるところ、右教育指導の具体的な内容、方法などは、生徒に対する具体的かつ専門的な教育内容にかかわるものであり、しかも、これは、教師と生徒との間の直接の人格的接触により教育の目的を達成する最も重要な部門であるから、各科目担当教師の右教育指導の具体的な内容、方法などは、各科目担当教師の広汎な教育的裁量に委ねられていると解するのが相当である。

もっとも、その内容、方法が著しく教育的配慮を欠く場合、殊に科目担当教師が成績不振の生徒に対し、これを全く無視して何ら教育指導をしなかったようなときには、教育的裁量の範囲を逸脱するものとしてその義務の履行を違法に侵害するものというべきである。

そこで、右の観点から、被告酒井及び同田口の原告春子に対する各教育指導の内容、方法などについて判断するに、……被告酒井及び同田口とも原告春子らに対して個別的かつ具体的に教育指導しているのであって、何ら教育指導をしなかったわけではなく、また、本件教務規程で定める進級基準に達する程度まで教育指導するのが教育における一つの目標であるとしても、これについては、教師側の努力のみで達成しうるものではなく、教育を受ける生徒の努力も必要であるところ、……原告春子には、この面で少なからず安易なところがあったことも否定しえないことに鑑みると、被告酒井及び同田口の原告春子に対する教育指導が著しく教育的配慮を欠いたものということはできない。

また、正規の授業のほか補習授業を実施するか否か、病気欠席など正当な事由がない生徒に対して追試験を実施するか否かは、教師又は学校当局の教育的裁量の範囲に属する事項であり、これを実施しなかったからといって、直ちに著しく教育的配慮を欠いたものということはできない。」と判示した。

この判決は、公立高校の生徒が成績不振により原級留置の措置を受けたことについて、担当教師らまたは学校当局に教育的裁量の範囲を逸脱した違法があるとはいえないとしたものである。

⑷　公立中学校の調査書中に記載されたC評定と国家賠償法第一条の「違法」

Xは、元東京都麹町中学校の生徒であったが、在学中成績中心の勉強に疑問をもつようになり、学生運動にも関心をもちはじめ、二年生の六月には、仲間とベトナム戦争を扱った「砦の囚人」と題する文集を発行し、ベ平連のデモに参加し、あるいは中学校内でビラを配ったりなどした。また三年生秋の文化祭のときには、一〇人の仲間とともにヘルメット姿で屋上からビラをまき警察に補導された。高校への進学を希望して受験した都立高校および私立全日制普通科四校をいずれも不合格となった。

高校への入学は、選抜のための学力考査の成績および中学校長の作成提出する生徒の調査書（内申書）等に基づいて行われるのであるが、本件中学校長からXの受験した各高校に提出されたXの内申書の『行動及び性格の記録』欄一三項中の「基本的な生活習慣」、「自制心」および「公共心」の三項目がCと評定記載され、その他の一〇項目はBと評定記載されていた（Aは特に優れたものまたは特に傾向の著しいもの、Bは普通、Cは特に指導を要するものを意味する）。そして、その備考欄に、Xが「校内において、麴町中全共闘を名乗り、機関紙『砦』を発行した。学校文化祭の際、文化祭粉砕を叫んで他校生徒とともに校内に乱入しビラまきを行った。大学生ML派の集会に参加している。学校側の指導説得をきかないでビラ配ったり、落書をした。」旨記載され、また、その「出欠の記録」欄中の欠席の主な理由として、表現の詳細は明らかでないが、「風邪、発熱、集会又はデモに参加して疲労のため」という趣旨の記載がなされていた。

右の事実が後に判明したため、Xは、自分が前記各高校の入試に不合格となったのは、前記C評定記載等の内申書の内容にあり、これはXの思想信条に基づく行為を理由にした教師の教育評価権の裁量を逸脱したものであり、本件内申書作成提出行為により学習権が違法に侵害されたとし、国賠法第一条第一項、第三条第一項に基づきY_1（東京都千代田区）、Y_2（東京都）に慰謝料の請求をした（内申書事件）。また、Xは右内申書問題に抗議しようとして卒業式闘争を続けており、昭和四六年三月一日午前に行われる卒業式に母親と一緒に登校したが、本件中学校長は、Xの卒業式への出席を禁止し、式場から最も遠い教室に連れ込み、卒業式が終了するまで監禁したが、これは学校当局の権限濫用であり、Xの学習権に対する違法な侵害であるとし、前記内申書事件と併せて三〇〇万円の損害賠償を求めた（卒業式事件）（東京高裁昭和五七・五・一九判・判例時報一〇四一号二四頁）。

これに対し、裁判所は、「本件調査書中各C評定及び備考欄等の記載が憲法第二六条、教育基本法第三条第一項に違反するとの主張について、

右主張は、右各規定が生徒に学習権及びその具体的一内容たる進学権を保障している以上、この保障は学校長の教育評価権に優先するものであり、中学校長は進学のための調査書に、おおよそ受験者の進学を妨げるような事項を記載してはならないとの見解を前提とするものであるが、被控訴人のいう学習権あるいは進学権が万人に保障されたものであるにしても、各人の能力に応じた分量的制約を伴うものであることは、右各規定に照らして明らかで、進学に際し、上級学校によってなされる能力による選抜が当然視されるのもその故である。そうして右選抜の資料とするために受験者の属する中学校からその志望高等学校に対し調査書を提出することが法律上または事実上の制度として行われていることは既に見たとおりであり、右調査書制度自体政策的に見た場合いろいろな問題点があるにもせよ、憲法上あるいは法律上の問題の生ずる余地はない。そして調査書が本人にとって有利に働くこともあれば、不利に働くこともある（広い視野で見れば、本人にとって有利な場合はライバルに不利に、本人にとって不利な場合はライバルに有利に働く。）のは事柄の性質上当然のことであり、本人にとって有利にしか働かない調査書制度なるものを想定することは不可能である。それ故、学校長は進学のための調査書に本人に不利なことを記載してはならないとの被控訴人の見解は、合理的な基礎を欠く独自の見解といわざるをえず、これを前提とする被控訴人の右主張は到底採用しえない。

以上のとおり、野沢校長が本件調査書を作成し、各高等学校に提出した行為は、すべて権限に基づく正当な行為であって、これを違法とする余地はないといわねばならない。」と判示した。

右の判決は、学習権および進学権が万人に保障されたものであるとしても、高校への入学選抜の資料とするための中学校の調査書が本人に有利にしか働かないとすることはできず、公立中学校の調査書に本人に不利となりうる記載があることをもって、調査書作成、提出行為が違法となるわけではない、としたものである。

(5) 公立中学校生徒に対する教師の叱責後の自殺事故と国家賠償法第一条の「違法」

Y町立中学校の生徒であった二郎は一時限目の国語の授業が開始された直後教卓のところへ来て、乙山教諭に対し「ノートを忘れました」と述べた。乙山教諭はそれに対し「課題はしていたのか。」と尋ねたところ、二郎は「できませんでした。」と答えた。乙山教諭はその課題の内容からして二郎にできないはずはないと考え、更に「うそを言ってるんじゃないのか。」と問うたところ、二郎は「いいえ、できませんでした。」と答えた。

Y町立中学校では、生徒が忘れ物をした場合、自宅が近い平坦地域の生徒には取りに帰らせていたが、遠い山間部の生徒は注意するにとどめ、特に二郎の場合は往復一時間半位要するので通常は取りに帰らせることはしていなかった。しかし、当日乙山教諭は、前記二郎の返事に、ひょっとしたら二郎が課題に手をつけていないのではないかとの疑念が生じたので、これを確かめて、その後しかるべき指導をする必要があると考えたので、二郎に対し、強い声でノートを取りに帰るように命じた。

これに対して二郎は顔を真っ赤にして「もう来ん。」と言いながら、戸をバタンと締めて教室から出て帰宅し、帰宅直後、自宅に隣接する牛小屋で首つり自殺をした。当日発見された二郎の国語のノートには、平仮名で「しぬ」と書かれていたが、当日の国語の課題は全くなされていなかった。

二郎は中学校一年の時から柔道部に所属し明朗健康な生徒であり、活発ではあるが友人にいたずらをすることが多く、茶目っ気でやや落着きにかけ（小学校四年生時は好んで危い遊びをしてそのたびに特別指導を受けたことがある。）何かあるとカッとするが、叱られても沈みこむような性格ではなく、過去自殺騒ぎを起こしたことはないし、当日の二郎には普段と様子が違ったようなところもなかった。

なお、二郎の学業の成績は中位より下位に属し、家庭学習の不足が指摘されていた。

二郎の父母ら原告は、乙山教諭の行為は二郎に屈辱感を与え、授業を受けさせないもので懲戒の範囲を逸脱する違法なものであると主張し、国家賠償法第一条第一項に基づき被告町に対し損害賠償を請求した。

これに対し、裁判所は「教育とは、単に学校で授業を受けさせるだけのことを言うのではなく、基本的な生活態度、生活習慣、学習態度を身につけさせることが人間形成のため大事であり、忘れ物を取りに帰らせることも生活指導措置として、教育の一端として首肯できるものであり、前記認定の具体的状況のもとにおいてとられた乙山の前記措置が右の範囲を逸脱するものとは到底認められない。

のみならずノートを取りに帰らされたことにより二郎が多少の屈辱感を味わったことは否定できないが、その程度はさ細なものと認められること、二郎は叱られても沈み込むような性格ではないこと、二郎は普段と様子が変ったような点がなかったことを併せ考慮すると、二郎が中学三年生という精神的に不安定な時期にあるとしても、乙山が二郎にノートを取りに帰らせたことと二郎の自殺との間に相当因果関係があるとは認められないし、また乙山において二郎の自殺を予見することが可能であったものとも認められない。」（長崎地昭和五九・四・二五判・判例時報一一四七号一三二頁）と判示した。

右事件は、教師が生徒に対して叱責した後に生徒が自殺した事件である。本件はこのような教師の叱責によって生徒が自殺した事故について教師の叱責行為に違法性があるか否かが争われた事案である。この教師の生徒に対する叱責行為（懲戒行為）が、教育作用であることはいうまでもないが、教師の生徒に対する懲戒行為が違法となるための要件の一つとしては、その教師の懲戒行為が暴行に至るようないわゆる体罰的懲戒の場合がある。すでに取り扱った損害賠償、慰藉料および謝罪広告請求事件（福岡地飯塚支部昭和四五・八・一二判・判例時報六一三号三〇頁）にみられるように、生徒に対して長時間にわたり殴打を含む強圧的な懲戒を行ったような場合は違法といわなければならない（同趣旨・最高昭和五二・一〇・二五判・判例タイムズ三五五巻二六〇頁）。なお、本件のように教師の行う懲戒行為が暴行に至らない場合は、その言辞や内容を併せてその違法性を判断すべきである。

(C)　教育作用における国家賠償法第一条第一項の「違法」の基準

以上、どのような行為であれば、第一条の「違法」な行為に当たるかを、学校教育作用等に関し判例上問題になった事件に基づいて検討した。

すなわち、国賠法第一条の「違法」に該当するとされた裁判例として、(1)公立中学校の工作科授業中に電気かんなで左手指を切断した事件（広島地昭和四二・八・三〇判・判例時報五一九号七九頁）、(2)人事異動基準に該当する教員に対し、その意に反する研修を命じた事件（松江地昭和四四・三・五判・判例時報五七四号七四頁）、(3)生徒に対して長時間にわたり殴打を含む強圧的懲戒を行い、生徒が自殺した事件（福岡地飯塚支部昭和四五・八・一二判・判例時報六一三号三〇頁）の三件を取り扱ったが、そこで示された違法性判断の基準としては、(1)学校における授業において人体に傷害を発生させたことは違法となること、(2)行政目的に反してなされた教員の人事異動は違法であること、(3)生徒の性格、行動、心身の発達状況、非行の程度等諸般の事情を考慮せず、体罰ないし報復的行為等にわたった懲戒は違法となること、などがあげられる。

次に、国賠法第一条の「違法」に該当しないとされた裁判例として、(1)国立大学における担当教授の再試験受験申請承認拒否により卒業が一年間遅延したことについて国家賠償を求めた事件（金沢地昭和五四・三・三〇判・判例時報九四二号九七頁）、(2)私立高校生が公立高校生と比較して超過学費を収めていることについて国家賠償を求めた事件（大阪地昭和五五・五・一四判・判例時報九七二号七九頁）、(3)公立高校生の成績不良による原級留置に対して国家賠償を求めた事件（札幌地昭和五六・一一・一六判・判例時報一〇四九号一一〇頁）、(4)公立中学校の調査書にC評定を記載されたため高校入試が不合格になったとして国家賠償を請求した事件（東京高昭和五七・五・一九判・判例時報一〇四一号二四頁）、(5)授業中に忘れた宿題のノートを自宅から持ってくるように叱責された中学生が帰宅後自殺したことにつき国家賠償を請求した事件（長崎地昭和五九・四・二五判・判例時報一一四七号一三二頁）を取り扱ったが、右の裁判例から違法性の問題を考える場合参考になる点として、次のような点がある。

右の(1)の事例では、(a)大学の運営に関する臨時措置法は、大学に対し、自己の学内で発生した紛争を自主的に解決するよう求めていること、(b)大学は知識の教授のみならず、知的、道徳的能力の展開を図ることも目的としていること、(c)教官には自主的な教育権が保障されていること、(d)学長には一定範囲で学生に対する懲戒処分権が認められていること、(e)大学紛争に対する大学および教官の取組の方法としては、(ア)教官の教育権の対象として教育措置をもって当該学生を教育する、(イ)懲戒権に基づき懲戒処分をもって対処する、(ウ)大学運営面からとらえ管理行政的に処理する、の三方法が指摘されているが、大学本来の目的からすると、(ア)の方法が他の方法に優先すること、(f)受験をボイコットした学生に対して理非を説諭し、教育的措置を講じ、ストライキ中における受験派学生への受験妨害などにつき謝罪を求めて試験の実施を拒否したことは違法ではないとした。

(2)の事例では、国会、内閣が高校入学希望者数に見合う公立高校を設置するための施策をとらず、私立学校の学費を公立高校のそれと同額にする施策をとらないことが恣意に基づく等教育の機会均等に反することの明白な場合に当たらず、国の不作為は違法とはならないとしている。

(3)の事例では、教育指導の内容、方法が著しく教育的配慮を欠く場合、ことに科目担当教師が成績不振の生徒に対し、これを全く無視してなんら教育指導をしなかったようなときは教育的裁量の範囲を逸脱するものとしてその義務の履行を違法に侵害する、としている。

(4)の事例では、高校入学選抜のための調査書制度自体、政策的に見た場合、種々問題点があるが、憲法上あるいは法律上問題が生ずることはない、としている。

(5)の事例では、教育とは、単に学校で授業を受けさせるだけのことをいうのではなくて、基本的な生活態度、生活習慣、学習態度を身に付けさせることが人間形成のため大事であり、忘れ物を取りに帰らせることも生活指導措置として、教育の一端として首肯できる、としている。

以上の諸点を考えて、教育作用における国家賠償法上の「違法」を考えるべきである。

(八) 国家賠償法第一条第一項の「故意過失」と「違法」との関係

次に、国賠法第一条第一項の「故意又は過失」について検討を加えるが、同条は「国又は公共団体の公権力の行使に当る公務員が、その職務を行うについて、故意又は過失によって違法に他人に損害を加えたときは、国又は公共団体が、これを賠償する責に任ずる」と規定している。この規定の解釈については、公務員が公権力を行使するに当たって、違法に他人に損害を加えた場合には、国又は公共団体は賠償責任を負わなければならないのか、あるいは公務員が公権力を行使するに当たって違法に損害を加えたときでも、公務員がそれについて故意または過失がある場合に限り、国または公共団体は損害賠償を負わなければならないのか、という問題がある。

この点については、後者の見解が一般的である。すなわち、国家賠償法においては、公務員が公権力を行使するに当たり、違法に他人に損害を加えたときでも、公務員がそれについて故意または過失がない場合には、国または公共団体は賠償責任を負わないのである。これは、当該処分を行う公務員が、関係法規を知らなかったとか、職務上必要な知識経験を欠いていたということが、直ちに当該公務員に故意過失があったことにはならないということである。というのは、行政法規の解釈適用は必ずしも簡単ではなく、事案の内容によっては適否の判断に相当複雑で微妙なものがあり容易ではないからである。

最高裁もこの見解を認めている（最高昭和三四・一・二二判・訟務月報五巻三号三七一頁）。

国家賠償法第一条第一項の「故意又は過失」の意義

国賠法第一条第一項の「故意」とは、違法行為であることを知りながらあえてその行為をなすことであり、「過失」とは違法行為であることを当然知り得べきであるのに不注意により知らなかったことをいうとされている（東京地昭和三九・三・一一判・訟務月報一〇巻四号六二〇頁）。この種の定義が一般的である。

なお、ある事項に関する法律解釈につき異なる見解が対立している場合、公務員が一方の見解に立脚して公務を執行したが、後にそれが違法と判断されたときに、直ちに過失があったといえるか否かという問題について、最高裁判所は、「ある事項に関する法律解釈につき異なる見解が対立し、実務上の取扱いも分かれていて、そのいずれについても相当の根拠が認められる場合に、公務員がその一方の見解を正当と解しこれに立脚して公務を執行したときは、のちにその執行が違法と判断されたからといって、ただちに右公務員に過失があったものとすることは相当でない。」としている（最高昭和四六・六・二四・一小判・訟務月報一七巻八号一二五九頁）。

(九)　教育作用における注意義務と過失との関係

次に、教育作用における注意義務と過失との関係についての裁判事例を取り上げて検討を加えておきたい。

まず学校職員と過失との関係について裁判上問題となった事例のうち若干の「過失があったとされた事例」の判示事項を挙げどのような事故が発生しているか、その特徴を考察したい。

(1)　津市立中学校女生徒水難事故における注意義務と過失

私立中学校が特別教育活動として行った海岸での水泳訓練中、生徒が溺死した事故につき、指導教職員、市教育委員らに水泳場の選定、生徒の監視等に関して過失があったとされた事件（津地昭和四一・四・一五判・下級民集一七巻三・四合併号二四九頁＝認容）がある。

本件は、昭和三〇年の夏、津海岸において発生した多数の女生徒水難事故にかかる損害賠償請求事件であり、津市橋北中学校の実施した特別教育活動としての水泳訓練中水死した三六名のうち三三名の女生徒の遺族など六四名が原告となって、津市を被告として損害賠償を請求した。裁判所は次のように判示した。

公立中学校教職員の注意義務と過失

裁判所は本件の教職員の注意義務と過失との関係について「従ってかかる場合学校長ないし全教員は女生徒をテスト練習のため入水させようとするにあたっては、前日南流により女生徒二、三〇名が南側男子水泳場に逸脱したと反対に北方へ女生徒が流され、近接している澪筋において溺れるというような不測の事故を防止するべく、先づ教職員が入水し、この北流の状態を調べ、ついで澪筋の水深ないし潮流を調べ、生徒の生命に危険がないようにできるだけ澪筋から離れたところに水泳場を設定すべきであり、また女生徒を入水させるにあたっては女生徒に対し澪ないし北流についての危険性について予め十分警告し、且つ不測の事故に備え直ちに救助ができるよう女生徒を適宜区分(一斉に二〇〇名も入水させることなく例えば五〇名宛に区分)し順次入水させ、教職員のうち水泳のできる男子教員数名を女生徒の北側境界線に配置し、境界線から生徒が逸脱することのないよう監視を厳重にするなどして事故の発生を未然に防止すべき注意義務が存するものというべく、また、この場合、右注意義務は校長以下全教員に存することはいうまでもない。水泳訓練は全校生徒の行う合同授業と変りはないから右注意義務が校長ないし教務主任、体育主任にのみ存し、他の教職員に存しないとするいわれはない。」と判示した。

津市教育委員会の注意義務と過失

裁判所は津市教育委員会の中学校の水泳訓練に対する注意義務について次のように判示した。「ところで先に述べたとおり津市教育委員会は教育長名を以って七月一二日付通牒を全市立中小学校長宛に発しており、右通牒はそれ自体としてみれば適切な指導と言えるが、いたずらに抽象的に危険防止を力説するだけでは足りないのであって、本件橋北中学校について言えば市教育委員会は少なくとも次の二点について指導し且つ予算を計上すべきであったと考える。

その一は本件水泳場の設定場所が澪筋に近接しているというところからして、澪についての危険性を強調し、これにつき橋北中学校に対し適切な指導助言をなすべきであったと考える。例えば水泳場は澪筋からできるだけ遠くに設定するよう、女生徒は澪筋と反対側(南側)の水泳場において泳がすよう、澪筋に面する北側境界線の監視を厳重にするよう指導助言すべきであった。

ところが……教育長訴外西田は各学校の水泳場選定については最も安全な場所を選ぶよう指示しただけであり、右訴外西田及び教育課長訴外伊藤は指導主事訴外樋田から本件水泳場の近くに澪が存することを告げられ知悉していたのに、右西田らは澪があっても少し離れたところなら安全だと軽信し、訴外伊藤が現地視察に赴いたとき（水泳訓練開始の七月一八日ごろ）橋北中学の男生徒が北側境界線から逸脱しているのをみながら別段澪についての注意を与えなかったこと以上事実が認められ、他に右認定を動かすに足りる証拠は存しない。

もっとも……水泳訓練の始まる以前において開かれた体育主任会議において指導主事から各学校の体育主任に澪についての説明があったことが認められるけれども……右説明は津海岸に澪があるといった一般的な説明であって、本件水泳場に近接して存する澪の規模、水深、幅員等について具体的に指摘したものではなかったことが認められるから指導主事の右説明の事実は右認定をくつがえすに足りないわけである。

しかして教育委員会はその指示に基いて特別教育活動として行う公立中学校の水泳訓練について危険の発生の予測される場所（澪筋）に近接して水泳場が設定されようという場合においては、その危険なことを注意し、当該学校に対し場所の変更ないしその場所で水泳訓練を行う場合の危険防止の方策を具体的に指導助言するべき注意義務が存するものというべきであり、……右注意義務を怠った市教育委員会の教育長、指導主事、教育課長及びこれらを指導監督すべき各教育委員にも本件事故に対する過失責任を免れないと考える。

もし教育委員会のなす指導助言につきこれらの者が過失責任を負わないとすれば、市教委の指導助言は何らの責任を伴なわない指導助言となり、かくては、地方公共団体における最高の教育行政機関としての職能は全うし得ないであろう」

「文部省発行の水泳指導の手引には監視船を常備することの注意事項が記載されていることが認められ、先に認定したとおり前記教育長の発した七月一二日付通牒には各学校に右水泳指導の手引を参照することを記しているのであって、教育委員会は正課として行う水泳訓練については不測の事故に備えて、必ず少なくとも一隻の監視船を各学校毎に備えるよう予算措置を講ずべきであったと考える。」

裁判所は、右の判決文から明らかなように次のような注意義務を課している。

(A)　学校長及び教員の注意義務の要件――(a)「学校長ないし全教員は」「女生徒をテスト練習のため入水させようとするにあたっては」澪筋（河口特有の深み）において溺れるというような「不測の事故を防止するべく、先ず教職員が入水しこの北流の状態を調べ」さらに澪筋の水深、潮流を調査し、生徒の生命に危険が及ばない水泳場を設定すること、(b)女生徒に対し澪についての危険性を十分に警告すること、(c)事故に備え女生徒を適宜区分し順次入水させること、(d)水泳のできる教員を配置すること、(e)境界線から生徒が逸脱しないように監視すること、である。

(B)　教育委員会の注意義務の要件――(a)抽象的な危険防止だけでは足りないこと、(b)澪について危険性を強調すること、(c)水泳場を澪筋から遠くに設定するよう指導すべきであること、(d)境界線の監視を厳重にするように助言すべきであったこと、(e)不測の事故に備えて必ず少なくとも一隻の監視船を各学校毎に備えるよう予算措置を講ずべきであったこと、を指摘している。

本件については、裁判所は原告らの請求を全面的に認容し、国賠法第一条に基づき被害者一人当たり五〇万円の支払義務のあることを認めた。なお本判決は公権力の解釈について広義説に立って公立学校の生徒に対する正課を実施する際の注意義務違背についても、国賠法第一条の適用があると解している。

(2)　富山大学臨海水泳実習における注意義務と過失

次に国立大学の臨海水泳実習中における学生の溺死事故に関する事件を挙げておきたい（富山地昭和四九・三・二九判・判例時報七五四号八四頁）。

本件は、国立富山大学が教育学部小学校教員養成課程の学生に対し、教員としての基本的資質となる水泳能力およびその指導法、医事法等を修得させることを目的として臨海水泳実習を行った際、この実習の受講生として参加したA男（同学部二年次生、二〇歳）が、水泳中に左足のけいれんによって身体の自由を失い、溺死した事故について、その父母である原告Xらが、右事故は国立富山大学学長および臨海実習の総括責任者である教授の保安並びに指導者選定上の過失、直接指導を担当した教官の過失を理由に国家賠償を請求しりた事件である。

第一審の判断によると、本件の臨海水泳の実習は、次のような要領により行われた。

臨海水泳実習に対する危険防止対策

本件臨海水泳実習は、(1)前年度の実施要領を踏襲して企画立案され、その実施要領を学内に掲示し、オリエンテーションで学生に配布説明されていたこと、(2)総括者である頭川教授以下九名の各教官が一名ずつ各班の指導教官になり、その指示に従い学生たちが自主的に実習すること、(3)教官は担当する各班の学生の指導監視に当たると同時に、他の班の教官と相互に連絡のうえ互いに監視し合うことを事前に申し合わせていたこと、(4)各班では事故防止のためバディーシステムをとり、学生二人一組になって互いに協力して監視し合うことにしていたこと、(5)さらに泳力のある学生自身がサブリーダーとして教官の助手的役割をしたこと、(6)砂浜の本部テント内には救命用具を準備し、各班の指導教官が必要に応じて随時これを使用することにしたこと、(7)水泳実習場は区画ブイに囲まれた浅瀬（水深最高一メートル）を訓練水域と定めていたため、特に危険が予想されなかったので監視台、監視船の用意はされなかったが、あらかじめ和船一隻を用意し、地元漁業協同組合に対して非常の場合は救助船の出動を要請していたこと、(8)遠泳実施の際には、モーターボート三隻を曳航し監視に当たらせることとしていたこと、(9)さらに、事前に、清水医師、石田校医、警察官派出所に連絡依頼し、看護婦三名を同行して学生の健康管理および非常の場合に備えていたこと、などの事故対策がとられていた。

臨海水泳実習と国家賠償法第一条第一項の公権力との関係

本件の臨海水泳実習が国家賠償法第一条第一項の「公権力の行使」に当たるか否かについて本件の第一審の富山地裁は次のように判示した。すなわち、「原告らの本訴請求は、国家賠償法一条に基づき、本件事故が被告国の公務員としての公権力の行使に当る指導教官らの過失に因り発生したものである旨主張して損害賠償を請求するものであるから、同人らの行為が公権力の行使に該当するか否かについて判断する。同法一条にいう公権力の行使とは、狭義の国又は地方公共団体がその権限に基づき優越的意思の発動として行う権力作用のみならず、広く被害者救済のため、公の営造物の設置、管理作用及び私経済作用を除く非権力作用をも含むものと解するのが相当である。したがって、本件のような臨海水泳実習は、大学における教育活動そのもので非権力的作用であるけれども、教官の学生に対する注意義務違背についても、同条の適用があるものと解すべきであり、これと異る被告の主張は採用できない。」と判示した。すなわち、本件の臨海水泳実習が国賠法第一条第一項の公権力の行使に当たることを前提として国賠法が求めている注意義務違背があったか否かを検討している。

小・中・高校における臨海学校の水泳実習と大学における水泳実習との相違

富山地裁は、小・中・高校の学校で行われる臨海学校の水泳実習と大学における水泳実習とを対比して次のように判決した。

すなわち、「以上の事実が認められる。ところで、小・中・高校における児童・生徒の場合には、教師が親権者に代ってこれを保護監督する責任があり、特に臨海学校における水泳実習にあっては、常に直接水の危険にさらされ、溺水又は心臓麻痺等による死亡事故の発生する危険性が大きいことから考えて、右事故防止のため教師に高度の注意義務が課せられてしかるべきであるが、大学においてはこれと異なり、学生自身自己の行為の結果について判断する能力を有し、その自主的判断及び行動が尊重されるのであるから、教師としては学生の生命身体に危険を生じるような事故の発生が客観的に予測された場合に、これを未然に防止する措置を講ずれば足りると解するのが相当である。そこで本件について考えるに、前記認定のとおり本件水泳実習の実施に当っては、専門の常時監視員、監視台及び監視船の用意をしなかったけれども、主に比較的危険度の少い浅瀬における実習であり、学生自身が成人であるためその自主性を尊重し、教官と協力し互に監視し合う体制をとり、必要な救命用具及び救助船等を準備して事故の発生を未然に防止する措置をとっていたのであるから、右監視体制が実効のないものとはいいえない。」と判示した。

右判決は、学長および教官らの監視体制上の責任については、被害者自らが自己の行為の結果について判断能力を有することを強調し、小・中・高校の児童、生徒とは異なるという前提に立って判断を下した。

そして、原告の身体的事故は、全く突発的で予測不可能であったとし、教師に「事前又は事後の注意義務を怠った過失があるとはいえないから、この点に関する原告の主張も採用できない」とし、原告の損害賠償の請求を棄却した。

本件の原告は、右の第一審の富山地裁の判決を不服として、名古屋高裁に控訴した。

第二審の大学教授の教育作用と国家賠償法第一条第一項の公権力の行使との関係についての見解

第二審において本件の被控訴人(国)は、大学の教育作用は教授の自治的作用により自由に教授され、学生もこのような自治的作用に基づいて大学施設の利用を認められており(学校教育法五二条、最高裁大法廷昭和三八年五月二二日判決、最判刑集一七巻四号三七〇頁以下参照)、したがって、大学における教育作用は公務員の公権力の行使とはおおよそ異質なものであること、下級審の一部に公立学校の教育作用について、国賠法第一条を適用した事例が見られるが、それらの事案は小・中・高校の学校の教育作用であり、これらの学校は義務教育の教育作用であり公権力的色彩を有しているが、大学における教育作用は、義務教育作用と異なり同列に論ずることはできないこと、と主張した。

これに対し、名古屋高裁金沢支部は次のように判決した(昭和五二・九・二八判・昭和四九年(ネ)第三九号)。

すなわち、「控訴人らは国家賠償法第一条に基づき損害賠償を請求するのに対し、被控訴人は、学校教育に従事する公務員は『公権力の行使』にあたる公務員ではなく、かりに国家賠償法第一条にいう『公権力の行使』には非権力的作用を含むとしても、大学における大学教授の教育活動は大学の特殊性からして同法条にいう『公権力の行使』にあたらないと主張するので検討する。

国家賠償法第一条にいう公権力の行使とは、狭く国又は地方公共団体がその権限に基づく優越的意思の発動として行なう権力作用のみではなく、国又は地方公共団体の作用のうち、純然たる私経済作用と同法第二条の適用を受ける営造物の設置管理作用を除くすべての作用を指し、いわゆる非権力的作用を含むものと解するのが相当である。国公立学校における教育関係についてこれをみるに、児童・生徒、学生の入学許可、退学処分等の在学関係を形成変更する処分はもとより、授業、実習等狭義の教育作用においても学校（およびこれを設置する国、地方公共団体）と児童、生徒、学生又はその父母とは全く法的に対等な立場にあるわけではなく、また、学校のなす教育作用と生徒学生の負担する授業料が対価関係にあるものでもなく、国公立学校における教育関係を純然たる私経済作用と目することはできず、国家賠償法第一条にいう『公権力の行使』にあたるものと解するのが相当である。なお、大学における教育作用については、大学教官は学問の自由を保障され、その研究成果を教授する自由をも保障されており、これを担保するために大学における人事、施設、学生の管理について大学の自治が認められていることは被控訴人の主張するとおりであるが、学問の自由および大学の自治は国の大学、教官及び研究者に対する管理監督関係を律する原理であって、大学と学生との間の教育作用の前記のような性格をも左右するものではない。

本件水泳実習が富山大学における正科の教育課程の一部であったことは前記認定のとおりであって、本件水泳実習における教育作用は国家賠償法第一条にいう『公権力の行使』にあたるものと認めるべきである。」と判示した。

右の判決は、⑴国賠法第一条の「公権力の行使には、非権力的作用を含むこと、⑵国公立学校の教育関係は、(a)児童、生徒、学生の入学許可、退学処分等が行われることにより在学関係を形成変更する行政処分が行われ、(b)学校と児童・生徒・学生又はその父母とは法的に対等な立場にない、(c)学校の教育作用と授業料は対価関係にない、したがって、国公立学校の教育関係は純然たる私経済作用とすることはできないこと、(3)国公立大学の教育作用も国賠法第一条の「公権力の行使」に当たること、としたのである。

大学教育についての右のような法的認識に立脚し、第二審裁判所は、大学の水泳実習における事故防止措置について次のように判決した。すなわち、

1　「水泳はその性質上たとえ水泳に練達の技術を有する者が泳ぐ場合であっても水中において泳ぎを継続し難い肉体的、心理的事故が発生した場合には泳者の生命が危険にさらされるものであり、ましてや未熟の泳者が泳ぐ場合にはその者が成人であると子供であるとを問わず、その危険性は飛躍的に増大するものであるから、大学教育において水泳実習を企画、実行する教官は、事前に参加者の健康診断を行ない、実習場およびその周辺の水中の状況、危険箇所の有無を調査してその対策を講じ、その指導内容、方法も参加者の能力に応じた危険の少ないものとすることは勿論、予定されている実習内容の危険性に応じて万一の事故に備え、遭難者の発見のための監視体制、遭難者の救助のための救助体制を整える義務を負うものと解するのが相当である。

これを本件についてみると、本件実習においては第三日目に泳力上級者の班は遠泳を行なうことが予定され、そのため前日の第二日目には一〇名を越える班員が隊列を組んで泳ぐとともに、短距離ではあるが背の立たない箇所を泳いで不安感、恐怖心を除去し自信をつけさせる遠泳基礎練習を行なうことが予定されていたのであるから、本件水泳実習の企画、実行にあたる教官としては、遠泳基礎練習の際には、背の立たない箇所のあることに留意し、少なくともそれを実施する班を直接指導する教官の外に充分な泳力と救助技術を有するいわゆる水際監視員に当る教官を定め、実習中の各班員の状況を把握せしめ、事故発生の場合は直ちに救助を開始できる位置に配置する……等の監視、救助のための体制を整え、これを実行する義務があったものであり、本件事故発生当時本部テントに数名の教官がたむろし、区画ブイそばのA点付近に田中助教授がいたことに照らせば、予め充分に実習計画を検討し、各班の実習時間・休憩時間を調整すれば、実習に参加した指導教官を増員するまでもなく、九名の教官で交互に分担することにより、

前記のような最小限の監視、救助のための措置を講ずることは充分可能であった。

2　しかるに、実習に参加した教官の間では区画ブイの外へ出ている班がある時は近くにいる教官はその班にも気を配るという暗黙の了解があった程度でありＡの属していた第八班が山下教官の指導のもとに外突堤に向って泳ぎ始めた当時の監視体制は同班指導の山下教官を別とすれば、田中助教授がＡの遭難地点から約四〇メートル位の距離の水中に立って自己の指導する第五班の指導監督がてらに第八班の遊泳を監視していたのみで、同教官は外突堤上の騒ぎを感知した第五班の学生から告げられてはじめて異常に気付いた次第であり、その他、泳力と救助技術に優れた補助者や監視員は適切な場所に配置されておらず、各種の救助用具も直ちに使用できる状態で配置されていたとはいえないことは前記二説示のとおりであるから、本件水泳実習の企画実行にあたって富山大学教官には第八班の遠泳基礎練習の際に必要な最小限の監視、救助体制を整えるよう実習計画を策定せず、これを実施しなかった過失があると解するのが相当である。

なお、本件水泳実習の企画を策定し、実施する責任者は必ずしも明らかではなく、総括担当者である頭川教授がその地位にあったものと推認することができるが、かりにそうではないとしても、同教授を含む富山大学教育学部の体育科教官らがその責任者であったことは動かし難いところである。

3　被控訴人は、人は成長につれ注意力、判断力、自主的活動力が増加するから、満二〇歳を越えた大学生の水泳実習においては小学校、中学校、高等学校における場合と異なり、学生の生命身体に危険を生ずる事故の発生が客観的に予測される場合にこれを未然に防止する措置を講ずれば足りると主張する。

なるほど、成人に達した大学生と小学校の学童とでは、体格、体力、ならびに注意力、判断力等の精神的能力において格段の差があるから、学童には危険な深みでも大学生は背が立ち、学童が疲労困憊する運動でも大学生は耐え得ることもあろうし、背が立つ浅瀬や海浜など随意に行動ができる場所においての命令や禁止への服従や自主的行動についての信頼可能性は大学生においては高度であるから、水泳実習に際してはそのことを前提として企画実施することが許されるであろう。しかし、水泳能力や背の立たない深みにおける遊泳中の事故の危険性は大学生であろうと学童であろうとちがいはないのであって、泳力においては学童に劣る大学生が数多くいるであろうことは容易に推測されるところである。

また、大学における水泳実習の場合一般的には大学生相互の監視、協力体制に、学童相互のそれよりも高い信頼を置きうるであろう。しかし、それも相互監視体制の中にある学生の能力や、場所、場合によってその信頼度に差があることは当然で、学生各人が充分な泳力と救助技術を有している場合と未熟な場合、海浜、浅瀬等各学生が随意の行動をとりうる場所と深みとでは自ら信頼度に差があるであろう。本件事故発生当時、Aの所属する第八班ではバディーシステムが維持されていなかったことは前記認定のとおりであるが、かりにそれが維持されていたとしても、五〇メートルないし一〇〇メートルの泳力しか確認されておらず、外突堤までわずか三、四〇メートルの集団遊泳中にA以外に二人が脱落し、隊列が乱れる程度の能力しか有しない学生の相互監視が、充分な泳力と救助技術を有する補助者や監視員に代替しうるものとは認められない。

従って、本件水泳実習が大学生を対象とするものであるからと言って、水泳実習の企画、実行にあたって本件事故発生時のような状況に対する注意義務が軽減されるものではなく、被控訴人の主張は採用しがたい。

4　さらに、被控訴人は、かりに監視台をもうけ、監視船をくり出していてもAの水没時間を短縮することはできず、本件事故の発生を防止することは困難であり、また、Aがコムラがえりを起し死亡したことは不可抗力であったと主張するが、もし本件事故発生時に外突堤上等適切な位置に監視員と救命具が配置されていたならば、監視員は山下教官がAの異常に気付いたのと前後してこれに気付き山下教官と協力してAを水没させることなく救助することは充分に可能であったものと認められるから、右主張は採用できない。

5　以上のとおりであるから、本件事故は国の公権力の行使にあたる富山大学教育学部教授頭川徹治の本件水泳実習の企画、実行の職務を行なうについての前示のような過失によるものであるから、さらにその余の責任原因について判断をすすめるまでもなく、国はこれによる損害を賠償すべき責任がある。」と判示した。

裁判所は、本件の過失責任を検討するに当たって、(1)水泳は未熟の泳者が泳ぐ場合には成人でも子供でもその危険性は同じであること、(2)水泳実習の企画をする教官は、万一の事故に備え監視体制、救助体制を整える義務を負うことという認識の上に立って、本件の事実を次のように判断している。

(1)泳力と救助技術を有するいわゆる水際監視員に当たる教官を定めるべきであったにもかかわらず、かかる監視員が適切な場所に配置されていなかったこと、(2)各種の救助用具も直ちに使用できる状態で配置されていなかったこと、(3)本件水泳実習の企画策定、実施責任者が明らかでなかったこと、(4)水泳能力と遊泳中の事故の危険性との関係については、泳力においては学童に劣る大学生が数多くいること、(5)大学生相互間の監視協力体制についての信頼度は、学生各自が十分な泳力と救助技術を有している場合と未熟な場合、浅瀬の場所と深い場所とでは異なること、(6)学生の相互監視は充分な泳力と救助技術を有する監視員などに代替しうるものとは認められないこと、などを理由に国の賠償責任を認めた。

本件の第一審と第二審の判決を対比すると、共通点は、双方とも、国立大学の学長および教官らの行為は国家賠償法第一条のいわゆる「公権力の行使」に当たるとしている点である。特に、第二審では、国が大学教育作用は義務教育の教育作用と異なると主張したのに対し、これを認めず、基本的に同一の教育作用であると把握していることに注目すべきである。

また、第一審と第二審判決が基本的に異なる点は、第一審が、水泳実習における事故発生の危険性の程度について、小・中・高校の児童・生徒と成人である大学の学生とでは異なるという認識に立っているのに対し、第二審は、泳力の未熟者については、小・中・高校の児童・生徒と大学の学生とは異ならないとしている点である。この点については、生命の安全の確保こそ優先されるべきであるということからすれば、第二審の見解が正しいといわざるを得ない。

(3) **大阪府立高校の水泳訓練における注意義務と過失**

一　大阪府立天王寺高校生が臨海学校参加中に溺死した事故について、大阪地裁昭和四六年七月一四日判決（判例時報六四九号六五頁）は、大阪府に対する国賠法第一条による損害賠償請求を認容した。本件について裁判所は、学校の水泳訓練における「水泳場選定」および「救助計画の策定」についての学校責任者の注意義務と過失との関係について次のように判示している。

水泳訓練における水泳場選定についての注意義務

(1)天王寺高校では昭和四一年度の夏期水泳訓練の実施のため福井県高浜町の白浜海水浴場に臨海学校を開設するに先立ち、同年四月二八日、二九日の両日現地調査のため、被告大田らを高浜町に派遣し、大田は自ら泳いで海底調査をしたが若狭湾は海底変動の激しい場所であるため、四月の調査の結果は七月の訓練の際に必ずしも役立つものではなかったこと、(2)高浜町観光協会には水泳図面が備え付けてあるので同協会からこれを借用して調査をすれば、容易に危険な箇所を知り得たのに本件水泳訓練の実施にあたって高校側は何らそのような措置をとらなかったこと、(3)「右臨海学校では毎日みそぎ入水と称して、男子生徒を海へ入れ海岸線に平行に西から東へ三〇米程歩かせて海底調査をなしたけれども、本件事故現場……は、右調査の範囲に入っておらず且本件事故現場の深みは海岸からみても、海面の色が周囲と異っており、外部から認識することが可能であったことが各認められ」ること、と認定して、裁判所は「被告大阪府を除く被告らは、夏期水泳訓練の実施に際し十分に海底の調査をなすべく且それに基づいて、水泳能力に応じた適切なる訓練水域の設定をなすべき注意義務があるのに、これを怠った点において過失があったものというべきである」と判示した。

水泳訓練における救助計画策定についての注意義務

本件の水泳訓練における教諭の救助計画の策定についての裁判所の見解は次のようである。すなわち、

(1)「学校側から四月の現地調査の際に保健所や所轄官公署に対して、夏期水泳訓練をなす旨の連絡はなされていた

が、七月一二日に現地に到着した際は、漫然連絡がゆきとどいているものと軽信して、高浜町観光協会等に対して安全対策について協力を求める等の連絡は何らなされていないことが認められ」、「右事実からすれば監督者としては右のような措置を求めるべき義務があるのに、これを怠ったものと認めることができる」こと、(2)「天王寺高校は、現地で監視船を用意し各船にブイ二個を入れて見学生徒を乗船させたが、事故の発生の際には右監視船は事故現場よりはるかに離れた沖に出ており、何ら監視救助義務を果しえず、五級一一班一二班の周囲にはその他救命用具の用意もなされていなかった」こと、(3)「一一班一二班の監督を担当していた被告壺井、同畔川は、水泳能力および溺れた際の救助能力が不十分であったため、事故に際しても溺れかけている生徒達を安全地帯へつれていき、又遭難生徒をボートに救出するなどの救護の行為を完全に果しえず、これらの行為をなしたのは十野、芳賀らであった」こと、したがって、「右の事実ならびに既に認定した事実を総合すれば、五級一一班一二班のように一応三五メートル程泳げる生徒を集めてあるといっても、その中には高明、正文のように前日級外からあがってきたばかりの者も含まれており、水泳能力はまだ十分とはいえない生徒であるから、そのような者達の監督を担当する者としては水泳および救助能力の十分な者を十分な人数配置すべきであったし、又、救命用具も、事故の際直ちに役立つ地点に用意すべきであったのに被告らは右注意義務を怠ったものと認めることができる」とし、本件事故は、天王寺高校長である被告坪井、夏期水泳訓練の引率最高責任者たる被告上神、主任監督教諭たる被告大田、五級一一班一二班の監督担当教諭たる被告壺井、同畔川らの過失が競合して、発生したものであると判断した。

二　右の裁判所の判断を整理すると、裁判所は、学校長および教員に対し、次のような注意義務を課しているということができる。すなわち、(1)海底調査をすべきこと、(2)本件事故現場の深みについては海面の色が周囲と異なっているか否かも考慮して識別すべきこと、(3)水泳能力に応じた訓練水域を設定すべきであること、(4)町の観光協会等に対し安全対策について協力を求めるための連絡をすべきであること、(5)監視船は現場から離れていてはならないこと、(6)水泳能力および救助能力を有する人数配置も適切でなければならないこと、を指摘している。

三　なお裁判所は、公立学校の教育の一環としての水泳訓練活動と「公権力」との関係については次のように判示している。すなわち、「学校教育は、学生、生徒による国公立学校という公の営造物利用の関係であり、特別権力関係に属する側面を有する」として、「夏期水泳訓練中の監督教諭らの行為は、国家賠償法一条にいわゆる公権力の行使と解するのを相当とする」として夏期水泳訓練中の教員の行為を公権力の行使に当たると解している。

四　さらに、本件で裁判所は国家賠償と公務員の個人の損害賠償責任の点については、「公権力の行使にあたる公務員がその職権を行うにつき、過失によって他人に損害を与えた場合は、国又は公共団体のみが被害者に対しその賠償の責に任ずべきであり、行為をなした当該公務員個人は直接に被害者に対し賠償責任を負担しないと解するを相当とする。なぜならば、このような場合、十分な賠償能力を有する国又は公共団体が損害賠償にあたれば、被害者の救済には十分であり、又、国家賠償法一条二項に国又は公共団体が賠償をなした場合の求償権を認めたことは、公務員個人は求償権を通じてのみ間接的に責任を負うべきことを認めたものと解されるからである。」と判示している。これは公務員の個人的責任について消極的に解しているものである。

(4)　公立中学校の臨海水泳指導中の生徒溺死事件

公立中学校の学校行事としての臨海水泳指導中に生徒が溺死した事故について、引率教師に過失ありとされた事件がある。本件は、公立中学校の学校行事としての臨海学校における水泳指導中に、溺れかけた生徒を救助しようとした別の生徒A（一四歳、Xらの子）が、逆に溺れてしまい、溺水による無酸素脳症から急性肺炎を起こして死亡した事故について、Xらが、引率教師に過失があったとして、Y（地方公共団体）の責任を追及したものである。

本件において、裁判所は学校行事としての水泳指導における教師の注意義務と過失との関係について次のように判示している。すなわち、

「中学校教師において学校行事として生徒らに対し海水区域を使用して一般的水泳指導を実施するに際しては、事

前に使用水域の深浅、海底の起伏等の状況につき充分な調査を遂げ、そのうちに生徒の身長以上の深みのある場所が存在するときはその使用を止めるか、又はその深みの区域を明らかに限ってこれに立入ることを禁止する措置を講ずべき注意義務があり、また生徒ら全体を監視掌握し得る教師の数を配置し、かつ予め生徒ら全体に目を届かせ生徒らが溺れかかる等危険の生じる時にも直ちに救助し得る態勢を措るべき注意義務があるものというべきである。

しかるところ、……によれば、前記引率教師らは前記第一回目水泳指導開始に先立って訴外堀内、同小沢、同駞、同信太各教諭をして夫々前記水泳区域にわたり約一〇メートル間隔に並び汀線付近から沖合方向に向い歩行しながらその深さの程度及び海底の状況を調査せしめたに止ったため、前記深みの部分の存することを発見し得ないまま、右水泳区域には生徒らの身長を越えるような深みの部分はないものと軽信し、以後前記水泳区域を右水泳指導に使用したものであることが認められる。

また……によれば、前記引率教師らは前記第二回目水泳指導に際し、生徒らのうち約七一名を前記水泳区域内に入らせ遊泳させたのであるが、これを監視掌握する態勢としては右引率教師らのうち訴外堀内、同駞、同小沢、同善岡各教諭及び訴外宮越同柏木各実習生が夫々右水泳区域内に入り各自随意の位置で監視掌握に当り、その他の教師らは海浜上に在って同様に生徒らのうち海水中に入らないで海浜上に居残った者らの監視に当ったこと、しかし亡佐々木毅が前記の如く溺水するまでの状況については前記生徒訴外河上らにおいてこれを発見するまで右教師らにおいては監視掌握していなかったことが認められる。

そうして見ると、右引率教師らにおいて前記水泳指導に際し使用水域の深浅及び海底の起伏の状況につき充分な調査をなすべき注意義務を尽さず、また少くとも亡佐々木毅に対しその監視掌握すべき義務を欠いたものであり、そのため亡佐々木毅は前記のとおり溺水し、かつその救助の時機を失したものといわなければならない。

しからば被告は亡佐々木毅の死亡により同人及びその父母たる原告らが蒙った損害を賠償すべき義務がある」と判示した（札幌地昭和五三・六・二三判・判例時報九一五号八〇頁）。

右の判決は、水泳指導における教師の注意義務として、(1)事前に使用水域の深浅、海底の起伏等の状況について充分な調査を行うこと、(2)生徒の身長以上の深みのある場所の使用を中止すること、(3)または、その深みの区域を明らかに限ること、(4)生徒が溺れかかる等危険が生じた時には直ちに救助できる態勢をとることを求め、これを怠るときは注意義務が欠けたことになるとしている。

(5) クラスキャンプ中のボート転覆による死亡事故と引率教師の過失

福島県立川俣高等学校に在籍していた女子生徒Aは、昭和四五年七月二五日から二泊三日の予定で行われたクラスキャンプに参加し、同月二六日午前一一時三〇分頃福島県の小野川湖でB運転のモーターボート（第二あさぎり丸）に乗船中、同船が転覆し、湖水に投げ出されて死亡した。この事故について、福島地裁昭和五三年二月二〇日判決(判例時報九〇六号八二頁)は、引率教師にも過失があるとして県に損害賠償責任を認めた。

本件において、裁判所は、学校長および引率教師の注意義務について、定員七名の小型船に一四名の生徒を乗せることのないよう定員を確かめるべきであり、また、定員を超える場合はその数の生徒を下船させるべきであったのに下船させなかった注意義務の過失があったと判示している。すなわち、「同船（第二あさぎり丸）は大人一一名が乗ると満席となってこれ以上乗船する余裕がなく、またその状態では船縁から吃水線までの垂直距離は船首で一三センチメートル、船尾で二二センチとなり、航行させることは勿論乗下船時にも注意しないとボートの揺れ等で浸水する危険が十分であった。」

「以上の事実に照らすと、第二あさぎり丸は出発前既に吃水極めて深く、転覆の危険が明らかであったといいうべく、従ってまた菅野には引率教師として第二あさぎり丸の定員を確かめ、定員を超えることとなる場合には、その数の生徒を下船させ、生徒らの安全を図る注意義務があり、同人には右の注意義務を怠った過失があるというべきである」と判示した。

なお、本件判決は、国賠法第一条の「公権力の行使」について、広義説に立ち、広く非権力的作用（ただし、純然たる私経済作用及び営造物管理作用を除く）をも包含すると判断し、本件事故が県立高校の特別教育活動中引率教師の過失により生じたことを理由に被告県は損害賠償責任を負うとした。

以上、学生、生徒に対する水泳訓練に関して発生した教育作用における注意義務と過失の関係について、(1)津市女生徒水難事故にかかわる損害賠償請求事件（津地昭和四一・四・一五判・下級民集一七巻三・四合併号二四九頁）、(2)国立富山大学臨海水泳実習中の学生の溺死事故にかかわる損害賠償請求事件（富山地昭和四九・三・二九判・判例時報七五四号八四頁）、(3)大阪府立高校生の臨海学校における溺死事故にかかわる損害賠償請求事件、(4)公立中学校臨海学校における生徒溺死事故にかかわる損害賠償請求事件、を検討し、このほか、クラスキャンプ中のボート転覆による生徒死亡事故にかかわる損害賠償請求事件を検討した。

これらの事件を通じて裁判所が教員等に求めている注意義務の要件としては、(1)教職員らの澪筋の水深、潮流の調査による危険性のない水泳場の設定、生徒の入水方法の検討、水泳能力のある教員の配置、遊泳区域外への生徒の逸脱の監視、(2)水泳能力と危険性についての認識、(3)救助用具の適切な配置、(4)観光協会等に対する安全対策協力要請、などがある。

(三)　課外活動（クラブ活動）における注意義務と過失との関係

(A)　大学のクラブ活動における注意義務と過失の法的問題

次に、大学のクラブ活動（部活動、課外活動）における関係当事者の注意義務と過失との関係について検討を加えたい。

この点を検討するためには、(1)課外活動団体の法的地位は何か、(2)課外活動と大学教育との関係はどうとらえるべきか、(3)課外活動に対する大学側の関与はどの程度のものか、(4)課外活動に対し大学はどの程度の危険防止義務を負わなければならないか、(5)顧問は課外活動に対し、どの程度の注意義務を負わなければならないか、(6)学生部および学生部長は、課外活動に対しどの程度の注意を払わなければならないか、(7)コーチは課外活動にどの程度の責任を負うのか、といった点を検討しなければならない。これらの問題点が大学、高専、高校、中学校、小学校において、それぞれ異なるのか、異ならないのかという点を検討しなければならない点であろう。

たとえば、前述した国立富山大学における臨海水泳実習中における学生の溺死事故に関連して被控訴人が人間は成長につれて注意力、判断力、自主的活動力が増加するので満二〇歳を超えた大学生の水泳実習においては小学校、中学校、高等学校における場合と異なり、学生の生命身体に危険を生ずる事故の発生が客観的に予測される場合にこれを未然に防止する措置を講ずれば足りると主張し、第一審（富山地昭和四九・三・二九判・判例時報七五四号八四頁）はこの主張を認めたが、これに対し、第二審（名古屋高裁金沢支部昭和五二・九・二八判・昭和四九年(ネ)第三九号）は水泳力の未熟者については、小・中・高校の児童・生徒と大学の学生とは異ならないとした。このような事故と損害賠償との関係を考える場合の一つの重要な基準は「生命の安全の確保」ということであろう。

課外活動の法的性格

課外活動における注意義務と過失との関係について考える場合には、まず、課外活動の法的性格を明確にする必要がある。この点に関する裁判所の見解としては、次のようなものがある。

(1)　東京地裁昭和四九年二月一二日判決（昭和四七年（ワ）第一五七五号、名古屋大学航空部自動車事故事件）は、課外活動団体の地位および課外活動と大学教育との関係について、「(1)国立大学は、学術の中心として広く知識を授けるとともに、深く専門の学芸を教授研究し、知的道徳的および応用的能力を展開することを目的として（学校教育法五二条）、国が設置、管理し、原則的に経費を負担する大学である（同法二条、五条）。……体育会および航空部は、いずれも、法律規則等の定めによらないで、学生らの自主的な意思にもとづいて結成され、さらにその構成員は学生で、加入も学生個人の自由意志に委ねられており、その運営は学生の自治的意志決定にしたがって行なわれ、運営について実質的には学長および会長の指揮監督を受けないこと、経費は学生の納入する会費、部費をあて、大学から受ける補助金はなく、経済的にも大学から独立していることが明らかである。なお、航空部において被告所有のグライダーを無償で借り受け、活動に使用しているが、右は部の独立性を損うものではなく、部を一個の経済主体として貸与という形式を採ったものと考えられる。

これらによれば、体育会および航空部は、大学の一組織としての形式および実質を備えているとは認められず、したがって大学の付属機関ということはできない。

(2)つぎに、航空部の活動が大学の教育の一環として、それに含まれ得るものかについてみると、国立大学において、その教育は、国立学校設置法六条の二、七条、同法の右規定にもとづく文部省令によって定められた学科および課程内容にしたがって行われるべきものであるところ、航空部は、前示のとおり、大学の付属機関とはいえず、また、部の運営および活動はすべて学生の自治的意思に委ねられ、法規あるいは大学学長の指揮監督にしたがって行なわれるものではないから、結局、航空部の活動は一般的に大学の実施する教育であるとはいえない。」と判示している。

右の裁判所の見解は、(1)体育会および航空部は法規によらない自主的な自立的な団体で、学長の指揮監督をうけないこと、(2)経済的にも大学から独立し、大学から補助金をうけていないこと、(3)したがって、体育会および航空部は大学の付属機関ではないこと、を理由に航空部の活動は、大学の教育の一環としてとらえることはできないとした。すなわち、右判決は大学の課外活動を大学教育の一環として認めなかったのである。

(2)　東京地裁昭和四九年四月九日判決（昭和四五年（ワ）第一〇七〇三号、帝京大学野球部事故損害賠償請求事件）は、課外活動と大学教育との関係について「一般に、クラブ活動は、大学において教育活動の一環として行なわれるものであり……しかして、教育活動の一環として行なわれる以上、指導者たる部長および監督らは、野球競技に内在する危険性に鑑み、右野球クラブ活動の実施（練習を含む）に際しては、その野球部員自身のみならず、近くにいる見物人等に対してもその生命、身体の安全について万全を期すべき注意義務が存する」、と判示している。

本件は私立大学に関する事件であるが、課外活動は教育活動の一環として行われるものという認識に立脚している。

(3)　大阪地裁昭和五七年一月二二日判決(昭和五四年(ワ)第六八五八号＝棄却、関西医科大学カヌー部の損害賠償請求事件)は課外活動の意義について、「クラブ活動は、運動系、文化系を問わず、それ自体叙上の専門教育とは必ずしも直接にかかわるものではないが、教養を深め、心身の鍛練をはかるなどの点に教育的意義を見出すことができるばかりでなく、クラブ活動が自主的に行われること自体に少なからざる教育的意義を見出すことができる」と判示している。

右判決は、課外活動を行うことに教育的意義を認めている。

(4)　福岡高裁昭和五五年九月八日判決(昭和五四年五五六号、有明高専柔道部の損害賠償請求事件)は高専の課外活動の性質について、「同校における課外活動としての部活動は生徒の自発的活動を中心とするものであるが、部の設立には指導教官の存在を前提としていたものであり、部の指導教官、コーチは同校校長の委嘱によって就任し、同校柔道部にあっては、教育的な面をおもに柔道初段の石崎において、技術的な面をおもに柔道三段の山下において各担当し、同校の生徒である同部員の指導監督にあたっていたことが認められるから、同校柔道部の活動は、同校の特別教育活動の一環として行われていたものということができる。」と判示している。

右判決は、課外活動は指導教官の存在を前提としているとし、その指導教官は校長の委嘱により指導監督を行っているのであるから、教育活動の一環であるとしている。

(5)　右の(4)の第一審判決である熊本地裁昭和五四年九月一一日判決（昭和五一年(ワ)第五六号）は、高専の課外活動の性質について、「有明高専柔道部のごときいわゆるクラブ活動は一般的には特別教育活動の一環として行なわれているものと解されるのであって、同校柔道部の活動をもって別異に解すべきことを認めるに足りる証拠はない。」としている。

右の判決も課外活動は教育活動の一環として行われていることを容認している。

(6)　山形地裁昭和五八年二月二八日判決（昭和五五年(ワ)第一一八号、宮城教育大学ヨット部の損害賠償請求事件）は大学の教育権と課外活動について「国立大学は、学術の中心として広く知識を授けるとともに、深く専門の学芸を教授研究し、知的道徳的および応用的能力を展開することを目的とし（学校教育法五二条）、国が設置管理し、原則的に経費を負担する大学（同法二条、五条）であり、……従って、大学は、右設置目的を達成するため必要な事項について当然に学生を規律する包括的な管理・教育権限を有し、単に国立学校設置法六条の二、七条、同法の規定により文部省令に定められた学科および課程内容に従って行う教育についてのみならず、学生自らが自主的に行ういわゆる課外活動についても教育的立場からこれを規律し管理する権限を有するもので、本件ヨット部が本件大学に所属する学生を構成員として課外活動を行うために組織されたものである以上本件大学は本件ヨット部に所属する学生が右課外活動を行う際にも管理・教育権限を有するものというべきである。」としている。

右判決は、大学の課外活動は、学校教育法の目的を達成するために行われ、教育作用の一環として行われるので、大学は課外活動について管理・教育権限を有するものとしている。

したがって、多くの裁判所は学校における課外活動が教育作用の一環として行われていることを容認しているが、前掲(1)の東京地裁昭和四九年二月一二日の名古屋大学航空部自動車事故事件の判決は、同部活動が法的にも、経済的にも自主的、自立的に運営されていることを理由に、大学教育の一環の活動とはみなしていない。

(B)　高校の課外活動（クラブ活動）における注意義務と過失との関係についての裁判例

次に、高等学校を中心とした課外活動（クラブ活動）における注意義務と過失との関係についての裁判例の動向について検討を加えたい。

(1)　県立高校におけるクラブ活動としての柔道練習中に生じた死亡事故と過失

千葉県立甲高校に在学していたＡは、同校の特別教育活動の一環として行われる柔道部の練習に参加していたが、その練習開始前に柔道部を指導する教諭に退部を申し出たところ、同教諭から説得を受けた結果柔道の練習に参加し、有段者である上級生を相手に練習中、背負投げや絞めにより意識不明となり、手当を受けるため病院へ向かう途中、救急車内で死亡した。このような事案について、右教諭に監視の義務を怠り過失があったということになるかが問題となった。千葉地裁は次のように判示している。

「かかるクラブの顧問教諭のクラブ活動における活動の指導は、単なる一私人としての助言ではなく、優越的な意思を内在する公的な活動であり、国家賠償法にいう公権力の行使に当る行為といわねばならない。」と判示し、クラブ顧問教諭のクラブ活動の指導は公権力の行使に当たる行為であると判示した。そして同教諭らに過失があったか否かの点について次のように判断した。

「次に被告県の公務員である被告京徳や被告羽鳥に過失があったかどうかを検討する。

右1に認定した事実からすると、柔道部の指導教諭としては共同して部員の健康管理および事故防止について監視し、助言し、かかる点に欠けるところのないようにすべき義務があり、特に新入部員の入った新学期の四月、五月の上旬などは、新入部員につきいまだ柔道部の活動に耐えうる体力や技能ができていない虞れが十分に感ぜられるところであるから、自ら、あるいは部員を通して新入部員の練習状況を十分に監督し把握すべく、しかも退部の申出をした者の中には、性格的に一応撤回したもののまた練習中嫌気がさしたり、練習に身が入らず受身を仕損じるといった事故も考えられるのであるから、かかる者に特に注意を払うべき義務があり、しかもこのように重点をおいて監視するときは、部員が四〇名くらいであっても十分に監視できるものと考えられる。

しかるに共同して監視に当った被告羽鳥および被告京徳は、練習中亡義照が意識を失ったことなどにまったく気づかなかったため、何らの指示も与えていないのであるから右監視の義務を怠った過失があったものといわねばならない。

しかも右過失によって本件事故がおきたことは明らかである。そうすると、被告千葉県は国家賠償法第一条により、被告千葉県の公権力の行使に当る公務員がその職務を行うにつき過失により亡義照および原告らに与えた後記損害を賠償しなければならない。」（千葉地昭和四九・九・九判・判例時報七七九号九三頁）とし、練習中にAが意識を失ったことに気が付かず、何らの指示を与えなかったのは監視の義務を怠った過失があったと判示した。

⑵　公立高校の校庭で守備練習中の野球部員がハンマー投げのハンマーに当たって死亡した事故と教諭の過失

本件は、府立高校の校庭でフリーバッティングによる守備練習中に、外野を守っていた野球部員が、その背後で練習していた陸上部員の投げたハンマー投げのハンマーに当たって死亡したので、その両親が、野球部と陸上部の各顧問教諭の指導上の過失があったとして、大阪府を相手に国家賠償を求めた事案である。本件において教諭の監督に過失があったか否かが問題となった。

大阪地裁は次のように判示した。すなわち、

「右認定の事実によれば、当日のハンマー投擲の危険区域はその位置から四〇メートル程度の範囲に限られるとしても、浩之らのレフト守備位置がすでに右危険区域にかなり近く、またそれまでハンマー投げとの同時練習もなかったのであるから、打球の変化や飛距離に応じ浩之ら守備部員が捕球に熱中して思わず危険区域に立入ることは容易に予測できたことであって、本件程度の広さの運動場において両種目の練習を同時に行なうことにすでに無理があったといわねばならない。もっとも大原校長は以上認定事実に照らし、運動場同時使用の場合の練習種目の調整を顧問教諭らに任せていたことをもって直ちにこれを非難し、法律上その責任を問うことは相当でないと考えられるけれども、伊東、永野両教諭としては前記調整により本件のような危険種目の競合を避けて事故防止に万全を期すべきであったのにこのことがなく、特に伊東教諭は現にフリーバッティング最中の浩之ら近傍の守備部員に口頭の注意を与えただけで、その背後で投手や打者の動向を十分見極めることなくハンマー投擲に踏切らせ、永野教諭は周辺の安全を確かめずハンマー投擲にも気付かなかったもので、それぞれその過失を免れることはできない。そして右過失は学校クラ

ブ活動、すなわち前記両教諭が被告である大阪府の公務員としてその職務を行なっている際のものであるから、被告は国家賠償法一条一項に基づき本件事故による損害を賠償する責任がある。」（大阪地昭和五〇・九・二六判・判例時報八〇九号七四頁）。

(3)　合宿して柔道の練習中に発生した高校生の受傷事故と学校側の安全管理義務違反

県立高校二年生で柔道部員であるXが、合宿で練習中に相手に投げられて下敷きとなり、頸椎の脱臼と損傷を受け半身不随となった事故について、学校側の安全管理上のミスがあるとして、Xおよびその父母が県を相手として損害賠償を求めた訴訟がある。

右事案について、裁判所は次のように判示した。

裁判所は、まず本件の合宿と参加部員の健康状態について、次のように認定している。すなわち、(1)本件合宿は、参加部員の健康調査の実施や各父兄および担任教師の同意を得たうえで行われており、ことさらその手続において不都合なところは見当たらないこと、(2)合宿計画の内容およびその実施の過程も、総体に備える目的でなされたため、平素の練習に比し、いわゆるハードスケジュールともいえる要素を含んでいたこと、(3)しかし、同部員らは柔道部員として日頃から活動していたものであり、本件事件当日、原告Xを含む合宿参加部員が、疲労困憊した状態にまで至っていたとは認められないこと、とした。そして、

「ところで、公立高校の校長ないし教員が、校内における教育活動につき生徒を保護すべき義務があることは明らかであり……右柔道部の活動としてなされる本件合宿を計画、実施するにあたっては、校長及び指導教師が、その職務上、参加部員の健康管理及び事故防止について万全を期すべき注意義務を負うことはいうまでもない。

しかし、校長、教師といえども、およそ想定し得るすべての危険に対して完全に生徒を保護することは不可能であり、特に、本件の如き柔道競技は、相手方との間での一連の攻撃、防禦の動作を内容とし、したがってそれに付随し

て諸種の身体的事故が発生しやすいものであり、その意味で本質的に一定の危険性を内在していると解されるから、右にいう注意義務の存否を判断するにあたっても、不可能を強いることとなってはならず、自らそこに相応の限界が存すると言わざるを得ない。

ところで、クラブ活動としてのスポーツも、学校教育の一環としてなされるものである以上、生徒の心身の健全な発達に資することを目的とすべきであるから、徒らに生徒に困難を強いあるいはこれを危険に曝すものであってはならないが、反面、単なる安易な遊戯に堕すべきでもなく、生徒の発達段階に応じた適度な修養、鍛練を含むことが望まれるものと考えられる。しかも、スポーツとしての性質上、ある程度の技量及び成績の向上を目的とすることも必然的に生ずるのであり、むしろそのような目的に向って努力を積むところに教育的効果を期待し得るとも言えるのであり、そのような向上の過程における一つの具体的な指標として総体のような対外試合を設定し、かつ、そのために本件合宿のような特別の訓練期間を設けることも首肯し得ないことではなく、このような合宿においては、その目的からして、平常の練習よりもある程度厳しい訓練が課されることも、対象生徒の経験、技量、体力等に比して過度にわたらない範囲においては是認されるものと言わなければならない。

このような見地から、……認定した事実関係についてみるに、本件合宿の計画及びその実施は、合宿の時期、期間、毎日の練習時間、休憩時間、練習内容、参加部員の水準等を総合して、参加部員に過重な負担を強いる程のものであったとは認めがたく、実力の優れた原告一郎についてはなおさらであったと考えられる。

右によれば、本件合宿に関し、その計画、実施につき、北尾、西村に指導監督上特段欠けるところは存しなかったと言い得るのである。」（鳥取地昭和五四・三・二九判・判例時報九四一号一〇五頁）と判示した。

すなわち、裁判所は、学校側の安全管理には落度はなかったとして、原告Xらの請求を棄却したのである。その理由は、(1)日頃から柔道部員として活動しており、Xが疲労困憊していたとは認められないこと、(2)学校側の課外教育活動として行われるスポーツについての生徒の安全管理上の限界について、スポーツの性質上ある程度の技量と成績の向上を目的とすることも必然的に生じ、その向上過程における一つの具体的指標として対外試合を設定し、本件合宿のような特別の訓練期間を設けることもできること、(3)このような合宿では平常の練習より厳しい訓練が課されても、対象生徒の経験、技量、体力等に比して過度のものでなければ是認できること、というものであった。

右のことから、教師として注意すべき点は、合宿の時期、期間、毎日の練習時間、休憩時間、練習内容、参加部員の水準などを総合してクラブ活動を実施しなければならないということである。

(4)　国立高専における生徒の課外活動としての柔道練習中の事故と指導教官の過失

国立高専の柔道部に所属する二年生のXが、課外活動としての乱取り練習中に相手の生徒から大外刈をかけられ受身不充分で転倒し、後頭部を打って重傷を負った事故につき、国に対して、右の事故は柔道部指導教官の過失によるものであるとして損害賠償請求をした。第一審はXの請求を認容したが、控訴審である福岡高裁は、原判決を取り消し、Xの請求を棄却した。すなわち、

「被控訴人は、本件事故の際、自分がしかけた大外刈りに対し、塩山から大外刈りをもって切返され、結果的に、その受身が充分でなかったために後頭部を打ったものであり、極めて不運な出来事であるが、それは、当時、被控訴人自身大外刈りを含む柔道の基本的技に対する受身の術を習得していたものの、塩山が用いた返し技が受身の術を習得したものですら受身を誤るほどの見事さできまったために生じた偶発的なものというべきであるから、山下らが被控訴人に乱取りの練習をさせた点に責められる謂れはなく、同人らに何ら過失はなかったものというほかはない。」（福岡高昭和五五・九・八判・判例時報九九七号一二五頁）と判示した。

(5)　県立高校におけるクラブ活動としての柔道練習による死亡と教諭の過失

Aは、クラブ活動としての柔道練習中、相手のかけた左大外刈のため、後頭部、頸椎部を強打し、外傷性脳幹部損

傷により死亡した。そこで、Aの両親は、右クラブ活動の指導に当たっていた教師に過失ありとして、Aの在学した高校の設置者である鳥取県に対し、国家賠償法第一条および債務不履行に基づき損害賠償を請求した。

これに対し、裁判所は、(1)Aが高校の柔道部入部以前には柔道経験がなく、入部してからの柔道練習も四八日間（計七四時間）の初心者であり、事故直前にはひどく疲労していたこと、(2)相手（高校二年生）は、身長・体重においてAに優っており、中学三年生から柔道を始め、当時初段であり、その得意な投技が左大外刈であったこと、大外刈が受身を十分体得していないと投げられた者が後頭部を打つ危険性のある技であると警告されていたこと、(3)指導にあたるBとしては、初心者に対する安全第一主義的立場から、受身が困難な程の過度の疲労が見られる場合にはAに休憩を与えるとか、Aとその練習相手との柔道経験、技術、体格、体力などの差異による事故の危険度を考慮して適切な指導をすべきであったこと、とし、これを怠った島根県に国賠法第一条の責任を認め、次のように判示している。すなわち、

「以上の事実に照らすと、前記のような注意義務を負う吉野教諭が、初心者に対する安全第一主義の立場から、亡厚志の体力、技能、受身の熟達度、疲労度を観察して正しく把握し、特に前述のとおり、円陣練習中亡厚志に、受身が困難な程の過度の疲労が見られる場合には、これを看過することなく、直ちに練習を中止させ休憩を与えるとか、山崎に前述のような危険性をもつ左大外刈で亡厚志を投げさせるのであれば、両者の前記柔道経験、技術、体格、体力等の差異による事故の危険度を考慮して、「強く刈らない」「刈足を高く上げない」「受身を助けてやる」などといった適切な指導をするとかしていたならば、本件事故の発生を防止しえたと考えられるので、この点に吉野教諭の過失が存するものといわなければならない。」（松江地出雲支部昭和五四・三・二八判・判例時報九四〇号九九頁）と判示した。

(6) 県立高校の体育正課のラグビー試合中の教諭の注意義務

原告Xは、ラグビー競技中に安全に競技を実行するだけの基本的技能をもつに至っていないのにA教諭が十分な適

切な注意をしないでXにタックルをさせたため相手方の膝に頭部を激突し重傷を負った事故について、県に損害賠償を請求したという事例がある。

文部省が定めた高等学校学習指導要領及びその解説によると、高等学校において履習すべき体育教科の運動種目には、他の球技とともにサッカーまたはラグビーのいずれか一種目をも選択すべきものとされている。このうち、ラグビーは高等学校で初めて採り上げる種目であり、身体接触を含む比較的激しい運動である。このため、タックル、セービング、スクラム等、特に基本となる技能について十分指導習得させてからゲームに入るようにすることとされている。

本件の南校第二学年男子の体育年間計画では週二時間、年間三五週の一般体育の時間のうち四月から九月までの一七週はサッカー、水泳、徒手陸上に、ラグビーは後半一〇月以降の一三週をそれぞれ当てられ、現実には九月二七日以降の一五週にラグビーの授業が行われていた。

本件で指導の注意義務の点で問題となった井上教諭は原告Xらに対するラグビー指導に当たり、基礎的なパス練習を経て、タックルに代わるタッチ、ホールドの練習をなし、その後はスマザータックル、サイドタックル、後方タックル等タックルについての基本的な注意事項を説明し、段階的に静止状態から徐々にスピードを出した動的な練習を反覆させて技能を習得させ、簡易ゲームに入る指導をした。

原告Xは身体的にもスポーツ一般においても他の生徒に優れ、ラグビー競技における技能習得の上からもチームにおけるリーダー的存在であった。右のような指導の下において発生した本件の事故について、裁判所は次のように判示した。すなわち、

「被告県の履行補助者たる体育教師が、教育活動の中で、その職務上生徒の健康管理及び事故防止について万全を期すべき注意義務を負うことはいうまでもないが、教師といえども、およそ想定しうるすべての危険に対して安全に生徒を保護することは不可能であり、特に本件の如きラグビー競技は激しい競技であって一連の攻撃、防禦の動作で参

加者が互いに相手方と激しく接触したり衝突することが多く、それに付随して諸種の身体的事故が発生し易いものであり、その意味で本質的に一定の危険性を内在していると解されるから、注意義務の存否の判断にも自らそこに相応の限界が存するといわざるを得ない。そしてスポーツも、学校教育の一環としてなされるものである以上、生徒の心身の健全な発達に資することを目的とすべきであるから、生徒の発達段階に応じた適度な修養鍛錬を含むことが望まれ、しかも、スポーツとしての性質上、ある程度の技量及び成績の向上を目的とすることも必然的に生ずるのであり、むしろそのような目的に向かって努力を積むところに教育的効果を期待し得るともいえる。

高校二年生といえば、通常その心身の発達程度は成人に近く、前記の諸事情を総合すると本件ラグビーの授業計画及びその実施は、対象生徒の経験、技量、体力に照らしても過重な負担を強いる程のものとはいえず、井上教諭の具体的な指導内容にも適切さを欠くものがあったとは認めがたく、まして実力の優れた原告一郎についてはなおさらであったというべきである。

なるほど本件事故は……原告一郎が井上教諭のタックルの指導に従わないで誤った方法でタックルを行なって自分の頭を今川の膝に激突させてしまったため起こったのであるが、井上教諭としては㈣に説示したとおりの指導を生徒に対して行ない、これについて生徒をして反覆練習をさせたことでその注意義務は尽されたというべきで、それ以上に生徒一人一人につきその技能の習熟を確認してはじめてタックルの実施を許可すべきであるという注意義務までは存しないというべきである。」（長崎地昭和五八・一・二一判・判例時報一〇七五号一四六頁）と判示し、県に損害賠償責任がないとした。

(二) 教員の「注意義務」に関する裁判例

(1) 横浜市立中学校における水泳指導と担当教諭の注意義務―最高裁判決―

一　最高裁は昭和六二年二月六日（昭和五九年(オ)第一〇五八号、第一〇五九号）横浜市立中学校プール事故損害賠償事件において、市立中学校での水泳の授業中「走り飛び込み」で大怪我をし全身麻痺の障害者となった生徒の市に対する損害賠償請求について、一億三千万円を超える賠償の支払いを命ずる判断を下した。

学校事故と国家賠償請求との関係について最高裁の見解が示された事例はあまり見当たらない。最高裁が昭和五八年六月七日（判例時報一〇八四号七〇頁）に公立小学校五年の児童が放課後担任教諭の許可を得て学習中に、同級生の飛ばした画鋲つき紙飛行機が左眼に当たって負傷した事故について、同教諭に監督上の過失がないとした事案があるにとどまる。

二　本件の事実は次のようである。すなわち、横浜市立中学三年の生徒原告Xが、体育担当教師Aの指導で「走り飛び込み」の練習中、水深約一メートルの底に頭を強打し、首の骨を折り全身麻痺となった。そこで、原告Xとその家族が、このような事故が発生したのは担当教師Aの指導の過失、校長の指導監督の過失によるもので、横浜市が右教師らの監督を怠ったため、もしくは、右プールの管理上の瑕疵により発生した事故であるとして横浜市に対し損害賠償を求めた。

三　第一審の横浜地裁は、横浜市の損害賠償責任を認めた。その理由によると、本件事故は、担当教師Aの飛び込みの指示により、Xが約二メートル助走してスタート台を踏み切ったところ、空中でバランスを失って頭部から入水し、水底に頭部を激突したため発生したものであるが、しかし本件のような「助走つき飛び込み」は踏切りの方向を誤るときわめて危険であり、したがって、担当教師としては、踏切りの位置、滑らない踏切り場所の確保、プールの十分な深さの確保をするほかに、生徒にも十分正しい踏切をするよう指導したうえで行うべきであるのに、Aはこれらの指導を怠った点に過失があると判示して、横浜市に対する損害賠償責任を認めた（横浜地昭和五七・七・一六判・判例時報一〇五七号一〇七頁）。

横浜地裁は、本件における国家賠償法第一条の責任について、次のように判示した。すなわち、「公権力の行使とは、国又は地方公共団体がその権限に基づき、優越的な意思の発動として行なう権力作用のみに限らず、純然たる私経済作用及び同法二条にいう公の営造物の設置管理作用を除くすべての作用を包含するものと解するのが相当であるところ、市立中学校における教育作用は、それが市と生徒間のいわゆる在学契約によって、発生するものであるかはともかくとして、市の設置、管理運営する中学校を利用して、市の教育行政の一環として行なわれているのであるから、純然たる私的作用といえないことは明らかなので、教師の行なう教育活動は、同条にいう公権力の行使に当るものというべきである。」とし、国賠法第一条第一項の「公権力の行使」の解釈につき、いわゆる「広義説」に立って、教師の行う教育活動は、国賠法第一条でいう公権力の行使に該当するとした。

四　また、本件の体育担当教諭Aの過失について「中学校における体育授業の一環として水泳の指導をとり入れる目的は、健康と体力の向上、身体の調和発達、水に対して自己の安全を守ること等にあり、特に飛び込みを指導課題として取りあげる意義は、一般的な水に対する恐怖心の除去、競泳のためのスタート方法の学習の他に、水上での事故に直面した時に自己の安全を護る手段の習得にある。しかし水泳は、他の体育科目に比較して事故が発生し易く、直接生命に対する危険をも包含しており、殊に飛び込みは、その蓋然性が高いためこの学習を指導する教師は、一般的に生徒の身体の安全に対して、充分な配慮を行ない、事故を防止する高度の注意義務を負っている。」と判示した。

すなわち、右横浜地裁は、(1)水泳は他の体育科目に比較して事故が発生しやすく、直接生命に対する危険をも包含していること、(2)ことに、飛び込みはその蓋然性が高いためこの学習を指導する教師は、一般的に生徒の身体の安全に対して充分な配慮を行い、事故を防止する高度の注意義務を負っていること、(3)A教諭は「助走つき飛び込み」法の指導を実施するに当たって、踏み切る位置、滑らないで踏み切れる場所の確保、プールの十分な深さの確保、危険を除去するための適切、丁寧な指導をすべき義務があったのに、これを怠ったこと、(4)生徒は教師の指示を信頼して安心して行動するが、指示された課題に対して自己の能力を検討する契機は与えられなかったことと判断し、原告Xらの主張を全面的に認めたのである。

五　本件の第二審の東京高裁も第一審判決を大体において認めた。

しかし、第一審判決と異なるところは、A教諭が指導書等によらない方法による「走り飛び込み」を導入したこと自体、それが妥当であったか否かが問われるところであるとし、そして、右の「走り飛び込み」が著しい危険性を内包するものであることは、A教諭にとって十分に予見できるものであったとして、A教諭の過失を厳しく追及した点である（東京高裁昭和五九・五・三〇判・判例時報一一一九号八三頁）。すなわち、東京高裁は次のように判示した。

「松浦がかかる方法を指示したのは生徒が飛び込む際の『けり』が弱い点を補うためであったこと、かかる方法は水泳の指導書等によったものでないことは前認定のとおりであるから、このように指導書等によらない方法を中学生の飛び込み指導に導入したこと自体、その妥当性が問われてしかるべきである。のみならず、……そもそも『けり』の弱さを矯正するためのものとして右方法を採用したことについては疑いなしとしないのみならず、仮に右方法をとることに有益な面があるとしても、この方法で踏み切りを行ない、ことに本件のごとくスタート台上に乗り上った後に踏み切りを行なうときは、踏み切りに際してのタイミング、踏み切る位置の設定が難かしく、また空中へは通常の場合に比し高く上ることになりやすく、その結果水中深くにまで進入してゆきやすくなること、踏み切りの方向を誤ることにより極端に高く上ってしまいバランスを失って空中での身体のコントロールが不可能になることがあることが認められ、そうとすれば、助走つき飛び込み方法は、前説示の飛び込みに際して水底への頭部の激突の危険をさけるための一般的注意事項とされている『台やプールの壁面に両足先を確実にかけさせる』ことに反する結果になるおそれが多分にあり、ひいては『あごを引きしめ、上腕部で頭部をはさむようにして、両腕を伸ば』すという空中姿勢をとることも著しく困難となる危険性を内包するものであるというべく、このことは、事柄の性質上飛び込みの指導にあたる松浦にとって充分これを予見しうるものであったといわなければならない。」と判示した。

六　右のような経緯をたどった本件について最高裁は次のように判示した。

(1)　教師の教育活動と国賠法第一条第一項の「公権力の行使」との関係――「国家賠償法一条一項にいう『公権力の行使』には、公立学校における教師の教育活動も含まれるものと解するのが相当であり、これと同旨の原審の判断は、正当として是認することができる。原判決に所論の違法はなく、論旨は採用することができない。」

(2)　担当教諭の注意義務と過失との関係――「学校の教師は、学校における教育活動により生ずるおそれのある危険から生徒を保護すべき義務を負っており、危険を伴う技術を指導する場合には、事故の発生を防止するために十分な措置を講じるべき注意義務があることはいうまでもない。本件についてこれをみるに、所論の点に関する原審の事実認定は、原判決挙示の証拠関係に照らして首肯することができ、右の事実関係によれば、松浦教諭は中学校三年生の体育の授業としてプールにおいて飛び込みの指導をしていた際、スタート台上に静止した状態で頭から飛び込む方法の練習では、水中深く入ってしまう者、空中での姿勢が整わない者など未熟な生徒が多く、その原因は足のけりが弱いことにあると判断し、次の段階として、生徒に対し、二、三歩助走をしてスタート台脇のプールの縁から飛び込む方法を一、二回させたのち、更に二、三歩助走をしてスタート台に上がってから飛び込む方法を指導したものであり、被上告人今野良彦は、右指導に従い最後の方法を練習中にプールの底に頭部を激突させる事故に遭遇したものであるところ、助走して飛び込む方法、ことに助走してスタート台に上がってから行う方法は、踏み切りに際してのタイミングの取り方及び踏み切る位置の設定が難しく、踏み切る角度を誤った場合には、極端に高く上がって身体の平衡を失い、空中での身体の制御が不可能となり、水中深く進入しやすくなるのであって、このことは、飛び込みの指導にあたる松浦教諭にとって十分予見しうるところであったというのであるから、スタート台上に静止した状態で飛び込む方法についてさえ未熟な者の多い生徒に対して右の飛び込み方法をさせることは、極めて危険であるから、原判示のような措置、配慮をすべきであったのに、それをしなかった点において、松浦教諭には注意義務違反があったといわなければならない。もっとも、同教諭は、生徒に対して、自信のない者はスタート台を使う必要はない旨を告げているが、生徒が新しい技術を習得する過程にある中学校三年生であり、右の飛び込み方法に伴う危険性を十分理解していたとは考えられないので、右のように告げたからといって、注意義務を尽くしたことにはならないというべきである。」と判示した（最高裁昭和六二・二・六判・昭和五九年(オ)第一〇五八号、第一〇五九号）。

右の最高裁の見解は、(1)国家賠償法第一条第一項にいう「公権力の行使」には、公立学校における教師の教育活動も含まれること、(2)学校の教師は、学校における教育活動により生ずるおそれのある危険から生徒を保護すべき義務があり、事故の発生を防止するために十分な措置を講ずるべき注意義務があること、(3)本件の場合、スタート台上に静止した状態で飛び込む方法をさせることは、きわめて危険であること、(4)原判示のような措置、配慮をしなかった松浦教諭には注意義務違反があったこと、(5)同教諭は、生徒に対して自信のない者はスタート台を使う必要はない旨を告げているが、中学校三年生としては、右の飛び込み方法に伴う危険性を十分に理解していたとは考えられないので、注意義務を尽くしたことにはならないこと、というものであり、最高裁は、上告人横浜市の上告を棄却した。学校における水泳指導は、一般の学校教育の場合以上に高度の注意義務を必要とするが、最高裁もそれを認めたのである。

(2)　県立高校の体操部のクラブ活動における鉄棒練習中の事故と担当教諭の注意義務

県立高校一年生で体操部に所属するXは、クラブ活動として他校の体育館において行われた校外練習に参加し、鉄棒の練習をしていたところ、鉄棒から墜落し、ウレタンマットの敷かれていない側のマット上に首の後側が当たるような姿勢でぶつかり、重傷を負った。この傷害の結果、Xは、運動機能に麻痺を起こし、下肢は全く動かず、両上肢および手指の機能もほとんど失った。この事故についてXとその両親は、(1)在学契約上の債務不履行に基づく責任、

⑵国賠法第一条に基づく責任、⑶民法第七一五条に基づく責任、を主張して、県に対し損害賠償を求めたという事例がある（浦和地昭和五六・八・一九判・判例時報一〇二三号九二頁）。浦和地裁は原告の請求を一部認容し、四、二〇〇万円以上の損害賠償の支払いを命じた。

（i）**県立高校の教育作用と国賠法第一条の「公権力の行使」との関係**

「国家賠償法一条にいう公権力とは、国又は公共団体の作用中統治権に基づく優越的な意思の発動という本来の権力作用に限られず、純然たる私経済作用及び同法二条にいう営造物の設置、管理作用を除くすべての作用をいい、したがって、いわゆる非権力作用を含むものと解される。そして、県立高校における教育作用は、基本的には、県と生徒間のいわゆる在学契約によって発生するものではあるが、それが公の営造物を利用して行なわれ、かつ、その経費のかなりの部分が授業料以外の県からの助成補助に依存している点において、純然たる私的作用ということは相当ではないから、当然、国家賠償法一条の適用を受け、教師の行なう教育活動は、同条にいう公権力の行使に当るものというべきである。」

（ii）**鉄棒の練習と担当教諭の安全確保の注意義務との関係**

「高等学校におけるクラブ活動は、生徒の自発的な活動を助長することが建前であるが、それとともに、常に教師の適切な指導が必要とされるものであり、その指導担当教師は、単に名目だけでなく、たえず部の活動全体を掌握して指揮監督に当り、指導に当って外部の指導者を依頼する場合にも、実際に担当教師が練習に参加して指導上の責任をもち、その指導者との密接な連絡のもとに教育的効果のあがるような指導が行なわれることが必要とされていることが認められる。

このような見地からすると、石原教諭としては、日頃から体操部の練習にみずから参加したうえ、部員の技術面及び安全面の指導を行なうべきであり、特に、校外における施設環境のもとで練習をする場合には、そのこと自体によって、日常の練習の場合以上に危険の発生が予想されるのであるから、みずから生徒を引率し、事故防止について生徒を十分に指導し、そのための安全措置をとったうえで練習を開始させるか、あるいは、何らかの事情で他の者に引率指導を依頼せざるをえない場合には、事前に練習場所の状況について調査し、その者に対して、事故防止についての指導や安全措置をとるべき義務があり、本件についていえば、松山高校と上尾高校の鉄棒の施設について、前者が屋外にあるのに対し後者が屋内にあるという環境の差異からして、演技中の感覚に違いが生ずることを部員に十分説明し、演技中に墜落した場合に、松山高校においては、落下面に深さ一メートルの穴におがくずが埋められていて安全が確保されているのに対し、上尾高校においては、マットが敷かれているだけなので、事故を避けるため事前に補助者を配置する等の措置をとった後に練習を開始させるよう特段の指示をすべきであった。

ところが、石原教諭は、日常の練習においても、ほとんど参加したことがなく、実技指導はもとより、安全面の指導も行なわず、菊地コーチに対しても、安全措置をとるよう指示した形跡がなかったばかりでなく、八月一〇日に上尾高校で合同練習があることを知りながらこれに参加せず、（参加できなかった理由について納得できる説明はない。）しかも、当日体操部員を引率した菊地コーチに対して事故防止について前記のような指示をすることがなかったため、同人も、その点について全く配慮することなく、原告二郎を含む部員らに日常と同一の練習をさせたのであるから、被告の履行補助者たる石原教諭は、部員たる原告二郎の身体の安全を確保すべき義務を怠ったものといわざるをえない。

そして、同人が、日常から安全面の指導を十分にし、特に、本件事故当日も、上尾高校における合同練習に参加するか、少なくとも、菊地コーチに指示して右のような義務を履行していたならば、原告二郎も、日常の練習以上に注意を払って鉄棒の練習をすることによって、墜落の危険を可及的に減少させ、また、仮に墜落したとしても、他の部員がそれを予想して補助の役割を果していれば、墜落者の身体を受けとめることによってその衝撃を緩和し、本件のような重大な傷害の発生を防ぎえたであろうことは十分に予想できるから、石原教諭の義務違反と本件事故発生との間には、相当因果関係があるものというべきである。

そうすると、被告は、国家賠償法一条に基づき、本件事故によって原告らの蒙った損害を賠償する義務がある」と判示している。

右の判決も、国賠法第一条にいう「公権力」について、いわゆる「広義説」に立ち、国または公共団体の作用中統治権に基づく優越的な意思の発動という権力作用に限られず、純然たる私経済作用と同法第二条にいう営造物の設置、管理作用を除くすべての作用をいう、とし、県立高校における教育作用は、国賠法第一条の適用を受け、教師の行う教育活動は、同条にいう公権力の行使に当たるとした。

また、担当教諭の指導については、(1)部活動全体を掌握して指揮監督すべきこと、(2)外部の指導者に対しても同じことがいえること、(3)事前に練習場所の状況について調査する必要があること、(4)事故発生を防止するため事前に補助者を配慮することも必要であること、(5)鉄棒の施設が屋内にある場合と屋外にある場合とは異なることを指導すべきであったこと、(6)演技中の感覚について、注意すべきであったこと、などの点について配慮し、安全確保をすべき義務があった、としたのである。

(3)　用便中の女子生徒を看過して戸締りをし女子生徒を監禁した事故と教師の注意義務

市立中学校における補習授業終了後に、教師が用便中の女子生徒を看過して戸締りをしたため、同生徒が暗闇に約五時間監禁され心因性の精神障害を受けた事故について、教師に注意義務を尽くさなかった過失があるとして、市の損害賠償責任を認めた事例がある。

本件の事実は次のようである。すなわち、

神戸市立A中学校においては、学力の向上を図るため、特定の生徒を対象として、正規の授業終了後補習授業を行っており、同校二年の女生徒Xもその補習授業の対象者とされていた。昭和五二年一月二七日の英語補習授業は、M教諭が問題用紙を生徒らに配布して、その問題の解答を起案させ、起案ができた生徒から順次帰宅させるという方法がとられ、授業終了時の午後五時三〇分ころまで教室に残っていたのは、Xを含む女子生徒三名と男子生徒二名であった。M教諭は、女子生徒三名に対しては一足先に下校帰宅するよう指示したうえ、二名の男子生徒に同教室の窓の戸締りなどの後片付けをさせた後、校舎の出入口の戸締りをした。このため、授業終了後に用便を足していたXは、その後約五時間、暗闇の校舎内に唯一人閉じ込められ、心因性の精神障害を被ったとして、担任教師の過失を理由に市に対して損害賠償を請求した。

これに対し神戸地裁は次のように判示した。すなわち、

「校舎内からその扉を開けることが出来ないような施錠類似の行為をする場合には、施錠する場合と同様、同校舎内に残留生徒等がいないかどうかを十分確認し、同校舎内に生徒等を閉じこめないようにすべき注意義務があることは明らかであり、特に本件の場合、宮本教諭が止め金をかけたのは、遅くとも補習授業終了後約一〇分以内であり、本件原告のように便所において用を足している生徒が残留していることは十分予想されるのであるから、右の注意を尽すべきであることは明らかであり、同教諭には右注意義務を尽さなかった過失があるものというべきである。」

「公立の中学校における教諭の遂行する教育活動は、国家賠償法一条一項にいう『公権力の行使』に当るものと解すべきであり、教諭は学校における教育活動及びこれと密接不離な生活関係について、法定の監督義務者に代って生徒の安全を保護し監督すべき義務を負うものであるから、教諭がその職務を行うについて過失により他人に損害を与えたときは、当該地方公共団体はその損害を賠償する責任があることはいうまでもない。」

「宮本教諭は、同校教諭として、補習授業終了後も、同授業を受けた生徒を少くとも校舎内から無事に下校させる職責を有することは明らかであるから、同教諭の前記義務違反行為は、同教諭の職務遂行に関してされたものであることは疑いがない。

したがって、被告は原告に対し、本件事故により原告が被った損害を賠償する責任がある。」(神戸地昭和五七・一二・一六判・判例時報一〇七一号一一五頁)。

本件は、補習授業終了後の学校の施設の戸締りについて教師の注意義務がどこまで要求されるかが問題となった珍しい事件ということができる。しかし、本件のような事案は、発生する可能性は高いと思われるので注意しなければならない事案と考える。

(4) 県立高校の修学旅行中の事故と引率教員の注意義務

修学旅行中の引率教員の行為が注意義務違背を理由に「過失」に当たるか否かが問題となった事案がある（神戸地昭和四九・五・二三判・判例時報七六一号七五頁）。

本件は、北アルプス白馬大雪渓で修学旅行中の県立高校生が解散後雪洞に入って写真撮影をしようとし、河原の方へ数メートル下り雪庇の下に入り込んで写真を撮ろうとしたが、自動シャッターが作動しなかったので、他の生徒Bが雪洞から出てカメラに近寄った時、突然、右雪庇が割れて、数箇の雪塊となってXらの上に落ちてきた。この事故はA教諭が、上方を監視し岩付近にいた生徒に注意した後解散地点付近を歩きながら谷間の方に降りて行った生徒の方に目を移してこれに注意し、集合の合図をしようと考えていた数分の間に起きた。このためXは、崩れ落ちた雪庇の下敷となって死亡した。Xの両親は、県を相手として国家賠償法に基づく損害賠償請求訴訟を提起した。

修学旅行の引率教員の行為と「公権力の行使」

本件の神戸地裁は、まず、修学旅行中の引率教員の行為が国家賠償法第一条の「公権力の行使」に当たるかどうかについて次のように判示した。すなわち、

「国家賠償法一条の『公権力の行使』とは、狭義の国又は公共団体が、その権限に基づき、優越的意思の発動として行う権力作用のみならず、国又は公共団体の行為のうち右のような権力作用以外の非権力的作用（国または公共団体の純然たる私経済的作用と同法二条の公の営造物の設置管理作用を除く。）も又包含されるものと解する。

従って、山納義民、富田信三の両名が教諭として神戸高校に勤務する地方公務員であり、B班の引率者であったことについては当事者間に争いないのであるから、本件のように学校の教育活動の一環として実施された修学旅行中に生じた事故についても同法の適用があるものと解すべきである。」と判示した。本件裁判所は、右の判決から明らかなように修学旅行中の引率教員の行為が国家賠償法第一条の「公権力の行使」に当たるとしたのである。

右の見解は、いわゆる「公権力の行使」について広義説に立っているといえよう。

修学旅行中の引率教員の注意義務の要件と限界

裁判所は、修学旅行中の教師の注意義務の要件として次の点を指摘している。

(1)公立学校の教員は、学校教育法等の法令により生徒を保護し、監督する義務があること、(2)この監督義務は、学校における教育活動およびこれと密接不離の関係にある生活関係の範囲に及ぶこと、(3)本件修学旅行は特別教育活動として行われ、正規の教育活動に含まれるものであり、これを計画、実施するに当たっては、職務上当然に生徒の生命の安全について万全を期すべきこと、(4)白馬大雪渓の下検分、見学に当たり、危険の状態、危険の箇所を十分に把握し、生徒にもこれを理解させ、これに近づけないようにすべき注意義務があること、(5)右の注意義務は、生徒を一時休憩のため解散させ、自由に雪渓を見学させる場合でも免除されるものではないこと、(6)生徒を解散させる場合にも、生徒に単に危険の状態について注意するのみではなく、生徒の行動について十分に監視し、事故の発生を防止しなければならないこと、(7)しかし、右の注意義務の内容は児童または園児のように心身の発達が未熟で判断能力の低い者とは異なり、高等学校の生徒の心身の発達の程度は成人に近いものがあり、自立的に自己の行為を規制し、責任をもって行動することを期待できるものであること、(8)したがって、教員は、右のような能力に達していることを前提とした適切な注意と監督をなすべき義務があると解する、という認識の下に次のように判示した。

「一七年余に達した高校二年生は、成人に近い判断能力を有していたとしても、まだ未熟なものがあり、又、修学旅行が研修旅行であるとしても、旅行であれば平素とは違って浮わついた気持が加わっていたことは否定できず、倉田正昭らは、始めて見る大雪渓に好奇心を持ち、決められた行動についての規制を越えてしまったものであろうことは想像しうるところである。

もともと、本件見学は、水泳訓練において水の中に生徒を入れたり、冬山登山において生徒を山岳に登らせるのとは異り、大雪渓を見学することが目的であるから、生徒に雪渓の危険性を理解させ、これに近づかないように監視することが引率者としての最も重要な注意義務の内容であると考えられる。前記認定のとおり、引率者としての教諭の生徒に対する注意は、修学旅行の準備段階においては、一般的、抽象的になされていたものが、その実施にあたり、特に猿倉と解散地点においては、中村孝光案内人及び富田信三教諭らから、雪渓の成因と危険性について説明があり、近よるな、乗るな、さわるな、石を投げるな、等と個別的、具体的な注意がなされ、おおよその見学すべき場所も指示され、生徒は、これを理解していたと考えられ、かつ、雪洞の雪庇は、外観上から危険であることは充分認識し得られる状態にあったと考えられる。そして引率者はそれぞれ、全生徒の行動を監視し、個別的にも、携帯マイク等で呼びかけていたのである。

以上のような、引率者の注意と監視の行為を考えるならば、判断力の未熟なものがまだ残り、旅行という浮ついた気持のあることを考慮に入れても、一七年余に達した高校二年生という成人に近い判断能力を有している者に対する注意義務としては欠けるものがあったということはできない。右以上に、各生徒についての、全行動についてまで、監視をなすことを要求することは、もはや難きを求めるものといわなければならない。」

本件の場合、引率教員に注意義務違反があり過失責任が生ずるか否かについては、(1)引率者は生徒に雪渓の危険性を理解させていたか否か、(2)危険な雪渓に近づかないように監視していたか、(3)休憩のため解散中にも携帯用マイクの呼びかけなどの行為をして注意をしていたか否か、(4)高校生の判断能力からして、本件の雪庇が外観上崩れる危険があると判断できたか否か、などの点から検討されなければならない。

(5) 公立小学校の児童が放課後担任教諭の許可を得て学習中同級生の飛ばした画鋲つき紙飛行機が左眼にあたって負傷した事故と教師の注意義務（監督上の過失）

本件は、小学五年の児童が放課後、担当教諭の許可を得て教室に居残り図工ポスターを作成していた際、同級生が飛ばした画鋲つき紙飛行機が左眼にあたって負傷した事故について、被害児童とその両親が、加害児童の両親と学校の設置管理者である市に対し、監督上の過失があったとして損害賠償を求めた事件である（最高昭和五八・六・七判・判例時報一〇八四号七〇頁）。

第一審判決（福岡地小倉支部昭和五六・八・二八判・判例時報一〇三二号一一三頁）は、担当教諭が放課後児童に学習の許可をする場合であっても、高学年生は相当の自律能力、判断力を有するのであるから、危険の発生を予測できる特段の事情のない限り、放課後まで付きっ切りで監督する義務までは負担する必要がなく、右担当教諭に監督上の過失はないとして、原告らの被告学校側に対する請求を棄却した。

すなわち、「小学校高学年の担任教諭が放課後一部の児童に対し居残り学習を許可するに当り居残り学習を必要としない相当数の児童がなお在室する場合において、その担任児童が法律上責任能力を有しないといっても、小学校高学年ともなれば一応学校生活にも適応し相当の自律能力、判断能力を有しているものであるから、教諭としては、正規の教育活動が終了した以上、危険の発生を予測できる特段の事情がない限り、該学習終了まで付きっ切りで監督する義務を負担するものでないことはもとより、なお在室する学習外児童全員の退室下校を強制又は確認すべき注意義務までを負担するものではないと解するのが相当である。

これを本件についてみるに……溝口教諭は、原告一郎外にポスター完成のため居残りを許可するに当り、既にポスターを完成しながらなお在室する居残りを必要としない児童らに対し速やかな帰宅を指示して自らは職員会議に赴いたものであって、その間なんら注意義務違反の事実は見当らないし、画鋲の保管管理についても教師として特に注意義務に違反した事情は見当らないのであって、画鋲を固定した紙飛行機遊戯は過去になく、本件事故発生当時始めての遊戯であったことに照らせば、本件事故の発生は溝口教諭にとって事前に危険を予測できない突発的事故であったという外なく、同教諭に過失の責を問うことはできないといわなければならない。原告らの被告市に対する請求は失当である。」と判示した。

第二審判決（福岡高昭和五七・九・二〇判）も控訴を棄却した。

そこで、原告らは、被告学校側の損害賠償責任を否定した二審判決には経験則違背、法令違背の違法があるとして、上告した。

上告人は次のように主張して上告した。すなわち、

(1)本件事故発生当時、上告人は一〇歳にすぎず当然責任能力がなく、経験則に照らせば精神的、肉体的発達もきわめて未熟であり、思慮きわめて浅薄といわなければならないこと、(2)原判決が「小学校五年程度の年齢に達すれば既に相当の経験を積んで学校生活にも適応し、相当程度の自律能力、判断能力を備えている」としたが、これは到底考えられないこと、(3)原判決が「教育上の見地から……居残り自習許可にあたり具体的危険がない以上、児童の下校帰宅をその自主的判断に委ねることは何ら不当の措置ということは出来ない」としたのもきわめて不当であること、(4)本件は居残り自習といっても、実質的には当日、四、五校時、図工の課目の「交通安全ポスター」を作成する授業時間の延長としての仕上げの時間であったこと、(5)M教諭としては、上告人に居残り許可を与える際同クラス員三分の一程度の人員がポスター仕上とは無関係に残留していたことが認められるのであるから、これらポスター作成に関係のない人員を同教室から退去させて、ポスター作業を円滑、安全に遂行させるべき責任があったこと、などを主張して原判決の破棄を求めて上告した。

最高裁は、「右事実関係のもとにおいて、被上告人の設置にかかる平野小学校の校長及び担任教諭に所論の注意義務の違反はなく被上告人の国家賠償法一条一項の損害賠償責任は認められないとした原審の判断は、正当であって、その過程に所論の違法はない。」と判示した。

本件については、⑴小学校内で教師の許可を得てしていた自習中の事故は、教育活動ないしこれに密接に関連する生活関係から生じた事故と思われること、⑵教師としても、放課後、児童に対する監督義務から全く解放されたということはできないこと、⑶自主授業というのは、児童が自ら学ぶという態度と精神を養うのに役立つものとして、児童に対する教育活動として有効な方法とされていること、⑷しかし、この自主授業の実施に当たっては、教師が初めに課題を決定し、その課題の実施方法を指示説明しなければならないこと、⑸教師はこの指示に従って児童が静かに自習態勢に入ったことを確認してから退室し、自習時間の途中であっても、随時教室に来て児童の自主授業の状態を確認する必要があること、⑹自主授業時間が終了するころに教室に戻り自習の成果を確認することが必要であること、などの点が問題とされなければならないと考える。

この点、第二審の福岡高裁判決（昭和五七・九・二〇判・昭五六㈹五四四号ほか）は、担任教諭は、被害児童らに居残りを許可するに当たって、ポスターを完成して居残りの必要のない児童に対して速やかに帰宅することを指示したこと、⑵画鋲の保管管理に当たって注意義務違反はないこと、⑶画鋲を固定した紙飛行機を飛ばして遊ぶことは過去に例がなく本件はいわば突然事故であったこと、などを理由に学校側の責任を否定した。

しかし、本件については、さらに⑴課外の居残り自習に対する監督態勢は適切であったか否か、⑵ことに担任教師が不在の間に生徒を統率する責任者を児童の中で決めていたかどうか、⑶また本件の場合、教師は課外自主学習を必要としない児童の退出を確認しなかったのではないか、⑷教師としては自習の途中で教室が騒がしくなる可能性が常にあることを十分に認識していたのであろうか、などの点について問題があると思われる。

本件の事故は上告人主張のように明白に教育時間内ともいうべきときに、担任教諭が居残り許可を与え、同教室を立ち去った約三〇分後に発生し、しかも本件の居残りの目的であるポスター仕上とは無関係の同クラスの約三分の一程度の者が残留していたことが認められるのであるから、これらの児童が一体何をするか、担任教諭として十分配慮しなければならなかったと考える。

したがって、担任教諭としては、自己が許可した居残り作業が安全、円滑に遂行されているか否かを途中において確認する責任があったと考える。

これらの点の検討を怠った意味で最高裁の見解には疑問がある。

(6) 公立中学校の生徒が授業の休み時間中に同級生が投げつけた洋傘により死亡した事故と教師の注意義務

AとBとは公立中学校の同級生であったが、BはC教諭の授業中、Aに悪戯をしたことから、右授業後の休み時間、これをAから聞いたCに注意された。これに腹を立てたBは、Aと口論して殴りかかるなど乱暴をしたうえ、洋傘を取り出したので、Aがその場から離れるため階段を駆け降りようしたが、この方に向けて、Bが右洋傘を投げつけたところ、Aの頭頂部に突きささり、Aを死亡させるに至った。

岐阜地裁（昭和五八・六・一五判・判例時報一〇九五号九七頁）は、本件の公立中学校の教育作用の性格について、「教育公務員の生徒に対する教育活動及びこれと密接不離の関係にある生活関係に関する活動は、国家賠償法一条一項にいう公権力の行使にあたるものと解すべきである」として、公立中学校の教育作用を国家賠償法一条一項の「公権力の行使」に該当すると判断した。

また、裁判所は校長や教諭の責任について「公立中学校の校長、教諭が、教育活動の一つとして、登校した生徒を指導監督すべきことはいうまでもなく、また授業中はもちろん、授業時間途中の休み時間における自校の生徒の行状についても具体的内容及びその程度を異にするとはいえ、一般的に指導し監督すべきものであることは当然であって、ことに、右休み時間中に危険な行為と目されるものが行われ、または行われようとしているなどの危険性が客観的に予測される場合には、それを防止するための万全の措置をとる義務があるというべきである」という基本的見解を示したが、右の見解は、校長・教諭は(1)授業時間途中の休み時間中であっても、生徒を指導監督する義務があること、(2)危険な行為が発生すると客観的に予測されるときは、それを防止するための措置をとる必要があること、を示唆している。

右の見解に立って、裁判所は、教諭らの過失責任について次のように判示した。

「本件事件はAとBとの口論が原因となって突発的に発生したものであると考えるのが相当であるから、右原告らの主張は既にその前提において失当であるといわざるを得ない。そして、……Aの訴えに対し、西尾教諭は逐一事実を確認しており、右確認した事実によれば、Bの粗暴な行動が質的、量的に拡大しているとか、Bの攻撃がAに集中しているとかいった傾向は認められず、またそのころの日常生活において、BがAに対し、うとましく感じていたり、敵意を抱いていたような状況も何ら認められなかったものである。また、……Bは短気で衝動的な行為に走ることが多い生徒ではあったが、特別に粗暴な生徒というわけではなく、Aに対し石を投げつけるなど一、二回危険な暴力行為をしたことがある以外は、殴りかかったりする程度であったものである。したがって、以上の事実を総合して考えるならば、本件当時、西尾教諭において、Bが本件のような危険な行為に出ることを予見することが可能であったとは認めることができず、またこれを予見すべき特段の事由があったとも認めることはできないから、その余の点につき判断するまでもなく、西尾教諭において過失があったとはいえないことは明らかである。」

「原告らは、本件事件は福井教諭がAとBに注意を与えた直後に、かつこれを原因として発生したものであるところ、福井教諭は、Bの挙措動作に注意し、他の生徒に危害を加えることのないよう指導監督すべき注意義務に違反した過失があると主張するが、……福井教諭はBに対してはシャープペンシルで人を突つく悪戯をしないよう注意し、Aに対しては、授業中の静粛を妨げる態度を戒めたのであって、暴力行為など本件事件発生に至る危険性のあるような行為を現認し、これに対して注意を与えたものではなく、さらに、BもAも同教諭の注意をおとなしく聞いていたものであるから、同教諭において、当時Bが本件のような危険な行為に出ることを予見することは不可能であり、これを予見すべき特段の事由はなかったというべきである。」と判示した。

本件判決の特徴は、(1)AとBとの口論が原因となって突発的に発生したこと、(2)Bは些細なことに激昂し、衝動的な行動に走りやすい行動傾向にあったこと、(3)しかし、体も小さく気も弱い方で、友達に対し特に粗暴な態度を常時とるということもなく、問題のある生徒と見られていなかったこと、したがって、事件当時Bが本件のような洋傘を取り出して、それを相手方に投げつけるというような行為に出るということを予見することができなかった(予見不可能）として、Xらの請求を棄却したのである。

国公立学校の教育活動による学校事故については、国家賠償法第一条第一項が適用されることは最高裁も容認しているところである。

(7) 県立農大生の校内祝賀会における急性アルコール中毒による死亡事故と教授の安全配慮義務

本件は、全寮制の県立農業大学校の学生が各科対抗バレーボール大会の優勝祝賀会で飲酒し、急性アルコール中毒に基づく急性心不全により死亡したため、学生の遺族が安全配慮義務違反、不法行為ないし国家賠償法上の責任を主張して、県に対し損害の賠償を求めた事件である（宮崎地昭和六〇・一〇・三〇判・判例時報一一八四号一〇五頁)。

本件において、学校の宿直業務に従事する教職員のとった措置に注意義務違反の過失がなかったか否かが問題となった。すなわち、教職員の寮舎内における学生の規律維持および寮舎の管理責任と本件の宴会との関係が問題になった。

本件の大学校の教授訴外Nは、本件事故当夜の宿直者であった。N教授が当日とった行動に関する裁判所の事実認定は次のようであった。

「中原教授は、まず午後六時ころ、食堂に赴いて学生の食事状況を確認し、次いで点呼前の午後八時三〇分ころから約二〇分程度、青雲寮内の廊下を歩いて寮内を見回り、特別の異常を認めないまま事務所に戻り、午後九時過ぎころ前記点呼の報告を受けた。さらに消灯（午後一一時ころに自動的に消灯となる）後の午後一一時一〇分ころ、見回りのため青雲寮に向う途中、同寮一階玄関付近で数名の学生が話しているのを認め、これに近付いたところ、この学生が寮内に逃げ帰ったため、同寮一階廊下に入り、早く就寝するよう各室に聞こえるように呼びかけ、さらに二階に上って廊下から各室の様子を窺った（開扉はしないまま）が、異常を認めなかったため同寮を離れ他の寮に向ったが、それまでに前記宴会が行われたことは気付いていない。」

ところが翌日早朝、死亡した学生Xと同室の学生が、Xの異常に気付いてN教授に知らせ、緊急隊員、医師を呼ぶという応急措置をとったがXは死亡した。

裁判所はN教授の措置と過失との点について「本件学校の宿直業務に従事する教職員は、その業務従事中寮舎の管理、寮舎内の学生の規律維持のための右1と同様の注意義務を負うものと解すべきであるが、前記二で認定した本件事故発生前後の宿直者である中原教授のとった措置は、右義務違反となるべき過失を認めることはできない。」と判示した。

本件の大学校当局の安全配慮義務と過失との関係では、(1)飲酒を禁止していたか、(2)飲酒禁止ならば、学校当局としては、その趣旨をどの程度周知させておけばよいか、(3)寮内の巡回の回数を何回にすればよいか、(4)寮内の各居室内を一方的に点検する必要があるか、(5)本件のような事故が発生しないように、事前に救急・医療対策をとっておく義務があるか、といった点が問題となる。

裁判所は、基本的には、飲酒自体は学生自身の判断と責任により対応すべき事柄であるということを前提として、右のうち(4)については、学校当局の義務であることを指摘している。

(8)　卒業式当日に登校した生徒の教室内の拘束と不法行為

Xは、東京都千代田区麹町中学校の生徒であったが、在学中に成績中心の勉強に疑問をもつようになり、一方、学生運動にも関心を持ちはじめ、二年生の六月には仲間とベトナム戦争を扱った「砦の囚人」と題する文集を発行し、ベ平連のデモに参加したり、中学校内でビラを配ったりなどした。また、三年生の秋の文化祭のときには、ヘルメット姿で屋上からビラをまき警察に補導された。その後高校への進学を希望して受験したが、すべて不合格となった。ところが、Xは高校受験のときの内申書に右に掲げた事柄を記載され、かつ、「行動及び性格の記録」欄の評価の中にはC評定の個所もあることを知り、このような記載は、Xの思想信条に基づく行為を理由にした教師の教育評価権の裁量を逸脱したものであり、本件の内申書作成提出行為により学習権が違法に侵害されたとして、国家賠償法第一条第一項、第三条第一項に基づき千代田区と東京都に慰謝料の請求をした。また、Xは右内申書問題に抗議して闘争を続けており、昭和四六年三月一日午前に行われる卒業式に母親と一緒に登校した。しかし、本件中学校長は、Xの卒業式への出席を禁止し、式場から最も遠い教室に連れ込み、卒業式が終了するまで監禁したが、これは学校当局の権限の濫用でありXの学習権に対する違法な侵害であるとし、前記内申書事件と併せて三〇〇万円の損害賠償を求めた。

本件は教育を受ける子供の側から、教育権が侵害されたのではないか、また、中学校から高校へ提出される調査書の記載の限界はどこまで許されるのか、が教育法上の問題として提起された最初の事件である。

本件の主たる問題点は、(1)内申書の違法性の問題、(2)学習権と教育評価権との関係の問題、(3)内申書記載の限界の問題、(4)本件内申書とXの高校入試不合格との因果関係の問題、(5)卒業式事件の違法性の問題である。

右のうち、ここで取り上げたのは(5)の点である。

この点第一審は、本件について、Xの卒業式への出席を認めれば、その個人的行動により式の混乱が生ずることが十分に予見される事情があったので、校長がXの出席を禁止し、分離卒業式を挙行することにしたのは適法な教育上の措置であったとした。しかし、卒業式当日定刻に登校したXを教員らが教室に連れ込み式典の終了するまで留め置いたのは、その手段として許容される範囲を逸脱した違法な加害行為であるとした（東京地昭和五四・三・二八判・判例時報九二一号一八頁）。

右のように第一審は、式当日登校した生徒に対し教室に連れ込んだ行為は違法な加害行為であるとしたが、第二審も次のように判決した（東京高昭和五七・五・一九判・判例時報一〇四一号二四頁）。

「なお控訴人らは、右行為は被控訴人が本件卒業式を混乱に陥れ、一般生徒らの安全を脅かすことを防ぐためのやむをえない行為であったことも主張しているが、前認定の事実関係によれば、当日被控訴人が学校側の事前の制止を聞かずあえて登校して来たものであるとはいえ、被控訴人に対し物理力の行使をはじめる段階においてもまたその後の段階においても、学校側が教育者として期待される平和的説得的な態度に欠けるものがあったといわざるをえず（学校側がそのような態度をとっていたとしても、必ずしも被控訴人がこれに従ったであろうとはいえないことももちろんであるが、後にやむをえず正当防衛的に物理力を用いざるをえないことが考えられるからといって、先に手を出してよいというものではない。）、その意味で、丙川教諭らの行為がやむをえないものとして許容される行為であるということはできず、控訴人らの主張は失当である。」

「してみれば、前記乙山教諭らの被控訴人に対する暴力による拘束が不法行為とされることは明らかであるから、……控訴人区は国賠法一条一項により、控訴人都は同法三条一項により、丙川教諭らの前記加害行為により被控訴人の受けた損害を賠償する責任があるといわなければならない」と判示した。

すなわち、第二審は、Xを分離して教室に連れ込んだのはやむを得ないが、教室内に拘束した行為は、学校側が教育者として期待される平和的説得的な態度に欠けていて許容することはできず、違法であるとして被告に一〇万円の損害賠償の支払いを命じた。

㈢　裁判所の判決に現れた教育作用における注意義務の要請と「故意・過失」の成立要件

以上、教育作用における国賠法第一条第一項の「故意・過失」と「違法」との関係について検討を加えてきた。すなわち、どのような場合が「故意・過失」に当たるのか、そのような法的問題を発生させないようにするにはどのような義務が公務員に課せられるのか、といった視点から検討を加えてきた。

ここで、今まで検討してきた裁判事例から裁判所はどのような要件を公務員に求めているかについて整理しておきたい。

(1)　市立中学校が特別教育活動として行った海岸での水泳訓練中、生徒が溺死した事故につき、指導教職員、市教育委員らに水泳場の選定、生徒の監視等に関して過失があったとされた事件（津地昭和四一・四・一五判・下級民集一七巻三・四合併号二四九頁＝認容）について、裁判所は、次のような注意義務を課している。

(A)　学校長および教員の注意義務の要件——(a)学校長ないし全教員は女生徒をテスト練習のため入水させるに当たっては、澪筋において溺れるというような不測の事故を防止するべく、まず教職員が入水して流れの状態を調べ、さらに澪筋の水深、潮流を調査し、生徒の生命に危険が及ばない水泳場を設定すること、(b)女生徒に対し澪についての危険性を十分に警告すること、(c)事故に備え女生徒を適宜区分し順次入水させること、(d)水泳のできる教員を配置すること、(e)境界線から生徒が逸脱しないように監視すること、である。

(B)　教育委員会の注意義務の要件——(a)抽象的な危険防止だけでは足りないこと、(b)澪について危険性を強調すること、(c)水泳場を澪筋から遠くに設定するように指導すべきであること、(d)境界線の監視を厳重にするように助言すべきであったこと、(e)不測の事故に備えて必ず少なくとも一隻の監視船を各学校ごとに備えるよう予算措置を講ずべきであったこと、を指摘している。

(2)　国立大学の臨海水泳実習中における学生の溺死事故に関する事件（富山地昭和四九・三・二九判・判例時報七五四号八四頁）について、裁判所は、学長および教官らの監視体制上の責任については、被害者自らが自己の行為の結果について判断能力を有することを強調し、小・中・高校の児童・生徒とは異なるという前提に立って判断を下した。

そして、原告の身体的事故は、全く突発的で予測不可能であったとし、教師に「事前又は事後の注意義務を怠った過失があるとはいえないから、この点に関する原告の主張も採用できない」とし、原告の損害賠償の請求を棄却した。

二審判決は、本件の過失責任を検討するに当たって、(1)水泳は未熟の泳者が泳ぐ場合には成人でも子供でもその危険性は同じであること、(2)水泳実習の企画をする教官は、万一の事故に備え監視体制、救助体制を整える義務を負うことという認識の上に立って、本件の事実を次のように判断している。

(1)泳力と救助技術を有するいわゆる水際監視員に当たる教官を定めるべきであったにもかかわらず、かかる監視員が適切な場所に配置されていなかったこと、(2)各種の救助用具も直ちに使用できる状態で配置されていなかったこと、(3)本件水泳実習の企画策定、実施責任者が明らかでなかったこと、(4)水泳能力と遊泳中の事故の危険性との関係については、泳力においては学童に劣る大学生が数多くいること、(5)大学生相互間の監視協力体制についての信頼度は、学生各自が十分な泳力と救助技術を有している場合と未熟な場合、浅瀬の場所と深い場所とでは異なること、(6)学生の相互監視は十分な泳力と救助技術を有する監視員などに代替しうるものとは認められないこと、などを理由に国の賠償責任を認めた。

本件の第一審と第二審の判決を対比すると、共通点は、双方とも、国立大学の学長および教官らの行為は国家賠償法第一条のいわゆる「公権力の行使」に当たるとしている点である。特に、第二審では、国が大学教育作用は義務教育作用と異なると主張したのに対し、これを認めず、基本的に同一の教育作用であると把握していることに注目すべきである。

また、第一審と第二審判決が基本的に異なる点は、第一審が、水泳実習における事故発生の危険性の程度について、小・中・高校の児童・生徒と成人である大学の学生とでは異なるという認識に立っているのに対し、第二審は、泳力の未熟者については小・中・高校の児童・生徒と大学の学生とは異ならないとしている点である。

(3)　大阪府立天王寺高校生が臨海学校参加中に溺死した事件（大阪地昭和四六・七・一四判、判例時報六四九号六五頁）について、裁判所は、学校長および教員の注意義務として、(1)海底調査をすべきこと、(2)本件事故現場の深みについては海面の色が周囲と異なっているか否かも考慮して識別すべきこと、(3)水泳能力に応じた訓練水域を設定すべきこと、(4)町の観光協会等に対し安全対策について協力を求めるための連絡をすべきであること、(5)監視船は現場から離れていてはならないこと、(6)水泳能力および救助能力を有する人数配置も適切でなければならないこと、を指摘している。

(4)　公立中学校の学校行事としての臨海水泳指導中に生徒が溺死した事件（札幌地昭和五三・六・二三判・判例時報九一五号八〇頁）について、裁判所は、水泳指導における教師の注意義務として、(1)事前に使用水域の深浅、海底の起伏等の状況について十分な調査を行うこと、(2)生徒の身長以上の深みのある場所の使用を中止すること、(3)または、その深みの区域を明らかに限ること、(4)生徒が溺れかかる等危険が生じた時には直ちに救助できる態勢をとることを求め、これを怠るときは注意義務が欠けたことになる、としている。

(5)　クラスキャンプ中のボート転覆による死亡事件（福島地昭和五三・二・三〇判・判例時報九〇六号八二頁）について、裁判所は、学校長および引率教師の注意義務について、定員七名の小型船に一四名の生徒を乗せることのないよう定員を確かめるべきであり、また、定員を超える場合はその数の生徒を下船させるべきであったのに下船させなかったのは注意義務の過失があった、と判示している。

(6)　大学のクラブ活動（課外活動）における注意義務と故意・過失との関係を論ずるためには、まずクラブ活動が国家賠償法の適用をうける教育作用か否かが問題となっている。

(A)　名古屋大学航空部自動車事故事件（東京地昭和四九・二・一二判（昭和四七年(ワ)第一五七五号））において、裁判所は、(1)体育会および航空部は法規によらない自主的な自立的な団体で、学長の指揮監督をうけないこと、(2)経済的にも大学から独立し、大学から補助金をうけていないこと、(3)したがって、体育会および航空部は大学の付属機関ではないこと、を理由に、航空部の活動は大学教育の一環としてとらえることはできないとした。すなわち、大学の課外活動を大学教育の一環として認めていない。

(B)　帝京大学野球部事故損害賠償請求事件（東京地昭和四九・四・九判（昭和四五年(ワ)第一〇七〇三号））では、裁判所は、私立大学の課外活動は教育活動の一環として行われるものという認識に立っている。

(C)　関西医科大学カヌー部の損害賠償請求事件（大阪地昭和五七・一・二二判（昭和五四年(ワ)第六八五八号））では、裁判所は課外活動を行うことに教育的意義を認めている。

(D)　有明高専柔道部損害賠償請求事件（福岡高昭和五五・九・八・判（昭和五四年(ネ)五五六号））では、裁判所は、課外活動は指導教官の存在を前提としているとし、その指導教官は校長の委嘱により指導監督を行っているのであるから、教育活動の一環であるとしている。

(E)　宮城教育大学ヨット部の損害賠償請求事件（山形地昭和五八・二・二八判（昭和五五年(ワ)第一一八号））では、裁判所は、大学の課外活動は、学校教育法の目的を達成するために行われ、教育作用の一環として行われるので、大学は課外活動について管理・教育権限を有するものとしている。

以上、(A)から(E)までの裁判例から明らかなように、多くの裁判所は学校における課外活動が教育作用の一環として行われていることを容認しているが、右の(A)の名古屋大学航空部自動車事故事件の判決は、同部活動が法的にも、経済的にも自主的、自立的に運営されていることを理由に、大学教育の一環としての活動とはみなしていないという特徴を指摘できる。

(7)　クラブ活動としての柔道練習中の死亡事件（千葉地昭和四九・九・九判・判例時報七七九号九三頁）について、裁判所は、練習中にAが意識を失ったことに気が付かず、なんらの指示を与えなかったのは監視の義務を怠った過失があった、と判示している。

(8)　校庭で守備練習中の野球部員がハンマー投げのハンマーに当たって死亡した事件（大阪地昭和五〇・九・二六判・判例時報八〇九号七四頁）について、裁判所は、校庭でフリーバッティングによる守備練習中に、外野を守っていた野球部員がその背後で練習していた陸上部員の投げたハンマー投げのハンマーに当たって死亡した事案について、(1)本件程度の広さの運動場において両種目の練習を同時に行うことは無理であったこと、(2)A教諭はフリーバッティング最中に口頭の注意を与えただけであること、投手や打者の動向を十分見きわめることなくハンマー投擲をさせたこと、は過失を免れることはできない、と判示している。

(9)　柔道の練習中に発生した受傷事件（鳥取地昭和五四・三・二九判・判例時報九四一号一〇五頁）について、裁判所は、学校側の安全管理には落度がなかったとして、原告の請求を棄却した。その理由は、(1)原告は日頃から柔道部員として活動しており、疲労困憊していたとは認められないこと、(2)学校側の課外教育活動として行われるスポーツについての生徒の安全管理上の限界について、スポーツの性質上ある程度の技量と成績の向上を目的とすることも必然的に生じ、その向上過程における一つの具体的指標として対外試合を設定し、本件合宿のような特別の訓練期間を設けることもできること、(3)このような合宿では平常の練習より厳しい訓練が課されても、対象生徒の経験、技量、体力等に比して過度のものでなければ是認できること、というものであった。

(10)　国立高専における生徒の課外活動としての柔道練習中の事故と指導教官の過失について、福岡高裁（昭和五五・九・八判・判例時報九九七号一二五頁）は、偶発的に生じたものと認められる事故については、指導教官に過失はなかったものというほかない、と判示した。

(11)　県立高校におけるクラブ活動としての柔道練習による死亡と教諭の過失について、松江地裁出雲支部（昭和五四・三・二八判・判例時報九四〇号九九頁）は、指導教諭としては、(1)死亡した生徒Aが高校の柔道部入部以前には柔道経験がなく、入部してからの柔道練習も四八日間（計七四時間）の初心者であり、事故直前にはひどく疲労していたこと、(2)相手（高校二年生）は、身長・体重においてAに優っており、中学三年生から柔道を始め、当時初段であり、その得意な投技が左大外刈であったこと、(3)大外刈は受身を十分体得していないと投げられた者が後頭部を打つ危険性のある技であると警告されていたこと、などの点を考慮し、初心者に対する安全第一主義的立場から、受身が困難な程の過度の疲労が見られる場合には休憩を与えるとか、練習相手との柔道経験、技術、体格、体力などの差異による事故の危険度を考慮して適切な指導をすべきであること、と判示した。

(12)　県立高校の体育正課のラグビー試合中の教諭の注意義務について、長崎地裁（昭和五八・一・二一判・判例時報一〇七五号一四六頁）は、(1)体育教師が教育活動の中で生徒の健康管理および事故防止について万全を期すべき注意義務を負うことはいうまでもないが、教師といえども、およそ想定しうるすべての危険に対して安全に生徒を保護することは不可能であること、(2)ラグビー競技は本質的に一定の危険性を内在していると解されるから、注意義務の在否の判断にも自ら相応の限界があること、と判示している。

(13)　水泳指導と担当教諭の注意義務について、最高裁（昭和六二・二・六判・昭和五九年(オ)第一〇五八号、第一〇五九号）は、横浜市立中学校プール事故損害賠償事件において、(1)国家賠償法第一条第一項にいう「公権力の行使」には、公立学校における教師の教育活動も含まれること、(2)学校の教師は、学校における教育活動により生ずるおそれのある危険から生徒を保護すべき義務があり、事故の発生を防止するために十分な措置を講ずるべき注意義務があること、(3)本件の場合、助走をしてスタート台に上がってから飛び込む方法は、きわめて危険であるのに、踏切りの位置、プールの十分な深さの確保、正しい踏切りについての十分な指導などを怠った点で、担当教諭には注意義務違反があったこと、(4)自信のない者はスタート台を使う必要はない旨生徒に告げただけでは、注意義務を尽くしたことにはならないこと、と判示した。

(14)　県立高校の体操部のクラブ活動における鉄棒練習中の事故と担当教諭の注意義務について、浦和地裁（昭和五六・八・一九判・判例時報一〇二三号九二頁）は、担当教諭は(1)部活動全体を掌握して指揮監督すべきこと、(2)外部の指導者についても同じことがいえること、(3)事前に練習場所の状況について調査する必要があること、(4)事故発生を防止するため事前に補助者を配慮することも必要であること、(5)鉄棒の施設が屋内にある場合と屋外にある場合とは異なることを指導すべきであったこと、(6)演技中の感覚について注意すべきであったこと、などの点について配慮し、安全確保をすべき義務があった、とした。

(15)　用便中の女子生徒を看過して校舎の戸締りをし、女子生徒を閉じ込めた事故と教師の注意義務について、神戸地裁（昭和五七・一二・一六判・判例時報一〇七一号一一五頁）は、校舎内からその扉を開けることができないような施錠をする場合は、校舎内に残留生徒がいないかどうかを十分確認し、校舎内に生徒を閉じこめないようにすべき注意義務があるとした。

(16)　県立高校の修学旅行中の事故と引率教員の注意義務について、神戸地裁（昭和四九・五・二三判・判例時報七六一号七五頁）は、(1)公立学校の教員は、学校教育法等の法令により生徒を保護し、監督する義務があること、(2)この監督義務は、学校における教育活動およびこれと密接不離の関係にある生活関係の範囲に及ぶこと、(3)本件修学旅行は特別教育活動として行われ、正規の教育活動に含まれるものであり、これを計画、実施するに当たっては、職務上当然に生徒の安全について万全を期すべきこと、(4)生徒に見学させるには、危険の状態、危険の箇所を十分に把握し、生徒にもこれを理解させ、これに近づけないようにすべき注意義務があること、(5)右の注意義務は、生徒を一時休憩のため解散させる場合でも免除されるものではないこと、(6)生徒を解散させる場合も、生徒に単に危険の状態について注意するのみではなく、生徒の行動について十分に監視し、事故の発生を防止しなければならないこと、(7)しかし、右の注意義務の内容については、高等学校の生徒の心身の発達の程度は成人に近いものがあり、自立的に自己の行為を規制し、責任をもって行動することを期待できるので、教員はこの能力に達していることを前提とした適切な注意と監督をなすべき義務があると解する、と判示している。

(17)　公立小学校の児童が放課後担任教諭の許可を得て学習中同級生の飛ばした画鋲つき紙飛行機が左眼にあたって負傷した事故と教師の注意義務（監督上の過失）について、第一審の福岡地裁小倉支部（昭和五六・八・二八判・判例時報一〇三二号一一三頁）は、担当教諭が放課後児童に学習を許可する場合であっても、高学年生は相当の自律能力、判断力を有するのであるから、危険の発生を予測できる特段の事情のない限り、放課後まで付きっ切りで監督する義務まではは負担する必要がない、と判示した。

また、第二審の福岡高裁（昭和五七・九・二〇判・昭五六(ネ)五四四号ほか）は、担任教諭は、被害児童らに居残りを許可するに当たって、ポスターを完成して居残りの必要のない児童に対して、速やかに帰宅することを指示したこと、画鋲の保管管理に当たって注意義務違反はないこと、画鋲を固定した紙飛行機を飛ばして遊ぶことは過去に例がなく本件はいわば突発事故であったこと、などを理由として、学校側の責任を否定した。

最高裁（昭和五八・六・七判・判例時報一〇八四号七〇頁）も、校長および担任教諭に注意義務の違反はなく、右の原審の判断は正当である、と判示した。

⒅　公立中学校の生徒が授業の休み時間中に同級生が投げつけた洋傘により死亡した事故と教師の注意義務について、岐阜地裁（昭和五八・六・一五判・判例時報一〇九七号九七頁）は、(1)公立中学校の校長、教諭が、教育活動の一つとして、登校した生徒を指導監督すべきことはいうまでもなく、また授業中はもちろん、授業時間中の休み時間における自校の生徒の行状についても具体的内容およびその程度を異にするとはいえ、一般的に指導し監督すべきであることは当然であること、(2)ことに、休み時間中に危険な行為が行われるなどの危険性が客観的に予測される場合には、それを防止するための万全の措置をとる義務がある、と判示した。

⒆　県立農大生の校内祝賀会における急性アルコール中毒による死亡事故と教授の安全配慮義務について、宮崎地裁（昭和六〇・一〇・三〇判・判例時報一一八四号一〇五頁）は、基本的には、飲酒自体は学生自身の判断と責任により対応すべき事柄であるということを前提として、寮内の各居室内を点検することは、大学当局の義務であると指摘している。

⒇　卒業式当日に登校した生徒の教室内の拘束と不法行為に関して、東京高裁（昭和五七・五・一九判・判例時報一〇四一号二四頁）は、生徒に対し物理力の行使をはじめる段階においてもまたその後の段階においても、学校側が教育者として期待される平和的説得的な態度に欠けるものがあったといわざるを得ず、生徒を教室内に拘束した行為はやむを得ないものとして許容される行為ということはできず違法であるとした。

以上のような、二〇の裁判事例を中心に教育作用においてどのような注意義務が学校当局や教員に要請されるか、また、その注意義務違反が故意・過失の要件とされるかについて検討を加えた。

右の事例から、裁判上問題となった事故の種類としては、⑴水泳練習中の事故、⑵クラブ活動中の事故、⑶修学旅行中の事故、⑷休み時間中の事故が比較的多いといえる。

次に、学校教育活動において、国家賠償法第一条との関係で因果関係があるとされた事案を例にしながら「因果関係」の問題について、検討を加えておきたい。

㈢　教育作用と国賠法第一条の「因果関係」

国家賠償法第一条は「国又は公共団体の公権力の行使に当る公務員が、その職務を行うについて、故意又は過失によって違法に他人に損害を加えたとき」と規定しているが、「他人に損害を加えた」というのはどういう状態をいうのかが問題となるが、それには、「公務員の違法な職務行為」と「損害の発生」との間に「因果関係」がなければならない。この「因果関係」の問題を考えるに当たって、「公務員の違法な職務行為」についてはすでに検討してきたので、次に「損害」の意義について検討することが必要である。民法上の不法行為における「損害」の解釈として、従来は加害行為によって生命、身体が侵害されたり、または財産が毀損されるなどの権利侵害がなされ、これによって生じた支出や逸失利益を財産上の損害とし、また、精神的苦痛を精神上の損害ととらえる説が一般的であった。ところが最近は、権利侵害そのものを損害ととらえて右の支出や逸失利益、精神的苦痛は損害の程度を金銭的に評価する際の媒介資料にすぎないとする説が通説化しつつあるといわれている（大淵武男「立証―因果関係の認定」青林書院「国家賠償訴訟法一八七頁」）。すなわち、前説は発生した損害を確定し、次にこの損害を評価して金銭に換算する二つの段階を同視して「損害」を考えていこうとするものであり、後説はこれを区別して考えていこうとするものである。

国家賠償法上の「損害」の意義については特別の規定がないため、同法第四条に従い民法上の規定、解釈により決定してゆくことになる。

この「因果関係」の意義については、民法の不法行為の解釈から次の要件が必要とされている。(1)原因と結果との関係がなければならないこと(これが事実的因果関係ないし自然的因果関係といわれる)、(2)原因と結果について不法行為の責任を負わせるに足りるだけの関係がなければならないこと、である。

したがって、被害者たる原告が「因果関係」を主張するには、「公務員の違法な職務行為」の原因と結果を明らかにしなければならない。これに対し、加害者たる被告は、それを「否認する」かまたは「知らない」と答弁・主張することになる。

(1)　市立中学校生徒に対する同校教諭と生徒の暴行による傷害と因果関係

市立中学校生徒が、同校教諭と生徒の暴行によって受傷したとして、市と加害生徒の両親に対して損害賠償を請求し認容された損害賠償請求事件（神戸地伊丹支部昭和五九・四・二五判・判例時報一一三四号一二八頁）がある。

本件の事実は次のようであった。すなわち、原告Xは、本件の事故が発生した当時被告伊丹市立中学校一年に在籍する中学生であったが、同校教諭Aにより、授業怠業について訓戒をされた際、左顔面付近を殴打され、さらにその翌日同校生徒であるBから同じ場所のあたりを殴打され、その結果突発性難聴の傷害を受けた。そのため原告は、被告に対し、教諭Aの暴行行為を理由に国家賠償法第一条または民法第七一五条に基づいて、さらに生徒Bの校内暴力行為を防止しなかった校長C、担任教師Dに過失があったとして国家賠償法第一条に基づいて損害賠償を請求した。またこれとともに生徒Bの親権者父母Y_1、Y_2に対し、民法第七一四条または七〇九条に基づいて損害賠償を請求した。

本件判決は、原告Xの受傷と教諭Aおよび生徒Bの各殴打行為との因果関係を認定した。そして、Xの受傷の決定的原因が教諭Aと生徒Bのいずれの殴打行為かは確定できないので、右の二つの行為、すなわちAとBとの行為はいわゆる共同不法行為関係にあるとした。

以下、本件の因果関係認定についての裁判所の見解を紹介し参考にしたい。

「三　因果関係の存否について

原告は、本件原告に生じた傷害は、訴外人及び甲野の前記各殴打行為に基因するものである旨主張するのに対し、被告らはこれを争うので以下この点の当否を検討する。

㈠　……本件においては、原告の傷害は突発性難聴と診断されているものの、これが診断に当たった伊丹市民病院及び阪大病院において各種検査、診察結果によっても右耳の内耳の諸器管等に外傷、出血等は見当たらず、診察に当たった小川、玉置両医師もいずれも右難聴の原因は断定できず、不明である旨明言しており、結局原告の本件右耳難聴の原因については医学的には確証が無いことが明らかであるし、被告市もこの点を捕えて、本件殴打行為と原告の右耳難聴との間には因果関係が存するとの証明がなかった旨述べるものである。

しかしながら、訴訟上の証明の対象としての因果関係は、事実的（自然的）因果関係であると解されるところ、右証明の程度は、一点の疑義も許されない厳密な自然科学的確証に基いてなさるべき科学（医学）的証明と異なり、『経験則に照らして全証拠を総合検討し、特定の事実が特定の結果発生を招来した関係を是認しうる高度の蓋然性を証明することであり、その判断は、通常人が疑を差し挟まない程度に真実性の確信を持ちうるものであることを必要とし、かつそれで足りるものである』（同旨最高裁判所第二小法廷昭和五四年一〇月二四日判決民集第二九巻九号（四一七頁参照））と解すべきであり、被告市のいうように特定の因果法則が見つかり、科学的確証が得られるならば、因果関係の存否の問題を論ずる余地がないのであり、これらが得られない時にこそ前記のような判断基準でこれが存否を確定する必要があるというべきである。」と訴訟法上の因果関係について判示した。

すなわち、右判決の因果関係論についての考え方は、⑴訴訟上の証明の対象としての因果関係は、事実的因果関係であること、⑵因果関係の証明の程度は自然科学的証明のような厳格さは要求されないこと、⑶したがって、その証明の程度は、(a)経験則に照らすこと、(b)全証拠を総合判断すること、(c)特定の事実が特定の結果を発生させたであろうという関係を是認できる高度の蓋然性を証明すること、(d)右の要件の判断基準は、通常人がそれを真実として確信を持ちうるものであることで足りるというものである。

本件裁判所は右のような因果関係についての考え方に立って、本件の因果関係を次のように判断した。すなわち、「そして、以上によれば、(1)本件殴打行為等の外的刺激が本件突発性難聴の要因たりうること、(2)他に右要因として考えられうべき疾患が当時原告においては存在せず、他に右(1)以外にその原因行為として考え難いこと、(3)更に、加害者らと原告本人の体格差異、腕力の強さ（訴外人は、拳法の有段者であった）、打撃の方向その他の殴打行為の状況、(4)これらの殴打行為の直後である二日後に直ちに本件傷害が発生していること等前記諸般の事情を総合勘案すれば、他に特段の反証がない本件においては、原告に生じた突発性難聴は、訴外人、甲野らの殴打行為によって惹起されたことを経験則上通常人が合理的疑をさし挟まない程度の高度の蓋然性をもって認定することができるというべきである。」と判示した。

また、被告らの責任については、

「(一)……前記認定事実によると、原告の本件傷害は、訴外人及び甲野の殴打行為によって惹起されたものであることが認められるが、右両行為は、その打撃の部位、強度等はほぼ同様であり、しかも、僅か一日の近接した時間内に相接して行使せられており、その直後に発生した原告の本件傷害についていずれが決定的な原因かは本件において確定し難いのであるから両行為はいわゆる共同不法行為の関係にあるというべきである。

(二)そして、前記認定によれば、訴外人がなした本件暴行は、同人が学校教育における懲罰行為の行使の過程でなされたものであり、従って、右行為は、国家賠償法一条にいう公権力の行使に当り、その職務執行の過程中においてなされたもので、職務行為と関連してこれと一体をなし、不可分の関係にあるものとみることができるから右暴行行為は、右訴外人が職務を行うにつきなした行為であるとみるのが相当であり、従って、被告市は、右同法一条一項の規定により、公共団体としての同市の教育職員である訴外人の右暴行により、原告の蒙った損害を賠償すべき義務がある。次に、被告甲野らは甲野の法定監督義務者として民法七一四条一項に基き原告の蒙った損害を賠償すべき義務がある。

㈢　前記㈠によると、被告市及び被告甲野らの各損害賠償義務はいわゆる不真正連帯関係に立つものであるから両者は右行為によって生じた原告の左記損害につき連帯して賠償すべき責任があるものというべきである。」と判示し、生徒Bの親権者父母であるY_1、Y_2は生徒Bの法的監督義務者として民法七一四条一項に基づいて損害賠償責任を負うとし、原告の請求金額金一〇〇〇万円のうち、金五八五万円余を連帯して支払うことを被告らに命じた。

国家賠償法上「因果関係」の立証は、民事訴訟の原則に基づいて行われる。すなわち、被害者である原告の側で(1)「因果関係」の主要事実を直接証明する直接証明方式と、(2)「因果関係」の主要事実を経験則に基づいて、一個または数個の間接的事実により証明する間接証明方式とに基づいて行われる。

これに対し、加害者である被告側は、右の間接事実や経験則の存否が不明確であるという形で反証してゆくことになる。これを「間接反証」といっている。

教育作用と因果関係の事例を挙げ検討しておきたい。

(2)　**公立高校の生徒が教師から懲戒をうけた日の翌朝右教師を恨む旨の遺書を学友数人に書き送り自殺した事例**

本件は、教師の生徒に対する叱責、訓戒などが違法な懲戒であり、そのため原告らの子が自殺したとして、その子の逸失利益の相続取得分と原告らの慰藉料および謝罪広告を請求した事件である。裁判所は「原告らは右次太郎の自殺による死亡は本件懲戒行為に起因するもので、その間に法律上いわゆる相当因果関係がある旨主張するのでこの点について判断する」として次のように事実認定を行った。すなわち、(1)次太郎は被告徳野に釈放されて教室に戻った後、級友に自分の唯一のトレーニングパンツを与えるなどして、同日午後三時三〇分頃下校したが、その際友人に対し、自分は今後学校には出て来ない旨述べたこと、(2)同人は帰宅後の午後七時頃切手、便箋、封筒などを買い求めるために外出したが、帰宅の後午後一一時頃から翌日午前一時過ぎ頃までの間に級友あての手紙六通をしたためその後これを投函したこと、(3)級友にあてた右手紙には被告徳野から説諭された当日の九月二五日の一日中が大変不愉快であったこと、被告徳野を恨みに思っており、同人の自分に対する仕打ちは死んでも忘れ得ないこと、二学期になって少しは自重したつもりであるが先生たちが自分に対する評価を変えてくれなかったのが残念でならないこと、自分は今から自殺するが君たちが卒業するときには被告徳野のことはよろしく頼む旨の報復行為を期待する趣旨と見られるような文言などが記載されていることが認められることなどの事実を認定した。

そして、裁判所は「右認定の事実ならびに前段認定の本件懲戒行為の経緯に関する事実を勘案すると、次太郎の自殺による死亡が本件懲戒行為により誘発されたものであって、その間にいわゆる条件関係があったことは容易に推認できるところである。」と判断した。

(i)　**懲戒行為と自殺との因果関係**

裁判所は本件懲戒行為と自殺との関係について「しかしながら、不法行為の直接的結果から、更に派生した損害を当該不法行為に基くものとしてその行為者に帰責せしめるためには、行為と損害との間に単にかかる条件関係があるのでは足りず、両者の間にいわゆる相当因果関係があるとみられる場合であることを要するものというべきである。而して学校教師の懲戒行為（懲戒行為がその正当な範囲を越えていたものとしても）によって受けた精神的苦痛ないし衝撃により、当該生徒が自殺を決意し、更にこれを決行するような心理的反応を起すことは通常生ずべき結果ではなく、極めて稀有な事例に属することは、鑑定人池田数好の鑑定の結果によりこれを認めることができるのみならず吾人の経験則上容易に肯定できるところである。それ故かかる場合になお当該懲戒行為と自殺という結果との間に法律上の因果関係ありとするためには、生徒の自殺を招来するということについての特別の事情につき教師において当時これを予見していたか、または少くとも予見し得べかりし状況にあったことを要するものといわなければならない。しかしながら本件において被告徳野がかかる特別の事情を予見し、または予見可能であったことを認めるに足りる証拠はない。」と判示した。すなわち、教師の違法な懲戒行為（自殺した生徒を殴打している行為など）と生徒の自殺による死亡との間には条件関係を認めたが、教師には予見可能性がないことを理由に相当因果関係を否定した。すなわち、本件の教師の予見可能性の点について裁判所は次のように判示した。

(ii)　**生徒の自殺についての教師の予見可能性**

「これらの事実及び前段認定の事実によれば、次太郎の自殺行為は突発的な激情にかられて衝動的になされたものではなく、かねてからうっ積していた被告徳野に対する反感・憎悪が本件懲戒行為により一層増大し、その心理的反応としての反抗、攻撃性を最も衝撃的とみられる自殺という間接的行動で顕示することにより、その報復感情を充足する目的がその間に伏在していたものであることが推認されるのみならず、前記鑑定の結果によれば、教育心理学的には本件の場合自殺の結果を事前に予測し配慮されるべき場合であったものということができるが、教育心理学の専門家でない教師にとって、訓戒の現場における次太郎の態度から直ちにかかる結果を予見することは困難な状況にあったことが認められる。以上の事実に前認定の本件懲戒行為のなされるに至った経緯、懲戒の態様、応接室における次太郎の態度、反応等を勘案するとき、被告徳野が教師として、これに要求される相当の注意義務を尽したとしても次太郎が本件程度の懲戒によって自殺を決意するような心理的反応を示す特別の心的状況にあったことを予見し得べかりし場合であったものとすることはできない。而して、なによりも自殺行為による死亡という結果は、自殺者の自ら選択した行為によるものであり、他人の行為によって受けた精神的、肉体的苦痛ないし衝撃が極めて重大で、何人も生きる希望を喪失し自殺を選ぶ外に道がなく、それが何人にとっても首肯するに足る状況にあったと見られる場合は格別であるが本件の場合、客観的にはいまだかかる切迫した限界状況にははるかに及ばない場合であったものと見るのが相当であり、かかる事情を彼此考慮すると、次太郎の死亡と本件懲戒行為との間に法律上の因果関係を肯定することは相当でないといわざるを得ない。」（福岡地飯塚支部昭和四五・八・一二判・判例時報六一三号三〇頁）。

(iii)　**本件の第二審の判決**

本件の第二審である福岡高裁も、生徒の自殺という行為は「自己破壊的行為のうちの隔絶した頂点ともいうべき」ものできわめてまれにしか発生しないものであるからそこまで教師が予測することはできないとした。すなわち、「本件のような異常な懲戒を受けた相手方の心理的反応及びこれを心理行動面で処理する方法は、その性格構造の差異によって千差万別という外はないけれども、次太郎のように高校三年生という思春期といわれる心理的に最も不安定な特性をもった時期にある者にあっては、一般的に心理的反応も著しく強烈で、これが相手方に対する反抗的攻撃的な心理作用に転化し易く、その心理行動面での処理方法として、家出、登校拒否、相手に対する直接的攻撃行動などの何らかの自己破壊的行動となって現れる可能性は他の年齢層の者に比し著しく高いといわれており、自殺も右行動のなかに含まれるものである。」

「しかしながら、自殺というのは自己破壊的行為のうちの隔絶した頂点ともいうべき極めて稀な事例であることは否定できないところであって、結局かかる事態まで予測することは困難であったといわざるを得ない」と判示した。（福岡高昭和五〇・五・一二判・昭和四五年(ネ)六一八号、六五五号）。

(iv)　**本件の最高裁の判決**

被上告人徳野の右懲戒行為は、担任教師としての懲戒権を行使するにつき許容される限界を著しく逸脱した違法なものではあるとしたがその懲戒行為がされるに至った経緯、その態様、これに対する次太郎の態度、反応等からみて、被上告人徳野が教師としての相当の注意義務を尽くしたとしても、次太郎が右懲戒行為によって自殺を決意することを予見することは困難な状況にあったとし、被上告人徳野の懲戒行為と次太郎の自殺との間には「相当因果関係がない」とし「その過程に所論の違法はない」と判示した。（最高昭和五二・一〇・二五判・昭和五〇年(オ)九三〇号、九三一号）。

(3) 高校保健室における生徒の急性心臓死と養護教諭の過失との因果関係

高校保健室において生徒が急性心臓死した事件で当該生徒の死と養護教諭の措置との因果関係が問題となった事案がある。本件は国家賠償法上の問題ではなく民法第七〇九条で争われた事件であるが、参考となると思われるので採り上げておきたい。

Aは徳島県立水産高校一年に在学中の生徒であったが、昭和四二年九月六日午前の授業中突然顔面蒼白となって苦痛を訴えたため、教師の指示で級友に付き添われて保護室へ歩いて行った。途中、職員室前付近で「吐き気がする」と言ってかがみ込んだが、結局その場では吐かず、そのまま保健室へ入った。当日は残暑きびしく、日中は三三度から三四度ぐらいの気温であった。

保健室にいた養護教諭Bは、Aが保健室に入ってくるのをみて、すぐ容態を聞いたところ、同人は「暑いのをこらえていたら胸が悪くなって吐きそうになった。」と答えたのでB教諭もちょっと気分が悪いのであろうと考え背中をさすってやった。

Bはその頃「腹は痛まないか」とか、「食あたりはないか」等の二、三の質問をしたが、心当たりになるような返事もなく、体温、脈搏も正常であったため、一応の病状判断として一過性の暑気当たりと判断し、Aの頭をタオルで冷やす程度の看護をするにとどめた。その後Aが静かに眠りに入り、特に異常もなかったので、Bは他の用務を果たすために保健室を離れた。約三〇分後帰室したところ、Aの容態が急変しており、近くの校医が駆けつけて診察したが、Aはすでに死亡していた。死因は急性心臓死であった。

そこで、Aの両親は、民法第七〇九条に基づいて、徳島県に対しB教諭の使用者責任と、同校校長に対し代理監督者の責任を追及して慰藉料の支払いを求めた。

(i) 死亡した生徒に対する養護教諭の措置と過失との関係

この点について裁判所は、(1)生田教諭は、建明（死亡した生徒）が授業中、冷汗をかき顔色を青くして気分が悪いと訴えて級友に連れられながら保健室へ来た上、少量の嘔吐をしたのに対し、二、三の質問と体温、脈搏の測定をしただけで、それに特段の異常を認められなかったことに安心し、このような場合危険な恒久性のものもあることを職業上の知識として承知しながら全く怪しむことなく、ただ備付けベッドに寝かせて、頭をタオルで冷やす程度の措置にとどめ、安静にしておればやがて回復すると考えたことは、たとえ、当人がその後特段苦しみを訴えず、静かに寝入ったとしても十分非難に値し、特に建明を保健室に独り置いて外出し目を離し、少なくとも半時間も空室にしていたことは（なお、建明が入室休養し、ベッドに横たわったままになってから、生田が外出するまでほぼ一時間半も経過しており、建明はかかる長時間かけてもなお回復していない計算になる点も参照）、養護教諭としては日頃の油断、軽率のそしりを免れないこと、(2)また、本件高等学校においては、よく授業をずる休みする目的で仮病を使って保健室へ休みに来る生徒があるというような事情（生田証言）は、本件事実関係の場合、なんら生田の責任を免れしめるものではなく、弁解に過ぎないこと、と判断した。

(ii)　**養護教諭の職務上の責任**

「およそ人の健康に携る者は漫然日常性の中に埋没して、おのれの義務を放てきすることは許されない。日々あらたな心構えを求めることはあながち無理とは考えられない。殊に、高等学校の生徒と言えば一応は自分の身体状況についての判断能力を有するとは言えないなお未成年であり、世の父兄としては、『学校は安全で心配のないところである』と考え、子弟を預けているのが実情である点に思いをいたすと、生徒の緊急看護に当たることを職務とする養護教諭としては、単にかすり傷に赤チンをつけるといった場合は格別、かかる場合はやはり体温、脈搏の測定、簡単な問診はもとより、その後も細心の注意を払い急変に備え、少くとも半時間も病人の側を離れるようなことなく、必要とみれば臨機の措置、すなわち医師（校医）への連絡、担任教師、家庭への連絡等をする心構えでおり、無事気分回復を見届けるのが当然である（なお、これより以上に当初の段階で直ちに医師への連絡を義務づけることは、本件の場合、社会通念上やや酷ではないかと思われる）。もし、かかる義務もないと言うのであれば、保健室など無い方がましである。けだし、建明のような病状が生じた場合、保健室がなければ近くの校医へ直行したであろうことは容易に想像されうることであると考えられるからである。また、見方にもよるが、学校の養護教諭たる者はその職務の特殊性の故に、(保健、救急上の研修も受けていることは生田も自認するところである) 個々の生徒について、場合によってはその保護者 (両親) 以上の予見能力をもってその病状推移について注意を払うべき義務が存すると解すべきである。」とし、養護教諭には保護者以上の予見能力をもって対処する必要があることを示唆した。

そして「以上のとおりであるから、本件の場合、養護教諭生田満子が建明の病状を漫然一過性の暑気当りと考え、場合によっては死に至る内因性病状であることもある点を知りながらこれに思いをいたさず (但し、その判断までも求めるのは無理)、半時間もそのそばを離れ、よってその病状急変に際し、臨機の措置をとらなかった点は不法行為上の過失と言わねばならない。」とし、養護教諭の過失を認めた。

(iii)　**養護教諭の過失と生徒の死亡との因果関係**

「しかし、次に、すすんで、生田の右過失行為(正確には、不在のため臨機の措置をとらなかった不真正不作為の行為)と建明死亡との相当因果関係、すなわち、もし生田教諭が建明のそばにおり病状変化に気付き、直ちに医師を呼び、相応の手当を施したとすればその結果、果して建明は一命をとりとめえたか、または多少とも死に至る時間をながらえることができたか否かの点については前記のとおり、本件の場合は、解剖所見が得られないことや、現在の医学知識水準に照らし (但し、解剖を拒否した母原告久子の心情は誠に無理からぬものがあり、右拒否がために因果関係の関門を狭くすることは、必ずしも当裁判所の本意ではないが)、これを肯認することが極めて困難であり、原告らの援用する証拠を精査してもなおこれを裏付けるに足る確証なし、と言わざるをえない。すなわち、建明の死亡直後に臨場した医師居和城武も (本件では証拠上、同証人の証言以外に専門医学上の証言ないし鑑定証言は他にない) ……要するに、本件の場合急変後医師が直ちに駆けつけても、助かったか助からなかったかはわからない、と言っているのが実情で、特に建明の急変状態があったのか、あったとしても、それがいつの段階で外部からみて覚知しえたものか、と言った時間関係も不明であり、その他、恒久性症状と言っても具体的には色々な場合があるのではないか……、死に至る蓋然性、確率、等々の点においてなお不明の要素も存し、当裁判所としては、いま前記医師の証言または鑑定証言を超えて一般経験則に依拠して右因果関係の存在を肯定することについてなおちゅうちょを覚える次第である。殊に、本件生田の場合は不作為をもって過失（行為）と目されているのであり、この場合の因果関係の解明は、建明の死に至る自然の因果の流れに対し、生田がいついかなる作為をなせばその流れを喰い止め得たか、という視点から検討しなければならないのであって、一定の作為行為（例えば、注射、投薬行為）と死の結果との相当因果関係を判定する場合とは、その過失行為と結果との関係構造を異にしており、問題を一層困難にしていると思われる。

以上のとおりであるから、本件は相当因果関係を否定せざるをえない。」と判示した（徳島地昭和四七・三・一五判・判例時報六七九号六三頁）。

すなわち、(1)証拠上死亡した生徒の症状の急変の有無と症状の急変を外部から知ることができると考えられる時期が不明確であること、(2)恒久的症状にも具体的に種々の場合があること（たとえばポックリ病）、(3)死に至る蓋然性、確率等の点について不明の要素があること、(4)本件の場合、生徒の解剖が母親により拒否されたため解剖所見が得られなかったこと、(5)このため専門的な正確な死因を知ることができなかったこと、(6)したがって、養護教諭が保健室を不在にしたことから臨機の措置をとらなかった不真正不作為の行為と死亡した生徒の死亡との間の相当因果関係は認めることはできないとしたのである。

(四) 国家賠償訴訟と和解

一　次に国家賠償訴訟と和解との関係について一言触れておきたい。

国家賠償訴訟では、被害者の損害を塡補しなければならないという私益と、国・公共団体が公権力を行使してその目的を実現しなければならないという公益との対立関係をどのようにして調和させるかという相互の利害調節が重要な問題となる。

国家賠償訴訟における和解は、裁判所に訴えを提起してから、最終的な裁判所の判断としての判決が下されるまでの間に、当事者間で紛争を解決するために具体的な妥当性のある解決案を提示し、それにより当該事件を終結させようとする訴訟上の一つの制度である。

二　国家賠償訴訟事件の特徴としては、(i)被告となる当事者が国または公共団体であること、(ii)事件の事案において、(a)公務員に違法行為があったか否か、(b)発生した損害との因果関係の有無、(c)営造物の管理等の瑕疵により損害が発生したのか否かが問題となるが、国家賠償訴訟においては、それらの立証が困難であること、(iii)訴えを提起した原告側にとっては、国または公共団体が被告ということになるので、話合いによる和解よりも判決により明確に問題を解決しようとする方向に進むことになり、そのために和解により事件を解決することが困難であること、などの点がある。

すなわち、被告となる国または公共団体は、単に当該国家賠償事件を解決するという視点からのみ、事案を解決しようとしているのではなく、行政を担当する立場に立って行政全体という視点から、当該事件を解決しなければならないという制約を受けている。そして、その点から、和解により解決した方がよいか否かを考えてゆくことになる。しかし、和解により事件を解決しようとすることは、一面原告の主張を入れて、被告側の過失なり、手落ちを認めることになるおそれがあるので、国・地方公共団体としては、和解の方法をとらないという方向に進むことになる。

裁判所にとっては、訴訟事件の解決方法は和解による解決か、判決による解決のいずれかによるしかその方法がない。したがって、和解による解決が、将来、他の事案に及ぼす影響等をも考慮し、さらには、その解決案は法律的判断を超えて、政治的、社会的影響を与えるということも考慮して判断してゆくという場合も生じてくる。これが「国家賠償における和解」の特徴である。

㈢　教育作用に基づく損害賠償と安全配慮義務違反との関係

一　学生、生徒間の校内暴力やいじめの問題が社会的問題となっている。国公立、私立を問わず、学校側は、安全配慮義務に基づいて暴力やいじめなどによる学生・生徒の心身に対する違法な侵害が加えられないよう適切な配慮をすべき義務があったにもかかわらず、これを怠ったために損害賠償事件が提起されたという事例が発生している。損害賠償事件には不法行為を理由に構成してゆこうとする場合と安全配慮義務違反を理由に構成してゆこうとする場合とがあるが、この両者の構成において最も大きな相違点は消滅時効の点である。すなわち、前者は、国家賠償法第一条による場合も同法第四条により民法第七二四条が準用される結果、その損害賠償請求権は三年で消滅時効にかかるが、後者は民法第一六七条第一項（注）によるべきこととされているから一〇年で消滅時効にかかる。したがって被害者にとっては後者の方が一般的に有利になる。

二　国公立学校における損害賠償事件においても「安全配慮義務違反」を理由にした損害賠償請求事件が提起されている。

すなわち、

⑴　私立学校の場合は、学校法人と生徒または法定代理人との間に私法上の契約関係すなわち在学契約ともいうべき法律関係が存在する。このため、労働契約から生ずる付随義務として、使用者に労働者の安全を保護すべき債務が認められるのと同様に、在学契約においても、在学契約関係から生ずる付随義務として、学校法人に、安全配慮義務すなわち学生、生徒の教育過程における生命・身体の安全を保護すべき在学契約上の義務があるとして債務不履行による構成がなされてきている（大阪地昭和四三・五・二判・判例時報五二四号五七頁、山形地昭和五二・三・二〇判・判例時報八七三号八三頁）。

(2)　国公立学校の場合は、在学関係を公法上の特別権力関係であって契約関係ではないとするもの（東京地昭和五五・三・二判・判例時報九五八号四一頁）と、これを在学契約関係であるとするもの（長野地昭和五四・一〇・二九判・判例時報九五六号一〇四頁）があるが、最高裁判所は、国家公務員の公務災害などに関連して、「安全配慮義務は、ある法律関係に基づいて特別な社会的接触の関係に入った当事者間において、当該法律関係の付随義務として当事者の一方又は双方が相手方に対して信義則上負う義務として一般的に認められるべきである」と判示して、国は、公務員に対し、その公務遂行のための場所、施設もしくは器具等の設置管理またはその遂行する公務の管理にあたって、公務員の生命および健康等を危険から保護するよう配慮すべき義務を負うと判断している（最高昭和五〇・二・二五判・民集二九巻二号一四三頁）。

右のような見解に立って国公立学校においても同様に児童生徒に対して国または公共団体は安全配慮義務を負うとする裁判例が現われ、現在では国公立学校の場合でも安全配慮義務違反による構成が認められてきている。たとえば、すでに取り扱ったが、国立商船大学の学寮内における在寮上級生によるいわゆる入学歓迎コンパで飲酒した新入生が、吐物吸引により窒息死した事故につき、大学当局の安全配慮義務違反が否定された事例がある（東京地昭和五五・三・二五判・判例時報九五八号四一頁）が、この判決は、国公立学校の学生に対し、国または公共団体が安全配慮義務を負うことを前提として国家賠償の問題を検討しているものである。

三　右のほか、国公立学校に発生した損害賠償事件で安全配慮義務違反が問題とされた事例を若干挙げておきたい。

(1)　公立学校の在学契約関係上において安全配慮義務違反がないとされた事例において、裁判所は、「さらに、中野教諭は、柔道二段の段位を有し、指導上必要な柔道専門知識に欠けるところはなく、日頃の練習を直接指導している関係上部員の技量を最もよく知りうる立場にあったのだから、右のような指導体制がとられている以上、学校管理者である須坂高校長吉村が、原告優の本件大会参加を承認するに当って、……で認定したような資格検査にもとづき、他に柔道部の練習状況及び同人の技量を格別調査せず、右中野の判断に従って参加の承認を与えた措置は、学校管理者として課せられた安全を配慮する義務を欠いた違法はない。」と判示している（長野地昭和五四・一〇・二九判・判例時報九五六号一〇四頁）。

(2)　国立大学ヨット部の合宿練習中に起きた死亡事故につき、学校側に安全配慮義務違反が認められず、国に対する損害賠償請求が棄却された事例において、裁判所は、「以上の認定事実によれば、本件大学において、本件ヨット部の運営は学生らの自治に委ねられ、従ってヨット部の日常的な部活動は分別を備えている大学生が本来自らの判断で対処し自分自身で責任を負うべき状況にあったこと、本件大学においては本件ヨット部の日常的な部活動に対し具体的な指導監督をなすことはなかったものの顧問教官において機会がある度に、本件ヨット部の日常的な部活動である合宿練習中に生じたものであることは、……認定のとおりで、右合宿練習それ自体は本件ヨット部の従来の部活動からみて特に危険を伴うものではなく、本件事故は、本件ヨット部員が当日の気象通報に十分な注意を払わず、強風による沈船等の突発事故に対応するに足りる装備、技量、体力もないまま出艇したことに原因があることは……明らかである。

原告らは、……本件ヨット部の如く生命身体に対する危険を包含する部活動については届出制とし、大学がこれに対し助言、指導と財政上の諸対策をとるべきであり、これがとり得ないときは部の設置禁止も考慮すべきであると主張し、また……本件ヨット部の保有船、装備、施設の劣悪さを挙げ、その改善について大学が財政措置をとらなかったことをもって安全配慮義務に違反すると主張するが、成人もしくは成人に極く近い大学生が行うスポーツとしてのヨットは……安全確保を第一として装備、技量、体力、気象および海水域の諸状況に応じて行えば決して危険なものではなく、本件ヨット部の学生もその例外ではなかったこと、また……本件大学における課外活動としての部が学友会から学生の自主的運営による自治会、体育会傘下の組織に移行していった経過よりすれば、本件大学が部活動を学生の自治に委ね大学側の助言、指導、財政援助等による介入を控えたのはむしろ当然の推移であり、届出でなくなされている本件ヨット部の日常的な部活動について大学が個々的な助言、指導をせず、財政上の措置をとらなかったことをもって安全配慮義務違反ということはできない。」

「結局、本件においては、被告に対し原告ら主張の如き債務としての安全配慮義務を認めることはできず、また国家賠償法一条一項の損害賠償責任を認むべき安全配慮義務違反の事実を認めることもできない。」と判示している（山形地昭和五八・二・二八判・判例タイムズ四九四号一三五頁）。

右のように、教育作用の分野における国家賠償事件において、安全配慮義務違反の点から訴訟を提起している事件が見受けられる。

（注）　**民法第七二四条**　不法行為ニ因ル損害賠償ノ請求権ハ被害者又ハ其法定代理人カ損害及ヒ加害者ヲ知リタル時ヨリ三年間之ヲ行ハサルトキハ時効ニ因リテ消滅ス不法行為ノ時ヨリ二十年ヲ経過シタルトキ亦同シ

民法第一六七条第一項　債権ハ十年間之ヲ行ハサルニ因リテ消滅ス

(六)　教育活動における損害賠償事件と過失相殺

一　次に教育活動における損害賠償と過失相殺について触れておきたい。まず国家賠償法上の損害額の算定については、民法の不法行為法の理論が適用される。損害が発生したことを理由とする損害額の立証責任は、原告が負担する（最高昭和二八・一一・二〇判・民集七巻一一号一二二九頁）。

損害を認定するに当たって、過失相殺についての民法第七二二条第二項「被害者ニ過失アリタルトキハ裁判所ハ損害賠償ノ額ヲ定ムルニ付キ之ヲ斟酌スルコトヲ得」の規定が適用される。最高裁昭和四一年六月二一日判決（民集二〇巻六号一〇七八頁）は、過失相殺は職権ですることができるとしている。

また、被害者の過失をどのように斟酌するかは、裁判所の自由裁量の問題である（最高昭和三四・一一・二六判・民集一三巻一二号一五六二頁）。

二　教育活動における損害賠償事件において過失相殺を認めた事例を二、三挙げて参考に供したい。

(1)　国立大学研究室の清掃作業中薬品混合を誤って爆発事故を起こし両眼失明の重傷を受けた学生に、薬品の混合方法について技術補佐員に対し具体的詳細に指示を求めなかった過失があるとして、四〇％の過失相殺がされた事例がある（東京地昭和四九・九・三〇判・訟務月報二〇巻一二号三〇頁）。

(2)　中学生が家庭での理科実験で作った水酸化ナトリウム飽和水溶液を、冷水と誤って幼児が飲み、食道狭窄を起こした事故について、幼児の姉が実験後の後始末をしなかった過失およびその母親が十分な注意を与えなかった過失が被害者側の過失に当たるとして、六〇％の過失相殺がされた事例がある（福岡地昭和五二・四・二六判・訟務月報二三巻七号一二一九頁）。

(3)　クラブ活動の柔道練習で頭頸部を強打して死亡した県立高校生に、過度の疲労を覚えているのに休憩を申し出るなどして事故の発生を回避すべきであったとして、一〇％の過失相殺がされた事例がある（松江地出雲支部昭和五四・三・二八判・訟務月報二五巻八号二〇五〇頁）。

この「過失相殺」の問題は各事案ごとにその実情に従って決定されてゆくことになるものと思われる。

国公立学校における事故・私立学校における事故と国家賠償法第一条との関係

以上、教育活動と国家賠償法第一条との関係を検討してきたが、ここで国公立学校および私立学校における事故と国賠法第一条との関係を整理しておきたい。

(1)　国公立学校における事故と私立学校における事故は、適用される法律に相違があり、その結果、責任の主体も異なってくることに注意しなければならない。

(2)　国公立学校の学校関係者に損害賠償責任を問う場合には、国賠法第一条が適用されるのか、民法第七〇九条、第七一五条が適用されるかが問題となる。

(3)　国公立学校における教育作用は国賠法第一条にいう公権力の行使に該当するかどうかという点については、(a)公権力の行使を国家統治権に基づく優越的な意思の発動たる公行政作用に限定して、国賠法の適用を消極に解する見解、(b)国公立学校の教育作用は特別権力関係の側面をもつことを理由に、国賠法の適用を肯定する見解、(c)公権力の行使を広く私経済作用と国賠法第二条の公の営造物の設置作用を除く非権力的作用も包含する公行政作用をいうとして肯定する見解があるが、現在の裁判例は右の(c)説によるものが多い。したがって、国公立学校の学校関係者に損害賠償責任を問う場合は国賠法第一条が適用される場合が多い。

(4)　国賠法第一条が適用される場合、その責任主体は、学校設置者＝国または公共団体に限られ、当該学校の教師は、一般の公務員と同様に直接の個人責任を負わない（最高昭和三〇・四・一九判・民集九巻五号五三四頁、最高昭和四六・九・三判・判例時報六四五号七二頁、最高昭和四七・三・二一判・判例時報六六六号五〇頁、最高昭和五二・一〇・二五判・判例タイムズ三五五号二六〇頁、最高昭和五三・一〇・二〇判・民集三二巻七号一三六七頁）。

(5)　私立学校の場合は、民法の規定が適用され、その責任主体は、民法第七一五条第一項により学校法人自身が不法行為責任を負うだけではなく、同法第七〇九条により教師個人が不法行為責任を負うが、ときには、教師が同法第七一四条第二項により個人として代理監督者責任を負うこともある。また、学長、校長、園長ら学校管理者個人が同法第七一五条第二項によって代理監督者責任を問われることもある（山形地昭和五二・三・三〇判・判例時報八七三号八三頁）。

(6)　私立学校の場合は、国公立学校の場合に比較して、その責任主体の範囲は広い。しかし、実際問題として、最近の私立学校における学校事故の裁判例からして、私立学校法人のほかに当該教師個人をも被告としている事例は多いわけではない。

第三章　教育活動と国家賠償法第二条

一　国家賠償法第二条第一項は、「道路、河川その他の公の営造物の設置又は管理に瑕疵があったために他人に損害を生じたときは、国又は公共団体は、これを賠償する責に任ずる」旨規定する。

国賠法第一条は、公務員の故意過失を国家賠償の要件とし、過失責任の原則に基づいているのに対し、第二条は無過失責任の原則に基づいていることに注意しなければならない。最高裁は、「国家賠償法二条一項の営造物の設置又は管理の瑕疵とは、営造物が通常有すべき安全性を欠いていることをいい、これに基づく国および公共団体の賠償責任については、過失の存在は必要としないと解するを相当とする」（昭和四五・八・二〇判・民集二四巻九号一二六八頁）と判示し、営造物に物的瑕疵があって通常有すべき安全性を欠くときは、その管理行為に過失がなくても、営造物によって生じた損害について賠償を認めるのが、国賠法第二条の趣旨であるとしている。

このように、国賠法第二条が公の営造物の瑕疵に関して無過失責任主義を導入した理由は、基本的には、国や公共団体が物的施設を国民の利用に供するときは、その安全性を担保すべき安全配慮義務があるという考えに基づくものである。

二　国賠法第二条の「公の営造物」といった場合の営造物の概念について、学問上、営造物の語の使い方は一定していないが、一般には、国または公共団体等の行政主体が、公の目的に供用する人的手段および物的施設の総合体を指して用いられている。しかし、人的手段の問題は、国賠法第一条で処理されているので、第二条の公の営造物は、道路、河川など物的施設を指し、公物の概念に当たるということになる。しかし、この公物という語も、実定法上の用語ではなく、学問上の概念である。

この公物はその供用される公の目的から見た場合、(i)公共用物（直接、一般公衆の共同使用に供せられるもので、道路、公園、河川、港湾などである（国有財産法上の公共用財産））、(ii)公用物（国または公共団体自身の使用に供せられるもので、官公署の建物、国公立学校の建物、職員の官舎などである（国有財産法上の公用財産、皇室用財産、企業用財産））に分けられる。このような公物はすべて、国賠法第二条第一項の「公の営造物」に当たると解してよい。

三　次に教育活動に関し国賠法第二条第一項の「公の営造物」に当たるか否かが問題となった事案を若干、挙げておきたい。

(1)　臨海学校における飛込台が国賠法第二条の「公の営造物」に当たるか否かについて、東京地裁は公の営造物に当たるとしている（東京地昭和二八・一一・二一判・下級民集四巻一一号一七四〇頁）。すなわち、裁判所は、小松中学校は区長の「代諾により教育事務の管理執行権をもつ都教育委員会の臨海学校教育の許可を得たことになるので、それに伴う教育施設は当然学校施設の延長として区の設置、管理をなすべき営造物というべきで、この故にこそ区は宿舎の斡旋をなしたものというべく、その借入が形式的には学校と所有者の契約であっても区は実質上責任を免がれるものではない。飛込台は臨海学校の構成物として営造物に包含される。」（同趣旨、東京高昭和二九・九・一五判・下級民集五巻九号一五二三頁）と判示している。

(2)　公立中学校の生徒工作用の電気かんなが「公の営造物」に当たるか否かについて、広島地裁は、公立中学校の生徒の工作用の電気かんなが「公の営造物」に当たるとしている（広島地昭和四二・八・三〇判・下級民集一八巻七・八号八九九頁）。すなわち、裁判所は「国家賠償法二条が民法七一七条の適用範囲の空白を埋めようという動機の下にその立法作業が開始されたという経過は、単に立法の動機であるに止まり営造物という動産および人的設備を含む法律概念から本条に限り動産を除外しなければならぬ合理的事由は存しないからである。」と判示している。

(一)　国家賠償法第一条の要件と第二条の要件との関係

国賠法第一条の権力作用に基づく損害賠償の規定と第二条の非権力作用に基づく損害賠償の規定の賠償の要件を対比した場合、次のような相違があることが指摘できる。すなわち、第一条の国または公共団体の公権力を行使する公務員による賠償責任の要件として、(1)公権力の行使、(2)職務を行うについて、(3)公務員、が問題となり、さらに、瑕疵要件として「故意又は過失によって違法に他人に損害を加え」ること、がある。

これに対し、第二条の公の営造物の設置管理の瑕疵による賠償責任の要件として、(1)河川・道路、営造物の概念の問題、(2)公の営造物の設置管理の瑕疵の問題、がある。

このように両者を対比すると、その賠償規定の適用される範囲に明確な相違があることが指摘されている。しかし、この両者の相違が最近明確でなくなってきていることに触れておかなければならない。たとえば、最高裁昭和五〇年七月二五日の損害賠償事件に関する判決がある。

本件は、国道上に駐車中の故障した大型貨物自動車を約八七時間放置していたことが、国賠法第二条第一項に定める道路管理の瑕疵に当たるか否かが問題となったが、最高裁は、県の上告を棄却し、「おもうに、道路管理者は、道路を常時良好な状態に保つように維持し、修繕し、もって一般交通に支障を及ぼさないように努める義務を負うところ(道路法第四二条)、前記事実関係に照らすと、同国道の本件事故現場付近に故障した大型貨物自動車が八七時間にわたって放置され、道路の安全性を著しく欠如する状態であったにもかかわらず、……道路の安全性を保持するために必要とされる措置を全く講じていなかったことは明らかであるから、このような状況のもとにおいては、本件事故発生当時、同出張所の道路管理に瑕疵があったというほかなく、してみると、本件道路の管理費用を負担すべき上告人は、国家賠償法二条及び三条の規定に基づき、本件事故により被上告人らの被った損害を賠償する責に任ずべきである」と判示した。

右の事案において、その損害賠償責任は、道路管理上の瑕疵に基づくものなのか、あるいは道路交通取締りの瑕疵、すなわち道路警察上の懈怠から発生した瑕疵に基づくものなのであろうか。前者の場合であれば第二条が適用されて、無過失責任主義を前提とした瑕疵責任が問題となり、後者の場合であれば第一条が適用され、過失責任が問題となるということになる。

このように、第一条と第二条との関係が不明確な事案が発生していることに注意しておく必要があろう。

(二)　国家賠償法第二条の動向

国賠法第二条第二項が、「道路、河川その他の公の営造物」と規定していることは、民法第七一七条にいう「土地－工作物」に対応するものと考えられる。しかし、道路や河川を「土地－工作物」の概念に含ませることには問題がある。すなわち、国賠法第二条第二項が道路、河川を例示していることは公の営造物を土地の工作物に限定するものではないことを示しているといってよいからである。

裁判所は、(1)公の営造物とは、行政主体により特定の公の目的に供される有体物ないし物的設備であり、所有権の帰属いかんにかかわらず公共団体が事実上管理する状態にあればこれに該当する(山口地下関支部昭和四七・二・一〇判・判例時報六六七号七一頁)とし、また、(2)営造物は、未完成であり、一時的、仮設的に設けられた物的設備であっても、実質的にみてそれが完成後の営造物に準じた機能を発揮して現に公の目的に供せられている場合にも、その営造物に該当する（千葉地昭和五三・一二・四判・判例時報九二五号一〇一頁）としている。

したがって、第二条が予定している賠償責任は、道路、公園といった施設に物的欠陥があり、そのために利用者が損害を被ったという場合の営造物の利用者に対する国、公共団体の賠償責任ということである。具体的には道路に穴があいていたり、落石、路肩の崩れなどによって生ずる事故は、人為的には予防することは不可能に近いが、一度被害が発生した場合は、営造物の設備管理に瑕疵があるとして、公共団体はその責任を回避することはできない。

しかし、被害者の側からみると、近年、大体確実に救済が得られることが多いので、国賠法第二条は、現在、営造物の利用者が偶然に被った損害を国・公共団体により連帯して塡補するという社会保障的な色合いをもっているのではないかという見解も出てきている。

㈢「公の営造物の設置管理の瑕疵」の意義に関する学説と裁判所の見解

公の営造物の建造とその後の維持・修繕などに不完全な点があり安全性を欠いておれば、その設置管理に瑕疵があることになる。国賠法第二条は無過失責任の原則に依拠していることから、法令に違反していなくとも、また公の営造物の設置・管理の安全性を欠くにいたる原因がなくとも、また管理者の過失が存在しなくとも損害賠償をしなくてはならない。ただし、この場合、瑕疵の存在を前提とする。また瑕疵の存在についての挙証責任は原告（被害者）にある。

「公の営造物の設置または管理の瑕疵」の意義については、次のような説がある。

客観説は、客観的に営造物の安全性の欠如が営造物に内在する物的瑕疵または営造物自体を設置し管理する行為によるかどうかによって決すると主張する。

これに対し、主観説は、営造物を安全良好な状態に保つべき作為または不作為義務を課されている管理者がその義務に反することをいうと主張する。

この点、最高裁は、国賠法第二条第一項の営造物の設置または管理の瑕疵とは、営造物が通常有すべき安全性の欠如をいい、過失の存在を必要としないとしていることから、客観説に立っているものと思われる。

国賠法第二条第一項にいう営造物の設置管理の瑕疵に関する裁判所の見解を挙げると次のようである。(i)営造物が通常有すべき安全性の欠如をいう（最高昭和四五・八・二〇判・判例時報六〇〇号七一頁、山口地昭和四七・二・一〇判・判例時報六六七号七一頁、昭和四七・三・二四判・判例時報六八〇号七二頁）、(ii)営造物につき客観的に瑕疵があればよく、設置者または管理者の主観的な故意、過失の有無を問う必要はない（高松地丸亀支部昭和三七・一二・一四判・訟務月報九巻一号一四頁）、(iii)公の営造物の瑕疵の有無は、その物の置かれている四囲の状況との総合的見地から判断すべきである（高松地丸亀支部昭和三七・一二・一四判・前掲）、(iv)空港ビルの階段踊り場の手すりの瑕疵の有無は、転落防止の目的を果たすためには社会通念上必要とされる程度の性能、効用を具備しているか否かによる（東京地昭和三八・三・二七判・訟務月報九巻四号四八九頁）、(v)公の営造物たるプールの利用者の危険防止のために設けられる物的人的設備は、プールと合わせて全体として一つの営造物をなし、その監視員の数、監視の程度等が物的設備との関連において安全確保上不十分な場合には、国賠法第二条の瑕疵がある（大阪高昭和四七・一一・一五判・訟務月報一八巻一二号一八三七頁）。また、最高裁は、大阪国際空港騒音公害訴訟（最高昭和五六・一二・一六大判・判例時報一〇二五号三九頁）において、国賠法第二条第一項の営造物の設置管理の安全性の確保は、利用者に対してのみならず、利用者以外の第三者に対しても及ぶとし、第三者に対する損害についても、国家賠償法の対象となるとしている。

(四)　学校関係の営造物に瑕疵があったとされた事例

学校関係の営造物の瑕疵についてどのような点が問題となっているかを若干の判示事項を挙げて考察を加えておきたい。

(1)　学校プールで発生した児童の溺死事故が当該プールの設備の瑕疵によるとされた事例（松山地西条支部昭和四〇・四・二一判・下級民集一六巻四号六六二頁）、

(2)　市立小学校の体育科の授業中、砂場の中に異物があったために発生した傷害事故が、砂場の管理の瑕疵によるとされた事例（神戸地尼崎支部昭和四六・五・二一判・判例時報六四七号七四頁）、

(3)　公立小学校の階段から児童が転落した事故が、階段の設置・管理の瑕疵によるとされた事例（福岡地小倉支部昭和四六・一一・三〇判・判例時報六七六号六四頁）、

(4)　幼児の水死事故につき学校にプール設置の瑕疵があるとされた事例（神戸地昭和四八・七・三〇判・判例時報七三七号七六頁）、

(5)　中学校プールでの溺死事故について、排水口の鉄蓋の移動が容易であったなど、当該プールの設置管理に瑕疵があるとされた事例（京都地昭和四八・七・一二判・判例時報七五五号九七頁）、

(6)　中学校校庭をアスファルト舗装したことが営造物の瑕疵に当たるとされた事例（東京地昭和五一・九・一三判・判例時報八五四号八六頁）、

などの事例がある。

以下、これらの事例を紹介し、どういう場合が国賠法第二条の営造物の設置に瑕疵があるということになるのかを検討したい。しかし右の若干の判示事項から明らかなように小・中学校で発生した事案が多いことを断っておかなければならない。

(1)　**幼児のプール水死事故につき学校にプール設置の瑕疵があるとして賠償責任を認めた事例**（神戸地昭和四八・七・三〇判・判例時報七三七号七六頁）

本件は、尼崎市立小学校に遊びに行った二歳の幼児がプールに落ちて水死したため、その両親が、市を相手として学校に出入りする幼児たちの安全につき責任があるとして損害賠償を求めたものである。本件小学校のプールは縦二五メートル、横一〇メートルの広さで水深は約一メートルであった。そのプールサイドは校庭より高くなっており、

その周囲には高い金網の柵が設けられていた。校庭からプールサイドへ通ずる出入口には、鉄パイプ製の扉（鉄パイプ数本が縦に並んでいる扉）が取り付けられていたがその鉄パイプ相互の間隔が一六センチメートルもあり、幼児にとっては扉の用をなさず、自由に出入りを許しているのと同様の状態にあった。このため、本件被害者の幼児は、他の幼児とともに右扉の鉄パイプの間をすり抜けてプールサイドへ上り、間もなくプールへ転落して溺死した。

本件について、裁判所は、「小学校の校庭は、通常の場合、その管理者の意思とは関係なく、附近に居住する一部の幼児の『遊び場』として事実上利用される可能性が極めて強いこと公知である。したがって、小学校々庭に設けられるプールは、特段の事情がない限り、学童の安全を確保するだけでは足りず、同校庭へ遊びに来ることが予想されるすべての幼児の安全をも保障し得るよう設置管理されなければならないものと解される。

ところで、検証の結果および弁論の全趣旨によると、本件プールサイドへの出入口（プールの西北部）に取付けられた原告主張の扉は、扉それ自体に縦約八〇センチメートル、横約一六センチメートルの長方形のすき間が数個もあることが認定できる。したがって、この扉は、右すき間をすり抜けることが可能な幼児に対しては、プールサイドへの出入りを阻止する役目を果しておらず、事実上つねに同プールを解放しているに等しい結果を招いている。そのため、同プールは、幼児に対する関係では未だ安全確保措置を尽しているとは言えず、軽微であるとは言えその設置に瑕疵があるものと認めるのほかはない。」

「ところで、公の営造物の設置に何らかの瑕疵があり、それが原因で損害を生じた場合、それを設置した公共団体は、同損害を賠償すべき義務がある。したがって、公共団体である被告は自己が設置した営造物すなわち前示プールの瑕疵に基因して発生した本件溺死事故につき、その賠償責任を免れることができない。」と判示した。

すなわち、右の判決の考え方は、(1)小学校校庭は附近の幼児の「遊び場」として利用される可能性が強いこと、(2)プールは学校に遊びに来ることが予想される幼児の安全の保障も考慮して設置管理する必要があること、(3)したがって、安全確保措置のとられていないプールサイドの扉の設置に瑕疵があること、というものである。

(2) 学校のプールにおける生徒の水死事故につきプールの設置・管理に瑕疵があるとされた事例（京都地昭和四八・七・一二判・判例時報七五五号九七頁）

宇治市立N中学校では夏休み中も教師の監視、監督の下に在校生に校内のプールを開放していた。同中学校一年の男子生徒Aは、友人らと一緒に泳いでいるうちに、プールの水を循環浄化するためにプールの底に設けられた排水口の鉄蓋がはずれているのに興味をもち、友人らと排水口めがけてもぐったり、排水口の底に沈んでいる小石をもぐって取ったりしていた。ところが、排水口の中の環水管に左足膝が吸い込まれて抜けなくなり溺死した。

なお、本件排水口の鉄蓋は、六〇センチメートル四方、厚さ四センチメートルの網の目の鉄蓋であり、その重さは、空気中では二三・六キログラム、水中では一九・九キログラムであり、中学一年生の男子一人が水中で移動させることは可能であり、特に、指をかけ引き上げることは容易であった。本件事故のあった当時、すでに排水口の鉄蓋は完全に閉じられておらず、東側に移動し、排水口の部分が開いていた。

本件について、裁判所は次のように判示した。すなわち、

「以上認定の事実から、次のことが結論づけられる。

(1) 本件の鉄蓋は、本件事故前にも開いたままであったのであるから、学校側は、本件プールの鉄蓋が、移動され、排水口が開いたままの状態で生徒に水泳させていたことになる。

(2) この鉄蓋が開いたままで本件プールを使用すると、循環浄化装置が作動している限り、排水口に入った者が、環水管に吸い込まれる危険がある。従って、本件プールを使用するときには、この鉄蓋は、完全に閉じられなければならない。

(3) 本件事故の日も、少くとも、午後男子の生徒が使用するとき、すでに、この鉄蓋は開いたままになっていた。

(4) このようにみてくると、本件プールは、鉄蓋が開いたままになっていた点で、危険な状態になっていたことに帰着する。

(5)　そのうえ、この鉄蓋は、中学一年生男子の背筋力で移動させることが可能であった。

(6)　そうすると、本件プールを使用する者が、まだ心身ともに成人になり切っていない義務教育中の中学生であることを考えたとき、鉄蓋が生徒の力で移動され、排水口が開いてしまうことのないよう、鉄蓋をたやすく移動しないように設計しなかった点は、本件プールの設置者の手落である。

そうして、鉄蓋が移動しているままで、本件プールを使用させた学校側に、本件プールの管理に手落があった。

このように本件プールは、通常具有すべき安全性を欠如していたわけで、これが設置、管理上の瑕疵であるから、本件プールの設置、管理者である被告市は、国家賠償法二条一項によって賠償する義務がある。」と判示した。

右の判決の考え方は、(1)学校側は、本件のプールの排水口の鉄蓋を完全に閉じて生徒に水泳させなければならなかったのに、排水口の鉄蓋が開いたままになっていたこと（管理の瑕疵）、(2)また、生徒の力で鉄蓋をたやすく移動しないように設計しなければならなかったこと（設置の瑕疵）を理由に、プールの設置、管理上の瑕疵があるとしたのである。

(3)　学校階段からの児童の転落事故について階段の設置・管理の瑕疵が認められた事例（福岡地小倉支部昭和四六・一一・三〇判・判例時報六七六号六四頁）

北九州市立T小学校五年の男子生徒Aは、同校東校舎三階の教室から出て、三階から二階へ降りる階段に向かって走り、高さ九〇センチメートルの手すりにとび乗ろうとしたところ、身体のバランスを失って吹き抜けに出てしまい、九メートル下の一階階段下の土間に頭部から転落し、即死した。このため、Aの両親および姉が、右学校を所有管理している市に対し、右事故は階段部分の設置および管理に瑕疵があったために発生したものであるとして、損害賠償を求めた。

本件について、裁判所は、次のように判示した。すなわち、「本件階段は判断力が乏しく危険な行動に及びがちな小学生が使用するために設置せられたものであり、生徒の中には階下に下りる際手摺りをすべり下りようとする者がいることは当然予測すべきであるから、被告としては、生徒が手摺りをすべり下りないような設備をし、あるいは吹き抜け部分をなくすか、吹き抜け部分に防護網を取り付ける等して生徒が吹き抜け部分から階下に転落しないような措置を講じるべきであって、右設備等を欠く以上本件階段の設置または管理に瑕疵があったものといわなければならない。

しかるに、本件階段手摺り上面には前記のような人造大理石がはり込められていて、本件事故当時には防護柵も取り付けられておらず、生徒が容易にすべり下りることができるものであった。しかも、右手摺りの構造からして右手摺りにとび乗ろうとした生徒が手足をすべらせ階段の吹き抜けへ体を転落させることは十分考えられ、その場合、本件階段は三階から一階まで幅八五センチメートルの吹き抜けとなっていてその間生徒が手でつかまるものがないから、吹き抜けへすべり落ちた生徒がそのまま一階床面まで転落するおそれのあるものであって、本件階段は危険な構造を有していたということができる。

また、被告において、昭和四五年度の事業として予算を計上していたとはいえ、昭和三〇年頃T小学校校舎が完成以来本件事故に至るまで右階段手摺りに防護柵を取り付けあるいは吹き抜け部分に防護網を取り付ける等の危険防止の措置を怠ったことは本件階段の管理に瑕疵があったものといわなければならない。」と判示した。

すなわち、右の判決は、(1)本件階段は判断力の乏しい小学生が使用すること、(2)手摺りをすべり下りようとする者がいることは、当然予測されること、(3)吹き抜け部分などに防護網を取り付けるなどの措置を講ずるべきであること、(4)これらの措置を講じなかったことは管理に瑕疵があったこと、として市の責任を認めたのである。

(4)　アスファルト舗装の校庭（グラウンド）で体育実技の授業中発生した中学二年生女子の転倒死亡事故とアスファルト舗装とは因果関係がないとされた事例（東京地昭和五一・九・一三判・判例時報八五四号八六頁）

東京都の区立中学校二年生の女子Aは、同校のアスファルト舗装されたグラウンドにおいて体育実技の授業中、ハードルを越えた後転倒し、アスファルト舗装面に頭部を強打して頭蓋底骨折、頭蓋内出血の重傷を負い、死亡した。

このため、Aの両親は、区を被告として損害賠償を求め、次のように主張した。すなわち、中学校の体育用のグラウンドは、その目的から安全性が特に要求され、体育実技の訓練中に生徒が路面に転倒することは経験上からも十分予測されるところであり、自然土またはそれに準ずる弾力性ある材料を使用することが安全確保上必要であるのに、被告は本件グラウンドを弾力性に欠けるため転倒した場合に危険度の高いアスファルト敷にしたことは、本件グラウンドの設置、管理に瑕疵があったということができ、この設置、管理の瑕疵により本件事故が発生したものであると主張した。

本件について、裁判所は、「一般に、自然土に比して、アスファルト或はアスコン舗装が、その材質上弾力性において劣り、転倒等による衝撃に対してこれを吸収する能力において劣ることは経験則上明らかなところであり、かかる事実と、前記認定した各事実を綜合すると、体育実技或は休憩時間における運動、遊戯等のため急激な活動をなす場所として使用されることがその用途の重要な部分をなす中学校の校庭（グラウンド）を、アスファルト或はアスコン舗装とすることはその運動施設としての機能上、安全性の点において欠けるところがあったものということができる。」

「亡Aが転倒した際の状況が右認定のとおりであるとするならば、転倒の際の衝撃の程度は、通常の転倒の場合に比して相当強い衝撃があったものと認められるのであり、右衝撃の程度からすると、グラウンドが自然土或はこれに類する舗装であった場合に亡Aの受傷またはこれに伴う死亡の結果の発生を避け得たと断ずるにはなお相当に疑問があるというべきであり、他に全ての証拠を検討しても、グラウンドが自然土或はこれに類する材質で造成されていたならば右事故の発生を避け得たと認めるには十分な資料がない。

……は、その内容を検討すると判断の資料において推定にわたる部分が多く、その結論においても、『非舗装校庭の場合致死的な頭蓋内損傷にまで至らなかった可能性はあると考えられる』という程度に止まり、自然土であれば死亡の結果を避け得たものと認めるに足りる十分な証拠ということはできない。」

「してみると、本件グラウンドが運動施設として安全性の点において、より適切な自然土或はこれに類する材質によらず、アスファルト舗装であったことと、亡Aの受傷または死亡の結果の発生との間の因果関係について立証がないというのほかなく、従ってその余の点について判断するまでもなく原告らの本訴請求は理由がないので棄却することとし、訴訟費用の負担につき民事訴訟法八九条、九三条一項本分を適用して、主文のとおり判決する。」と判示した。

すなわち、右の判決の考え方は、(1)グラウンドをアスファルトにすることは運動施設の機能上安全性の点で欠けていること、(2)しかし、グラウンドが自然土であれば死亡しなかったという証拠はないこと、(3)したがって、グラウンドがアスファルト舗装であったことと死亡との間に因果関係があったとはいえないこと、というものである。

(5)　小学校校舎三階の窓際のゲタ箱に乗って遊んでいた児童が窓から転落死した事故につき施設管理上の瑕疵が認められた事例（福岡地小倉支部昭和五三・七・二五判・判例時報九三三号一一二頁）

北九州市の区立小学校三年生Aは、同小学校校舎三階の教室横の廊下で、同級生数人とその頃同校内で流行していた「高鬼遊び」という鬼ごっこをしていて、その逃げ手としてゲームに熱中したあまり、窓際に置いていた傘立にあがり、さらにそこからゲタ箱に飛び乗り窓に渡してあった鉄棒に腰をかけたところ、バランスをくずして、開いていた窓から中庭に転落して死亡した。このため、Aの両親は北九州市を被告として、同校校舎の設置・管理に瑕疵があったため本件事故が発生したとして、国家賠償法第二条第一項に基づき損害賠償を請求した。

本件について、裁判所は、「公の営造物の設置又は管理の瑕疵とは、当該営造物の通常の利用者の判断能力や行動能力、設置された場所の環境及び利用状況等諸般の事情を総合考慮したうえで、当該営造物が具体的に通常予想され得る危険の発生を防止するに足りると認められる程度の構造、設備等を欠いている状態をいうのであり、本件小学校校舎の如き施設については、これを利用する児童の危険状態に対する判断力、適応能力が低いことを顧慮し、特に高度の安全性が要請されているものであり、就中廊下は、児童の遊び場として事実上利用される可能性が極めて強いものであるから、本件の如き廊下の施設については、その構造はもとより、設置箇所についても細心の注意を払わなければならないのである。

これを本件についてみるに、前記認定の如き本件施設の設置状況によれば、傘立の上から下足箱の上への移動は一種の階段状になっていて、背の低い児童にとっても下足箱の上にあがることは容易であり、判断力が乏しく冒険心に富む小学校三年生程度の児童の中には、窓の開閉や遊びのため下足箱の上にあがった際、開いた窓を背にして鉄棒に腰を掛けようとする者がいることは当然予測され、かかる場合に身体のバランスを失って窓外に転落する危険性が大きいことはいうまでもないことであるから、本件施設は、その相互の位置関係において、右の如き児童が窓外に転落する危険性のある構造を有しているものといわなければならない。従って、被告としては児童が容易に下足箱の上にあがれないような設備をするか、傘立と下足箱を廊下の反対側（教室側）に移動すべきであり（もっとも、……によれば、下足箱を教室側に設置することは教室内の採光上望ましくないというのであるが、検証の結果によればそのようには認められない）、仮にかかる工事が不可能であるとすれば、本件施設のうち窓の開閉はすべて教職員が行い、教職員の監視が行き届かない昼休み時間中などには窓を閉めることを励行して……（本件事故当時までは、曽根小学校の児童の中には学校の指導に反して下足箱の上にあがって窓の開閉をする者が多かったが、本件事故後は教職員が責任をもって開閉するよう厳しく指導されていることが窺われる）、窓から児童が転落する危険の発生を防止すべき義務があるといわなければならないのに、本件事故当時右危険防止のための措置は何らとられていなかったものと認められる。

そうすると、右の如き危険な構造を有する本件施設は、その設置自体に瑕疵が存するものというべきであり、またそれにも拘らず、何ら危険防止のため適切な措置をとらなかった点において、その管理にも瑕疵があったということができる。」

「そして、本件事故と本件施設の設置及び管理の瑕疵との間に相当因果関係があることは、既に説示したところによって明らかであるから、被告は国家賠償法第二条第一項に基づき、本件事故によってA及び原告らに生じた損害を賠償すべき義務がある。」と判示した。

すなわち、右の判決の考え方は、(1)ゲタ箱や傘立てを窓際に置いたこと自体に瑕疵があること、(2)窓の開閉を教員が行うなどの安全措置がとられていなかったので、設置・管理上の瑕疵があること、というものである。

(6)　教室内のストーブの蒸発皿の湯による児童の火傷事故についてストーブの設置の瑕疵が認められた事例（札幌地昭和五三・一二・一判・判例時報九三六号一〇七頁）

札幌市立小学校二年生の児童Xは、同小学校において授業の合間の休み時間の際、教室内に設置されていた丸型石炭ストーブにあたっていたところ、付近で遊んでいた同級生二人が工作作品の取り合いをしてふざけてもみ合った拍子にその一人に激しく衝突されたため、これに押されてストーブの上の蒸発皿に右腕を突っ込んで、その中にあった熱湯で火傷を負った。本件ストーブは通常の丸型石炭ストーブであり、その周囲には金網その他の火傷防止のための設備は施されていなかった。このため、Xは、札幌市を被告とし、ストーブの設置・管理に瑕疵があったとして、損害賠償を請求した。

本件について、裁判所は、「国家賠償法二条一項にいう営造物の設置、管理の瑕疵とは、当該営造物が、その種類に応じて通常有すべき安全的性状又は設置を欠いていることであると解するを相当とするが、本件についてこれをみるに、本件ストーブ（ストーブ上の蒸発皿はこれと一体としてみる）は、判断力が未だ十分でなく、危険な行動に及びがちな小学校低学年（一、二年）向きの教室内に設置されたものであり、児童の中には勢い余って学校側の設けた白線を超え、或いは他の児童をして超えせしめ、その結果ストーブに接触する者がでることは当然予想すべきであるから、被告としては、学校側をして児童に対し口頭ないし書面で注意を与える等の指導を行わせる外に、殊に低学年の児童についてては、児童らが直接ストーブの一部に接触することのないよう物理的な設備を施すべきであって、右設備を欠く場合は、ストーブの設置、管理に瑕疵があるものといわざるを得ない。しかるに、本件ストーブには右のごとき設備は何ら設置されていなかったのであるから、被告には、本件ストーブの設置、管理に瑕疵があったというべきであり、被告は、国家賠償法二条一項によって原告に生じた後記損害を賠償する責任がある。」と判示した。

すなわち、右の判決の考え方は、(1)営造物の設置・管理の瑕疵とは、当該営造物が通常有すべき安全的性状又は設備を欠いていることであること、(2)児童がストーブに接触しないように物理的な設備をしなければならないこと、(3)口頭で注意するだけでは不十分であること、(4)したがって、ストーブに右のような設備が何ら設置されていなかったことは、国賠法二条の営造物の設置・管理に瑕疵があったことになること、というものである。

(7) 立入り禁止の市立小学校の仮設グラウンド内で高校生が投球した硬球が児童の後頭部に当たって死亡させた事故につき、市の賠償責任が否定された事例（大阪地昭和五五・七・一四判・判例時報九九九号八七頁）

大阪市立A小学校の仮設グラウンドは周囲を金網フェンスとトタンの波板で囲われ、立入禁止の立札が三か所に立てられていたが、出入口の施錠がなされていなかったため、同小学校の放課後には、同小学校の児童のほか、中学生や高校生が自由に出入りし、狭いグラウンド内で入り混じって野球、ソフトボール等を行うという危険な状態が続いていた。中学三年生Y_1と高校二年生Bは同グラウンドに入り込み投球練習を始めたが、たまたまBが全力で投げた硬球が、自転車に乗って帰ろうとしていたXの後頭部を直撃してXに左小脳挫傷兼頭蓋骨骨折の傷害を負わせ、Xは二日後に死亡した。そこで、Xの両親は、投球練習でBの相手をしていたY_1、その父親Y_2、右グラウンドの設置者である大阪市をいずれも被告として、損害賠償請求訴訟を提起した。

本件について、裁判所は、「ところで、国家賠償法二条一項の規定の趣旨は、物的設備たる公の営造物そのものに固有の危険が内包し、営造物が通常有すべき安全性を欠いたためその危険の発現により生じた事故によって他人に損害を与えた場合、国又は公共団体が賠償責任を負うという一種の危険責任を定めたものと解するのが相当である。これを本件についてみるに、本件事故は、Bと被告Y_1が、被告Y_1の後方にいたXの存在に全く注意を払うことなく、投球練習をしたために、Bの投げた硬球がXの後頭部に当たり発生したものであり、その直接の原因はあくまでBと被告Y_1との過失にあるというべきである。また、本件仮設グランドの面積と本件事故発生との間には全く因果関係がなく、Bと被告Y_1による投球練習をなしうる空間としての同グランド自体の存在が同グランド固有の危険とはいえない。さらに、本件に顕われた全証拠によるも、本件事故の発生が同グランドあるいはこれに付属せしめられた営造物に固有の危険に基因することを認めるに足りる証拠はない。」

「本件仮設グランドは、昭和五一年一一月の使用開始当時から高さ約一・八五メートルの金網フェンスと高さ約二メートルのトタンの波板で囲われ、同年一二月にはフェンスが新しく付け替えられるとともに、西側フェンスの中央部に幅約一・九五メートルの金網の錠付外両開戸が設置された。波除小学校では、朝礼・体育授業のほか同小学校が特に許可した場合以外の同グランドの使用及び同小学校の関係者以外の同グランドへの立入を禁止し、右出入口付近と南北二箇所に立入禁止の立札を立て、同小学校の児童に対しては教諭に引率されるとき以外は同グランド内に無断で立ち入ってはならない旨繰り返し注意していた。また、同グランドの出入口の錠の鍵は、同小学校の校務員が保管し、グランド使用の都度担当教諭から持ち出し、使用終了後施錠したうえ返還することとされていた。」

「昭和五一年一二月の本件仮設グランド整備終了後、フェンスを破られたり錠が壊されることが度重なり、波除小学校では、その都度応急修理をしていたが、昭和五二年の夏休み前に金網フェンスを張り替え、出入口に新しいシリンダー錠を取り付けた。さらに、夏休み期間中は、同小学校の教諭とPTAが共同で校外補導の一環として同グランドを見回り、同小学校の校務員が時々見回ることもあった。

右のとおり認められ、右認定を覆すに足りる証拠はない。

右認定事実からすると、被告大阪市における本件仮設グランドの管理担当者である波除小学校校長及び教頭は、同グランドを同小学校の体育授業用仮グランドとして安全に使用できるよう充分に管理・監督していたものと認められる。なるほど、前認定の事実からすると、同グランドが本件事故前の夏休み中から被告Y_1らにより野球用グランドとして使用され、同小学校の児童が被告Y_1らと入り混じって遊んでいたことがうかがわれるにしても、同グランドの管理担当者が、立入禁止の立札を無視し、金網フェンスや出入口の錠を破壊し、あるいは、破損された状態を利用して同グランド内に侵入する者について、その間に発生する本件のような事故の発生を防止する監督責任を負うと解すべき根拠はない。」と判示した。

すなわち、右の判決は、(1)グランドを無断で使用することについては繰り返し注意してきたこと、(2)グランドの出入口の錠の鍵は学校の校務員が保管するなど管理は十分であったこと、(3)フェンスが破られたらその都度応急修理をしていたこと、(4)夏休みも教諭、ＰＴＡ、校務員が見回りをしていたこと、(5)一方、管理者は、立入禁止の立札を無視し、金網のフェンスや出入口の錠を破壊して侵入した者に対しては監督責任を負う必要はないこと、というものである。

右の第一審判決に対して控訴審裁判所は「学校側が児童らに対して、放課後の本件グランドの使用を黙認していた事実は認め得ない。たしかに本件事故当時、錠の破損されている状態に気付かなかったため、これを放置する結果となったものではあるけれども、そのことから前認定の常日頃児童らに注意して来た立入の禁止を解除し若しくはこれを黙認して児童らの自由な使用に供したものとは認め得ない。

児童及び部外者が立入禁止の始動及び掲示に反して立ち入ることを絶対に防止するには、常時見張りを立てるか、錠やフェンス等の点検を連日する必要がある。しかし、本件の小学校仮設グランドのような、それ自体一般的危険性を有しない営造物の場合、立入禁止の指導に反して立ち入った児童が、立入禁止の制札を無視して立ち入った部外者の野球の硬球の暴投による事故に遭遇する事態までも予測して常時見張りや錠、フェンス等の点検をすべき義務は、営造物管理義務としても、教職員の児童に対する安全保護義務としても、あまりにも酷な義務であり、認め得ない。」（大阪高昭和五六・四・八判・判例時報一〇二七号七二頁）と判示した。

すなわち、右の判決の考え方は、第一審判決と同じく、立入禁止の立札を無視して立ち入った部外者の野球の硬球の暴投による事故まで予測して常時見張ることを義務づけることは、教職員に酷を強いるものであるというものである。

(8) 市立中学校の門扉で遊んでいた幼児の死亡事故につき、営造物の設置・管理の瑕疵を認めた事例（宇都宮地昭和五六・五・二八判・判例時報一〇三八号三三九頁）

宇都宮市立中学校において、Ａ（当時五歳）は他の数名の幼児とともに、同校東側校門の門扉を押したり引いたり、あるいはこれに乗って片足で地面をけるようにしたりしてレール上の門扉を左右に移動させて遊んでいるうち、門扉の最下部に取りつけられている鉄板の門柱寄りの端に乗っていた折、門扉と門柱との間に頭をはさまれ、脳挫傷のため死亡した。このため、Ａの両親Ｘらは、本件門扉は本来備えるべき安全性を欠いており、その設置・管理に瑕疵があったとして、市に対し損害賠償を請求する訴を提起した。

本件について、裁判所は、「本件門扉は被告が管理する公の営造物であることは疑いないが、他方、本件門扉が子供の遊具施設でないことは被告主張のとおりである。しかしながら、本件学校が幼児にとっても比較的親しみのもてる中学校であることと前記周辺の状況からすると、その校門や付近の校庭は、本来の利用者である教職員・生徒以外に、幼児を含め周辺住民も事実上立ち入ることが予想され、校門に設置された本件門扉についても、学校に遊びに来た幼児らが、本来の用法ではないにせよ、これをなんらかの遊びの対象とすることは十分にあり得ることであり、被告も予測し得たというべきである。しかも、本件事故当時、陽北中学校では、東門が常時開放され、多数の幼児が校門に立ち入って遊んでおり、かねてから本件門扉で遊ぶ者もあったことに加えて、本件門扉は底板の上に乗ることもでき、滑りやすいレール上を別個に動かせる状態にあったことからすると、危険性の判断能力に乏しい幼児らが本件門扉をレール上移動させて遊ぶことは、しつけにかかわることではあるが、とかく動くものを遊具としたがる幼児の心理特性からしても通常予測し得たというべきである。したがって、本件門扉のような学校用門扉を設計する際には、門扉で子供が遊ぶ事態も想定して安全性につき配慮すべきは当然であり、本件門扉には、転倒防止装置にとどまらず、前認定のように開放時若しくは閉鎖時に門扉を固定する装置が設けられていたのである。そこで、被告としては、東門を開放しておく必要があるならば、右事態及びこれによる事故発生の危険を防止するため、開放状態で本件門扉を固定する装置を使用し、又は針金等で二個の門扉を連結するなどの方法により（なお、立入禁止の標示が事故当時あったとしても、幼児に対する注意喚起の方法としては有効適切とはいえない。）幼児らが右のような遊び方ができないようにすべきであったし、そのような事故回避措置は比較的容易に採り得たはずである。にもかかわらず、被告は、そのような措置をなんら採っていなかったのであるから、本件門扉の管理には瑕疵があり、かつ、本来事故は右瑕疵によって発生したものといわざるを得ない。

したがって、被告は、国家賠償法二条一項の規定に基づき、本件事故により生じた損害を賠償すべきである。」と判示した。

すなわち、右の判決の考え方は、(1)校門に設置された本件門扉で幼児が遊ぶことは十分考えられたこと、(2)本件の事故当時多くの幼児が常時きて遊んでいたこと、(3)学校門扉は、子供が遊ぶことを前提として安全性に配慮して設計すべきであったこと、(4)また、門扉を固定するなどの方法をとるべきであったこと、(5)右のような措置をとらなかったので、設置、管理に瑕疵があったこと、というものである。

(9)　市立小学校の体育科の授業中、砂場の中に異物があったために発生した傷害事故について、公の営造物の管理に瑕疵があるとされた事例（神戸地尼崎支部昭和四六・五・二一判・判例時報六四七号七四頁）

兵庫県西宮市立小学校四年生の女子児童Xは、体育の授業中、校庭の砂場で担任教師Aの指導により、走り幅跳びの跳躍を試みて砂地に着地したときに左前脚部に一部脛骨に達する挫傷の傷害を負った。そこで、Xらは、右の砂場は「公の営造物」であって砂中に危険物が埋没していたということは、その管理に瑕疵があったということができるとして国賠法第二条第一項に基づいて損害賠償を請求した。

本件について、裁判所は、「ところで、本件砂場は生徒が常時使用する設備であり、放課後など授業上使用しない時には校外の者がその遊び場などに使用する状況にあったのであるから、授業上これを使用するときには予め危険物が砂中などに存しないかどうかを生徒に任せないで大人が十分調べ（小学生の生徒ではその年齢からしてもいまだ十分な処置がとれない。）、異物の除去を念入りにするような管理をなすべきであったのにこれをなしていないことなど以上の事実関係のもとにおいては、本件砂場は、その使用上の安全性の確保において未だ十分ではなく、その管理に瑕疵があったものというべきである。

そうすると、被告は、本件津門小学校の設置者であり、本件砂場は同小学校の教育目的に供用される有体物で公の営造物であること明らかであるから、その管理の瑕疵によって生じた原告Xらの損害を国家賠償法第二条により賠償する義務がある。」と判示した。

すなわち、裁判所は、本件の砂場を授業上使用するとするならば、あらかじめ危険物が砂中にないか否かを、生徒に任せずに大人が十分に調べるべきであったとして、市の損害賠償責任を認めたのである。

⑽　公立小学校校庭に置かれた雲梯が倒れて児童が死亡した事故につき、公の営造物の設置・管理に瑕疵があるとされた事例（京都地昭和四七・一一・三〇判・判例時報七〇四号七七頁）

京都市立O小学校五年在学中の児童Aは、校庭に置かれていた鉄パイプ制の移動式雲梯の上にのぼり、級友らとともに、飛行機とびと称する遊びをしていたところ、雲梯が安定を失って横倒しとなり、Aは倒れた雲梯に後頭部を強打されて頭蓋骨骨折、脳挫傷の傷害を受け、即日死亡するに至った。このためAの両親は、京都市に対し、損害賠償を請求する訴えを提起した。

これに対し、裁判所は、「本件事故が発生した原因は、Aが級友二人と共に学校内での禁止事項を破って雲梯の上に上がり、しかも五年二組の約束事項に反してその上から飛行機とびをしたことによるといえるが、他方、被告側において、固定式雲梯よりも安全性の低い移動式雲梯を採用しながら、使用にあたって何らの固定させる手段を講じなかったことにもよると考えられる。すなわち、小学校高学年の児童の中には精神的発達が未熟であるにもかかわらず、肉体的発達が著しく好奇心も旺盛なため、通常の大人ですら思いつかないような方法で遊んだり、学校で決められ又は自分達で定めた規則や約束事であっても、しばしば破る者が出ることは十分に予期しうるところであり、大内小学校においてもそのような事実の発生が予想されるからこそ前記認定のように児童に対して機会あるごとに遊具の正しい使用法を指導してきたのであり、現に、同校では雲梯の上に上ったり飛行機とびをする者がいて(このことは《証拠略》によって認められる)、学校当局もこれを知りえたと考えられる。そうすると被告側としては安全性の見地から本来固定式雲梯を採用する方が望ましいことはもちろんであるが、本件のように児童の運動量の増大その他の利点により移動式を採用する方が妥当と考えるに至った以上は、雲梯が本来の目的に従って使用される場合（それは雲梯の中棒にぶらさがりながら端から端へと渡っていくという使用方法）以外の場合、特に移動式雲梯は横の運動には不安定であるから、横の運動がなされる場合とか、雲梯の上に児童が上って遊ぶ場合にも十分に安定性が維持されうるように何らかの方法で固定化したうえで使用するような手段をとるべきであった。そして、それは専門の業者に相談して工夫すれば、比較的簡単に、したがって小額の費用で実現しえた事柄であったといえる。(検証の結果による本件雲梯の構造等から判断して)ところが本件雲梯は何らの固定手段がとられなかったため、Aらがその上に登ってした飛行機とびによって生じた揺れによって雲梯の重心が傾き倒れるという事故が発生したのである。

そうすると、このような手段をとらずに漫然と地上に設置しただけにとどまる本件の場合は、雲梯の設置及び安全性の管理において十分でなく、それらに瑕疵があったというべきである。」と判示した。

すなわち、右の判決は、⑴小学生の中には規則や約束事を破る者が出ることは予期されること、⑵移動式の雲梯を使用する場合には、児童が上って遊んでも十分安全性が維持されるようになんらかの方法で固定化したうえで使用することが必要であったこと、(3)これは専門の業者に相談すれば簡単に実現できたこと、(4)右の措置をとらず漫然と地上に設置しただけでは安全性の管理に十分ではないこと、と判示したのである。

(11) 小学校の体育館で遊戯中の児童が天井裏に入ったところ天井板が破れて墜落死した事故について、管理者である市に国家賠償責任が認められた事例（大阪地昭和五一・二・二七判・判例時報八二七号八五頁）

高槻市立富田小学校四年生のXらは、市立小学校校庭で行われた少年野球の試合を観戦した後、同校体育館で遊ぼうということになり、たまたま施錠されていなかった正面入口から体育館に入って鬼ごっこを始めた。そして、Aが「鬼」になり、他の児童は控室に入り、鉄ばしごを登って本件天井裏に隠れた。その後間もなくAも他の児童を探して控室に入ったところ、本件の天井裏で物音がしたため、鉄ばしごを登って本件天井裏に足を踏み入れた途端、折から天井裏を奥へ逃げようとしていたXが天井板を踏み破って約四・九七メートル下のコンクリート床に墜落して頭部を強打し、その衝撃により頭蓋骨骨折の傷害を負い、病院において右傷害により脳挫傷、急性硬膜下血腫のため死亡した。そこで、本件天井の設置・管理に瑕疵があるかどうかが問題となった。

本件について裁判所は、「本件天井が富田小学校体育館に設けられているものであって、公の営造物であることは当事者間に争いがない。そして、公の営造物の設置または管理の瑕疵とは、当該営造物の通常の利用者の判断能力や行動能力、設置された場所の環境等を具体的に考慮して当該営造物が本来備えるべき安全性を欠いている状態をいうのであり、小学校の体育館のごとき施設については、これを利用する児童の危険状態に対する判断力、適応能力が低いことを考えれば、特に高度の安全性が要請されているといわなければならない。

これを本件についてみるに、……本件控室は、その覗き窓から体育館内全体が見渡せるため放送室としても利用されており、放送の際には控室内の木製机に納めてある放送器具を机上に取り出して使用していたこと及び本件天井に至る鉄ばしごは、入学式、卒業式、学芸会等の学校行事の際の飾りつけや舞台幕のレールの修理等を行なう場合に教職員や業者が本件天井裏に入るために設けられたものであって、一年に四回程度使用されていたことが認められる。

ところで、富田小学校においては、朝礼や担任教諭を通じて児童に対し、勝手に体育館に入ってはいけないこと、体育館内の舞台に上ったり、舞台脇の控室に入ってはいけないことを注意していたこと、にもかかわらず、右注意に反して舞台に上ったり、舞台脇の控室にある鉄ばしごにぶら下って遊ぶ児童があったこと、本件事故前（昭和四三年から昭和四六年四月までの間）にも、児童が舞台上手（向って右側）脇の控室にある鉄ばしごに登って天井改め口から天井裏に入り、かくれんぼをして遊んでいるうちに、天井板を踏み破って落下するという本件事故と同種の事故が発生していたこと、本件事故後、高槻市教育委員会の指示によって天井改め口に蓋板を取り付け、これを南京錠で施錠する措置を講じたことはいずれも当事者間に争いがなく、……小学校三、四年の児童は他の学年の児童に比して特に遊び盛りでこわいもの知らずである一方、右学年の児童に本件天井板の材質が児童の体重を支えることができないものであることを判断することは期待できないことが認められる。

したがって、前記のような本件天井の状況のもとでは、現に過去にも天井裏から墜落するという事故が発生したことでもあるから、判断力に乏しい反面、好奇心と行動力が旺盛でこわいもの知らずの児童が、学校側の注意に反して鉄ばしごを登り天井改め口から本件天井裏に入って遊ぶことは十分予測しえたと考えるべきであり、被告としては、固定された鉄ばしごをはずし、必要な時だけ移動用はしごを用いるとか、（前記のとおり、鉄ばしごが一年に四回程度しか使用されていない事実に鑑みれば、常時これを固定しておく必要性はないものと考えられる）あるいは天井改め口に本件事故後に設けたような蓋板を取り付けて施錠しておくなどして、児童が天井裏に入ることができないような措置を講じておくべきであったといわなければならない。にもかかわらず、本件事故当時危険防止のために講じられていた直接の措置としては、本件控室の木製机の上に赤色マジックインキで『まもりなさい。』、青色マジックインキで『1。この上にあがらない。2。このばしょからうごかさない。』と記載してあった（この事実は当事者間に争いがない）だけであり、前記のような措置が講じられていなかったことは本件天井が本来備えるべき安全性を欠くものであって、その管理には瑕疵があったといわなければならない。」と判示した。

すなわち、裁判所の見解は、(1)小学校の体育施設については、児童の判断力、適応能力が低いことを考えると、特に高度の安全性が要請されるべきこと、(2)本件事故前にも児童が天井裏に入って遊んでいるうちに天井板を踏み破って落下するという本件と同種の事故が発生していたこと、(3)本件天井の材質が児童の体重を支えることができないものであることを判断することを児童に期待できないこと、(4)天井改め口に施錠しておくなどして児童が天井裏に入ることができないようにすべきであったこと、(5)このような措置が講じられていなかった以上、その管理に瑕疵があったこと、というものであった。

⑿　**市立小学校の回旋シーソーで遊んでいた小学生の事故につき、営造物の設置・管理の瑕疵を一部認めた事例**（福岡地小倉支部昭和五八・八・二六判・判例時報一一〇五号一〇一頁）

北九州市立の足原小学校の四年生であったXは、校庭に設置された回旋シーソーで級友と遊んでいたとき、シーソーの握り棒を腰に当てて使っていた。ところが相手方の級友が突然反対側の握り棒を離したため、急激な落下を防ごうとして、とっさにストッパー（支柱に接触してシーソーを静止させるための鉄製パイプ）をつかみ、支柱とストッパーとの間に指を挟まれて右指挫断創の傷害を負った。その後、直ちに校長らに伴われて外科の開業医の診察をうけ、同医院で断端一次縫合の手術をうけた。

Xは、市に対して、本件回旋シーソーは、危険なストッパー部分につきなんらの危険防止措置も講じられていない瑕疵があるとして、国家賠償法第二条第一項に基づいて損害賠償を求めた。

本件において裁判所は、「国家賠償法二条一項の営造物の設置又は管理の瑕疵とは営造物が通常有すべき安全性を欠いていることをいい、当該営造物の構造、用法、場所的環境及び利用状況等諸般の事情を総合考慮して具体的個別的に判断しなければならないが、右認定の事実に徴すれば、学校遊具である本件回旋シーソーはそのストッパーと支柱間の緩衝装置が設置されていない点において通常有すべき安全性に欠けていたといわなければならない。

被告市は原告が本件シーソーの握り棒を腰に当てる等本来の使用方法でない遊び方をしていたための負傷であるから責任がない旨抗争するところ、好奇心旺盛な小学校高学年生に学校遊具の通常の使用方法のみを期待することは本来無理であるのみならず……足原小学校において本件回旋シーソーの正しい遊び方を具体的に指導した形跡は窺えないのであって、たとえ本来正しい遊び方でないとしても本件回旋シーソーの握り棒を腰に当てる遊び方が原告のような高学年生にとっては体型的に自然な遊び方であり、その場合にストッパーと支柱間に指をはさまれる危険が充分に予測できる等前示認定の事情の下においては、原告の負傷は本件回旋シーソーの設置又は管理の瑕疵によるものというを妨げないのである。この点の同被告の主張は失当であり採用できない。」と判示した。

すなわち、右裁判所の見解は、(1)営造物が通常有すべき安全性を欠いているというためには、諸般の事情を総合して具体的に判断しなければならないこと、(2)回旋シーソーはそのストッパーと支柱間に緩衝装置が設置されていなければならず、その安全性を欠いているといいうること、(3)好奇心の旺盛な小学校高学年生に学校遊具の通常の使用方法を期待することは無理であること、(4)しかも本件の回旋シーソーの握り棒を腰に当てる遊び方は高学年の児童にとっては自然な遊び方であること、と判示したのである。

(13)　特別区立中学校の校舎の防水扉に生徒が衝突して負傷する事故が発生した事案について、防火扉の設置・管理に瑕疵がなかったとされた事例（東京地昭和四〇・九・九判・判例時報四二九号二六頁）

原告Xは、杉並区立中学校一年の女生徒であったが、放課後の教室で同級生と作文の挿絵を書いていたところ、偶然、放課後残っていた男生徒AがXの書いた作文のことで原告を級友の前でからかったので、XはAを追いかけて廊下を走って行った。ところがAは廊下の端にある防火扉をAの直前で閉じたためXはこれに顔を衝突させて上前歯を四本折り歯肉裂傷の傷害をうけた。そこで、原告は、Aの父母には法定監督義務としての責任、杉並区には瑕疵ある防火扉の占有者としての責任、学校長とAの担任教員には民法第七一四条の代理監督者としての責任があると主張し、慰謝料を請求した。

本件について、裁判所は、「原告は右被告は本件防火扉の占有者及び所有者として、その設置又は保存に瑕疵があったので、これに因る本件事故につき責任があると主張する。ところで、本件防火扉は杉並区立阿佐ヶ谷中学校校舎に設置されたもので公の営造物にあたることが原告の主張自体から明らかである。」

「本件防火扉は、杉並区立阿佐ヶ谷中学校校舎二階廊下に設置されていることは当事者間に争いがないので、公の目的に供せられる杉並区の営造物の一部であることは明らかである。

そこで、本件防火扉の設置又は管理に瑕疵があったか否かにつき考察する。原告は本件防火扉に固定用金具がなく、全閉又は半閉のときが多いという状態のまま放置してきたことにつき瑕疵があると主張する。本件事故当時、本件防火扉のうち北側の扉が壁面から三〇度ないし四〇度の角度で半開きの状態になっていたこと、南側の扉はほぼ完全に開かれていたことは当事者間に争いがなく、……本件防火扉は鉄製で、阿佐ヶ谷中学校旧校舎廊下の西方より一つ目の教室と二つ目の教室の境にあるところに設置されており、西方に、観音開きに開くようになっていたこと、扉には開放したままにしておくときにも固定用金具が設置されていないこと、従って通行者は自由に扉の開閉ができること、扉は手で押せば軽く開閉できたことが認められ、これに反する証拠はない。

思うに、防火扉に衝突して負傷するという事故が発生した場合に、その設置又は保存に瑕疵があったか否かを考えるについては、防火扉の構造、場所、利用状況等諸般の事情を考慮したうえで、当該事故がその防火扉の存在により通常予想されるものか否かにより決すべきものと解する。

本件防火扉は前記のように、阿佐ヶ谷中学校二階廊下に設置されたものであるから、この廊下を日常通行するものは同中学校生徒及び教職員に限られることが明らかであり、これに前記認定の本件防火扉の構造、形状を考え合わせると、中学生にとっては、扉が壁に固定して開放されていなくとも、廊下の通行にはさして危険はなく、本件のように扉に激突して負傷するという事故は、通常予測しえないところといわなければならない。したがって、本件防火扉の設置又は管理につき瑕疵があるとの原告の主張は認め難く、被告杉並区には本件事故についての責任はない。」

すなわち、本件について、裁判所は、(1)防火扉の設置または管理に瑕疵があったか否かを考えるについては、防火扉の構造、場所、利用状況等諸般の事情を考えて決すべきこと、(2)中学生にとって、防火扉が壁に固定して開放されていなくても、廊下の通行にさして危険がなく、扉に激突するということは通常予測し得ないこと、として損害賠償責任を否定した。

(14)　公立中学校において教育上使用する電気かんなを安全に定置使用できるような設備をしなかったことが、営造物の設置・管理の瑕疵に当たらないとされた事例（広島地昭和四二・八・三〇判・判例時報五一九号七九頁）

広島県Y村立中学校一年の男生徒Xは、工作の授業時間中、A教諭の指導に従い、鉛筆屑入れの小箱を作るため、刃を上向きにして定置した電気かんなに板切れを置き、両手先でこの板切れをおさえ押し進めながら削っていたところ、左手指着根が電気かんなの刃に触れ、拇指を除き、他の四指の第一関節までを残し、それより先の部分を失った。この電気かんなは、被告Y村が、同校生徒工作用として購入備付け管理していたものである。

Xは、Y村に対し、国家賠償法第二条により損害賠償を求めて出訴した。

本件について、裁判所は、「そこで営造物を構成する物的設備の瑕疵の有無を検討するに本件電気かんなをいわゆるポータブル式で作動させるにつき危険性があるということは原告の主張しないところであり、原告が請求原因二において主張する、電気かんなのステップをモクネジ等で床面あるいは作業台上に固定しなかったとの点は、そのことが本件事故の原因となったという証拠はないから扨措き、抽象的に、安全に定置使用できる諸設備をしなかったことが瑕疵にあたるとの主張についてては、そもそも電気かんなの使用上危険が生ずるのは、定置使用の場合で、しかも小木片を削る場合に危険性が大となることは、電気かんなの検証の結果明らかであり、他方本件電気かんなが本件の如き小木片を削ることを主たる目的として設置されたものでもなく、また定置使用を主たる用途として設置されたものでもないことは、学習指導要領（昭和三三年文部省告示一八号）に、中学校技術科において、庭いす、簡単な机、腰掛等かなりの大きさの角材や板を用いる製作が実習例として掲げられていることならびに成立に争いのない乙一〇号証の記載および鑑定人津川弘三の供述により認められるように本件電気かんなを定置使用するのは本来の用法ではないとされていること等からも明らかであるから、単に定置使用する場合の安全装置のない電気かんなを備え付けたことあるいは小木片を削るための送材板を備え付けておかなかったことが、直ちに営造物を構成する物的設備の瑕疵とはならない。」と判示した。

すなわち、当裁判所の考え方は、(1)本件電気かんなは本件のような小木片を削ることを主たる目的として設置されたものではないこと、(2)単に定置使用する場合の安全装置のない電気かんなを備えつけたというだけでは、営造物を構成する物的設備の瑕疵とならないこと、というものである。

事例(15)　公立高校校舎屋上から生徒が転落し死亡した事故について、営造物の設置に瑕疵があるか否かが問題となった事例（大阪地昭和四五・七・三〇判・判例時報六一五号五〇頁）

大阪府立高校の二年生であるXらは、十数名の生徒とともに土曜日の放課後、三階建校舎屋上で同校教員の許可をうけてマットを使用し、自主的に体操の練習をしていたが、休憩中にAがふざけてXの運動靴をとりあげ、これを屋上周囲に張りめぐらされている柵を乗りこえて屋上塔屋の窓に隠した。そこでXはこれをとり戻すために鉄柵外に出たところ校庭に転落し、骨盤骨折による内出血およびショックにより死亡するに至った。

そこでXの両親は、大阪府は生徒が鉄柵外に出て屋上から転落しないように十分な構造設備をするべきであるのにこれを放置していたから営造物の設置または管理に瑕疵があったといえるとし国家賠償法第二条に基づく損害賠償を請求した。

これに対し、裁判所は「つぎに本件事故につき、被告大阪府が国家賠償法第二条第一項の責任を負うかどうか判断する。

凡そ公の営造物の設置又は管理に瑕疵があるかどうかを判断するにあたっては営造物の通常の使用方法を前提として判断すべきものであるところ、……本件校舎屋上には周囲が高さ約一・三〇米の鉄柵（直系五糎）が約二〇糎の間隔で張りめぐらされており、その外側には更に高さ約四八糎幅約五〇糎の内囲いがしてある他、内囲いの外側には幅約五二糎内囲いからの深さ約六八糎の溝があり、更にその外側には高さ約四三糎幅約二〇糎の外囲いがしてあって、いわば内囲いと外囲いの二重の危険防止の設備があることが認められ、かような設備では先ず右鉄柵を作為的に踰越しなければ鉄柵外に出ることはできないのみならず、たとい右鉄柵外に出たとしても地上より約一一・七五米の高所なので或る程度の恐怖感におそわれるけれども、二人並行して歩くか対向してすれ違うなどの無理をするか、若しくは不注意により足を踏外すかしない限り相当の注意を払って行動すれば、前認定のような溝上を歩いても先ず屋上よりの転落はあり得ない構造を具備しているので、結局本件屋上は通常の使用方法に従った使用さえしていれば何ら安全性に欠けるところはないものといわなければならない。

よって被告大阪府は国家賠償法第二条第一項により責任を負担すべきであるとする原告の主張も理由がない。」と判示した。

すなわち、右の判決の考え方は、⑴営造物の設置または管理に瑕疵があったか否かの判断は、その営造物の通常の使用方法を前提として考えるべきであること、⑵本件の柵は内囲いと外囲いの二重の危険防止設備があること、⑶したがって、作為的に柵を越えない限り鉄柵外に出ることはできないこと、⑷また、内囲いの外側の溝上を歩いたとしても無理に歩くか不注意がなければ屋上から転落することは考えられないこと、⑸したがって、本件は通常の使用方法によればなんら安全性に欠けることはない、というものである。

(五)　学校関係の営造物設置・管理の瑕疵に基づく賠償責任に関する裁判所の見解

右に、学校関係の営造物の瑕疵が国家賠償法第二条第一項の「公の営造物の設置又は管理の瑕疵」に当たるかについて裁判事例を中心に検討を加えてきた。

これらの裁判事例は、小・中学校で発生している事案が多いのが特色である。しかし、大学においても裁判で問題となっている事実が発生する可能性がないとはいえない。学校関係の営造物について、その瑕疵があったとされているのはどのような理由によるのか、また、瑕疵とされていないのはどのような理由によるのか、を整理しておきたい。

(1)　賠償責任が認められた事例

(1)　幼児のプール水死事故につき学校にプール設置の瑕疵があるとして賠償責任が認められた事例（神戸地昭和四八・七・三〇判・判例時報七三七号七六頁）では、裁判所は、(1)小学校校庭は附近の幼児の「遊び場」として利用される可能性が強いこと、(2)プールは学校に遊びに来ることが予想される幼児の安全の保障も考慮して設置・管理する必要があること、(3)したがって、安全確保措置のとられていないプールサイドの扉の設置に瑕疵があること、と判断した。

(2)　学校のプールにおける生徒の水死事故につきプールの設置・管理に瑕疵があるとされた事例（京都昭和四八・七・一二判・判例時報七五五号九七頁）では、裁判所は、(1)小学校側は本件のプールの排水口の鉄蓋を完全に閉じて生徒に水泳させなければならなかったのに、排水口の鉄蓋が開いたままになっていたこと（管理の瑕疵）、(2)また、生徒の力で鉄蓋がたやすく移動できないように設計しなければならなかったこと（設置の瑕疵）、(3)したがって、プールの設置、管理上瑕疵があること、とした。

(3)　学校階段からの児童の転落事故について階段の設置・管理の瑕疵が認められた事例（福岡地小倉支部昭和四六・

一一・三〇判・判例時報六七六号六四頁）では、裁判所は、⑴本件階段は判断力の乏しい小学生が使用すること、⑵手摺りをすべり下りようとする者がいることは、当然予測されること、⑶吹き抜け部分などに防護網を取り付けるなどの措置を講ずるべきであること、⑷これらの措置を講じなかったことは管理に瑕疵があったこと、として市の責任を認めたのである。

⑷　小学校校舎三階の窓際のゲタ箱に乗って遊んでいた児童が窓から転落死した事故につき、施設管理上の瑕疵が認められた事例（福岡地小倉支部昭和五三・七・二五判・判例時報九三三号一一二頁）では、裁判所は、⑴ゲタ箱や傘立てを窓際に置いたこと自体に瑕疵があること、⑵窓の開閉を教員が行うなどの安全措置がとられていなかったので、設置・管理上の瑕疵があること、とした。

当裁判所の本件についての考え方は、「判断力が乏しく冒険心に富む小学校三年生程度の児童」の行為に対する予測の欠落を前提としている。また、教師の児童に対する監視の不足を問題としている。すなわち、教員の監視が行き届かない昼休み時間中は窓を閉じることなどの義務があったことを前提として、設置、管理の瑕疵があったとしている。

⑸　教室内のストーブの蒸発皿の湯による児童の火傷事故について、ストーブの設置の瑕疵が認められた事例（札幌地昭和五三・一二・一判・判例時報九三六号一〇七頁）では、裁判所は、⑴営造物の設置・管理の瑕疵とは、当該営造物が通常有すべき安全的性状または設備を欠いていること、⑵児童がストーブに接触しないように物理的な設備をしなければならないこと、⑶口頭で注意するだけでは不十分であること、⑷したがって、ストーブに右のような設備がなんら設置されていなかったことは、国家賠償法第二条の営造物の設置・管理に瑕疵があったことになること、とした。

⑹　市立中学校の門扉で遊んでいた幼児の死亡事故について、営造物の設置・管理の瑕疵を認めた事例（宇都宮地昭和五六・五・二八判・判例時報一〇三八号三三九頁）では、裁判所は、⑴校門に設置された本件門扉で幼児が遊ぶことは十分考えられたこと、⑵本件の事故当時多くの幼児が常時きて遊んでいたこと、⑶学校の門扉は、子供が遊ぶことを前提として安全性に配慮して設計すべきであったこと、⑷また、門扉を固定するなどの方法をとるべきであったこと、

(5)右のような措置をとらなかったので、設置、管理に瑕疵があったこと、と判示した。

(7)　公立小学校校庭に置かれた雲梯が倒れて児童が死亡した事故につき、公の営造物の設置および管理に瑕疵があるとされた事例（京都地昭和四七・一一・三〇判・判例時報七〇四号七七頁）では、裁判所は、(1)小学生の中には規則や約束を破る者が出ることは予想されること、(2)移動式の雲梯を使用する場合には、児童が上がって遊んでも十分安全性が維持されるようになんらかの方法で固定化したうえで使用することが必要であったこと、(3)これは専門の業者に相談すれば簡単に実現できたこと、(4)右の措置をとらず漫然と地上に設置しただけでは安全性の管理に十分ではないこと、と判示した。

(8)　市立小学校の体育科の授業中、砂場の中に異物があったために発生した傷害事故について、公の営造物の管理に瑕疵があるとされた事例（神戸地尼崎支部昭和四六・五・二一判・判例時報六四七号七四頁）では、裁判所は、砂場を授業上使用するとするならば、あらかじめ危険物が砂中にないか否かを生徒に任せずに大人が十分に調べるべきであったとして、市の損害賠償責任を認めた。

(9)　市立小学校の回旋シーソーで遊んでいた小学生の事故につき、営造物の設置・管理の瑕疵を一部認めた事例（福岡地小倉支部昭和五八・八・二六判・判例時報一一〇五号一〇一頁）は、裁判所は、(1)営造物が通常有すべき安全性を欠いているというためには、諸般の事情を総合して具体的に判断しなければならないこと、(2)回旋シーソーはそのストッパーと支柱間に緩衝装置が設置されていなければならず、その安全性を欠いているといいうること、(3)好奇心の旺盛な小学校高学年生に学校遊具の通常の使用方法を期待することは無理であること、(4)本件の回旋シーソーの握り棒を腰に当てる遊び方は高学年の児童にとっては自然な遊び方であること、と判示したのである。

(10)　小学校の体育館で遊戯中の児童が天井裏に入ったところ天井板が破れて墜落死した事故について、管理者である市に国家賠償責任が認められた事例（大阪地昭和五一・二・二七判・判例時報八二七号八五頁）では、裁判所は、(1)小学校の体育施設については、児童の判断力、適応能力が低いことを考えると、特に高度の安全性が要請されるべきこと、

(2)本件事故前にも児童が天井裏に入って遊んでいるうちに天井板を踏み破って落下するという本件と同種の事故が発生していたこと、(3)本件天井の材質が児童の体重を支えることができないものであることを判断することを児童に期待できないこと、(4)天井改め口に施錠しておくなどして児童が天井裏に入ることができないようにすべきであったこと、(5)このような措置が講じられていなかった以上、その管理に瑕疵があったこと、とした。

(2)　損害賠償が認められなかった事例

(1)　公立高校校舎屋上から生徒が転落し死亡した事故について営造物の設置に瑕疵があるか否かが問題となった事例（大阪地昭和四五・七・三〇判・判例時報六一五号五〇頁）は、裁判所は、(1)営造物の設置または管理に瑕疵があったか否かの判断は、その営造物の通常の使用方法を前提として考えるべきであること、(2)本件の柵は内囲いと外囲いの二重の危険防止設備であること、(3)したがって、作為的に柵を越えない限り鉄柵外に出ることはできないこと、(4)また、内囲いの外側の溝上を歩いたとしても無理に歩くか不注意がなければ屋上から転落することは考えられないこと、(5)したがって、本件は通常の使用方法によればなんら安全性に欠けることはない、と判示した。

(2)　立入り禁止の市立小学校の仮設グランド内で高校生が投球した硬球が児童の後頭部に当たって死亡させた事故につき、市の賠償責任が否定された事例（大阪地昭和五五・七・一四判・判例時報九九九号八七頁）では、裁判所は、(1)グランドを無断で使用することについては繰り返し注意してきたこと、(2)グランドの出入口の錠の鍵は学校の校務員が保管するなど管理は十分であったこと、(3)フェンスが破られたらその都度応急修理をしていたこと、(4)夏休みも教諭、PTA、校務員が見回りをしていたこと、(5)一方、管理者は、立入禁止の立札を無視し金網のフェンスや出入口の錠を破壊して侵入した者に対して、監督責任を負う必要はないこと、と判断した。

右の事件の控訴審裁判所も第一審判決と同じく、立入禁止の立札を無視して立ち入った部外者の野球の硬球の暴投による事故まで予測して常時見張ることを義務付けることは教職員に酷を強いるものであるとしている。

(3)　アスファルト舗装の校庭（グラウンド）で体育実技の授業中発生した中学二年生女子の転倒死亡事故とアスファルト舗装とは因果関係がないとされた事例（東京地昭和五一・九・一三判・判例時報八五四号八六頁）は、裁判所は、(1)グラウンドをアスファルトにすることは運動施設の機能上安全性の点で欠けていること、(2)しかし、グラウンドが自然土であれば死亡しなかったという証拠はないこと、(3)したがって、グラウンドがアスファルト舗装であったことと死亡との間に因果関係があったとはいえないこと、とした。

(4)　公立中学校において教育上使用する電気かんなを安全に定置使用できるような設備をしなかったことが、営造物の設置・管理の瑕疵に当たらないとされた事例（広島地昭和四二・八・三〇判・判例時報五一九号七九頁）では、裁判所は、(1)本件電気かんなは本件のような小木片を削ることを主たる目的として設置されたものではないこと、(2)単に定置使用する場合の安定装置のない電気かんなを備えけたということだけでは、営造物を構成する物的設備の瑕疵とはならないこと、とした。

(5)　特別区中学校の防火扉に生徒が衝突して負傷する事故が発生した事案について、防火扉の設置、管理に瑕疵がなかったとされた事例（東京地昭和四〇・九・九判・判例時報四二九号二六頁）では、裁判所は、(1)防火扉の設置または管理に瑕疵があったか否かを考えるについては、防火扉の構造、場所、利用状況等諸般の事情を考えて決すべきこと、(2)中学生にとって、防火扉が壁に固定して開放されていなくても、廊下の通行にさして危険がなく、扉に衝突するということは通常予測し得ないこと、として損害賠償責任を否定した。

右に掲げた裁判例からみる限り、結局、公の営造物の設置または管理の瑕疵とは、当該営造物の通常の利用者の判断能力や行動能力、設置された場所の環境および利用状況等諸般の事情を総合的に考慮して、当該営造物が具体的に通常予想され得る危険の発生を防止するに足りると認められる程度の構造、設備を欠いている状態をいうということになろう（福岡地小倉支部昭和五三・七・二五判・判例時報九三三号一一二頁）。

(六)　国家賠償法第三条第一項と損害賠償責任者

一　国家賠償法第三条第一項は「前二条の規定によって国又は公共団体が損害を賠償する責に任ずる場合において、公務員の選任若しくは監督又は公の営造物の設置若しくは管理に当る者と公務員の俸給、給与その他の費用又は公の営造物の設置若しくは管理の費用を負担する者とが異なるときは、費用を負担する者もまた、その損害を賠償する責に任ずる。」と規定し、第二項は「前項の場合において、損害を賠償した者は、内部関係でその損害を賠償する責任ある者に対して求償権を有する。」と規定する。

右の国家賠償法第三条第一項は、国または公共団体の公権力を行使する公務員による損害賠償責任（同法第一条）と公の営造物の設置管理の瑕疵に基づく損害賠償責任（同法第二条）を理由に、国または公共団体が損害賠償責任を負わなければならない場合に、(1)公務員の選任もしくは監督、または、公の営造物の設置もしくは管理に当たる者と、(2)公務員の俸給・給与その他の費用、または、公の営造物の設置もしくは管理の費用を負担する者とが異なるときは、費用を負担する者もまた、その損害を賠償する責に任ずる、と規定しているものである。

次に、損害賠償責任者の問題について検討しておきたい。

二　たとえば、裁判例として、村立中学校の教官の過失による加害について、これを監督する村教育委員会を設置した村も賠償責任を負うか否かが問題となった事案がある。

すなわち、広島地裁昭和四二年八月三〇日判決（下級民集一八巻七・八号八九九頁）は「菅原教官の職務上の不法行為につき国家賠償法一条により損害賠償責任を負担するものは被告（布野村）であるか、広島県であるかの問題を検討すると、菅原教官は布野村立中学校教諭であることは当事者間に争いがなく、布野村立中学校教諭は市町村立学校職員給与負担法一条、地方教育行政の組織及び運営に関する法律四三条により、布野村教育委員会の監督をうけるので、同法二条によりこれを設置した被告も、当然原告の蒙った財産的精神的損害の賠償責任を有することになる。」と判示し、教員を監督する教育委員会を設置した村も賠償責任を負うとしている。

また、松山地裁西条支部昭和四〇年四月二一日判決（下級民集一六巻四号六六二頁）は、「被告丹原町は公の営造物であることの明らかな本件プールの設置（及び管理）者である（丹原町教育委員会は学校管理の面における被告丹原町の機関にすぎない）から、国家賠償法第二条第一項、民法第七一一条により、本件事故によって生じた後記損害を賠償する責任があ」る、と判示している。

右の裁判例からも明らかなように、国家賠償請求をした場合、だれが賠償責任を負うかが問題となっている。

三　この点、国家賠償法第三条第一項は、だれが最終的に賠償責任者であるかは明白に規定しないで内部関係で調整して決定させることにし、外部的には、公務員の選任・監督者および公の営造物の設置・管理者と公務員の俸給・給与の費用負担者および公の営造物の設置・監理費用負担者の双方が賠償責任を負うということにした。したがって、管理者に損害賠償責任を負ってもらうか、それとも、費用負担者に損害賠償責任を負ってもらうかは、被害者の選択に任されることになった。これは被害者の保護を図るためである。

公務員の選任・監督権者と、俸給・給与その他の費用負担者とが異なる場合の例として、麻薬取締員に関する場合がある。麻薬取締員は、都道府県吏員として都道府県知事の選任監督を受けるが（麻薬取締法第五四条第四項・五項）、麻薬取締員に要する費用は、全額国が負担する（同法第五九条の二）のである。

四　さらに、この国家賠償法第三条第一項の賠償責任者の規定の解釈について同条項を公務員の身分上の選任監督権を有する者と費用負担者が異なる場合にだけ狭く限定して解釈してはならないという見解がある。この見解によると、国の機関委任事務は、県知事が、国の機関として処理するが、その費用は地方公共団体が負担するという場合、国が、県知事を身分上選任監督するということは法律上あり得ないし、また費用の負担者でもないので、身分上の選任監督の条件を引き合いに出すと、第三条第一項の規定は適用されなくなるということになる。このため右の見解に対し、知事が機関委任事務について、国（主務大臣）の指揮監督を受けることを無視したものではないかという批判がある。

このため、同法第三条第一項にいう公務員の選任監督権者とは、当該公務員を身分上だけではなく、法律上、事実上指揮監督する者を指すと解することができるという見解がある。

五　公務員の俸給・給与その他の費用とある「その他の費用」とは公務員の人件費に限定して考えるのではなく、広くその事務の執行に要する人件費以外の経費が含まれる。補助金が費用といえるかについては問題があるが、補助金は、それが支出された以上、名目のいかんにかかわらず、国家賠償法第三条第一項適用の関係では、費用と解してよいとする見解がある。たとえば、補助金を得て道路を設置した場合、名目が補助金であるから第三条第一項の費用でないとするのは形式的であるとするものである。

(七)　国家賠償法第三条第一項の「費用」と補助金

国家賠償法第三条第一項は、だれが最終的に賠償責任者になり、賠償責任を負うかということについて明白に規定せず、内部関係で調整して決定させることにし、対外的には、公務員の選任・監督者および公の営造物の設置・管理者と公務員の俸給・給与の費用負担者および公の営造物の設置・管理費用負担者の双方が賠償責任を負うということにした。したがって、管理者に損害賠償を請求するか、それとも費用負担者に損害賠償を請求するかは被害者の選択にまかされることになったが、これは、被害者の保護を図るためである。

また、すでに指摘した点であるが、補助金を得て道路を設置したような場合、補助金であることを理由に国家賠償法第三条第一項の「費用」に当たらないのではないかということが問題となった。この場合、補助金も第三条第一項の「費用」に該当するとされたが、補助金に伴う損害賠償の費用の負担者が問題となった裁判例として次のようなものがあるので、参考までに掲げておきたい。

(1)　国が地方公共団体の執行する国立公園事業の施設に対し補助金を交付している場合、国は国家賠償法第三条第一項にいう公の営造物の設置費用の負担者に当たるか否かが問題となった事案について、最高裁は次のように判示している。すなわち、

「公の営造物の設置又は管理に瑕疵があるため国又は公共団体が国家賠償法二条一項の規定によって責任を負う場合につき、同法三条一項が、同法二条一項と相まって、当該営造物の設置もしくは管理にあたる者とその設置もしくは管理の費用の負担者とが異なるときは、その双方が損害賠償の責に任ずべきであるとしているのは、もしそのいずれかのみが損害賠償の責任を負うとしたとすれば、被害者たる国民がそのいずれに賠償責任を求めるべきかを必ずしも明確にしえないため賠償の責に任ずべき者の選択に困難をきたすことがありうるので、対外的に右双方に損害賠償の責任を負わせることによって右のような困難を除去しようとすることにあるのみでなく、危険責任の法理に基づく同法二条の責任につき、同一の法理に立って、被害者の救済を全からしめるためであるから、同法三条一項所定の設置費用の負担者には、当該営造物の設置費用につき法律上負担義務を負う者のほか、この者と同等もしくはこれに近い設置費用を負担し、実質的にはこの者と当該営造物による事業を共同して執行していると認められる者であって、当該営造物の瑕疵による危険を効果的に防止しうる者も含まれると解すべきであり、したがって、公の営造物の設置者に対してその費用を単に贈与したに過ぎない者は同項所定の設置費用の負担者に含まれるものではないが、法律の規定上当該営造物の設置をなしうることが認められている国が、自らこれを設置するにかえて特定の地方公共団体に対しその設置を認めたうえ、右営造物の設置費用につき当該地方公共団体の負担額と同等もしくはこれに近い経済的な補助を供与する反面、右地方公共団体に対し法律上当該営造物につき危険防止の措置を請求しうる立場にあるときには、国は、同項所定の設置費用の負担者に含まれるものというべきであり、右の地方財政法一六条所定の補助金の交付に該当するものであることは、直ちに右の理を左右するものではないと解すべきである。」（最高昭和五〇・一一・

二八判・民集二九巻一〇号一七五四頁)。

右の最高裁の判決は、国家賠償法第三条は危険責任の法理に基づき被害者の救済を全からしめるためのものであること、(2)国家賠償法第三条第一項の営造物の設置費用の負担者の中には、(a)法律上負担義務を負う者と、(b)法律上負担義務を負う者と同等もしくはこれに近い設置費用を負担し、実質上当該営造物による事業を共同執行していると認められ、当該営造物の瑕疵による危険を効果的に防止できる者が含まれること、(3)したがって、国が自ら設置すべきものを地方公共団体に設置させ、費用の負担額と同等もしくはそれに近い経済的な補助を供与し、当該営造物について危険防止措置を請求できる立場にある場合は、国家賠償法第三条第一項の設置費用の負担者に含まれるとしている。

(2)　土地改良区が維持管理している農業用水路に転落した幼児の死亡事故について、市が当該土地改良区に補助金を支出している場合、市に国家賠償法第三条第一項の責任があるか否かが問題となった事案について、大阪地裁昭和五三年九月二七日判決(判例時報九三五号八二頁)、次のように判示している。すなわち、「被告市は、団地造成の際大阪府住宅供給公社に対し、本件水路を拡幅させ、都市化した付近宅地の生活排水をこれに疎通させ、本件水路の機能の八〇パーセントが生活排水で占められるに至ったこと」からすれば、「被告市は、法律上はとも角実質上本件の費用負担者であるとするほかはない」。したがって、「本件水路を事実上管理していた高槻市大冠土地改良区に対し、被告市は、実質上の費用負担をしていたから国家賠償法三条による賠償責任がある。」と判示している。

右の裁判事例も、市は実質上の費用負担者であるので、国家賠償法第三条による賠償責任があるとしている。

(八)　国家賠償法第一条および第二条と賠償責任者

一　国家賠償法第一条関係の公権力の行使に当たる公務員が不法行為を行い、それに基づく損害についてだれが賠償責任を負うかが問題となった裁判例として次のようなものがある。

(1)　村長の供米割当に関する事務は国の事務であるが、その行使に当たって損害を加えたときは、村もまた賠償の責任を負う（東京高昭和二七・一二・六判・下級民集三巻一二号一七三九頁）。

(2)　市立学校の教諭が県費負担教職員であるとしても、当該教諭の不法行為に基づく損害については、学校設置者である市において賠償の責を負う（宇都宮地昭和三八・一・一二判・下級民集一四巻一号一頁）。

(3)　村立中学校教諭の職務上の行為については、村も、国家賠償法第一条による賠償責任を有する（広島地昭和四二・八・三〇判・判例時報五一九号七九頁）。

(4)　身元不明死体の身元の確認を行うべき事務は、地方公共団体のいわゆる固有事務に属するものであり、その事務に属する行為は国家賠償法第一条第一項にいう「国の公権力の行使」には当たらない（東京地昭和四六・一二・一三判・判例時報六五一号三〇頁）。

右のうち(2)の事案は、公立中学校の生徒が授業中に定規を折った際飛んだ破片で他の生徒を負傷させたことについて、教諭に過失がないとした事例である。本件において宇都宮地裁昭和三八年一月一二日判決（下級民集一四巻一号一頁）は、その判決の中で次のように判示している。すなわち、学校教育の本質は非権力関係であるという考えに従うことには躊躇するとして、義務教育にあっては年齢と身分の関係があり、「教師が公権力ないし公権力に似た力をもって生徒を支配していると見られ、そこに危険が存する(例えば臨海学校において教師が海水浴をせよと命ずれば生徒は海に入り、陸に上れと命ずれば陸に上る。）から、学校教育の目的ないし本質が国民の教化育成であるとしても、教師が教育のために生徒を支配する関係において、故意又は過失によって、生徒に損害を蒙らしめたとき（前記例において今まで静かであった海が風波により荒れて危険になったのに拘らず教師が判断を誤って陸に上れと命ぜずして放置したため生徒が溺死するに至ったとき）は国家賠償法第一条にいわゆる『公共団体の公権力の行使に当る公務員が、その職務を行うについて、故意又は過失によって違法に他人に損害を加えたとき』に当ると解するのを相当とする。しかし、菊沢中学校という営造物が被告市の設置に係ることは当事者間に争いがないから、前記のような場合には、国家賠償法第三条により、Ｉ教諭が県費負担教職員であるにしても（この場合にもなおＩ教諭が被告市の地方公務員であることは地方教育行政の組織及び運営に関する法律第四七条からもうかがえる）設置者である被告市において損害賠償の責を負うものといわなければならない。」と判示している。

したがって、右の判決は、Ｉ教諭は県費負担教職員であるが、この場合、設置者市においても損害賠償の責を負うものといわなければならないとしている。

二　次に、国家賠償法第二条の場合にだれが賠償責任に応ずべきかが問題となった事案として次のような裁判例がある。すなわち、

(1)　区立中学校経営の臨海学校の物的施設である飛込台の管理者は、当該区である（東京高昭和二九・九・一五判・高裁民集七巻一一号八四八頁）。

(2)　知事の行う国道の維持、修繕その他の管理の費用は、道路法第五一条第一項により県が負担することに定められているから、国道の管理に瑕疵があったため他人に損害を生ぜしめたときは、費用負担者である県も賠償の責に任じなければならない（佐賀地昭和三九・四・一四判・判例時報三七四号五〇頁）。

右のうち、(1)の事案について、東京高裁は次のように判示している。すなわち、

「(イ)　本件飛込台は被控訴人の営造物である。

……小松中学校当局は、葛飾区長の承認をを受けて、昭和二十六年七月三十日から四日間千葉県安房郡岩井町小沢

金一郎方を宿舎として臨海学校を開催し、小沢金一郎方で用意した飛込台を使用して水泳訓練を施行したことを認めることができる。いったい小松中学校の設置者が被控訴人葛飾区であることは当事者間に争のないところであるから、小松中学校が被控訴人の代表者である葛飾区長の承認を得て開催した臨海学校もまた小松中学校の延長であり、結局において被控訴人葛飾区が設置したものといわなければならない。しかして本件飛込台は、右臨海学校の物的施設の一であり、国家賠償法第二条にいわゆる営造物とは広く公の目的に供せられる物的施設を指称し必らずしも建物ないし土地の定着物に限らないと解するを相当とするを以て、本件飛込台は、まさに被控訴人の設備した営造物であるとなすのが相当であって、その一時的であると借入にかかるとは右に影響を及ぼすものでないというべきである。」と判示している。すなわち、一時的に借入したものでも、区立中学校の臨海学校の物的施設の飛込台の管理者は、当該区であるとしている。

(九)　国家賠償請求の相手方

国家賠償法にいう管理者たる国と費用負担者たる県がいずれも責任を負う場合に、この両者を相手方として訴えを提起することができるかが問題となった事案がある。すなわち、国家賠償法第三条に基づく賠償請求の相手方はだれにすればよいかという問題である。

右の点が問題となった事案として、損害賠償請求事件に関する福岡地裁飯塚支部判決（昭和四五・八・二八判・タイムズ二五三号二〇六頁）がある。

本件は、学校関係事案ではないが、参考までに挙げておきたい。

本件は、原告らが普通自動車に乗車して福岡県筑紫郡筑紫野町と北九州市を結ぶ国道二〇〇号線を北上し、同県嘉穂郡築穂町の冷水峠北方を進行中、右側の崖から落石があり、重さ約二五キログラムの石がフロントガラスを破って車内に飛び込み、原告ら父娘が負傷したという事案である。

裁判所は、原告らが国と県の双方を被告として国家賠償法第三条に基づいて損害賠償を請求した点について、「本件道路の設置、管理者である被告国は本件事故により原告らに生じた損害を賠償する責任を免れず（国家賠償法第二条一項）または本件道路は、道路法第一三条一項、一般国道の『指定区間』以外の道路であるから、同法第五〇条二項により被告県もその管理費用の負担者としてその責任を免れない（国家賠償法第三条一項）。なお付言するに、そもそも本訴は原告等において被告両名のいずれか一方を相手方に選択し、これのみを被告として訴を提起することによって、その私法的救済は十分にその目的を達することができるはずであり、その場合他の一方に対する訴は、その利益を欠くことになるものといわなければならない。しかし管理者と費用負担者とは国家賠償法第二条一項、第三条一項の規定するところによりともに賠償の責に任ずべきであって、その間に原則、例外の関係はないものと解すべきであるから、原告らが本訴において管理者である被告国と、費用負担者である被告県の両者を相手方として本訴提起に及んでいる以上、被告等両者の責任をともに肯定するほかはない」と判示している。

すなわち、被告らの責任にはその間に原則、例外の関係はないので、原告らが被告両名をともに相手方として本訴提起に及んでいる以上両者の責任をともに肯定するほかないとしたのである。

(二) 国家賠償法と民法との関係

一　国・地方公共団体が、もっぱら経済的目的のために行う作用で、私人と同様の地位において、私人と同じ行為をする場合がある。このような行政の作用に関する損害賠償責任に関しては、明治憲法下においても民法第七一五条、第四四条適用が認められていた。

現行の国家賠償法もその第四条に、国または公共団体の損害賠償責任については、国家賠償によるのほか、国・公共団体の私経済的作用に基づく損害賠償を認めている。

すなわち、国家賠償法第四条は「国又は公共団体の損害賠償の責任については、前三条の規定による外、民法の規定による。」と規定する。この規定により、財産以外の損害とか賠償請求権の時効などの技術的な問題は、国家賠償法に規定しないで民法の規定を適用することになっている。

二　この国家賠償法を適用して問題を処理すべきか、それとも民法を適用して問題を処理すべきかが問題となった最高裁の判例として、損害賠償請求事件がある。すなわち、原告は昭和二三年二月に子宮筋腫のため東大附属病院分院に入院し、担当のA医師の勧めにより前後四回にわたり輸血をうけ梅毒に感染した。この輸血は、職業的給血者であるBが半月前の日付の財団法人性病予防協会血液検査所の発行に係る証明書を持参したため、担当のA医師が自ら血液検査も視診、触診、問診等もせずに、直ちにBから採血して行われた。原告は、このためその後も入院加療しなければならず、夫と離婚するに至り甚大な肉体的精神的な苦痛をうけた。そこで原告は、国立病院に勤務するA医師の使用者である国に対して、民法の規定によりその被った損害一〇九万余円の賠償を求めて出訴した。これに対して、最高裁は、「いやしくも人の生命及び健康を管理すべき業務（医業）に従事する者は、その業務の性質に照らし、危険防止のために実験上必要とされる最善の注意義務を要求されるのは已むを得ない」、本件の場合、A医師が「相当の問診をすれば、結果の発生を予見し得たであろうと推測されるのに、敢てそれをなさず、ただ単に『からだは丈夫か』と尋ねただけで直ちに輸血を行い、以って本件の如き事態をひき起すに至ったというものであるから、原判決が医師としての業務に照し、注意義務違背による過失の責ありとしたのは相当」であると判示した。

右のような国の医療行為と私立病院の医療行為とは性質上同じであり、この場合は民法の不法行為が適用されるということである。

三　国家賠償法第四条における「民法」といった場合の「民法」には、民法の附属法規、たとえば、失火ノ責任ニ関スル法律や自動車損害賠償保障法などの法律を含めた実質的意味の民法を指すとされている。

右のことから「失火ノ責任ニ関スル法律」は国家賠償事件に適用される。たとえば、捜査官が、ローソクの灯で証拠物件を捜索中、その火が物件に燃え移り建物を焼失したような場合、国または公共団体が責任を負うのはその捜査官に故意または重過失があったときである。すなわち、公権力の行使にあたる公務員の失火による国または公共団体の損害賠償責任について民法の特則である失火の責任に関する法律が適用されることについて最高裁は次のように判断している。

「思うに、国又は公共団体の損害賠償の責任について、国家賠償法四条は、民法一条一項の規定が適用される場合においても、民法の規定が補完的に適用されることを明らかにしているところ、失火責任法は、失火者の責任条件について民法七〇九条の特則を規定したものであるから、国家賠償法四条の『民法』に含まれると解するのが相当である。また、失火責任法の趣旨にかんがみても、公権力の行使にあたる公務員の失火による国又は公共団体の損害賠償責任についてのみ同法の適用を排除すべき合理的理由も存しない。したがって、公権力の行使にあたる公務員の失火による国又は公共団体の損害賠償責任については、国家賠償法四条により失火責任法が適用され、当該公務員に重大な過失のあることを必要とするものといわなければならない」と判示している（最高昭和五三・七・一七・二小判・民集三二巻五号一〇〇〇頁）。

四　公権力の行使にあたる公務員の違法行為について、民法の不法行為による損害賠償請求権が成立するか否かが問題となった事案について、広島地裁尾道支部昭和二七年一月一〇日判決（諸問題二八九頁）は、次のように判示している。すなわち、

「国又は公共団体の公権力の行使に当る公務員がその職務を行うについて故意又は過失によって違法に他人に損害を加えたことを原因として損害賠償を請求する場合は国家賠償法によるべく唯同法に規定のない事項についてのみ補完的に民法不法行為の規定が適用されるに過ぎないものと解すること国家賠償法の規定に照し明らかであるから民法の不法行為による損害賠償請求権のある旨の原告の主張は失当である」と判示している。

また、公権力の行使による損害の賠償について民法第七一五条が適用されるか否かが問題となった事案について、福岡地裁飯塚支部昭和三四年一〇月九日判決（下級民集一〇巻一〇号二一二一頁）は、「原告修一郎は、被告西（町立中学校校長）に対し予備的に民法第七百十五条第二項の代理監督者としての責任を問うものであることはその主張自体から明かであるところ、同条の『事業の執行』には、国又は公共団体の公権力の行使は含まれないものと解すべく、従って公権力の行使にあたる公務員の加害行為による損害の賠償については、民法第七百十五条の規定は適用せられないものと解しなければならないから、被告西も亦原告修一郎に対し、本件につき賠償責任はないものといわなければならない。」と判示している。

五　国または公共団体の公務員が、職務上、国または公共団体の私経済的作用、すなわち、売買、請負、運送、物品製造、医療行為などの私経済的作用をするに当って、他人に対し不法行為を行ったときは、国または公共団体は、民法四四条または同法七一五条の規定によってその賠償責任を負担することになる。

そこで、どのような場合に、国または公共団体は、私人と同じ法律上の地位にあるということになるのかということが、問題となる。この点は、国がもっぱら財産上の利益のために、売買、交換、贈与、貸借、寄託その他民法の手段によって財産を管理し処分するような行為、郵便事業などがそれである。したがって、ここではその事業が収益を目的としているか否かというようなことは問題にならない。「法的に対等な立場にある」ということが問題となるのである。

(1)　国家賠償法第四条に基づく民法の規定の適用

国家賠償法第四条によって適用される民法の規定は、民法第五〇九条（不法行為による債権の相殺禁止）、第七一〇条（慰謝料）、第七一一条（生命侵害に対する慰謝料）、第七一三条（心身喪失者の責任能力）、第七一九条（共同不法行為）、第七二〇条（正当防衛、緊急避難）、第七二一条（胎児の特例）、第七二二条（損害賠償の方法、過失相殺）、第七二三条（名誉毀損）、第七二四条（損害賠償請求権の消滅時効）である。

(2)　**民法第七一〇条と国家賠償**

右の民法に関する条文のうちいくつかを取り上げて説明を加えておきたい。民法第七一〇条により、被害者は精神的損害について賠償請求をすることができる。すなわち、裁判所は諸般の事情を考慮して、賠償額を決めることになる。法人ないし権利能力なき社団の名誉毀損による慰謝料請求も肯定される。

慰謝料額の算定には、財産的損害の場合のように明確な基準はない。被害者や加害者の社会的地位、年齢、職業、財産状態、加害者の故意もしくは過失の大小、加害行為の倫理的非難に値する程度など、種々の点を考慮して公平の基準に照らして決定するよりほかに方法はない。

(3)　**民法第七一三条と国家賠償**

国家賠償事件においても民法第七一三条が適用されるので、国または公共団体は、公務員の心身喪失中の加害について賠償責任はない。心身の故障のため職務の遂行に支障があることは、免職の事由になる（国家公務員法第七八条第二号、地方公務員法第二八条第一項第二号）。

たとえば、酩酊など一時的心身喪失の場合がそれに当たる。民法第七一四条により、心身喪失の公務員を監督する立場にある公務員に監督上の過失があるときは、その事実をとらえて国または公共団体に対し賠償請求ができる。

(4)　**民法第七二二条第二項と国家賠償**

民法第七二二条第二項は、金銭賠償と過失相殺の規定である。すなわち、「被害者ニ過失アリタルトキハ裁判所ハ損害賠償ノ額ヲ定ムルニ付キ之ヲ斟酌スルコトヲ得」と規定する。

金銭賠償――損害賠償の方法に、原状回復と金銭賠償とがある。民法第七二二条は、実際上の便宜から、損害を金銭に評価して賠償する金銭賠償を原則とし、例外として原状回復を認めている（民法第七二三条）。

過失相殺――不法行為について被害者の側にも過失がある場合は、損害を加害者だけに負担させるのは公平の原則に反する。このため裁判所は、その点を考慮して、損害賠償の額を軽減できることになっている（民法第七二二条第二項）。

⑸　学校における工作作業中の事故と過失相殺

村立中学校一年の男子生徒Xは、A教諭の下で工作の授業中鉛筆屑入れ箱を作るため電気かんなを使用していた。そのときに電気かんなの刃に左手指が触れて、拇指を除き、四指の第一関節までを残し、それより先を失った。裁判所は本件に関し、A教諭の過失を認め、Xの損害賠償の一部を認めた。なお、裁判所は本件の過失相殺の点について次のように判示した。すなわち、「過失相殺については、電気かんなの検証の結果、本件電気かんなで前示の板切を削ることは危険ではあるが全く不可能ではないことが認められ、また証人菅原勇および原告本人各尋問の結果、原告より前に原告と同様の方法で切削していた級友六、七名は全員失敗せず、原告のみが切削に失敗し受傷した事実が認められ、これらの事実から推すと、原告の板を押す力の入れ具合に不注意な点のあったことは否定できないが、元来年少者や初心者に対する実技指導は、被指導者の不注意や能力不足による失敗は当然ありうるものと予想し、その場合の安全対策を講じたうえで、実施すべきものであるから、当該被指導者が故意に指示に違反したりよそ見をしたりする等の重大な過失によって受傷した場合を除き、当該被指導者の不手際を強く責めるべきものではない。しかも前示のとおり教官に指示された削り方自体がもともと危険の多い方法であって中学一年生に課すべき作業ではなかったことを考え合わせると、いわゆる過失相殺は行わないのが相当である。」と判示している（広島地昭和四二・八・三〇判・判例時報五一九号七九頁）。

すなわち、⑴本件の電気かんなで板切を削ることは全く不可能ではないこと、⑵六、七名の級友は全員失敗していないこと、⑶原告Xの板を押す力の入り方に不注意な点があったこと、⑷しかし、本件の作業は危険の多い方法で中学一年生に課すべき作業ではなかったこと、などを考慮し過失相殺を行わなかったのである。

⑹　校庭に置かれた雲梯が倒れて児童が死亡した事故と過失相殺

京都市立小学校五年在学中の児童Aが、級友らと一緒に校庭に置かれていた鉄パイプ製の移動式雲梯の上にのぼり、飛行機とびといわれる遊びをしているうち、雲梯が安定を失って横倒しとなり、Aが倒れた雲梯に後頭部を強打され、頭蓋骨骨折、脳挫傷の傷害を浮け、死亡した。このため、その両親が、公の営造物である雲梯の設置および管理に瑕疵があったとして、京都市に対し損害賠償を請求したという事件で、裁判所は、過失相殺の点について次のように判断した。

「本件事故が発生した原因は、一郎が級友二人と共に学校内での禁止事項を破って雲梯の上に上がり、しかも五年一組の約束事項に反してその上から飛行機とびをしたことによるといえるが、他方、被告側において、固定式雲梯よりも安全性の低い移動式雲梯を採用しながら、使用にあたって何らの固定させる手段を講じなかったことにもよると考えられる。すなわち、小学校高学年の児童の中には精神的発達が未熟であるにもかかわらず、肉体的発達が著しく好奇心も旺盛なため、通常の大人ですら思いつかないような方法で遊んだり、学校で決められ又は自分達で定めた規則や約束事であっても、しばしば破る者が出ることは十分に予期しうるところであり、大内小学校においてもそのような事実の発生が予想されるからこそ前記認定のように児童に対し機会あるごとに遊具の正しい使用法を指導してきた。

「次に過失相殺について判断する。

前記認定のとおり、本件雲梯が購入された当時、学校長、体育主任から児童に対し雲梯の正しい使用法について指導がなされ、その後も機会あるごとに児童朝礼や体育指導、児童会活動において遊具の正しい使用法が指導され、一郎の属する五年一組においても、体育の時間や学級会において、飛行機とびをしないこと、遊具は正しく使用することなどについて組の約束事になっており、一郎は級友や安藤教諭から雲梯の上にあがるなと注意をされている。従って五年一組の一員である一郎は自分に注意されたことはもちろん、前記のような安全指導がなされており、級友や担任との間で右のような約束事のあったことを十分に知っていたと推認することができる。それにもかかわらず、前記認定のとおり一郎はこれらの指導や約束事を破り、前記注意をも無視し、級友の前記丙川、乙山を誘って本件雲梯の上に上って第一回目の飛行機とびをしたとき雲梯がぐらつき倒れそうになったので、右丙川らが危険だからこの遊びを中止しようと進言したのに、一郎は右丙川、乙山に対してもう一度飛行機とびしようと無理矢理に賛成させ、一郎ら三名は更にもう一回飛行機とびをしたため、前記のような経過をたどって本件雲梯が倒れ、その親骨が前記位置にしゃがんでいた一郎の頭部を強打するという本件事故を発生させたのである。このような事実関係によれば、本件事故は一郎が級友の中止の進言をしりぞけ、事故当時、一郎は年令約一〇年九か月の児童であるとはいうものの、第一回目の状況から本件雲梯が倒れるかも知れないという危険を予測できたのに、更に率先して嫌がる前記丙川、乙山を誘った上危険な飛行機とびをした結果発生した事故とみるべきであるから、本件事故発生につき一郎の過失はかなりの程度斟酌されなければならない。そうすると、本件事故が基本的には被告側の本件雲梯の設置及び管理の瑕疵によって生じたとはいうものの、一郎自らが招いたに近い本件事故の場合には、一郎にも一〇分の五の過失があったと認めるのが相当であり、従って一郎の前記損害は一〇分の五、金二九一万五、〇〇〇円の限度で賠償請求権を認めることとする。

なお、被告は原告らに親権者としての過失があったと主張するけれども、弁論に顕れた全証拠によってもこれを認めるに足りない。」（京都地昭和四七・一一・三〇判・判例時報七〇四号七七頁）と判示した。

すなわち、裁判所は、⑴学校側とすれば雲梯の正しい使用法について注意をしていたこと、⑵担任と級友との間でも雲梯を使用して飛行機とびなどをしないことの約束をしていたこと、(3)それにもかかわらず、危険な飛行機とびをして発生した事故であること、(4)したがって、被告の雲梯の設置と管理の瑕疵により生じたといっても原告の方にも過失があったこと、を理由にその過失の割合を五割とする過失相殺をしたのである。

(7)　学級活動中に他の生徒の投げた学用下敷片で負傷した事故と過失相殺

東京都文京区立中学校三年生のXは、夏期休業予定表作成等を行う学級活動をしていたところ教室内で、級友Yが教卓付近から投げた学用下敷片（星形に切り抜いた長形約八センチの手裏剣状のもの）が左眼にあたり、左眼角膜裂傷、外傷性白内障の傷害を負った。

そこで、Xは、Yのほか、授業時間を担任していたA教諭に指導・監督上の過失があったとして、学校設置者である文京区を相手に損害賠償を請求した。

右のような事実関係にあって、裁判所は過失相殺の点について、次のように判決した。すなわち、

「本件事故は、原告が、学級活動の授業時間中であるのにもかかわらず、被告甲野ら三名とともに教室内で本件下敷片を投げ合う遊戯を始めたことがそもそもの発端であり、また本件事故の直接の原因となった被告甲野が原告に向けて本件下敷片を投げた行為は、原告が右遊戯から離脱した後約一〇分間経過した後になされたものであるが、右下敷片は、被告甲野の依頼に応じて原告が拾って被告甲野に投げ返したものであって原告の右行為も本件事故の原因の一つというべく、さらに、……によれば、原告は右時点において本件下敷片の危険性を充分認識していたことが認められるから、原告は右認識にもかかわらず授業時間中に前記一連の行為をなし、その結果、本件事故発生に至ったものであるから、これを被害者の過失として、（被告区との関係では職権により）損害額の算定につき斟酌することとし、前記㈠ないし㈢の損害額の合計から概ね二割を減じ、本件事故により被告らに賠償を求めうる損害額は五八〇万円とするのが相当である。」と判示した。

すなわち、本件では、(1)中学三年生というある程度の判断能力を備えていると思われる年齢の生徒間の事故であること、(2)授業内容も夏期休業予定表作りであり、それ自体として危険性が高いとはいえないこと、(3)しかし担任教師が在室しているにもかかわらず一五分以上にわたって行われた遊戯行為に気付かなかったため本件事故が発生したことは重視されるべきであること、とし、Aの監視義務違反を認めたうえ過失相殺をした(東京地昭和五八・一二・一二判・判例時報一一二一号七一頁)。

(8) 化学部の文化祭行事たる紙ロケット発射実験中爆発負傷した事故と過失相殺

県立高校二年生の化学部員Xは、新入生歓迎文化祭における化学部の行事として企画された紙ロケット発射実験に備え、塩素酸カリウム、硝酸カリウム、炭素、硫黄、蔗糖、赤リンを所定の割合でビーカーに入れ、金属製薬品匙でかきまぜてロケット推進用火薬を製造中、混合中の右火薬が爆発、負傷した。

Xは、右事故は同校化学担当教師で同校化学部の顧問であるA、Bが、火薬製造という非常に危険な部活動をしていたのに、なんら具体的指導監督をせず、AはXに対し、黒色火薬に赤リン混入を示唆し、その後の指導監督を怠った旨主張し、国家賠償法第一条により、Y(県)に対し損害賠償請求をした。

裁判所は、右事案について過失相殺の点に関し、次のように判示した。すなわち、

「原告が、本件事故の際、顧問の両教諭や他の化学部員に問いただすことをせず、また実験書を参照することもせずに赤リンをビーカーに入れた火薬と混合したとの事実については、原告は明らかに争わないから、民事訴訟法第一四〇条第一項によりこれを自白したものとみなす。

そして、右事実及び前記認定の諸事実によれば、原告としても混合火薬に赤リンを混合したことはこれまでなかったのであるから、混合する前に量と方法を両教諭に尋ねるくらいの慎重さはあってしかるべきであったというべきであり、本件事故発生については原告にも過失があったものとみるべく、斟酌すべき過失割合は二〇パーセントと認め

るのが相当である。」と判示した（神戸地昭和五九・一・三〇判・判例時報一一二九号九三頁）。すなわち、裁判所は、(1)原告が顧問の両教諭や他の化学部員に質問せず、実験書も参照していないこと、(2)原告の方も従来行わなかった薬品を混合する場合には、両教諭に尋ねる慎重さが必要であること、を理由に、二〇パーセントの過失相殺をしたうえ、県の損害賠償責任を認めた。

(二) 国家賠償請求権の消滅時効進行の要件

国家賠償法に基づいて国または公共団体に対して損害賠償を請求する場合、その損害賠償請求権の消滅時効には、民法第七二四条「不法行為ニ因ル損害賠償ノ請求権ハ被害者又ハ其法定代理人カ損害及ヒ加害者ヲ知リタル時ヨリ三年間之ヲ行ハサルトキハ時効ニ因リテ消滅ス不法行為ノ時ヨリ二十年ヲ経過シタルトキ亦同シ」の規定が適用されるであろうか。

この点、国家賠償法第四条は「国又は公共団体の損害賠償の責任については、前三条の規定によるの外、民法の規定による。」と規定している。したがって、国家賠償法に基づく被害者の国に対する損害賠償請求権の消滅時効については民法第七二四条が適用される。このため、損害賠償請求権は被害者（またはその法定代理人）が損害および加害者を知ったときから三年間これを行使しないときは時効（短期消滅時効）によって消滅することになる。

(1) 「損害」を知るの意味

次に、右の「損害」を知るというのはどういうことかが問題となるが、これは、違法な行為による損害が発生したことの事実を知ることである。すなわち、換言すると、加害者の行為が違法であること、また、違法行為によって損害が発生したことの両者を知ることである。したがって、違法な行政処分による損害賠償請求権にあっては、その処分が適法かあるいは違法か（ないし有効か無効か）が訴訟で争われている場合には、判決により違法（ないし無効）な処分であるということが確定されたときから、損害賠償請求権の短期消滅時効が進行するということである。

(2)「加害者」を知るの意味

また、「加害者」を知るというのは、損害賠償を請求する相手方となる者を知ることを意味する。しかし、国家賠償法に基づく国の損害賠償責任は、国の公権力の行使にあたる公務員がその職務を行うについて他人に損害を加えたことによって生ずるものであるので、被害者が国の公権力の行使にあたる公務員としての不法行為であることを知れば、「加害者」を知ったものと解してよい。

仙台高裁昭和四七年一一月二〇日判決は、国家賠償請求権と消滅時効との関係について次のように判示している。(1)国家賠償法第四条は、「国又は公共団体の損害賠償の責任については、前三条の規定によるの外、民法の規定による。」と規定しているので、同法に基づく被害者の国に対する損害賠償請求権の消滅時効については民法第七二四条が適用される。このため、右損害賠償請求権は被害者（またはその法定代理人）が損害及び加害者を知ったときから三年間これを行使しないときは時効（短期消滅時効）によって消滅することになる。(2)右のいわゆる「損害」を知るというのは、違法な行為による損害が発生したことを知ることである。換言すると、加害者の行為が違法であること、また、その違法行為によって損害の発生したことの両者を知ることである。したがって、違法な行政処分による損害賠償請求権にあっては、その処分の適法違法（ないし有効無効）が訴訟で争われている場合には、判決により違法（ないし無効）の処分であることが確定されたときから右損害賠償請求権の短期消滅時効が進行する。(3)また、「加害者」を知るというのは、損害賠償請求の相手方となる者を知ることを意味する。しかし、国家賠償法に基づく国の損害賠償責任については、これが国の公権力の行使にあたる公務員がその職務を行うについて他に損害を加えることによって生ずるものであるので、被害者が国の公権力の行使にあたる公務員としての不法行為であることを知れば「加害者」を知ったものと解してよい（仙台高昭和四七・一一・二〇判・訟務月報一九巻一号六頁）としている。

また、最高裁は、民法第七二四条と別訴との関係について、次のように判示している。すなわち、「民法七二四条にいう『損害及ヒ加害者ヲ知リタル時』とは、単に損害を知るに止まらず、加害行為が不法行為であることもあわせ知ることを要することは所論のとおりであるが、その不法行為であることは、被害者が加害行為の行なわれた状況を認識することによって容易に知ることができる場合もありうるのであって、その行為の効力が別訴で争われている場合でも、別訴の裁判所の判断を常に待たなければならないものではない。登記官吏の過失により土地所有権の適法に取得しえず損害を蒙った場合も、右の理に変りはない。」（最高昭和四三・六・二七判・訟務月報一四巻九号一〇〇三頁）と判示している。

(3) 国家賠償法第一条と民法第七二四条の「加害者ヲ知リタル時」の意義

国家賠償法第一条に基づく損害賠償請求における民法第七二四条の「不法行為ニ因ル損害賠償ノ請求権ハ被害者……カ損害及ヒ加害者ヲ知リタル時ヨリ三年間之ヲ行ハサルトキハ時効ニ因リテ消滅ス」という規定の「加害者ヲ知リタル時」とはどのような状況に入ったときのことを指すのであろうか。自衛隊機墜落事故事件控訴審判決（東京高昭和五四・一〇・一八判・判例時報九四二号一七頁）を例にとってこの問題について若干検討を加えておきたい。

本件において、航空自衛隊ジェットパイロットであったNは昭和三八年四月一〇日、F一〇四Jジェット戦闘機に搭乗中、不時着時の失速接地事故で死亡した。このため、その遺族はそれから約一三年経過した昭和五一年三月六日、右ジェット戦闘機は欠陥機であり、整備点検にも過失があったとして、国家賠償法第二条、第一条に基づく損害賠償請求訴訟を提起した。

被告国は責任原因を争ったが、同時に民法第七二四条の短期消滅時効を援用し、消滅時効の起算点として事故日である昭和三八年四月一〇日、もしくは事故原因が報道された同年五月七日をそれぞれ主張した。

一審は請求棄却。控訴審判決は、国家賠償法第一条に基づく請求に関しては、民法第七二四条の「加害者ヲ知リタル時」の意義について、基本的には「加害者に対する賠償請求が事実上可能な状況のもとに、その可能な程度にこれを知ること」とし、また、具体的に、使用者責任、国家賠償法第一条責任については、単に賠償義務を知るだけでは足りず、原因行為をなした者をも知らなければ加害者を知ったことにはならない、とし、本件遺族は訴を提起する直前の頃まで事故原因を知りえない状態にあり、整備点検についての公務員の過失についての認識をもったとは認められない、という理由で国の主張を認めなかった。すなわち、裁判所は、「民法第七二四条にいう『加害者ヲ知リタル時』とは、同条が不法行為に因る損害賠償請求権につき特に短期三年の時効を定め時効の起算点に関する特則を設けた趣旨に鑑みれば、加害者に対する賠償請求が事実上可能な状況のもとに、その可能な程度にこれを知ることを意味するものと解するのが相当である。」

「本件のごとき公権力の行使に当る公務員の職務上の過失に起因する損害の賠償請求の場合にも、国が賠償義務者であることを知っただけでは加害者を知ったというには不十分であり、当該公権力の行使に当って職務上の過失ある作為又は不作為をなした公務員を知るに至らなければ、加害者を知ったということはできないものといわなければならない。しかして、この場合、当該公務員の氏名等を的確に知る必要はないが、少くとも右過失ある公務員が存在することの認識は、加害者を知るというために不可欠なことといわなければならない。」と判示した。

右判決の重要な点は、職務上の過失ある作為または不作為をなした公務員を知ることが必要であることを前提として当該公務員の氏名等を的確に知る必要までは要求しないが、過失を犯した公務員が存在していることの認識がなければならないということであり、そして、遺族がその点を認識したのが一三年後であっても、それを認めたということである。

(4) 国家賠償請求権の消滅時効の起算点

損害賠償請求権の消滅時効の起算点について判示している裁判事例で参考となると思われるものを挙げておきたい。

(1) 無罪判決と消滅時効期間——違法な捜査、公訴の提起・追行に基づく損害賠償請求権の消滅時効期間は、無罪判決があってそれが確定した場合には、その時から進行する（東京地昭和四四・四・二三判・判例時報五五七号三頁）。

(2) 被害者の加害行為の違法性などの認識と消滅時効——国家賠償請求権の消滅時効は、被害者等が、加害行為の違法性、加害行為と損害発生との間の相当因果関係の存在、加害行為をなした公務員の行政機構上の地位、加害行為が公権力の行使たる職務の執行に際してなされたものであること等につき具体的な資料に基づいて認識したときに初めて進行する（東京地昭和四五・一・二八判・判例時報五八二号二四頁）。

(3) 消滅時効起算点と「加害者ヲ知リタル時」との関係——国家賠償請求権の消滅時効起算点としての「損害及び加害者」を知るとは、損害が発生したことを知り、加害者の姓名までは知らなくても、調査すれば容易に判明しうるような場合でよい（東京地昭和五七・三・二三判・タイムズ四七五号一一二頁）。

(4) 継続的に不法行為が発生している場合の消滅時効の起算点——飛行場の侵害行為とは、具体的には本件飛行場における航空機の離着陸および航空機エンジンの作動を意味する。これの個別の離着陸ないし飛行等を反復繰り返すことによりその際生ずる騒音や振動等が侵害行為となり、また、墜落や落下物の危険も、航空機の継続的な飛行によって生ずる侵害行為といえる。このような侵害行為が長期間継続して繰り返されることによって被害が発生し、受認限度を超えるような精神的苦痛を被り、その損害賠償責任が、航空機搭乗員による個別の運航ではなく公の営造物である飛行場の施設の設置、管理の瑕疵を理由として成立することを考え合わせると、本件飛行場の航空機の離着陸に起因する不法行為は、一種の継続的不法行為ということになる。

このように、継続的不法行為の場合の時効はどの時点から起算すべきであろうか。裁判所は、継続的不法行為といえども、損害および加害者を知りたる時よりその損害の賠償請求権についての消滅時効が進行するものというべきである、としている（横浜地昭和五七・一〇・二〇判・判例時報一〇五六号二六頁）。

(5) 国家賠償法と除斥期間との関係

国家賠償法第四条は、国家賠償法による損害賠償の責任についても民法第七二四条が適用されるとしている。しかもこの民法第七二四条後段は、不法行為による損害賠償請求権は不法行為の時より二〇年を経過したときは消滅する旨規定している。この規定の趣旨は、同条前段の三年の時効が損害および加害者の認識という被害者の主観により決定される浮動的なものであるのに対し、被害者の認識のいかんを問わず画一的にできるだけ速やかに法律関係の安定を図ろうとするところにある。したがって同条後段の二〇年の期間は除斥期間と解されている。同条後段の右のような趣旨から「右規定の『不法行為の時』とは損害発生の原因をなす加害行為がなされた時をいい、右の加害行為がなされた時とは加害行為が事実上なされた時と解すべきであって、当該加害行為のなされたことを被害者が認識した時或いは右加害行為によって損害が発生した時と解すべきではないものというべきである。」（仙台地昭和五四・四・二七判・訟務月報二五巻八号二一九四頁）。

(6) 国の安全配慮義務違背による損害賠償請求権と時効との関係

国の安全配慮義務違背による損害賠償請求訴訟はいつまでに提起すればよいのであろうか。この点に関し、被告国が、Xに対するX線被曝からの安全配慮につき欠けるところがあっても、右安全配慮義務違背による損害賠償請求権は、同人がX線の業務を離脱した日から一〇年を経過した日である昭和四三年三月一五日または同人が陸上自衛隊を退職した日から一〇年を経過した日である同月一七日をもって時効により消滅したと主張した事案がある。

裁判所は、国は公務員に対し、国が公務遂行のために設置すべき場所、施設もしくは器具等の設置管理または公務員が国もしくは上司の指示の下に遂行する公務の管理に当たって、公務員の生命および健康等を危険から保護するよう配慮すべき安全配慮義務を負っているが、右義務の内容およびその履行期間は公務員の職種、地位および安全配慮義務が問題となる具体的状況により信義則上定められるべきものであるという見解の下に、「右国の安全配慮義務は在職公務員に対するものであって、公務員たる地位を失った者に対してまで負担するものではなく、当該公務員の退職後はかかる義務の発生する余地はない。」「したがって、亡大沢の被告国に対する本件安全配慮請求権は、遅くとも右退職日までは存在し、行使しえたのであるから、それから一〇年を経過した同四三年三月一七日をもって時効により消滅したとするべきである。」としている。すなわち、国の安全配慮義務は、国家公務員の地位を失った者に対してまで負担するものではないとして、退職自衛官の国に対する安全配慮請求権は退職後一〇年を経過した日をもって時効により消滅したとされたのである（東京地昭和五四・一二・二一判・判例時報九五四号五六頁、最高昭和五〇・二・二五判・判例時報七六九号一一頁）。

(7)　国家賠償法と立証責任

国が国家公務員に対する安全配慮義務に違反し、当該公務員の生命、健康等を侵害し、同人に損害を与えたことを理由として損害賠償を請求する場合、その義務の内容を特定し、かつ、義務違反に該当する事実を主張・立証する責任は、国の義務違反を主張する原告にある（最高昭和五六・二・一六判・判例時報九九六号四七頁）。

(三)　国家賠償請求訴訟の性格

国家賠償請求訴訟は、私法上の請求権に関する訴訟である。この点を判示している裁判例として次のようなものがある。たとえば、金沢市長は都市計画法の規定に従い主務大臣の監督の下に金沢市において都市計画事業を執行管理する国の行政庁であることを理由に、原告が損害を受けたのは金沢市公務員の故意もしくは過失による不法行為が原因であるとして、金沢市長に対して国家賠償法に基づいてその損害賠償を請求した事案がある。この種の事案について、金沢市長に対し損害賠償を請求できるかが問題となった。

裁判所は、国家賠償法による損害の賠償は、私法上の請求権であって、しかもその対象となるのは国または公共団体であるとし、一般に法律上財産上の主体となり得ない金沢市長たる行政官庁は、このような私法上の損害賠償の請求について当事者とはなり得ないと判示している（東京高昭和三一・三・三一判・下級民集七巻三号八二〇頁）。

右のことは教育関係の損害賠償の場合にも妥当する。すなわち、損害賠償請求権の対象は国、公共団体であって校長などではない。

(1)　国家賠償請求訴訟の被告

次に国家賠償請求訴訟の被告はだれかについて触れておきたい。行政処分の違法を理由とする損害賠償請求の訴えについては、法律上財産権上の主体となり得ない行政庁は被告適格を有しない（福岡地昭和三〇・六・二七判・諸問題《追補一上》一二二七頁）。

したがって、都市計画事業などの執行を管理する行政庁である市長は、その執行の違法を理由とする国家賠償請求について当事者となり得ない（東京高昭和三一・三・三一判・下級民集七巻三号八二〇頁）。

県警察本部長なども、損害賠償請求の訴えについて当事者能力を有しない（神戸地昭和三一・五・八判・下級民集七巻五号一一五一頁）。すなわち、県の警察本部長は、現行法上権利義務の主体となり得ないので、損害賠償請求訴訟においては被告としての当事者能力を有しないということである。

右のことから明らかなように、行政処分の違法性を争うことと国家賠償請求とは異なる。

この点に関し、裁判所は、「行政事件訴訟特例法第三条によれば行政庁の違法な処分の取消又は変更を求める行政訴訟において国又は公共団体の機関に当事者能力を認めているが、これは行政訴訟の場合、特に同法によって行政機関に当事者能力を認めたものであって、元来行政機関は不法行為による私法上の法律関係について権利義務の主体とならないから、私法上の請求事件である不法行為による損害賠償請求訴訟においては国又は公共団体が当事者となるのであって、行政機関は当事者能力を有しないというべきである。従って本訴においては福島県を被告となすべきである。」（福島地白河支部昭和三一・一〇・二九判・諸問題《追補一上》五〇九頁）としている。

右のことは、教育関係の損害賠償の場合も妥当する。たとえば、すでに取り上げた国立大学学生が化学実験中に失明した事故について、国に対し、その事故を公の営造物の設置、管理の瑕疵に基づくものとして国家賠償法上の賠償責任を訴求した事件がある（東京地昭和四九・九・三〇判・判例時報七五八号六七頁）。本件においても、「被告は国家賠償法一条一項の責任を負うものである」と判示されているが、この場合の被告は国である。

(2)　国家賠償請求と裁判の違法を理由とする請求との関係

(1)　法廷等の秩序維持に関する法律違反に対する制裁決定が確定した場合は、その違法を理由とする国家賠償請求が許されるか否かが問題となっているが、これは認められていない（福岡地昭和二七・九・二五判・下級民集一三巻九号一九四九頁）。

(2)　裁判官の誤判による不利益の救済は、その判決に対する上訴によるべきであって、その誤判を理由とする国家賠償請求は認められない（福岡地小倉支部昭和三七・一〇・三〇判・訟務月報九巻一号一〇頁）。

(3)　原告が、原告に対する業務上過失傷害、道路交通法違反被告事件における第一、二審判決には事実誤認の違法があり、その違法な事実認定のため有罪判決を受け、その判決により損害を被ったから原告はその被害に対し、国家賠償法第一条第一項に基づきその賠償を請求することができると主張した事案がある。

裁判所は次のように判示している。すなわち、

「国家賠償法一条一項は、『国又は公共団体の公権力の行使に当る公務員が、その職務を行うについて故意又は過失

によって違法に他人に損害を加えたときは、国又は公共団体がこれを賠償する責に任ずる。』と一般的に規定し、特に、裁判官の行う裁判（民事、刑事の裁判を含む。以下同じ。）を除外していないけれども、裁判官の行う裁判が違法であることを主張して国家賠償を請求する場合には、裁判制度の本質上、おのずから一定の限界と制約があるものと解すべきである。けだし、国家はその裁判が違法であると主張するものに対しては、当該訴訟手続内において、控訴、上告等の不服申立、さらには異議申立、再審申立などの救済方法を認めているが、その趣旨とするところは、専ら当該裁判の適否は右の不服申立等の手続によって最終的に確定し、他の訴訟手続においてこれを審判することを許さないとすることにあるからである。もし、仮りに、ある裁判の適否を当該手続における不服申立ないし法定の救済手続（異議申立または再審申立など。）によることなく、他の訴訟手続（例えば刑事裁判の適否を民事裁判で争い、民事裁判の適否を他の民事裁判で争うなど。）において争い得るとするならば、ある事実関係ないしは法律関係に対する裁判は際限なく続けられ、裁判制度の目的の一つである法的安定性は到底実現されないことになるであろう。」（津地上野支部昭和四七・一二・二三判・訟務月報一九巻五号一〇頁）と判示し、裁判の適否は、その訴訟手続内の不服申立等の手続により最終的に確定すべきものであるので、国家賠償請求訴訟において、当該裁判の違法を主張することは許されない、とした。

⑶　再審の訴えの却下と国家賠償

民事訴訟手続においてある判決が確定した場合でも、当該判決の既判力に主観的、客観的、時間的限界があるため、第三者や当該判決の同一当事者間においてすら、当該判決の事実認定を争うことができる。

これに対し、当該判決に係る当事者が再審の訴えによることなく、その他の方法により、当該判決の事実認定が過誤でありかつ違法であることを主張して実質上当該判決の取消と同一の結果を求めることができるであろうか。この点裁判所は、「当該判決の確定によりその事実認定の過誤、違法を主張してその取消を求めることがもはや不可能となっている以上、裁判の確定力の原則、審級制度及び再審制度の趣旨に合致せず、法秩序全体の観点から見ても、国家が、一方で確定判決の実現を図りながら、他方で当該確定判決の実質的取消を容認するという悖理の結果を是認することにつながるものであって、許されないものといわなければならない。

したがって、判決に係る当事者についてみれば、当該判決における事実認定についてその違法を主張できるのは当該訴訟手続（再審手続も含む。）内に限られるのであって、当該訴訟手続が完結した場合には、その手続でなされた事実認定には何らの違法もなかったものと解するほかなく、換言すれば、もはや事実認定の違法は国家賠償法上の違法事由とはならないものというべく、当該判決の確定後にその違法を主張して国に対して損害賠償請求の訴を提起して実質上当該判決の取消を求めるのと同一の結果となる申立をすることは許されないものといわなければならない。」と判示している（東京地昭和五五・五・二六判・訟務月報二六巻九号一五五八頁）。すなわち、判決が確定し、かつ、それに対する再審の訴えも却下された場合において、右事件の事実認定の違法を主張して国家賠償を求めることは許されない、というものである。

以上のことから、裁判の適否は、当該訴訟手続内の不服申立等の手続によって最終的に確定すべきであって、国家賠償請求訴訟において、当該裁判の違法を主張することは許されない、ということになる。

(4)　不適法な取消訴訟と損害賠償請求の訴えの併合

行政事件訴訟法の取消訴訟には当該行政処分と関連する損害賠償の請求の訴えを併合することができる旨を規定している（第一六条第一項、第一三条第一号参照）。これは、この二つの請求に係る訴えがそれぞれ別個の適法な訴訟として取り扱われることによって生ずる審理の重複と判断の矛盾撞着を回避するために特に併合することを認めたものである。したがって、単に関連請求に係る訴えであるということだけで、「不適法な取消訴訟に損害賠償請求の訴えを併合して提起することは許されず、併合して提起された損害賠償請求の訴えは、不適法として却下を免がれない」（東京地昭和四五・一・二六判・判例時報五八二号五五頁)。すなわち、不適法な取消訴訟と国家賠償事件とを併合することはできないということである。

(三) 学校教育作用と国家賠償法第六条の相互保証主義

(1) 外国人生徒と国家賠償事件

次に国家賠償法第六条の相互保証の問題を取り上げ、検討を加えたい。

最近の外国人子弟に関する事件として次のような事件がある。

一　市立小学校六年のイギリス国籍の男子生徒が、水泳授業の飛び込み練習中にプールの底に頭を打ちつけ受傷した事故について、教諭の過失に基づくものとして国家賠償請求を認めた事例がある(大分地昭和六〇・二・二〇判・判例時報一一五三号二〇六頁)。

本件の事実は次のようである。すなわち、原告の父親は、イギリス国籍を有する人類学および社会学の研究者で親日家であった。原告は、昭和四四年六月二日生まれのイギリスの国籍を有する男子で、大分県日田市立北小野小学校五年生として転入した。身長一六一センチメートルあり、日本語は堪能で他の生徒と全く差がなく、教師の指導を理解し得た。被告日田市は、文部省が昭和四一年四月に出した「水泳プールの建設と管理の手びき」に従って本件プールの設計を行い、国庫補助を得てプールを建設した。

右手びきによれば文部省は小学校用プールの水深の基準として最浅〇・八メートル、最深一・一メートルと定めたが、被告は昭和五〇年に本件プールにつき、水深は最浅部で〇・八メートルとし、最深部は右基準以下の〇・九五メートルの構造として建設した。

A教諭は、原告ら生徒に対する逆飛び込みの技術指導にあたって、その逆飛び込みの実技そのものに事故の発生しやすい危険があるのに、同プールが安全であると信じ、また、原告の技術の習得度を確認しないで、一応段階的に練習させただけで「自信のある者はプールサイドから飛び込んでみろ」といって、原告を含む四人の六年生にプールサイドから中腰で逆飛び込みをさせた。このため、原告は頭を打ち首の骨を折るなどの傷害を負った。そこで原告から日田市に対し、右事故は、A教諭の指導上の過失により発生したか、あるいは、同校のプールは水深が浅く、生徒の体格が向上した小学校上級生の児童が飛び込むプールとしては、通常の安全性を欠く欠陥があったとして、本件の事故は右のような欠陥により発生したものであると主張し、損害賠償を求めた。

右のような事実関係にあって、被告側が行った答弁の一つにイギリスの判例にも児童の教育監護は、児童の自主的発達への勇気を殺すべきでなく、過保護は禁物である旨判示する判例があり、本件事故における原告主張の注意義務違反の程度では、イギリスでは賠償責任を生じない、と主張した。

右の被告側の主張に対し、原告は、イギリスにおいても公の営造物たるプールに瑕疵が存する場合、すなわち、当該営造物が本来備えるべき安全性を欠いている場合に、その設置者ないし管理者である公共団体に責任を認めたイギリスの判例（教室の床ですべってけがをした例および学校の階段が雪におおわれてわからずそこに落ちてけがをした例等）があり、わが国の国家賠償法第二条と同等の賠償責任を認めている、と反論した。

また、イギリスにおいては、公的機関が外国人（但し、敵国人を除く。）に対し、不法行為に基づく責任を負う法理が確立しており、日本はイギリスと現在交戦中ではないから、日本人は敵国人に該当せず、イギリスにおいて、日本人が本件事故にあっても、イギリスの地方自治体は賠償責任を負うことになる、とも反論した。

二　国家賠償法第一条の責任の有無について――右のような原告側と被告側とのそれぞれの主張に対し、大分地裁は次のように判決している。

「本件プールは、飛び込み技術の未熟な小学校児童が逆飛び込みを行うには、水深が浅く、構造上危険なプールの疑いがあり、右プールを使用して逆飛び込みをさせるのであれば、指導者には特段の注意が必要で飛び込むプールの水深に配慮すると共に、水泳能力の異なる各児童の飛び込み技術を正確に把握し、その水泳能力に応じた具体的で実効ある指導方法によって安全に飛び込めることが確認できるまで、繰り返し、右第一ないし第三段階の安全な方法による飛び込み練習をさせるべきであり、右技術の習得を確認せずに比較的に浅い水深の別紙図面Ⓐ点付近のプールサイドまたはオーバーフローから中腰で逆飛び込みをさせてはならない注意義務がある。

しかるに、穴井は、右注意義務に反し、本件プールの安全性を盲信し、原告の逆飛び込みの技術を十分把握せず、安全に飛び込みができることを確認しないで、形式的に段階的練習をさせただけで、『自信のある者はプールサイドから飛び込んでみろ』と指示し、飛び込みたいと考える原告に最浅部に近い別紙図面Ⓐ点のプールサイドから中腰で逆飛び込みをさせた過失がある。

以上説示したとおり、被告の公務員である穴井は、その職務において過失により本件事故を発生させたのであるから、被告には国家賠償法一条所定の責任がある。」と判示した。

すなわち、水泳指導教諭が、原告ら生徒に対する逆飛び込みの技術指導にあたって、その実技自体事故の発生しやすい危険があるのに、同プールの安全性を盲信し、また、原告らの技術の習得度を確認しないで、プールの最浅部に近いプールサイドより逆飛び込みをさせたものであるとして、指導教諭の過失を認めたのである。

国家賠償法第六条の相互保証との関係について――「国家賠償法六条について判断する。被告は、原告がイギリス国籍を有するから、イギリスにおいて相互保証がない限り国家賠償法一条の責任は生ぜず、本件事故における穴井の過失の程度では、イギリスにおいて賠償義務は認められていないから、被告は原告に賠償責任を負わないと主張する。

ところで、相互保証の存在の立証責任について考えるに、国家賠償法は、憲法一七条を受けて規定されたもので、同条項は公務員の不法行為に対し「何人も」賠償請求権を認めており、また憲法前文が国際協調主義を採用する旨唱えていることを考慮すれば、国家賠償法六条は原則的に外国人に対しても賠償請求権を認め、例外的に国または公共団体において本国法では相互保証のないことを主張立証した場合に限り、同法の適用が排除されるものと解される。

右のように解することは、国家賠償法一条が私法である民法七〇九条の特別規定とされていること、不法行為の被害者の救済が容易になることからして合理性がある。

なお、相互保証の有無は、適用すべき外国法の確知の問題ではなく、事実の存否の問題であるから、職権探知事項ではないと解される。

そこで本件についてみるに、……によれば、イギリスにおいては、地方自治体が、その公務員の過失により損害を被った者に賠償責任を負うこと、この責任は、敵国人(イギリスと戦争中の国の国籍を有する者またはその国に自由意志で住居を設け若しくは仕事をしている者)を除いて、いかなる外国人に対しても負うことが、判例により普通法（コモン・ロー）として確立されていることが認められる。

しかし、我が国の国家賠償法一条とイギリスの普通法との間に、賠償責任を生じる過失の程度に相違があるか否かについては、被告においてなんらこれを立証しないから、本件訴訟では右の点の相違はないものとして取り扱う外なく、我が国が現在イギリスと戦争中でないことは公知の事実であるから、イギリスには相互保証が存することになる。」

と判示した。

すなわち、右の判決は、(1)憲法第一七条は「何人」にも賠償請求権を認めていること、(2)憲法前文は国際協調主義を採用していること、(3)イギリスにおいては、地方自治体が公務員の過失により損害を被った者に賠償責任を負うことを認めていること、(4)右の責任は外国人に対しても負うことが判例により普通法として確立されていること、を理由に相互保証主義制度を確認した。

右の判例でも明らかなように、外国人に対する損害賠償責任については、国家賠償法の相互保証の問題が提起されていることに注意すべきである。

(2)　外国人と相互保証主義の問題

この相互保証主義の問題は、一般にどのように論じられ、検討されているのであろうか。この問題は、国家賠償法の適用範囲の問題と関連し、(1)人的適用範囲の問題、(2)地域的適用の問題、(3)時間的適用の問題、(4)外国の軍隊の駐留に関する問題の四つに分けることができる。

本件のような外国人の相互保証主義の問題は人的適用範囲の問題であるということができる。すなわち、被害者が外国人の場合には、どの範囲の外国人が国家賠償法によって救済される外国人の被害者に該当するのかという問題である。この点に関し、国家賠償法第六条は「この法律は、外国人が被害者である場合には、相互の保証があるときに限り、これを適用する。」と規定している。

右の規定が、いわゆる「相互保証主義」の考えを認めているものである。

(3)　憲法第一七条と相互保証主義

一　相互保証主義は、外国人が被害者である場合に、当該外国との間に相互の保証がある限りこれを適用するというものである。相互保証主義の問題点として、この相互保証主義が憲法に違反しないかが問題となっている。これは、憲法第一七条は「何人も、公務員の不法行為により、損害を受けたときは……賠償を求めることができる。」と規定しているので、相互保証主義という一定の条件の下に、外国人の被害者を救済しようとし、相互保証の規定のない場合に、当該外国人を救済しないのは憲法第一七条に違反するのではないかが問題となっているということである。

すなわち、右の憲法第一七条の「何人も」という規定に外国人も含まれるとする趣旨であれば、国家賠償法第六条が、「相互の保証あるときに限り、これを適用する」と規定して、国家賠償による保証を制約していることは、憲法第一七条に違反するのではないかということである。

また、相互保証主義の考え方はそもそも、国家主義的色彩を前提としたものであるので、憲法前文に現われている国際協調主義の精神に反するのではないか、という批判がある。

二　これに対し、(1)憲法第三章が「国民の権利及び義務」という題の下に定めている条項は、その条項の定める法律問題が国民について発生する場合を前提としているのであり、それは、憲法が特に「国民の権利及び義務」と題していることによっても考えられるものであること、(2)また、憲法第三章の条項は「何人も」と規定しているが、その「何人も」というのは、日本人について「何人も」といっているのであって、外国人を含むものではないとする見解がある。この見解によると国家賠償法第六条の相互保証の規定は、憲法第一七条に違反しないことになる。

現在、一般的には、日本が積極的に相互保証主義を放棄することは、国際社会の協調主義の考えからして好ましいが、日本人の外国における被害について当該外国を相手に賠償請求ができないのに、日本が外国人の被害に対し賠償責任を負う必要もないと考えられている。合憲説が妥当と思われる。

この相互保証主義とは、外国人に損害賠償の権利を与えるに当たって、その外国人の本国が自国人に同様の権利を与えることを条件とするという考えである。

相互保証主義と国家賠償との関係に関し問題となる論点として、(1)相互保証主義の意義、(2)分裂国家と相互保証主義との関係、(3)相互保証主義と立証責任との関係、(4)二重国籍と相互保証主義との関係、がある。

(4)　相互保証主義の意義

一　右のうち、相互保証主義の意義について触れている裁判例として、東京地裁昭和五一年五月三一日の判決がある。

本件は、原告が東京地方裁判所にマルマン株式会社を相手方として特許権を侵害する腕時計用バンドの製造、販売、販布の禁止等を求めた仮処分事件において、裁判所の調査員の調査報告書の提出が遅れたため、判決は、特許の存続期間満了後約四か月半余り経過してなされた。このため、原告は本件の特許の技術的範囲の実質的判断を裁判所によりしてもらえず、損害を受けたとして、国家賠償法第一条第一項に基づいて国を被告として損害賠償を提起した。

二　本件で問題となった点の一つに原告がドイツ連邦共和国の法人であったために、ドイツ連邦共和国と日本との間の相互保証の有無が問題となった。

裁判所は相互保証主義の意義について次のように判示している。すなわち、

「本訴はわが国の国家賠償法一条一項に基づく損害賠償事件である」が、「原告がドイツ連邦共和国法人であることは当事者間に争いがないので、まず、ドイツ連邦共和国と日本国との間に同法六条にいわゆる相互保証があるか否かについて検討する。」

「ドイツ連邦共和国基本法三四条は、『何人かが自己に委託された公の職務の行使につき第三者に対して負う職務義務に違反するときは、その公務員を使用する国または団体が原則として責任を負う。故意または重大な過失につき求償権が留保される。損害賠償請求権および求償権に対しては、司法裁判所に出訴する権利が排除されてはならない。』と規定して国家賠償責任制度を採用することを明示し、また、『日本国民に対するドイツ連邦共和国の責任についての告示』(一九六一年九月五日)は被害者が日本国民である場合、ドイツ連邦共和国の賠償責任につき日本の立法により相互保証があることを明言している。

従って、一般的に右両国間にはわが国の国家賠償法六条にいわゆる相互保証があるものということができる。」

しかし、外国人が被害者の場合、その外国人に適用される「同一の事実関係のもとでも当該外国が日本国民の被害者に対して賠償責任を負わないときには、わが国の国家賠償法六条の規定の趣旨・目的に照らし、わが国は外国人に対し賠償責任を負わないものと解される」(東京地昭和五一・五・三一判・判例時報八四三号六七頁)と判示している。

三　右の判決の考え方はドイツ基本法が国家賠償責任制度を採用していることを前提とし、同国の告示において、被害者が日本国民である場合、ドイツの賠償責任について日本の立法により相互保証があることを明言しているもの

であるとし、また、一般的に当該外国が日本国民の被害者に対して賠償責任を負わないものとしている場合には、わが国は、当該外国人に対し賠償責任を負わないとしている。これが、相互保証主義という考え方である。

この判決の特色は、当該事実関係をそのまま外国に適用した場合に、それが救済されるか否かということを一つの判断基準としているところにある。

これに対し、事実関係を問題としないで法制度自体の要件が日本と同一であるか否か、あるいは日本の法制度よりもゆるい条件の下に外国人に保護を与えているか否か、という法制度を中心に対比して保証を決定してゆくという考え方がある。

この問題については、被害者の権利、利益の保護と当該国家の国際上の責任という観点からして、法制度と事実関係を前提として、相互保証の有無を決定してゆくべきであると考える。

⑸　相互保証主義を認めた事例

右のほか相互保証主義が問題となった事例としては、大韓民国関係のものが多い。

名古屋地裁豊橋支部昭和五〇年一二月五日判決の損害賠償請求事件（判例時報八一二号九〇頁）は在日韓国人に関し国家賠償法第六条の相互保証主義に基づく賠償請求が認められるか否かが問題となった事件である。

本件においては、韓国の国籍を有するAが三名を乗用車に乗せて、夜間しかも雨天に、前方が直接湖に面している浜名湖の埋立地内の岸壁道路を時速二〇ないし三〇キロメートルで東方に進行していて高さ三メートルの道路から水深六メートルの湖に自動車もろとも転落し、A他一名が死亡した。そのため、Aの母および姉弟が、右事故は、右道路の設置管理上の瑕疵に基づくものであるとして、右道路の責任者である静岡県を被告として、民法第七〇九条、第七一七条、国家賠償法第二条に基づいて損害賠償を求めた事案である。

右の事案について、被告静岡県は、原告らに対しては国家賠償法の適用がない旨主張した。すなわち、国家賠償法は外国人（韓国人）である原告らについては、無条件に適用されるものではない、韓国の国家賠償法は定額賠償主義を採っており、その額は名目的な賠償金といえる程度の低額であるから、わが国の国家賠償法第六条にいわゆる相互の保証があるとはいえない、と主張した。

これに対し、名古屋地裁豊橋支部昭和五〇年一二月一五日の判決は、次のように判示している。

「一九六七年三月三日に公布された大韓民国の国家賠償法によれば、同法第五条第一項前段において『公共の営造物の設置もしくは管理に瑕疵があるため、他人の財産に損害を生ぜしめたときは、国または地方自治体はその損害を賠償する責任がある』旨規定し、同法第七条において『この法は、外国人が被害者である場合には、相互の保証があるときに限り適用される』旨規定している。そうすると、原告らは、わが国の国家賠償法の適用を受けることができるものと解される。」

「もっとも、韓国国家賠償法の五条一項後段には『この場合、他人の生命もしくは身体を害したときは、三条の基準により賠償をする』と規定しており、同法三条等によれば、賠償額の定額化傾向が看取されるけれども、右は単に賠償額を定めるための基準にすぎず、いまだ同国の国家賠償法が同法五条に定める『公共施設等の瑕疵による損害賠償の責任要件』などを、わが国の国家賠償法の規定する要件よりも著しく厳重にするものとは認められないから、前記基準が存在することによって、韓国の国家賠償法とわが国の国家賠償法との間に、たとえ若干の保証の差等があるとしても、前記相互の保証の存在を認定するうえで、その妨げとなるものではない、と解する」と判示している。

すなわち、右の判決の特色は、(1)韓国に相互保証の規定が有るか無いかを問題としていること、(2)韓国の国家賠償法の規定とわが国の国家賠償法の規定とを比較対象していること、(3)相互の国の国家賠償法の規定する要件を比較していることである。

⑹　分裂国家と相互保証主義との関係

一つの国家が実際上二つに分裂して支配されているような地域がある。たとえば朝鮮半島の南北朝鮮のような場合である。このような場合に、いずれの国の法制度を採用して相互保証があったと判断すべきかということが問題となっている。

この点が問題となった事例として、東京地裁昭和三二年五月一四日判決（下級民集八巻五号九三一頁）がある。本件の原告は、朝鮮半島で出生した朝鮮人であるが、昭和一五年以来継続して日本に在住している者である。ところが朝鮮が二つに分裂したため、原告の国籍が大韓民国にあるのか、朝鮮民主主義共和国にあるのか明らかでない。この場合、いずれの国の法制度を基礎として相互保証の有無を決定すべきかが問題となった。

裁判所は、次のように判示している。

「原告の本国である朝鮮には国家賠償法第六条の相互の保証があるかどうかが問題になる。朝鮮において朝鮮民主主義人民共和国政府と大韓民国政府とが対立していることは前述のとおりである。」「これらは一国内において対立し互に他を否認し合っている政府が維持する法律制度であるという点においては、二つの国家のまたは一国内における法域を異にする二つの地方の法律制度と全く同じであるとはいえないが、しかしそれぞれの地域において実効性を担保された別個の法律制度であるという点においてはいずれも同様である。他方、国家賠償法第六条に規定する相互の保証の有無は、被害者である外国人に本来適用される統一的な法律制度毎に決定しなければならないものであり、国籍はただこの法律制度を判定するための通常の手段に過ぎない。そして、被害者が何らかの理由により同時に二つの異なる法律制度に服するような地位にある場合には一方の法律制度において相互の保証があるならば、他方にはこれがなくても、国家賠償法第六条の相互の保証はあるものと解するのが相当である。」

右の裁判所の考え方は⑴国籍はいずれの法制度を適用すべきかを判定する手段にすぎないこと、⑵被害者がなんらかの理由により、同時に二つの異なる法律制度に服する地位にある場合には、いずれかの国の法律制度に相互保証があれば、他方にこれがなくても、国家賠償法第六条の相互保証があるとしているものである。

これに対し、本籍地により決定すべきであるとする裁判例として、大阪地裁昭和四六年二月二五日判決（判例時報六四三号七四頁）がある。本件は次のようである。

原告は、南朝鮮に本籍地を有する朝鮮人で、朝鮮民主主義人民共和国の国民であると自称していたが、わずかな駐車違反をとがめられ、警官に派出所まで連行されて難詰されたため、警官を押したり暴言を吐いたりした。これに対して、警官たちも原告の頬を殴ったり、押さえたりしたため、原告は下口唇の内側を少し切り左頬がはれたりした。本件は、原告が、警官の右暴行等を違法とし、傷害、名誉毀損を理由に、国家賠償法第一条第一項に基づいて、大阪府に対し慰謝料二〇万円の支払を求めた事件である。本判決は、名誉毀損の点については認めなかったが、暴行傷害の点については違法とし、原告の挑発的態度をも参酌のうえ、慰謝料二万円の請求を認めた。

本件では、原告が外国人であり、朝鮮半島が南北に分かれて支配されている現状にかんがみ、国家賠償法第六条の適用が問題となった。

裁判所は次のように判断した。すなわち、

「原告主張の国家賠償法六条にいう相互保証の有無について判断する。

原告が朝鮮人であることは本件記録に徴して明らかであるが、朝鮮が現在朝鮮民主主義人民共和国と大韓民国とに分れていることは顕著な事実であるから、朝鮮人についてその本国法としていずれの法律を適用すべきかは問題である。右両国の対立抗争はいずれも朝鮮の全域を自国の領土とし、全朝鮮民族を自国の国民とし、互に朝鮮を正当に代表する政府であると主張するにあり、これは国と国との争いというよりもむしろ朝鮮半島全域を一つの国家とするその中における二つの政府の対立的存在というべきものであって、現実には右両国はそれぞれ独自の法律制度を有し、ほぼ三八度線を境とする南・北両国の各勢力地域内においてのみその実効性が担保されていると認められる。ところで、本件記録ならびに本件全証拠によるも、原告主張のように原告が朝鮮民主主義人民共和国民であると認めることはできず、かえって、……によれば、原告は日本において出生したが、その本籍は朝鮮忠清北道清州郡（現在の清原郡）であると認められ、右忠清北道清州郡が大韓民国の現実の施政地域内に存在することは顕著な事実である。したがって、右のような事情において原告が国家賠償法の適用を受けるためには大韓民国において相互の保証がなされておればよいと解するのが相当である。当裁判所の調査によれば、大韓民国政府の維持する法律の一つとして一九五一年九月八日公布施行された国家賠償法があり、これによると公務員がその職務を行なうにあたり、故意または過失により法令に違反し、他人に損害を加えたときは、国家または公共団体がその損害を賠償する責任があり（同法二条一項）、この法律は外国人が被害者である場合には相互の保証があるときにかぎり適用される（同法五条）ことになっている。したがって、原告は国家賠償法により損害の賠償請求をなしうる者である。」と判示している。

右判決は、原告の本籍は朝鮮忠清北道清州郡（現在の清原郡）であることが認められ、同郡が大韓民国の現実の施政地域内に存在することは顕著な事実であるとして、大韓民国の損害賠償法を適用して相互保証を認めている。この判決は本籍地がいずれの国にあるかを根拠としている点で前判決と異なる。被害者の救済の点から考えれば、前判決が妥当と考える。

(7)　相互保証主義と立証責任

一　相互保証主義と立証責任の問題は、相互保証の有無について、被告国と原告のどちら側が主張、立証するかという問題である。長期にわたり日本に居住している外国人の場合でも短期に日本に在住している外国人であっても、自国の法律について立証・主張するということは困難な場合が多い。またそれに対応する国とか地方公共団体も外国の法制度を知ることはきわめて困難である。このため、この相互保証の立証責任がどちらにあるのかということが、国家賠償法第六条の問題として重要な問題となっている。

二　従来の裁判例の考えは、下級裁判所において二つに分かれていると思われる。

国家賠償法第六条の相互保証があると主張するためには、当該外国人が自己の国籍を有する国において、その国の法律や条約などにより、日本の国家賠償法と同一かまたはそれよりよい要件で日本人の被害者に対し賠償責任を認めている場合でなければならない。したがって、日本が外国人に日本の国家賠償法に基づいて保証を認めるためには、右の条件が備わっていなければならない。右の条件が備わっているか否かは裁判所の職権調査事項であるとする見解と当事者が主張立証すべきであるとする見解とが対立している。そして、後者の見解については、さらに原告すなわち被害者たる外国人が自国には国家賠償法などの法律が存在することを主張立証すべきであるとする説（請求原因説）と、被告がそれが存在しないことを主張立証すべきであるとする説（抗弁説）とが対立している。

三　右のように見解が対立しているが、このような相互保証と立証責任との関係が問題になった事件として、大津地裁昭和四九年五月八日判決（判例時報七六八号八七頁）がある。すなわち、昭和四五年一月二六日午前七時二〇分頃福井県大飯郡高浜町青六の三五の三地先国道二七号線上の交差点ほぼ中央付近において、西進中の訴外金三俊運転の八トン積トラックと、折から同所を東進してきた訴外河野正夫運転の大型トラックとが正面衝突し、その結果三俊は約四〇分後死亡した。

本件は、事故から約一週間前に降った雪をブルドーザーで道路わきに寄せたが両側に約三〇センチメートルの高さで排雪が残っていたため有効幅員は狭いところで約五・二メートルにすぎず、また路面が凍結していたことと重なって、車幅が二・四九メートルの大型トラック同士がすれちがう際にスリップして正面衝突したというものであるが、本判決は右有効幅員の狭い点および凍結防止をしていなかった点に管理の瑕疵があったとして、国の賠償責任を肯定した。本件において、国家賠償法第六条の相互保証規定が適用されるか否かの立証は被告国にあるのか、それとも原告にあるのかが問題となった。

裁判所は、右の事案について、次のように判示した。

「三俊は……朝鮮国籍であるが、原告らは本件につき国家賠償法六条の適用をみるものとして本訴請求をしているので、朝鮮において日本人に対する相互保証規定の存否が問題となるところ、同条の規定の仕方のみからみると、同条は原則として外国人の国家賠償請求権を否定し、相互の保証のある場合にのみ例外的に右請求権を認めるものの如くみえ、従って、被害者において、右相互保証の存在を立証しなければならないかのようにみえる。

然し乍ら、元来国家賠償法は憲法一七条を受けて規定されているものであるが、右憲法一七条が公務員の不法行為につき『何人も』賠償請求権を認め、右に『何人も』とは直接には日本国民を指称するものとしても同条の存する憲法第三章『国民の権利義務』の章においては憲法が『国民』と『何人も』とを使い分けているうえ、憲法前文の国際主義をも併せ考えれば、国家賠償法六条は、むしろ、原則的には外国人にも国家賠償請求権を認め、例外的に、国又は公共団体において相互の保証のないことを立証した場合に限り同法の適用を排除するものと解するのが相当である。殊に、本件請求の同法二条一項は私法的色彩の濃厚な規定であること、被害者側に相互保証の立証を課すことの被害者側の負担をも考えれば右のように解するのが合理的でもある。しかして、その場合相互保証規定の存否は、国家賠償請求権の存否の前提問題であって、適用すべき外国法の確知の問題ではないから、職権探知事項ではないと解すべきである。

すると本件において、被告国は原告らの同法の適用を争うと答弁するのみで、何ら朝鮮において相互保証の規定の不存在についての立証がないから被告国は本件損害賠償義務を免れない。」と判示した。

右の判決は、(1)わが国の国家賠償法は憲法第一七条をうけて規定されていること、(2)憲法第三章「国民の権利義務」の章では、「国民」と「何人も」とを使い分けていること、(3)憲法前文は国際主義を採用していること、(4)原則的に外国人にも国家賠償請求権を認め、例外的に国または公共団体が相互保証のないことを立証したときに限り、国家賠償法の適用を排除すると考えることが妥当であること、(5)相互保証規定の存否は国家賠償請求権の存否の前提問題であること、(6)したがって適用すべき外国法の確知の問題ではないので職権探知事項ではないこと、を理由に、被告国は、朝鮮に相互保証規定がないことを立証していないので、国は損害賠償義務がある、とするものである。

四　これに対し、外国人が、国家賠償法第一条、第二条により、日本の国・公共団体に対し、損害賠償を請求するには、同法第六条による相互保証のあることを主張立証しなければならないとする見解がある。その理由として、原告にとり、自国の法制を明らかにすることは、困難なことではないこと、また、相互保証の存在が、損害賠償請求権発生の要件であるからであるとしている。

しかし、裁判所は、被告である国・公共団体がその不存在を主張立証すべきであるという見解をとっているといってよい。

すなわち、東京地裁昭和四七年六月二六日の判決（判例タイムズ二八五号二六六頁）は、「国家賠償法六条は、外国人に対して相互保証の存することを条件として同法上の請求権を与えたもの、すなわち、同条は外国人にとって同法上の権利根拠規定と解するのが相当であるから、右相互保証が存する旨の主張自体が請求原因を構成するものと考え、さすれば、被告の叙上の主張は請求原因の否認に該るものと言うべく、本案前の抗弁とはなし難い」と判示している。

五　次に、相互保証と免責規定の主張立証責任に触れている事例として前述した東京地裁昭和五一年五月三一日の判決（判例時報八四三号六四頁）がある。

すなわち、裁判所は、「さらに進んで国家賠償責任に関するドイツ連邦共和国および日本の各立法を比較検討するのに、ドイツ連邦共和国においては、確定した判例により、前叙の同国基本法三四条の規定に基づく国または団体の責任範囲は、ドイツ民法八三九条に基づく公務員自身の責任範囲にかぎるとされているところ、右ドイツ民法八三九条は、『公務員が故意または過失によってその第三者に対して負担している職務に違反したときは、第三者に対しこれによって生じた損害を賠償しなければならない。公務員に過失の責任のみしかないときには、被害者が他の方法で賠償できない場合だけ賠償請求できる（以上一項）。公務員が争訟事件の判決にあたってその職務に違反したときは、その義務違反が裁判所の刑事訴訟手続の方法で科せられるべき公の刑罰を受ける場合にかぎり、これによって生じた損害について責任を負う。義務に違反して職権の行使を拒絶し、またはこれを遅延したときは本項の規定を適用しない（以上二項)。被害者が故意または過失により法律的手段の行使によって、損害発生の防止を怠ったときは、賠償義務は生じない(以上三項)。』と規定している。

右規定によると、裁判官の判決言渡しの遅延については、わが国の国家賠償法第一条第一項と同一要件のもとに国家賠償責任の発生することが明らかである。なお、前叙のとおりドイツ民法第八三九条第一項後段は公務員に過失責任のみが存する場合について、また、同条第三項は被害者が損害発生の防止を懈怠した場合について、それぞれ一定の要件のもとに賠償義務が生じない旨規定しているが、本件被告は右各例外規定に定められた事件事実の存在について何ら主張・立証をしない。

従って、本件においては、わが国の国家賠償法一条一項に規定された各要件事実の存否について判断すれば足りることに帰着する。」と判示した。

この判決では、相互保証について、外国人に対し保護を認めるべき要件については原告側が主張立証責任を負うが、他方その当該外国の規定に公務員ないしは国に対して免責等の規定がある場合には、その免責規定については国または公共団体側が主張立証の責任を負うというように、その規定を分けて立証責任の問題を考えている。以上のように相互保証と立証責任の問題は裁判所においても一定していないということができる。

しかし、実際問題として、原告の側で相互保証主義の存在することを立証することと国、公共団体が立証するのとを同一に考えることには、その能力、時間、費用の点からいって問題があるので、被告の国、公共団体の側で相互保証の不存在を主張立証すべきであると考える。

六　このほか、この相互保証の問題については、二重国籍人の問題をどうするのか、国籍のない人の場合にはどうするのかなどの点が問題点として指摘されている。また、外国において定額賠償の制度がある場合に、それを相互保証との兼ね合いでどのように考えていくべきかという点も、問題となっている。

(8)　外国の定額賠償の規定と相互保証

一　外国において定額賠償の規定がある場合に、それをわが国の国家賠償法第六条の相互保証の規定との関係でどのように考えるべきであろうか。すなわち、(1)被害者の国の法律の定める国家賠償責任の要件が、わが国の国家賠償法の要件より厳格な場合、たとえば、その外国人の国の賠償額をわが国の賠償額と比較し、わが国の賠償額より低額に定額化しているような場合に、相互保証のあることを認め、わが国の国家賠償法の要件に従って賠償を考えてゆくべきであろうか、それとも、外国人の国の法律の要件に従ってのみ国家賠償法の適用を認めるべきであろうか。

二　前述した名古屋地裁豊橋支部昭和五〇年一二月五日判決の損害賠償請求事件（判例時報八一二号九〇頁）の控訴審である名古屋高裁昭和五一年九月三〇日判決は、大韓民国の国家賠償法における賠償額の定額化とわが国の国家賠償法第六条の相互保証主義との関係について、次のように判示した。すなわち、

「被控訴人はいずれも大韓民国の国籍を有する外国人であることが認められる。従って被控訴人が亡まり子の母としてその主張の損害賠償につき国家賠償法の適用を受けるには、被控訴人の本国法である大韓民国の法律において、日本人が被害者となった場合に、同国または、その公共団体に対しわが国の国家賠償法と同一または類似の損害賠償責任を問いうるとされていなければならない（同法六条）」

ところで、「一九六七年三月三日法律第一八九九号によって制定公布された大韓民国の国家賠償法は、道路、河川その他公共の営造物の設置もしくは管理に瑕疵があるため、他人の財産に損害を生ぜしめたとき又は他人の生命もしくは身体を害したときは、国又は地方自治体がその損害を賠償する責任を負い（同法五条一項）、外国人が被害者である場合には、相互の保証があるときに限りこの法律は適用されることになっている（同法七条）。ただ同法三条、九条および同法施行令（一九六七年四月一三日大統領令第三〇〇五号、一九七〇年一二月二五日大統領令第四六六四号）によると、同国の国家賠償制度は、審議会前置主義をとり、また賠償額を定額化しており、しかもその賠償額がわが国における現今の賠償額と比較していささか低額であり、わが国の国家賠償制度と右の点において差異がある。しかしながらかかる

差異があっても国家賠償法六条の相互の保証があるときに該当するものと解する何らの妨げとはならないから、被控訴人はわが国の国家賠償法により損害の賠償請求をなしうる者というべきである。」と判示している（名古屋高昭和五一・九・三〇判・判例時報八三六号六一頁）。

本件では、韓国の国家賠償制度では審議会前置主義をとり、賠償額を現在のわが国の賠償額に比較すると低額に定額化しているため国家賠償法を全面的に適用すべきかが問題となったが、右判決は、日本の国家賠償法と韓国法との間で差異があっても、国家賠償法第六条の相互保証の規定が適用されるとしたのである。この見解が妥当ではないかと考える。

三　また、この外国の定額賠償の規定と相互保証との関係が問題となった事件として、大阪高裁昭和五四年五月一五日（判例時報九四二号五三頁）判決がある。本件は次のようである。原告らの子A（二歳九月）は、溝渠付近で遊んでいるうち誤って溝渠に転落し、溺死した。そこで、原告らは、本件の溝渠は、通常備うべき安全性を欠いた営造物であり、京都市（被告）は、本件溝渠の維持管理に当たり必要な最小限の安全措置すら講じていなかったものである、すなわち、本件の溝渠の通過する一帯の場所は近年の宅地開発によりいわゆる住宅密集地帯となったところであり、原告の子が転落した付近は、子供の遊び場になっていたところであり、本件の溝渠は工事によりヘドロが撤去され、水かさが増え、事故の危険性ははるかに増大していたにもかかわらず、京都市は柵等の簡単な事故防止措置さえ施していなかったものである、と主張し、京都市に対し、国家賠償法第二条に基づき損害賠償請求訴訟を提起した。

京都市（被控訴人）は、国家賠償法第六条の相互主義の点について次のように主張し、本件には国家賠償法は適用されないと主張した。すなわち、

(1)控訴人らは韓国人であること、(2)国家賠償法は相互の保証のある場合にのみ外国人に適用されるものであること、(3)大韓民国の国家賠償法は、(a)訴願前置主義を置いており、しかも、この審査機関は裁判官を必要的構成要素としているにもかかわらず、行政府の統制下にある異例の性格をもつ法律であること、(b)審査機関の決定が被害者の意思に

かかわらず出訴権を失わしめる疑いがあること、(c)賠償額が定額化されており、しかも低額化の傾向があること等からみて、相互保証の趣旨に沿うものではない、と主張した。

大阪高裁は次のように判示した。

亡Aは大韓民国の国籍を有するところ、「控訴人らの本国法である大韓民国の国家賠償法には日本の国家賠償法二条・六条と同旨の規定があり、賠償審議会の審議前置等その取扱いに多少の差異があっても、いたずらに権利救済を困難にすべきではなく、本件についても国家賠償法六条の相互の保証があるときに該ると解するのが相当で、これを左右するに足りる資料はない。」（大阪高昭和五四・五・一五判・判例時報九四二号五三頁）と判示した。

すなわち、右判決は、賠償額が定額化されしかも低額化の傾向があるという被告の主張を問題とせず国家賠償法第六条を適用した。そして、国家賠償法が要求する相互保証主義の点については、大韓民国の国家賠償法の規定は、わが国の国家賠償法第六条の相互保証がある場合に該当するとして、京都市の管理責任を認めて、原告（控訴人）の請求を一部認容したのである。

第四章　学校教育作用と国家賠償法の要約

(1)　日本国憲法一七条と国家賠償

日本国憲法第一七条の規定に基づいて、その一般法として国家賠償法が制定されている。本法は全文六ヶ条からなっているが、その主要な部分は、⑴権力作用に基づく損害賠償、⑵非権力作用に基づく損害賠償、⑶私経済的作用に基づく損害賠償の三つの分野からなっている。現行の国家賠償法を理解するためには明治憲法下の国家賠償法制を理解することから始めることが必要である。

(2)　明治憲法下における損害賠償と民法の不法行為との関係

明治憲法下では国家賠償法は存在しなかったため、損害賠償に関する一般法としての民法の不法行為の規定（民法七〇条以下）により損害賠償がどこまで認められるかが大きな問題であった。

この点を象徴している板橋火薬製造所事件判決は、軍の砲兵工廠における火薬製造事業は公法上の行為であり、所員が火薬製造事業に従事するのは、国家の一機関として行動しているものであるから、その所員の行為により個人に損害を加えても、国家は法令に特別の規定のない限り、私法上の責任を負わないと判断した（明治四三・三・二・大民録一六輯一七四頁）。このように、公共のために行う事業または設備を当然に公法上の行為とし、民法の不法行為の適用を否定していたのである。

また、教員の公権力の行使に基づく損害賠償事件についても、民法の不法行為の規定が適用されていなかったのである。たとえば、小学校の代用教員の小学児童傷害事件において、大審院は、町村立小学校の校長および教員の任用と監督は、国の行政機関たる府県知事が行うことを理由に、代用教員の小学児童に対する傷害は民法による損害賠償の対象とならないと判示していた（大審昭和四・四・一八民一判・民集八巻二八六頁）。

このように、明治憲法下においては、違法な官吏の公権力の行使による損害について、学説、判例は民法の規定の適用を拒否する傾向が強かった。

すなわち、明治憲法下においては、大正五年の徳島市立小学校遊動円棒事件（大審大正五・六・一判・新聞一一四八号三二頁）の判決が下されるまでは、河川や道路の改修工事、火薬製造事業なども権力作用または公法上の行為として、国家の賠償責任を否定していた。

これに対し学界などからの批判が強く、大正五年の右の判決を境として公共事業に基づく損害賠償義務が肯定されるに至った。右の判決と類似の見解に立つものとして、東京市立小学校肋木事件（大審大正一〇・六・二八判・新聞一八六四号九頁）がある。

これらの判決は、従来、「公法上の行為」として一括されていた事実を権力作用と非権力作用に分類し、非権力作用には民法を類推適用するという新しい方向を示したものとして、当時においては重要な判決であったということができる。しかし、そのような考えがすべての事業に適用され、裁判所の考え方が変更されたと考えることは問題である。それは、消防自動車の試運転中に人を轢殺した消防自動車試運転事件（大審昭和一〇・八・三一判・新聞三八八六号七頁）に示されているといってよい。すなわち、私人の行為と本質的に異ならない公物の管理や公の事業の執行などは、民法の不法行為規定が適用され、したがって、消防自動車の試運転は、それ自体権力作用ではなく、公の事業の執行にほかならないと考えなければならなかったのではないかと思われるが、大審院は、この試運転を国家の警察権の一作用として民法による救済を拒否したのである。

(3)　明治憲法下の権力行為と民法の規定の適用

明治憲法下においては、右に指摘したように官吏の不法行為により損害を受けた国民が国や公共団体に対し損害賠償を求めるためには、国家賠償法の規定がなかったために、結局、民法の使用者責任の規定に基づいて民事・刑事を取り扱う司法裁判所に訴えを提起するしか方法がなかったのである。すなわち、民法の使用者責任に関する規定としては、民法七一五条（使用者責任）、四四条（法人の不法行為能力）、七一七条（土地の工作物等占有者及び所有者の責任）がある。

国民は、右の規定などに依拠して損害賠償の訴えを提起せざるを得なかったのであるが、しかし、明治憲法下の司法裁判所は、行政権力の行使に関する損害賠償の問題については民法の規定は適用されないとした。このため、官吏の不法行為による損害であって司法裁判所に救済を求めることができたのは、国、公共団体が私人と同様の立場で行う非権力的作用にかかわる不法行為に限られていた。

(4)　明治憲法下の工作物の設置保全の瑕疵に基づく賠償責任

学校関係の工作物の設置保全の瑕疵に基づく賠償責任の問題については、(1)小学校関係の事件が多いこと、(2)損害賠償を認めてゆく法理論が、民法上の占有権ないしは所有権の理論に基づいていること、(3)賠償責任については、区、市が負うとしていること、などの特色を指摘できる。

(5)　明治憲法下の非権力的作用による損害賠償の賠償責任者

明治憲法下においては、営造物の設置管理などの非権力的作用による損害賠償については、民法による救済が認められる傾向が強かったが、しかし、その損害賠償をだれが負担するかが問題になっていた。明治憲法下においては、この点の学説、判例は一致せず、当然賠償を受ける場合であるにもかかわらず、その責任者たる被告を誤ったとして賠償を受けられなかった場合がきわめて多かった。

(6)　明治憲法下の損害賠償事件の裁判管轄

明治憲法下においては、行政処分により権利を侵害された場合には原則として行政上の訴訟手段によってのみ、その取消・変更を求めることができた。しかし、行政裁判所は損害賠償の訴訟を受理しないことになっていたので、国やその他の公法人の行為によって違法に第三者の権利が侵害された場合、その行為が行政処分であることを理由に、司法裁判所に対する救済を全く否定するのは不当であるという主張がなされていた。このため、大審院は公権力の発動たる処分の取消しを求める訴訟の場合は、裁判管轄権を有しないとしてその救済を拒否し、単に損害賠償を求める訴えであれば、受理して審理するという態度をとっていた。しかし、司法裁判所の管轄に属するという理由は一定せず、救済してもらえない場合が多かった。

国家賠償法の制定

国家賠償法は、いうまでもなく、日本国憲法第一七条の「何人も、公務員の不法行為により、損害を受けたときは、法律の定めるところにより、国又は公共団体に、その賠償を求めることができる。」という規定を受けて立案された。

国家賠償法制については、日本政府の考え方とＧＨＱの考え方との間に基本的な相違があった。すなわち、日本政府の法的な考え方は、すべての法律関係を公法関係と私法関係とに区分して法律上の紛争を解決しようというものであるのに対し、ＧＨＱの考え方は公法関係とか私法関係というような法律関係を区分する大陸法的な考え方を認めない英米法の考え方に基づくものであった。

しかし、この問題は、結局、ＧＨＱが日本の法制度を考慮し、急激な改正を避けることに決定し、日本政府の主張を受け入れたことによって解決された。

(7) 国家賠償法第一条の「国」、「公共団体」と国公立学校

国家賠償法第一条は、「国又は公共団体の公権力の行使に当る公務員が、その職務を行うについて、故意又は過失によって違法に他人に損害を加えたときは、国又は公共団体がこれを賠償する責に任ずる。」と規定する。

右の「国」とは日本国のことをいうことはいうまでもない。

「公共団体」とは、国の下に国によりその存立の目的を与えられた公法人であり、より具体的にいうと国が本来行う公共事務を国みずからが行うかわりに、国から独立した法人として自主的に処理することを認めた団体である。

公共団体は、公法人ともいわれるが、地方公共団体、公共組合、営造物法人に分けられる。

学校教育法は、その設置者により学校を区別し、国の設置するものを国立学校、地方公共団体の設置するものを公立学校、学校法人の設置するものを私立学校と呼ぶことにしている。

学校の設置とは、一般に、教職員を配置し、校舎などの施設を整備して教育のための施設としてととのえ、所定の手続により法律上、学校としての地位を取得し、その開設の意思を表示することを意味する。

学校教育法第二条は、このような学校を設置することのできる主体を、国、地方公共団体および学校法人に限定している。

したがって、国立学校の設置者は国であり、国立学校はすべて任意設置である。国立学校の設置の公の意思決定行為は、国立学校設置法などの法令の制定、改正によって行われる。

地方公共団体は、学校教育法第二条により設置義務を課された学校のほかに、任意に学校を「公の施設」として設置する主体となりうる。そして、これらの学校の設置および管理に関する事項はすべて各地方公共団体の条例で定めなければならない（地自法二四四条の二）。

市町村は小学校および中学校を設置する義務を負い（学教法二九条、四〇条）、都道府県は、盲学校、聾学校および養護学校を設置する義務を負う（同法七四条）。

国家賠償法上問題となる学校は、右のうち国が設置する国立学校と地方公共団体が設置する公立学校である。

(8) 国家賠償法第一条の「公務員」の範囲

国家賠償法第一条の「公務員」の概念は、国家公務員法、地方公務員法および刑法上の公務員の概念より広いと解されている。すなわち、ここでいう公務員には、官吏、公吏はいうまでもなく、国または公共団体のために公権力を行使する権限を委託されたすべての者をいう。その理由は、国または公共団体の行為とみられる作用によって「他人」に、国または公共団体が損害を加えたことに対する補償に重点を置いているからである。

教育関係の事案では、市の教育委員会の委員が、国家賠償法第一条の「公務員」に該当するか否かが問題となったものがある。

裁判所の見解は、市教育委員会の委員は、制度上は公務員の身分はないとしても、国家賠償法第一条の適用上これを一種の公務員とすべきであるとしているものである。

(9) 国家賠償法の賠償責任と民法の賠償責任との関係

国、地方公共団体が、もっぱら経済的目的のために行う作用で、私人と同様の地位において、私人と同じ行為をする場合がある。このような行為に基づく損害については、国家賠償法が適用されるのか、あるいは民法の損害賠償の規定（民法七〇条以下）が適用されるのかが問題となる。

この点、現行の国家賠償法はその第四条に、国または公共団体の損害賠償の責任について、民法以外の他の法律に別段の定めがない場合は、その定めるところによると規定し、国、公共団体の私経済的作用に基づく損害賠償を認めている。この場合、どのような作用が私経済的作用に該当することになるのかを明白に分類できるかということが問題となる。

この種の判例として、損害賠償請求事件（最高昭和三六・二・一六判・刑集一五巻二号二四四頁）（国立大学の医師が血液検査などを行わず輸血して患者に梅毒を感染させた事件）において、最高裁は、国立病院の一般の医療行為と私立病院の医療行為とは性質上同じであり、この場合は民法の不法行為の規定が適用されると判断したのである。

この種の問題は、学校教育の分野においてもみられる。

たとえば、学校の臨海学校教育における教員の行為が「公権力の行使」に当たるか否かが問題となった事案について、東京高裁昭和二九年九月一五日判決（下級民集五巻九号一五二三頁）は、学校教育は、国・公共団体でも学校法人でも行われるのであり、それは非権力作用に属するとした。

しかし、この臨海学校教育は「公権力の行使」に属するとする見解もあることに注意しなければならない。

⑽　国家賠償法第一条の要件と第二条の要件との関係

国家賠償法第一条の権力作用に基づく損害賠償の規定と第二条の非権力作用に基づく損害賠償の規定の賠償の要件とを対比した場合、次のような相違があることが指摘できる。

すなわち、第一条の国または公共団体の公権力を行使する公務員による損害賠償責任の対象となるための要件としては、⑴「公権力の行使」、⑵「職務を行うについて」、⑶「公務員」、⑷さらに瑕疵要件として「故意又は過失によって違法に他人に損害を加え」ること、の点が問題となる。

これに対して、第二条の公の営造物の設置管理の瑕疵による賠償責任の対象となるための要件としては、⑴「河川・道路・その他営造物」であること、⑵「公の営造物の設置管理の瑕疵」があること、の点が問題となる。

このように、第一条と第二条の両者を対比すると、その賠償規定の適用される範囲に相違があることを指摘することができる。

しかし、この両者の相違が、最近、必ずしも明確でなくなってきている。たとえば、最高裁昭和五〇年七月二五日の損害賠償事件に関する判決がある。

本件は、国道上に駐車中の故障した大型貨物自動車を約八七時間放置していたことが、国家賠償法第二条第一項に定める道路管理の瑕疵に当たるかが問題となった事件である。

最高裁は、道路の安全性を保持するための必要な措置を全く講じていなかったことを理由に、国家賠償法第二条と第三条の規定に基づき損害賠償を認めた。

しかし、右の事案に関し、その損害賠償責任は、道路管理上の瑕疵に基づくものなのか、あるいは道路交通取締りの瑕疵、すなわち、道路警察上の懈怠から発生した瑕疵に基づくものかが問題となる。

前者の場合であれば第二条が適用されて無過失責任主義を前提とした瑕疵責任が問題となり、後者の場合であれば第一条が適用され、過失責任が問題となるのである。このように、第一条が適用される賠償責任上の問題なのか、第二条の適用される賠償責任上の問題なのか不明確な場合が生じている。

この両者の区別を不明確にしている原因の一つに、国家賠償法第一条の要件の一つである「公権力の行使」の問題がある。

⑾　国家賠償法第一条の「公権力の行使」についての学説

国家賠償法第一条第一項の「公権力の行使」の範囲の解釈は、一般に⑴狭義説、⑵広義説、⑶最広義説の三つの説に大別される。

⑴　**狭義説**――この説は、公権力の行使とは一方的に命令し強制する作用であると一方的に法律関係を形成変更消滅せしめる作用であるとを問わず、優越的な意思の発動たる作用を指すとしている。

たとえば、町立中学校の校内盗難事件の調査中における教諭の生徒に対する暴行（福岡地飯塚支部昭和三四・一〇・九判・下級民集一〇巻一〇号二一二二頁）などである。この事件で裁判所は、生徒を取り調べる行為は、公権力の行使であるとしている。

(2)　**広義説**――これに対し、広義説は、「公権力の行使」を私経済作用を除くすべての公行政作用と解する。たとえば、裁判判決にも、国家賠償法第一条にいう「公権力の行使は、狭義の国又は地方公共団体がその権限に基づき優越的意思の発動として行う権力作用のみならず、広く被害者救済のため、公の営造物の設置、管理作用及び私経済的作用を除く非権力作用をも含むものと解するのが相当である。したがって、本件のような臨海水泳実習は、大学における教育活動そのもので非権力的作用であるけれども、教官の学生に対する注意義務違反についても、同条の適用があるものと解すべきである」（富山地昭和四九・三・二九判・判例時報七五四号八四頁）とするものがある。

右の広義説に基づいていると思われる裁判例として次のようなものがある。

(1)　義務教育と「公権力の行使」――「義務教育においては年齢及び身分の関係があって教師と生徒とは平等の関係になく生徒は一に教師の命令により進退するものであって、その事実は教師が公権力ないし公権力に似た力をもって生徒を支配しているものと見られ、そこに危険も存する」ので「学校教育の目的ないし本質が国民の教化育成であるとしても、教師が教育のために生徒を支配する関係において、故意又は過失によって、生徒に損害を蒙らしめたとき……は国家賠償法第一条にいわゆる『公共団体の公権力の行使に当る公務員がその職務を行うについて、故意又は過失によって違法に他人に損害を加えたとき』に当ると解するのを相当とする。」（宇都宮地昭和三八・一・一二判・下級民集一四巻一号一頁）。

(2)　水泳訓練中の事故と「公権力の行使」――「国家賠償法第一条にいう公権力の行使とは狭義の国又は地方公共団体がその権限に基き優越的な意思の発動として行う権力作用にかぎらず、国又は地方公共団体の行為のうち右に述べた権力作用以外の作用すなわち非権力的作用……も包含すると解するのが相当である。従って……本件のような公立学校の生徒に対する正課実施に際する注意義務違背についてもまた同条の適用があると解すべきである」（津地昭和四一・四・一五判・下級民集一七巻三・四号二四九頁）。

⑿　学校教育活動と国家賠償法第一条の「公権力」

学校教育活動が国家賠償法上の「公権力」に当たるか否かが問題となった事案について、裁判所は次のように判断している。

クラブ活動と国家賠償法の「公権力」との関係——(1)高校におけるボクシングの練習指導は国家賠償法の「公権力の行使」に当たるか——大阪高裁は本件の事故が、高校の教育活動の範囲を超えたところで発生したものであるので、同好会の顧問である教諭の職務上の過失を問うことはできないとして請求を棄却した（昭和五三・二・二四判・判例時報九一一号一二三頁）。

(2)　柔道部の練習が国家賠償法の「公権力の行使」に当たるか——千葉地裁と控訴審の東京高裁は、クラブの顧問教諭のクラブ活動としての柔道練習の指導は、優越的意思を内在する公的活動であり、国家賠償法にいう公権力の活動に当たる行為であるとしている。

(3)　ラグビー部顧問兼監督教諭が社会人ラグビーチームの要請に応じて他の県立高校のラグビー部員に対して右社会人チームへの参加を呼びかけポジションを指定したことが、右部員に対し、国家賠償法第一条の「公権力の行使」をしたことになるか——本件について、第一審は、仮に練習試合参加の勧誘をしても、他校生徒に対する義務違反はなく、本件事故は日曜日に学校側に無断で参加した試合において生じたものにすぎないとして、県の国家賠償法第一条の責任を否定した。

二審は、国家賠償法第一条の「公権力の行使」とは、公立学校における教職員の生徒に対する教育活動などの非権力作用も、これに包含されるものと解するのが相当であるとして県の賠償責任を肯定した。

最高裁は右の賠償責任を否定した。

右のような判例の動向からして、クラブ活動と教師の責任については、教師は、生徒・学生に対し教育を行う権利、義務があり、また、人身事故が発生することのないように保護監督する義務があるということになる。しかし、教師は生徒・学生の全生活について責任義務を負うものではなく、学校における教育活動およびこれと密接な関連のある場合に限定される。したがって、放課後のクラブ活動や自主練習については、それが教師の勤務時間外であっても正規の活動である限り教師の監督義務があるといわなければならない。

また、教師が生徒や学生に対して負わなければならない保護監督義務は、その在籍する学校の生徒に対するものである。したがって、他校生徒に対しては当然にはこれを負担しないとされている。

(13)　国公立学校の教師の生徒に対する懲戒権行使と国家賠償法の公権力

福岡地裁飯塚支部（昭和四五・八・一二判・判例時報六一三号三〇頁）は、教師の生徒に対する叱責、訓戒などいわゆる事実上の懲戒に違法性があったか否かが争われた事件について、教師の生徒に対する懲戒権の行使は、公の営造物利用関係における内部紀律の維持ないしは教育目的達成のためになされるもので、特別権力関係における特別権力の行使という実質を有するので、それが非権力関係を本質とする学校教育の場で行使されるからといって、その公権力性を否定することはできないとし、教師の生徒に対する懲戒権行使を国家賠償法上の公権力と判示した。本件は学校教育法施行後はじめての事案である。

(14)　府立高校生の転落死亡事故と国家賠償法の公権力

大阪地裁（昭和四五・七・三〇判・判例時報六一五号五〇頁）は、放課後における生徒の自発的な課外活動は学校における教育活動と密接不離な関係にある生活関係における生徒の公立学校利用関係にあるとし、それを前提として、課外活動も国家賠償法上の公権力の行使に当たるとした。

(15)　府立高校生の臨海学校参加中の溺死と国家賠償法の公権力

大阪地裁（昭和四六・七・一四判・判例時報六四九頁）は、国公立学校における教育は、優越的な意思の発動としての狭義の公権力の行使を本質とするものではないとした上で、学校教育は、国公立学校という公の営造物利用の関係であり特別権力関係に属する側面を有するとし、当然公共団体の大阪府は府立高校生の臨海学校参加中に発生した溺死事故により生じた損害を賠償する義務があるとした。

(16)　市立小学校児童の授業中の事故と国家賠償法の公権力

(A)　浦和地裁（昭和五七・一二・二〇判・判例時報一〇七二号一二六頁）は、(1)当該事故が小学校一年生の入学間もない時期に発生したものであること、(2)担任教師は児童が学校の規律になれておらず、また、教師としても性格を充分に掌握していないこれらの生徒に対し、鉄製移植ゴテという危険な用具を使用させる場合には、単に口頭で注意するだけでは足りず、可能な限り直接監督すべきであったのに、監督を怠ったと判断し、担任教師の授業中の過失を認め、市の損害賠償責任を認めている。

(B)　大阪地裁（昭和五八・一・二七判・判例時報一〇七二号一二六頁）は、担任教師の過失責任を認めず、訴えを棄却した。すなわち、(1)小学校四年生の事故であること、(2)担任教師は授業開始前に、生徒にふざけたりしないように一般的な注意を与えていること、(3)全員をグループに分け、各グループごとに責任者を定めて算数の実技を実施させていること、(4)生徒間で下敷き投げの遊びが流行していたが、授業中にそのような行為をするものがいなかったこと、などを理由に、担任教師の安全措置に過失はないとした。

右の(A)の浦和地裁の事案と(B)の大阪地裁の事案とでは、年齢や学年も異なるために、異なる判断が下されたが、学校内における教師の生徒に対する安全保護義務は、その時の事故発生の態様、教師の生徒に対する具体的なかかわり合いなどから判断しなければならないと考える。

(17)　町立中学校生徒の課外クラブ活動中の事故と国家賠償法の公権力

最高裁（昭和五八・二・一八判・判例時報一〇七四号五二頁）は、課外クラブ活動は、本来、生徒の自主性を尊重すべきものであるので、なんらかの事故の発生する危険性を具体的に予見することが可能である特別の事情がない限り、顧問の教師としては、個々の活動に常時立ち会う必要はないとし、顧問の教諭に過失がないとした。

なお、右の最高裁の見解は、国公立学校の教育活動に伴う事故について、国家賠償法第一条第一項が適用されるか否かについて明白には指摘していないが、それを前提としていると思われる。

(18)　公立小学校の正規の授業として行われたクラブ活動中の事故と国家賠償法の公権力

名古屋高裁（昭和五八・三・二九判・判例時報一〇七九号五八頁）は、児童の参加する漫画クラブの活動時間中にいたずらで発射した矢が他の児童の眼にささり失明させた事件で、「指導教員の指導監督が直接なされないため、これによる児童間の恣意的な行動が行われることのないように厳重な指示、訓戒を与える等適切な方法をとり、もって事故の発生を未然に防止すべき義務がある」とした。本件も、直接、国家賠償法の「公権力」の問題について触れていないが、それを前提としていると思われる。

しかし、本件については、児童が教室において級友に矢を発射する事態を、教師が予見し得たか否かは問題があるという批判もある。

(19)　市立中学校生徒に対する同校教諭の暴行と公権力

神戸地裁伊丹支部（昭和五九・四・二五判・判例時報一一三四号一二八頁）は、本件教諭の暴行行為は、学校教育における懲罰行為の行使の過程においてなされたものであるので、国家賠償法第一条所定の公権力の行使に当たるとしている。

(20)　県立高校生徒の柔道大会における事故と国家賠償法上の公権力

長野地裁（昭和五四・一〇・二九判・判例時報九五六号一〇四頁）は、県立高校の生徒の在学関係を契約関係であるとしたが、国家賠償法第一条の「公権力の行使」を広く解し、公立高校の生徒に対する作用を「公権力の行使」に該当するとしたが、原告の柔道大会における事故に対する損害賠償の請求はいずれも棄却した。

(21)　東京商船大学学生の歓迎会飲酒死亡事故と公権力

東京地裁（昭和五五・三・二五判・判例時報九五八号四一頁）は、学生の在学関係と大学当局の学生に対する安全配慮義務について、国立大学の学生の在学関係は私法上の契約に基づくものではなく、行政処分によって発生するとし、このような法律関係にあっても信義則などにより管理者である大学当局は被管理者である学生の身体、生命および健康について、安全配慮義務があるとした。なお、本件については、東京地裁は、結論的には、安全配慮に欠けなかったとして、原告らの請求を棄却している。

(22)　県立農大生の飲酒死亡事故と公権力

宮崎地裁（昭和六〇・一〇・三〇判・判例時報一一八四号一〇五頁）は、本件の県立農業大学校の学生の在学関係は、県が条例などに基づいて設置する教育施設を利用していることを理由として、私法上の在学関係ではないとし、行政処分によって発生する法律関係（公法関係とは断定していないが、公法上の法律関係としているものと思われる）であるとしたが、本件の県立農業大学校の設置目的を達成するための教育、研修の諸活動は、私立学校の場合と大きく異なることはないとして、同農業大学校の教育活動の過程において被告県は、信義則上、安全についての配慮義務を負わなければならず、県がかかる義務に違反した場合には、債務不履行に基づいて損害賠償責任が発生するとした。

本件についても、裁判所は、学生に対する指導および事故発生後の救急医療体制に不相当な点はなかったとして、遺族の請求を棄却している。

以上、国公立学校の教育活動が国家賠償法第一条の「公権力の行使」にあたるか否かが裁判上問題になった事案を挙げて検討した。それを整理すると、⑴教育活動の範囲をこえたところで発生した事故については、国家賠償の対象とならないこと、⑵クラブ活動を指導監督することは、公権力の行使に当たること、⑶県立高校のラグビー部顧問兼監督教諭が社会人チームへの参加を呼びかけ、ポジションを指定した行為は、公権力の行使に当たらないこと、⑷教師の生徒に対する懲戒権の行使は、公権力の行使に当たること、⑸放課後の課外活動は学校における教育活動と密接不離の関係にあり公権力の行使に当たること、⑹国公立学校における教育は、優越的な意思の発動としての狭義の公権力の行使を本質とするものではないが、学校教育は、国公立学校という公の営造物利用関係であり特別権力関係に属すること、⑺公立小学校における教師の教育活動は国家賠償法第一条にいう公権力の行使に当たること、⑻課外クラブ活動は、本来、生徒の自主性を尊重すべきものであるので、なんらかの事故の発生する危険性を具体的に予見することが可能である特別の事情がない限り、顧問の教師としては、個々の活動に常時立ち会う必要はないとしたが公権力の行使については触れていないこと、⑼市立中学校生徒に対する同校教諭の暴行は、学校教育における懲罰行為の行使の過程においてなされたものであるので、国家賠償法第一条の公権力の行使に当たること、などと判示されている。

これらの裁判所の見解は、国公立学校の生徒および学生の在学関係を⑴公法関係であるとし、教師の行為を公権力の行使としているもの、⑵在学契約関係であるとして、教師の行為を公権力の行使としているもの、⑶公法上の営造物利用関係ととらえて、教師の行為については公権力の行使と考えているか否か明らかでないものなどであり、国家賠償法第一条の「公権力の行使」についての裁判所の把握の仕方は必ずしも一定しているとはいえない。これは、「学校教育」を一般の行政処分と異なるものと考えているところに原因があると考えられる。

(23) 不作為による国家賠償と学校教育

国家賠償法第一条第一項の「公権力の行使」には、基本的人権の尊重、相手方の権利、利益の保護の立場から公務員の作為だけではなく不作為も含まれる。

この不作為による損害賠償の問題は、学校教育関係の事件にはあまり見当たらないが、次の事件を取り扱った。

(24) 国立大学学長事務取扱発令と文部大臣の不作為

国立大学学長事務取扱による、後任者を任命すべき旨の上申書につき、文部大臣がこれを受理してから一か月を超えても発令しなかったことが、合理的な期間を超えた違法な不作為に当たるか否かが問題となった事案について、東京地裁（昭和四八・五・一判・訟務月報一九巻八号三二頁）は、文部大臣が大学紛争などの特別の事情のある場合には一か月を経過しても辞令を発しなかったのは、合理的期間を超えた違法な不作為に当たらないと判示した。

(25) 教育諸条件整備に関する法的義務の不作為と国家賠償法

大阪地裁（昭和五五・五・一四判・判例時報九七二号七九頁）は、公立学校と私立学校の授業料の格差が大きいが、いかなる数の公立高校を設置するか、私立学校に対していかなる程度の助成をするかは、国がその財政状況、将来の高校進学者数、私学助成の歴史的経過等、様々の要素を総合して決定すべき性格のものであり、公立高校生の入学選抜方法に不合理な差別が認められない以上、国会、内閣が高校入学希望者に見合う公立高校を設置するための施策をとらず、私立学校の学費を公立高校のそれと同額にする施策をとらないという不作為が恣意に基づく等教育の機会均等に反することに当たらないとして、請求を棄却している。したがって、教育諸条件整備に関する法的義務は、政治上の問題であるとしているのである。

(26)　**国家賠償と立法行為**

国家賠償法第一条第一項の「公権力の行使」に、立法機関の作用が含まれるか否かについては、同項が行政権の行使のみに限定すると規定していないことから、当然立法権の作用も観念的には含まれるが、国家賠償法上の損害賠償が成立するためには、当該議員に故意または過失がなければならず、その故意・過失を立証することは非常に困難である。また、立法行為の不作為についても、政治上の責任が生ずるだけで、国家賠償法による損害賠償義務の根拠とすることは困難である。

(27)　**国家賠償と裁判判決**

裁判所の判決は、国家賠償法第一条第一項から除外されていないが、しかし、裁判が違法であるとして国家賠償を請求するためには、裁判の本質上、おのずから一定の限界がある。裁判官の判断は、再審あるいは非常上告手続によりその判断が違法であることが確定された場合、あるいは確定判決につき再審事由が発生した場合を除いては、当該事件に関する限り適法とされたものと推定される（東京地昭和四一・九・二八判・判例時報四六四号二一頁）。

(28)　**国家賠償法第一条と「公務員」**

国家賠償法第一条にいう「公務員」については、まず、その範囲が問題となるが、ここでいう公務員は、一般に、官吏、公吏はいうまでもなく、すべての国または公共団体のため公権力を行使する権限を委託された者をいうとされてる。

(1)　国家公務員定期健康診断事件――国家公務員に対する定期健康診断に地方公共団体の職員たる保健所医師が嘱託を受けて関与した場合、この医師は国家賠償法上の公務員に当たるかが問題となった事案がある。

この事案において、岡山地裁津山支部（昭和四八・四・二四判、判例時報七五七号一〇〇頁）は、公務員の定期検診等を国家の優越的意思の発動たる公権力作用に当たるとしている。

⑵　津海岸女子生徒水難事故の損害賠償請求事件――教育委員会の委員が、国家賠償法の「公務員」に該当するか否かが問題となった事案がある。津地裁（昭和四一・四・一五判・下級民集一七巻三・四号二四九頁）は、⑴市立中学校の校長および教員は地方公務員であること、⑵教育委員は教育委員会を構成するものであること、⑶教育委員は制度上、公務員としての身分がなくても一種の公務員と解すべきこと、⑷国家賠償法第一条の公権力の行使とは権力作用以外の作用すなわち非権力的作用を包含すること、と判示している。

㉙　国家賠償法第一条の「職務を行うについて」の解釈

国家賠償法第一条の公務員の「職務を行うについて」の解釈が問題となっている。すなわち、「職務行為に際しての行為」という文言の「行為」が損害賠償の対象となる範囲と限界はどこまでかということが問題となっているということである。

最高裁（昭和三一・一一・三〇判・民集一〇巻一一号一五〇二頁）は、「職務を行うについて」の解釈について、「客観的に職務執行の外形をそなえる行為」も指すとしている。これは、警官の行為の目的は違法であるが、行為それ自体はその職務として法律に依拠している場合をいい、この場合も「職務を行うについて」に該当するとしたのである。また、最高裁が「主観的に権限行使の意思をもってする場合にかぎらず自己の利をはかる意図をもってする場合」と判示しているのは、警官が職務上法の予定している行為とは異なる目的のために、その権限を行使する場合のあることを知っていたということである。したがって、「職務行為に際しての行為」の「行為」についての解釈は、違法な職務執行が行われる可能性があることを前提として考える必要がある。

㉚　公立学校教師生徒取調べ事件

福岡地裁飯塚支部（昭和三四・一〇・九判・下級民集一〇巻一〇号二一二一号）は、⑴公立学校の教師が学校内の非行事件の容疑者として生徒を取調べる行為は、国家賠償法第一条第一項の国または公共団体の公権力の行使に当たること、⑵国家賠償法の公権力には、権力作用に限らず非権力的作用も含まれること、⑶教師が原告Xに対してなした暴行は、職務執行の過程中においてなされたものであるので、職務を行うについてなした行為とみることができること、⑷したがって被告町は原告Xの被った損害を賠償する責があること、と判示している。

㉛　加害公務員の特定と損害賠償

国または公共団体の公権力の行使に当たる公務員の違法な職務執行行為によって損害を被ったものが、国または公共団体に対し、損害賠償を請求するには加害者を特定することが必要か否かが問題となっている。裁判所はこの点、加害者を特定する必要はないとしている。

安保反対教授団事件において、東京高裁（昭和四三・一〇・二一判・判例時報五三六号一八頁）は、国または公共団体に対し損害賠償を請求するには加害者を特定することを要しないものと解すべきであるとし、加害者を特定するのは、加害者が国または当該公共団体の公務員であるか否かを確定する必要に基づくものであり、それ以上の意義を有しないと判示している。

㉜　国家賠償法第一条の「違法」の意義

国家賠償法第一条は「故意又は過失」という主観的要件と「違法」という客観的要件により原告（被害者）に損害を加えたことを損害賠償の要件としている。「故意又は過失」の要件が加わることにより過失責任主義をとることになり、それだけ賠償責任の範囲が狭められている。

最高裁は、宅地買収不服所有権確認請求事件（昭和三六・四・二一・二小判・民集一五巻四号八五〇頁）において、「行政処分が違法であることを理由として国家賠償の請求をするについては、あらかじめ右行政処分につき取消又は無効確認の判決を得なければならないものではない」と判示している。これは、行政事件訴訟において、行政行為が不当であっても違法とはいえず合法であると判断される場合でも、国家賠償法上は「違法」と考えてよい場合があるということを意味している。しかし、国家賠償法の「違法」性の判断基準は明確ではなく、一般的な基準というものは確立していないと思われる。ただこの点でいえることは、(1)原告の受けた被害の種類・内容、(2)被告の行為の形式・態様との相関関係、(3)原告の損害補塡の観点から、その範囲を決定しなければならないということである。

この点について、札幌高裁（昭和四八・八・一〇判・判例時報七一四号一七頁）は、国家賠償法第一条の「違法」に該当するか否かの判断は、狭義の法規違反のほかに、条理、社会通念などの一般原則に照らして、権力行使が理にかなったものであるか否かを基準として判断しなければならないとしている。

次に、国家賠償法第一条の「違法」に該当するとされた裁判例を若干挙げた。すなわち、

(1)　公立中学校における工作授業中の受傷事故と国家賠償法第一条の「違法」――広島地裁（昭和四二・八・三〇判・判例時報五一九号七九頁）は、公立中学校の工作授業中に生徒が電気かんなの刃に触れ、指を切断した事故によって受けた損害は、工作科の授業が人体の傷害発生を許容するものではないことを理由に違法な損害に当たるとしている。

(2)　教員に対する研修命令と国家賠償法第一条の「違法」――本人の意思に反して特殊教育の研修を命ずることが、教育委員会の裁量権の範囲を逸脱していないかが問題となった研修命令取消請求事件において、松江地裁（昭和四四・三・五判・判例時報五七四号七四頁）は、公立学校の教員について、人事異動に該当するがその転任の受入先がないため、窮余の一策として、本人の意思に反して研修を命じ学校から離れさせたことは行政目的に反し、裁量権の範囲を逸脱し違法であるとした。

(3)　公立高校教師の生徒に対する懲戒行為と国家賠償法第一条の「違法」――福岡地裁飯塚支部（昭和四五・八・一

二判・判例時報六一三号三〇頁）は、公立高校教諭が生徒に対して長時間にわたり殴打をも含む強圧的な懲戒を行ったことは、故意または少なくとも過失により懲戒権の限界を著しく逸脱した違法なものであるとした。

(33)　国立大学における担当教授の再試験受験申請承認拒否と国家賠償法第一条の「違法」

金沢地裁（昭和五四・三・三〇判・判例時報九四二号九七頁）は、学生自治会のストライキ決議に従い法医学の試験をボイコットした国立大学医学部の学生らが、ストライキ終了後に試験の実施を求めたのに対し、担当教官が在学生らのストライキ中における受験派学生への受験妨害などにつき謝罪を求めて右実施を拒否したことは「教官の教育権の対象として教育措置をもって当該学生を教育する」という立場から学生を教育したのであり違法はないとして、卒業が一年間遅延したことに伴う損害賠償請求を認めていない。

(34)　私立高校生が公立高校生と比較して超過学費を収めていることと国家賠償法第一条の「違法」

大阪地裁（昭和五五・五・一四判・判例時報九七二号七九頁）は、私立高校生が公立高校生と比較して超過学費を収めていることが、憲法第一四条、教育基本法第三条、憲法第二六条に対応する施策を国会、内閣が講じないで放置し、この不作為により私立高校に通わせている親は損害をうけていると主張した事案について、(1)教育基本法第三条等は、国が積極的な施策を講じ、実質的平等を図るよう努めるべきことを宣明していること、(2)しかし、高校教育の教育諸条件の整備について、国会、内閣に対してきわめて広範な裁量を許しており、この裁量権の範囲を超えまたはこれを乱用して右の措置を講じなかったときに限り、司法的救済の対象になること、(3)公立学校と私立学校の授業料等の格差が数十倍にも及んでいるが、いかなる数の公立高校を設置するか、私立学校に対していかなる程度の助成を行うかは、国がその財政状況、将来の高校進学者数、私学助成の歴史的経過等様々な要素を総合して決定すべき性格のものであること、(4)私立学校の学費軽減に関する国の施策が高校教育を無償制に近づけるとの観点にたっても憲法第二六条に違反するものではないこと、(5)国会、内閣が高校入学希望者数に見合う公立高校を設置するための施策をとらず、私立学校の学費を公立高校のそれと同額にする施策をとらないことが恣意に基づく等教育の機会均等に反することの明白な場合に当たらないこと、(6)したがって、国の不作為を理由に違法とすることはできないとした。

したがって、右の裁判所の見解は、国会、内閣に立法政策上の裁量権の濫用があった場合には違法の問題となるとしている。

(35)　成績不良による原級留置の措置と国家賠償法第一条の「違法」

札幌地裁（昭和五六・一一・一六判・判例時報一〇四九号一一〇頁）は、公立高校の生徒が成績不良により原級留置の措置を受けたことについて、担当教師らまたは学校当局に教育的裁量の範囲を逸脱した違法があるとはいえないとした。

(36)　調査書中に記載されたC評定と国家賠償法第一条の「違法」

東京高裁（昭和五七・五・一九判・判例時報一〇四一号二四頁）は、学習権および進学権が万人に保障されたものであるとしても、高校への入学選抜の資料とするための中学校の調査書が本人に有利にしか働かないとすることはできず、公立中学校の調査書に本人に不利となりうる記載があることをもって、調査書作成、提出行為が違法となるわけではない、とした。

右の裁判所の見解は、教師が故意または過失により事実に反することを調査書に記載するとするならば、教師の調査書作成、提出行為が国家賠償法第一条第一項の「違法」に当たるとするものである。

(37)　国家賠償法第一条第一項の「故意過失」と「違法」との関係

次に、国家賠償法第一条第一項は「国又は公共団体の公権力の行使に当る公務員が、その職務を行うについて、故意又は過失によって違法に他人に損害を加えたときは、国又は公共団体が、これを賠償する責に任ずる」と規定している。この規定の解釈については、公務員が公権力を行使するに当たって違法に他人に損害を加えた場合には、国または公共団体は賠償責任を負わなければならないのか、あるいは公務員が公権力を行使するに当たって違法に損害を加えたときでも、公務員がそれについて故意または過失がある場合に限り、国または公共団体は損害賠償を負わなければならないのか、という「故意過失」と「違法」との関係の問題を取り扱った。

この点については、後者の見解が一般的である。すなわち、国家賠償法においては、公務員が公権力を行使するに当たり、違法に他人に損害を加えたときでも、公務員がそれについて故意または過失がない場合には、国または公共団体は賠償責任を負わないのである。これは、当該処分を行う公務員が関係法規を知らなかったとか、職務上必要な知識経験を欠いていたということが、直ちに当該公務員に故意過失があったことにはならないということである。というのは、行政法規の解釈適用は必ずしも簡単ではなく、事案の内容によっては行政法規の適否の判断に相当複雑で微妙なものがあり容易ではないからである。

最高裁もこの点を容認している（最高昭和三四・一・二二判・訟務月報五巻三号三七一頁）。

(38)　国家賠償法第一条第一項の「故意又は過失」の意義

国家賠償法第一条第一項の「故意」とは、違法行為であることを知りながらあえてその行為をなすことであり、「過失」とは違法行為であることを当然知り得べきであるのに不注意により知らなかったことをいうとされている（東京地昭和三九・三・一一判・訟務月報一〇巻四号六二〇頁）。この定義が一般的である。

(39)　教育作用における注意義務と過失との関係についての裁判例

学校職員と過失との関係について裁判上問題となった事例のうち若干の「過失があったとされた事例」の判示事項

を挙げどのような事故が発生しているか、その特徴を考察した。

(1)　市立中学校が特別教育活動として行った海岸での水泳訓練中、生徒が溺死した事故につき、指導教職員、市教育委員らに水泳場の選定、生徒の監視等に関して過失があったとされた事件において、津地裁（昭和四一・四・一五判・下級民集一七巻三・四合併号二四九頁）は、(1)生徒を区分して入水させる、(2)水泳のできる教員を配置する、(3)生徒を監視する、(4)河口特有の深みなどの危険性を警告する、ことなどの必要性を判示している。

(2)　国立大学の臨海水泳実習中に学生が左足のけいれんによって身体の自由を失い、溺死した事故について、富山地裁（昭和四九・三・二九判・判例時報七五四号八四頁）と名古屋高裁金沢支部（昭和五二・九・二八判・昭和四九年(ネ)第三九号）は、本件の過失責任を検討するに当たって、(a)水泳は未熟の泳者が泳ぐ場合には成人でも子供でもその危険性は同じであること、(b)水泳実習の企画をする教官は、万一の事故に備え監視体制、救助体制を整える義務を負うことという認識の上に立って、本件の事実を次のように判断していた。すなわち、(1)泳力と救助技術を有するいわゆる水際監視員に当たる教官を定めるべきであったにもかかわらず、かかる監視員が適切な場所に配置されていなかったこと、(2)各種の救助用具も直ちに使用できる状態で配置されていなかったこと、(3)本件水泳実習の企画策定、実施責任者が明らかでなかったこと、(4)水泳能力と遊泳中の事故の危険性との関係については、泳力においては学童に劣る大学生が数多くいること、(5)大学生相互間の監視協力体制についての信頼度は、学生各自が十分な泳力と救助技術を有している場合と未熟な場合、浅瀬の場所と深い場所とでは異なること、(6)学生の相互監視は十分な泳力と救助技術を有する監視員などに代替しうるものとは認められないこと、などを理由に国の賠償責任を認めている。

(3)　大阪府立天王寺高校生が臨海学校参加中に溺死した事故について、大阪地裁（昭和四六・七・一四判・判例時報六四九号六五頁）は、(1)海底調査をすべきこと、(2)深みについては海面の色が周囲と異なっているか否かも考慮して識別すべきこと、(3)水泳能力に応じた訓練水域を設定すべきこと、(4)町の観光協会等に対し安全対策について協力を求めるための連絡をすべきこと、(5)監視船は現場から離れていてはならないこと、(6)水泳能力および救助能力を有する人数配置も適切でなければならないこと、を指摘した。

(4)　公立中学校の臨海水泳指導中の生徒溺死事故について、札幌地裁（昭和五三・六・二三判・判例時報九一五号八〇頁）は、水泳指導における教師の注意義務として、(1)事前に使用水域の深浅、海底の起伏等の状況について十分な調査を行うこと、(2)生徒の身長以上の深みのある場所の使用を中止すること、(3)または、その深みの区域を明らかに限ること、(4)生徒が溺れかかる等危険が生じた時には直ちに救助できる態勢をとることを求め、これを怠るときは注意義務が欠けたことになるとしている。

(5)　クラスキャンプ中のボート転覆による生徒の死亡事故について、福島地裁（昭和五三・二・二〇判・判例時報九〇六号八二頁）は、国家賠償法第一条の「公権力の行使」について広義説に立ち、広く非権力的作用をも包含すると判断し、本件事故が県立高校の特別教育活動中引率教師の過失により生じたことを理由に被告県は損害賠償責任を負うとした。

(6)　最高裁は、昭和六二年二月六日（昭和五九年(オ)第一〇五八号、第一〇五九号）、横浜市立中学校プール事故損害賠償事件において、市立中学校での水泳の授業中「走り飛び込み」で大けがをし全身麻痺の障害者となった生徒の市に対する損害賠償請求について、一億三千万円を超える賠償の支払いを命ずる判断を下した。本件についての最高裁の見解は、(1)国家賠償法第一条第一項にいう「公権力の行使」には、公立学校における教師の教育活動も含まれること、(2)学校の教師は、学校における教育活動により生ずるおそれのある危険から生徒を保護すべき義務があり、事故の発生を防止するために十分な措置を講ずるべき注意義務があること、(3)本件の場合、スタート台上に静止した状態で飛び込む方法をさせることは、きわめて危険であること、(4)原判示のような措置、配慮をしなかった松浦教諭には注意義務違反があったこと、(5)同教諭は、生徒に対して自信のない者はスタート台を使う必要はない旨を告げているが、中学校三年生としては、右の飛び込み方法に伴う危険性を十分に理解していたとは考えられないので、注意義務を尽くしたことにはならないこと、というものであり、最高裁は、上告人横浜市の上告を棄却した。

学校における水泳指導は、一般の学校教育の場合以上に高度の注意義務を必要とするが最高裁もそれを認めたものである。

以上の水泳事故に関する事件を通じて、裁判所が教員等に求めている注意義務は、(1)澪筋の水深、潮流の調査による危険性のない水泳場の設定、生徒の入水方法の検討、水泳能力のある教員の配置、遊泳区域外への生徒の逸脱の監視、(2)水泳能力と危険性についての認識、(3)救助用具の適切な配置、(4)観光協会等に対する安全対策の協力要請などである。

(40) 課外活動（クラブ活動）における注意義務と過失との関係——課外活動の法的性格

課外活動における注意義務と過失との関係について考える場合には、まず課外活動の法的性格を明確にする必要がある。

(1)　東京地裁（昭和四九・二・一二判・昭和四七年(ワ)第一五七五号）は、名古屋大学航空部自動車事故事件について、(1)体育会および航空部は法規によらない自主的な自立的な団体で、学長の指揮監督をうけないこと、(2)経済的にも大学から独立し、大学から補助金をうけていないこと、(3)したがって、体育会および航空部は大学の付属機関ではないこと、を理由に航空部の活動は、大学の教育の一環としてとらえることはできないとしている。

(2)　東京地裁（昭和四九・四・九判・昭和四五年(ワ)第一〇七〇三号）は、帝京大学野球部事故損害賠償請求事件について、課外活動を教育活動の一環として位置づけている。

(3)　大阪地裁（昭和五七・一・二二判・昭和五四年(ワ)第六八五八号）は、関西医科大学カヌー部損害賠償請求事件において、課外活動を行うことに教育的意義を認めている。

(4)　福岡高裁（昭和五五・九・八判・昭和五四年(ネ)五五六号）は、有明高専柔道部の損害賠償請求事件において、課外活動は指導教官の存在を前提としているとし、その指導教官は校長の委嘱により指導監督を行っているのであるから、教育活動の一環であるとしている。本件の第一審である熊本地裁（昭和五四・九・一一判・昭和五一年（ワ）第五六号）も、課外活動が教育活動の一環として行われていることを認めている。

(5)　山形地裁（昭和五八・二・二八判・昭和五五年(ワ)第一一八号）は、宮城教育大学ヨット部の損害賠償請求事件において、大学の課外活動は、学校教育法の目的を達成するために行われ、教育作用の一環として行われるので、大学は課外活動について管理・教育権限を有するものとしている。

このように、多くの判決が学校における課外活動が教育作用の一環として行われていることを容認しているといってよいが、東京地裁昭和四九年二月一二日の名古屋大学航空部自動車事故事件の判決は、同部活動が法的にも経済的にも自主的、自立的に運営されていることを理由に、大学教育の一環とはみなしていない。

(41)　課外活動（クラブ活動）における注意義務と過失との関係

(1)　県立高校の柔道部の練習中に生徒が背負い投げや締めにより意識不明となり死亡した事件について、千葉地裁（昭和四九・九・九判・判例時報七七九号九三頁）は、練習中に生徒が意識を失ったことに指導教諭が気が付かず、なんらの指示も与えなかったのは、監視の義務を怠った過失があったと判示した。

(2)　公立高校の校庭で守備練習中の野球部員がハンマー投げのハンマーに当たって死亡した事故について、大阪地裁（昭和五〇・九・二六判・判例時報八〇九号七四頁）は、野球部と陸上部の各顧問教諭は過失を免れることはできないとした。

(3)　県立高校の合宿で柔道の練習中に生徒が相手に投げられて下敷きとなり半身不随となった事故について、鳥取地裁（昭和五四・三・二九判・判例時報九四一号一〇五頁）は、学校側の安全管理に落度はなかったとして、原告の請求を棄却した。

(4)　県立高校体操部の生徒がクラブ活動中に鉄棒から墜落し、運動機能に麻痺を起こし、下肢、両上肢および手指の機能をほとんど失った事件について、浦和地裁（昭和五六・八・一九判・判例時報一〇二三号九二頁）は、担当教諭の指導については、(1)部活動全体を掌握して指揮監督すべきこと、(2)外部の指導者に対しても同じことがいえること、(3)事前に練習場所の状況について調査する必要があること、(4)事故発生を防止するため事前に補助者を配慮することも必要であること、(5)鉄棒の施設が屋内にある場合と屋外にある場合とは異なることを指導すべきであったこと、(6)演技中の感覚について注意すべきであったこと、などの点について配慮し、安全確保をすべき義務があった、とした。

(5)　県立高校の修学旅行中の引率教員の行為が注意義務違背を理由に「過失」に当たるか否かが問題となった事案について、神戸地裁昭和四九年五月二三日判決（判例時報七六一号七五頁）は、(1)引率者は生徒に雪渓の危険性を理解させていたか否か、(2)危険な雪渓に近づかないように監視していたか、(3)休憩のため解散中にも携帯用マイクの呼びかけなどの行為をして注意をしていたか否か、(4)高校生の判断能力からして、雪庇が外観上崩れる危険があると判断できたか否か、などの点から検討しなければならない、と判示している。

(6)　公立小学校の児童が放課後担任教諭の許可を得て学習中同級生の飛ばした画鋲つき紙飛行機が左眼にあたって負傷した事故と教師の注意義務が問題となった事案について、最高裁昭和五八年六月七日判決（判例時報一〇八四号七〇頁）は、本件の事故の発生はA教諭という特定の教諭にとっては事前に危険を予測できない突発的事故であったので、過失責任を問うことはできないとした下級審の見解を支持した。

しかし、本件については、(1)課外の居残り自習に対する監督態勢は適切でなかったのではないか、(2)担任教師の不在中に生徒を統率する責任者を児童の間で決定していなかったのではないか、(3)教師は課外自主学習を必要としない児童の退出を確認していないのではないか、(4)教師としては、教師不在中に教室内が騒がしくなる可能性が常にあることを十分に認識していなかったのではないか、といった点に問題がある。

(7)　県立農大生の校内祝賀会における急性アルコール中毒による死亡事故と教授の安全配慮義務の問題について、宮崎地裁昭和六〇年一〇月三〇日判決（判例時報一一八四号一〇五頁）は、本件について、(1)大学において飲酒を禁止していたか、(2)飲酒禁止ならば、学校当局としては、その趣旨をどの程度周知させておけばよいか、(3)寮内の巡回の回数を何回にすればよいか、(4)寮内の各居室内などを一方的に点検する必要があるか、(5)事故が発生しないように、事前に緊急・医療対策をとっておく義務があるか、といった点が問題となるが、右の(4)について学校当局に責任があることを指摘している。

(42)　教育作用と国家賠償法第一条の「因果関係」

国家賠償法第一条は「国又は公共団体の公権力の行使に当る公務員が、その職務を行うについて、故意又は過失によって違法に他人に損害を加えたとき」と規定している。「他人に損害を加えた」というのはどういう状態をいうのかが問題となるが、それには、「公務員の違法な職務行為」と「損害の発生」との間に「因果関係」がなければならない。

この「因果関係」の意義については、民法の不法行為の解釈から次の要件が必要とされている。(1)原因と結果との関係がなければならないこと(これが事実的因果関係ないし自然的因果関係といわれる)、(2)原因と結果について不法行為の責任を負わせるに足りるだけの関係がなければならないこと、である。

したがって、被害者たる原告が「因果関係」を主張するには、「公務員の違法な職務行為」の原因と結果を明らかにしなければならない。

(43)　市立中学校生徒に対する同校教諭と生徒の暴行による傷害と因果関係

市立中学校生徒が、同校教諭と生徒の暴行によって受傷したとして、市と加害生徒の両親に対して損害賠償を請求した損害賠償請求事件において、神戸地裁伊丹支部（昭和五九・四・二五判、判例時報一一三四号一二八頁）は、因果関係について(1)訴訟上の証明の対象としての因果関係は、事実的因果関係であること、(2)因果関係の証明の程度は自然科学的証明のような厳格さは要求されないこと、⑶したがって、その証明の程度は、(a)経験則に照らすこと、(b)全証拠を総合判断すること、(c)特定の事実が特定の結果を発生させたであろうという関係を是認できる高度の蓋然性を証明すること、(d)右の要件の判断基準は、通常人がそれを真実として確信を持ちうるものであることで足りる、と判断している。

㈹　生徒の急性心臓死と養護教諭の過失との因果関係

高校保健室における生徒の急性心臓死と養護教諭の過失との因果関係について、徳島地裁（昭和四七・三・一五判・判例時報六七九号六三頁）は、⑴証拠上、死亡した生徒の症状の急変の有無と症状の急変を外部から知ることができると考えられる時期が不明確であること、⑵恒久的症状にも具体的に種々の場合があること（たとえばポックリ病）、⑶死に至る蓋然性、確率等の点について不明の要素があること、⑷本件の場合、生徒の解剖が母親により拒否されたため解剖所見が得られなかったこと、⑸このため専門的な正確な死因を知ることができなかったこと、⑹したがって、養護教諭が保健室を不在にしたことから臨機の措置をとらなかった不真正不作為の行為と死亡した生徒の死亡との間の相当因果関係は認めることはできないとした。

㈺　教育作用に基づく損害賠償と安全配慮義務違反との関係

損害賠償事件では損害賠償責任を不法行為を理由に構成していこうとする場合と安全配慮義務違反を理由に構成していこうとする場合とがある。この両者の構成において最も大きな相違点は消滅時効である。すなわち、前者の場合は、国家賠償法第一条による場合も同法第四条により民法第七二四条が準用されるため、その損害賠償請求権は三年で消滅時効にかかるが、後者の場合は民法第一六七条第一項によるべきこととされているから一〇年で消滅時効にかかる。したがって被害者にとっては後者の方が一般的に有利になる。

国公立学校における損害賠償事件においても「安全配慮義務違反」を理由にした損害賠償請求事件が提起されている。たとえば、国立商船大学の学寮内における在寮上級生によるいわゆる入学歓迎コンパで飲酒した新入生が、吐物吸引により窒息死した事故について、大学当局の安全配慮義務違反が否定された事例がある（東京地昭和五五・三・二五判・判例時報九五八号四一頁）が、この判決は、国公立学校の学生に対し、国または公共団体が安全配慮義務を負うことを前提として国家賠償の問題を検討している。

このほか、(1)公立学校の在学契約関係上において安全配慮義務違反がないとされた事例（長野地昭和五四・一〇・二九判・判例時報九五六号一〇四頁）、(2)国立大学ヨット部の合宿練習中に起きた死亡事故につき、学校側に安全配慮義務違反が認められず、国に対する損害賠償請求が棄却された事例（山形地昭和五八・二・二八判・判例タイムズ四九四号一三五頁）がある。

(46)　教育活動における損害賠償事件と過失相殺

教育活動における損害賠償と過失相殺については、民法の不法行為法の理論が適用される。損害が発生したことを理由とする損害額の立証責任は、原告が負担する（最高昭和二八・一一・二〇判・民集七巻一一号一二二九頁）。損害を認定するに当たって、過失相殺についての民法七二二条第二項「被害者ニ過失アリタルトキハ裁判所ハ損害賠償ノ額ヲ定ムルニ付キ之ヲ斟酌スルコトヲ得」の規定が適用される。最高裁昭和四一年六月二一日判決（民集二〇巻六号一〇七八頁）は、過失相殺は職権ですることができるとしている。被害者の過失をどのように斟酌するかは、裁判所の自由裁量の問題である（最高昭和三四・一一・二六判・民集一三巻一二号一五六二頁）。

(47)　国公私立学校における事故と国家賠償法第一条との関係

(1)　国公立学校における事故と私立学校における事故は、適用される法律に相違があり、その結果、責任の主体も異なってくる。

(2)　国公立学校の学校関係者に損害賠償責任を問う場合には、国家賠償法第一条が適用されるのか、民法第七〇九条、第七一五条が適用されるかが問題となるが、国家賠償法第一条が適用される場合が多い。

(3)　国家賠償法第一条が適用される場合、その責任主体は、学校設置者＝国または公共団体に限られ、当該学校の教師は、一般の公務員と同様に直接の個人責任を負わない（最高昭和五三・一〇・二〇判・民集三二巻七号一三六七頁）。

(4)　私立学校の場合は、民法の規定が適用され、その責任主体は、民法第七一五条第一項により学校法人自身が不法行為責任を負うだけではなく、同法第七〇九条により教師個人が不法行為責任を負うが、ときには、教師が同法第七一四条第二項により個人として代理監督者責任を負うこともある。また、学長、校長、園長ら学校管理者個人が同法第七一五条第二項によって代理監督者責任を問われることもある（山形地昭和五二・三・三〇判・判例時報八七三号八三頁）。

(5)　私立学校の場合は、国公立学校の場合に比較して、その責任主体の範囲は広い。しかし、実際問題として、最近の私立学校における学校事故の裁判例からして、私立学校法人のほかに当該教師個人をも被告としている事例は多いわけではない。

(48)　教育活動と国家賠償法第二条第一項

国家賠償法第二条が公の営造物の瑕疵に関して無過失責任主義を導入した理由は、基本的には、国や公共団体が物的施設を国民の利用に供するときは、その安全性を担保すべき安全配慮義務があるという考えに基づくものである。

国家賠償法第二条の「公の営造物」といった場合の営造物は、道路、河川などの物的施設を指す。

教育活動に関し国家賠償法第二条第一項の「公の営造物」に当たるか否かが問題となった事案として、(1)東京地裁は、臨海学校における飛込台が国家賠償法第二条の「公の営造物」に当たるとしている。(2)広島地裁は、公立中学校の生徒の工作用の電気かんなが公の営造物に当たるとしている（広島地昭和四二・八・三〇判・下級民集一八巻七・八号八九九頁）。

㈵　国家賠償法第三条第一項と損害賠償責任者

国家賠償法第三条第一項は「前二条の規定によって国又は公共団体が損害を賠償する責に任ずる場合において、公務員の選任若しくは監督又は公の営造物の設置若しくは管理に当たる者と公務員の俸給、給与その他の費用又は公の営造物の設置若しくは管理の費用を負担する者とが異なるときは、費用を負担する者もまた、その損害を賠償する責に任ずる」と規定し、第二項は「前項の場合において、損害を賠償した者は、内部関係でその損害を賠償する責任ある者に対して求償権を有する」と規定する。

国家賠償法第三条第一項は、だれが最終的に賠償責任者になり、賠償責任を負うかということについて明白に規定せず、内部関係で調整して決定させることにし、対外的には、公務員の選任・監督者および公の営造物の設置・管理者と公務員の俸給、給与の費用負担者および公の営造物の設置・管理費用負担者の双方が賠償責任を負うということにした。したがって、管理者に損害賠償を請求するか、それとも費用負担者に損害賠償を請求するかは被害者の選択にまかされることになったが、これは、被害者の保護を図るためである。

最高裁昭和五〇年一一月二八日判決（民集二九巻一〇号一七五四頁）は、⑴国家賠償法第三条は危険責任の法理に基づき被害者の救済をすべからしめるためのものであること、⑵国家賠償法第三条第一項の営造物の設置費用負担者の中には、(a)法律上負担義務を負う者と(b)法律上負担義務を負う者と同等もしくはこれに近い設置費用を負担し、実質上当該営造物による事業を共同執行していると認められ、当該営造物の瑕疵による危険を効果的に防止できる者が含まれること、⑶したがって、国が自ら設置すべきものを地方公共団体に設置させ、費用の負担額と同等もしくはそれに近い経済的な補助を供与し、当該営造物について危険防止措置を請求できる立場にある場合は、国家賠償法第三条第一項の設置費用の負担者に含まれるとしている。

(50) 国家賠償法第一条に関する賠償責任者の裁判例

国家賠償法第一条関係の公権力の行使に当たる公務員が不法行為を行い、それに基づく損害についてだれが賠償責任を負うかが問題となっているが、宇都宮地裁昭和三八年一月一二日判決（下級民集一四巻一号一頁）は、市立学校の教諭が県費負担教職員であるとしても、当該教諭の不法行為に基づく損害については、学校設置者である市において賠償の責を負うとしている。また、広島地裁昭和四二年八月三〇日判決（判例時報五一九号七九頁）は、村立中学校教諭の職務上の行為については、村も、国家賠償法第一条による賠償責任を有するとしている。

(51) 国家賠償法第二条に関する賠償責任者の裁判例

国家賠償法第二条の場合にだれが賠償責任に応ずべきかが問題となった事案について、東京高裁昭和二九年九月一五日判決（高裁民集七巻一一号八四八頁）は、区立中学校経営の臨海学校の物的施設である飛込台の管理者は、当該区であるとしている。

(52) 国家賠償法第四条に基づく民法の規定の適用

国家賠償法第四条によって適用される民法の規定は、民法第五〇九条（不法行為による債権の相殺禁止）、第七一〇条（慰謝料）、第七一一条（生命侵害に対する慰謝料）、第七一三条（心神喪失者の責任能力）、第七一九条（共同不法行為）、第七二〇条（正当防衛、緊急非難）、第七二一条（胎児の特例）、第七二二条（損害賠償の方法、過失相殺）、第七二三条（名誉毀損）、第七二四条（損害賠償請求権の消滅時効）である。

(53)　民法第七二二条第二項と国家賠償

民法第七二二条第二項は、金銭賠償と過失相殺の規定である。

学校における授業中の事故と過失相殺に関する裁判例として次のようなものがある。

(a)　村立中学校一年の男子生徒が工作の授業中電気かんなを使用中左手指四指を切断した事件について、広島地裁（昭和四二・八・三〇判・判例時報五一九号七九頁）は、指導教諭の過失を認め、本件の作業は危険の多い方法で中学一年生に課すべき作業ではなかったとして過失相殺を行わなかった。

(b)　校庭に置かれた雲梯が倒れて児童が死亡した事故と過失相殺について、京都地裁昭和四七年一一月三〇日判決（判例時報七〇四号七七頁）は、(1)学校側は雲梯の正しい使用法について注意をしていたこと、(2)担任と級友との間でも雲梯を使用して飛行機とびなどをしない約束をしていたこと、(3)それにもかかわらず、危険な飛行機とびをして発生した事故であること、(4)したがって、事故は被告の雲梯の設置と管理の瑕疵により生じたといっても原告の方にも過失があったこと、を理由にその過失の割合を五割とする過失相殺をした。

(c)　学級活動中に他の生徒の投げた学用下敷片で負傷した事故と過失相殺について、東京地裁昭和五八年一二月一二日判決（判例時報一一二八号七一頁）は、(1)中学三年生というある程度の判断力を備えていると思われる年齢の生徒間の事故であること、(2)授業内容も夏期休業予定表作りであり、それ自体として危険性が高いとはいえないこと、(3)しかし担任教師が在室しているにもかかわらず一五分以上にわたって行われた遊戯行為に気付かなかったため本件事故が発生したこと、とし、教師の監視義務違反を認めたうえ過失相殺した。

(d)　県立高校化学部の文化祭行事たる紙ロケット発射実験中爆発負傷した事故と過失相殺について、神戸地裁昭和五九年一月三〇日判決（判例時報一一二九号九三頁）は、(1)原告が顧問の教諭や他の化学部員に質問せず、実験書も参照していないこと、(2)原告の方も従来行われなかった薬品を混合する場合には、教諭に尋ねる慎重さが必要であること、を理由に二〇パーセントの過失相殺をしたうえ、県の損害賠償責任を認めた。

(54) 国家賠償法第四条と民法の適用

国家賠償法第四条は「国又は公共団体の損害賠償の責任については、前三条の規定によるの外、民法の規定による。」と規定する。この規定により、財産以外の損害とか賠償請求権の時効などの技術的な問題は、国家賠償法に規定しないで民法の規定を適用することになっている。

国家賠償法第四条の「民法」には、民法の附属法規も含まれる。たとえば、失火ノ責任ニ関スル法律や自動車損害賠償保障法などの法律も含めた実質的意味の民法も含まれる（最高昭和五三・七・一七・二小判・民集三二巻五号一〇〇〇頁）。

(55) 学校教育作用と国家賠償法第六条の相互保証主義

市立小学校六年のイギリス国籍の男子生徒が、水泳授業の飛び込み練習中にプールの底に頭を打ちつけ受傷した事故について、教諭の過失に基づくものとして国家賠償請求を認めた事例において、大分地裁昭和六〇年二月二〇日判決（判例時報一一五三号二〇六頁）は、(1)憲法第一七条は「何人」にも賠償請求権を認めていること、(2)憲法前文は国際協調主義を採用していること、(3)イギリスにおいては、地方自治体が公務員の過失により損害を被った者に賠償責任を負うことも認めていること、(4)右の責任は外国人に対しても負うことが判例により普通法として確立されていること、を理由に相互保証主義制度を確認した。

この相互保証主義とは、外国人に損害賠償の権利を与えるに当たって、その外国人の本国が自国人に同様の権利を与えることを条件とするという考えである。

相互保証主義と国家賠償との関係に関し問題となる論点として、(1)相互保証主義の意義、(2)分裂国家と相互保証主義との関係、(3)相互保証主義と立証責任との関係、(4)二重国籍と相互保証主義との関係、がある。

(56) 分裂国家と相互保証主義との関係

一つの国家が実際上二つに分裂して支配されているような地域がある。たとえば朝鮮半島の南北朝鮮のような場合である。東京地裁昭和三二年五月一四日判決(下級民集八巻五号九三一頁)は、(1)国籍はいずれの法制度を適用すべきかを判定する手段にすぎないこと、(2)被害者がなんらかの理由により、同時に二つの異なる法律制度に服する地位にある場合には、いずれかの国の法律制度に相互保証があれば、他方にこれがなくても、国家賠償法第六条の相互保証があるとしている。

これに対し、本籍地により決定すべきであるとする裁判例として、大阪地裁昭和四六年二月二五日判決(判例時報六四三号七四頁)があるが、被害者の救済という点から考えれば、前者の東京地裁判決が妥当と考える。

(57) 相互保証主義と立証責任

相互保証主義と立証責任の問題についての従来の裁判例の考えは、下級裁判所において二つに分かれている。国家賠償法第六条の相互保証があると主張するためには、当該外国人が自己の国籍を有する国において、その国の法律や条約などにより、日本の国家賠償法と同一かまたはそれよりよい要件で日本人の被害者に対し賠償責任を認めている場合でなければならない。したがって、日本が外国人に日本の国家賠償法に基づいて保証を認めるためには、右の条件が備わっていなければならない。右の条件が備わっているか否かは裁判所の職権調査事項であるとする見解と当事者が主張立証すべきであるとする見解とが対立している。そして、後者の見解については、さらに原告すなわち被害者たる外国人が自国には国家賠償法などの法律が存在することを主張立証すべきであるとする説(請求原因説)と、被告がそれが存在しないことを主張立証すべきであるとする説(抗弁説)とが対立している。

大津地裁昭和四九年五月八日判決(判例時報七六八号八七頁)は、(1)憲法前文は国際主義を採用していること、(2)原則的に外国人にも国家賠償請求権を認め、例外的に国または公共団体が相互保証のないことを立証したときに限り、国家賠償法の適用を排除すると考えることが妥当であること、(3)相互保証規定の存否は国家賠償請求権の存否の前提問題であること、(4)したがって適用すべき外国法の確知の問題ではないので職権探知事項ではないこと、を理由に、被告国は、朝鮮に相互保証規定がないことを立証していないので、国は損害賠償義務があるとした。

次に、相互保証と免責規定の主張立証責任に触れている事例として、東京地裁昭和五一年五月三一日の判決(判例時報八四三号六四頁)は、相互保証について外国人に対し保護を認めるべき要件については原告側が主張立証責任を負うが、他方その当該外国の規定に公務員ないしは国に対して免責等の規定がある場合には、その免責規定については国または公共団体側が主張立証の責任を負うというように、その規定を分けて立証責任の問題を考えている。この相互保証と立証責任の問題は裁判所においても一定していない。

外国の定額賠償の規定と相互保証——(1)被害者の国の法律の定める国家賠償責任の要件が、わが国の国家賠償法の要件より厳格な場合、たとえば、その外国人の国の賠償額をわが国の賠償額と比較し、わが国の賠償額より低額に定額化しているような場合に、相互保証のあることを認め、わが国の国家賠償法の要件に従って賠償を考えていくべきであろうか、それとも、外国人の国の法律の要件に従ってのみ国家賠償法の適用を認めるべきかが問題となっている。名古屋高裁昭和五一年九月三〇日判決（判例時報八三六号六一頁）は、日本の国家賠償法と韓国法との間で差異があっても、国家賠償法第六条の相互保証の規定が適用されるとしていた。この見解は妥当であると考える。

また、外国の定額賠償の規定と相互保証との関係が問題となった事件について、大阪高裁昭和五四年五月一五日判決(判例時報九四二号五三頁)は、賠償額が定額化されしかも低額化の傾向があるという被告の主張を問題とせず、国家賠償法第六条を適用し、国家賠償法が要求する相互保証主義の点については、大韓民国の国家賠償法の規定は、我が国の国家賠償法第六条の相互保証がある場合に該当するとして、京都市の管理責任を認めた。

田中舘照橘略歴及び主要研究業績

【生　没】

一九二七年　九月　六日　北海道旭川市に生まれる
一九九五年一一月一八日　逝去（享年六八歳）

【学　歴】

一九五三年　三月　中央大学法学部（旧制）法律科卒業
一九五七年　三月　明治大学大学院法学研究科公法学専攻修士課程修了（法学修士）
一九六〇年　三月　明治大学大学院法学研究科公法学専攻博士課程修了

【学　位】

一九六六年　三月　法学博士（明治大学）（学位論文「アメリカ行政手続の一考察」）

【職　歴】

一九六〇年　六月　国立国会図書館調査立法考査局調査員（〜一九六二年三月）
一九六二年　四月　明治大学法学部専任講師（行政法担当）
一九六四年　四月　明治大学法学部専任助教授
　　　　　　　　　駒澤大学法学部兼任講師（〜一九七五年三月）
一九六八年　三月　明治大学在外研究員（カリフォルニア大学、シカゴ大学）（〜一九六八年九月）
一九六九年　四月　明治大学法学部専任教授

一九七一年　四月　早稲田大学法学部兼任講師
一九七五年　四月　明治学院大学大学院法学研究科兼任講師（〜一九七七年三月）
一九七七年　四月　明治大学臨時学長室専門委員（〜一九七六年三月）
一九七九年　四月　明治大学大学院法学研究科公法学専攻主任（〜一九七八年三月）
一九八四年一〇月　明治大学法学部法律学科長（〜一九八三年三月）
一九八八年一〇月　明治大学大学院法学研究科委員長（〜一九八六年九月）
一九九〇年　四月　明治大学大学院長（〜一九九〇年三月）
一九九一年　四月　日本女子大学人間社会学部兼任講師
一九九二年　三月　明治大学評議員

【所属学会】

日本公法学会・日本比較法学会・日米法学会・日本租税法学会・日本行政学会

【社会活動】

東京都国分寺市補助金検討協議会副委員長・東京都田無市補助金等検討審査委員会委員・横浜市大学卒業採用及び係長試験委員・東京都国分寺市補助金審査会会長・東京都国分寺市社会福祉問題協議会会長・東京都国分寺市情報公開懇話会会長・第二東京弁護士会懲戒委員・東京都国分寺市情報公開審査会会長・東京都東村山市個人情報審査会会長・社団法人日本私立大学連盟教育研究問題検討部会委員（大学教育分科会）及び大学院小委員会委員長・社会福祉士試験委員等を歴任する。また、郵政大学校、自治大学校、最高裁判所書記官研修所、埼玉県、神奈川県、茨城県、東京都、東京都特別区、越谷市、国分寺市、川越市、横浜市、川崎市、藤沢市、平塚市、秦野市、茅ヶ崎市、草加市、狭山市、久喜市、飯能市、志木市、鶴ヶ島市等の公務職員研修において長年にわたり憲法及び行政法を教授する。

【功績】

一九八八年　四月　郵政大臣賞受賞

一九九五年一一月　従五位勲四等旭日小綬章を授与される。

【主要研究業績】

I　主要著書

アメリカ行政手続の一考察	明治大学法律研究所	一九六四年一〇月
フランス行政裁判制度	国立国会図書館	一九六八年　二月
現代世界の法制度	評論社	一九六八年　四月
精解行政法　下（共著）	光文書院	一九七一年　九月
セミナー憲法	ぎょうせい	一九七四年一〇月
行政法辞典（共著）	ぎょうせい	一九七五年　二月
準司法的行政機関の研究（共著）	有斐閣	一九七五年　六月
行政法学の基礎知識　1・2（共編・共著）	有斐閣	一九七八年　八月
演習行政法　下（共著）	青林書院	一九七九年　三月
Administrative Law in General（共著）	Mathew Bender	一九八〇年一一月
社会保障行政法（共編・共著）	有斐閣	一九八〇年一二月
行政法ゼミナール教材（共著）	有斐閣	一九八一年　一月
セミナー公務員法 I・II・III	ぎょうせい	一九八一年　七月
セミナー地方自治法［全訂版］（共著）	ぎょうせい	一九八二年　五月
セミナー行政法［全訂版］	ぎょうせい	一九八二年　九月
判例コンメンタール行政不服審査法（共著）	三省堂	一九八二年　九月

新・実務民事訴訟講座　9　行政訴訟Ⅰ（共著）　日本評論社　一九八三年　五月
現代行政法大系　1　現代行政法の課題（共著）　有斐閣　一九八三年　六月
裁判実務大系　1　行政訴訟法（共著）　青林書院　一九八四年　六月
現代行政法大系　9　公務員・公物（共著）　有斐閣　一九八四年　九月
注釈地方自治法　1・2（共著）　第一法規　一九八五年一一月
ワークブック行政法［新版］（共著）　有斐閣　一九八六年　四月
公務員法　有斐閣　一九八六年一一月
行政裁判の理論　有斐閣　一九八七年　二月
国家補償法大系　1　国家補償法の理論（共著）　日本評論社　一九八七年　八月
新版憲法演習　3　統治機構Ⅱ［改訂版］（共著）　日本評論社　一九八七年　九月
新例解・地方自治法　公務職員研修協会　一九八七年一一月
新例解・地方公務員法　公務職員研修協会　一九八八年一〇月
新例解・行政法　公務職員研修協会　一九八八年一一月
資料憲法行政法（共著）　学陽書房　一九八九年　四月
演習ノート行政法［改訂版］（編著）　法学書院　一九八九年四月
行政手続法　公人の友社　一九九五年一〇月
基本コンメンタール地方自治法［第三版］（共著）　有斐閣　一九九六年　六月

Ⅱ　主要論文

米国行政法に関する一考察　レファレンス一二六号　一九六一年　七月
ドイツ法・フランス法・スイス法（共著）　時の法令四〇二～四二二号、四四一～四五五号、四七五号～四八八号　一九六一年一〇月、～六二年　二月
アメリカ行政手続における「bias」の問題　法律論叢三九巻一・二・三合併号　一九六五年一〇月

アメリカ行政手続における"Official Notice"の問題（上・下）　法律論叢三九巻四・五・六合併号、四〇巻四・五合併号　一九六六年三月、七月

学生の懲戒処分手続　法律論叢四二巻四・五・六合併号　一九六九年四月

市民の経済活動に対する行政権の介入　ジュリスト四六〇号　一九七〇年九月

課税総所得金額等を減少させる再更正処分の取消訴訟の訴えの利益　自治研究四七巻一一号　一九七一年一一月

個人タクシー事業の免許申請却下処分取消請求事件と正当手続　判例時報六五五号　一九七二年九月

行政事件における差止請求の諸問題　法律時報五六四号　一九七五年四月

アメリカ行政手続の動向　アメリカ法一九七五年―一　一九七五年八月

大阪空港控訴審判決と三権分立論　法律時報四八巻二号　一九七六年二月

財産権の保障――ゾーニング　英米判例百選Ⅰ公法　一九七八年五月

第三者の原告適格の動向――ジュース不当表示事件との関連において　判例時報八九三、九〇〇、九〇六号　一九七八年九月～七九年一月

分校廃止処分の取消しを求める訴えの利益　教育判例百選〔第二版〕　一九七九年九月

憲法第七六条第三項の「この憲法及び法律にのみ拘束される」の意味　憲法の争点〔増補〕　一九八〇年二月

行政事件訴訟と三権分立論　法律論叢五二巻六号　一九八〇年三月

営業の許可と事業免許（公企業の特許）　行政法の争点　一九八〇年八月

民間委託と行政責任　季刊教育法四一号　一九八一年一〇月

第二次教科書検定最高裁判決とその争点　ジュリスト七七〇号　一九八二年七月

青色申告承認の取消と理由附記　租税判例百選〔第二版〕　一九八三年三月

公務員の採用内定通知の性格　ジュリスト七九二号　一九八三年六月

勧告審決の取消を求める第三者の原告適格　独禁法審決・判例百選〔第三版〕　一九八四年二月

保安林指定解除処分取消訴訟と附近住民の訴えの利益　民商法雑誌九〇巻二号　一九八四年五月

わが国の行政裁判法制の限界　法律論叢五八巻四・五合併号　一九八六年三月

盗聴器の使用とプライバシー　憲法判例百選Ⅰ〔第二版〕　一九八八年一月
複合的行政過程論の動向　法律論叢六〇巻四・五合併号　一九八八年三月
不明判決　町づくり・国づくり判例百選　一九八九年八月
公務員法上の単純労務職員の争議行為禁止の合憲性　民商法雑誌一〇二巻一号　一九九〇年四月
わが国の行政法学と行政手続法制の位置　『行政法の諸問題　中』（有斐閣）所収　一九九〇年四月
閉庁法制・執務時間　行政法の争点〔新版〕　一九九〇年六月
保険医に対する戒告の処分性／厚生大臣の医療費値上告示の違法性と執行停止　社会保障判例百選〔第二版〕　一九九一年一〇月
推計課税―課税標準率の秘密性　租税判例百選〔第三版〕　一九九二年一二月
議員報酬権の譲渡性／生活保護受給権と相続　行政判例百選Ⅰ〔第三版〕　一九九三年四月
村の消滅と村長解職賛否投票の効力　地方自治判例百選〔第二版〕　一九九三年一一月
行政手続法の施行と国・地方の税務行政　税四九巻九号　一九九四年九月
行政手続法の制定と今後のわが国の行政法学　法律論叢六七巻二・三合併号　一九九五年一月
大学院の設置認可と行政手続　法律論叢六七巻四・五合併号　一九九五年二月
日本国憲法と在日定住外国人の参政権　地方財務四九三号一九九五年六月
戦後法制五〇年――公務員法制　ジュリスト一〇七三号　一九九五年八月

Ⅲ　主要論文

判例解説（一～一六五）　法令解説資料総覧一～一六五号　一九七七年一二月～九五年一一月
英米行政法と大陸行政法（一～一七八）　判例時報一一二四～一五四一号　一九七九年八月～九五年一一月
大学・学生関係判例講座（一～一七五）　大学と学生（前誌厚生補導）一七八～三六四号　一九八一年四月～九五年一〇月

あとがき

田中舘照橘先生が亡くなられてから早くも四年余りが過ぎ去りました。先生は常日頃煙草も酒も嗜まれず、人一倍健康に留意された生活を送っておられましたので、当時先生の余りにも急な御逝去に誰しも耳を疑うとともに、先生との突然のお別れに深い悲しみを味わいました。

本書は、先生が急逝される直前まで「大学・学生関係判例講座」と題して『大学と学生』（前誌『厚生補導』）に一七五回にわたり連載されたご論稿のうち、その約半分に相当する九〇回までの部分について加筆され、纏められたものであります。残念ながら、この連載は完結には至りませんでしたが、もしその後も連載が続いていましたならば優に二〇〇回を超えていたのではないかと推測されます。そもそもこの連載は、先生が文部省から大学・学生に関する判例解説の掲載をとくに回数の制限なく依頼されたことに始まると伺っておりますが、文部省でもこのような前人未到の連載が実現するとは予想さえしなかったであろうと思われます。

内容は、二つの部分で構成されています。すなわち、一つは、一二回にわたり「大学の自治と学生の法的問題」というテーマで、戦前の大学の自治の問題および戦後の教育改革・大学教育の問題について歴史的経緯を踏まえて検討を加えられた部分であり、二つは、七八回にわたり「大学と学生との法的関係」というテーマで、学生に対する処分の問題について行政法・憲法学の立場から判例を中心に検討を加えられた部分に分けられます。また、本書に収録されなかった九一回から一七五回までは、「大学における教育行政の法的問題」というテーマの下に、わが国の大学の教育行政について裁判所の判例を中心として検討を加えられております。この問題は教育行政法の問題でありますが、先生は、教育行政法の研究者としての立場に止まらず、自ら大学における教育行政を実践する当事者としてご活躍されておられました。すなわち、先生は、一九九〇年に明治大学大学院長に就任され、異例の三期目の満了を目前に急逝されましたが、その間種々の斬新な大学院改革の推進に寄与なされました。「大学における教育行政の法的問題」に関わる一連のご論稿は、このような先生の長年にわたる大学院長としてのご経験に根ざしたものであるように思われます。

右のように、先生は、『大学と学生』に一七五回にわたりご論文を連載されましたが、その外にも『判例時報』と『法令解説資料総覧』にも長期連載をされておられました。すなわち、『判例時報』には「英米行政法と大陸行政法」というテーマで一七八回にわたる連載をされ、それは一九九五年一〇月に完結しています。そして、この連載のうち四五回までの部分については、『行政裁判の理論』(有斐閣、一九八七年)としてすでに刊行されていることは周知のとおりであります。また、『判例時報』は法律家にとって必読の法律雑誌と言えますが、先生は同誌上に三号に一度のペースで掲載されておられましたので、行政法を専攻する者のみならず他の法律分野を専攻する者も先生の精力的な連載に毎回目を見張っていたのではないかと思われます。さらに、先生は、『法令解説資料総覧』に「判例解説」と題して一六五回にわたって時の重要判例の紹介をされておられましたが、これにつきましても先生が御存命であれば二〇〇回を超え、現在でも連載が続いていることと思われます。三誌に並行して前人未到の連載をされておられたということは、いかに先生が想像を絶する強靭な精神力と学問に対する情熱をお持ちであったかということの証左ではないかと思われます。しかし、このような驚異的な連載も先生のご業績の一部にすぎず、それ以外にも膨大な量に上る著書・論文等がありますが、その点につきましては『法律論叢』六九巻二号(田中舘照橘先生追悼号)に先生の主要研究業績を掲載してありますので、それを参照していただきたいと思います(本書巻末に転載)。

個人的なことで恐縮ですが、先生には、大学院時代から、とりわけ助手に採用していただいて以来、公私共にお世話をいただきました。私がアメリカ行政法の研究を志すようになったのも先生の影響を受けたためでありましたが、原書の講読に当っては極めて厳しいご指導をいただき、自分の翻訳能力の限界を常に痛感せざるを得ませんでした。

また、論文につきましても一字一句もゆるがせにしないようなご指摘をされ、一歩でも上達しようと先生のご論文を徹底的に読み込んでそのノウ・ハウを習得しようと試みてきました。その反面、私は、先生の余りにも厳しいご指導について行けず、何度も挫折しそうになりかけましたが、そのような私を立ち直らせ、奮起させたのは、先生が他人に対する以上にご自分に対して厳しくされていたことによります。大学院長という激務にも拘らず、先生が従前にも増して顕著な研究業績を残されていたことは、その一端を示していると思われます。このように苦しい挫折に満ちた研究生活の中で、先生とのよき思い出が一つあります。私は、先生ご夫妻にお仲人をお願いし、ご多忙の中信州の松本までおいでいただきましたが、結婚式の翌日に先生ご夫妻と松本市内およびその周辺の名所を巡ることができ、松本城や安曇野などを訪れたり、名物の信州そばを召し上がっていただくことができました。その時はあいにく雨が降っておりましたが、その一つ一つが今でも鮮明に浮かんできます。

本書の刊行が大幅に遅れたのは、すべて私の責任によるものであります。奥様から本書の初校ゲラをいただいた後二年間のアメリカでの在外研究により作業を中断せざるを得ない状態となり、先生と奥様に甚大なご迷惑をお掛けしましたことに対して重大な責任を感ずるとともに改めて深謝いたします。一日も早い出版を願っておられた奥様のお気持ちを拝察いたしますと、お詫びの言葉もございません。先生が亡くなられた後、先生の書斎に初めて通していただきましたが、そこに机が二つ並べて置かれているのを拝見した瞬間、奥様が先生と一心同体となられて計り知れないほど先生の研究生活を支えておられていたことを痛感いたしました。本書は、まさにこのような奥様の先生に対する無限の愛情の結実でありまして、大学教育行政法に関する本格的体系書として学問的貢献も極めて大きいものと確信する次第であります。

最後に、本書の出版に際して終始お世話をいただいた信山社の袖山貴氏に深く感謝いたします。

二〇〇〇年六月

明治大学法学部助教授　下　川　　環

田中舘照橘先生とのお別れ

明治大学名誉教授
鈴木俊光

田中舘先生がわが大学に就職されるに際して、私は和田英夫先生からそのことについてご相談を頂いた一人である。冒頭から私事にわたり恐縮であるが、私は和田先生が明治大学にこられた昭和二八年に弁護士登録を済ませたばかりで母校の助手となり、以来、司法試験で行政法を選択したということもあって、和田先生から沢山の学恩を頂戴することとなった。その一つに、私が初めて行政法に関係して執筆した本として「例解行政法」という本があり、兼子仁先生などとの共著で、私はそのうちの行政訴訟の部分を担当させて頂いたことであった。奇しくも、私が法学部長の時、和田先生がわが大学をご退職となり、退職記念論文集に献呈の辞を誌させて頂いたが、その中に書かせて頂いたような関係もあって、先生から私に田中舘先生の専任講師採用についてのご相談があったものである。

田中舘先生の大学院生の時代を存じ上げていた私は、和田先生からのお話しには一も二もなく大賛成である旨をお答え申し上げた。こういうこともあって、田中舘先生が大学に就任されて以来、公私にわたり先生からのご相談に深くかかわって来た関係にある。民事法部門の私が先生を偲ぶ一文を書かせて頂く機会を与えられたのは、右のような事情によるものである。

平成七年一〇月二五日に学部長会があり、いつものように田中舘先生は大学院長としてその会にご出席になり、私も学務担当理事ということで同席させて頂いた。会合が終り、入口のところで先生と間近かに顔を合せた私は、先生の頬がこけて見えたのにびっくりし、先生にどこかお悪いのではないかとお訊ねした。すると先生は、大学の診療所の医師から日本医科大学病院（診療所の医師の派遣元）で入院して検査を受けるよう云われており、その手続を済ませていると答えられた。

少し前から、後にのべる先生のご退職のことで相談を受けていた私は、日頃、酒も煙草も嗜まず、学問一筋の先生にはいい休養にもなるので是非そうすることをお勧めして立ち話しでその場はお別れした。その後一一月一日に検査入院されたというので、七日に入院先にお見舞いがてらご相談にのっていた件の報告でお訪ねしたところ、点滴を受けておられ、顔色は前回お会いした時より好転しているように見受けられた。その三日か四日後奥様から電話で、先生の余命が年内ぐらいという検査結果をお知らせ頂き驚愕した。一七日に再び相談を受けていた件についてご報告のため入院先をお訪ねしたところ、容態は極めてお悪くなっておられた。しかし、私の話しの内容は理解され、お礼の言葉を頂戴した。翌一八日早朝、奥様から亡くなられたとの電話を頂戴し、病院に駆けつけ、亡くなられた先生のお顔を拝したことであった。余りにも突然な先生とのお別れであった。

明治大学では平成六年頃から停年を七〇歳とすることの可否が論議され、おお方の賛成が得られたが、二学部ほどと大学院からは賛成できないという回答が理事会宛に出されていた。私は、田中舘先生の一族であられ、訓令式ローマ字の普及推進論者で、その人を画いた人物画は日本絵画史上の傑作として絵画館に保存されている田中舘愛橘先生が、東京帝国大学で六〇才停年を主張され、実施された方であることを承知していたので、半ば冗談に、先生も七〇才停年に賛成して欲しいと申し上げたことであったが、先生からはご同意を得られなかった。その後、理事会は七〇才停年を決定した。教育に情熱を傾けておられた先生はこの頃から、今後、自分が直接論文指導をする大学院生を年令の関係で採用することができないことを考え、また、この辺で新しい生き方を考えようとされてか、私に明治大学を退職すること、弁護士登録をしたいことを相談されていた。私は先生のこのご方針には賛成であったし、先生のご意向に添うよう動いていた。弁護士登録については、先生はそのご経歴からも判かるように、第二東京弁護士会の懲戒委員もなされていたので、同会に登録されることをお勧めしたが、先生は私の所属する第一東京弁護士会に入会することを希望された。第一東京弁護士会では、先生のご業績、ご経歴からして、通常なら付議する資格審査委員会への審査の付議をせず、直ちに常議員会で入会を許可され、日本弁護士連合会に進達して下さった。先生がお亡くなりになる前日、病院にお訪ねして、大学での先生の後任者の問題とともに経過をご報告申し上げ、間もなく弁護士登録手続のすべてが完了することをお伝えしたところ、大変よろこばれていたことが、今となっては救われた気持となっている。

先生のお人柄は、謹厳、一徹というひとことに尽きるように思われがちであるが必ずしもそうではない。確かに大学院生の論文指導などでは、極めてきびしく、一点一画をゆるがせにしないような面のあったことは事実で、行政手続関係の論文審査などに副査として、しばしばご一緒した私などは、折りにふれて、自分の指導の甘さを思い知らされることも少なくなかった。しかし、他面、音楽、特にクラシック音楽を好まれ、ことに、ベートーベンのピアノコンチェルト五番を折りにふれて聞かれていたという一面もお持ちであった。私の子供達がまだ小さかった頃、拙宅にこられた先生が、ピアノを弾かれたのには、私も驚かされたことであったが、それよりも、楽器などには無縁な私を見馴れていた私の子供達や、亡き家内が私以上に驚いていたことを昨日のことのように思い出す。

公人としての先生の学問上の業績については、あの旺盛な執筆活動はもとより、駒沢・早稲田・日本女子大での教育活動、加えて、各種行政機関、特に郵政省関係での公務員研修でのご指導は目を見張るばかりである。昭和六三年四月には郵政大臣賞を受賞されている。ご自身の住所地である東京都国分寺市においても、その経歴の示すように地元の自治体のため各種機関の会長として活躍された。先生のこれらのご活躍ぶりは、ご葬儀の際の献花の多数、多種のものがこれを示している。

目を閉じれば、先生の少し含羞んだような表情のお顔、風邪で大きなマスクをされたお顔がありありと浮んでくる。

先生の後任には、先生ののぞまれたように竹内重年先生が着任され、泉下の先生も喜んでおられることと思う。先生のご冥福を祈念申し上げる次第である。

（明治大学法律研究所　法律論叢六九巻二号（田中舘照橘先生追悼号、一九九六年一〇月）より転載）

弔辞

明治大学学長
岡野　加穂留

明治大学法学部教授　法学博士　明治大学大学院長　田中舘照橘先生の突然のご逝去の報に接し、深くこれを悼み、明治大学を代表して、ここに謹んでご霊前に弔辞を捧げます。

さる一〇月末まで、先生とは、学部長会等で同席し、そのお元気なお姿に接しておりましたところでもあり、そのあまりの急逝には大きな衝撃を禁じ得ません。まさに茫然自失の想いであります。

先生は、昭和二年九月六日北海道旭川市に生を受けられ、昭和二八年三月中央大学を卒業、昭和三五年三月明治大学大学院法学研究科公法学専攻博士課程を修了されました。その後、一時国立国会図書館に勤務されましたが、同時に教育・研究に対する非常な熱意を温めておられ、昭和三七年四月本学法学部専任講師として奉職されました。以来、行政法を専門として実に三十有余年間の長きにわたって、本学の教育・研究の発展にご尽力いただきました。その功績は、まことに顕著なるものであります。

研究活動においては、優れた分析力と深い洞察力をもって当たられました。とくに判例研究に関するさまざまな研究業績は高く評価されるものであります。なかでも「大学と学生」誌に掲載中の「大学・学生関係判例講座」は、その研究業績の一環であり、未完になりましたことは、まことに残念なことであります。

学会においては、日本公法学会、日本比較法学会、日本法学会、日本租税法学会員として活躍され、また、第二東京弁護士会懲戒委員、東京都国分寺市情報公開審査会会長、日本私立大学連盟教育研究問題検討部会委員及び大学院小委員会委員長等を歴任されております。さらに、長年にわたり郵政大学校を中心に、公務員に対し憲法・行政法の研修を行ってきました。この業績によって昭和六三年には、郵政大臣賞を受賞されました。教育活動においては、確固たる信念、真摯な姿勢と情熱をもって多くの学生を指導・育成され、学生からは尊敬の念と敬愛の情を集められ、教育者にとってこのうえもない喜びであったものと拝察いたすところであります。

このように現職中は、教育・研究活動において多くの成果を残され、さらに行政面においては、大学院法学研究科公法学専攻主任、法学部法律学科長、大学院法学研究科委員長等の要職を歴任され、平成二年四月からは大学院長、平成四年三月からは評議員として学部のみならず大学全体の発展のために情熱を注がれ、積極的に貢献されてきました。とくに大学院長として大学院の充実・発展のために尽力されましたことは、多くの人々の認めるところであります。その比類ない功績は、大学関係者にとってまことに誇るべきものであり、本学を支えた指導者の一人として、畏敬の念を禁じ得ません。

先生の明治大学、とくに大学院に対する深い愛情と高い見識は、なにものにも負けない強固なものであり、新しい大学院構想の実現及び駿河台再開発計画の完成をみる前のご逝去はまことに無念であり、残念でなりません。

このうえは、私どもが先生の遺志を尊重するとともに、教職員一同が力をあわせて、優れた教育理念を確立し、明治大学の発展にさらに努力することを、ここにお誓いする以外ありません。

田中舘照橘先生、どうか天界にあられても、私ども大学人一同と母校明治大学の発展をお見守りください。そして今、大きな悲しみの淵に佇んでおられる最愛の奥様を始めとする御遺族の皆さま方に大きな御加護をお与えください。今はただ安らかなお眠りを祈るものであります。

ここに明治大学学長として永遠のお別れを申し上げ、弔辞といたします。

平成七年一一月二四日

弔辞

明治大学法学部長
伊藤　進

謹んで田中舘照橘先生の御霊前に、明治大学法学部を代表してお別れの言葉を捧げます。

先生は、昭和三七年、明治大学法学部に職を奉ぜられ、爾来、今日まで三十有余年の間、行政法を専門とする秀れた研究者のお一人として我が法学部の声価を大いに高められ、また、一方では熱心な教育者として、法学部学生諸君の指導・育成に努められましたことは、本学における先生の事績の大なるところであります。

先生は、元来が真摯な学究肌であり、真面目なお人柄でありましたが、一面、大学は如何にあるべきかを激しく追求されたお一人でもありました。

そのために、研究・教育の諸条件の整備やこれをとりまく環境の充実・改善に関して、あらゆる機会をとらえて積極的に訴えられ、かつ、自づから精力的に行動されて、これら解決のためにひたすらご尽力されましたことは、本学の教職員が等しく認めるところであります。

一方、学外におかれましても先生は、いくつかの地方自治体からの依頼を受けて、各種委員会の会長あるいは委員長として、地方行政のために参与され、また、永年にわたって公務員への研修のための講師として招かれ、豊富な知識と経験を生かし、その成果は高く評価されていることと拝察するところであります。

ところで、これらの事績のほかに、何よりも感服しますのは、先生の残された研究業績の「質」と「量」であります。先生は「アメリカ行政手続の一考察」で博士の学位を取得され、『行政裁判の理論』の著書は、行政法学界に一石を投じたもので、その評価は高く認められ、その後の業績とともに田中舘行政法学として残されています。また、一九九四年の明治大学学事記録を開いてみますと、この一年間での研究論文が実に四五本に及び本学教員の中でも群を抜いているところであります。さらに、「英米行政法と大陸行政法」が一七〇数回、「大学・学生関係判例講座」が一七〇数回の超ロングランの執筆活動を続けておられることにみられるところです。このようなエネルギッシュな研究活動と知的生産力の源泉はどこにあるのかわれわれには理解しえないところがありました。ある日先生は、私に「皆がお酒を飲みにいくのは何のためですか。時間のロスではありませんか」と言われたことがありましたが、まさに寸暇を惜んでの活動は、その非凡な生活にあったのではないかと今、思い返しています。

田中舘先生、先生から検査のために入院するんだとの話しを聞かされたのは、つい三週間余り前のことでした。その話しがまだ耳の底に残っているとき、先生は卒然として夭逝されてしまわれました。今はただ茫然自失の想いです。私は、ご霊前にたたずみ、ご家族のご心境に想いを馳せると、まさに断腸の思いであります。

しかし、先生がこれまでに示されたご遺志に応えることが、私共の責務と考えると、心を振い立たせて、我が法学部の発展のために邁進することが、これまで法学部のためにご尽力いただきました先生のご意思に報いることと信じ、このことをご霊前に申し上げる次第です。

ここに謹んで先生のご冥福をお祈り申し上げ、お別れの辞といたします。

平成七年一一月二四日

弔辞

明治大学大学院法学研究科委員長
松平光央

田中舘教授の御葬儀に参列、法学研究科委員長であるとともに、法学部に長年在職し、教育・研究活動を共にしてきた同僚の一人として、謹んでご霊前に、哀悼の微衷を申し上げます。

かえりみますに、同年生まれのあなたとわたくしは、昭和三七年、あなたは行政法、わたくしは英米法担当の専任講師として、くしくも同じ研究室で、明治大学法学部における教育研究活動をはじめました。じらい三十有余年、助教授・教授と法学の専攻分野は異なりましたが、いわゆる〝同期の桜〟として歩んでまいりました。

その間、あなたは、わたくしにとって、常に、畏敬の対象でありつゞけました。ドイツ法主流のわが国行政法学学会のなかにあって、英米法的行政法を唱道されたあなたは、自己の学問的追求とその唱道の姿勢をいさゝかもくずしたりすることはありませんでした。あなたのご業績〝田中舘行政法学〟の数々は、そのことを物語っているはずですが、その点で、わたくしは、田中舘さんに、貴方は、いつ寝るのか、とたずねたことがあったくらいでした。

晩年、田中舘さんは、大学院長として三期こゝ五年有余、明治大学の大学院のこれまでのあり方の向上改善にとり組まれてきましたが、その点でもわたくしは〝畏敬の念〟を禁じえませんでした。種々の改革提言はもとより、大学院の委員会開催のための基礎的資料の検討にいたるまであなたは、独自の姿勢と努力をくずしませんでした。貴方と比較し、〝ただ〟不精なわたくしなどは、あなたに対して、行政の核心は裁量にあり明治大学のような大世帯では〝落ちるところを見極めた裁量〟を考えなくては、生命がいくつあってもたりないですよ、というような〝軽薄な助言〟をしたりしたこともありましたがあなたの、〝真摯な改革〟の一念は〝びどう〟だにしなかったようです。

弔　辞

あなたが、亡くなられる前日の一七日、鈴木先生より、検査入院どころか、危篤状態なのだという旨のお話をうかがい、間髪を入れず翌一八日には、あなたの悲報に接し、更に本日は、あなたの祭壇の御遺影の前に立つことになりました。

畏敬する友であり、わたくしとは異なる優れた資質にめぐまれた同僚をうしなったわたくしは、現在ただただ痛悼《こん》極まる想いに駆られておりますが、すでに幽明境を隔てるあなたに対し、衷心よりの敬悼を捧げるとともにご冥福を心よりお祈りし、残された委員の一人として、大学院の改善にむけたあなたの遺志を継承し、それなりの実現にむけて努力することを、おちかいいたします。

平成七年一一月二四日

田中舘さん

貴方の友・最高裁判所判事
園　部　逸　夫

令夫人から突然の訃報を伺いましたとき私は全く耳を疑いました。先月下旬に出版されたばかりの『行政手続法―解説と運用』と題する御高著を頂いたのはつい先週のことで、私は早速お礼状を認めて近いうちにゆっくりお目にかかりましょうと申し上げたばかりでした。

思えば三〇年程前に貴方はわざわざ京都下鴨に私を訪ねてお出でになりましたが、その御用件は、自分は学界で直接お世話頂いている先生《ひと》がないので今後宜しくお願いしたいということでした。そのときから貴方とのお付き合いが始まり、程なく私は東京へ参りましたので、行政法関係の書物を御一緒に執筆したり編集したり、あるいは双方から声を掛け合って駿河台のホテルや新宿のレストランで食事を共にしながら四方山のお話を致しました。

貴方は主義としてアルコールは一滴もお口にされないのに、私には容赦なくお酒を勧められましたので、「貴方は私などより随分長生きをされることでしょう」と申すことがしばしばでした。

今年の夏、貴方から一身上のことで相談に乗ってほしいとの御依頼があり、電話で何度もいろいろなお話を致しました。今になってみると貴方は何か予感しておられたのかとも思いますが、その時は貴方のこれからのまだ先の長い新たな生活設計のことばかりが私の頭に残っていました。今ここにこのように早く私からお別れの言葉を申し上げることになり、まことに辛くかつ残念です。

田中舘さん

貴方は岩手県二戸の御出身、由緒ある南部藩の御家系、研究についても教育についても自分を律することまことに

弔　辞

厳しいものがあり、同時に他の学者に対しても学生に対しても厳しい目で御覧になっておられました。貴方はまさに気宇淡然、篤学孤高の士でした。ご研究は早くからアメリカ行政法、中でも行政手続法、行政訴訟法の分野に関心を抱かれ、また、比較行政法について特に制度面からアプローチされ、幾つかの大著を公刊されました。他方公務員研修に多大の寄与をされ、公務員法、地方自治法、社会保障行政法についても詳細な研究を進められました。その学風は極めて堅実なもので法制度と判例についての実証的な研究を積み重ねて来られたのであります。

晩年、貴方は判例雑誌や法令解説誌などに長い連載の執筆をしておられました。「英米行政法と大陸行政法」と題する一六年一七八回にわたる連載は、来月最終回を予定されていたと伺っております。このように貴方は研究と教育、そして大学行政という三つの面で息も吐《つ》かず脇見もせず、真摯なご活動を入院の前日まで続けられました。大学教授として最前線で散華された貴方に、心から哀悼の意を表します。

貴方は学問に対する情熱の軌跡を多数の書物や論文に遺し、多くの学生と公務員を育成されました。また御家庭には令夫人を支える三人の立派な令息を遺されました。本懐を遂げられたと申すべきでしょう。

田中舘さん、有りがとうございました。どうか安らかに御永眠《おやすみ》下さい。さようなら

平成七年一一月二四日

大学教育行政の法理論

平成12年9月20日　第1版第1刷発行

著　者　田中舘照橘
発行者　今井　貴
発行所　信山社出版株式会社
〒113-0033 東京都文京区本郷6-2-9-102
電　話　03（3818）1019
FAX　03（3818）0344

印刷・製本／勝美印刷・文泉閣
ISBN 4-88261-690-4 C3332
690-012-030-020
NDC分類 323.918

ISBN4-7972-1949-0
NDC 分類 323.901 情報法

秋吉 健次 編
元日本新聞協会研究所主任研究員

新刊案内 2000.7

条文比較による
個人情報保護条例集（全4巻）

―都道府県条例項目別・全文・政令指定都市・東京都（23区）―

A５判変型　総 1,744 頁　　上-1,2 中下セット：本体 26,160 円

1945（上）-1 都道府県・項目別条文集
総 384 頁　定価：本体 5,760 円

1946（上）-2 都道府県・全文集
総 432 頁　定価：本体 6,480 円

1947（中）　政令指定都市
総 384 頁　定価：本体 5,760 円

1948（下）　東京都23区
総 544 頁　定価：本体 8,160 円

☆住民基本台帳法改正を審議中の第 145 回国会で、個人情報保護法制の必要性の問題が突然に浮上したという経緯もあり、高度情報通信社会推進本部は、99 年 7 月個人情報保護検討部会を設置し、「個人情報の保護・利用の在り方を総合的に検討する」こととした。
☆個人情報保護法制がいかなるものになるかは、現段階では必ずしも明かではないが、地方自治体においては、マニュアル処理を含めた個人情報保護条例の制定ないし改正が必須になるだろうし、情報公開法の内容が、最近の情報公開条例の改正に強い影響を及ぼしつつあることからみても、将来的に制定されるであろう個人情報保護法制が、個人情報保護条例の内容に強い影響を及ぼすものと思われる。
☆ 99 年 4 月現在、1,529 の地方公共団体において、個人情報に関する条例が制定されており、制定している都道府県及び市町村の割合は、全体（3,299 団体）の 46.1 %となっている。しかし、個人情報保護は、制度上十分とはいえない状況にある。
☆本書が、個人情報保護制度に関心のある市民、学者、地方自治体関係者の方々に広く利用され、個人情報保護制度の発展の資料となるよう願うものである。

［著者紹介］秋吉 健次（あきよし・けんじ）　1930 年 生まれ。／中央大学第一法学部卒業／ 1951 年 日本新聞協会事務局職員。業務部課長、経営労務担当主管、主任研究員、大阪事務所長、事務局長付部長を歴任／ 1990 年 退職／ 1986 年 マスコミ倫理懇談会全国協議会事務局長代理、同事務局長、同顧問／ 1997 年より千葉県市川市公文書公開審査会委員。

1944 **情報公開条例集**（全３巻）―項目別・全文集―
秋吉健次 編　上巻：8,000 円　中巻：9,800 円　下巻：12,000 円

5524 **情報公開条例の運用と実務**―*情報公開と情報公開条例*―
自由人権協会 編　上巻［増補版］本体：5,000 円　下巻［新版］本体 6,000 円

1860 **情報公開条例の解釈**　平松 毅 著　本体 2,900円

1926 **政策法学と自治体条例**―*やわらか頭で条例を作ろう*―
阿部泰隆 著　本体：2,200 円

信山社　〒113-0033　order @ shinzansha.co.jp　FAX 注文制
東京都文京区本郷 6-2-9-102　TEL 03-3818-1019　FAX 03-3818-0344

ISBN4-7972-1944-0
NDC 分類 323.901 情報公開法

秋吉 健次 編
元日本新聞協会研究所主任研究員

新刊案内 1999.10

情報公開条例集（全３巻）

—東京都（23 区・27 各市）・政令指定都市・道府県条例全文—

Ａ５判変型　総 1696 頁　　上中下ｾｯﾄ定価：本体 29,800 円

1941（上）Ａ 東京都 23 区情報公開条例
総 464 頁　定価：本体 8,000 円（項目別条文集と全文）

1942（中）Ｂ 東京都 27 各市情報公開条例
総 528 頁　定価：本体 9,800 円（項目別条文集と全文）

1943（下）Ｃ 政令指定都市情報公開条例
Ｄ 都道府県情報公開条例
総 704 頁　定価：本体 12,000 円（Ｃ:項目別条文集と全文）

☆自治省調査によると、1999 年４月１日現在、地方自治体のうち 908 団体（都道府県 47、市町村 861）が情報公開条例（要綱を含む）を制定しているが、前年同時期の 580 団体に比べ 328 団体、前々年同期の 395 団体に比べ 513 団体という大幅増加となっている。これは、情報公開法要綱の発表、法制定の動きが強く反映したためと思われるが、法制定に伴いさらに未制定団体の新たな条例制定の動きや、既存の条例の見直しの動きが見受けられる。東京都では議会・警察情報についても検討中という。
☆編者は、マスコミ倫理懇談会全国協議会事務局長、顧問などとして青少年条例問題にかかわり、その制定・改正の動きをフォローするため、都道府県から条例を収集すると共に、随時、例規集・広報を閲覧してきた。その作業と並行して、情報公開条例についても例規集・広報などにより収集をしてきた。
☆本書は、編者が収集・データ入力している条例のうち 47 都道府県 52、政令指定都市 12、東京都 23 区、東京都 27 市(町村は未制定)、計 109 団体 114 条例を収録した。都道府県は全文集のみ、その他は全文集と項目別条文集の ２ 本立てに分類して収録した（都道府県の項目別条文集は、自由人権協会編『情報公開条例の運用と実務』（下巻・新版、信山社刊）に収録してある）。
☆本書が、情報公開制度に関心のある市民、学者、地方自治体関係の方々に広く利用され、情報公開制度の発展の資料となるよう切に願っている。

［著者紹介］秋吉 健次（あきよし・けんじ）　1930 年 生まれ。／中央大学第一法学部卒業／ 1951 年 日本新聞協会事務局職員。業務部課長、経営労務担当主管、主任研究員、大阪事務所長、事務局長付部長を歴任／ 1990 年 退職／ 1986 年 マスコミ倫理懇談会全国協議会事務局長代理、同事務局長、同顧問／ 1997 年より千葉県市川市公文書公開審査会委員。